憲法の基礎理論と解釈

憲法の基礎理論と解釈

尾 吹 善 人

学術選書

信 山 社

目　次

I　憲法の基礎理論

Ⅳ　判例研究

31　いわゆる「平和的生存権」論への疑問……501
32　三つの地裁判決……523
33　殉職自衛官合祀訴訟大法廷判決をめぐって……534
34　マクリーン訴訟最高裁判決をめぐって――外国人の地位――……548
――外国人の地位、一〇・四最高裁大法廷判決は果たして批判すべきものか？――
35　イデオロギーの相違を理由とする解雇の有効性……558
――大阪地裁昭和四四年一二月二六日判決
36　言論の自由と名誉毀損……566
――最高裁昭和三三年四月一〇日第一小法廷判決
37　いわゆるフェア・コメントの法理を認めた事例……571
――東京地裁昭和四七年七月一二日判決
38　営利的な広告の自由の制限……579
――最高裁昭和三六年二月一五日大法廷判決
39　報道の自由と正当行為の範囲……585
――福岡高裁昭和二六年九月二六日判決

40 取材源の秘匿と表現の自由
——最高裁昭和二七年八月六日大法廷決定……590
41 報道取材の司法的利用と報道の自由
——最高裁昭和四四年一一月二六日大法廷決定……596
42 電電公社職員の職場内における政治的表現の自由
——東京高裁昭和四七年五月一〇日判決……603
43 盗聴器の使用とプライバシー
——捜査官憲の盗聴器使用は公務員職権濫用罪を構成するか——
東京高裁昭和二八年七月一七日決定……610
44 政見放送削除事件
——最高裁平成二年四月一七日第三小法廷判決……619
45 台帳地積による換地予定地指定と憲法第二九条
——最高裁昭和三一年一二月二五日大法廷判決……626
46 言論の自由⑴——Clear and Present Danger——
Schenck v. United States, 249 U. S. 47（1919）……632
47 言論の自由⑵——Grave and Probable Danger——
Dennis v. United States, 341 U. S. 494（1951）……639

憲法の基礎理論と解釈

Ⅰ　憲法の基礎理論

1　カール・シュミットの『憲法理論』

一　出会い

私は、ほぼ十年あたためていたカール・シュミットの主著、*Verfassungslehre*（1928）の訳稿を今から十年前に公刊した（『憲法理論』〔昭和四七年・創文社〕）。この本は、私が清宮教授のもとで憲法の研究生活にはいって間もなく、イェリネック、ケルゼン、ギールケなど、手当たり次第に公法学の理論を読みあさっていた頃出会った想い出深い著作物である。

イェリネックのあの大部の *Allgemeine Staatslehre* が与える百科事典的な知識や、ケルゼンの諸著作のかわききった、くどい程の論理のはこびにいい加減倦んでいたその頃の私に、シュミットのこの本は、実にみずみずしい印象を与えたものであった。古今の政治思想の源流をたくみに整理しながら、公法学の一分肢としての憲法理論を構築しようとするシュミットの野心と、その独特の辛辣な筆力とは、私を魅了してやまなかった。

私の師にあたる世代のわが国の学者（清宮四郎・黒田覚・尾高朝雄・宮沢俊義）のなかには、シュミットの諸著作から多くの示唆を受け、そのアイディアを活用した人もあれば、シュミットは大体こんなものだと片づけて、自分

Ⅰ　憲法の基礎理論

では「克服した」と考えた人もあった。戦後しばらくの間は、その母国においてと同様日本でも、シュミットはナチスの水先案内人的な役割を演じた学者として、「過去の人」となってしまったかのように見えた。しかし、戦前の彼の諸著作のほとんどが西ドイツで復刻されたばかりでなく、陽の当たらない場所での彼の文筆活動も衰えを見せていない。最近、わが国では、私よりも若い研究者が熱心に政治思想家としてのシュミットの全体像をきわめようとしており、このような関心の復活を反映して、邦訳もあいついで出版されている。戦後のドイツ語諸国の公法学の文献のなかでは、シュミットは対決の対象としてとりあげられることの方が多いが、*Verfassungslehre* という表題をもつ本の出現自体にもシュミットの影響がないわけではない。

ここは、半世紀以上にわたるシュミットの多彩をきわめる文筆活動の全体にわたって、彼の思想およびその発展の全貌を描きだす場所でもないし、また、一憲法学者にすぎぬ私には、その能力もない。ただ、散々読み古した彼の「憲法理論」について、どこに他の憲法論と違った面白さがあり、どこに問題があるのかを点描してみようとするだけである。

二　実質的憲法論と政治的憲法論

シュミットの「憲法理論」の面白さは、一言でいうと、ポレミッシュな体系であるという点にある。シュミットの文章のなかでもっとも生き生きとした部分は、例えばケルゼンやフェアドロスを批判する箇所である。往々にして、論戦を好む者は、論敵に応じて自己の立脚点を移動させ、みずからの首尾一貫性を失いやすいものであるが、シュミットの場合には、彼の体系、それを構成する概念自体から、既往の理論に対する一定の態度と、個別的な問題についての異なった解決が流出してくるように見える。

ポレミークは、二つの方向に向けられていた。ひとつは、ビスマルク憲法下の政治的・社会的安定の土壌に育った「実証主義的」ドイツ国法学である。それは、与えられた規範について文理解釈の技術を用いるにとどまり、規範における無の状況を法律学の対象から除外する。反対に、このような規範における無の状況を規範よりも根源的なるものとして体系の基礎にすえるのが、シュミットのいう「憲法理論」なのである。

攻撃の第二の目標は、個別国家の実存の独自性を無視し、国家を無差別な「人間」の共同体として抽象化し、さらに国家群を包括する「国際法共同体」を理論構成する当時の新傾向、国際法優位説であった。シュミットの頭にくるのは、ドイツの刑法学者が、自国の国際法違反の国家秘密を国際連盟に通報することが反逆罪を構成するかどうかに疑問を抱くというような、法律学の諸領域に見られる脱国家的傾向である。この世界を今なお弱肉強食の自然状態とみなすがゆえに、それぞれの国家が友と敵を区別しつつ自己の実存をみずから維持することこそ、シュミットにとって最高の価値であり、また、法律学の根本の前提であった。

規範の観念的な妥当のみによって国家と世界をとらえたとするのは幻想であるというリアリズムが、彼の体系構築の原点である。その体系を示せば、次頁に掲げたグラフのようになろう。

第三および第四象限は、国家生活の規範的規律を内容とする。実証主義的国法学が、形式的に高められた効力をもつ憲法典に含まれるすべての規範を無差別に憲法としてとらえてきた（相対的憲法概念）のに対して、この体系は、憲法律のなかで、それぞれ第一、第二象限の政治的決定に対応するものをそうでないものから区別するという限りで「実質的憲法論」であり、同時に、そのような憲法律以下の規範の妥当の統一的基礎を、政治的決定を下す憲法制定権力の政治的意志の「力または権威」に求めるという限りで「政治的憲法論」である。実質的憲法論としての側面は、ドイツでもわが国でも従来肯定的に受容されてきた。しかるに、これと体系的に不可分な政治的憲法論の方は、やはりドイツでもわが国でも、正しく理解さえされなかったといってよい。

つまづきの石は、何とこの本の第一章にあった。そこでシュミットは、人体の「体質」まで意味することのあるVerfassungという語の一般的な意味から説きおこして、国家のVerfassungに限定しても、この語は、①個別国家の事実的状態、②純粋な規範的体系を意味することがあるとのべ、この二つのVerfassung概念は統一的全体を意

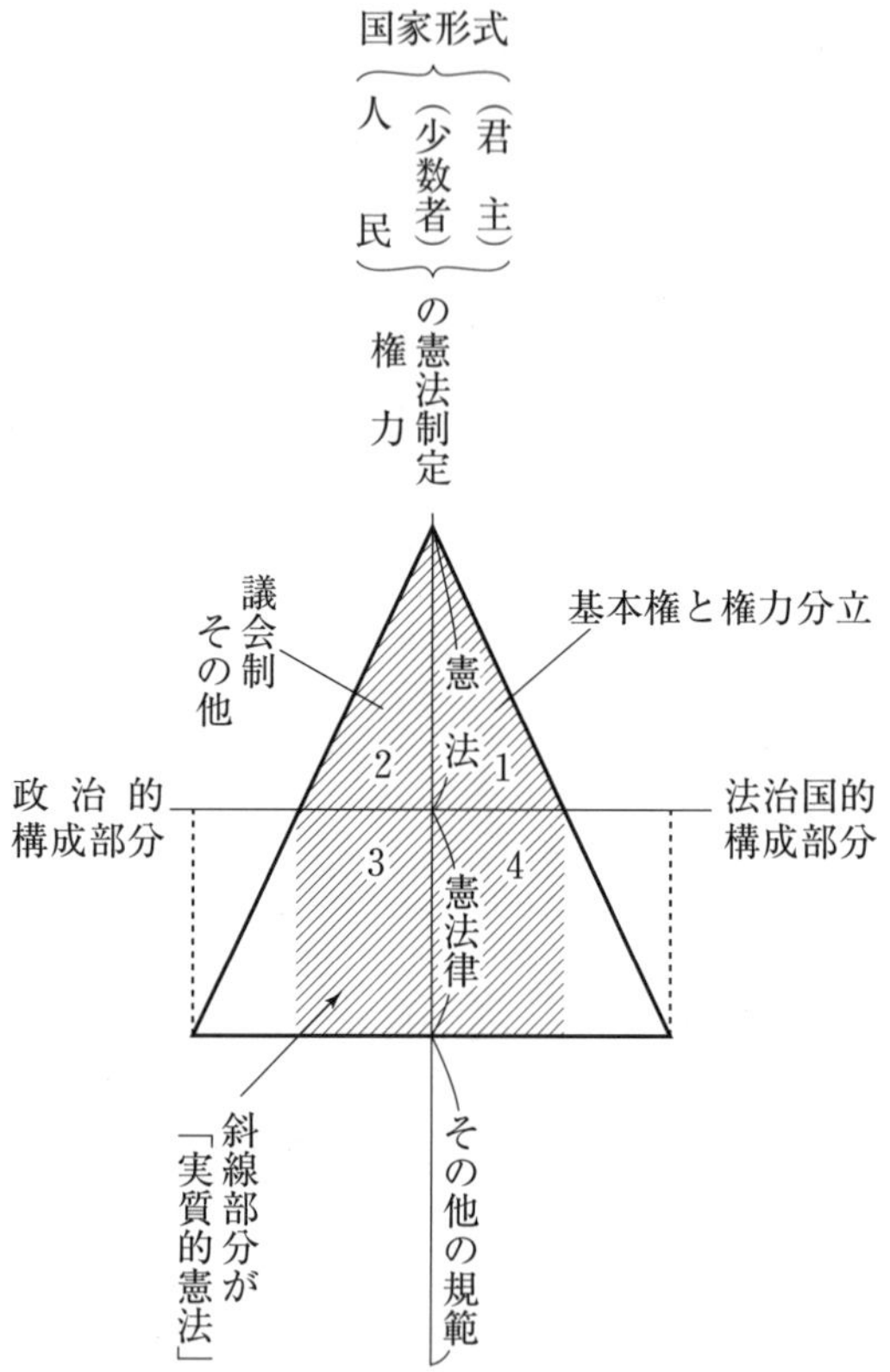

味する点で絶対的であるとして、個々ばらばらの憲法律を意味する相対的憲法概念と対照させた。ここでの対照は、たんに「絶対的」と「相対的」という用語の約束を示すためにすぎないのに、たいていの人は、相対的憲法概念の対立物である①②は、直ちに憲法理論の中心概念である③実定的意味の憲法（あるいは単に「憲法」）と同一であると思い込んでしまった。

　憲法制定権力の決定である憲法が、同時におのずから存在する事実であり、かつ、正しさのゆえにおのずから妥当する規範体系でもあるというのは、手品以外の何ものでもない（例・尾高朝雄『国家構造論』〔昭和一一年・岩波書店〕五〇〇頁。この誤りを反復したのが、小林直樹『憲法の構成原理』〔昭和三六年・東京大学出版会〕であった。見よ、尾吹「憲法理論の基本問題」法律時報昭和三六年六月号五四頁〔本書第**7**論文〕）。それほどでなくても、②の自然法の否定としての実定的意味の憲法を①と混同して、これを事実的概念とみなす誤解はまったく一般的である（清宮四郎『憲法I』〔第三版〕一二頁以下、ヘラー、ケギ、バッホーフなども同様）。宮沢教授が、シュミットの Verfassung を「憲法」と訳したのに対応して Verfassungsgezetz を「憲法法」と訳した（『憲法II』〈新版〉一一四頁）のも、「憲法」の方は法に非ずと見ているからであろう。このように出発点からつまづいてしまえば、シュミットの体系の——よかれあしかれ——独創的な面は理解も評価もされないことになる。わが国の憲法学に残った影響が、憲法改正権の限界とか、前文の法的意義とか、基本権と制度的保障の区別というような、実質的憲法論の側面に限られているのは、ひとつにはそのためである。

実際には、「規範」としての法のほかに「意志」（命令・措置）としての法を法律学の対象にとりこみ、前者を派生的なもの、後者を根源的なものとして位置づけた所に、彼の体系の独創性がある。「規範」としての「法治国的法律概念」のほかに、主権の行為としての「政治的法律概念」があることは、「規範」によって制限さるべき国家がまず存在しなければならない以上必然的な憲法の構成部分の二元性に対応するもので、両者はともに「法律学、特に憲法理論にとって……同じように学問的考究の対象である」（『憲法理論』一八三頁）。

彼のいう「憲法」もその一つである政治的法律概念の導入によって得られたものは何か？　一言でいえば、それは、従来の法律学がじっぱひとからげに「政治」として無視してきた憲法生活の体質的な諸過程の法律学的な説明であるといえよう。例えば、憲法制定行為のような常態でない事象、憲法（実は法治国的部分の憲法律）の停止や破毀のような変則的な事象がいかにもみごとに説明される。それだけではない。こうした視野の拡大は、古典的な自由主義の「憲法の主権」イデオロギー（ギソーなどの、いわゆる「ドクトリネール」）を、せまりくる政治的危機の予感のなかで、ひたすらに市民的秩序と平穏を希求するブルジョアジーの願望の表われとして明瞭に写し出す鏡としても役立ったのである。

最小限、一般的という性格を保持する法治国的法律概念に対照せしめられる政治的法律概念は、主権者の命令である。この意志に対しては、本来何らの抑制もない。ボダン→ホッブズ→ルッソーの系列に属するこの法律概念は、「国家の政治的実存形式および支配の組織の具体的な形成様式から生ずる」（同一八三頁）がゆえに「政治的」と呼ばれる。そこで、先のグラフの第2、第3象限に、シュミットの体系の鍵があり、また同時に問題点があることになる。

三 「人民の意志」の働き

憲法制定権力の所在が、政治的統一体の実存形式（国家形式）を規定する。一般理論ふうに、シュミットは、憲法制定権力の主体たりうべき人間として、①君主、②組織された少数者、③人民の三つをかかげてはいる。しかし、実際に君主が問題なく憲法制定権力の主体でありえた絶対君主政の時代には、国家のあり方の人間による自由な決定という思想が存在しなかったし、フランスの王政復古期における君主の憲法制定権力論も、人民の憲法制定権力に対する外面的なアンティテーゼにすぎなかった。全体として、シュミットは、国家に無関心でたんに植物的・文化的な生存を営んでいるにすぎぬ諸人民の場合はさておき、いったん人民が他者に対する自己の同種性を意識する政治的実存の状態（「国民《ナチオン》」の状態）に達してしまえば、国家形式としての君主政はもはや不可能と見ている。同様に②の組織された少数者の実例も、古代または中世の貴族政に求められるだけである。というのは、国家形式としての君主政も貴族政も、特殊シュミット的な「代表」という政治的形式原理に立脚しており、この「代表」とは、現存しないものと前提された人民の政治的統一体を——もちろん（ありもしない）人民の意志を援用することなく——表現することであるから。だから、シュミットは、実質的にはどこまでも人民の憲法制定権力に基づく憲法の理論を展開したのである。

シュミットが、憲法制定権力とは「その力（Macht）または権威（Autorität）が、自己の政治的実存の態様と形式に関する具体的な全体決定を下すことができる政治的意志である」（同九六頁）とか、そのような全体決定（内容的に「憲法」）は、「その拠って立つ決定を下す憲法制定権力の力と権威が承認されている場合に、正統である。すなわち、たんに事実的な状態としてのみならず、法的秩序と認められる」（同一一二頁）などというとき、「力」がもっぱら人民の憲法制定意志の属性を指すことも、はっきりした示唆（同一一一・一一二・一二九・三二一頁）にもかかわらず、つねに見落とされてきた（例、尾高朝雄『法の窮極にあるもの』〔昭和三〇年・有斐閣〕八〇頁）。

右の示唆のなかでは、「力」および「権威」という二つの概念が「同一性」と「代表」という対立的な政治的形式原理に照応するという点が重要である。「代表」は、人民より上等の具体的な人格が独立に国家を表現するという原理であるのに対し、「同一性」とは、現存する同質的な人民がそのまま国家であるという原理である。憲法制定権力が同一性の原理に基づいて人民の意志である場合、つまり国家形式が民主政でも、立法と政府がいずれか一方のみによって形成されるということはない。直接に投票する国家公民すら、全体の「代表者」なのであるから。とりわけ、議会制は、立法と政府において、同一性の原理・貴族政的代表・君主政的代表を混合し、相互に均衡させ、単純な政治的形式原理の貫徹（絶対主義）を阻止する点において、定冠詞づきの市民的法治国の政治体制と目される。

ホッブズに由来する「代表」概念とルッソーに由来する「同一性」概念を理想図式として用いることは、イギリス、フランス、ベルギー、ドイツなどにおける絶対君主政→立憲君主政→議会制への歴史的発展法則をつかみ出す上にきわめて有効であった。また、この方法は、教養あるエリートの会議体としての一九世紀「議会」制の理念的諸前提を明らかにして、選挙権の大衆化とそれにともなう政党の支配がその前提をいかに掘り崩し、議会を完全に変質（代表者から利害関係人の委員会プラス世論の一表現手段へ）せしめたかを、生き生きと描きださせた。

現代の議会がバークのプリストル演説の代表とはまったく別物であることは、事実である。ところで、「多くの伝統的な定式や概念が、いかに過去のいろいろな状況にまったく依存しており、今日ではもはや決して新しい酒を盛る古い革袋ですらなく、たんに古びたにせのレッテルにすぎないかを示すのが、憲法理論の任務のひとつである」（同・序言）というシュミットが、フランス憲法学の「半代表」概念を拒否し、「学問的明確さのために」（同二六五頁）ホッブズ的な代表概念に固執するのには、何か――非学問的な――わけがありそうである。

彼は、人民の委員会としての議会・議会の委員会としての政府という方向の議会の民主政化（ケルゼンの方向）に価値を認めなかった。それは、議員たちが分裂した様々の利害関係人の使用人となり、議会が私的利益の取引きと妥協の場と化し、結局は、政治的統一体の解体をもたらすものと考えられた。そこで、「代表」概念には手をふれず、失格した議会に代って、直接に人民の信任に支えられた人格的な代表者が求められるわけである。一九二八年に書かれた「憲法理論」では、ワイマール憲法の議会制に関する憲法律的規定の解釈という形で、首相と大統領がこのような代表者の可能性として並べられている。比例代表選挙制のため、大小多くの政党に分裂した議会に媒介された首相よりも、直接公選によって「全人民の信任」を一身に集めるはずの大統領の方にいっそう期待がかけられてはいるが、このような、ただ「ひとりの人間」による「代表」と「同一性」の統合こそ、シュミットの憲法理想であり、この立場から、手がかりとなるワイマール憲法のあれこれの規定（大統領の非常事態における権能、議会の解散権）に強引な――しかし巧妙な――解釈をほどこしもした。

議会の影を全くうすくする「代表者」を支える「力」をもつ人民の意志は、どういう働きをするのか？

この意志は、①憲法を制定するが、それでなくなってしまうものではなく、②いつでもその憲法を除去することができる（同一一九頁）。また、③憲法の欠缺を補塡し（同七一・九七頁）、④憲法律における「ひきのばしのための定式による妥協」を決定し（同三七・四五頁）、⑤先のグラフの第三象限に位置し、したがって規範的に限定された「権限」主体のいずれかが、憲法のために憲法律を破毀すること（ふつうにいう憲法違反）を黙認する（同「序言」・一二三八頁）という。①②は憲法制定行為であるが、③～⑤のような行為を、シュミットは、主権的決定を追加するという意味で、「補遺的主権行為」（apokryphe Souveränitätsakte）と名づけた。これらは、ふつうにいう憲法典のもとで、日常的にありうることなのである。

このように、憲法典をたえずこえてゆくことのできる万能の「人民の意志」という民主政の憲法理論を現実の政治過程にあてはめてみると、実際には、新たな「代表者」（執行権）がうまく事をはこぶ限り、彼のいっさいの規範無視――Staatsraisonによる――が人民によって追認されて「民主的」になるという、独裁制の擁護論にほかならない。すでに、シュミット流の「代表」概念が人民を超越した独裁者をも民主的に見せかけるためのイデオロギーにすぎないことは、同年代にケルゼンが口をすっぱくして力説した所で、「名作」といわれている宮沢先生の「国民代表の概念」（昭和九年、『憲法の原理』〔昭和四二年・岩波書店〕所収）もその翻案であった。シュミットは人民とのつながりを強調する。シュミットのいう「人民」は、ケルゼンのいう「人民」とどこでどう違うのであろうか？

四　「人民」はどこに？

ふつうの民主主義者であるケルゼンにとって、「人民の意思」とは、法によって有権者、つまり、一律に思慮ある者とみなされた人びとのうち、法的な手続にしたがって投票した者の個別意思を多数決原理によって合成した結果であり、それ以外の「人民の意思」は存在しない。すなわち、投票が求められる個々の問題ごとの、有効投票の過半数の意思をおいて他に「人民の意思」があるわけではない。なぜ多数決原理によるのかといえば、それは、例えば一〇〇人の有効投票者のうち五一人が四九人の意思に従うよりも、四九人が五一人の意思に従う方が、自由な人の群がより大きいからであり、結局、「自由」（政治的自由）という価値が多数決原理の、ひいては民主主義の基礎である（いまだに悪訳であるが、ケルゼン〔西島芳二訳〕『デモクラシーの本質と価値』〔昭和四一年改版（岩波文庫）〕三九頁）。

ところが、シュミットは、右のような民主主義の常識に対して、四方八方から砲火を浴びせるのである。

①　右のような「人民の意思」は擬制の体系の所産にすぎない。すなわち、投票の多数の意思が投票者全体の意思とみなされ、次いで棄権者を含む全有権者の意思、さらには人民全体の意思とみなされるのである（『憲法理論』二九四頁）。

②　数字的にも「多数が決定する」とは限らない。先の一〇〇人の投票で、五一対四九に割れたような場合、シュミットによれば、四九と四九は互いに消去し合い、二人が決定したことになる（同三五一頁）。また、最低必要投票率が定められていれば、その率をみたすことを妨げた棄権者が、つまり彼らの無意思が「人民の意思」とな

る（同二九七頁）。

③　自由主義の産物である秘密個人投票は、決定的な投票の瞬間に「公民」を「私人」に化するので、それらの私的意思を集めても、真の「人民の意志」（シュミットの意味の場合、この字を用いる。以下同様）は生まれない（同三〇二・三五〇頁）。

④　右のことと関連するが、ばらばらの個人は非政治的な存在であり、一般に棄権が多く、投票するにしても実質的決定の最小限を含む答えを与える傾向をもつ（同三〇八・三四八頁）。

伝統的な意味での「人民の意思」に対する以上のような批判のうち、②は詭弁に近い。①にしても現実的には不可避的である。それにひきかえ、④は、たしかに大衆民主制の時代にどこの国でも見られる事実であることは否定できないであろう。ただ、③は、ルッソーの「一般意思」論をふまえており、これをてことしてシュッミト固有の、真の「人民の意志」論が展開されるのである。では、積極的な提言の方を見よう。

⑤　民主政の基礎は、「自由」ではなく「平等」、しかも「実質的平等」である。「実質的平等」とは、政治的仲間としての同質性である。ルッソーにおいてはこの意識がなお強く生きていた。「百人の奴隷根性をもった人間の意志は、全員一致の場合でさえ、自由な意志を生み出すものではなく、千人の政治的に無関心な人間の非政治的意志は、寄せ集めてきた所で、正当に尊重すべき政治的意志を生み出すものではない」（同三一二頁）。

⑥　この政治的意志は、規範によって媒介されないという、シュミット特有の意味で「実存的」意志である。したがって、政治的意志の主体としての「人民」は、先のグラフの第三象限に位置する有権者ではなく、組織されない「憲法制定権力」としての人民と同一である（同二九八頁）。

⑦　この「人民意志」の正体を、シュミットは、現代国家では「公論」（世論）だという。それは決して組織されえず（同三〇四頁）、「動態的で政治的関心を有する人民の少数者によって担われる」（同三四七頁）。

このように見てくると、シュミットの政治的憲法論は、政治的異質者・政治的無関心者を排除して無定形な「人民の声」を援用する独裁の民主的偽装にほかならないといえよう。菅野喜八郎氏が「こうした憲法制定権力概念の受容は、憲法の客観的当為性を前提とする憲法学にとって自殺行為になりかねない。いずれにせよ、憲法学にとって、……憲法制定権力概念は不必要、場合によっては有害ですらある」(『国権の限界問題』〔昭和五三年・木鐸社〕二四九頁)とされたのは正しい。

ケルゼンが「代表」概念に不完全な民主政(＝議会制)をおおうヴェールを見いだしたとすれば、シュミットは、人民をばらばらの私人と化する秘密個人投票制に、政治的決定をできるだけ回避し、私的利害の妥協をこととする議会制(近代市民的民主政)の仕掛けを見いだした(『憲法理論』三〇四・三五二頁)。シュミットが「政治的意志」というとき、「政治」は私人間の対立する利害の衝突・調整にすぎぬのではない。一人ひとりの個人は「非政治的」で、「少しばかりの太陽、少しばかりの自然」しか欲しない(同三〇八頁)。人民が政治的意識をもつというのは、人民が全体としての自己の同種性を意識し、友と敵とを区別できるということなのである(同三〇四頁)。彼の主な関心は他国の間での自国ということに向けられていた。参政権から外国人を排除するのもたんなる偶然と見るケルゼンとは全く正反対に、彼にとって「人類民主政」などというものはありえず、「国際法共同体」というものも幻想でしかない。強力な他国の間でも、他国と実存的に異なる自国の存立を維持するということこそ、シュミットの憲法理論の大前提であった(同二九頁)。彼の好きなフランスの一七八九年の人権宣言や、彼の嫌いなロシアのボルシェヴィキの一九一八年の「労働し、搾取された人民の権利」の宣言をワイマール憲法の権利宣言よりも高く評価したのも、それらには、「その宣言によって全く新しい政治的な区分け、すなわち友と敵の区分けの危険を引き受け、自己の国家の新しい諸原理を、強大な対外政治的な敵に対する闘いにおいても防衛」しようとする人民の決意が表われていたからであった(同二〇二頁)。「政治的」意志の内実がこうした国家意識である以上、それが数千万大衆の共有物でないことは当然であろう。今から百年ちょっと前の日本では、サムライのごく一部しか外からの脅威を感じなかったし、今の日本でも、何が敵で、何が友なのかについての与野党の正反対のプロパガンダのなかで、多くの人びとは自分には敵はいないとつぶやいている。

先だって、ソ連のアフガニスタン侵攻で米国内が緊張した頃、ワシントンの反戦集会で、もちろんシュミットを知るわけもない一人の黒人青年がマイクをつかみ、「昔、日本は敵でソ連は友だときかされた。今、ソ連が敵で日本は友だという。いったい誰が敵を決定するのか？」と演説している光景をテレビで興味深く見た。この黒人青年の問いにシュミットはどう答えているだろう？

第一に、敵が変るというのは当然のことで、「友敵の区別という標識はけっして特定の国民が永久的に他の特定国民の友もしくは敵であらねばならぬ……ということを意味するものではない」（菅野喜八郎訳『政治の概念』『危機の政治理論』昭和四八年・ダイヤモンド社・一九二頁）。第二に、この青年の抗議の底意は、「われわれ市民は、どの国民も敵と思わないのだ」という主張だったのかもしれない。この点にもシュミットは答えている。「国家の市民が自ら自分は個人的に敵を待たぬと主張してみても、それはこの問題となんら関係がない。なんとなれば、私人は政治的敵（公敵）を持たぬからである。こうした宣言でもって私人がいおうと欲して可能なのは、高々、彼がその現存在において所属している政治的総体から離脱して、私人としてのみ生きてゆきたいということにすぎない」（同二〇六頁）。

だが最後に、もしこの青年が敵を決定する権限の所在を問うているのだとしたら、ことは一番厄介である。なるほど宣戦の「権限」は、たいていの憲法がどこかに与えている。だが、戦争は一般的な敵対関係の、まれな究極的表現にすぎない（同一九一頁。憲法理論・四四八頁）。何を自国の政治的実存の脅威とみなすかは、一般に「権限」の問題ではない。シュミットは、人民が実存の意志と能力をもつ、すなわち自ら友敵を区別できるということが民主政の前提だという（『憲法理論』三〇四頁）。「一国民が政治的実存の努力と危険をおそれるときは、まさに他の国民が彼に代ってその労をとり、『外敵に対する保護』とともに政治的支配をも引受けることになろう。そうした場合には、保護と服従との永遠の連関によって、保護者が敵を規定することになる」（『政治の概念』二〇七頁）。日本

I　憲法の基礎理論

安保体制を考えてみれば、この点は十分理解できよう。この人民意志も「公論」なのであるから、「無責任な社会的勢力」によってひきずられる多少の危険性があり（『憲法理論』三〇四頁）。無組織性のもつ弱点として、「ともすれば誤認され、誤解されまたは偽造される」（同一〇五頁）ことも認められている。「特殊政治的な・全体としての人民に関わるような問題については、特に、友と敵との実存的な区別に対しては、技術的な特別の知見や技術的な専門知識の細目は、権限と責任のある技術的専門家によって、決定的な瞬間に解決されるに違いなく、それ等は投票権者の大衆が扱いきれるものではない」（同三四八頁）ともいっている。これらの発言を総合するとどういうことになるか？

右の「権限と責任のある技術的専門家」というのは、間違いなく国家権力の一部であろう。とすると、しっかりした人民（民主政の前提）は、国家権力が材料を提供すれば、「無責任な社会的勢力」にだまされずに、友敵の区別において一致しうるというのであろう。シュミットによれば、友敵の区別について人民の一致がない所に、もはや政治的統一体（国家）は存在しない。「国家内部の一階級もしくはその他の集団の政治力が、自ら国家権力を引受け自ら友敵を区別するとともに必要とあらば戦争を遂行するだけの能力もしくは意思を欠きつつもなお、いかなる対外戦争をも妨げるまでに強大化するときは、政治的統一体は破壊されたのである」（『政治の概念』一九六頁）。ワシントンの黒人青年のスピーチは、シュミットにとってのあるべき国家の解体への呼びかけであったのかもしれない。

かくのごときがシュミットの「政治的憲法論」であった。その国家主義はまがう方もない。にもかかわらず、私はそこに半分の真理はあると考えるのである。少なくとも、この「政治的憲法論」がナチスを呼び出したのではなかった。若く未熟なワイマール共和国のドイツ人民が無責任な民衆扇動家、ヒトラーに政権を渡したために、その国家のなかで生きようとしたシュミットが「失敗者」となったにすぎない。われわれの国では、無頼漢ではなく「権限と責任のある技術的専門家」が、無頼漢の手に渡ったドイツを友に選び、英米を敵と規定したためにみんなが痛い思いをしたが、その頃の日本人には、政府が「鬼畜米英」といっているのに言葉を返す政治的資格も自由もなかったのである。宣戦大権をもっていた天皇がその宣戦の詔勅のなかで「豈朕ガ志ナラムヤ」とのべていたとしても、「臣民」は「承詔必謹」、ただ突進するほかはなかった。そのために無数の命が彼此ともに失われたが、本当は、国民が主権者として自己の国家を賢明に維持するということの方がもっとしんどいことなのかもしれない。

［後　記］

最近、アメリカ人の書いたカール・シュミット論を読んだ（J. W. Bendersky, *Carl Schmitt — Theorist for the Reich*, Princeton Univ. Press, 1983）。

私が一九五六年にシュミットの本をたずさえてハーヴァード・ロー・スクールに留学したとき、それを見たドイツからのフルブライト留学生たちはあきれた顔をしていたものである。時が流れ、今や九五歳のシュミットも、やっとアメリカで冷静な学問的考察の対象となったわけである。

この謎に包まれた人物について、こり性の長尾龍一氏がこれまで一番詳しい人間研究を提供していた（『危機の政治理論』〔昭和四八年・ダイヤモンド社〕の解説「カール・シュミット——人と業績——」）。ベンデルスキーのこの本は、シュミットのまだ終らない一生の文筆活動その他を、史料にもとづき、それぞれの時代状況に照らして克明に再現している点で、類を見ない。シュミットの手元にある書簡の一部も利用していて、ナチス時代の彼の行動、おそれ、戦後の戦犯容疑者としての取調べの中身まで詳しくまとめられている。著者の態度も公平で、シュミットのオポチュニズム、道義的責任は指摘しつつも、ナチスとかみ合わなかった点はちゃんと挙げている。政治思想家としての彼の一生とその寄与を描き出すのが目的であるので、個々の作品についての考察は荒いタッチであるが、只者ではない。コントロヴァーシャルな歴史的人物だというのが、結びの言葉であった。金をかけた研究でもある。

それにしても、ワイマール期のドイツの諸政党は、どうして世界観的なエゴに固執し、あれほど未熟だったのか？　シュミットまでもが行列にまじってナチスに大量入党するというような狂気のドイツはどうして生まれたのか？　いろいろと考えさせる本である。

固定した不合理なイデオロギーの注入、ケルロイターやヘーンのような、お先棒かつぎのイヤラしい学者のばっこ。そんなことがこれからの日本で生じないと保証できるのかどうか、少し心配になってきた。ナチス時代とは多少程度は違うが、わが日本の「最高学府」といわれた東京帝国大学法学部にも、わけの分からない、神主のノリトのような議論ばかりする先生もたしかにいたのである。方向が少し違うだけで、今でもやはり学者の肩書きで不合理なことを説く人が、大学というもののなかにいなくなったわけではない。

（一九八三年）

た。

2　ケルゼンにおける理論と実践

五九歳でヨーロッパをのがれアメリカに亡命したケルゼンが、そこで、九一年の長い、波瀾にみちた生涯を閉じた。

人間ケルゼンについては、一九六九年に出たメタルの『ハンス・ケルゼン、その人生と業績』という本が、いろいろと新しい事実をわれわれに教えてくれた。奨学資金で留学したハイデルベルクで、今をときめくイェリネックの講義に失望したこと、貴族主義的なオーストリアで、ユダヤ人であるため大学に就職するのに苦労したこと、軍隊で頭角を現わし、第一次大戦後のオーストリアの憲法典の作成に参画し、憲法裁判所の裁判官をつとめた彼も、カトリック勢力のためにやがて母国でうとんぜられ、すでにナチスの勃興しつつあったドイツの大学に転じたこと、やみうち的にケルン大学を免職されたとき、同僚のなかでカール・シュミットだけが再考を求める請願書に署名しなかったことなど、淡々としたテンポで積み上げられてきた厖大な業続を見ているだけでは想像もつかない人生の浮き沈みがよく伝えられている。あのようなツブシのきかない学問にたずさわりながら、まずスイスに、ついで大西洋を身ひとつで渡って、お互いによくは知らないアメリカに移り住み、曲りなりにも学問的生涯をまっとうしたことは、われわれにとっては驚きである。いったい、日本の社会科学者のなかで、えてして批判ばかり加えているこの日本の社会からはじき出され、先輩、後輩関係や学閥や社会的地位や、その他いっさいのぬくぬくしたものを一瞬にして失い、異郷の人となったとき、それまでの学問的活動をそのまま継続できる個人がいるだろうか？

アメリカには、ヨーロッパ的な法学部はない。はじめロスコー・パウンドがハーヴァード・ロー・スクールでケルゼンの世話を見たが、そのときケルゼンが行ったホウムズ記念講義が鵜飼信成先生によって邦訳されている（法と国家（昭和二七年・東京大学出版会）。それは、平和のために国際社会をいかに組織すべきかという実践的な問題を論ずる前に、コンパクトな形で彼の法理論をA・B・Cから説いたものであるが、多分アメリカの法学生は、講義の前半では居眠りにさそわれたに違いない。一九五八年に私がいたミシガン・ロー・スクールでは、インテマ（Yntema）という比較法学の老大家がいて、珍しく「公法理論」というセミナーを開いていた。アメリカ法の諸領域の勉強でつくづく劣等生意識になやまされていた私は、これ幸いとそれに参加して、ケルゼンの純粋法学を論じ、なみいる学生たちをポカンとさせ、老先生を感服させたことがある。ケルゼンへの関心と理解は、当時のアメリカではまだあるかないかといったところであった。

それにしても、英語文化圏との交流のなかったケルゼンが、よい翻訳者の協力を得て、無駄のない形で自己の体系を英語で発表できたことは、よんどころないアメリカ亡命がケルゼンにもたらした最大のプラスであった。パキスタンやローデシアの裁判所までもが、改正手続規定を無視して生まれた憲法の合法性の問題についてケルゼンの根本規範論を援用するようなことになったのも、ひとえにあの *General Theory of Law and State*（1945）のお蔭であるといえる。実定法そのものではなく、実定法の一般理論の研究を志す者は、やはり英語でものを書かなければ、世界には通用しない。何語で書かれていても、誰かかれかが読んでみんなに教えてくれるという、知的好奇心の強い、親切な学界は、おそらく日本にしか存在しない。

思えば、助手時代の私がアメリカ人のドギモをぬくには十分な程度ケルゼンに親しんでいたというのも、明治以来の日本人の知的好奇心の伝統のお蔭であり、わが師にあたる明治生まれの諸先学（清宮四郎・宮沢俊義・横田喜三郎・黒田覚など）のタマモノにほかならない。一九三六年に清宮教授によってなされた『一般国家学』の邦訳、その他の邦訳書の原著者序文のなかで、ケルゼンは、日本の法学界が非実用的な理論に寄せる関心にいつも敬意を表し、自分の学説が日本でもっともよく理解されるものと期待していた。ケルゼンがどこの国での自著の翻訳出版にも似たような序文を書き送っていたのかどうか、それは知らない。ただ、戦前戦後の世代を通じて、ケルゼンへの関心が日本では絶えることがなかったのは、事実である。しかし、「理解」となると、はたしてどうであろう？「理解」ということには、いろいろなレベルがある。たんに知っているというのも、知らないことにくらべれば「理解」であり、この意味の理解者は、関心の度合に比例して、日本には少なくない。他方、ケルゼニストと呼ばれるほど信徒的にその学説に同調するfollowersもまた理解者に違いないが、これは日本にはいないのではなかろうか？　若い頃、多くのとりまきに囲まれていたイェリネックに反発したケルゼンが期待した理解者というのも、決してfollowersではなく、彼の問題提起の意味を理解し、違う答えを出すにしても対話の可能な人のことであろう。

ところが、社会科学の分野では、こういう意味でひとの学説を「理解」し、対話を進めてゆくということが、実はなかなかむずかしい。問題意識のすれ違いから生ずる実りのない水掛論・堂々めぐりがどれほど社会科学を非能率的なものにしてきたことか。ケルゼンみずからは、その「純粋法学」が見る人によって様々に異なり、相反しさえする政治的傾向の嫌疑をかけられたことをもって、何よりもよくその純粋性を証明する状況証拠だといっている。だが、何人も――したがってケルゼンも、自分の投げこまれている社会を何らの実践的関心なしに観照しうるものではない。伝統的な国家・法観念をことごとく破砕するようなケルゼンのトータルな問題提起は、新カント派の方法論の論理的適用というよりも、やはり、必要悪としての国家＝法秩序を合理化し、人間化しようとするパトスに根ざしていた。

ひとは、ケルゼンが個々の法秩序の内容に無関心に法の形式的な構造・機能分析をこととし、ファッシストやボルシェヴィキやナチスの国家もひとしく法秩序であり、いかなる任意の内容でも法でありうるとして、法の正しさの問題を法の科学の範囲外となした点をとらえて、全体主義をも傍観するニヒリズムと見た。ナチスに追われてたどりついたアメリカで、ケルゼンを何ほどか知っていた少数の人びと（ハーヴァードのパウンドやフラー）もそのような目で彼を迎えたのであった。しかし、パウンドのように、純粋法学をGive-it-up Philosophyと見るのは浅見である。どんな目的にも使用可能な強制機構としての法秩序の普遍的な固有の法則のきわめて散文的な解明は、およそ法秩序を定立する人間が、彼らの人間的意志以上のもの——神・自然・民族精神・階級意志等——をもって支配を絶対化するのをこれ以上許すまいとする烈しい情熱に裏づけられていた。古来法がまとってきた美化イデオロギーの衣装の一枚一枚をはぎとり、法秩序を、平和のための人間の人間に対する力の組織としてムキダシにすると、いっさいの法内容が宿命ではなく、それを創設する人びとの意志ひとつにかかっていることが明らかになる。そこではじめて、法を創設する人びとがそれに拘束されるすべての人びとと無縁の者であってよいのかという問題が、決定的な意味をもってくる。

ケルゼンは、至るところで、純粋法学は真理のために真理を追求し、いっさいの実定法についての評価を拒否すると宣言している。にもかかわらず、「権利」概念や公法・私法の対立をラディカルに否定する文脈のなかには、マルクスを思わせるような資本主義社会への批判がうかがわれないでもない。いわんや、デモクラシーとオートクラシーをめぐってさえ純粋法学が選択をしないなどというのは、どう見ても本当とは思われない。

ケルゼンが一九三三年（ナチス政権獲得の年）に書いた『国家形式と世界観』という小論は、純粋法学者の人間学的な自己分析として非常に面白い。そこで彼は、むろんおおまかなシェーマとしてであるが、

A　自他の同等性を認める人→客観主義的（合理的・経験主義的）認識論→デモクラシー→平和主義

B　唯我独尊的な人→主観主義的（非合理的・形而上学的）認識論→オートクラシー→帝国主義

というふうに、人間の性格に根ざす世界観と国家的および国際的な政治理念との照応関係を指摘している。ここでもケルゼンは、デモクラシーとオートクラシーを識別することが問題であって、選択することが問題ではないとことわってはいるものの、実際には彼の学問的生涯はすべてBの系列の根底的な批判に捧げられた。その意味で、彼の全著作が巨大な Kampfschrift（闘争文書）であった。

彼の擁護したデモクラシーは、もっぱら法秩序創設の方法を指し、無内容であることを特徴とする。これだ、こ

のほかに正しい法はないと確信する人は、それがどんな方法で生み出されても満足するであろうし、もし多数決原理が正しい法の創設を妨げるなら、分からず屋の多数の方を捨てるであろう。人間が決して絶対的真理、絶対的正義をつかみえないということから出発したときに、はじめて、法服従者のできるだけ多くの者の自律を確保するデモクラシーの方法の価値が体得されるのである。長い人類の歴史をとってみると、デモクラシーは決して自明のものとも、すでに確立して絶対にゆるぎないものとも思われないから、ケルゼンはこのことをくどいほど強調し、オートクラシーと結びつく形而上学的観念を徹底的に法学から駆逐したのであった。

私の師にあたる世代の学者たちは、時代の制約もあって、ケルゼンを、政治よりも哲学にアクセントをおいて読んだように見える。新カント派の哲学を理解しなければ、ケルゼンを理解できず、また、例えば現象学が正しいとなると、それだけでケルゼンが克服されうるものと考える傾向があった。今はどうか知らないが、戦後有力となった自然法論の指導者コーイングの法哲学教科書でも、昔もてはやされたケルゼンの純粋法学については、エーリッヒ・カウフマンの例の『新カント派法哲学の批判』を見よ、といった程度の扱いしかしていない所を見ると、ドイツでも似たような状況があったのであろう。もともと色もツヤもないケルゼンの文章を哲学の眼鏡をかけて読めというのは、とうてい無理な注文である。また、そのような素養と忍耐力のある少数の人だけが読むというのでは、デモクラシーの教師としてのケルゼンも心外であろう。

幸いに日本では、すでに戦前からケルゼンの基本的または啓蒙的著作のめぼしいものが邦訳されている。今後、あの *General Theory* と *Reine Rechtslehre* の第二版（一九六〇年）が、能力と責任感のある人の手で邦訳され、古い翻訳も機会あるごとに改善されるなら、ケルゼンが三七年も前に抱いた日本への期待が、その死後に本格的に実現する可能性がある。その昔彼が称揚した日本における学問の自由は、誤認であるか、そうでなければ皮肉でしかなかったが、今は事実なのであるから。［その後、General Theory of Law and State は、一九九一年、著者によって翻訳された。――編者註］

最後に、私の一番好きなケルゼンの文章を引用しよう。「デモクラシーは、反デモクラシーの思想の平和的表現を抑圧しないことによってオートクラシーから区別されうる。たんなる思想の表現と暴力使用の準備との間に線をひくことはむずかしかろうが、デモクラシーを維持する可能性は、そうした境界線を見いだす可能性に依存している。」

（一九七四年）

3　権力分立と混合政体

一　民主制と権力分立
二　権力分立と混合政体

一　民主制と権力分立

モンテスキューの『法の精神』がはじめて世に出てから二〇〇年目にあたる一九四八年、パリ大学法学部の比較法研究所は、これを記念して、論文集『モンテスキューの政治および憲法思想』を公刊している。そのうちの一編「権力分立について」のなかで、ミルキーヌ・ゲツェヴィッチは、一七九一年以来のフランス諸憲法の歴史をふりかえりながら、権力分立原理は、たんに絶対君主制に対するたたかいの武器であったにすぎず、現代民主制においては不可能かつ無用であり、ひとり議院内閣制のみが西欧デモクラシーの発展に即した政治機構であるとのべている。

たしかに、古典的権力分立論の直接の狙いは絶対君主制の克服にあった。しかし、この課題を果たし終ったとき、権力分立原理が全く存在根拠を失ったとみるのは、今日ことあたらしい見方ではないにせよ、必ずしも一般的ではない。国家権力が本質上三つの異る作用にわかたれうることを前提として、これらを相互に独立の異る国家機関に担当せしめることが専制を避ける唯一の道であるという権力分立論の主張は、何よりも現実になお、多くの立憲主義的憲法の政治機構を根強く規定しており、その熱心な擁護論もあとを絶たないのである。

しかしながら、権力分立原理の「超時間的価値」が語られる場合、そこでは、もちろん古典的な権力分立論がとりあげた問題のすべてがとりあげられているわけではない。たとえば、エルンスト・フォン・ヒッペルによれば、国家権力を多数に分割すべきこと、および、それが立法と執行（行政・裁判）という異る作用に対応してなさるべきことは、「人間および事物の本性そのものに根拠を有する」普遍的な教義であるが、これらの区別せられた諸権力の分配原理、すなわち、それ自身もまた、自由のための手段たる実力均衡原則（Das Prinzip des Machtgleichgewichts）を具体的に適用して、諸権力を実在の異った利害を有する諸政治勢力に結合する点は、権力分立の「理念」のたんなる「適用例」にすぎない。また、クヌストは、モンテスキューにおける「混合政体」（mixed government）の思想を、普遍的な理論をつねに具体的に例証する彼の叙述法のために、たまたま権力分立論に付着した「付属物」（Beiwerk）とみることによって、権力分立論の中核、権力分立原理それ自体は、純粋に形式的な原理であり、またそのゆえにこそ普遍妥当性を有すると説くのである。

しかし、いかなる勢力がいかなる権力をもつのかという問題を歴史的偶然として無視し、三権の分離・独立・相互抑制・均衡等々、要するに多数の権力の不断の拮抗のうちに、いわば、国家権力の真空つまり市民的自由を見出そうとする政治組織原理を純粋に形式的に捉え、これを、究極的にはあの「陳腐」（カール・シュミット）な、権力心理的考察によって基礎づけることで、果たして権力分立原理の永遠の価値が明らかにされたということができるであろうか？

国家権力の三つの種別が理論上成立ちえないという批判、あるいは、現実に立法部が立法のみを、行政部が行政のみをそして、司法部が司法のみを行ってはいないという批判も、ここでは、直接に問題とはならない。権力の区別が明確でなくなったということよりも、現実の憲法史の発展において、議会および執行部が、国家権力の組織全体の中で占めてきた比重の変遷こそ問題であり、国政の上で今日なお、権力分立原理が専制に対するすぐれた防壁として有効に機能しうるのかどうか、ということこそ、検討されなくてはならないであろう。

この点で、ワイマール憲法の動態についてヒッペルの示した分析は、法哲学的・精神史的であり、決して歴史的ではないが、一つの手がかりとはならないであろうか？

戦後のドイツにあって、その政治を無政府と専制のまじり合った状態とみる彼は、ほかならぬ「権力分立」に起死回生の妙薬を求めようと試みる。ところで、もともとヒッペルは権力分立原理をたんに形式的に、自立的なドグマとして把えていなかった。むしろ、異る作用によって表現せられ、別箇の利益圏（Interessenkreis）によって行使せられる権力の分配をこそ「真正の権力分立」とよび、権力担当者の Qualität の相違から生ずる諸権力の間の内在的緊張関係を権力分立原理の「真の核心」とみていたのであり、従って、「本来、法律と結びついている民主制の思想が、そこからやがて君主制の領域、およびこれと緊密な利害関係をもつ第一院（上院）という貴族制の領域を圧服したとすれば、その限りで、諸種の作用と格別の勢力とのかの法的結合はもはや存在せず」、かくして、人は権力分立について語りえず、たんに権限の分配について語りうるにすぎない。民主制の発展に伴う権力分立原理の Denatuierung の必然性をこのように把握したヒッペルがワイマール憲法に見出したものは、ルソー流の民主制の決定的な影響、すなわち、国家生活全体を絶対的に支配する「一般意志の Zentralismus」、内容的には、すべての価値の相対化、質的秩序の否定から生ずる「量の専制」（Tyrannis der Quantität）、具体的には、国議会の多数意志の絶対主義の前に根を失った基本権、無力な司法権である。

専制と無政府の両極端の間を絶えず動揺している今日の政治の病源がルソー流の民主制に存するとすれば、これを救いうる者は、再びモンテスキューではないのか？とヒッペルは問うのである。しかし、いうところの「量の専制」は、歴史的には、権力分立の枠の中から、この形式に盛られた質的な秩序が水平化せられたことによって成立したのであった。果たして、質的な秩序の滅び去ったところに専制しかありえない、とすれば、このことは、質的な秩序に対応することなしには、権力分立原理はその本来の意味を失い、その制度的な形骸も何ら支配権力の Zentralismus を実際に阻止するものではないということ、いいかえれば、正に民主制においては、権力分立は不可能かつ無用になるということを意味しないであろうか？「量の専制」を「真正の民主制」に転回せしめる軸として、権力分立の理念に固執する限り、モンテスキューおよびその前後のイギリス憲法論の基礎にあった混合政体という歴史的に運動した質的秩序に代わりうるものを求めざるを得ない。

ヒッペルの示したプラトン的理想国家の図式が、権力分立原理に今日新たな活力を与えうるようなものであるかどうかはともかくとして、民主制による混合政体的な質的秩序の解体に、権力分立原理の変質の内在的な原因を求めることは、おそらく正当な見方ではないかと思われる。フランスのチュルゴーが、アメリカ人は、「あたかも、君主の圧倒的優位との均衡を得るために必要と考えられて来たのと同じ諸権力の分立が、すべての市民の平等の上に築かれた共和国においても何かの役にたちうるかのように」イギリスの慣行を無批判に模倣したと言い、また、ケルゼンが、「権力分立の教義は、立憲君主制のイデオロギーの核心である」と断じ、「アメリカ合衆国のような共和国が、権力分立の教義を信仰的に受取り、正にデモクラシーの名においてこれを極端に実行する、ということは殆ど歴史の皮肉である」と言っているように権力分立原理は、民主制においては、自由のために働く場をもはや失っているのではないであろうか？

（1） Kelsen, H., Vom Wesen und Wert der Demokratie, 2. Aufl., 1929.
Knust, H., Montesquieu und die Verfassungen der Vereignigten Staaten in Amerika, 1922.
von Hippel, E., Gewaltenteilung im modernen Staate, 1951.

二　権力分立と混合政体

1　モナルコマキ

古典的権力分立論において混合政体（mixed government）の思想が見出されるということは、周知の事実である。混合政体とは、君主制・貴族制・民主制等は、それぞれ、長所と共に固有の短所を有するが、これらを適当に組合わせることによって、互に一の短所を他の長所が補う結果、最良の政府が得られるという思想であって、古くから存在し、絶対主義の主権論によって一時排除された後、モナルコマキと共にふたたび活力を得て、反絶対主義・法治国家の理論として登場する。

実態はともかく、理論上は、被支配者の伝統的な法感情・その既得の諸権利に固く拘束せられ、固有の政治の領域を知らない中世的法治国に対して、絶対主義の理論は、法の固有価値を認めず、具体的な状況に応じて、意図された結果を招来するために、必要とあれば、何人の同意をも要せず、既存の法秩序に反して行動しうる政治権力を君主にあたえ、かくて、一面では純粋政体を、他面では「統治国家乃至行政国家」を基礎づけたのであるが、モナルコマキの理論は、以下にのべるように、根本的にはこれに対する等族的反動としての性格をもちつつ、反面、近代立憲主義に発展しうる萌芽を含んでいた。直接には、君主による宗教的抑圧に反対して、その権力を限定しようとしたモナルコマキは、君主の権力を、たんに神の法・自然法によって拘束するだけではなく、実定法によっても拘束する。この拘束が実効的であるために、実定法は君主と対立する人民代表の意志でなければならない。支配契約によって、たんに条件的にのみ君主に服従し、また立法に決定的に参与して君主の支配に法的制限を課するpopulusは、uniuersitnsとしては、君主の上にあり、これに対し、君主はたんに法律のcustos, minister, executorたるにすぎず、しかもこの執行権の法律適合性の要請は、きわめて厳格であって、あるいは、君主の行う法律の執行・解釈が元老院のコントロールに服せしめられ、あるいは、端的に解釈が禁止せられる。このような君主の位置づけに対応して、モナルコマキは、絶対主義的「統治国家」にとって不可欠な官僚制を君主の手からもぎとり、これをふたたび等族に委任せられた官職によって置き換えようとする。

ここには、たしかに、単純な権力分立と、立法の民主制・執行の君主制からなる混合政体が示されている。しかし、この混合政体論において必然的なものは、現に絶対王制によっておかされている等族的populusの権利の回復であり、反対に、君主の地位は——現実の事態に無頓着に——偶然的なもの、他のmagistratusと殆ど区別しがたいものである。彼はたとえ世襲によってその地位につく場合にも選挙されたものとみなされ、自己に服従する官僚をもたず、反って、すべての magistratus, officiarii Regni は populus を代表して暴君に抵抗することができる。かくして、君主が法の執行者であるということは、彼が法に反して何ごともなし得ないという消極的な意味しかもち得ないのであるが、それでは君主を拘束すべき実定法とは何であったろう。populus の主権から、populus に独占的な、あるいは君主と共同の立法権をみちびき出すモナルコマキは、いかにも近代的な法観念を有しているように見える。だが、それも君主の意志が法であるわけではないという否定的な意味において「populus の意志」を語ったにすぎないのではないか？　むしろ、一般に「意志」であることは法の本質ではなく、客観的な、「正義と公共の善に関する判断」「悟性の知り得たもの」こそがその実体と考えられているように見える。それはなお中世的な法観念に根ざしており、立法について人間のなすべきことは至って少く、かつ、populus の意志にとっても神の法・自然・理性は踰えることのできない限界である。

執行権としての君主は、実は、貴族、パールマンに割拠する法服の貴族達、都市やプローヴァンスの支配者達をすべてひっくるめた officiarii Regni の中の、たんなる名目的な primus にすぎず、これらの populus の代表者達は地方的に異る伝統的な法＝慣習に反する君主の行動に対して、てんでに抵抗権を行使する。モナルコマキの理論は、十六世紀のフランスにおいて実践的にはこういうことにならざるを得ない。Etats-Généraux がイギリスの議会のごとき発展をとげず、宗教的分裂が国民的統一を妨げ、絶対王制に対して対等に闘うことのできる近代的な国民代表がどこにも存在しなかったフランスでは、政治理論の中世からの脱皮も、これに含まれている近代的な要素の実践も共に不可能であった。モナルコマキの理論が更に発展せしめられ、政治思想・憲法思想に大きな影響を及すのは、十七世紀のイギリスにおいてである。

（2）　Allen, J. W., Political Thought in the Sixteenth Century, 1951.
Kägi, O. W., Zur Entstehung, Wandlung und Problematik des Gewaltenteilungsprinzipes, 1937.
Kern, F., Recht und Verfassung im Mittelalter.

Schmitt, C., Politische Theologie, in Erinnerungsgabe für Max Weber, Bd. II, 1923.
Derselbe, Legalität und Legitimität, 1932.
Derselbe, Verfassungslehre, 1954.
Treumann, R., Die Monarchomachen, 1895.
von Gierke, O., Johannes Althusius und die Entwicklung der naturrechtlichen Staatstheorie, 1929.
Derselbe, Political theories of the Middle Age.

2　イギリスにおける混合政体論の展開

うちつづく内乱による封建貴族の没落に乗じて、分散していた政治権力を王権において統合し、教会を従属せしめ、王権の支配の道具として強力な King's Council を創造し、治安判事や sheriff を通して中央政府の権力を地方のすみずみにまで浸透させようとしたチューダー王朝の支配は、絶対主義的「統治国家」への傾斜をもってはいたが、一方、固有の、有給の専門的官僚制と常備軍を持たないという点に内在的な支配の限界があり、他方、誰よりも国民的統一、平和、秩序を望む都市や海港の新興の階級の支持があったことから、この時代にはアグレッシヴな絶対主義の理論も存在せず、したがってその反動としての法治国家的な理論にもきわだったものがない。一方では、君主の専制は、貴族の専制よりはるかにましであり、善き君主は commons を貴族の専制から護ってくれるだろうという期待と抵抗権の否定。他方では、新興階級の希望にみちた True Commonwealth の構想も、constitution of government よりもむしろ社会組織全体を、いいかえれば、政治的な憲法の下部構造をとりあげたものであった。

教会に対する Royal Supremacy の原則が civil government にも拡げられて適用せられる可能性、王権の支配の道具である諸々の非常裁判所、大陸における絶対主義の理論やローマ法の復活の影響、これらのファクターは、次第に、チューダー王朝の後期にいたって絶対王制への傾向を強めていくが、十六世紀末、十七世紀初頭のイギリスでは、世襲君主制を唯一の「自然な」政体として基礎づける理論も、決して国王に独占的な立法権を認めることはできなかった。国王に対する抵抗権を認める者も認めない者も、イギリスの政治体制が、君主と議会とに主権の分割された mixed monarchy であるということについては一致していた。

混合政体論は、国家のすべての権力が君主に集中することに反対する。君主の権力を、たんに神法・自然法・理性・salus populi によって制限する理論は、君主の絶対性と相容れないものではない。たとい、実定法による拘束を主張するにしても、Salamonius のように君主にのみ立法権を認めるならば理論的な制限も実際には意味をなさない。salus populi に向けられた君主の内面的な義務を外的に強制しうるものにすることが混合政体論の最大の眼目であった。しかし、現実に君主に対抗し人民を代表して行動しうる統一的な組織の存在しないところでは、実定法の概念も徹底を欠き、混合政体論はたんに貴族制的復古の理論としての意味しかもち得なかった。これによって絶対君主制を国家権力の近代化の方向に克服することを可能にしたのは、十六世紀後半にはじまるイギリスの議会の権力の増大、人民代表と立法権との現実の結合である。

「議会は、古い法を廃止し、新しい法を作り、過去および将来のことがらについて命令を与える。……頭から体まで国の全体を代表し、その（全体の）権力を有するイギリスの議会は、かつてローマの人民が行ったであろうすべてのことを行うことができる。何故なら、君主からもっとも微賤な者にいたるまで、すべてのイギリス人が議会の中にいるものと考えられ、かくして、議会の同意は万人の同意とみなされるからである」（Sir Thomas Smith）

国王と議会との間に give and take の関係が存在し、ヘンリー八世の言ったように、両者が「一箇の政治体に結合し、編み合わされて」いた間は、国王が議会においてのみ行い得る機能と、単独に行い得る機能との厳格な限界はさして問題とはならず、したがって、この時期の混合政体論は、イギリス憲法の単純な性格づけにとどまり、特別な理論的基礎づけをもっていない。

国王の Prerogative がスチューアートの手の中で完全な専制の道具と化し、これに対して議会が、人民代表としての資格において、同じように実力をもって salus populi を救おうとしていた内乱の前夜に、われわれは Philip

Hunton の混合政体論をもつ。

mixed monarchy においては主権は元来君主・貴族・人民が共有する。その間に序列があるのが普通でかつ最良の形体であるが、この序列は君主に対する等族の権力の従属を意味しない。等族はその権力を国王から受けたのではなく、直接、根本法によって認められている。mixed monarchy といい得るためには、君主の権力は、「混合を破壊するほど強大であってはならないが、また、君主制を破壊するほど名目的なものであってもならない」。イギリスの君主制は正にこれであって、国王は臣民として彼の適法な命令に服する貴族・人民に対して先位に立ち、議会の召集・解散権を有し、議会の行為の完成には彼の同意が必要である。要は立法権が分かれていれば足り、その他の権力は君主の独占するところであってもよい。このような混合は、一つ一つは非独立の数箇の権力が一つの完全な混合権力を合成するのであるから、なんらボダンの非難するように背理ではない。このような政体においては三つの要素の協力であってこそ government があり、その間に敵対関係が生ずれば the Frome of the State そのものが解体せざるを得ない。それは混合政体にとって命取りの病気であって、その間の闘争は、混合政体の枠を破って、これを絶対主義に変えてしまうだろう。法の枠をこえたこの争いを法的に審判することは不可能であって、このような場合には、政府が存在しないものと見て、直接 community に訴え、人々の良心を動かす外はなく、人は良心に照らして正しいと信ずる側に極力援助を与える義務を負う。Hunton は、国王の側の不法も、Long Parliament のとった対抗手段の不法もひとしく認める。しかし、Commons が、その行動を正当化するためにもちだした議会主権の原理は、イギリスの根本法に先例を求めることができない。議会の完全な主権は、君主の単独主権と同じ程度に恣意的であり得る。そうだとすれば、君主制を絶滅することよりも、自由のためには、混合政体の、失われた調和・均衡を修復することが望ましい。

この時期には、King, Lords and Commons の混合・均衡の理論は、さまざまな形で論じられた。たんに議会における混合と相互抑制を説くばかりでなく、立法権・執行権・裁判権のそれぞれについて混合政体による modérationが考えられた。混合政体の均衡の理念を恒常的に実現するために、異った要素を担う権力の間に具体的なcheck and controlの仕組みが作り出されねばならなかった。イギリス憲法の伝統の上に、しかし、国王の有した、その限界の明らかでないPrerogativeを、より民主制の立場から限定しながら、精緻な混合政体の権力図式を組立てる基礎をおいたのは名誉革命であり、その後十八世紀全体を通じて、その理論はイギリス立憲主義の骨格をなしていた。完成した形で十八世紀的混合政体論を示しているのはWilliam Paleyである。

Paleyにとって、主権と立法権は同一のものであり、憲法上、最高、絶対、万能の権力である。したがって、立法権の所在によって、政体は君主制・貴族制・民主制に分たれる。現実には、二つ、あるいは三つの混合した政体しか存在しないが、純粋な政体としての君主制（絶対君主制）の長所は、活動力、決断、秘密が守られる点、機敏さ、軍事力、民主制および貴族制につきものの争乱がないこと、きまった即位順位があるために、最高権力の奪い合いのないこと等であるが、その反面、暴政、浪費、苛斂誅求、軍事的支配、個人の満足のための不必要な戦争、君主の人柄いかんにかかっている点、為政者が人民の利益に無知であり、したがって適切な施政が行われがたいこと、政治の準側が絶えず動揺し一定しないために人身の自由と財産の保障が充分でないこと等の短所を有する。民主制も貴族制も同様に長短相半ばする。それゆえ、混合政体においては、それぞれの政体の混り合う割合に応じて、各々に固有の長所と短所がそこにもちこまれることになろう。混合政体にあっては、各々の長所がよくその処を得て国家権力の組織の中に配分せられ、一の短所が他の長所によって償われるように全体を組立てなければならない。秘密が守られることと機敏さが君主制の固有の長所であるとすれば、正にこれらのものを要求する執行権を君主制に結合することが合理的であり、貴族、人民がむやみに執行権に干渉してその活動を鈍らせたり、秘密にする必要のあることを暴露することのないようにしなければならない。ここでは、君主制の固有の質を根拠として立法権の一部としての君主に、the other estates of the empireから独立の執行権が与えられるのである。これは、混合政体の基礎の上に成立した「質的権力分立」（ギールケ）にほかならない。

国防、外国との関係でイギリスの勢力・威厳・特権を維持すること、正しく裁判官を選任して民事裁判を行わせること、これらの点では通常君主と人民の意向は一致する。それゆえ、これらの仕事を行うための prerogative は強大であって差支えない。国王の政府から来る危険のうち最大のものは、恣意的な刑罰・課税であるが、前者については罪刑法定主義が後者については憲法の民主制の部分＝下院の専属的な同意権が確立されている。

均衡が、たんに名目にとどまることなく、また一時的なものでなく、絶えず拮抗し合いながら現実の憲法において持続しうるように権力と権力をあんばいすること、それがこの時期の混合政体論の特質である。Paley は、このよう憲法の仕組みを、憲法自体の自己維持の方法と考える。「最良の政体も、自らを永続せしめる方法を講じていないならば、不完全なものであろう。」

立法権の各部分 King, Lords and Commons は、どんな風に他の部分の侵害に対して自己の正当な権力の行使を確保するのか？ 立法権の各部分がそれぞれ権力の持分を確保している場合、そこに balance of the constitution, political equilibrium が存在する。balance of the constitution は二つの仕組みから成立っている。

balance of power——立法権の各部分の権力は、その権能を濫用または踰越すれば、必ず他の対立的な部分の権力によって阻止せられ、相互的なチェックの結果、権力の均衡が生ずる。君主制を絶滅しようとして両院を通過した法律は、国王の拒否権によって阻止せられ、逆に拒否権の濫用は、議会の財政支出の拒否によって阻止せられる等々。

ところで、このような balance of power は、それらの権力支担者の間の利害の対立を imply している。balance of interest を balance of power の基礎に予想することは、混合政体論としては当然のことながら、「利害の均衡が権力の均衡に実効性を与える」という関係の指摘は重要である。権力の均衡を破る立法権の一部の侵害は、必ず利害の均衡を破ろうとする野心に根ざしている。だから、王権による Commons の権利の侵害に対しては、貴族制の要素は自己の利害のためにも、これを阻止するために必ず Commons に手をかすであろうし、王権を侵害する Commons の野望に対しては、貴族達は生来の同盟者のごとく王権と結び均衡を回復すべく務めるであろう。貴族制の原理は正に modération であり、彼らは誰よりも熱烈な均衡の愛好者である。

House of Lords の功用は、第一に本来王権と共通の利害をもつ者として王政の安定を確保し、第二に、少数の指導の下に自主的な判断もなく過激に動くおそれのある国民の大部分、popular fury を阻止することである。民の声が常に正しいとすれば、このような干渉は余計であるばかりか、間違っているが、実際にそういう保障はないのだから、人民の偏見に対して、貴族の偏見を対抗せしめることが必要である。要は、正しさではなく、mass を分割し、互に対抗せしめて common people の恣意と過激さを阻むことにある。

（3）　Allen, J. W., Political Thought in the Sixteenth Century, 1951.
Gough, J. W., Pundamental Law in English Coustitutional History, 1955.
Hatschek, J., Englisches Staatsrecht, Bd. 1., 1905.
Keir, D. L., Constitutional History of Modern Britain, 1953.
McIlwain, C. H., Constitutionalism and the Changing World, 1953.
Paley, W., Principles of Moral and Political Philosophy, 1785.

モナルコマキにはじまる混合政体の思想はその祖国では近代国家を基礎づけるものとなりえなかった。またボダンやホッブスの主権概念が決して根をおろさなかったイギリスでは、混合政体の理論は、あるいはチューダー王朝の絶対主義的志向をつつむオブラートとなり、あるいは、革命の後、君主制の復権、貴族制による民主制の緩和、要するに Three Estates of the Renlme の妥協・調和の理論として、独特な国家権力の checks and controls の体系を生み出した。それは古典的権力分立論の著者達の手で「権力分立」として把握せられた。

一方、モナルコマキ、Virdioae や Buchanan の思想は、イギリスの議会を足場とするなら、ständisch gemischte Verfassung のヴェールを棄てて、内実も形態も革命的な国民主権の憲法を創り得たであろうと思われる。

モナルコマキにあっては、混合政体は絶対王朝をうち崩すための手段であった。イギリスではこれが目的となる。

混合・均衡はあらゆる絶対主義の否定である。権力分立原理の生命もまたそこにあるのであろうか？　混合政体原理は永遠の均衡を要請したが、それはイギリスでももはや存在しない。それでは権力分立原理はどうなのか？　二つのものは、はじめから独立であったから、今日なお生命をもち得るというのであろうか？　次には権力分立論の構造を分析しようと思う。

（一九五六年）

［編者註——本論文の節の末尾に（1）～（3）の番号を付して文献が挙げられているが、これは本文中に挿入された注ではなく、節ごとの引用文献・参考文献をまとめて挙げたものとおもわれる。］

4 民主制と権力分立

一 序説

権力分立原理は、自由主義的な権力観に基礎づけられて、立憲主義的憲法の基本原理とせられ、多くの国でいろいろな形で制度的に実現せられた。しかし、自由な憲法の公理として永遠の妥当性を認められてきたこの原理は、その反面いろいろな角度から問題をなげかけている。権力分立原理の前提するような国家権力の区別が理論的に成立たないというのは今日きわめて一般的な見方であり、また、国家の現実においても、いろあいの異る権力が必ずしも厳格に分離せられず、むしろ行政部を中心とする権力の混淆としてあらわれる「執行権の強化」が現代国家の一つの特徴とせられている。このことから、権力分立原理は、はじめから確固とした理論的基礎をもっていなかったのだから、時代の政策的便宜によって当然崩されたのだとみることもできよう[1]。しかし、権力の截然たる区別が不可能であり、また、現実に明確な権力の分離が行われていないということは、いわば法原則としての権力分立原則を破りはするが、それだけではなお、政治的要請としてのこの原理の価値が否定されるわけではない[2]。現代国家における不可避的な権力の混淆への傾向にもかかわらず、依然として、すべての権力の完全な集中は暴政の定義であるということができるのである。しかし、権力の集中が避けられなければならないということ、そしてその権力心理的な根拠づけも、それだけではこれまた、権力分立原理の永遠の価値の証しとはならないであろう。権力分立原理をたんに三権分立としてとらえることがこの原理のもつ政治的内実を看却したものであるとすれば、単純に権力の集中を排除する点にこの原理の永遠の妥当性をもとめる見地は、ことがらを極度に単純化して、結局権力分立原理のもつ豊富な歴史的内容を見失うことになるのではないだろうか？「権力の担い手は絶えず自己の権力をおしひろげようとするが（複数の権力が存在するならば）、それぞれの権力の担い手は、他の同じような権力膨張の志向・能力とぶつかり、そこに市民が国家権力によって手を触られることなく生活しうる真空の如きものが生じる」[3]。このような権力分立原理の把握は純粋に機能的であり、権力の主体、国民との関係におけるその性格というような歴史的な契機は権力分立原理に対して外在的なものとせられる[4]。

「権力が権力を阻止する」ためには、たんに人間の権力欲以上に、具体的な権力の担い手の間の対抗・猜疑の関係が前提されなくてはならないであろう。正しくキュスターのいうように、権力分立原理が、たんなる思想にとどまることなく、Verfassungswirklichkeit となりうるのは、それらの権力がもともと存在している社会的な Kräftespiel と結びついている場合に限られる[5]。権力分立原理が今日現実性を失いつつあるとすれば、その原因は権力の混淆にあるのではなく、権力分立原理の形成に際して所与のものであった政治的な力関係が根本的に変動したことにありはしないだろうか？　エルンスト・フォン・ヒッペルが、かつて「本来、法律と結びついている民主制の思想が、そこからやがて君主制の領域、およびこれと密接な関係をもつ第一院という貴族制の領域を圧服したとすれば、その限りで諸種の作用と各別の勢力とのかの法的結合はもはや存在せず、」[6]かくて人はもはや「権力分立」について語り得ず、たんに「権限の分配」について語り得るにすぎないといっているのもこの意味においてである[7]。このように、権力分立原理を立憲君主制という歴史的な政治状勢と不可分のものとしてとらえる限り、現代民主制におけるその価値は当然否定的に答えられることになる。議院内閣制という新しい政治組織原理を前にして、権力分立の要請はたんに司法権についてのみ妥当するにすぎないとされ[8]、あるいは、自由は、権力の明確な分離よりも、むしろ議会による民主的コントロールにかかっているとされる。(9) もちろん、この場合にも何らかの権力の分散は必要とされるが、それは権力の相互抑制から生ずる均衡を狙いとするものではなく、たんに、一種の分業としての意味をもつにすぎない。

権力分立について下されるさまざまな評価は、それぞれにこの原理の解釈を異にしていることから生ずる。それゆえ、最初になすべきことは、古典的な権力分立論の構造を、じかに追究することである。

（1）ファイナーは、「権力を分離すべきかどうか、もし分離すべきだとすれば、いかに分離すべきかという同題をすっかり解決するような絶対的に固有のもの、永久不変のものが、いろいろな作用の本質の中にあるわけではない」という。Herman Finer, The Theory and Practice of Modern Government, 1932, I, p. 170.

（2）G.W. Paton, A Text-Book of Jurisprudence, 1951, p. 262.

（3）E. von Hippel, Gewaltenteilung im modernen Staate, S. 10.

（4）クヌストは、モンテスキューの権力分立論において、その核心と表皮、つまりこの理論の不変の典型的な要素と、国民的・歴史的に制約された要素を区別する必要を説き、付属物からときはなされた権力分立原理は、純粋に形式的な原理であり、それゆえに普遍的に運用可能であるという。

H. Knust, Montesquieu und die Verfassungen der Vereinigten Staaten von Amerika, 1922, S. 24, 29.

（5）O. Kuster, Das Gewaltenproblem im modernen Staat, in A. d. o. R., 1949, S. 403.

（6）註（37）参照。

（7）E. von Hippel, Überprüfung von Verwaltungsakten durch die ordentlichen, Gerichte, in VVDStL, Heft 5, 1929, S. 185.

（8）H. Laaki, Grammar of Politlcs, p. 542.

（9）I. Jennings, The Law and the Constitution, 1948, p. 284.

二　権力分立論の構造

1　権力の分離

国家権力を立法と執行とに区別することは、すべての権力分立理論の出発点である。この区別は、国家権力による一般的・抽象的規範の定立と具体的な国家権力の行為との対比に基く。一般的・抽象的規範としての法律の概念は法治国家の中心的前提であって、権力分立原理はこの法治国家的法律概念なしには無意味であり、一般的規範と個別的命令との結合を断ち、個別的な決定を一般的な規範に拘束することによって、直接に市民の生命・自由・財産に手を触れる具体的な国家権力の行使を予測可能にするところに権力分立原理の一つの狙いがあった[1]。執行という概念それ自体がすでにこのような法律羈束性の原則を表現するものであるが、ロックにおいては、執行権は法律の意志・法律の権力以外の意志・権力をもちえない。法律は厳格に「臨機応変の命令」から区別された「固定した永続的な規則」であり、具体的な処分の事前に、法律によって一般的に、すなわち、「富者も貧者も、宮廷の籠臣も農夫も」区別することなく、生命・自由・財産について何が各人のものであるかが確定せられ、この「確定され公布された法律」に従って権力を行使する政府のみが、各人が平和と静謐のうちに各人の生命・自由・財産を確保するという社会および政府の目的に合致するのであり、このような執行権の法律羈束性は、執行権が立法権から人的に分離されなければ期待することができない[2]。

ところで、立法と執行とは一般性と個別性によって区別されるばかりでなく、たとえばロックの指摘するように、立法は一時に短期間に行ってよいが[3]、執行は不断に行われなければならないというような作用としての性質にいろいろな差異が考えられ、これを根拠としても二つの権力の異る取扱い・分離が要請せられる。

立法権と執行権は、ボーリングブロークによって、国家における「智恵」と「力」に例えられた[4]。立法を「理性」にかかわらしめ、これに対して執行を「力」ないし「行動」としてとらえることは、モンテスキューにおいても同様である。ギールケの指摘しているように立法者の意志ではなく、その理性的な認識が法を生み出す本当の力であり、立法の本質は正義の理念と実定法の内容との一致を確認するところにあるとするモナルコマッヘンの思想は、実定法を自然法のいわば「執行命令」としてとらえる十八世紀の抽象的理性法の思想に承け継がれたのである。(5)理性的認識としての立法に誤りなからしむるには、多数人の集会における討論によるのが最上の方法であり、対立する意見が多い程、その結果は相対的により真理に接近すると考えられる。(6)立法権の分割は、この見地からも支持される。このことをもっとも明瞭に述べているのは、ド・ロルムであろう。「立法部の異る諸部分の間に生ずるところの・そして公共の善がむしろその生ずることを要請するところの諸々の対立は、反対の意見・意図の間の対立以上のものでは決してなく、万事は悟性の領域において片がつき……それに、立法部の一部分がその提案を他の部分にうまく受け容れさせるならば、その結果は、それだけ多く善き法律でありうる法律が成立することであり、若し提案が受け容れられないならば、そのことから生じうる最悪の結果というものも、ある法律がその時には作られないというにすぎず、このために国家が受ける損害は、多かれ少かれ有益な何らかの投機が一時棚上げされるということ以上には出ない。」「要するに、立法権を分割することより生ずる結果は、真理か一般的静謐かのいずれかである。(7)」

立法権が、立法の本質に基いて、その担当者として多数人の集会を、さらに多数の集会を要求するとすれば、執行権は、反対に一人の人間に結びつけられる。執行は「即時的な行動」であり、抽象的な合理性ではなく、具体的な合目的性・技術性によって支配せられる。不断に存在する必要からいっても執行権は一人の自然人の手になければならないが、決断・行動の迅速さ、秘密保持、国家の実力の統一的な強力な使用などの要請も執行権を多数人の討論のうちに解消することをゆるさない。(8)執行権の分割は、立法権の場合と異り、無秩序・内乱・国家の破滅を招来する。(9)

（1）　Carl Schmitt, Verfassungslehre, 1954, S. 131, 139 ff, 151 ff. Die Diktatur, 1928, S. 105, 107, 108.

I 憲法の基礎理論

Max Weber, Wirtschaft und Gesellschaft, 1947, S. 166.

（2） John Locke, Two Treatises of Government, 1713.（初版は一六九〇年である。）第二部、一一章および一二章。

（3） ロックにおいて、立法部が合議体で恒常的に存在しないということは、立法者を自分の作った法律に拘束することを可能にし、立法権の公共性を確保するために必要である。「立法権が不断に存在する恒常的な集会、あるいは、絶対君主制におけるように、一人の人間の手にある政府では、立法者が、自分は社会の他の人々と異なる利害を持っているのだと考える危険がある。」（二の一三八）

（4） Carl Schmitt, a. a. O., S. 140.

（5） v. Gierke, Johannes Althusius und die Entwicklung der naturrechtlichen Staatstheorien, 1929, S. 280.

（6） Carl Schmitt, Die geistesgeschichtliche Lage des heutigen Parlamentarismus, 1926, S. 43 ff.

（7） J. L. De Lolme, The Constitution of England, 1816,（初版は、フランス語で一七七一年、英語初版は一七七五年。）p. 221, 222.

（8） ロック、「立法権は恒常的に存在するものではなく、また、普通人数が多すぎて、執行に必要な迅速さの要求をみたすには余りにも悠長である。」（二の一六〇）William. Paley, The Principles of Moral and Political Philosophy, 1819,（一七八五年に初版）p. 346. C. Schmitt, a. a. O. S. 56.

（9） De Lolme, ibid, p. 222. ロックが同盟権を執行権に結合する理由も同様である。（二の一四八）

2 執行権の従属と均衡

ルソーにあっても、法律は一般的な規範として、特殊的なものに向けられた執行から厳格に区別され、立法権と執行権が分離されないならば、当然区別さるべきものが区別されず、「法律と事実とが混同されて、……暴力を防ぐために設けられた政治体は、あとかたもなく傷つけられてやがて暴力の餌になろう。[10]」執行権を支配するものは、一般意志＝法律であって、それ以外のものであってはならない。ギールケはこれによってルソーは自ら非難した権力分立論から自説に役立つ要素を借用したとみている。[11] しかし、ルソーにおいては、立法権と執行権は、主権者とその代理人の関係にある。前者は自立的な存在であるが、後者は「借りものの従属的な存在」にすぎない。主権者は執行権を任意に制限し、変更し、取り上げることができる。[12] 執行権の立法権に対する従属は、すでに作用の性質に基礎をもっているとはいえ、従属の態様は、立法権において国民主権の思想が前面に出てくるかどうかに依存するであろう。ロックが立法権を最高権力となし、他のすべての権力はこれから派生し、これに従属すると説く場合、「他の者に対して法律を制定しうる者は、法律によって規律される者に優越していなければならぬから」といういわば形式的・論理的な理由以外に、法律を、たんに一般的規範としてばかりではなく、国民によって体現される社会の窮極の最高権力である「公共意志」の代表としてとらえる民主的法律概念がその根底にある。したがって、ロックは、立法部がその判断に基いて、執行部の権力を取り上げ、すべての執行部の違法を処罰する権能を立法部にあたえる。(13)分離せられた執行権の、立法権に対する百パーセントの従属は、国民主権の論理的な帰結であり、民主的な権力一元主義を意味する。法律が至高の国民意志そのもの、あるいは、その代表とみなされ、執行部の権力が文字通りに法律の執行のみに限定せられるならば、正にコンドルセーのいうように、執行部は真の意味の権力ではなく、立法部がそれを用いて行動する腕であり、自己の法律の執行の細目をそれによって見とどける眼にすぎなくなることは必然であろう。(14)

それゆえ、権力分立原理にとっては執行部の権力が純粋に執行権に限られないということが決定的に重要である。執行権の従属性を説くロックにおいても、それは必ずしも執行部があらゆる場合に法律の執行のみを行い、その権力行使についてつねに立法部に対して責任を負うということを意味しない。むしろ、当時のイギリスの政治体制を背景としてロックの想定し、是認する制限君主制においては執行権の担当者である君主は、同時に立法権を分担し、自らを立法部の他の部分に従属せしめようとする法律に同意をあたえるわけはないから、これもまた最高の権力である。このほかに、立法部の召集・解散の権能も、固有の執行権と区別された「大権」として執行権の担当者に属する。(15)大権は、法律に規定のない事項、性質上あらかじめ法律によって規律するに適しない事項および法律の執行がいちじるしく具体的妥当性を欠く結果になる個々の場合について、法律によらず、あるいは法律の文言に反してさえ、具体的に公共の利益のために行動する権能であって、立法部が執行に適しないのと同じ技術的な理由からばかりではなく、歴史的に執行権に結合せられる。揺籃期においては政治権力は殆んどすべて大権であり、その濫用を抑制するために、「政治権力のいくつかの部分を別々な手に委ねて政治権力に均衡を得させる」必要もなかった。それゆえ、一方、民主制の論理から、執行権が立法権から派生しこれに従属する権力とせられるにしても、歴史的には、この権力は、もともと大権として国王の手に無限定に存在したものが法律によって制約を受けた結果、また、その範囲で成立したものにほかならない。大権といえども、公共の利益のために信託された権力であるから、君主がこれを私的な目的に用いるならば、国民が立法権によってこれに制限を設けるのは大権の侵害ではないが、同時にロックは、明白に公共の利益の限界を越えない大権の行使にまで立ち入って制限を課することには反対する。このことは結局、国民主権と議会の上・下両院によるその吸収的代表という見地から国王の権力を全く ministerial なものとしてしか位置づけないプリンヌと異り[16]、ロックにおいては、国王もまた議会とならんでなお独立の国民代表とみなされていたことを示すものである[17]。しかしロックは、このような立憲君主制における代表の二元主義を積極的に擁護するわけではなく、たんに歴史的な事実として容認しているにすぎない。したがって、代表の二元主義に基礎づけられた執行権の独立性は、本来の社会契約、国民主権の理論のもろもろの帰結のように普遍妥当性を要求するものではない。

立法権をも含めてすべての政治権力を公共の利益なる目的に適合せしめることがロックの最大の関心事であったとすれば、モンテスキューのそれは何よりも政治権力の節度（modération）にある。「制限政体（gouvernement modéré）をつくるには、もろもろの権力を結合し、それらを規正し、緩和し、活動させなければならない。いわばその一つに砂嚢を与えて、他に対して均衡を得させなければならない。」権力の均衡の思想は、すでにロックにその片鱗が見られるように、決してモンテスキューの独創ではなく、憲法理論上の権力均衡論の真の創始者はボーリングブロークであるとせられる[18]。「イギリス憲法にあっては（政治体）全体の安危は（政治権力の）諸部分のバランスにかかっており、このバランスはまた諸部分の間の相互の独立性に依存している。」「イギリスの政府を構成するそれぞれの部分が有するところの相互的抑制・阻止の権能は、相互的依存と呼んでもいいだろう。しかし、この相互依存は要請せられる独立性と対立せしめられてはならない。むしろ反対に、かかる相互依存は、そのような独立性なしには存続しえないのである。[19]」権力の均衡は諸権力の相互抑制・阻止の結果として生ずるのであるが、抑制・阻止の権能は、それぞれの権力が独立であることを前提し、かつ、他の権力による侵害に対して独立を保持するための手段である。相互的抑制・阻止を受動的にみるとき、それは諸権力の相互依存にほかならない。

権力の均衡の思想を合理的に区別せられた権力の分離と結合したモンテスキューにとって、抑制され、阻止されなければならないのは、「性質上限界を有する」執行権よりも、むしろ立法権である。立法権が固有の権限領域を越えて執行権の領域を侵す危険に対して、執行権は当然拒否権によって身を守らねばならない。また、ロックもいうように、[20]立法部は、もし恒常的に存在しうるなら当然執行権をも兼併するに到るであろうから、その存在を執行権に依存せしめることも必要と考えられる。その反面、立法権は、法律がいかに執行されたかを検査する権利をもつが、執行権を阻止する権能も、執行者の一身を裁判する権利ももつべきではない。「阻止する権能」(le droit d'arreter, la faculté d'empecher) は、直接他の権力の領域に介入して、そのなした決定を無効にする権利であり、固有の限界を越えて均衡を破る権力の企図を一挙に粉砕するという直接的な効果をもつ。立法権による執行権の抑制にこのような直接的な方法がみとめられないにしても、モンテスキューは執行権に対して全くの自主性をあたえるわけではない。

「もし、執行権が、公の金銭の徴収に関して、国民代表 (le peuple en corps) の同意に依らず規定するならば、もはや自由はない。なぜなら、執行権は、立法のもっとも重要な点で立法権となるから。」租税法律主義の狙いである執行権の立法権に対する依存を徹底させるために、いわゆる永久税主義はみとめられない。課税権をもたぬ執行権は、ド・ロルムの譬えるように、「完全に装備された船ではあるが、議会が任意に水を排することによって、地面に乗り上げさせることの出来る船」にひとしい。[21]立法部の召集・解散の権能をもつ執行権に対して、これは立法権がその存在を確保するためのきわめて効果的な平衡力である。さらにモンテスキューは、「行動」を本質とする執行権の所管に属する軍隊についても、立法権が、年毎に規定することを要求し国民との同質性を保障する方法を示している。いうまでもなく、常備軍が執行権の恣意を貫徹する道具と化するのを阻止するためである。

財政・軍事に関する立法権のこれらの権能は、立法権と執行権の間の極端なコンフリクトに際しては、両者の均衡どころか、執行権の解体をもたらすことができようし、さもなくとも、課税同意権を足場として権力拡張を志向する立法権の前に抵抗するすべのない執行権をつくりだすであろう。[22] バランスが失われないためには、立法部の自制もさることながら、両者の中間にあって、権力の正面衝突を緩和する第三の権力が必要となる。しかし、「規正権力」としての貴族の登場とともに、問題は、もはや、混合政体の領域に移行する。

(10) ルソー『民約論』平林初之輔訳（岩波文庫）九七頁、一三八頁。

(11) Gierke, a. a. O. S. 202, 203. もちろん、一般にはルソーとモンテスキューは極端な対立としてとらえられている。Saint Girons, Essai sur la Séparation des Pouvoirs, 1881, p. 115 ff., E. v. Hippel, Gewaltenteilung im modernen Staate, S. 18 ff.

(12) ルソー、前掲八五頁以下。

(13) このことは、理論上、純粋な執行権者にのみ妥当する。（二の一五一、一五二、一五三）

(14) Saint Girons, ibid. p. 140.

(15) 君主のこの権能は、立法権を抑制するという意味を全くもたない。むしろ、理論上は立法部の完全な自律がみとめられ（二の一五三）、いろいろな実際上の不都合から、立法権の活動の時間的な規整を公共の利益のために執行権に信託するにすぎない（二の一五六）。この権能の濫用に対して国民は抵抗権を行使すべきである（二の一五五、一六八）。

(16) Wiliam Pryone, The Soversigne Power of Parliaments and Kingdomes, 1643, 内乱の時代に徹底した議会主権の論陣をはったプリンヌからみれば、国王は、全人民を代表する議会によってそのすべての権能をあたえられた、creature あるいは servant にすぎず（三六頁）、したがって chlefe soversign legialster は人民・議会であり、法律に対する国王の同意は「法律の成立要件では断じてなく、補足的な儀礼にすぎない」（五〇頁）。

J. W. Gough, Fundamental Law in English Constitutional History, 1955. P. 98 f, 125 ff.

(17) 公共意志にしたがって行動する限り、君主は the Image, Phantom, or Representative of the Commonwealth とみなされる。

（二の一五一）君主と議会という、立憲君主制の代表の二元主義についてはC. Schmitt, Verfassungslehre, S. 211. 代表者は独立であり、それゆえFunktionär でもAgent でもKommissar でもない。a. a. O. S. 212.

(18)　C. Schmitt, a. a. O. S. 184.

(19)　W. Hasbach, Gewaltentrennung, Gewaltenteilung und gemischte Staatsform, in Vierteljahrschrift für Sozial-und Wirtschaftsgeschichte, 13, 1616, S. 566, 567.

(20)　ロックは、立法権が一人の人間にあると仮定して、そうなれば、「不断に存在せざるをえないから、最高権力として当然最高執行権をも兼併するだろう」という。（二の一五三）

(21)　De Lolme, ibid., p. 76.

(22)　ド・ロルムも、国民のこの課税同意権がむやみに行使されれば、およそ政府を不可能にするということを知っている（前掲七五頁、三九一頁）。しかし、それは国民代表の存立を保障する最後のとりでであり（八四頁）、国民のその他の自由・権利を守る不可欠の武器である（五〇八頁）。しかもこの政治的権利は、だまし取ることも奪い取ることもむつかしい権利、つまり財産権と不可欠に結びついているから、国民が決して譲ることのできない権利である（四七七頁）。したがって、この権利は、プロイセンの反動家・フリードリヒ・シュタールの眼には、君主の議会に対する屈従を強いる「中世もずっと大昔の・私法的な・恣意的な権能」としか見えない。F. J. Stahl, Das monarchische Prinzip, 1845, S. 4, 5.

＊モンテスキューの所説の引用はすべて、『法の精神』のExtrait であるMontesquieu, Du Principe de la Democratie, Collection 〈Le Jardin du Luxembourg〉Libraire de Médicis, Paris に依り、ほとんどが、第一一巻第六章のものである。

3　君主制・混合政体

立法権を国民代表に、執行権を君主に担当させ、両者の独立と均衡を説く権力分立論がそれ自体、古くから存する混合政体論によって着色せられていることは明らかである。問題は、混合政体の思想を、権力分立原理に対し歴史的制約として附着した、分離しうる「附属物」(23)あるいは、普遍的な権力分立原理の、具体的な「適用例」(24)とみることがゆるされるかどうかにある。

モンテスキューが執行権を君主に帰属せしめるのは、クヌストが説くように、執行の本質が要求するEinheit-lichkeit のためばかりではない。「もし、君主が存在せず、執行権が立法部から選任された若干の人々に委ねられるならば、もはや自由は存しない」という場合、モンテスキューは、たんに議院内閣制における Personalunion に反対しているにすぎないのではなく、実質的に執行権が国民代表と同一の基礎の上に立ち、立法部と共働して民主的な権力一元主義を実現することに対する危惧がひそんでいるように思われる。国民の権力は国民の自由と同義ではないし、国民代表が執行者の行動を裁き、処罰する場合には、国家は「非自由な共和政」として「君主政」に対置せられる。

執行権が君主に専属することから生ずる利点をもっとも組織的に論ずるのは、ド・ロルムの「イギリス憲法論」である。ド・ロルムの根本的な立場は、「何らかの権力をもち、かつ、いかにこれを用うるかを心得ている場合には、人民の権力というものは、いつでも全くおそるべきものである」という言葉で表されている。(25) 彼においても、人民の権力とその自由とは、手段と目的の関係に立つとしても、別箇のものであり、自由を得るには、ほかになお別な方法が講じられなければならない。(26) パラドクシカルではあるが、ド・ロルムが立証しようとするのは、「人民による権力の現実の行使が減少するのにともなって人民の自由が大いに増大した」ということである。(27) 政治学は、彼にとっては、人性論に基礎をおいた・事実によって証明できる exact science でなくてはならない。(28) ルソーの国民主権の論理よりも、そこでものをいうのは、直接民主制の実態である。(29) 人民の直接立法の行われる「共和政」においては、実際には少数のデマゴークが、個々人の意志・判断力を埋没させてしまう、全く受動的な multitude をほしいままに操り、執行権を掌握して、無組織な人民をおそれることなく裏切るという結果になる。人民の抵抗を組織して独裁者を倒すことに成功した指導者は、ふたたび自ら人民を裏切り、「権力の習いに違わず、人民の保護者は暴君となる。」のみならず、それらの指導者同志の権力闘争は、政治社会の目的である平和を破壊するであろう。それゆえ、自由のためには、立法においてイニシャティヴをにぎり、執行権を有効に抑制することのできる国民代表が必要であり、また、平和のためには、執行権が世襲的に君主に固定するにこしたことはない。(30) ド・ロルムにとって、自由は、誰にも平等な法が確実に執行せられる国家に存し、(31) 執行権が、君主の手に、つまり権力闘争の圏外に、安固に存在することは、かえって国民の自由を保障する条件である。さらに、すべての執行権が君主の手に不可分に統一せられているために、かえって執行権の抑制が容易になるとも考えられる。[32]

このようにして、自由のための憲法政策的原理は、代表民主制による人民の権力の現実的な強化と、これに対して、執行権の君主制を合理的に計算された平衡力として対置することを意味する。[33] 後に詳述するように、立法権に対する拒否権、召集・解散権というような権能にもまして、執行権に重きを加えるものは、その担当者に伝統的に附着する威厳と、これに対する一般の国民のピエテートである。

しかしながら、君主と国民代表の直接の対立は、両者の均衡の基底をなすこのピエテートをそこなうおそれがあり、また、君主にみとめられた「阻止する権能」のみをもってしては、シュタールのいわゆる「共和政への引力」(Gravitieren zur Republik) に抗しうるものではない。そこで両者の中間に立って、均衡を維持する役目を担うのが貴族である。二院制の理論づけには、貴族自身の特殊利益の維持ということ以外に、必ず全体の立場に立った合理化が必要であるところから、真理の相対性がその根拠とされたり、[34] あるいは、法律の安定性がその効用とされるけれども、[35] それらは、いずれも、特に「貴族」院の存在を合理化するものではない。貴族院の本来の機能は、君主との利害の共通性に基いて、国民代表の君主に対する over-balance を阻止する点にのみある。[36] 立憲君主制における代表の二元主義のもとで、貴族が自立的な要素ではありえないことに対応して、貴族院の権能は、国民代表の権能に比較して、多かれ少なかれ限定を受ける。にもかかわらず、それはあくまで「上院」であり、「第一院」[37] である。ド・ロルムのいうように、「下院ほどに高い国民の信頼をかちうることが出来ない立法部のこの部分には、国民の尊敬を招くと思われるような、ありとあらゆる栄典のより大きな分前があたえられている。つまり、両院の実力の点での不平等が、威厳の魔術 (the magic of dignity) によって埋め合されているである」[38]。

一般に、ド・ロルムの権力の均衡論は、余りにも図式的・機械的であるという批判を受けているけれども、[39]「数式の両辺のプラス・マイナスの等しい数が互いに消し合う」というような均衡の譬喩[40]にもかかわらず、それは、決して physikalisch なものではない。君主・貴族・国民代表のそれぞれの憲法上の機能だけを、どれほどたくみに組合わせてみたところで、全体として平衡を保つ「時計仕掛の政府」が出来るものではないことは、百も承知のはずである。というのは、下院に対する上院の均衡が、窮極においては、「実際の力」によらず「威厳の魔術」に依存しているのと同じように、君主の国民代表に対する均衡もまた、窮極的には、国家元首としての彼に附着するところの、「およそ人間として可能な、ありとあらゆる身分的特権・虚飾・威厳」(all the personal privileges, all the pomp, all the majesty, of which human dignities capable.) に依存している。権力の均衡から自由が生まれるという規定は、なお楯の半面であって、「国民の権力と君主の権力の間に、余り厳密に均衡を完成せしめることは、手段のために目的を犠牲にする。いいかえれば、政府を強化せんとして自由を危うからしめることとなろう。」それゆえ、自由は、かえって君主の側における「不足量」(deficiency) を要求する。[41] ジンテーゼとして出てくるのは、権力の不均等な均衡が自由を保障するという一つの背理である。この背理は、しかし、たんに権力概念の多義性に基くものであって、自由のために要請せられる君主の側の「不足量」は、国民の potestas に対する君主の potestas の不均衡を意味する(彼は、国民代表の課税同意権に対して均衡を保ちうるだけの potestas を有しない)。この不均衡は、やはり何らかの形で補正されなければ、帰するところは、国民代表による権力の一元化―暴政であろう。これを阻止するものは、potestas とは異る、全く別な種類の力、「人々の意見や尊敬から生ずる力」、すなわち、auctoritas にもとめられる。[42] さまざまな祭典・称号・古風な儀礼・法の擬制は、すべて、ethisch-sozial な性格をもつこの「力」を維持して行くための道具立にほかならない。憲法上、君主、貴族、国民代表にわりあてられた権能を、確定しうる量であるという限りで、physikalisches Gewicht と考えることができるとしても、君主と貴族が国民に対して有する moralisches Gewicht によってのみ均衡が生ずるのである。「国家におけるすべての能動的権力の座である王座――国民はこれを惧れねばならない。だが同時に、これを愛することを全く止めてはならない。[43]」これが、ド・ロルムの権力均衡論のアルファでありオメガーである。

モンテスキューが、たんに、執行権と立法部の二院の相互的阻止の権能から均衡が生じ、「事物の必然的運動によって」これらの三権が一致して進行するといって、国民代表と君主の対抗関係に立ち入った考察を加えていない[44]のにくらべて、ド・ロルムの権力均衡論は、国民代表の優越をみとめた上で、それが執行権をも掌握して、「国民代表以上のものになる[45]」ことを阻む君主の力の実体に理論的な関心を示している。君主が国民代表に対抗する手段は、拒否権、議会の解散権であるが、これによって対抗しうる力は、「きわめて非凡な、かくれた力[46]」であり、この力の作用を証明することは、「metaphysics というのと同じ意味で、metapolitics とでもいうべき学問、すなわち physical あるいは substantial なものの背後にあるものを研究する学問の領域[47]」に属する。このような君主の権力の mysterious solidity は、ド・ロルムにとって、イギリスの君主の特有性であり、したがって、彼は、一般に君主制を共和制にまさるとするものでは、決してない[48]。

(23)　H. Knust, a. a. O. S. 29.
(24)　Hippel, a. a. O. S. 13.
(25)　De Lolme, ibid. p. 202.
(26)　ibid. p. 243 ff.
(27)　ibid. p. 202.
(28)　ibid. p. X, 493.
(29)　「共和政」つまり、直接民主制の実態の分析・批判は、なかなかに鋭いものがあり、彼のイギリス憲法論は、絶対君主制に対するよりは、むしろ「一般意志」の専制に対するポレミークである。第二部、一・五・九・一〇の各章。
　ハスバッハが、ド・ロルムをモンテスキューのたんなる Verwässerer とみなす過少評価をしりぞけて、ド・ロルム独自の立場を、ルソーとの対決とみているのは正しい。a. a. O. S. 570 ff.
　ブラックストーンが、モンテスキューをたんに引き写しにしたところを、ド・ロルムは自ら考えたとも言われる。F. T. H. Fletsher, Montesquieu and English Politics, 1939, p. 128 ff.
(30)　De Lolme, ibid. p. 196. Paley, ibid. p. 344, 345, 363. C. Schmitt, Verfassungslehre, S. 286, 287. 君主制の効用・合目的性による基礎づけ。

I　憲法の基礎理論

(31) De Lolme, ibid. p. 245, 246.

(32) ibid. p. 215 ff. 280 ff.

(33) ibid. p. 195, 202.

(34) ibid. p. 221, 222. 上院の下院を抑制する権能を重視するペイリーにしても、「貴族が他の者にくらべてより unprejudiced であるとは思わない。ただ、彼等の偏見は、庶民の偏見とは異るものだろう。そして時には庶民の偏見を中和するだろうと思うだけである。」ibid. p. 371.

(35) De Lolme, ibid. p. 220.

(36) ibid. p. 391. Paley, Ibid. p. 370.

(37) 十九世紀には、ヨーロッパ大陸で上院を第一院と呼ぶ例であったという。宮澤教授、憲法、二〇〇頁。

(38) De Lolme, ibid. p. 224 ff.

(39) Fletscher, ibid. p. 129.

(40) De Lolme, ibid. p. 395.

(41) ibid. p. 203, 204.

(42) シュミットは、potestas と auctoritas の区別が一般国家学上もつ意義を指摘する。auctoritas は、poteatas と結合している場合にも区別しうるし、一切の poteatas をはなれても自立的に存在しうる。auctoritas は、本質的に、Kontinuität に基く威望であり、Tradition und Dauer に関係する。a. a. O. S. 75, 290.

(43) De Lolme, ibid. p. 280.

(44) Finer, ibid. p. 161.

(45) De Lolme, ibid. p. 287.

(46) ibid. p. 409.

(47) ibid. p. 415, 416.

(48) ibid. p. 390.

三　民主制と権力分立

権力分立原理の普遍性・永遠の価値を論ずる者は、まず、古典的権力分立論から、その時代的に制約された要素をとりのぞくことが可能であると主張し、かくして醇化された権力分立原理が、論より証拠、「共和制」のアメリカにおいて、自由の国を実現していると説く。[1] ところが、アメリカの実例については、当初から、フランスのチュルゴーのように、アメリカ人は、「あたかも、君主の圧倒的優位との均衡をうるために必要と考えられてきたのと同じ諸権力の均衡が、すべての市民の平等の上に築かれた共和国においても何かの役に立ちうるかのように」、目的のないイギリス憲法の模倣を行ったという批判があり、[2] また、アメリカの内部でも、「どんなものでも簡単であればあるほど、狂うことがすくなく、また、狂ったときは修理しやすい傾向をもっているという原理」から、イギリス憲法のいわゆる権力均衡の馬鹿らしさを説く者もないではなかった。[3] トーマス・ペインのイギリス憲法論は、権力分立論者の権力観と全く対極的な権力観に基礎をおいている。政府の存在自体が必要悪なのだから、その目的は国民の自由と安全に限られ、そのためには権力が国民から独立であってはならない。それゆえ、イギリスの自由は、ただ下院にのみかかっている。この下院が、国民から独立した国王や貴族と共に、互に抑制し、均衡を保つというのは馬鹿げている。抑制を要するような権力は、存在する根拠をもたないし、憲法上の均衡の仕組みは、実際には目的を果し得ず、どれか一番重い権力が統治することになる。それは、国王であり、その優越の原因は、彼が官職と年金の授与者であることに存する。[4] 民主制の立場から、権力の抑制・均衡を無用、あるいは有害とみなす、このような批判に対して、たんに、それは権力分立と混合政体という二つの別な原理の混同であるというだけでは不十分である。混合政体は、君主・貴族・庶民という三つの社会階級の間の権力の均衡に関し、これに対して、権力分立は、執行・立法というような作用の分立に関するという定義上の区別は、[5] 権力分立論の context から見れば、むしろ恣意的であろう。抑制・均衡は、権力の分離・独立を維持する方法であり、それは同時に権力の主体の間の jealousy ——ペイリーのいわゆる balance of interests[6]——を予想していた。もともと、一般的と個別的というような相対的な区別が、権力の区別として通用しうるのは、それを担う主体の間のそのような対立に支えられているからだともいえるのである。[7] それゆえ、混合政体的秩序が、イデオロギーとして通用しえなくなるならば、権力分立論の根本思想として、何ものかが永遠にのこるとしても、古い実体に適合した形式が、そのまま遊離して、いつまでも意味をもち続けるとは考えられない。議会の解散制度が、議会に対抗して、君主の執行部の独立の意志を強行するための手段から、国民へのアピールという民主的な性格をもつまでに変容したといわれるように[8]、権力分立論における抑制・均衡の仕組みには、今日では、はじめの意味を失っているもあるし、全く無意味になっているものもないではないであろう。この点からみても、クヌストが、「モンテスキューの憲法原理の決定的な、永遠に妥当する大綱」として、執行部の拒否権や二院制を含めた、純粋に形式的な原理を示しているのは、かなり疑問である[9]。

混合政体という伝統的な質的秩序が民主的な平等化によって一掃されたところに、ヒッペルは、ルソー流の「量の専制」の必然性をみる。君主と貴族と、あの metapolitical な重みが失われた時、一般意志は、ド・ロルムやペイリーの危惧したように、堰をきって流れる。その専制は、全体主義であるだけに、伝統によって緩和された絶対君主制を凌駕する。ルソーの一般意志の主観性、価値の相対主義、客観的・前国家的な価値の否認が、ワイマール憲法における忌むべき法律実証主義の根源なのである。ルソーにおいて、「自由」は「平等」にすりかえられ、「平等」はまた「量」にすりかえられる。これに対して、モンテスキューは、伝統的な「質的秩序」と「量」との均衡によって「自由」に質的な内容をあたえている。むろん、ヒッペルは、混合政体という質的秩序が、今日、つかいものにならないことを知っている。問題は、現代に適合した質的な秩序によって、内容のある自由を保障する権力分立は、いかにして可能かということにある。それは、いいかえれば、真理でも正義でもない、移り変る議会の多数の意志の絶対的な支配を、いかにして阻止しうるかということである[10]。

民主制は、事実上同一でないものの Identifikation に基礎をおいている。治者と被治者の自同性は、さらに国民とその代表の自同性、国民代表の多数と全体との自同性に立脚している。最後に、民主制がたんなる多数の力であってはならないならば、量的なもの（多数とか全体）が質的なもの（正しさ）と同一視されなければならない[11]。立法者が執行権から分離せられ、自ら法律に服すること、立法が独立の多くの意見の討論によって行われることは、法律の公共性・正しさのための条件であった。しかし、普通選挙権によって議会が一定の「教養と理性」の代表であることを止め、同時に政党の議員に対する統制が強化すれば、討論に基く法律の正しさの信仰は失われる。ことに、執行権が議会の多数と結合する議院内閣制においては、法律は党派性と結びつき、正しい法律が執行権を支配するのではなく、むしろ、執行権の意志が議会の多数を通して法律となる。ここでは、法は政治に従属し、しかも数がすべてを決定する。多数の意志は、実際には正しくないかもしれない。あるいは、ある人にとっては正しく、他の人にとっては不正でもあり得る。しかし、このことは、実際は、討論の有無に関しない。人は討論によっても誤ることがないとはいえないからである。問題は法律概念自体に存する。一方では、法律は理性であり、永遠の正義を写す鏡であって、何人がこれを写し出すかを問わない[12]。他方では、法律は意志であって、永遠の正義にではなく、流動する政治に向けられている。ここでは、何人の意志であるかということが決定的である。前の立場から、たんなる多数の意志は法律ではないとせられるならば、後の立場からは、国民の意志と同一視されない意志は法律ではないということができよう。

このような民主的法律概念は、権力分立論の中にまるで存在しなかったわけではない。けれども、それは、つねに「正しさ」と結合していた。一般性は正しさの第一の条件である。第二に、それは自然法によって制限せられ、そして最後に、君主や貴族の auctoritas によって阻止せられる。立法権はなお自由な意志、ヒッペルのいう「量の専制」ではなかった。

国民から独立の意志が、国民の意志を阻止するということは、民主制においては、問題となりえない。立法権を分割し、その一部が他部の意志を阻止するような仕組みが、真理と一般的静謐をもたらすというのは、理性的法律概念を前提しており、静態的な秩序の思想である。そのような立法権の構成は、国民の自由が原理的に無限定であり、国家権力が原理的に限定されている国家においては充分な意味をもつであろう。民主制においても、国民の基本権が国家権力を限定する。立法権は万能ではない。しかし、基本権の保障は、ケルンの指摘するように[13]、むしろ

I　憲法の基礎理論

国家の立法権が、主権的に個人の権利・自由に対立することが一般的である場合においてのみ意志をもつのであり、したがって、国家が（中世国家のように）純粋なRechtsbewahrenstaatではないことの表明である。国民の権利・自由が、国家の目的なのではなく、法律は、それによって「多数」がaußerrechtlichなさまざま目的を実現する手段である。基本権が前国家的な権利とせられる場合には、それはたんなる意志である実定法に対して正法として対立するが、それも、結局は、実定法の体系内における対立にすぎないともみられるであろう。ヒッペルが民主制におけるる基本権のGrundlosigkeitを語るのも、この意味においてである。[14] 民主制において、多数によって承認せられる国家目的は、個人の自由権との摩擦なしには実現せられない。国家からの自由が国家への自由の背後にしりぞき、多数の意志の前に、多かれ少なかれ、自由が相対化するのは、民主制の当然の帰結である。多数意志と自由の間にさまざまな程度の妥協は可能であろうが、同時に、同じだけの自由と平等を約束する者は、ゲーテによれば、「山師」である。[15]

民主制において、権力の拮抗から生ずる「真空」としての消極的な自由から平等に重心がうつるならば、政治権力の構造も、これにともなう国家機能の増大に応じるものでなくてはならない。執行権が議会の信任に依存しながら、これと共働する議院内閣制は、もともと、イギリスにおいて、議会の執行権に対する強いコントロール（大臣弾刻制度、課税同意権）のために、議会との一致なしには政府が不可能であったという事情から、先例をつみあげるに従って、個々の大臣の司法的責任が内閣全体の政治的責任に合理化されることによって成立した制度であり、立法部と執行部の間に起りうるdeadlockを民主的なルールにしたがって解決する方法であった。議会の信任に依存する執行権は、その権力の行使について、つねに議会に対して弁明しなければならない。このような議会の優位は、権力分立論者の眼には、秘密・果断・迅速・エネルギーを必要とする執行権をすっかり台なしにすることを意味した。しかし、事実は逆に、議会の多数の信任を保持している間しか存在しない内閣は、議会において独立の意見が政党の立場におおわれ、ことに二大政党が形成されている場合には、つねに強力な執行権であるばかりか、立法においてもイニシャティヴをにぎり、議会を指導することもできる。「内閣は、立法部の作品ではあるが、この作品は、作者を指導する、いやそれどころか駈り立てるのである」[16]。政党の基礎の上に立った、執行権と立法権のかかる共働は、法律が政治の手段であり、複雑多岐な社会生活の諸分野をおおう立法には、それぞれの専門家である官僚の手を借りなければならぬこと、執行のみならず、立法もまた、迅速と能率を要することからいって合理的である。

この政治組織原理は、権力分立原理と反対に、権力への信頼に立脚している。元来国民の意志に基礎をおかない権力に対する不信・猜疑を民主制にもちこんだのがアメリカ憲法であった。民主制的に組織された権力に対する不信は、結局は、この権力を基礎づける多数意志に対する不信である[17]。「量の専制」という考え方は、つきつめれば民主制を根底からくつがえす。そこでは、権力は、禍を避けるために、互に野心によって野心を阻止し合うだけで、多数意志の指さす公共の善を実現するために共働してはならない。執行権と立法権二つの部分を厳格に分離し、独立の意志をもたせて相互の抑制をはかったアメリカ憲法の仕組みは、「政府を殆んど不可能にすることに成功した」といわれる[18]。

猜疑に立脚した政治組織原理が、今日の民主制において、政治権力に負わされた任務に堪えうるものではないとしても、反対に信頼に基礎をおく政治組織原理は、権力の能率のために、何ものも失わずにすむであろうか？　議院内閣制の側からは、自由は、窮極的には、政治権力の国民に対する責任と同義である。自由な政府とは責任政府を意味する。内閣の存立が議会の多数意志に依存し、執行権の行使がつねに議会のコントロールに服する反面、内閣は、議会を解散して、直接、国民の判定にまつことができるという、責任とコントロールの相互性が、信頼の原因であり、結果であるとせられる。立法権、および、これを媒介として執行権が、こういうプロセスを通して、その時々の国民の多数意志と一致するところに自由がある。したがって、アメリカ憲法の権力分立制は、なんら自由を保障するものではない[19]。これに対して、権力分立制の側から確実に、いいうることは、少なくとも、権力の非能率の程度に応じた自由はこちらにあるということであろう。しかし、それは、権力の physikaliche Gleichgewicht から生ずる amoralisch な自由にすぎない。「自由は、消極的に、或るものの不存在として規定される。かかる強制からの自由も必要であるが、未だ共同体に内実をあたえるには、明らかに、不充分である」[20]。足りないものは、絶対的に「量」から区別せられる「質」、popular fury, tyrannical majority, Tyrannis der Quantität を克服すべき「質的な秩序」であった。混合政体が実在性をうしなうにつれて、「量の専制」は、ますます、権力分立原理の常套語となり、これに対する「質的秩序」は、ますます ideal なものに昇華する。なお残存する君主の auctoritas から、その「中立的権力」を構成するバンジャマン・コンスタンなどは、まだしもリアリスティックだといえるだろう[21]。ヒッペルにいたっては、「質」は、もはやいかなる意味の権力とも結びつくことなく、もっとも端的に、絶対的な正義・自然法として、amoralisch な、移り変る多数意志、いいかえれば民主制の国家に対立せしめられる。「量の専制」が自然法によって抑制せられるとき、はじめて国家は、内容のある共同体に、すなわち「真の民主制」になる。多数の意志としての実定法と、それを越えた静態的な自然法との二元主義は、さきにもふれたように、すべての権力分立論の普遍的な要素であった。そしてこれだけは、もろもろの政治権力が、多数意志によって、本質的には統合され、国家あるいは政治という一つの「量」となった後にも残ったのである[22]。だが、このことは同時に、権力分立原理が、それとしては、もはや存在根拠を失ったということをも示している[23]。したがって、民主制と権力分立の問題は、結局、多数決と正義という別の、もっと大きな問題に帰着する。それは、多数意志を「正しさ」とみなす民主制が、それ以上の「正しさ」、自然法によって自己拘束することなしに生きのびることができるかという問題である[24]。

（1）　Knust, a. a. O., S. 22 ff, E. von Hippel, a. a. O., S. 13, 17.
（2）　Saint Girons, ibid., p. 114., H. Kelsen, Vom Wesen und Wert der Demokratie, 1921, S. 82.
（3）　Thomas Paine, Common Sense, 1776.『コモン・センス』小松春雄訳（岩波文庫）一五頁以下。

(4)　この時代には、ジョージ三世が、表面では、名誉革命の政治体制の枠内で、実際には、不備な選挙制度を利用して、国王の役人を下院に送りこみ、ペインの指摘するように官職の任命権を議員の買収の道具として、専制政治を企てたといわれる。同時代に、ド・ロルムが議会の完全な独立を主張するのに反し、ペイリーは、「独立の議会は君主制の存立と両立しない」といって、この種の国王の議会に対する influence をある程度まで積極的に擁護している。Paley, ibid. p. 376 ff.

(5)　Fletscher, ibid., p. 118.

(6)　Paley, ibid. p. 366. 利害の均衡が権力の均衡に実効性をあたえる。

(7)　C. Schmitt, a. a. O., S. 204.

(8)　清宮教授「わが憲法上の解散」法学一七巻一号。

(9)　Knust, a. a. O., S. 29.

(10)　E. von Hippel, a. a. O., S. 18 ff.

(11)　C. Schmitt, Die geistesgeschichtliche Lage des heutigen Parlamentariamus, S. 35.

(12)　「多数の意見も、もしそれが理性と、もっとも啓蒙された意見を代表していないならば、これをおしつける権利をもたない。神の法にみとめられる唯一の主権者は理性である。」C. Schmitt, Verfassungslehre, S. 311. に引用されたルナンの言葉。

(13)　F. Kern, Recht und Verfassung im Mittelalter, S. 74.

(14)　ケルンは、近代国家における自然法の承認は、その完全な実定法化を意味し、主権的意志に対する不可侵性を意味しない。存在するものは依然実定法のみであるという。a. a. O. S. 19 ff. ナヴィアスキーによれば、基本権が立法権に対しても保障されていれば、これを前国家的な権利として理論構成することが出来るが、憲法改正権を拘束するものではないから、この自然権はたんに相対的なものにすぎない。H. Nawiasky, Staatstypen. der Gegenwärt, 1934, S. 32, 33. E. von Hippel, a. a. O., S. 27.

(15)　O. Küster, a. a. O., S. 404.

(16)　Finer, ibid. p. 166. Wade & Phllips, Constitutional Law, 1951., p. 23, 24. 43 ff.

(17)　マチソンは、政府が国民に依存しているということが、その政府の primary control になるといいながら、これに充分な信頼をもちえず、権力の抑制の重点を「政府の自己統制」、すなわち、権力分立においている。Federalist, 51, p. 354.

(18)　Finer, ibid., p. 162. A. Pollerd, The Evolution of Parliament, 1920, p. 254 ff.

(19)　Pollard, ibid., p. 253.

(20)　E, von Hippel, a. a. O., S. 34.

(21)　C. Schmitt, Verfassungslehre, S. 287, Kägi, a. a. O., S. 112 ff.

(22)　非政治的な、国民の信任に依存しない司法権が「一般意志」を無効にするというアメリカの司法審査制度は、デモクラットにとって、不合理とみられる。C. G. Haines, A Government of Law or a Government of Men 反対に、自然法的な見方からは、司法権が「多数の専制」を打ち破ることのできるのは、正にそれが非政治的な権力だからだということになる。さらに徹底すれば、司法権の独立は、裁判官の法律からの自由、自然法への自由となる。E. von Hippel, a. a. O., S. 27. 34.

(23)　ヒッペルの権力分立とは、結局、法を含むすべての文化諸領域の固有価値と経済の政治（国家）からの自由と自治を意味する。a. a. O., S. 38 ff.

(24)　アメリカの「民主制」について、多数決と正義、合法的専制と自然法の問題を提出したのは、トックヴィルである。Alexls de Tocqueville, Democracy in America, World Classics, Oxford univ. Press, 1953, p. 182 ff.

（一九五六年）

5 権力分立
――カール・シュミットの権力分立観と小嶋和司教授の権力分立観――

一 「権力分立」とは何なのか
二 二つの「権力分立」観
三 どちらが正しいのか?
四 結び

一 「権力分立」とは何なのか

「権力分立」は、立憲主義的な憲法の統治機構についての基本原理とされている。一七八九年のフランスの『人および公民の権利の宣言』は、「すべて権利の保障が確保せられず、権力の分立が定められていない社会は、憲法をもつものではない」(一六条)とさえ断言した。「権力分立」は、特別にモンテスキュー(一六八九年―一七五五年)の名前と結びついている。『法の精神』(一七四八年)という大著のなかの一部にすぎないが、たしかに彼がもっともまとまった形で「権力分立論」を展開した。独立したアメリカ諸州の憲法典の作者達も、一七八八年のアメリカ合衆国憲法の作者達も、モンテスキューから多くを学びとったのである。しかし、すべてをとりいれたわけではない。モンテスキューは、国王も貴族院もある一八世紀前半のイギリスを材料として立論したのであるから、封建制を経ておらず、イギリスと断絶したばかりの新共和国が、そっくりこれを模倣することはできない相談であった。

アメリカばかりではない。その後憲法典をもつにいたったヨーロッパ諸国でも、立法権・司法権・行政権を分けるという点は共通していても、「権力分立制」のあり方はそれぞれに異なり、決してモンテスキューの言った通り実行した国はないのである。

「立法・司法・行政」と一口に言っても、何が「立法」で何が「司法」か？　したがって残り物としての「行政」の範囲はどこまでか、ということ自体、イギリスとアメリカとでも異なり、まして仏・独と英・米の間では大きなひらきがある。そのうえ、同じ国でも歴史的に変化するのである。われわれに手近な日本憲法をとって見ても、仏・独式に行政事件の裁判は「行政」だとして特別の行政裁判所にゆだねていた明治憲法（六一条）と、それをやめた日本国憲法とでは、「司法」のなかみが異なり、その結果「行政」のなかみも異なってくる。まして、三権の混交の有無・程度、立法府と行政府の間の人的分離の有無・相互干渉のしかたなどは、各国、各憲法によってそれこそ千差万別なのである。それにもかかわらず、共通の原理として「権力分立」が語られるとすれば、それは何を指しているのか、という疑問が生ずるのは当然である。

二　二つの「権力分立」観

1　カール・シュミットの見方

カール・シュミット（一八八八―一九八五年）は、批判的な立場からではあるが、市民的・法治国的憲法という憲法類型を鋭く分析して見せたドイツの憲法学者である。何ごとにつけても器用なシュミットは、基本的人権とともに憲法の〈法治国的部分〉の柱であるとした「権力分立」をどのように捉えたか？

思想史的な考察を特色とする彼の『憲法理論』（一九二八年、尾吹訳〔創文社、昭和四七年〕）からさぐって見よう。シュミットは、その独特な体系構成のために、憲法の〈法治国的部分〉に属する権力分立＝彼の、いわゆる〈権力の区別〉の原理の眼目は、〈諸権力の分離〉と〈諸権力の相互抑制・均衡〉だけであるとする。

(1)　諸権力の分離　実際に適用される個々の場合になって、都合に合わせて破毀したり、改めたりすることができない一般的法規範としての法律の支配が可能となるために、立法権が他の二つの権力から分離される。ていねいに三権の分離を定めた一七八〇年のマサチューセッツ州憲法が、「人間による統治ではなく、法による統治が行なわれるために」という文言で、権力分立のこの狙いを宣言したことは余りにも有名である。モンテスキューじしん、「各人が自己の安全についてもつ見解に由来する精神の安穏さ」の確保をねらって権力分立論を説いたこともたしかである。

(2)　諸権力の相互抑制と均衡　諸権力の均衡をもたらすことこそ、〈権力の区別〉の原理の終局の狙いであり、そのためにいったん分離された権力の間に相互抑制のシステムが作出される。

この場合の「諸権力」というのは、三権のうち「司法権」を除いた残りの権力であることに注意しなければならない。

(3)　司法権の非「権力」性　モンテスキューには、「司法権はある意味で無である」という有名な文句があるが、シュミットは、この洞察を非常に高く買う。「法を語る口」にすぎぬ司法権はまったく規範的なるものに解消し、彼のいう〈政治的実存〉をもたないから、他の権力との相互抑制の場に置かれるべき「権力」ではない。他の二権からいっさいの抑制を受けないという「司法権の独立」は、裁判官が一般的法規範の枠内でのみ動くことの反面である。

シュミットは、ワイマール憲法期に、ふつうの裁判所による法律の違憲審査、違憲法律の適用拒否（司法的違憲審査制）は、規範性の枠を出て立法権を侵害するものではないという理由で肯定し、〈権力の区別〉の原理に反しないと見た。これに反し、いっさいの憲法解釈上の争いを決定する憲法裁判所制度については妥当性を疑っていた。シュミットが〈権力の区別〉の原理について説く所は、以上の三点である。しかし、ふつう「権力分立」といわれるものは、もっと複合的なものと考えられている。それらへの言及が欠落しているわけではなく、憲法の〈政治的部分〉に位置づけられているだけである。

(4)　権力の分割　モンテスキューじしん、立法権の分割、議会の二院制による相互抑制を、諸権力の相互抑制、均衡のシステムに組みこんでいた。モンテスキューが材料とした一八世紀前半のイギリスにおける国王・貴族院・庶民院のかみ合わせは、君主制・貴族制・民主制が適度に混合した政治形式が最善のものという古代ギリシャ以来の「混合政体」の伝承に合致するものであった。

シュミットは、このような諸勢力の均衡は、諸権力の均衡をめざす〈権力の区別〉の原理とよく調和するものとして、この原理に接合されたものと見る。彼じしんは、「混合政体」的二院制を過去のものと見、また第一院と大差のない民主的な第二院（日本の参議院もそれにあたる）を理念を欠くものと見ている。

このように、混合政体的政治状況が権力分立の前提であるという、ドイツに多く、ケルゼン（一八八一年―一九七三年）にも見られた考えはとらないのに、一方では、「異なる『諸権力』は、もっぱら異なる政治的形式原理にしたがって組織される場合、例えば立法部は民主制的に、執行部は君主制的に等の仕方で組織される場合にのみ区別できる」という、一方矛盾する発言がある。これは、次の議会制の問題にみちびく。

(5)　市民的法治国の議会制　立法権が民選の議会に属するということは、シュミットにおいては自明のこととして前提され、特にとりあげられない。君主の政府に対しては民主制的なるものとして現われた議会は、いったん一九世紀に、立法府であるにとどまらず、政府を支配しようとした。しかし、権力の区別の思想は、再び市民的法治国に特有の政治体制である市民的法治国の議会制にみちびいた、という。それは、政府を強化して議会と均衡をたもたせるために、政府について君主制的形式要素を利用し、議会と政府の抗争に決着をつけるために投票する国民という民主制的形式要素を利用し、議会（および第二院）それじしんが貴族制である所から、三つの政治的形式要素のすべてが混合された、流動的な均衡の体制を指す。この場合、「君主制」「貴族制」ということばは、もちろん、共和国の大統領や民選の議会をもふくむような〈一人の人間による代表〉〈少数の人びとによる代表〉という、シュミット特有の意味で用いられている。

以上のようなシュミット説は、「権力分立」の精神を「法律の支配」と「均衡」に求めているといえる。特に、〈議会絶対主義〉の傾向にブレーキをかけることがもっとも大事だと明言している。憲法改正限界論の創唱者でもあるシュミットは、〈権力の区別〉の原理が法治国的憲法においては改正権の限界をこえるともしているが、除去しえないものというのは「法律の支配」と議会に対するなんらかの抑制を指すのであろう。「均衡」が議会に対抗して強調されていることを忘れてはならない。

2　小嶋和司教授の見方

モンテスキュー説をはじめ、古今、各国の憲法例を克明に検討して、「権力分立とは何なのか」という問に答えた日本の労作に、小嶋和司『権力分立』（『日本国憲法体系』第三巻所収、有斐閣、昭和三八年）がある。この研究は、制度史的な方法で、実定的「権力分立」の法的要求として疑いなきものと制度目的とを帰納的に抽出した。綿密な考証の経過は読者の一読をすすめることにして、結論を紹介しよう。小嶋教授は、「実定的諸憲法における適用の諸形態に不可欠的に存する公約数的制度を抽出、これを権力分立の要件」とするというやり方で、次の諸原理を挙げる。

(1)　国家作用を立法、執行、司法に分け、これら各権能は、異なる機関によって、それぞれ独立的に行使されること。

(2)　民選議院をもうけ、これに、立法についての決定的関与権がみとめられる。

(3)　司法機関には特別の独立的地位がみとめられる。

「制度目的」としては、次のものが挙げられる。

(1)　政権行使を政府の恣意にゆだねず、法による拘束にしたがわしめる。

(2)　法の定立には被治者代表を参加せしめ、被治者の自由がまもられるようにする。

(3)　法の適正な執行のために、司法権を独立とする。

制度目的の(2)(3)は、それぞれ、要件の(2)(3)に対応するものであるし、目的の(1)も、執行権に対して立法権の分離、独立がもつ効果を示したものと言える。一見すると、それだけのことかと思わせる右の結論も、注意深く言葉が選ばれており、いろいろな意味がかくされている。たとえば、立法権と執行権の間に人的分離がない議院内閣制も、そのために「権力分立」でなくなるわけではない。立法権と執行権の間では事実上の干渉があってもさしつかえないが、司法権に対してはそれもみとめられない、などである。

3　二つの「権力分立」観のズレ

小嶋教授の「権力分立」観をシュミットのそれと重ね合わせて見よう。大体において一致する点もある。論述の力点、ニュアンスは異なるにしても、小嶋教授の「要件」および「目的」の(1)および(3)は、シュミットの(1)および(3)と重なり合う。シュミットが二院制を必須のものと見なかった点(4)も、必須のもののみをとりあげた小嶋教授がこれを切り捨てたことと一致する。相異点のうち、小嶋教授がとりあげた二点を、シュミットは「権力分立」の要素としてはとりあげない。それは、小嶋教授も指摘するように、ドイツ系の思考方法の強い所で、民主主義と自由主義を対立的に捉える傾向が支配し、「権力分立」を純自由主義的制度として眺めるくせがあるからで、シュミットじしんが明示的にこの立場をとっているからである。シュミットの側での意識的切り捨てである。しかし、この点は、何よりもモンテスキューじしんが民主主義のために議会の立法権を声を大にして説いており、かつ、実定憲法もこれにしたがわなかったものはないくらいであるから、むろん小嶋説の方が正しい。

さて、一番大きなズレは、何と言っても、シュミットが立法府と行政府の間の均衡のために「相互抑制」を強調する(2)および(5)のに対して、小嶋教授がこれをまったくとりあげない点である。小嶋説の側でのこの切り捨てもまったく意識的なものである。それどころか、「権力分立」と言えばすぐ「相互抑制と均衡」をもちだす通念をうち砕くことが、この小嶋論文の最大の眼目でもあった。

実際には、すべての政治的絶対主義を排除する「抑制と均衡」の「権力分立」というシュミット型の見方の方が、世界でも、日本でも根強く、支配的なのである。清宮教授の『権力分立制の研究』（有斐閣、昭和二五年）もその例にもれないし、十中、八、九の憲法の教科書類がシュミット型の説明を行なっているはずである。小嶋教授によれば、このような通念は、「モンテスキュー説の中、実定憲法が明らかに拋棄したモメントをとらえて権力分立の本質となし……そもそも『政府』に対する抑制原理であったこの原理に、政府防禦の意味すらあたえる」本末転倒した虚像だというわけである。

三　どちらが正しいのか？

対立する二つの「権力分立」観のいずれが正しいのか？　これは相当難問である。実際、「権力分立」をさぐるために二人がとった方法・手続がまるで違うのである。

小嶋教授の方は、きまじめに、アメリカ、ヨーロッパ各国の、それぞれの国で「権力分立制である」とされている諸憲法例を、シュミットよりはるかに広く、つぶさに検討し、公約数としての「権力分立制」を抽出する。「立法」「司法」「行政」のなかみが、国により、また時代により変化する点も見落されていないし、重要な実証的研究と言える。

シュミットの方は、そんな面倒なことはしない。比較憲法的な叙述は決して少なくはないが、シュミットはこの本の一九五四年版の「まえがき」のなかで、「いろいろな憲法の比較と例示は、真の体系的叙述の手中でのみ、十分な意義をもつ。その場合にのみ、特殊な思惟のモデルの法学的認識が可能だからである」と述べている。要するに積み上げのための比較憲法ではなく、体系に必要な、つまみ食いのための比較憲法であることを自認しているのである。

「権力分立」の扱い方もこの調子である。クロムウエル、ハリントン、ロック、ボリンブルック、モンテスキューなどの権力分立思想を概観するとすぐに、地上のどこでもそのまま実現されたことのない理論上の〈諸権力の分離〉の図式が提示される。その図式自体が仏・独式の「司法」把握を前提としていることは別としても、そこにかかげられた憲法例の図式からのズレの多さを見るとき、「権力分立制」自体が捉えがたくなるほどである。〈諸権力の均衡〉についてては、理論上の図式を提示することを断念し、たんに具体的なワイマール憲法（一九一九年）の図式を示すにとどまる。図式が実定憲法といろいろ食い違うのは、建築物の設計図がそれを建てる土地の形状に適応せざるをえないようなものだとシュミットは弁明するが、小嶋教授なら、個々の実定憲法こそ「設計図」なので、シュミットの「図式」は空想にすぎぬと言うことであろう。

二人が「権力分立」と呼んでいるもののレベルは、明らかに異なっている。シュミットの『憲法理論』自体が個々の実定憲法（憲法典）を超越した、ふつうにいえば体系的近代憲法思想論なのであるから、こうなるのは当然である。妙なたとえでさしさわりがあるかもしれないが、議会に対する「抑制」を切り捨てる「権力分立」観は、国語辞書で「女」という字をひいたときのような感じを与える。そこには、「人間の性別の一つで、子を産みうる身体の構造になっている方。男でない人。……」などとある。これはたしかに「女」のすべてに妥当するが、男と変りばえのしない女も含んでいる。これに対して、シュミットの「権力分立」観は、いわゆる「女らしい女」を描いて見せたようなものである。何が「女らしさ」なのかは、言い表わしにくいとしても、誰もがそのイメイジを持っており、現実には少ないにしても、確かに実在する。

モンテスキューは、議会と政府の間の「抑制・均衡」をたしかに説いた。混合政体的な政治状況はなくなり、議会の権力はますます強められたとしても、形を変えて「抑制・均衡」の思想は生き続け、アメリカ合衆国憲法、一八七五年のフランス憲法、ワイマール憲法など、少数でも「権力分立らしい権力分立制」も、実在し、あるいは実在したのである。

もっとも、政府の側からの議会に対する「抑制」といっても、具体的に問題になるのは政府による議会（下院）の解散権だけである。全体としては議会が政府に対してもつ抑制手段の方が圧倒的で、相互抑制のもたらすべき「均衡」が文字通り、平衡、対等の状態を意味するとすれば、アメリカ合衆国を別として、議会と均衡のとれた政府はどこにもなく、アメリカ合衆国だけが権力分立制だということになろう。政府の対議会的「均衡」というのは、一方的に議会に従属をしいられないという状態をもって足りるのである。

先に見たように、議会が二院制でないからといって「権力分立制」ではないと言う人はいないであろう。しかし、政府の存立が議会の信任に依存し、議会が政府の行政権行使に強い影響力をもち、その意に反する政府を一方的に退陣に追いこむことができるような体制は、たとえ小嶋説の要件をすべて具えていても、「権力分立らしからぬもの」という印象をどうしてもまぬがれない。結局、公約数的な「権力分立」観には、さしたる積極的な意味はないのではないかと思われる。このことは、小嶋論文が、「権力分立」の名の下に余りにも多くのこと、時には反対のことすら主張されている現状を変えようとする解釈学的立場に立ち、日本国憲法の条規をはなれて「権力分立」の法的意味はこれしかないと言わんがためにものされたためであろう。そういう否定的ポレミークとして傾聴すべき点は多い。とりわけ、あいまいな「権力分立」観念をかくれみのとした司法権の限界論の批判がそうである。

四　結　び

ともあれ、日本国憲法は立憲主義を英・米的に徹底し、公約数的な「権力分立」にとどまらず、次のように「権力分立らしい権力分立制」を規定している。

⑴　国民が選挙した国会だけが、国民の権利・自由にかかわる規律を一般的な形でなしえ、国会と分別された政府も裁判所も、これにもとづかずしては何事も命令し、強制することはできない（四一条、民選議会のつくる法律の支配）。

(2)　立法権は衆議院と参議院に分割される（四二条）。両議院の不一致の場合、衆議院の意思が優越するとはいえ、立法については衆議院が出席議員の三分の二以上で再可決しなければ参議院の意思をふみにじれない（五九条二項）から、実際上、相当な抑制となる（権力の分割）。

(3)　国会は立法権、予算議定権（八六条）を通じて内閣を抑制できるほかに、直接に、国会じしんの中から内閣総理大臣を選定し（六七条）、行政権その他の内閣の権能行使についての責任を追及し（六六条三項）、衆議院が内閣に対する信任を撤回できる（六九条）など、内閣に対し強い影響力をもつ。しかし、衆議院による内閣不信任決議があっても、一〇日以内なら内閣は衆議院の解散によって反撃できるし、内閣不信任決議がなくとも内閣の政治的裁量で衆議院を解散できる（六九条、七条三号）ので、内閣は国会に対し一方的に従属するわけではない（「均衡的議院内閣制」）。

(4)　法律の違憲審査権をも与えられた裁判所（八一条）は、刑事事件や個人間の法律的紛争のみならず、行政権の行使をめぐる法律的紛争についても裁判権をもち、その権能行使は、法上も事実上も完全な独立を保障され（七六条）、間接的な他権の影響力も及ばないように、裁判官に強い身分保障がなされる（七八条、司法権の独立）。

（一九七八年）

6 ケルゼンV.シュミット、三つの争点

私が公法学を志すことになってから、なんといっても一番親しんだ書物は、ハンス・ケルゼンとカール・シュミットのものである。この二人は、ほんの少し前後して一九一〇年代から学問的活動をはじめた。ケルゼンは第一次世界大戦後のオーストリアで、その国の初めての共和制憲法の制定に関与したり、それが世界で初めて設けた憲法裁判所の終身裁判官にもなるなど、若い頃にちょっと羽ぶりがよかったこともあるが、ユダヤ人であるためにやがて風当たりが強くなった母国にいやけがさし、ナチスが勢いをましていたドイツに移住し、その後はさんざんな目に会って、一九四〇年には、すでに五十九歳の身で妻とただ二人ろくにことばも話せないアメリカに移住し、アメリカという社会に感謝しつつ九十一歳という学問一筋の生涯を閉じた。他方、シュミットの方は、思想的に個人主義・自由主義に反発する所があり、反アングロ・サクソン的な傾向も強く、またドイツという国土を熱愛していたためもあって、ナチス・ドイツの中でなんとか生きようとし、結局は敗戦後のドイツで戦犯容疑でアメリカ軍に逮捕、監禁されるという憂き目にも会った。どちらも大変な個人的苦労をしたのだから、世俗的な意味では成功者とはいえないが、戦後世界の受取り方は、一般にケルゼンは正しく、シュミットは邪悪だったということになっている。

私が一九五六年からハーヴァード・ロー・スクールに留学した頃、ドイツ人の留学生達は、私からシュミットの名を聞くやいなや、みんなあっさりと「彼は過去の人だ」と片づけたし、他方、カリフォルニア大学バークレー校でケルゼンのゼミに出たというユダヤ系アメリカ人の友人は、「教育者」としてのケルゼンを心から尊敬しているようだった。彼の本のどれを見てもくどいほど説得的であるように、アメリカのカレッヂの若い学生に対しても

きっと懇切丁寧に応対したのであろう。もっとも当時のアメリカで、ケルゼンが本来の彼の仕事で正当に評価され、有名であったわけではない。その証拠に、一九五八年に私が移ったミシガン・ロー・スクールでは、珍らしくもヨーロッパの法理論・政治理論を読むゼミナールを明白に初代移民的なインテマという先生がやっていて、私はそこでケルゼンの“General Theory of Law and State”について報告したが、理解してくれたのはその老先生と、やっぱりヨーロッパからの初代移民らしい英語を話す三十がらみの女性の助手だけで、一般のアメリカ人学生にとってはさっぱり理解の外であるらしかった。私は、「日本人だからlとrの発音が悪いのは勘定に入れておけ」と断わって、ちゃんとした原稿を読みあげたのだから、彼等に通じなかったのは私のまずい英語のためではない。戦後のアメリカでは、ケルゼンはたんに国際法学者の一人として通用していたにすぎない。アメリカの国際法雑誌で、大日本帝国がダウン寸前の頃燃えあがったアメリカの世論に抵抗して、いわゆる「A級戦犯」の真の「国際裁判」は、特にそのための条約を日本との間で締結しない限り不可能だという論文を読み、その報告でも言及したことを覚えている。こんな冷静な正論をはく人は、決してポピュラーにはなりえないのである。ちなみに、東京裁判については、ハーヴァード・ロー・スクールの一年生のアメリカ人さえ、「裁判」の名に値すると考えていた者は、私の周りに一人もいなかった。ケルゼンがそんな世間受けのしない論文を書いた頃には、おそらくシュミットはすでに獄窓にあり、アメリカ軍の若い取調べ将校の「ナチスはいったい何百万人を殺害したと思うのか?」という詰問に、ぶ然として「キリスト教も同じだ」といい返していたのであろう。短命であったワイマール共和国は文化科学の最盛期といえ、いつか、博識でシュミット、ケルゼン好きの長尾龍一氏が「私の愛するドイツはワイマール期でお終いです」と書いていた（ジュリスト八二〇号）ように、戦後の西ドイツ法学界は、あの頃のような大きなスケールの、geistvoll な学者を一人も生み出してはいない。国家・憲法・公法を考える者にとって、この二人はいつまでも避けて通るわけにはゆかない巨大な存在なのである。

ここでは、三つの点についての二人の考え方の相違点を誰にも分かるようにとりあげて、評価しよう。

1 国家観

ケルゼンはひどく素人離れのした特殊なことばで語るが、要するに観念的な法秩序のほかに「国家」があるわけではなく、国家とは、地上の一定の区域に住む人びとの行動を規律するたくさんの法規範の束にほかならない、という。それは、例えばその辺にあるたくさんの「株式会社」と同性質のもので、それらを包括するより大きな法秩序だとされる。しかも、たんに法学の見地から見る限り国家は法秩序だという以上に、およそすべての「社会」、複数の人間のまとまりが実はなんらかの規範秩序としてのまとまりでしかないというのが彼のいい分なのである。このまとまり、統一性はいとも容易に諸規範の効力の上下関係を通じて成立する。

反対に、シュミットにとって、国家とは「人民（ないし国民）の実存する政治的統一体」である。すべての「人民」が政治的統一体の状態に達するとは限らず、反対に政治的統一を自覚した、例えばフランス大革命期の「人民」は「国民」と呼ばれる。分かりやすい例でいえば、江戸時代の日本人は政治的統一の状態にはまだなく、幕末・維新後の先覚者達（吉田松陰や福沢諭吉）だけが「国民」形成が急務であることを訴えていたということができる。言語・文化・共通の歴史などから人民が政治的統一体となる、というシュミットの見方は、ある意味では常識的なものであるが、目には見えないではないか、という反論にさらされる余地がある。

簡単にいえば、ケルゼンは個人以外の人間存在を認めず、人間達は、人種・言語・国籍などが同じであろうがなかろうが、所詮バラバラの複数の人だ、という原子論的社会観の持ち主であり、シュミットは、一人びとりが所属する「類」が「個」を決定するという「団体」的社会観の持ち主である。この二人の間で、相互の合理的説得はとうてい不可能である。ケルゼンはそういう見方をする人に育ち、シュミットは別な見方をする人に育った、というほかはない。ケルゼンについてはあとで言及することになるが、シュミットは、祖先はフランス系のためか、ケルゼンと同じユダヤ人ながらゲルマン的な国家有機体説を展開したギールケとはちがい、国民国家を初めて自覚的に形成したフランスに大きな敬意を払っている。また、シュミットは、イギリスについて「島国たることが憲法の代りになった」と評している。ここにいう「憲法」はふつうの「憲法典」のことではなく、むしろ政治的統一の状態を指している。日本における国民形成が西洋におくれながらも急速な成果をあげえたのも、やはり「島国」のもつ大きな利点であった。これは天与の恵みなのだから、われわれ日本人が、何も好きこのんでめんどうな「多民族国家」にあこがれ、「日本国民は同質的だ」といったからとて、自国の総理大臣をその点で非難すべきいわれはない。「だから他国より優秀だ」と口をすべらしたのは、ついその前に国際的失言の故に文部大臣を罷免したばかりの一国の宰相としては、吹き出すような失態ではあったが。

2　民主主義論

ケルゼンは終始一貫熱心な「民主主義」の教師であった。ケルゼンが民主主義者であったことは誰も疑わないが、シュミットはまるで「ファッシスト」だったと思っている人は少なくない。しかし、私の見る所、この二人は、「民主主義」の概念自体についてすでにすれ違いを見せているのである。これまでの人類の歴史のなかで、スターリンからド・ゴールまで、毛沢東からスカルノまで、また、夢見るトーマス・マンから尾高朝雄までどんなにちがった「民主主義」が語られたことであろう。

私は、基本的な類型としては、被治者の「同意」に焦点を合わせる「民主主義」概念と、被治者の「信任」に焦点を合わせる「民主主義」概念があると思う。

もっぱら一人びとりの人だけが実在し、意思をもつと考えるケルゼンの民主主義論は、やはり原子論的・数字的なものにならざるをえず、したがって「同意」タイプのものである。個人の同意なき支配の拒否、すなわち「個人の自由」がケルゼンの民主主義の基本価値である。全員が全員の意思にのみ従うという状態はありえないので、現実にはいろいろな割引きが不可避的となる。まずもって、多数決そのものが、例えば百人の人びとの間で、五十一人が四十九人の意思に従属するよりも、四十九人が五十一人の意思に従う方が、自由な人が二人だけ多いからべターだという妥協的正義にほかならない。また、その計算からは棄権者も除かれている。すでに「代表民主主義」さえ、議会の意思を人民の意思と僭称した限りではウソであり、真の（完全な）民主主義ではない。その上、議会の選挙制度も、必ずしも人民の多数と議会の多数とが意思傾向において照応するようにはなっていない。だから、不充分ながら彼にとって満足できる代用品的民主主義は、完全な比例代表制に立脚する立法議会と、選挙民の意思を反映しない議員の任期途中のリコールであった。完全な比例代表制は、どんな少数派にもそれなりに議員を送り出すことを可能にするので、より民主主義的だという。ここまでは、J・S・ミルと同じ考え方である。しかし、ケルゼンは、比例代表制の極限は一人一党、全国民の議員化、したがって議会の廃止を指向するとまでいう。こうなると、「自由」理念に根ざした彼の「民主主義」は直接民主制と異なるものではない。また、その原子論的な思考方式は、あまりに数学者的、あるいは実験室的であって、本質的に「国家」を知らず、ただ、みんなが同じ一人として計算される人びととその過半数の「自由」だけを考慮した一面的なものに見える。

さてシュミットの民主主義論はどうか？　彼はケルゼンの民主主義論を、はっきり「算術的な思考様式」ときめつけて排斥する。まず、民主主義の中心概念は「人間」ではなく全体としての「人民」であり、したがって、「人類民主政」などありえない、という。つまり、「人民」（ないし「国民」）として同質の者だけが問題となる。次に彼の民主主義論においては、「人民」を構成する人びとの間でさえ「多数決原理」が尊重されるわけではない。「多数決原理」を馬鹿にして、「多数は決定しない」とさえいう。なぜか？　(イ)百人の例でいえば、五十一対四十九の決定において、両側の四十九は互いに消去し合い、実は二人が決定したにすぎぬ。(ロ)棄権者が多数いれば、投票に参加した者のうちの多数は、全体では少数者でありうる。(ハ)秘密個人投票という自由主義の投票方法は、決定的に重要な瞬間に投票者を「公人」ではなく「私人」に転化させるから、その結果を集計しても「真正の政治的決定」は生まれない。(ニ)「実質国民投票」つまり選挙以外の有権者による国政の内容決定のための投票についていえば、一般有権者の政治的無関心と安逸本能のために、できるだけ「決定」を避け、または「最小限の実質的決定」を含むような答が生まれるということが、世界各国の経験上確認される。

こういう論拠には、スリカエがかくされていることはたしかである。(イ)についていえば、やっぱり五十一人が「決定した」のであって、「決着を与えた」のが五十一人中の任意の二人であることは「多数決原理」の否認根拠にはならない。しかし、もっと根本的なスリカエがある。それは、シュミットのいう「決定」が、ケルゼンと共にふつうの人がこの関連で考える「決定」とは初めから別物だということである。「多数決」という場合の「決定」は、どの意思をもってある複数の人びと全体の意思と定めるか、という方式にすぎないのに、シュミットのいう「決定」は、彼一流の「政治的決定」を指している。シュミットが「決定」(または「決断」)を強調したことは、日本と限らずドイツでも、内容はどうでもよい、ニヒリスティックな権力者の決断を重視するものと広く誤解されてきたが、彼のいう「憲法制定権力による基本的政治的決定としての憲法」だって、国民主権の場合なら、「法治国」かそれとも「権力集中制」か、といった世論による内容的選択を指すのである。また、「政治的決定」はなにも憲法制定行為に限られたものではなく、「統治」(「統治行為」の「統治」)を担う者によって不断に行われる。たんなる既存の「法規範」の執行ではない政治的選択は、みな「政治的決定」なのであるから。

このシュミット独特の「決定」概念を足場にする限り、現代の大規模国家の大衆民主制で、(ロ)から(ニ)にいわれたことは、経験に照らして否定しがたいものがあろう。わが国では、まったく非実際的で無益な、マイナスの選挙である最高裁裁判官国民審査以外に「実質国民投票」の実例はないが、小国であるスイスの国民投票においてさえ、連邦レベルでは、新しいことをやろうとし、大衆にとって既知な現状を変更しようとする提案は、婦人参政権さえも一度は否決され、外国人の入国・滞在の規制緩和案、国連加盟案なども最近あい次いで否決されている。大量の投票の中では、現状変更に対し不安をもつ者が過半数になりやすいのである。こうして見れば、シュミットの「多数決原理」批判は別な「決定」概念を拠り所にした外在的批判であって、彼がいいたいことは、現代民主制における有権者大衆の実情に照らせば、膨大な無関心層を含む有権者が秘密個人投票で投じた票の集計結果としての多数意思よりも、つねに政治的関心をもつ少数者によって担われる「世論」の方がより重要であり、ときたま行われるにすぎぬ選挙や投票は、国民「参加」という意義と「世論」の徴表としての意義をもつにとどまる、ということである。これ自体は充分理解できることである。

選挙民の意思から独立の議会を、ケルゼンは「寡頭制」とみなし、シュミットは一種の「貴族制」とみなした。同じことである。では「民主主義」のためにどうすべきか？　ここで二人の道は直角に分かれる。シュミットは、先輩ケルゼンの示した道をことごとく否認する。まず、「比例代表制」は、選挙区という地域による「人民」の分裂以上に、「思想」によるいっそう深刻な分裂を招くのでよくない。選挙人の意思への議員の従属性（「強制委任」）も、人民の一部への従属性であって、民主主義に反する。特に現実のドイツの議会、それを支える諸政党に対するシュミットの蔑視は相当なものであり、また、一般に議会が国民の「代表」たりえた頃の、選良による「公開の討論」といった議会制の諸理念の衰退の指摘は鋭く、かつ否定しがたい。ケルゼンが議会を棄てれば「専主制」になるという危機感から、非民主的な議会を改造するために、一九二九年に『デモクラシーの本質と価値』の第二版を出したのは、シュミット以外にも当時流行していた議会不信論に対抗するためであった。その年に生まれた私がもう還暦に近づいているが、議会は相変らずでケルゼンの改造案が大国で実現されたわけでもない。

ケルゼンの方向を否定して、シュミットは何をうち出したか？　彼は、「人民」の国家形成の二つの原理を純粋類型としてとり出す。一つは「同一性」という民主制の原理、もう一つは、これも彼独自の概念である「代表」という原理である。どの国家でも、この二原理は異なった程度でまじり合っている。「同一性」原理のみの貫徹（ケルゼンの指向する直接民主制）は国家の解体である。「代表」というのは具体的な「人格」が政治的統一体（国家）を表現することであるが、「朕は国家なり」とただ一人の人が「代表」した絶対君主制でも、統一体は「人民」の統一体なのだから、「同一性」原理をまったく欠くこともまたない。ケルゼンが、選挙人から独立しながら自己の意思をもって国民の意思とみなさせようとする伝統的「代表」概念を破砕し、いわば議会を選挙人の忠実な「代理人」とする方向で民主主義化を考えたのに対し、シュミットは、議会が人民の統一体を表現できた時代は永久に過ぎたとし、議会の外により適格な「代表者」を求めようとした。それは、ワイマール憲法が危機的な政治状況のなかでまだ生きていた限りでは、全国民によって選挙される大統領であった。

なぜシュミットがケルゼン的方向を嫌ったのかといえば、結局、バラバラの選挙人大衆の投票のみをすべての基礎にすえることは、危機的な時代が要求する「政治的決定」に不適当だと思ったこと、それから、この点ではルソーの弟子らしく、つねに「全体」を重視し部分的な「中間的権力」を嫌ったこと、また、この点ではホッブスの弟子として、「人格的代表」という考え方を好んだこと、これらすべてをひっくるめていえば、世論による「人格的信任」に支えられた指導者による強力な国家維持を欲したことによるのだろう。そこには、人民の投票さえ超越した、あるいは、人民を思うがままに暴力または「洗脳」によって操縦できる独裁者をも呼び出す危険性はひそんでいた。しかし、まさか、当時のドイツ人がヒットラーとその徒党に人民の運命をおまかせするようなことになろうとは、彼も予想してはいなかったと思う。シュミットが、史上例の多い失敗した思想家の一人であったことは間違いない。

ケルゼンの提唱した方向の議会の改造、比例代表制の議会、次には「比例政府」という方向の民主主義の発展は、周囲に脅威を与える国家がなく、人口も千葉県程度の国では、あるいはうまくゆくのかもしれない。第一次大戦後のケルゼンの母国、オーストリアにも、多少そういう発展の芽があった。しかし、ケルゼンの民主主義論は、あまりに実験室的なモデルであって、やっぱりむつかしい世界の中で生きてゆく大国では実行不可能なのではなかろうか、と私には思われるのである。

3 「世界」観

わざわざ「世界」観と書いたのは、「世界観」という、若者でも近所の床屋のオヤジでも持っているような思想を指す語と区別するためである。ここでは、ケルゼンとシュミットが、一つの国家は必ず多数の他の国家の間に存在するという点を法学者としてどう見たか、そして私はどちらに組したいかを明らかにしよう。

ケルゼンは多面的な法学者であったが、とりわけ国際法学者としても著書が多く、とても読みきれないほどである。一般には、成熟期の作品である、前記“General Theory”（一九四五年）と“Principles of International Low”（一九五二年）だけで充分彼の「世界」観はうかがえる。

他方、シュミットの方は、拙訳の『憲法理論』のなかや、ワイマール期の時論風エッセイ（長尾龍一訳『現代帝国主義論』昭和四七年）のなかでも、当時のドイツの置かれた国際的地位にからんだ「世界」観を表明しており、早くからケルゼンまたはフェアドロスなどの「ウィーン学派」に烈しくかみついている。国際法の思想史的研究としても、誰にも難解な „Der Nomos der Erde“（一九五〇年、新田邦夫訳『大地のノモス』昭和五一年）があり、見逃すわけにはゆかない。

ここでの二人の対立も、結局は性格に根ざしたもので、二人でいつまで話し合ったところで解けるようなものではない。分岐点は二つある。一つは、「国際主義」と「国家主義」（当然ながら、自国第一主義）。もう一つは、その奥底にある、はたして人間の文明は「進歩」しつつあるのか、ないのかという点での見解の相違であるといえる。

ケルゼンは何はともあれ論理的であるから、その「世界」観は、つねに文学的・直観的・「お筆先」的な書き方をするシュミットのそれほどむつかしくはない。順を追って積み上げると、次のようである。（イ）およそ法は、人間の実力行使を、法共同体の制裁として行われるもの以外はすべて違法行為となし、違法行為に制裁を結びつけることにより、平和を維持する規範秩序である。（ロ）もしも、一国家による他国への無制限な実力行使が原則的に違法行為とされていないならば、いわゆる国際法は法ではない。（ハ）しかし、一八・一九世紀には一時消滅したものの、古くから無制限の実力行使、すなわち戦争は「正当な原因」がなければ許されないという法思想、すなわち「正戦論」が説かれてきた。現代、特に国際連盟、パリの「不戦条約」以来多くの国の政治的指導者達が正戦論の思想を表明していることは、「国際的世論」として重要である。(ニ) ある具体的な戦争が「正戦」であるかどうかを決定できる戦争当事国をこえた高次の第三者が存在せず、また、制裁する側が勝利するとは限らないことは、たしかに大きな欠陥ではある。しかし、これは、国際法が自力救済にたよらざるをえない未発達な法であることを示すだけで、国際法が法であることは (ハ) によって証明ずみである。(ホ) したがって、国際法はあり、国際法秩序としての「国際法共同体」も存在する。(へ) この「国際法秩序」と各「国法秩序」(すなわち、ケルゼンの場合、各国家) との関係については、共に「法秩序」ではあるが相互に無関係だという二元論は、認識論的に排除される。したがって、どちらかが上位の法秩序として他方を包括する一元的法秩序でなければならない。(ト) 各国法が認めるが故に国際法が効力をもつという「国内法優位の一元論」と、反対に、国際法が、ある地域内の人びとに対して、「実効的に支配する人びとの命に従うべし」と命ずるが故に、それぞれの国法が効力をもつという「国際法優位の一元論」とは、どちらも仮設として可能である。(チ) そのいずれを選択するかは各人の好みの問題である。自分は、各国が大小・強弱にかかわりなくすべて一つの国際法秩序に服すべきだという国際主義、ひいては平和主義の立場をとるので、各国家は一つの国際法秩序内の「部分的法秩序」にすぎないと見る「国際法優位の一元論」を選択する。

多少長たらしくなったが、これがケルゼンの法学的「世界」観である。個々の点での評価はあと回しにして、ここでは、ケルゼンにとって、すべての国家が、アメリカもソ連もトンガ王国も、一国内の一株式会社とパラレルに、国際法秩序内の「部分的法秩序」に還元されるということだけを強調しておこう。

できるだけ右の分説に対応するように、シュミットの考え方を整理してみよう。(い) ケルゼンのいう「法」、すなわち「法規範」は、その前の、一国家のあり方に関する (現代では) 同質的な人民による「基本的政治的決定」(彼のいう「実定的意味における憲法」) に基づいて効力をもち、「法」のすべてではない。「法秩序」は、実は「法規範」と具体的な「秩序」との合成語であり、後者の方が根本的である。一般性をもつ法規範は、個人の自由と財産という市民的秩序に奉仕するが、それに優先してまず「基本的政治的決定」によって「公共の安寧と秩序」が確保されていなければならない。（ろ）国際法とは、多数の国家の間で、慣習的に、または協定として承認されている諸規範の総体である。（は）および（に）近世初頭の神学者達（特にヴィッ トリア）の「正戦論」は、キリスト教の布教を妨げる者に対する戦争を是認し、「正戦」の相手方をなお平等な敵と認めるものであった。もろもろの近代国家がヨーロッパの土地を分割してからの「ヨーロッパ国際法」では、戦争の「正当原因」はもはや問われず、国家対国家の戦いであればすべて形式的に「正しい戦争」とされ、相互に「正しい敵」であればこそ、戦争が一定の法的制限に服することとなった（無差別戦争観）。こうした戦争の人道化と合理化こそ、実はヨーロッパ文明の偉大な達成なのである。ところが、二〇世紀にはいり、特に発効しなかった一九二四年のジュネーヴ議定書以来、とりわけアメリカ人達の手で、かつての「正戦論」はそれが生まれた時代の具体的状況からひき離されてスローガン化され、一九二八年の「不戦条約」にいたる、一定の戦争の「違法化」「犯罪化」への歩みに利用された。何が違法な戦争かについての明確な構成要件を定める法とてなく、そしてあい戦う主権国家の外にいずれが「不正な敵」であるかを判定しうる別段の権威もないままに、いまや犯罪者としての敵国は、二〇世紀の人類がタイミングよく手にした恐るべき大量殺人手段による絶滅の対象となる。これは決して文明の進歩ではない。（ほ）一九世紀末までの国際法は、ヨーロッパという具体的な「地域秩序」（共同体）に裏うちされた強い拘束力をもっていた。しかし、たんなる法規範の一集合体は、決して「共同体」や「秩序」を構成するものではない。（へ）～（ち）実存する政治的統一体（国家）の自己維持は、すべての法学的考察の大前提である。国際法は、それぞれの国家の合意（条約）または承認（慣習法）に基づいて拘束力をもつ。したがって、ヨーロッパ公法としての国際法が、アメリカの国際法により、次いでソ連の国際法により変化をこうむったように、多くの異なった国際法がありうるし、実際にもある。

こうやって対照させてみると、ケルゼンの「世界」観は、彼自身率直に明言しているように個人的希望によって選択されたものであり、反対に、シュミットのそれは、個人的絶望の色のこい「くりごと」という印象を与える。第一次大戦以後の二〇世紀の世界の歩みを「進歩」と歓迎する者と、ヨーロッパ文明の没落と嘆く者とのきわ立った対照である。

いったいに、ケルゼンは、(ト)(チ)のように、ここまでは科学的認識としていえることだが、ここからは自分の価値観による選択だと率直に断わることが多い。やはりケルゼンも人間であるから、情熱のこもったその民主主義擁護論も国際主義擁護論も、自然と美しい文章になり、扇動的になる。一番いけないのは、自他の同等性を認める人は、合理的認識論・民主主義・平和主義に、唯我独尊的な人は、形而上学的認識論・専主制・帝国主義に傾くというきめつけ方である。どちらが「いい人」であるかは自明なのだから、これはタチの悪い「誘導」である。だが、学者にとっては、「いい人」かどうかよりも「真理」を説くかどうかの方がずっと大事な徳性である。「世界」観についても、まず事実をついているかどうかが大事で、「理想」に適っているかどうかは別問題である。この点から見ると、どうもケルゼンは「理想」に向かって走りすぎ、第一次大戦後も、第二次大戦後も、現実を直視しなかったのではなかろうか？「いい人」というプラスよりも「お人よし」というマイナスの方が大きいような気がする。

その原因を私なりに推測しよう。

(a)　まず、ケルゼンの「法」のとらえ方は、道徳などとの違いを強調しすぎるあまり、ハートも指摘したように、一般人の行為の準則を無視し、「制裁」のための規範という点に焦点を当てすぎ、蒸留水のように純化されすぎて「人間社会」から遊離していると思う。その上、彼の過度と思える「統一性」の志向は、「制裁」という点では明らかに分の悪い国際法についても、「制裁」に非ざる実力行使がすべて違法とされてはじめて「法」といえるという試金石を持ちこんでしまった。誰が見ても、制裁者が違法行為者を圧倒できるか、あるいはせめて対等にも み合えることが、「制裁」を語る以上は必要であろう。例えば、小錦に侮蔑された子供が泣いて刃向かっていった所で、誰もその子が「制裁」を科しているのだと思えまい。国際法を「法」と証明するためには、ケルゼンの方法は唯一のものでも、最善のものでもなかった。また、国際法の決定的な無組織性をば、たんに「未発達」だからだと片づけ、「国際的世論」は「正戦論」にありということを国際法の法的性格認定の根拠としたのも、厳密にいえば、ケルゼンらしからぬ態度である。本来、ケルゼンは（単数の）「世論」の主体であるような人間集団を知らないはずであるから。

（b）「正戦論」の理解の点でも、論理的で非歴史的なケルゼンの見方は、著しく平板であり、すべての法的概念を歴史的状況のなかでとらえることに巧みなシュミットにくらべてだいぶ見劣りがする。ケルゼンは縦にも横にも、つまり歴史的にも比較的にも時空を超越した壮大な法の一般理論を構築しようとした。法内容を一切捨象し、清も濁もあわせのみつつ、ただ実定法の自己創設の授権の連関だけを注目する、この形式的・観念的な体系は一個の芸術品ではあるが、いかにも現実からは遊離しすぎている。ふつうの「法学」らしい「実用性」は意図されてもいないのである。それに第一、ケルゼンは「一般に戦争は違法である」という実定国際法が存在するというのも、法資料の一つの可能な解釈にとどまると明言している。

（c）ケルゼンは、（ヘ）で、同時に二種類以上の規範体系が互いに無関係に効力をもつという二元論は認識論的に排除されるときめつけたが、晩年にはこのような見解を撤回したらしい（菅野喜八郎「ケルゼン管見」長尾龍一他編『新ケルゼン研究』昭和五六年）。したがって、国法と国際法は共に法だが、互いに無関係と見る二元論も可能となったのではなかろうか？

（d）ますますふつうの人にはとっつきにくい抽象の世界につれこむことになるが、ケルゼンが（ト）（チ）において意欲的に選択した国際法優位の一元論、つまりすべての国家が「国際法共同体の平等な一員」だというのは、「仮設」に基づく「法現象の考え方」にすぎない。おのおのの国法内在的に見る限り、やはり「仮説」にすぎぬ「歴史的に最初の憲法（憲法典ではない）を作った人びとの命に従うべし」という「根本規範」は、実定国際法規範のなかの、革命・クーデタによって成立した実効性のある政府を合法政府と認める「実効性の原則」と一致するから、各国法秩序の仮設的根本規範を実定法的国際法規範と「考えることもでき」、したがって、各国法秩序の効力の根拠は、結局みな、「諸国家は、慣習的に行動してきたごとく行動すべし」という国際法の仮設的根本規範に由来すると「考えることもでき」、そう考えた方が世界の秩序づけ（平和）のためによい、というのである。ケルゼンのいう各国法秩序の仮設的根本規範さえ、たいていの国では、健全な常識人には思いもつかない遠い、遠い過去のことがらにかかわる。そのものを、いまさら実定国際法の規範だと頭の中で考えなおしてみた所で、実際の世界が秩序づけられるわけはない。

このような、もろもろの法規範の効力の連関のツジツマ合わせは、シュミットにはおよそ理解の外であった。たくさんの法規範の効力の論理的なまとまりを「秩序」と呼び、「共同体」と名づけるのは、狂気のさた、架空の夢物語にすぎない。「秩序」とか「共同体」は、どこまでも「存在的なもの」で、他のさまざまな文明の果実と同様、「法」をもその中から生み出す基盤なのである。この一点で、シュミットは、難解なため日本では本当には活用されたことがないM・オーリューへの心からの傾倒をかくしてはいない。

実際、シュミットの九十六歳までの法学的思考を一貫する赤い糸は、地上に生きる砂粒のような人間一般ではなく、それぞれの地域で共通の歴史をへてきた、基本的に同質的な、他と識別できる人間集団の重視であった。同質的な人民、つまり「なかま」の間でのみありうる民主主義、同質的なヨーロッパの秩序のなかでのみ安定していた国際法、同質的な人びとの間でのみ可能な調停、同質的な国家の間でのみ可能な連邦制などなど、彼ほど同質な人民と、それによってはじめて可能なノーマルな事実的状態を規範の効力の前提とみなした法学者はいない。この「同質性」が個々の意見についてまで上から要求されるならば、それはまさにオーウェルの『一九八四年』の世界であろうが、むろんシュミットは自然的・歴史的所与としての「同質性」について語っているのである。

私は、ケルゼンとシュミットという、ともに非凡な法学者の対立の最奥の秘密は、二人の正反対の「人間」観にあったと思う。シュミットがすべての政治的統一体（国家）の自己維持の権利を強調するのは、ケルゼンにとっては悪しき「自国中心主義」（state solipisism）に違いない。ケルゼンには自国も他国もなく、一視同仁なのである。シュミットは人一倍愛国的ドイツ人であったが、ケルゼンには全地球が一様な住家だったのである。ケルゼンの愛弟子、メタルが書いたケルゼンの伝記のなかで、ケルゼン自身が、国家を法秩序としてのまとまりとしか認めない自分の理論は、自分が小さいながら民族的・文化的多様性に富むオーストリアに育ったためかもしれないと語っており、それを見て長尾龍一氏がショックを感じたそうである。私は、「純粋法学」のケルゼンは、世界のあちらこちらに分散し、多様な文化を吸収したが故に、イスラエルの建国・維持よりも、反って特定の国、文化をこえて「人類」の共通面のみを考える、フロイトやハイネやマルクスのような「非ユダヤ的ユダヤ人」（I・ドイッチャー）の法学界代表者だと考えている。

彼の民主主義擁護論さえ、「この自分の国だけは」という意味の情熱を決してともなってはいない。民主主義として言論の自由の大事なことはいうが、基本的人権としての保障にもかかわらず言論の自由をふみにじる法律が作られ、もし権限ある裁判所によって取り消されないならば、それも憲法違反ではない。それが法律として効力をもつ限りは憲法がそれも認めているからだと見ざるをえないからだ、という。他にも例が見られるが、これはケルゼンの科学性が自分自身の情熱を冷却してしまう適例である。彼は、「自分は学者だから民主主義を選ぶ」とはいうが、「この国は」あるいは「ヨーロッパは民主主義でなければならない」などとはいわない。純粋に個人の営為である学問と人類だけが彼の眼中にあり、特定の「国」への執着は全然ないのである。今住んでいる国で多数決が嫌な方向に自分をつれてゆこうとするなら、別な自由な国へ移り住むことを考えるような、まったくの個人主義者の民主主義論というべきであろう。豆腐やフグや納豆が好きで、外国語は下手くそで、やたらに群れたがるわれわれ日本人は身一つで気軽に移住できる人間にはできていないのだから、他はともあれまずこの国をお互い自由で住みよい所にするために、どうしても不退転の決意でガンバラなければならないのである。

（一九八八年）

7　憲法理論の基本問題
——小林直樹著『憲法の構成原理』を読んで——

一　まえがき

著者［＝小林直樹教授―編者註］が法哲学界から出て、現在、東京大学で憲法講座を担当しておられることは、法学徒には周知の事である。『憲法の構成原理』は、著者が憲法学の領域で初めて公刊されたもので、「ふつう憲法のドグマティクが暗黙の前提としている問題に、ひとつの深部照射を試みたものである」（はしがき、以下本書［＝『憲法の構成原理』―編者註］からの引用は「　」で、筆者自身の引用は《　》で示す）という自負にみちたものであるが、内容は既発表の論説の前後に、主に書き下しの序章と公共の福祉に関する末章を附加したものである。全体は、「憲法の構造分析」と「憲法の価値体系」の二篇に分れる。前篇は憲法の法的特質を扱った三章を、後篇は基本権の問題を論じた三章と、「独文のエチュード」（はしがき）たる公共の福祉の理念論を含む。全体を通観したところ、「原理的な展望」（はしがき、著者の傍点は・・、筆者の傍点は、、）のピントは前篇にあり、制度、手続の諸問題は「意識的に除」(はしがき)かれている。本書の根幹部分は、それぞれが発表された時期に注目を浴びていると思うので、ここでは体系の骨格を透視しつつ、全体的な批評を加えることにしたい。

二 憲法理論の「視座」

著者自身述べているように、本書の基本的な志向は、憲法解釈学という単なる「技芸術《クンスト・レーレ》」に対して、憲法の「真の理解」と、「正しい実現」に有用な「正確な理論」を提供するにある(はしがき)。これも著者の言葉を使えば、C・シュミットの『憲法理論』のごとき憲法の基本構造の原理的な考察は内外ともに例外的であり、わが憲法学界に敢てこの理論の火をともそうというのが、著者の主観的意図である。著者の場合特徴的なことは、この「憲法の法哲学」(424)が、いわばインスタントに、短期間にものされた「マクロの考察」(425)の集成として与えられていることであろう。

前篇の各章は実質的に大分重なり合っており、ただ、冒頭に憲法の概念規定、規範としての憲法の「最高性」「基本性」、政治現象としてのその「政治性」「イデオロギー性」等の憲法の性格分析が与えられている。「最高性」は、単に法段階説的な意味合いのみではなく、近代的憲法制定権力の意志(=国民意志)の最高性を含み、「基本性」とは憲法が「社会的な信仰体系」(19)ともいうべき最も基本的な法価値を含むことの外、その存在の根拠が本質的に憲法制定権力の意志という事実的なものに存すること(20)を意味する。事実としての憲法の「政治性」「イデオロギー性」について説くところは、理念の普遍性の命題(ラートブルッフ)を軸とし、新奇な点はないが、ただシュミットの《全体としての政治的統一》(=国家)の成立、崩壊を憲法のそれと混同し(23)、またシュミットが《絶対的意味の憲法》概念の一例として、Verfassung が《政治的統一のディナミッシュな生成の原理》を指すことがあると指摘して、ラッサール等を挙げたのを、直ちにシュミット自身の憲法理論の中心概念と早合点して、スメントとともにシュミットを、憲法を政治的事実の動態に解消する者とみなす(24・77)等、不正確なシュミット理解が眼につく。彼の『憲法理論』の中心概念は《実定的意味の憲法》であり、それは《全体》の契機を含む点で絶対的憲法概念に属するが、両者は同一ではない。両者の混同から、シュミットが絶対的憲法概念の第二種として《法規範の統一》(Verfassungslehre, S. 7.)を挙げているのを目して、「シュミットが……(憲法の)『最高かつ究極の規範』としての規範性を一面では認めているが……」という早合点も生ずる。すぐ次のパラグラフでシュミットが、《真実は、憲法が妥当するのは、それが憲法制定権力から発し、憲法制定権力の意志によって定立せられるからである》と言って、憲法の妥当根拠を規範に求める規範的な絶対的憲法概念を否認していること(肝心なこと!)を見落しているのである。その上、ここで見落された同一のシュミットの文章は、別なところでシュミットとは無縁な思想の傍証として、「憲法はまことに憲法制定権力から生じ……」(76)という工合に流用されている。シュミットが一方では憲法を政治的事実の動態として捉え、他方では《諸規範の規範》(VL. S. 7)として捉えたというのは、手品のようであるが、この解釈が全く誤りで、恐らく著者自身の投影にすぎないことは多言を要しない(なお著者は規範的な絶対的憲法概念を単純に普通に言われる「実質的意味の憲法」と誤って同視される。74註1)。

ともあれ、冒頭の一節だけからも、著者の理論の「視座設定」は十分明らかである。国民参政と基本権の保障は、憲法が到達した「終極的ともいうべき正当性の根拠」(10)であり、組織規範はこの基本価値実現のための制度であって、権力を制限する憲法は、国家機関のみならず、国民を「積極的な順守」(22)に義務づける。憲法はその信奉者によって担われる時、政治的現実を規定し発展せしめる現実的な力=「規範力」(25)をもちうる。著者は、この意味の憲法の実現を阻む要因を見落すわけではないが、憲法理論は憲法の「実態の認識」に絶望せず、その「精神の把握」によって直接には憲法解釈を正しく導びき、ひいては国民の「憲法闘争」(70)に正しい方向を示すという実践的な課題を有するとされ(26)、憲法の精神=基本権の貴重さを感受しえない「一種の価値喪失者」たる「実証法学者」は、憲法解釈に携わる「理論的な資格」(31)も疑われている。ここでは、もっぱら著者の弁証法的、進歩的な理論(32)がいかなる稔りを生ずるかを見よう。

三　根本規範論

前篇には到るところで、いわゆる《根本規範》に関する著者の理論が、少なくとも体系的には完成品として、示されている。周知のように、根本規範論は、ケルゼンの用語と法段階説の思想を借り、いわゆる法実証主義の形式的憲法概念に対してシュミットが提起した《憲法》と《憲法律》の区別を足場とし、《憲法》からシュミット的決断主義の毒をぬき、存在＝非規範の世界に属する《憲法制定権力の意志》に代えて規範＝価値＝理念の世界に属する《憲法の憲法》を設定する理論である。この根本規範の成立、妥当根拠を何に求めるかによって、根本規範論にもいくつかの亜種が存在しうる。特に戦後の西ドイツで展開されている根本規範論の特徴は、自由民主制の基本価値を、自然法の立場から、国民意志をも拘束する永久法たらしめるにある。そこでは大衆《マス》に対する不信と裏腹をなす独裁政への神経過敏、そして何よりも東の体制に対する西欧文明の自己保存という実践的な契機が露骨に現れている。

さて、著者の根本規範論はいかなる独自性を有するか？　著者は一応根本規範論の常道から出発している。迷訳ではあるが、「憲法は、内容と効果の点からみて、個々の法律よりも、つねに幾分とも高次かつ包括的なもの (etwas Höheres und Umfassenderes) である」(47) という、シュミットのテーゼを引用し、憲法規範内部に実質的な規範の段階を認むべき手がかりを得ているのは、ひとつの証左である。著者の幾分とも多弁で不透明な文脈から、要点を探りつつ批評を加えて見よう。(イ)根本規範は、憲法制定権力を超越した自然法でも、自然状態にある憲法制定権力の被造物でもないが、しかも憲法制定権力によって定立せられたという意味で「実定的な規範」(43) である。(ロ)根本規範は必然的に複数であり、憲法制定権力の所在を示す規範プラス基本価値を表現する不定数の規範より成る(43)。(ハ)右の「基本価値規範」を、単なる憲法律から識別する方法として、文言上、基本権規定が「無制約的」であるかどうかに着目する外に、「特定の条項が除外された場合、憲法秩序にどれだけ決定的な影響を生じうるか」という点の「経験的」考察が提案せられる（63）。（ニ）具体的に識別の困難な場合は「準根本規範」として、「最大限の尊重」が要求せられる（64）。（ホ）根本規範の動態に関する著者の論点は、一層ユニークである。それは著者の憲法制定権力の把握と相関的であり、そのことによってまた著者の「根本規範」の実体をも露わにしている。根本規範は、規範としての効力の故に万人を拘束し、したがって憲法制定権力を事前に拘束するのではなく、同権力の現実の担い手が、憲法を制定するに際して、自らの政治的支配を持続せしめるためには、「法則的な必然性をもって」「定立しなければならない」（56・57）規範なのである。この法則的必然性が「制憲権の主体をも規範的に拘束する」（56）ということの意味である。（ヘ）いかにして憲法制定権力の所在を指定する根本規範が定立せられるかについては明確ではないが、憲法制定権力という概念が「国民の憲法制定権力」という近代自然法の理念に由来することを指摘し、この理念が将来とも唯一の正しい根本規範の内容であることを、世界史の立証に委ねている（59）。一般に国民という主体から分離された憲法制定権力は「分析の用具」（58）にすぎぬ。ここで言う「憲法制定権力」が（ホ）に述べた、基本価値規範の規範的拘束を受ける同名の権力と同一でないことは、余りに明白である。前者が理念であるのに対して後者は実力であるから。（著者が「制憲権がどこにあろうとも……」（134）と言う場合には、もちろん後者を意味し、それが「分析の用具」としての制憲権概念の使用であるとすれば、シュミットがこの概念を「分析用具として使用した点では、誤りだとはいいえない」（58）というシュミット採点は誤りだといいうるのではないか?）。（ト）実力としての憲法制定権力は、単に憲法を制定する際に跳梁するというに留らぬ。それは、「憲法を有効におこなわしめる権力」（133）「政治の担い手」（56）でもある。シュミットの制憲権は、《政治的統一全体の態様と形態について唯一度の決断》によって規範＝命令（VL. S. 76）としての憲法を与えた後に、天上（《自然状態》）に舞い戻り、再び用のあるまで実定法の地上に帰らない一種の deus ex machina であり、かかるものとして《不滅《ペルマネント》》であった。だが、著者の制憲権は、初めから有限な地上の力であるにすぎないから、不滅でも自由でもない（62）代りに、実定法の実効性を担う力として下降・日常化する。だから著者は、非難してやまぬ「シュミット的実力主義」（62）

を、むしろ日用のために量産することになる。(チ)この実力は体系的に根本規範の拘束に服すると反論せられるならば、その「規範的拘束」が(ホ)にのべた意味のことであるということを想起しなければならない。だから、根本規範もその拘束を全うするためには、ケルゼンの《根本規範》のように手を汚さず、超然としてはいられない。制憲権を事実上制約する根本規範は、制憲権の下降・日常化を追って、下降・日常化せざるをえない。「根本規範が……その現実的な側面において政治の権力過程と相交わ（る）……ことは、ラディカルな規範論理主義者ケルゼンも肯定的に認めた」(77)として、革命による根本規範の変革可能性の承認、法規範の妥当《条件》としての全法秩序の《実効性の原理》の設定を例証として挙げる。だが、あたかもシュミットの deus ex machina が汎神論と相容れないように、この純粋法学の摂理も、革命の日常化（=法の不存在）を排除するために不可欠な実定法の理論の前提なのである。しかし政治の権力過程にまきこまれた著者の根本規範は、イデオロギーとして、「下位規範ならびにその運用を司どる諸勢力からの存在制約を免れない」(59・61)。治者による根本規範の「存在制約」に対してブレーキとなるのは、「憲法の規範力」(68・122・280)であるが、それも結局は「憲法への意志」をもつ諸勢力=「社会力」(119)の非人格化、治者に対抗する政治的実力による存在制約にすぎない。

このように見てくると、著者の根本規範論は、憲法を、一方「権力への意志」=理念なき権力と、他方「憲法への意志」=《錦の御旗》の流動的な「力の平行四辺形」(6・65・101等)として捉え、今日の日本の憲法論議の主意（主情）主義的な時流に投じたものであることが判る。そのために、当節鬼面人を奪うドイツの理論を用いたからと言って、本書を「国籍不明の作品」(423)と評されはしないかと心配することは無用であったろう。

四　憲法の「正当性」

著者は、尾高博士とともに、《法の根底にあって法を動かす国家の最高契機は、単なる力ではなくして、力を伴う所の理念である》（「国家における法と政治」国家の研究八三頁）と考え、ファシズムでさえ理念による力の「正当化の必然を例証した」(139)と見る。だがおよそ権力を「法理念のエネルギー」(104)と見れば、力と理念との二元性、緊張関係は消失し、著者の憲法力学は発条を失うことになる。だから、第一に《正しくない理念》(似而非理念)と《正しい理念》とを区別し、第二に《理念の看板》と《理念の完全実施》とを区別し、似而非理念を担いまたは理念の完全実施をサボる権力に対抗するために、やはり《錦の御旗》を持ち出す必要性を根拠づけなければならない。それが「憲法の正当性」(第三章)のライト・モティーフである。

「制憲権とは……政治的統一体の実存を全体として規定することができる権力《マハト》または権威《アウトリテート》をもった政治的意志である」(50)。このシュミットの基礎命題はつぎのように加工せられる。あたかも《全法秩序の実効性の原理》を実定法秩序のすみずみまでの実効性と誤解するように(77)、政治的統一体の実存を「全体として」規定する権力は、すなわち、憲法と共に「全法秩序を樹立し、維持する権力」(50)となる。ところが、このMachtはシュミットにおいては赤裸な「暴力《フォルス》」(134)であるらしい。ヘラー(Staatslehre, S. 276)やエームケ(Grenzen der Verfassungsänderung, S. 52)とともに、著者も、シュミットのforceはpouvoir＝「制憲権」(50・55・134)たりうるためには「権威《アウトリテート》」(規範的なもの・正当性)を欠きえないと考える。「権力または権威」というシュミットの規定は、ヘラーに倣って「権力および権威」(104)と読み変えられる。だが、そもそも「暴力」とシュミットのMachtとを同視することは、正しくない。単にMachtがAutoitätと択一的に並列されていることだけからも、Machtが単純な事実上の力を意味せず、一種の権原《タイトル》を意味することは明瞭である。あたかも著者が「国民の憲法制定権力」という根本規範を近代自然法イデオロギーの歴史の所与と見るように、シュミットも歴史的に与えられた制憲権の主体のみを問題にする。ただシュミットは散文的に、《権威という観点が支配的である時には国王の憲法制定権力が承認され、人民の権力(maiestas populi)という民主制の観点が支配する場合には、憲法の効力は人民の意志に立脚するであろう》(VL. S. 88)と言っているだけである。著者は、Machtの概念に照応するのは、Souveränität, Majestät等で、Autoritätは連続性の契機に基づく威望《アンゼーン》で、伝統、永続と結びついているというシュミットの説明(VL. S. 75)に全く注意を払わないから、maiestas populi を「人民の権威」(169) と誤解する。それ故直接には前掲のシュミットの文章が全く無意味なタウトロギーになるばかりではなく、「憲法の正当性」に関する混乱と空廻りが生ずる。「憲法が事実上の状態ではなくて(正訳は《単に事実上の状態としてではなく》)、適法な秩序として(《法的秩序としても》) 承認されるのは、憲法の基礎をなす決定を与えるところの憲法制定権力の力と権威とが承認される場合である」(137) という言葉をめぐって、著者がシュミットの Legitimität の概念に関し少なからず混乱しているのは当然である。単純な真実は、著者がウェーバーの社会学を探索した末、憲法にとって有意義な唯一のものとして取り出す「伝統的支配」という正当性の類型(146)は、既にシュミットの「権威」の中に含まれ、同様に著者の根本規範たる「人民主権」も、そこでは「権力」として捉えられているということである。

たしかに、シュミットはケルゼン同様、君主的正統性と民主的正統性のいずれが《正しい》かを言わず、唯並列するにすぎぬ。このようにどちらでもよい正統性は、著者にとっては本当の憲法の正当性《リヒティッヒカイト》(実質的正当性)ではない。だからシュミットの正統性の類別は「決して無意義ではない」(137・169)が、実質的正当性の問題こそ、「憲法現象の理解の最初の鍵」、「実践的な憲法問題の解決の、もっとも初歩的な前提条件」(141)であるし、その上、「価値のアナーキーを認め、それによって実力の優越化に協力すること」(141・165)を避けるためには、科学は価値判断を中止するわけには行かない。かくして著者は正面から憲法の正しさの問題に挑みかかるのである。あれほど君主制の嫌いな宮沢教授(筆者も同じ)が、民主制と君主制の正しさについては「意見」と異なる学問的判断は成り立たないとされ、「自由と生存」を保証する憲法の《はたらき》に憲法の実質的正当性の根拠を求められる(「憲法の正当性ということ」ジュリスト一三一号)のに対して、著者は「自由と生存」を、「絶対的な価値基準」としてではないが(140・164)、「究極の価値原点」(166)として採用し、これに拠って君主制に対して民主制が「原理上」(188)すぐれていることを証明しようとする。(ちなみに、著者が面従腹背的態度をとる「価値相対主義」とは、「科学の範囲内で究極の価値決定を絶対的に、なしうるものではない」(172)ということである)。さて、このような「自由と生存」

が果して究極的な、すなわち統一的な価値であるか、《相争う二つの魂》であるかは、ここでは問わない。ともかくこの《正しさ》の基準は、公理的なものではなく、《善く治めてくれる者が王様だ》という意味で実際的なものであるはずである。だから、王権神授説の非合理性と、社会契約説の合理性を対比することが問題の解決にならないことは、著者も認める（187）。《人民主権》が合理的に説明し尽されるものではないことも、また、認められている（162）。更に、君主制か民主制かの選択が歴史的には決着しているという事実が、両体制の実質的正当性の審判と無関係であることも、著者の言う通りである（177）。現実的なものが合理的であったかどうかが「改めて問われなければならぬ」（177）。だが、著者が実際に改めて問うてはいないことは、「さきに述べた以上に民主制の実質的正当を試みる必要はな（く）」、「一般に認められた自明の事柄だ」（188）と言い、その「さきに述べたことが、「実質的正当性を示しはしない」（187）社会契約説の主張以外に見当たらないことを見れば、明白である。そこで民主制の《理念の正しさ》の証明は、忽然として「民主的正当性の現実化」（188）＝《理念の完全実施》の事実分析に移行し、同じく民主制の《理念の看板》を掲げる自由民主制と社会主義体制の現実に対するいわば伝聞的な分析、評価、展望に、過大な紙数が費されている。憲法の理論としては、例えば「生存」のための計画が「自由」をどこまで圧迫するかというような問題の素人論議（例・カトリックのハイエクとマルキストのスウィージーの対比（239））よりも、当然、憲法の正しさを測る「究極の価値原点」そのものの実体を、法学的に、明確にすることが期待せられる。それは、「基本価値的根本規範」の規範性の把握の問題に外ならない。

五　「基本価値規範」の実体

「自由と生存」は、「近代憲法の基本権のカタログのなかに、いわば実定的に沈澱するに至った」（174）「実定憲法に内在すると同時に、法超越的な普遍性をもった価値」（175）であるとせられる。宮沢教授は同じ基本価値を明示に《自然法》によって基礎づけられ、またケーギは、《法学が正当化しえず、また、してはならない事柄がある。

また法学が実定法と衝突し、〈自然法への勇気〉を喚起せざるをえず、遂には抵抗権の主張まで掲げなければならなくなるような状況、時節というものもある》(Dec Verfassung als rechtl. Grundordnung des Staates, S. 58) と言い、当時(一九四〇―四二)の西欧の具体的な政治状況のもとで、いわば便宜的に《自然法》へ傾斜した。だが、著者が「法超越的」、「高次法」(19)という言葉を用い、基本権を《自然権》と呼ぶ(216)からと言って、ただちにその理論を《自然法論》と規定することもできない。他の箇所で、著者は明示に自然法を否認し(19・111)、「憲法の上に優越的な価値を設定」することは、理論的「欠陥」(43)であると見るから。先述のごとくシュミットの「権威」を意識的に実質的正当性(革命的正当性をも含めて)のカテゴリーに改鋳し、力と正しさの弁証法的統一を説いたのは、ヘラーであり、著者の基本価値規範はヘラーの「権威」のカテゴリーに属する。ただ、ヘラーの《法の根本原則》(Rechtsgrundsätze)が、明瞭に非法的・道徳的な《秩序規範》とせられ(SL. S. 255f)、階級分裂を現代の本質的状況と見るヘラーが、国民の等質性を前提とした自然法的正義の一元論を排斥する(ibid. S. 195)のに較べると、著者の自然法否認は首尾一貫しない。普遍的であるとともに終極的な「根本規範は、極限の抵抗権を含んだ自然法にその思想的根底をおく」(57)とされるからである。ロック、ルソー等々がおよそ巨視的に「不可譲の人権」という平板なイデオロギーに還元され(129・186)、それが「一般に広く通用する妥当性」をもち、「ほとんどあらゆる憲法に普遍的に認められた原理」(147)であるがゆえに、客観的、普遍的な価値であるとされる。もっとも、ヘラーの「法の根本原則」の妥当性も、必ずしも文化圏、時代によって制約されるものと限らず、一部に普遍的かつアプリオリなものを含み(SL. S. 256)、エールリッヒも、《生命、自由、財産の尊重》が《生ける(万民)法》となった限りで、全人類的な法団体が実在すると言っている(Grundlegung der Soziologie des Rechts, S. 66)から、《自然法》と《生ける法》とが重なり合うことがあっても当然かも知れぬ。その限りで、シュミットが《十七・八世紀という偉大な時代》の《体系的な、〈実定的〉効力(実効性)に関わりなく、規範的に徹底した》(VL. S. 9)自然法からのみ規範的な絶対的憲法が導き出されると言うのは、片手落ちかも知れない。この点を認識した上でなら、著者が基本価値規範について、「広く通用する妥当性」や「秩序を支える一般的な法意識」(160)を語るのは容認しうる。それならば、自然法の用語は無用かつ不注意に混入されたというに留まる。だが、基本価値の「実定的な沈澱」を重視し、この規範の現実化を高唱する著者が、基本権規定が単に《指示し》、その実体は《法共同体の大多数の成員のみに知られ、彼らの表象の中においてのみ生きている規範》(Heller, SL., S. 256)であるヘラーの「法の根本原則」と同じものを考えていると見ることはできない。

著者が、理論的には、《自然法》(実定法の上の法)も《生ける法》(実定法の底の法)も採らないのに、その基本価値規範を《自然法》のオブラートに包むのには、それなりの実践的な理由がある。パウンドやフラー(Fuller, The Law in Quest of Itself)のようなアメリカの法哲学者が、同じくケルゼン流の法実証主義を《Give-it-up philosophy》として斥け、客観的な価値基準を提示する場合には、裁判という法実践によって形成された具体的なものを基礎とし、それが《実際的目的のためには充分な真理性》を有する(Pound, Contemporary Juristic Theory, p. 36)という限定を附するのに対して、著者の「自由と生存」は、「自由(生存)への意志」(280)の個人差に応じて、何をどのようにでも盛りこむことのできる主観的イデオロギーの容器に外ならない。著者は《自然法への勇気》はともかく、ケルゼンを無視して、法理論をイデオロギーの領域にひきだすだけの勇気はもっている。著者がふとケルゼンを肯定的に引用し、「デモクラシーがオートクラシーを克服する闘い」は「最高の法廷としての批判的な理性に裁決を求めて行われる闘い」であるという時さえ(195)、ケルゼンに忠実には、独裁政の主意(主情)的な《イデオロギーに対する》闘いであることを、故意に伏せている(Staatsform u. Weltanschauung, S. 18)。もっとも理論のイデオロギー性の肯定は、イデオロギーの本性に基づいて、ただ自らのイデオロギーの圏内にある理論の肯定に限られ、異質のイデオロギーは決して理論たりえない。だから、著者が尾高博士の「法の窮極にあるもの」を「特殊なイデオロギーに立つ政治的要求の表明」(98)と、正当に批判されるのは自然である。自己のイデオロギーへの絶対的帰依は、《友・敵の区別》を学問の世界でも尖鋭化し、例えば《公共の福祉》という法概念の解釈についての異論は、呪うべき「全体主義イデオロギー」に「発想の源泉」があると推定され、論者「自らの思想的基盤に深刻な反省を試みる」ことを勧告せられるである（348）。著者は「学園の自治」の不可侵性を特に「学問の自由」のために強調する（368）が、《学問は……内面においても自由である場合、すなわち、論証と反対論証の競技において全き自由が支配する場合に、初めて自由である》（Kelsen, Was ist Gerechtigkeit ? S. 43）という本質的な点を看却しておられる。ケルゼンが一九三三年のドイツでも（Staatsform, S. 24）、一九五三年のアメリカでも（Was ist G., ? S. 42）、一貫して説いているように、学問と民主制は《寛容》という一つの魂を共有する。しかし、著者の「自由民主制」は、この魂においても分裂せざるをえない（251・259）。

著者による《憲法の過度の精神化》（Kägi, ibid. S. 40）は、一口に言って、日本の政治の現実に対する著者の怒り（423）を、既に長く民主制のもとにあって、なお政治的欲求不満をもつ西ヨーロッパの一部の憲法理論に歩調を合せて、表現したものに外ならない。筆者には、民主制のもとに育った世代が未だ政治的現実から疎外されている日本で、ヨーロッパ的危機意識の録音を再生する必然性が理解できない。右のように言うことは、若い日本の世代が、少なくとも著者と同程度に（しかし、hommes d'action として）憤っていないと言うのではない。それにも拘わらず、筆者は、《正しい政治》のために憲法理論のなしうることは、極めて限られていると考える。それを行なうためには、基本価値が目的で、組織規範は手段であるという（4）著者の体系の礎石は、少なくとも傾きすぎている。実際、《自由は何ものをも組織しない》（Schmitt, VL. S. 200）のではなく、反って基本的な「憲法の構成原理」だというのは、《自然法》（Haug, Die Schranken der Verfassungsrevision; Hamel, Die Bedeutung d. Grundrechte, S. 11f. のシュミット批判）でなければ、基本権が憲法の動態において統合の旗印としてのイデオロギッシュな機能を果すスメントの統合概念と重なりあうことのできない「固有の意味をもっている」（117）と強調されるが、その固有性はイデオロギーの政治的志向の差異にすぎまい。だが、問題はもはやここにあるのではなく、法の創設機関の民主的な構成原理の体系的な軽視、例えば「官僚制」を「個人の自由の磨滅化」という観点からのみ捉え、「自由恢復への強烈な意識」を求めるのみ（273・274）で、官僚制を有効にコントロールする《政治的組織形式》としての民主制の問題（M. Weber, Politische Schriften, S. 151f.）に全く無関心な点に存する。

著者の『憲法の構成原理』が、前人未踏の分野に踏みこんで、独特の「弁証法的」綜合を行なったものであることは、何人も承認しなければならない。理解し、批判することは、（一流の理論を正しく理解すればするほどむずかしくなる）創造を行なうよりは、つねに容易である。かなり遠慮のない筆者の批判を、著者が「学問の自由」のために寛恕せられることを切望し、かつ、ドイツ流の著者の理論に対して、アメリカで実用法学ぼけをした筆者の読みが、あるいは浅すぎたのではないかを恐れる。

（一九六一年）

8　憲法理論の基本問題
――小林教授の『反論』に答える――

一　まえがき

筆者は、さきに、小林直樹著『憲法の構成原理』（以下単に『構成原理』と呼ぶ）の書評（法律時報一九六一年六月号、以下単に「書評」と呼ぶ）を試みたが、これに対して、早速、著者・小林教授の全面的な反論（法律時報一九六一年八月号、以下単に「反論」と呼ぶ）に接した。

「書評」は、顕名でなされたものとしては、今日の日本の憲法学界の常識をことさらに無視した、卒直なものであったために、小林教授の「反論」の烈しさもまた、全く格別異例のものであった。公けの批判、反批判は、決して私闘ではなく、そこからはっきりした結果をひき出すことが論争当事者の学界に対する義務であるし、「反論」が「書評」を「非学問的」な「独断」の集積にすぎぬときめつけたものであっただけに、「反論」における小林教授の主張のいわれなきことを公けに示す、のっぴきならない個人的必要さえも生じた。これが、心ならずも本誌（東北法学会雑誌一一号）上を借りて、独立の意義を有しない「反論」の検討を試みる理由である。

二 『反論』の基調

小林教授の「反論」を通読して感じた二、三の点を、先ず述べておこう。

第一点。「反論」は、もっぱら、「書評」が「遺憾なく示した」と言う「独断的きめつけ」を模倣して「不公正をおかさないように、批判の正しい点と誤った点をふりわける」と断っている。ところが、率直に「正しい批判」と認めたのは、「書評」が、全体的な批判の文脈に必要な限りで、控え目に指摘した三つの引用文の誤読のうちの一つ（「反論」四の冒頭）と、『構成原理』の自然法に対する考え方が ambivalent である点の指摘（「反論」の論点⑱）のみで、それ以外はすべて、「誤読」「ひどい歪曲と作為」「甚だしく軽卒な早合点、あるいは恐ろしく独断的なきめつけ」「的はずれ」「非謗」《洞窟のイドラ》「デタラメ」「コッケイ」等々と認定し、要するに「書評」は、「学問的批判というには余りに粗雑かつ乱暴」であると結論している。長々とくりひろげられたこうした非難が全くレトリックのみの高姿勢にすぎぬことは、たちまち明らかになろうが、野心的な『構成原理』の著者に、多少ともザッハリッヒな反論を期待していた向きは、大きな幻滅を味わったに違いない。

第二点。小林教授の目には「異常な熱意」で、教授のシュミット理解の不正確を指摘した「書評」の論点は、大部分は「見解の相違」とされているが、「百歩ゆずって、筆者（尾吹）のシュミット理解が全て正しいと仮定してみても、シュミットのテーゼとは異った象面で論及された著者（小林氏）の立論そのものの批判は、そこから導き出せないはずである」と、教授は言われる。これは逃げをうったのか、開き直ったのか、いずれともつかないし、意味も一見して明瞭ではない。

ここに「異った象面」というのが、『構成原理』における立論一般について言われているのではないことは、明らかである。けだし、『構成原理』は、著者が「はしがき」で言っているように、正にシュミットの『憲法理論』のように「憲法の基本構造やその一般的意味にまで立ち入った原理的な考察」たらんと志したものであるから。

あるいは、教授の立論の大部分が、シュミットとは余り縁がないと言われるのかもしれない。つまり、シュミットは、引用または言及した「二百人に近い」(論点④) 学者の単なる一人で、『構成原理』にとって特別の重要性はなく、要するにどうでもよいのだと言いたいのであろうか？　この頃は、銀座の夜景のように、あちこちの国の横文字を派手にちりばめた論文がはやってはいるが、言及した学者の総数よりは、個々の一流の学説の引照の頻度やその質が問題であることは、言うまでもない。小林教授の人知れぬ現在の心境がどうであれ、作品である『構成原理』の「はしがき」から末尾の「人名索引」に到るまで精読するならば、教授の憲法理論的思考が、自家薬籠中の尾高博士の外には、シュミット、ヘラーの周りを旋回していることは、火を見るよりも明らかであり、そう判定することが、「反論」の非難するような「考え違い」になるはずはないのである。

そうしてみれば、結局、小林教授の言わんとする所は、シュミット理解の不正確は、たまたま教授がシュミットを表向き引用した頁での立論にとっては、本質的な批判たり得るが、その他の三百数十頁に書いたことについては、全く無関係で、「書評」が「的はずれ」になるというのであろう。これは、著者自身が進んで、自らの作品を、既往の理論を血肉化した統一的全体と見ず、まるでミミズを切り刻んでも部分は——暫らくは——生き残るではないかと言うにひとしい。実際、小林教授は、私の「全体的な批評」を、読者に対して私の側での部分的な誤読、独断の集積にすぎぬと印象づけるために、精魂を傾け、どんな犠牲をもいとわないようである。「反論」が「書評」を機械的に寸断して、自ら分解した『構成原理』の各部分とつき合わせた上での揚げ足とりに終始しているのは、そのためである。

第三点。「書評」は、五〇枚を余りこえないように、かなり無理をおして圧縮したものであった。「であるかもしれない」とやわらかに書く余裕もなく、「である」と書かざるを得なかった。単刀直入な文体のために、「書評」が独断的な響きをもっていたとしても、それは懇切丁寧ではなかったというだけで、「反論」の申し立てるような内容の独断性とは、縁もゆかりもない。

「書評」は、『構成原理』が主に既発表の論説から成っているためと、限られた紙数のゆえに、当初から「紹介」を目的としないことを断っておいた。「反論」は「紹介」の不正確を嘆いている（論点①②③）が、この点は諒承して頂きたい。追従的な書評であれば気にならない程の紹介の不正確（実は教授の求める所は教授自身の言葉の再現であるらしい）も、この場合に重大視されるのは、それが、『構成原理』全体の「根本的な誤解と結びついている」（論点③）と主張されたいからであろう。こうした主張に果してどれ程の根拠があるのか、直ちに検討にうつろう。

三　個々の論点について

小林教授は、「書評」だけを読んだひとがその「臆断」を呑みこむことを心配されるが、私は、もし『構成原理』と「書評」を読みくらべたひとが多ければ、無内容な「反論」に答える必要を認めなかったろう。以下には、「反論」の大仰な「独断」よばわりの実体を、必要な最小限度で、暴露して行こう。

1　論点④

「甚だしい早合点の見本を立てつづけに示している」という前置きをして、「反論」が先ず挙げているのは、何と、シュミットの諸「憲法」概念に関する混同の指摘である。[1]

「実定的意味の憲法」と「事実的な絶対的憲法」[2]「規範的な絶対的憲法」という三つの憲法概念の二重または三重の混同、したがってシュミットの憲法理論の中心概念である「実定的意味の憲法」の正確な理解の欠如は、実は、尾高博士以来[3]、日本の学界に通用して来た誤謬、「反論」に倣って言えば、《市場のイドラ》であって、小林教授がどんなに卒直に自己の非を認めても、ひどく不格好なことにはならなかったであろう。しかるに、「反論」は、「著者の表現はシュミット理論の〈紹介〉の意味でならば、充分に正確とはいえないかもしれない」（傍点引用者）という、筋ちがいで形ばかりの低姿勢の口の下から、だが「書評」の指摘は、シュミットの「憲法論の目次を眺めただけでも分る当然の事柄である」（傍点引用者）と開き直っている。これが果して、教授の言う私の「非学問的」批判に対する、教授自身の学問的な態度であろうか？

「反論」は、「実定的意味の憲法」が「規範的な絶対的憲法」に対するアンティテーゼであるという点の重大な誤認すら、全く支離滅裂な、強引な詭弁によって糊塗しようとする。何とかして、本質的な誤謬を「説明の不適当」にすりかえようとし、「問題の場所（二四頁）では……重大な意味をもたない」という常套的論法ではぐらかそうとするばかりか、小林教授が、本来の意味においては無視し、文脈から全く切り離して別な文章としてシュミットを引いたのを、私が同一の文章の（本来の意味における）「見落し」と（偽った）「流用」だと批判したのは、ともかく見た証拠に引いているのだから、「何らかの固定観念からの……非謗ではないか」と詰問している。唖然とせざるを得ないのは、私ばかりではあるまい。

念のために詳説すれば、シュミットの言う「規範的な絶対的憲法」とは、規範の自己完結的な統一体、すなわち「正しさのゆえに妥当する一箇の規範に基礎を置く憲法」であり、「反論」の言うように、「ケルゼンの規範主義的思考」（仮設的根本規範）に基づく実定法の規範的統一を指しているのではない。問題の文章で、シュミットが、「真実は（In Wahrheit）、憲法が妥当するのは、それが憲法制定権力から発し、憲法制定権力の意志によって定立せられるからである」と言っているのは、歴史的認識として、法学にとって自己完結的な純粋規範の体系としての憲法は、もはや問題とならず、「実定的意味の憲法」しか存在しないという意味である。この点を全く認識せず、右の文章を恣意的に「憲法はまことに憲法制定権力から生じ……」（『構成原理』七六頁）と読んで、教授独特の、根本規範の政治的動態の側面からの把握と結びつけたのが、「流用」でなくて何であろう。

さらに、「反論」は、シュミットの諸「憲法」概念について指摘された混同を、自己の立論にとって重大な意味をもたぬと逃げをうつ反面、あくまでも、私が「シュミットが一方では憲法を政治的事実の動態として捉え、他方では《諸規範の規範》として捉えたというのは、手品のよう」で、誤った解釈だと批判したのは「おかしい」と開き直る始末である。たとい、「特定個人の特有の誤謬」ではないにせよ、一度指摘されても尚《市場のイドラ》に固執し、そのために誤謬の上塗り[5]をも辞さない「反論」には、全く恐れ入るほかはない。「反論」は、この点の混同が単に『構成原理』二四頁での説明の不充分に尽きると言っているようであるが、就中、《政治的統一のディナミッシュな生成の原理》としての「事実的な絶対的憲法」と「実定的意味の憲法」との不断の混同、すりかえこそ、客観的に、『構成原理』第二章第一節（「憲法における『政治的なるもの』」特に七六―八〇頁参照）の発想の基盤なのである。「反論」のこの部分で繰返された小林教授の憲法概念の不透明な多義性は、教授が「憲法」について語る時、一体、事実について言っているのか、実定憲法について論じているのか、はたまた、自然法について語っているのか、自分でも分っていないことを告白したものにほかならない。

論点④に総動員された、詭弁の煙幕、目立たぬ低姿勢と人目を奪う高姿勢のレトリックとの巧みな交織、論点の局地的限定、すりかえ、さかねじ等々のタクティックスは、「反論」の残りの部分でも乱用されている。

2 強弁的論点（⑧⑫⑬⑭）

論点⑧では、「書評」が、『構成原理』における動態的根本規範論を要約しつつ、「治者による根本規範の『存在制約』に対してブレーキとなるのは『憲法の規範力』である」と述べたのを不満とし、「治者による『根本規範』の存在制約とは、一体何を、どう感ちがいした概念なのか見当もつかない」（傍点は原文のもの）と言っている。「書評」の該当箇所を見れば、「著者の根本規範は……『下位規範（による存在制約?）ならびにその（下位規範の）運用を司どる諸勢力からの存在制約を免れない』」（括弧内および傍点は筆者のもの）という小林教授の言葉（『構成原理』六一頁）を解釈しただけのことで、そこには何の神秘も存在しない。むしろ、「反論」が、六一頁にない「社会の諸勢力からの存在制約」という言葉を引用（?）するのこそ、神秘的であると言わねばならない。

論点⑫で、「反論」は、シュミットの肯定的な引用の間にさしはさんだ、「憲法を作る権力は、全法秩序を樹立し、それを維持する意志と力をもたねばならない」（『構成原理』五〇頁）という文章は、例によってシュミットと無関係であるのに、「書評」がシュミット解釈に結びつけた点で第一に「早合点」であり、第二に、この文章を解して、小林教授の制憲権が「全法秩序を樹立し、維持する権力」となるという風に、「形容詞句（?）を適宜にスリかえ」た点で「誤読」であると非難している。非難すべき筋合いがあるとは思われないが、五〇頁以外でも、「制憲権」を「法秩序を確立し、維持するための積極的な意志と方向づけ」をもった実力として捉え（『構成原理』五五頁）、「制憲権」と「政治の担い手」を等置し（同、五六頁）、「制憲権」について語る場合にはつねに「制憲行為と統治」を不可分に論じた（同、五六頁、一〇六頁）ことは忘れておられるのであろうか？

進んで言えば、かような「制憲権」概念の拡張（＝制憲権の下降・日常化）は、あれこれの頁における筆のすべりにすぎないのではなく、「政治的統一のための決断という憲法制定権力の動態」（傍点は原文のもの）を「シュミットが強調した」という根本的な誤解を、「充分に評価」（同、七九頁）した結果なのである。この誤りは、すでに1で触れたように、一方政治的統一と共におのずから与えられた、その《ディナミッシュな生成の原理》と、他方、前提された政治的統一の具体的な態様・形体に関する憲法制定権力の一回の決断による《意識的な規定》たる、「実定的意味の憲法」との混同に由来している。もとより、政治的諸力の動態に着目する限り、ひとは絶対的かつ単一、不可分な「憲法制定権力」について語ることはできないし、「実定的意味の憲法」に着目する限り、あらゆる実定法の動態性と異った意味において、その「動態」について語ることもできない[6]。

『構成原理』が、「憲法における『規範的なるもの』」や「憲法の正当性」を論ずるにあたって、尾高博士[7]、ヘラー[8]等のシュミット超克の思考過程にのっかって、シュミットの制憲権の規定にふくまれた「権力または権威」という択一関係を、社会的な「実力と価値（規範性）」の結合関係に読み変えたという指摘に対し、「反論」⑬⑭は、シュミットを「読み変えた」とかヘラーに「倣った」とかいう表現自体に腹を立て、尾高博士やシュミットやヘラーは、引用しようとしまいと、『構成原理』とは「無関係」だと主張している。これが肩すかしにはならない強弁にすぎぬことは、すでに一般的に述べておいた。倣うこと、または既往の理論を一歩進めるためにウムドイテンすることは、一向差支えない筈である。「反論」は、尾高流の「実力と価値」という Umdeutung を選んだために、当然生じたシュミットの歪曲の指摘、すなわち、「権力または権威」という規定によって、人民主権と君主主権の択一関係もカヴァーされており、したがって《maiestas populi》は、小林教授の訳出したように「人民の権威」ではないという「書評」の指摘を黙過することにのみ、汲々としているように見える。

3　さかねじ的論点（⑤⑥⑯）

堂々たる論拠がないのに、あたかもそれがあるかのように強い反撥を示す点で、〈さかねじ〉に類する第一のものは、論点⑤であろう。ここでは、「書評」が「著者の思考を一応でも追考しようとする努力」を惜しんだ「外在的批判」であると言わんがために、憲法規範内部に規範の段階構造を認めるについて、『構成原理』が「常道から出発している」という私の要約を不満とし、出発点のみならず、著者の思考過程を追って見よと言っている。「反論」自体が認めているように、この思考過程は『構成原理』では「省略」されたらしく、もっぱら、いわゆる「通説的見解」（『構成原理』四三頁）に依拠しているのみである。「反論」は別著『法理学』第三、四章の参照を求めるが、形式的には、一人の学者ではなく一つの書物の批評が、別著や別の論文（論点㉒）を見なかったから「外在的批判」になるわけのものではあるまい。実質的にも、『法理学』に説述された所は、「根本規範」というケルゼンの用語を、一方社会学的な「力」、他方イデオロギッシュな「価値」という、正に反ケルゼン的な内容で充たしたというにとどまり、そこに、ある種の憲法規範が他の種の憲法規範に対して上位の法規範であることを示す「思考過程」を見出すことはできないから、「反論」の主張には理由がないように思われる。言うまでもないことであるが、ある種の規範が、政治的重要度において、「憲法独自のコアー」（『構成原理』四四頁）だという判断は、直ちに憲法規範内部の実定法的な段階を認めることと結びつかないのである。[9]

「書評」では、『構成原理』における「制憲権」の把握は、一方、それが基本価値規範の規範的拘束を受ける場合には「実力」であり、他方、憲法制定権力は必らず国民に属し、一般に国民という主体から分離された憲法制定権力は「分析の用具」にすぎぬと言われる場合には「理念」であり、かくして、同一の名辞が二種の異った概念を示すのに用いられていることを指摘した。

ところが、「反論」の論点⑥は、全く「書評」の文章をとり違え、あたかも「書評」が、基本価値規範の拘束を受ける制憲権を「理念」、「分析の用具」にすぎぬ制憲権を「実力」と見たかのごとく受取り、「そういう判定がどこを押せば出てくるのか不可解というほかはない」と大見得をきっている。言葉というものは往々誤解を免れないものであるが、たとい「書評」(五五頁の最終四行)の「ここで言う憲法制定権力」を、(へ)項で言う「国民の憲法制定権力」ととらず、直前の「国民という主体から分離せられた」、分析の用具にすぎぬ制憲権ととり違えたとしても、それは、「書評」の文脈では、「前者」すなわち「理念」と(誤って)とられた筈であり、他方、「基本価値規範の規範的拘束を受ける同名の権力」は、「後者」すなわち「実力」としかとりようがないから、結局、「〈分析の用具〉だとした制憲権が〈実力〉だという断定も、規範的拘束に服する制憲権が〈理念〉だという規定も、ともに理由のない筆者(尾吹)の独断的見解」であるという、「書評」の解釈こそ正に不可解であり、小林教授が一歩退いて「書評」を冷静に精読されなかったことを残念に思うのである。

論点⑯では、「たてつづけに重ねて来た」私の「軽卒な判断」の例という前口上の後に、『構成原理』第三章第二節Ⅲ(「民主制における正当性の問題」)において、著者の行おうとした民主制の実質的正当性の論証が空振りに終っているという批判を問題にしている。Ⅲの中には、どう見てもそれらしき論証がないのに、民主制の正しさについては、「さきに述べた以上に」「改めて詳細に(論証を)試みる必要はない」(『構成原理』一八八頁)と言われるのは何故かを怪しみ、まさか「さきに述べた」というのは社会契約のドグマを指すのではあるまいにという趣意の批判に対して、そんなことは「常識で考えてもありえないではないか」と難詰される。問題の答を、正に問題を提起したⅢにおいてではなく、Ⅱ（「君主制における正当制の問題」）の末尾にちらほら述べたつもりだと言うのこそ、「常識」にも、「目次を眺めただけでも分る」という教授の提言にも反するではないか。

（1）　小林教授が、『構成原理』一三頁のわずかな文脈で、明らかに「憲法」と「政治的統一」を混同しているのを、(イ)で、私の「速断癖」のあらわれと強弁するのには、全く返す言葉もないし、数多いこうした強弁のすべてに取合う根気もない。

（2）　清宮教授は、かつて、シュミットのいろいろなVerfassung概念を一様に「憲法」と訳出することが誤解を招くおそれがあることを指摘され、「実定的意味の憲法」を「国家機構」と訳すことを提案された。「憲法改正作用」『野村還暦祝賀論集』（昭一三年）一一頁。しかし、「憲法」と訳すのが適当でないものは、『憲法理論』の中心概念たる「実定的意味の憲法」よりもむしろ《seinsmässige absolute Verfassung》であろう。

（3）　尾高朝雄『国家構造論』（昭一一年）四八四頁以下、および五〇〇頁以下。清宮四郎「憲法の法的特質」『日本国憲法体系（宮沢先生還暦記念）第一巻（昭三六年）三頁以下。

（4）　Schmitt, C., Verfassungslehre, S. 76.

（5）　反論の論点④の(ハ)で、「シュミットがその程度で（？）規範としての憲法把握の可能性を認めていた」という「規範的な絶対的憲法概念」の新解釈のごとし。あたかも「実定的意味の憲法」が規範ではないかのように！

（6）　この点では、すでに菅野助教授の「C・シュミットの憲法改正限界論の一考察」法学二四巻二号一三頁が小林教授を批判している。

（7）　尾高「国家における法と政治」『国家の研究』（昭九年）八五頁以下。尾高博士は、シュミットの「権力」（Macht）も、「権威」（Autorität）も、ともに「純然たる事実力」として捉え、シュミットが、実際には理念と力の両面を備えた国家の原動力の実体を見誤ったと批判している。『法の窮極に在るもの』（昭三六年版）八〇頁、八四頁。

（8）　Heller, H., Staatslehre, 1934, S. 278.

（9）　Maschke, H., Die Rangordnung der Rechtsquellen, 1932, SS. 37−41.

四　若干の補足

『構成原理』における理論的素材の扱かいや論証がいかにも粗雑であるのに対して、著者の実践的な意欲とよどみない教説は、まことに顕著なコントラストをなしている。小林教授が、観照と実践、理論とイデオロギーを果して区別しているのか、区別しているとすればそのクリテリアが何なのか、一向に判然とはしないが、『構成原理』の「あとがき」を見ると、著者の「理論を推進」させたのは、今日の日本の「不幸な政治的現実」であり、その理論が、「今日の日本の憲法と（日本の）あり方」に対する著者の腹立ちや、情けない思いと直結していることが分る。ところが、「書評」のいくつかの箇所で、私が『構成原理』のイデオロギー性を指摘したのに対して、「反論」は一々反撥を示している。

「書評」が、小林教授の独得な「制憲権」と「根本規範」の動態力学を、「今日の日本の憲法論議の主意（主情主義的な時流に投じたもの」と評したのを、「反論」の論点⑨は、私の側での「主情的断言」と見て、根拠を示すことを強要している。否定的な評価である以上、「主情的」と言われるのは結構であるが、特に小林教授やその周辺の主情主義的な憲法学者が一種の「時流」を作り出しているのは、客観的な事実ではないだろうか？　これもまた「無証明の独断」だと言われないために、甚だ不本意ながら、もう一人の小林教授に登場していただこう。小林孝輔教授も小林直樹教授によって、「これからの憲法学に広い可能性を拓いてゆく」（『構成原理』三三一頁）と評価され、従って、「今日の進んだ憲法学者」（同・四二四頁）に算えられて然るべき一人であり、日本の憲法学界においては、ドイツ的法実証主義征伐をめざす有力な理論家として通用している。小林（孝）教授には多数の著書、論文があるが、どれをとっても全く同じことであるから、ここでは同教授の最近作である「ドイツ憲法学の始期――ドイツ憲法思想史研究（一）」（青山法学論集二巻二号九一頁）をとりあげて見よう。一読して直ちに分るように、この論文は、徹頭徹尾、Böckenförde, Gesetz und gesetzgebende Gewalt, 1958 の中の一〇頁程の一分節の翻訳以外の何ものでもない。特色は翻訳とも紹介とも断っていないことと、翻訳としても意味の通じない迷訳の連続であることである。到底、網羅するわけには行かないが、一、二代表的な例を拾って見よう。『　』は、小林（孝）教授の文章を、《　》は、正しい日本語訳を示す。

『かような様式で、時代の政治的傾向は、ある部分正当的に、ある部分虚張的（？）に、統一的・不可分的・主権的国家権力の理論の発生を結果した。』（九八頁）→《このようにして、時代の政治的諸傾向を、あるいは正当化し（rechtfertigend）あるいは推進しつつ（vorantreibend）、単一、不可分にして主権的な国家権力の理論と……が発生する。》（Böckenförde, S. 54）

また、『「法律とはラントヘルの命令・規定（等々）であり、これらはすべての臣民およびこれに準ずる者を拘束する。ラントヘルの勅令や布告は、本来の法律から発するものではない。」』（九九頁）→《法律とは、ラントのすべての臣民、または一定の種類に属する臣民の全体を拘束するランデスヘルの命令、規定（等々）である。個々の場合に発せられるランデスヘルの勅令、布告等々は、本来の法律を構成する（ausmachen）ものではない。》（S. 55）

また、『ピュッターは、立法権をつぎのように規定する。すなわち、最高の権力に服する各人に対する立法権の力によって、人民支配権の占有者によって同様な方法で生ずべきものが、確立された、と。』（一〇二頁）→《ピュッターは、立法権を次のように規定する。すなわち、立法権にもとづき、最高権力に服するすべての人に対して、将来にわたって同じように生起すべきことが、人民支配権の把持者によって確定せられるのである、と。》（S. 57）

これだけの例でも推測できるように、少くともドイツ公法理論を口にする限り、（例えば『憲法学の本質』第二、第四章）小林（孝）教授の叙述から筋の通った三行の文章を見出すことの方が困難であると言っても、決して過言ではない。不勉強には個人的な事情もあろうが、何をやろうと、憂国の情さえあれば、「今日の進んだ憲法学者」に算えられる御時勢が困るのである。[1]

『構成原理』そのものが、かかる時流の産物であることは、「書評」に述べた以上に詳しく論証する必要を見ない。ここでは、その著者の、他の場所での、著しく主情主義的な発言をあげるにとどめよう。嶋中事件直後に発表された論稿で[2]、小林（直）教授は、正当に、右翼テロに対し、「食事もロクに進まない」程憤慨するの余り、学者としては冷静さを欠き、冗談にせよ、日本国憲法の誠実な順守を宣誓した「まっとうな市民」をピストルで武装させることを提案している。

『構成原理』は、尾高博士の国民主権と天皇制との調和のイデオロギーを非理論（「特殊なイデオロギーに立つ政治的要求の表明以外の何ものでもない」『構成原理』九八頁）と判定している。かつて宮沢教授が、もって範とすべき峻烈な対尾高論争で、明らかにされたように、「主権」概念の多義性を縦横に流用した尾高博士の国民主権と天皇制の調和の教説は、理論の用語と体裁を身につけた、「感情的、前理論的」(3)な政治論にすぎない。しかし、小林教授が尾高博士の教説を非理論とみなす理由は、宮沢教授の場合とは異るようであり、小林憲法理論そのものが、むしろ、イデオローグとしての側面における尾高博士の継承、時代に適合した修正と見られる節をもっている。万が一にも、小林教授が、宮沢教授やケルゼンと共に、情緒に訴えるものと理性に訴えるものという区別を、イデオロギーと理論のクリテリウムとして採用し、かつ、自ら純理論の領域にとどまろうとしているのなら、柳瀬教授や中谷教授の「公共の福祉」論に対して、理屈で対抗するよりも、一種の洗脳を勧告するような態度に出るわけはないのである。論点⑲は、この点を柳瀬教授等に対して卒直に釈明しているが、私に対しては、小林教授にとって「異質のイデオロギーは決して理論たりえない」という私の批判は、「学者に対する学者らしい批判ではな」く、どんなイデオロギーも理論たりうると反撃している。

そうなると、尾高博士のプロ天皇制イデオロギーもまた「理論」たりうる筈であり、これを非理論とした小林教授の前言に反するであろう。小林教授の矛盾撞着の多い立論から推測すれば、結局、（尾高博士の天皇制イデオロギーのように）「特殊なイデオロギー」か、それとも「普遍的なイデオロギー」かという点が、非理論と理論の岐路であるように見える。根柢にあるイデオロギーを支持する者が多いか少いかだけが理論性の試金石であるとすれば、私といえども、『構成原理』がかなり多分の理論性をもっていることを承認するにやぶさかではない。それは、例えば佐藤功教授によって、今日の日本の「切実な憲法状況」から生れた、「およそ憲法とはいかなる法なりや、憲法の価値、現代憲法の構成原理についての、根本的、法哲学的な深い追及」の要求に、「みごとに答えた、優れた研究であった」とさえ言われているのであるから。[4]

論点⑮で、「反論」は、「書評」が憲法の正当性を測る「価値基準」と、その前提たる「価値原点」を同視した点を指摘し、私の「軽卒な判断」の一例としている。「反論」の趣旨は、「自由と生存」は、究極の価値原点を、前科学的に「人間の幸福」に求めた場合、「幸福の条件」として、条件的に設定される正当性の評価基準であり、かかる条件つきの基準で実定憲法の正しさを評価すること自体は、科学的に可能であり、価値相対主義と両立するというにある。

そもそも、『構成原理』における憲法の正当性の検討は、宮沢教授の「憲法の正当性ということ[5]」と題する小論と同巧異曲であることに注意しなければならない。宮沢教授は、社会の目的が人間の幸福にあるとすれば、人間の幸福の最小限度である自由と生存を保障することが、実定憲法の正邪曲直の評価基準であるといえるだろうとしている。社会（国家）の目的が人間の幸福にあるということは、論証されない、また論証することのできない命題であるが、自由と生存の保障ということは、現実に多くの近代憲法に共通に認められている大原理であり、それに反する法律が、実定法内在的にも、無効となるだけではなく、憲法も、実定法超越的に、不正となるような「法律を超えた法」（自然法）であるというのである。かつて尾高博士のノモス主権による国民主権のVerhüllungに対抗して、ノモス主権論そのものを棚上げしつつ、《決定主義的思考》の枠を固守することによって凱歌を奏された宮沢教授が、今や、ノモス主権を棚からおろし、憲法制定権力の従うべき超実定的規範の内容を「自由と生存」として提示されたわけである。そして、このような「憲法の《名》」（小林教授の「価値基準」）は、ここでは、「憲法に関して客観的に妥当する《名》」として与えられている。

小林教授の『構成原理』（第三章）における新奇な点は、「書評」でふれたごとく、この基準によって民主制の君主制に対する原理的優越性を論証するゼスチュアを見せたことのほかには、「反論」の言う「方法的反省」によって、憲法の「名」に科学的な外装をほどこそうとしたことである。小林教授によれば、「一定の究極の価値原点が設定されさえすれば、公平な客観的な態度で、相争う正当性の実質的内容を評価的に検討することは、社会科学にとって充分に可能である」（『構成原理』一六六頁）。評価が「客観的」でありうるためには、評価基準そのものが客観的でなければならない。価値原点の決定が、主観的、「前科学的」であることを認めながら、この価値原点（究極価値）に従属する価値（「自由と生存」）が、どうして客観的な価値基準となりうるであろう。「反論」は、別著『法理学・上』の論述を参照することを求めているが、指摘された同書一二八頁以下で論じられていることは、価値相対主義の解説にすぎない。そこでは、ウェーバーを引用しながら、「手段としての下位目的の上位目的への適合性の問題」を考察することは、科学の範囲内で可能であることを強調している（『法理学・上』一四二、三頁）。目的が前科学的に与えられた場合、どのような手段が、右の目的に合致した事実を招来する見込みがあるか、すなわち、手段として適切であるかという点の判断は、ケルゼンも言うように[6]、目的および手段と見るべき事実の間の因果関係の認識として、特殊な実在判断にほかならないから、もちろん科学の領域内に属する。ケルゼンは、「健康たらんと希むなら、汝は早起きしなければならない（ought）」という命題と、「早起きは健康の不可欠の条件である」という命題とが異るという、シジウィックの説を批判して、前の命題に言う ought は、sollen ではなく、因果必然性を表わす müssen の意味であり、両命題は異る所がないとしている[7]。

さて、「自由と生存は幸福の不可欠の条件である」という小林教授の命題は、科学的な判断である限りは、客観的な実在判断であり、単に前提せられた主観的な究極価値（「人間の幸福」）から、その条件たる「自由と生存」の客観的価値性を基礎づけることができるわけはない。だから、小林教授が、「価値（原点の）決定による具体的（価値）基準」（『構成原理』一七六頁）を、あたかも「客観的」なものであるかのように学問の中に導入するのは、「方法的反省」によって基礎づけられたというよりは、むしろ、実践的な動機（同・一六五、一七六頁）のみに支配されたものと見るほかはない。小林教授自ら、『構成原理』の価値基準は「誰にでも絶対的に通用するような意味での《客観的基準》であるわけではない」（同・一七五頁）と言って、このことを認めている。ところで、誰もが承認すべきものとは言えない価値基準が、それにも拘わらず「客観的」であるというのは、どのような意味合いにおいてであろうか？　この場合、「客観的」とは、「一般に広く通用する妥当性」（同・一七四頁）をもっているというだけの意味である。具体的には、「自由と生存」が「ほとんどあらゆる憲法……に普遍的に認められた原理である」（同、一七四頁）という事実を指して、この価値が「客観的」だと言っているにすぎない。どのように多くの人々が、共通の、すなわち、いわゆる「客観的」な価値意識をもっているか、また、この価値意識は何に基づいて成立するのかを検証する科学が存在しうることは、言うまでもない。[8]しかし、実在の世界から検出されたどんなに普遍的な、つまり「客観的」な価値も、「正しさ」の科学的＝客観的な基準にはなりえない。小林教授自身が、「わたくしのこの立論も、歴史的〈事実〉から〈当為〉をひきだした・方法論的誤謬を含んでいるのではないか、という反論」（『構成原理』五九頁、註一八）を予想しているのには、充分すぎる程の理由がある。

さきにも述べたように、小林教授の「憲法の正当性について」（『構成原理』第三章、国家学会雑誌七二巻一一、一二号）にさきだって、「自由と生存」の保障を「憲法に関して客観的に妥当する《名》」として示したのは、宮沢教授であった。ところが、その後、宮沢教授が、ケルゼンの「正義とは何か？」と題する論文を中心として、正義の問題を論ぜられたところによると、かなり顕著な変説が認められる。[9]さきに、客観的に妥当する《名》とせられた「法律を超えた法」は、今や、単に「近代人に共通な道徳観の表現」とせられ、人間が客観的に妥当する正義の内容を知ることの可能性について、ケルゼン同様の懐疑的な立場をとることを明言しておられる。ケルゼンの場合は、むしろ不可知論であろうが、つよく懐疑的な宮沢教授は、懐疑に閉ざされながらも、なお、「かりに正義の内容を知ることが可能であるとすれば、そうした内容は、かならずや人間の幸福と、その自由な生存とを確保し、増進することに役だつものでなくてはならない[10]」という推測を結論とされている。

ここでわざわざ宮沢教授に登場を願った理由は、ほかでもない。本来、宮沢教授の「客観的に妥当する憲法の《名》」の思想を承けて、小林教授が詳細な「方法的反省」によって科学からの価値判断排除の要請を緩和しようと試みたにも拘わらず、ケルゼンの一小論を反芻せられた宮沢教授が、反って以前の思想を後退させ、理論的な懐疑に立ち戻られたというひとつの事実をして語らしめたかっただけのことである。

最後に、私の側での「程度をこえた誤解、誤読」と称するものの羅列に終始した「反論」に対して、慎重なるべき「反論」においてさえ露呈された小林教授の程度をこえたシュミットの誤読を一つだけ指摘しよう。制憲権のペルマネンツということの意味を争った論点⑦で、小林教授は、シュミットの制憲権が「《できるかぎりつねに》地上の実定法とともに存在し、憲法的規定と《並びかつその上に存在する》ことは、かれ（シュミット）自ら語るところ」として、『憲法理論』の九一頁を指示している。制憲権が、まるで仲のよい夫婦のように、「できるかぎりつねに」実定法と一緒に居るという理解は、『構成原理』の日常化した制憲権にとっては好都合であろうが、憲法学の常識をこえている。もとより、シュミットがそんなことを言うわけはなく、これは、《制憲権が可能態においては（der Möglichkeit nach）つねに存在する》という文章の軽卒な誤読にほかならない。

以上述べたところを総括すれば、小林教授の「反論」は、全く反論の「反」あって「論」のない空疎な文章であり、「書評」の立場を強めこそすれ、これを弱めるものは何もないと言ってよいであろう。[11]

（1）　余談ながら、小林（孝）教授のこの論文についても、ジュリスト二三三号の「批評と紹介」は、「不毛の領域に先鞭をつけた意味は充分に認めることができる」とし、続稿に期待している。一読して意味の通じない論文（翻訳）に意味を認めるのは、ジュリストの匿名批評家が、全くものを知らないか、それとも、一定のグループのメンバーであれば「何でもほめてやろう」という方針を堅持しているかの、いずれかであろう。

（2）　小林直樹「民主的法治主義の岐路」法学セミナー三六年四月号。

（3）　宮沢俊義『国民主権と天皇制』（法学選集）五二頁。

（4）　佐藤功「憲法の理念と現実」法学セミナー三六年七月号。

（5）　ジュリスト一二一号（昭三二年）。

（6）　Kelsen, H., What is Justice? 1957, p. 352.

（7）　Kelsen, H., Reine Rechtslehre, 1960, S. 24.

（8）　Kelsen, H., General Theory of Law and State, 1949, P. 174.
（9）　宮沢俊義「正義について」立教法学一号一頁（一九六〇年）。
（10）　同右、二五頁。
（11）　なお、論点⑰は、「書評」が『構成原理』の後篇を「全面的にネグレクト」したために、著者の「自由と生存」が、何でも放りこめる「主観的イデオロギーの容器」にすぎぬという「飛躍的発言」を行ったと言っているが、そんなことはない。「書評」でも書き、ジュリストの、『構成原理』の批評者も同意したように（ジュリスト二二九号）、小林教授の「原理的考察」のピントは前篇にあり、後篇は、大体において、out of focus だと言ってよい。私が全面的にネグレクトしてはいない証拠に、著者が一度提唱し（『構成原理』二七九頁）、間もなく重大な修正を加え（同、三六八頁）、最後に自ら疑問を残された（あとがき）基本権の「トリプル・スタンダード」説について、『構成原理』の公刊以前に私が加えた批判を見て頂きたい。「言論の自由と営利目的」法律時報三六年五月号一八頁、註（2）〔本書第**15**論文・二七六頁〕。

（一九六一年）

9　憲法学者が診断する「小沢答申案」

一　「世界の常識」からみると

今日でもほとんどすべての国家が武装している。国家がそれらの武力を行使する場合は大きく言って三つに分類される。

Ａ　領土拡張、その他自国の積極的利益を他国に対して貫徹するための武力行使。憲法九条一項が放棄している「国際紛争を解決する手段として」の戦争・武力の行使などはこれに当たる。これを「国策戦争」と略称しよう。

Ｂ　他国による自国利益の違法な侵害を排除するための武力行使。これを「自衛行動」と略称しよう。

Ｃ　他の友好的諸国と協力してお互いに対する加害国に反撃して、共同に武力を行使する場合。これを「集団的自衛行動」と呼ぼう。ちなみに、日本国が締結した平和条約（一九五一年）は「日本国が主権国として国際連合憲章第五一条に掲げる個別的または集団的自衛の固有の権利を有すること及び日本国が集団的安全保障取極を自発的に締結することができることを承認する」と言い、日米安保条約前文もこれを再確認している。ここに言う「集団的安全保障取極」はその外部に「仮装敵国」を想定する点で、昔ながらの「軍事同盟」的色彩がぬぐいきれず、必ずしも理想的な戦争抑止の方法ではないと見られてきた。

D　上記Cとは違って、国連が正常に機能する場合の普遍的集団安全保障は、メンバーのなかの無法者を他のメンバーがみんなで制裁する団体的安全保障であり、小沢調査会答申案はこれを「国際的安全保障」と呼ぶ。加盟国の兵力で構成される「国連軍」による「国際的強制行動」は、もはや「国家の武力行使」ではない。思いがけない速度で、旧ソ連、その衛星諸国が変質したため、ヨーロッパではワルシャワ条約機構が消滅し、それに対抗したNATOも変質しつつある。冷戦終結の結果、やっと国連による普遍的な安全保障が正常に機能しうる条件が初めて生まれた。

ところで、わが憲法第九条は、たしかにふつうの国家にはまだ類例のない憲法規定で、そのおかげで、上記四種の武力行使に関して、他国に例のない激しい見解の対立が絶えない。

イ　主権を失っていた占領下、「いかなる日本陸海空軍も決して許されないし、いかなる交戦者の権利も日本軍には決して与えられない」というマッカーサー・ノートの指導に始まって制定された同条の歴史的意味にいつまでもこだわり、わが憲法はすべての武力行使を禁止すると考える人びとは、多くの憲法学者を含めまだまだ少なくない。

この「国家非武装・非武力思想」は戦後日本で組織的に教育宣伝され、いわゆる「進歩的」評論家・憲法学者たちの代表的マスコミを独占した大活躍によって相当に国民に深く浸透し、いくらか戦前を知る私の目から見ても、往時の政府公定のイデオロギーであった「神国日本」「大東亜共栄圏」「八紘一宇」思想以上に広範な信者をつかんだ。いまなお頑固にこの立場を変えようとしない代表者は「日本社会党」である。

ロ　他方、政府はこれまで、憲法第九条といえどもBのみは禁止せず、したがってBのためだけの武装、つまり自国防衛力の保持は禁止するものではないと言い続けてきた。せっかく平和条約がわが国固有の集団的自衛権を承認しているにもかかわらず、しかも一九五一年以来日米安保条約があるにもかかわらず、同条約の実質は相互防衛的でなく、一方的なアメリカによる日本保護にとどまり、現行日米安保条約（一九六〇年）第三条がわが国に課する防衛力の維持・発展の義務も「憲法上の規定に従うことを条件」とするものであり、かつ右の「憲法上の規定」は、国連憲章も平和条約も認めるわが国の固有の「集団的自衛権」のほうの「行使」は禁止するものと解されたため、新安保以降も、日本の武装は文字どおりの「自衛隊」にとどまった。

「自衛隊法」が制定された一九五四年ごろから一貫して、政府見解として、いっさいの「海外派兵」「国連警察軍への参加」などは「違憲」として否認されてきた。他国によって守られることは違憲ではないが、その他国まで守ることは違憲だとされたのである。同じ年に「現行憲法の条章と、わが国の熾烈なる平和愛好精神に照らし、海外出動はこれを行なわないことを、茲にあらためて確認する」との参議院決議が全会派の一致で成立したのも、当時のアジア近隣諸国への配慮があったからであろう。

近くは一九八〇年にも、議員の質問に答えた政府の答弁書は、「当該『国連軍』の目的・任務が武力行使を伴うものであれば、自衛隊がこれに参加することは憲法上許されないと考えている」とのべた。この段階では、武力行使を伴わない任務のための自衛隊の海外派遣そのものは憲法上問題なしとされている。憲法はCを否定していると考え、そのうえ、これとは話が全然違うDをも一緒くたにして否定してきたのである。

一方、憲法学者の間では、初めから（佐々木惣一）、あるいは新たに「憲法変遷」を理由として（橋本公亘・榎原猛）自衛力合憲説を採る人がふえつつあるものの、体系書類で自衛隊の国連協力の問題に言及した人はほとんどいない。佐藤功氏が武力行使を伴わないという条件で自衛隊の海外における国連協力を肯定する（『憲法・上』一五三頁）ほかには、内閣法制局長官経験者である故林修三氏が、やはり武力行使を本来の任務としないような国連軍への自衛隊の参加を完全に合憲とするにとどまる（『憲法の話』七七頁）。後者は、今問題の「国連平和維持活動」（ＰＫＯ）への参加を肯定する趣旨であろう。

武力行使まで含めて国連協力になんら憲法上の障害なしと言うのは、佐藤功、林修三両氏の場合、現実に当分ありっこない、各国が国内の治安維持に必要な程度にまで完全軍縮したうえでの理想的「世界政府的」常設国連軍への参加、林氏の先輩である高辻正巳氏の場合、いまだ一度も組織されたことのない国連憲章第四三条に基づく正式の国連軍への参加に限定されている（『憲法講説〈全訂第二版〉』八二頁）。

ハ　まさに右のような口説こそ自国の安全しか考えない受動的・消極的な「一国平和主義」であって、Bのみならず、Dの「国際的安全保障」措置に自衛隊が参加することも憲法に反するものではないと考え直そうというのが、今度の小沢調査会答申案である。今、「考え直し」が必要なことは疑いない。たしかに、敗戦国としての占領による庇護、そのあとの日米安保条約による長年の軍事的保護にこの幸せな島国の日本人が慣れきって、平和は自然にあってただ享受するだけのものと思ってきた間に、敗戦からほぼ半世紀の年月が流れ、一歩日本の外ではいろいろな悲劇的波乱のなかで世界も大きく様変わりした。

第一は主体的に日本が、アメリカに次ぎ、安保常任理事国の英仏を合わせたよりも多額の国連費用を分担しなければならないほどの経済大国となってしまったこと、第二に、世界を分割し合って互いに軍事援助しながら同盟国づくりにはげみ、ことごとに対立して国連の機能を麻痺させてきた超大国間の冷戦が終結し、すこし前までむやみに国連で拒否権を発動してきた旧ソ連が消滅解体してしまったことである。

最近、その「独立国家共同体」の一国内部の民族対立に基づく流血紛争に関してまで、当局者が国連軍の介入を要請したという記事を見た。こんなことは、世界中でいかなる識者も予見できなかった大変な「事情変更」で、もう今日の世界秩序は、第二次世界大戦の主要戦勝国だけを重役にしておいて維持できるものではなくなった。今なおイの見解に固執する人びとは、うしろ向きに一九四五年八月一五日限りで頭脳の働きが停止した人か、それとも宗派的もしくは党派的に「別に思うところ」があって国際社会における日本だけの「変人」扱いを望む人だろう。

小沢調査会答申案の結論は、ただ、国連が憲章の規定に拠らず多様な国際紛争の実情に合わせて流動的に発展させてきたいわゆる「平和維持活動」への自衛隊を含めた参加を当然としたうえ、国連憲章第四三条タイプの国連軍、すなわち指揮系統上も国際連合の実力行使機関として行動する場合には、その武力行使を含めた平和維持活動に自衛隊が参加することにも憲法上問題なく、また、湾岸戦争時のような国連の権威のもとに行動する「多国籍軍」に対して資金的・物質的に援助すること、武力行使以外の人的協力を行なうことも憲法に違反しないとするもので、みずから言うとおり、カナダやオランダのような比較的小国もすでに実践している「世界の常識」から見れば、別に突出したものとは言うことができない。

二　「解釈改憲」の手法

結論は「世界の常識」そのものではあるが、この結論に達する過程、方法には一つの特色がある。それは、ここでも「解釈改憲」に依ろうとする点である。答申案は、およそ制定法というものは、それができたときからの時代の変化に合わせて流動的に解釈すべきものだという立場に立っている。第九条の「解釈改憲」の手法で、一度は先のイ説からロ説への「考え直し」がほぼ成功したように、今やロ説からハ説への転向を、まず自民党内で、次いで国民大衆に向かって説得しようというのである。

たしかに、すべての制定法は生き物で、民法典や商法典の諸規定など、それを作った人びとの歴史的意図をまったく離れた解釈が今は通用しているに相違ない。憲法第九条の自衛力合憲説への「解釈改憲」にもはや異議をとなえない政党も、憲法学者さえもふえつつある。また、この手法を正当化する「理論」として、「社会学的解釈」とか「目的論的解釈」とか「字句に拘泥しない有機的解釈」とか、いろいろな言い方もある。これも一つの「現実的な」方法であろう。正面からの「憲法改正」は、とうていこの急場の間に合わないことが明白であるから。

しかし、答申案が日本国憲法の前文（特に「われらは平和を維持し、専制と隷従、圧迫と偏狭を地上から永遠に除去しようと努めている国際社会において名誉ある地位を占めたいと思ふ。」「いづれの国家も、自国のことのみに専念して他国を無視してはならないのであつて、……」）、第九条の目的宣言（「日本国民は、正義と秩序を基調とする国際平和を誠実に希求し、……」）などを大いに活用するのは、あまり感心できない。この手法は、実は、もう三〇年以上も前、かの有名な砂川事件の最高裁判決のなかで、明らかに「社会党的」な一審の伊達判決が、旧日米安保条約のために日本がアメリカの戦争に巻きこまれるおそれがある点は「政府の行為によつて再び戦争の惨禍が起ることのないやうにすることを決意し」た憲法前文に反する疑いがあるとしたのに反発した時の長官、田中耕太郎が、反対に上記の憲法の文章を活用し、巻きこまれ論こそ憲法前文が否定する国家的利己主義で、憲法が命ずる国際協調主義においてこそ「自衛はすなわち他衛、他衛はすなわち自衛」だと論じた（前記Cの肯定）のと同一手法である。彼いわく、「自国の防衛を全然考慮しない態度はもちろん、これだけを考えて他の国々の防衛に熱意と関心をもたない態度も、憲法前文にいわゆる『自国のことのみに専念』する国家的利己主義であって、真の平和主義に忠実なものとはいえない」と。

けれども、前文の別な文章を過度に強調して、正反対の方向で、かりに日本国が滅亡しようとも、まるで軍備なく、武力行使なく、したがってその意味で「平和に生存する基本的人権」を憲法が全国民に保障すると説いた数々の憲法学者や地裁裁判官まであった。要するに理念的・抽象的な法文の字句は、各人の希望するどんな主張の正当化にも利用可能で、「きめ手」にはならないのである。

私としては、日本国憲法前文は、あの歴史的時点で、ほかでもない、今滅亡したばかりの「大日本帝国」のあり方を連合国の立場と言い方で批判したものにすぎず、それがまったく当たっていないとは言わないが、いつまでも不易の規矩、金科玉条として取り扱うべきものではないと信ずる。しかも、同じ結論を導くためにはこのような前文活用の「解釈改憲」しか方法がないというわけではない。

もともと、答申案が乗りこえようとしている先のロ説は、答申案も指摘しているように、イ説に固執する勢力がなかなかに侮りがたく、その政治的環境のなかで最小限の自衛力の整備をなんとか実行するのが精いっぱいで、日本の国際的貢献など国力からも軍事能力的にもまだまだ問題外であった時代、どうにか反対勢力との一定の折り合いをつけるための政治的方便という色彩が濃厚で、別に内閣法制局が不朽の「学問的真理」を吐露したわけでもなんでもない。

歴代内閣法制局長官のなかには、例えば故佐藤達夫氏や高辻正巳氏のように、わりあい体系的に首尾一貫した

「学者肌」の人もいたが、概してはそのときどきの政党政府のための「御用法学」をこととしてきたにすぎない。「国連協力」など「非実際的」という意味でアカデミックな問題だった時代の政府見解など、答申案の言うとおり「妥当性を失っている」。現実問題ではないのに、憲法論議の大好きなわが国会の場で問いつめられて後々「言質」にとられるような抽象論を展開してしまったにすぎない。日本の戦後政治はこの四十数年、万事難題先送り、その場しのぎのやりくり算段ばかりでずるずると今日に至ったので、小沢調査会自身、そのたまりにたまったツケの支払いに苦労しているにすぎない。

第一そもそも、国家というものは、絶えず動く世界のなかでのその存立に必要なあらゆる行動を憲法が認めない限りできないというものではあるまい。連邦制の一特殊類型として、憲法が特に列挙した権能しかもたないとされるアメリカ「合衆国」でも、明示的に付与された権能を実施するために必要かつ適切な権能のほか、対外関係で主権国家としての不可欠の諸権能が「主権に内在する権能」として認められている。

ケルゼンは、個人は法が禁止しないすべてを為しうるが、法適用機関は授権されたこと以外は為しえず、したがってこれに対して特にあることを禁止する必要はなく、ただ授権しないだけで足りると言った。しかし、国家の最高の立法機関は、特に憲法が禁止してはいないすべてのことを為しうるのである。

ロ説は、日本国憲法は日本国の個別的自衛権の行使を認めるだけで、他の諸国と共同した集団的自衛権の行使は認めないとか、もっぱら自国防衛の軍事力を認めるだけだから、その海外派遣は憲法上許されないと言ってきたが、いったいそんなことは憲法のどこに書いてあるのだろう？　制定法になんら根拠のない解釈論は単純に間違いとして消去するだけでよい。もっとも、現在の自衛隊は志願制で、現行の「自衛隊法」もその任務を自国防衛に限定しているから、法律を改正しないことには、憲法上可能な自衛隊の海外国連協力が実際にはできないことも、これまた答申案の言うとおりである。

むろん、先のイ説を採る人びと（例・奥平康弘・横田耕一・山内敏弘など）だけは、第九条はそもそもいっさいの武装部隊の保持を禁止していると考え続けているから、自衛隊の海外派遣も憲法上ありえない、「禁止されている」と考える点で首尾一貫している。それらの人びとの間では、答申案は「もってのほか」と言うに尽きるだろう。これらの人びとは異口同音に、政府が今しようとしていることを実行するには——彼らができっこないと見通している——「憲法改正」が不可欠だと言う。

だが、この派の憲法解釈は、現実の政治の世界ではもうだいぶ前から完全に無視できるものになってしまった。それは、完全非武装プラス日米安保破棄でどうやって日本の安全を保障できるのか、という問いに、合理的で、責任ある答えを誰も出せなかったからである。最大野党の委員長をやった人までが、安保条約のもとアメリカとともに戦うより「降伏したほうがよい場合だってある」と公言したり、政治学者で通っている人びとが、日本に限っては侵略を受けるおそれは皆無だと保証したり、または国民挙げての非暴力不服従で十分だと説いたり、憲法学者のはずの人が、かりに侵略があれば侵略者のツミを許したまえと神に祈るのみだと言ったり、まるで小児が口にするようなことばかり言い続けてきたからである。

三　万事控え目に

どうも小沢調査会答申案は、「大所高所論」というか、「大は小を兼ねる」式の論理というか、当面のささやかな日本の国際貢献の問題から目をそらさせる面がある。マスコミの報道姿勢のせいかもしれないが、まだ一度も組織されたことのない「正式の国連軍」による武力行使への自衛隊の参加を憲法的に正当化したり（高辻説と同じ）、先の湾岸戦争時の日本政府の莫大な資金的・物質的援助を正当化した面がクローズ・アップされ、世界の方々で地道に国連加盟諸国が展開してきた「平和維持活動」（ＰＫＯ）への自衛隊参加にすらなんだかんだと尻込みしがちな日本国民への説得努力が足りない。

今、日本は国連の安保常任理事国でもないのだし、日本人もすっかり様変わりして、自国が滅びてもいいと言う

「学者」までいるほど、世界一の「平和愛好国民」になってしまったのだから、湾岸戦争や朝鮮戦争を連想させるようなあまり派手な話はやらないほうがいい。わが自衛隊がもし国連に頼まれて海外に出てゆくとしても、最前線で現代戦の正面作戦を担当するようなことは、まず残り少ない今世紀中ありえないと見てよい。また来世紀には、国際的紛争はずっと減るはずである。

最初の「国連平和協力法案」が廃案となった（一九九〇年一一月）あと、翌年九月再び政府が提出した「国連平和維持活動等協力法案」（いわゆる「ＰＫＯ法案」）さえ、各政党にもみくちゃにされ、その後の政局不安定もあっていまだに成立しないのが、「一国平和主義国家」日本の政治的状況なのである。足掛け三年ごしの新聞報道・新聞雑誌の論評などを通覧すると、日本の論議の常識逸脱ぶりは実に驚くべきものである。何が国民的合意形成のネックになっているのかを列挙しよう。ここでは、先のイ説およびロ説にしたがう「憲法」障害論は省き、もっぱら実質的政策論に注目することにする。

1　「自衛隊」でなくても？　ある政党は、政府の国際貢献論は「初めに自衛隊ありき」だと非難する。非軍事的・人道的業務に限って自衛隊を派遣しても、それはやがて本物の「海外出兵」への地ならしだと警鐘を打ち鳴らす。それほど被害妄想的ではない他の野党も最初は「現職」自衛官の団体派遣はいやだと言った。

しかし、「自衛隊員」をばらばらにして、一般の公務員や民間のヴォランティアと混ぜて、動乱と無秩序の地でいったい何ができると言うのだろう？　戦闘以外にも役立つさまざまな装備・機械を保有してその使用に習熟し、野営、自活しつつ命令一下かなりきつい肉体的労働ができるのは、今の日本に自衛隊しかないことは常識でもわかることだ。第一、新潟地震、伊豆大島や普賢岳噴火の災害救援・復旧を始め、娯楽的な札幌雪祭の大量の雪運びに至るまで、日本人はこれまで全部自衛隊におんぶしてきたではないか？

停戦監視・緩衝地帯のパトロール・武器の統制など、「平和維持軍」（Peace Keeping Forces）でなければできない性質の「平和維持活動」はもとより、難民の救援、医療、食料輸送・配布、戦災復旧など、ＰＫＯ法案の「人道的な国際救援活動」だって、自衛隊以上に効率的に遂行できる組織体はありはしない。本論からはずれるが、海外の大規模災害救助に自衛隊を派遣するための法律改正は、一日も早く実行すべきである。

2　「武力」アレルギー。

人を傷つけ、場合によっては殺害することにもなる「武力行使」は心情としては誰も好むことではない。だが、不心得な人間が必ずいくらかはいる国内社会、そういう人間が支配する国家もありうる国際社会で、正しい秩序が力なしに維持できるものではないことも事実である。戦後日本では、武力否定思想が程度をこえて、絶対的否定、感情的「武力」アレルギーにまで至っている人びともいるようだ。

かなり多くの日本人が、憲法第九条が放棄すると言っているのは、「国際紛争解決の手段」としての「武力の行使」、つまりわが日本国と他国との利害の紛争を有利に押し切るための「武力の行使」だけであることをわかろうとはしない。どこかで大沼保昭氏がうまく表現していたが、憲法第九条ではなく、それに輪をかけた「国民の規範感情」が情緒的な「自衛隊」アレルギーを生んでいる。

湾岸戦争後、日米のふつうの市民が衛星を通じて討論するＮＨＫの番組で、今時の日本の典型的なおばさんが「人殺しは何があろうとよくない」とアメリカを非難したのを見たが、映し出されたアメリカ側の聴衆の唖然とし、かつ微笑んだ表情が面白かった。こういう「武力」アレルギーは、日本政府当局者にまで広がっている。

首相から防衛庁長官に至るまで、派遣された自衛隊員の武器の使用は、国連の定めたマニュアルよりはるかに狭く、正当な国連業務遂行に対する妨害排除のためには許されず、あくまで、各隊員個人の生命・安全に対する急迫な侵害、または、生命の危険につながる食料・武器の奪取に対する正当防衛の場合にのみ限定される、そのように限定すれば、これは国内で警察官にも認められている「武器の使用」であって、憲法第九条の言う「武力の行使」とは別のことだと国会で答弁した。

これを聞けば、世界中は微笑むどころか、ただあきれ返るだろうと私は考える。たとえ初めから武力鎮圧を目的としない平和維持活動でも、動乱の地では何が起こるかはわからないし、武器というものは、それを帯びているだけで業務妨害を防止する作用を当然もつのであるから、国連のマニュアルが当たり前のことで、こんなことをやかましく議論するわが国会がおかしい。

一般に「平和維持活動」に各国が軍隊を提供する場合は、紛争当事者の同意のもとで、平和回復を援助するためであって、いやがる他国にむりやり押し入って、敵を撃滅するためではない。秩序再建のお手伝いに付随して「武力行使」がかりに必要となっても、それは非人道的でもなんでもなく、紛争の最大の被害者である民衆を救う人道的行為なのである。

国連の発表（一九八八年）によると、第二次世界大戦終了後、民間人を含む一七〇〇万人が世界各地の武力紛争で死亡したと言う。日本の外でのそういう惨禍の拡大防止にはいっさい手をかさず、ただ医薬品や食料を送るだけにとどめるのがはたして「人道的」なのだろうか？

3　アジアの世論。これほど異常なまでに「平和愛好的」な日本国民および日本政府なのに、実際、一部のアジアの国ぐにでは、いまだに昔の帝国陸海軍の悪夢が消えさっていないのか、自衛隊の国連協力に憂慮を表明した政府当局者もたしかにあった。日本政府はそれらの政府当局者をすでに説得できたとか、できるとか言っているが、政府レベルではなく、年配層の民衆レベルではそういう不安感もたしかに存在するだろう。これを解消するには、まず日本の貢献を積極的に求めない地域にはゆかないこと、国連の旗だけを立てて、オリンピックのように日の丸は押し立てないことだ。あまり華々しく先走ったことはせず、万事控え目に国連に言われたことだけを真面目にやって、実績で信用を獲ち得るほかはあるまい。

4　被害者意識。世界の安全地帯のようなこの島国で泰平と繁栄に慣れてきたわれわれ国民も、本当は事柄の重要性がわかってはいない。あんなにたくさんのお金を出しているのに、なぜ急に「金と物だけでは駄目」になったのか、一般庶民には呑み込みがたいようだ。大衆民主制で国政の主人である有権者の群れは、総じてわれとわが身内の暮らしの安穏無事しか念頭になく、日本国が国際社会で「名誉ある地位」を占めようが占めまいがわがことと は感じない。しかも「国連軍」と言う言葉は悽惨だった朝鮮戦争まで連想させ、多種多様なその形態・任務を庶民は識別できないから、何か恐ろしい「滅私奉公」が再び要求されそうな不安感をもち、しかも選挙目当てにその不安をわざとかきたてる政党も一つにとどまらない。

論壇を見ても、批判的立場のものには、例によって国連および政府によって何か危ないことを「させられるのではないか?」という「被害者意識」が目立つ。たしかに犠牲者は出るだろう。まったく危なくない仕事とは言えない。それでも、諸外国は、本来すべて自国の防衛のためにある自国軍隊を世界の平和のために拠出しているのだから、日本だけが「国内法上」できないことになっていますと言って通用するはずはない。社会的・経済的・産業構造的な「日本特殊論」に加えて、人道的特殊論も出てくるだろう。「何をさせられるか心配だ」という受け止め方をするのではなく、まず国際社会で「人並み」のことをやりながら、国力にふさわしい国際政治上の発言力をもつべきときなのであろう。

（一九九二年）

10　憲法改正限界論の迷路

憲法学の議論のなかには、何十年勉強していても分かったようで分からない問題が実に多い。憲法改正作用とかその権限の限界の問題もたしかにそのうちの一つである。誰の議論を見ても、もやもやしたものが残り続け、これだからメシの種は尽きないのかなと思いつつ、整理魔的習性でまとめてみたのがこの文章である。

一　考え方のタイプ

実に多種多様な主張が併存していることにまず驚かざるをえない。

〔1〕（a　憲法改正作用の性質）同じ憲法典のなかに位置する憲法改正規定は、法律が法律改正権の授権しえないのと同様、法論理的に憲法規定の改正を授権しえないので、それにしたがって成立した新規定に効力を付与できる

ものではなく、「憲法改正」もはじめの憲法制定と同じく政治的な事象にすぎない。ただ、予告された手続をふんで生まれた新規定は政治的に諒承を得やすいというだけである。したがって改正規定を欠く憲法典も不完全な憲法ではない。そう説くのは、スイスの碩学、W. Burckhardt である（Die Organisation der Rechtsgemeinshaft, S. 207 ff.）。

〔2〕（b 改正権の限界）憲法の定める手続をふめばいかなる内容の憲法改正も有効であり、一定の内容の改正を明文で禁止する憲法規定そのものも改正によって削除されうる。こう主張するのはフランスの多くの憲法学者、例えば J. Barthélmy や、わが国の大石義雄教授などである（J. Barthélmy et P. Duez, Traité de Droit constitutionnel (1933 ed.), p. 231. 大石義雄「憲法改正とその限界」『公法研究』八号。同旨、阿部照哉『憲法』二八九頁）。

〔3〕（b）いっさいの改正を禁止する規定（「永久憲法」）、またはある種の改正を禁止する規定は―事実上は非合目的的であろうが―特別の改正手続を定める規定が立法者を拘束するのと同様有効であり、それに違反する改正は無効である。こう主張するのは、偉大な法理論家、H. Kelsen である（General Theory of Law and State, p. 259. ほぼ同旨、覚道豊治・榎原　猛の両教授）。覚道・榎原両教授は、さらに一定の改正を禁止する規定自体も改正できないと説く（覚道豊治『憲法』一二一頁。榎原　猛『憲法』四三三頁）。

〔4〕（a）同じ憲法典内にあっても憲法改正を授権する改正規定は一段上の法規範であり、それ自身最高の法規範であるため、さらに上位の法定立権限に基づいて定められた実定法とは見られず、一つの社会の究極の「政治的要請」にほかならない。（b）憲法改正規定は実定法ではなく、改正権限の根拠であるから、改正権限によって変更されえない。そう主張するのは北欧的リアリストの先駆者の A. Ross である（On Law and Justice, p. 81）。

〔5〕（a と c 全面改正の可否）憲法改正は、ふつうの立法作用とはちがって異常な権能ではあるが、やはり改正規定によって規律され、限定された権能で、全体としての憲法の同一性と連続性が保たれるという前提のもとに、一つ、またはいくつかの憲法規定を他の憲法規定によって置きかえる権能である。（b）改正権限は改正規定の所産であるから、これと区別される「憲法制定権力」の下した国家の政治的形式とあり方についての基本的政治決定

―それが憲法の実体・中核である―を変更することはできない。これはわが国では、尾高朝雄・宮沢俊義・清宮四郎三先生らの時代から日本ではポピュラーなC. Schmitt の所説である（『憲法理論』（尾吹訳）一三二頁。ほぼ同旨、橋本公亘『日本国憲法』六五七頁）。また、シュミットだけは、改正規定も改正権の基礎だから改正できないという。〔6〕（b）国民主権と基本的人権尊重の原理は、日本国憲法の全体制を基礎づけているもっとも根元的な原理であるから、憲法改正の限界をなす。（c）だが、全面改正も一部改正もひとしく「改正」である。こういうのは、わが宮沢俊義先生であった（『日本国憲法』七八五頁以下）。

〔7〕（b）憲法制定権を授権し、憲法制定行為を内容的に制約する実定法的な「根本規範」の内容は、改正権限および憲法制定権にとって限界となる。日本国憲法については、国民主権主義、基本的人権尊重主義および永久平和主義が根本規範の内容である。また、改正権者が自己の行為の根拠となる改正規定に基づいて改正規定を改正することは、法論理的に、原則として不可能である。こう説かれたのは、わが恩師、清宮四郎博士であった（『憲法Ⅰ』三三二頁・四〇二頁以下。ほぼ同旨、芦部信喜『憲法制定権力』五〇頁以下）。

〔8〕（b）〔7〕説とほぼ同じ内容の限界を、憲法改正権限についてのみ肯定するわが国の学者も多い（鵜飼信成『新版憲法』二一八頁。佐藤　功『憲法』（ポケット・コンメンタール）下一二五二頁以下。杉原泰雄『憲法Ⅱ』五一七頁）。

二　この問題の性質

憲法改正権に限界があるかどうかという問題は、限界があるとする者も、だいたいにおいて限界突破の改正行為は、それが実効性をもっても、「改正」として元の憲法から効力を受けつぐものではなく、法的連続性のない法律的意味での「革命」と見るべきであるとするにとどまり、裁判所、その他の国家機関が限界をこえた新憲法ないし新規定の無効を宣言しうるとする者は、少なくともわが国ではいないから、憲法の本質にかかわるもっぱらアカデミックな問題である。

学説は〔1〕～〔3〕の広義の無限界論と、その他の限界論とに大きく分かれる。世界的には無限界論が支配的であるが、日本・スイス・西ドイツでは、ワイマール憲法時代の〔5〕説の影響もあって、限界論に早くから人気が出た。日本でもすでに昭和一三年の清宮四郎博士の論文、「憲法改正作用」（『国家作用の理論』所収）が広く読まれて、明治憲法の「国体」永久思想に接ぎ木されていた。

もとより事実としては、あらかじめ定められた手続をふんだ憲法典の変更は必ずしも「常道」ではない。最近、二四年間のルーマニアの独裁者に対する粗野な人民裁判と処刑の具体的な状況が全世界のテレビに映し出された。この独裁者は、私はなお大統領だ、大統領を裁けるのは国民会議だけだとさけび、憲法を盾にとったが、政治的地殻変動のなかでは「憲法」とはただの紙きれだということを痛切に感じつつ処刑されたことであろう。大昔に碩学、G・イエリネックがいったように、「憲法」は事実から生まれ、また生まれ変る。安定した西欧立憲主義の国フランスでも、一九六二年にド・ゴール大統領は、議会を飛びこえて直接国民投票に訴えるという、当時の改正手続を大きく逸脱したやり方で現行憲法を生み出した。現職大統領による一種のクーデタである。改正手続をふんだ憲法改正というのは、憲法典の変更のもっとも無理のない「一つの方法」にすぎぬという事実を忘れてはならない。ケンゼルもこのことを前提している。実際「改正」という方法だけで古い憲法典を修繕しながら維持してきた国は、アメリカ合衆国・スイス・ベルギー・ノルウェイなど数か国しか見当たらない。日本国憲法も、いわば「お芝居」として旧憲法の改正手続をふんだが、いうまでもなく大きな国際政治的地殻変動そのものから生まれた。

さて、この問題についてのアプローチは、限界を認めるにせよ認めないにせよ、実定法内在的な思考と超越的な思考とに大きく分かれる。まず、実定法超越的な限界論から取りあげよう。

三　カール・シュミットの「憲法改正権限界論」

相当な説得力をもって、「憲法改正権」には一定の内容的限界があることを一九二七年に説いたのは、よかれあしかれ個性的な憲法学者、カール・シュミットである。彼は、ハーヴァード・ロー・レヴューの一論文を火種としてそれを吹き起こし、およそ一般に、憲法改正権は、それ自身「憲法律」によって作られた「権限」であるがゆえに、「憲法律」の枠であるとともにその効力の根拠でもある、より上位の「憲法制定権力」自身が下した、一国家の政治的形式とあり方についての「基本的政治的決定」である「実定的意味における憲法」を動かすことは、政治的にも法的にも「できない」と論じた。彼はいう。全能とされていても、「イギリスの議会の多数決は、イギリスをソヴィエット国家にするには足りないであろう。この反対のことを主張するのは、『形式的な考察方法』というにとどまらず、政治的にも法的にもひとしく誤っている」と（『憲法理論』三四頁）。ここで改正不能とされるのは、憲法典のどの規定というわけではなく、「基本的政治的決定」であるから、いずれにせよ「ぼんやりしたもの」（黒田覚「憲法改正の限界性」『法学セミナー』六二号）で、平たくいいかえれば、それぞれの憲法典の「基本原理」を変更することまではできないという主張である。それだけに改正不能の原理は割と内容豊富になる。シュミット自身は一九一九年のワイマール憲法について、国民主権・共和制・連邦制・議会制・基本権と権力分立を柱とする市民的法治国がこのような「基本的政治的決定」だとしている。ほぼシュミットにしたがう橋本公亘教授は、日本国憲法について、国民主権・民主主義・議会制・法治主義・基本的人権の本質保障を改正不能とする。

この説の論拠としての「憲法改正権」と区別される「憲法制定権力」の概念が維持できるものかどうかは「国民主権」論の問題であるが、作られた憲法典そのものに即した静態的な考察として「基本原理」とそれから派生する選択の余地ある憲法的規律との区別は容易であり、シュミット説は、家の構造を動かさず、雨戸をアルミ・サッシにとり替えるぐらいのことが「憲法改正権」の所管事項だというふうに、通俗的な説得力をもちえて、わが国では支持者が多い。橋本説のほか〔8〕説などもその影響下にある。

ところで、この学説が帯びている一見一般理論的な外装にもかかわらず、ワイマール憲法の解釈法学者として強い実践性をもっていたシュミットの場合、この憲法で改正権者が議会の三分の二であったことが、その「限界」

を強調する直接的な動機であったと推定される。それは彼の議会に対する一般的不信の一つの表れであった（菅野喜八郎「カール・シュミットの憲法改正限界論」『国権の限界問題』所収）。彼のいう国民の「憲法制定権力」の決定、国民の憲法制定意思というものの実体は、国のあり方についての基本的な統一的な「世論」にほかならない。そうだとすると、わが憲法九六条のように、最後に有権者としての国民全体の意思が問われる場合にまで、憲法改正権には理論上限界があるとはいえなくなろう（阿部照哉「憲法改正の限界について」『世界各国の憲法と政治制度』所収）。秘密個人投票によって表明される国民意思は、「真の」国民意思ではないとシュミットはいうが（『憲法理論』三〇二頁以下）、個々人の自由な投票結果を措いてほかに「国民意思」を想定することは非合理主義である。

四　「憲法制定権限界論」

日本の戦後の有力説である〔7〕説は、「憲法改正権」と限らず、「憲法制定権」の限界さえ主張するのが大きな特色である。シュミットにとって「権限」として限界をもつのは憲法改正権者だけで、「憲法制定権力」のほうは「万能」であり、いつでも再び発動して根本的な憲法変動をもたらすことができるとされた。実はその「憲法制定権力」とは、政治的意識をもつ国民が実在する限り、一致した世論にほかならないのだが、一般にその主体から分離されて受けとめられたシュミットの「憲法制定権力」は、すべての理念・価値を超越した実存主義的な「魔物」と見られ（芦部信喜・前掲書三七頁）、ナチスの支配以後はケギなどスイスの学者、マウンツ、ヴィントリッヒ、エームケなどの西ドイツの学者達を中心に自然法的憲法理論が再び盛んになった（菅野喜八郎「自然法論的憲法改正限界論」『国権の限界問題』所収）。シュミットは十九世紀なかば、特にフランス市民階級の中間的立場を反映した「自由と私的所有権」を中心とする自然法的な、究極的に正しい根本規範に立脚する「憲法の主権」説を批判したのだが、それは第二次大戦後に「民主と自由」を中心とする自然法的憲法理論として復活した。

〔7〕説の論者は若い頃からケルゼンの徹底した実証主義の洗礼を受けているのだが、やはり自分の戦争体験と

ヨーロッパの自然法論の復活の影響を強く受け、「憲法改正権」としてであれ、「憲法制定権」としてであれ、およそ人間の意思をもって変えることのできない根本的な価値を固定することにふみきったのである。清宮博士は最後まで「自然法」を口にしなかったが、その説く「実定法としての根本規範」も、最初の憲法の前に実定法、つまり人間が法定立権限に基づいて作った法がありえぬことはあまりに明らかなので、名を変えた自然法にほかならない。国民主権・基本的人権の尊重のほか、「永久平和主義」が加わり、さらに別個な法論理的理由から、改正規定そのものをば「改正権」のみの原則的限界となすのがこの説の特徴である。実質的に「自然法」を根拠とする立論は法の認識とはいえず、実践的願望・信念の反映にすぎぬと思われるので、賛成しがたい（同旨、佐藤幸治『憲法』三八頁、阿部照哉『憲法』二八八頁）。今日の世界で国民主権を別な誰か様の主権に変えたいとか、基本的人権は廃止してほしいと願う変人はほとんどいないだろうから、その限りでは「事実的限界」を法理論化する余計な心配だと思われないではない。

なお、「国民主権」および、そのコロラリー（系）としての「基本的人権」が「日本国憲法」の「根元的な原理」だから、「日本国憲法のもとでの憲法制定権」＝憲法改正権の限界をなす（コンメンタール）という〔6〕説は、一見〔8〕説と変りない主張のようにも見える。だが、のちには右の「国民主権」の系のほうをすべての憲法以前の「造物主」によって与えられたものと説明しつつ、「憲法制定権をも拘束する」といい（『憲法Ⅱ』二〇六頁）、また一般に「正当な憲法」の標識として、「個人の尊厳」から流出する「国民主権」と「自由と生存」の保障を挙げたこと（「憲法の正当性ということ」『憲法の原理』所収）などを総合すれば、やはり「自然法論」への深い傾斜を示している。

五　「法理論的な絶対的無限界論」

そこで、実定憲法の定め、実定法の技術のみに即してこの問題を考察すると、どうなるであろうか？

憲法改正手続規定による憲法改正は、立法手続規定による法律制定と同性質の作用であろうか？　むろん一般には、憲法改正権は立法権よりも一段地位が高いだけで、どちらも「憲法によって創設された権能」（pouvoirs constitués）と考えられている。議会の立法作用が上位の法規範の授権によって新たな法規範を設定する「法行為」であるように、憲法改正権者による憲法改正も同じく上位の法規範の授権に基づく憲法規範の設定行為だと考えられている。

この「常識」に水をかけたのが、日本ではあまり取りあげられたことのないスイスの碩学、ワルター・ブルックハルトの〔1〕説である。立法権が有効な法創設の権限たりうるのは、それが一段上の憲法規範によって組織され、授権されているからである。ところが、憲法制定に当たった政治家達が主観的には憲法改正「権限」を組織し、授権したつもりの憲法改正規定は、それによって変更されうる他の憲法規範と同レベルの法規範にすぎない。法律を作り、また作り変える「権限」を法律で与えたり制限したりできないように、憲法を作り変える「権限」を憲法自身が与えることも法論理的に不可能だ、という彼の論証はかなりの説得力をもつ。新しい憲法または個々の憲法規定はつねに「革命」として生まれるのであり、改正手続にしたがった「憲法改正」といえども、たんにあらかじめ予告された手順をふんだことで、新憲法に対する政治的諒承が得られやすいという実益があるだけで、やっぱり「革命」である、と彼はいう。法的リアリズムの極致のような考え方として、ある種の魅力もそなえている。この説ではすべての憲法典の変更が「権限」と無関係なのであるから、「権限の限界」などということははじめから論外である。いわば、「実定法理論的な絶対的無限界論」ともよべよう。

六　憲法改正手続規定の順守の問題

ブルックハルトは改正手続による改正も「革命」だといい、他の学説はちがうという。だが、改正手続に「よった」かどうかも実は問題になりうる。だいたい、改正手続に「よる」ことを裏うちする仕組みが法制度のなかにあるのだろうか？　つまり、実際、改正手続規定に対する違反があるため、新憲法または新規定が「無効」だと争われる場合、誰がどう決定できるかの問題に少し寄り道しなければならない。日本の学説は、ほとんどこの問題を論議さえしていない。

実際にアメリカでは、今までに何度か連邦憲法の改正をめぐって裁判所で争われたことがある。一九三九年、アメリカの最高裁は、カンサス州の議会が前にいったん否決した合衆国憲法の改正提案を、提案から一三年後に再議決して可決したのは、最初の否決で同州については提案が失効したものと見るべく、また、相当な時の経過によっても提案そのものが失効しているなどの理由で無効だという主張に直面した。五人の裁判官は、法的に改正提案が無期限に有効ということはないはずだといいつつも、憲法改正規定そのもの、合衆国の法律、連邦議会の発議にも特段の規定がないこと、その判断に必要な資料を集めることが裁判所の手続になじまないことを挙げ、結局は憲法改正の成立を宣言すべき連邦議会の判断にゆだねられた「政治的問題」(political question) であるとした。ブラック裁判官を先頭とする四人の裁判官は、「ここで当裁判所は、憲法の改正手続を、ある点では司法的解釈に服するものとみなし、他の点では連邦議会の最終的な権威に服するものとして取り扱っている。……発議から改正が憲法の一部となるまで、この手続それ自体が全体として『政治的』なのであり、どの点でも、裁判所による指導、統制または干渉に服するものではない」という別意見を残した (Coleman v. Miller, 307 U. S. 452)。これは、結局必要な数の州議会の同意を得られず流産した憲法改正手続の一部をめぐる争いであったが、このとき以後、合衆国憲法の改正行為は「政治的問題」として司法審査に服しないとされている (E. S. Corwin, The Constitution and What It Means Today, (1978) p. 268)。

日本の場合はどう考えるべきであろうか？

(イ)　憲法改正のさい、すべての投票結果の確定のために認められているように国民投票についての民衆訴訟が認められるだろうが、附則により国民投票の効力を争いうる期間はごく短期に限定されなければならないだろう (田上穣治『日本国憲法原論』三一二頁)。これは上に法のない憲法の定めであるから、絶対に違法ではありえない。(ロ)天皇によって「この憲法と一体を成すものとして公布」されてしまえば、もはや「憲法」なのであるから、その生まれの合法性審査の余地はない(田上)。(ハ)アメリカにおけると同様、国家統治の基本に関する高度な政治性をもつ「統治行為」として審査しないことも考えられる。

まず(イ)(ロ)だけでわが国ではきまりがつき、それ以上の論議の必要性はあまりないが、よしんば(イ)〜(ハ)が全部否定されても、次のことはたしかにいえる。

(ニ)　まず憲法典が全面改正されたとか、改正手続に「よらない」新憲法が生まれたような場合、裁判所そのものが新憲法にその存在を負うのであるから、その新憲法の成立手続の合法性は審査の対象たりえない(最判昭和五五・五・六判時九六八号参照)。

(ホ)　改正手続違反として主張される点が、国会両院による発議までのプロセスにある場合にも、いわゆる「議院の自律権」に関する先例(最大判昭和三七・三・七民集一六巻三号一八二頁)が支配し、定足数や議決の要件充足の点につき裁判所に審査権はない。

(ヘ)　部分的な改正の国会による発議のプロセスで、例えば参議院の否決を無視するといった、一九六二年のド・ゴール大統領なみの故意かつ明白な憲法九六条違反がある場合はどうか？　フランスの「憲法評議会」は「国民投票の結果国民によって採択され、国民主権の直接の表現をなす法律」に対して審査権を与えられていないといって逃げたが、日本でも、最後の国民投票で承認されていれば、この国民投票を「国民の憲法制定権」と直結する立場(清宮・芦部)では、裁判所は同じ態度をとりうる。

こうして見ると、改正手続に「よった」のかどうかについては、政治的部門の有権解釈がでたらめでも通用し、国民の側では、極端な最後の(ヘ)の場合はむろん、各人にとって疑わしい多くの場合に、「よらなかった」と判断し、「無効だ」と裁判外で主張する権利は残ることになる。そのうえ改正権の「内容的限界」まで信ずる人びとにとっては、個人的に「無効」と判断する機会が、限界の分量に比例してそれだけ多くなるわけである。かくして、いわゆる「憲法改正」すらも、多くの場合、その反対者の「無効」のさけびを伴う政治的な事象であることは間違いない。ブルックハルトのいうように、「政治的諒承」の程度の差があるだけかもしれない。

七　「法論理的な改正権限界論」＝「改正規定」改正不能論

ブルックハルト以外の者は、憲法改正行為も、ふつうの立法行為とはちがった強い政治性はもつが、事前の法によって規律された法設定行為と理解している。そのためには、同じ憲法典のなかにあっても改正手続規定は他のすべての憲法規定より上位の規範とみなさざるをえず、憲法典のなかの規範の上下構造を想定するのが多数説となっている。ここから、「改正手続規定」はそれ自身の定める方法で改正されえないという〔4〕説が出てくる。これを「法論理的な改正権限界論」とよぶことができる。〔5〕説のシュミットもこの点は同様で、また、早くからロスの業績にふれてきた清宮博士の〔7〕説が、改正規定の改正は「原則として不可能」とするのはその影響である。ただし、「原則として」というふうに緩和・修正されてはもはや「純論理的」とはいえない。〔7〕説は、あまりに硬い憲法九六条につき、例えば両議院対等の原則を変更するなど多少の改正は可能だとするが、こうなると法政策的な考慮のまじった法解釈学者としての主張にすぎない。

ロスが改正手続規定の改正が「不可能」というのは、ブルックハルトが改正手続による憲法改正が一般に「不可能」というのと同様に、あくまでも「有効な改正が不可能」、分かりやすくいえば「効力の伝授が不可能」という意味である。実際に改正手続規定が改められる場合には、政治的便宜として「改正手続規定」が利用されることはロスも否定せず、ただそれは「革命」だと評価するだけである。「改正手続規定」に依拠するだけで足りないときには、もっと高度のイデオロギーである「憲法制定権力」が援用されるという。

ここで、清宮博士が「学問的に高度に過ぎる」と評した（『憲法Ⅰ』四一三頁）菅野喜八郎「憲法改正規定の改正の能否」（『国権の限界問題』所収）にふれないわけにはゆかない。この論文は、改正規定は「憲法制定権」の所産であるから、それによって他の憲法規定を改正できても、それ自身を改正できないという早くからの清宮説を、A・メルクル、ケルゼンらの「法段階説」の克明な検討をふまえて批判したものである。特に難解で、読みづらいメルクルの法段階説をメルクルの論理に則して理づめに読解し、そこには改正規定自身の改正不能を帰結できそうな要素もないではないとしながらも、結局は、メルクル、ケルゼンに共通の、「法設定を制約するもの」と「制約されるもの」という規範内容による上下関係は、本当は改正規定と「それに基づいて改正された憲法規範」との間にしか存在せず、「憲法制定権」によって同時に定立された改正規定とその他の憲法規範との間にはないこと、他方、効力の優劣という意味の規範の上下関係は、ケルゼンもメルクルももっぱら実定法が定めるものと考えているらしいこと、したがって、清宮説が、改正規定が「他の憲法規範一般」に優位するというのも、また論理的制約関係があるというだけでそれが形式的効力においても優位するというのも、ともに「法段階説」から基礎づけられない、というのである。この種の抽象的な法思考に関しては出藍の誉れのある人の論文であるから、同程度にメルクルを読みこなして反論することは大変むつかしい。

こうして改正権の限界問題に長年取り組んできた菅野説は、各種の「限界論」の根拠薄弱性を暴露し、結局は、「改正規定の改正禁止」を含めて、特に改正を禁止する規定が憲法にない限り、改正権は無制限だというケルゼンの〔3〕説に落ち着くようである。

「憲法改正規定」をめぐる見方は、(イ)「憲法典」という同じ強さの効力をもつ諸規範の一つなのだから、なかまの規範の改廃「権限」を与えうるはずはなく、「ただの政治的便宜のための約束事」にすぎぬ（ブルックハルト）、(ロ)「最高の法定立権限」を与える以上、それ自身上位の法定立者の所産ではない「根本規範」、特定の社会の「究極の政治的要請」として絶対的な形式的効力をもつ（ロス）、(ハ)改正規定も憲法制定者の所産たる実定法であり、同じく憲法制定者の所産であるすべての憲法規範の時宜に応じた変更を授権するものであり、特に憲法制定者が明示しない限りこの権限のいかなる「限界」も証明できない（ケルゼン・菅野）、というふうに分かれた。この3つの見方の分かれ目は、より上の効力をもつ法規範しか法の創設を授権しえないのかどうか（イ）（ロ）と（ハ）、最高の立法者を、「政治的要請」とか「憲法制定権力」（あるいは神）といった法外的な概念ぬきにあくまで経験主義的に考えるかどうか（イ）（ハ）と（ロ）という点にあると思われる。

八　「明文の改正禁止（または制限）規定」の効果

「明文の改正禁止（または制限）規定」というのは、例えば「共和政体は、憲法修正の発議の目的とすることができない」というフランスの一八八四年憲法以来の規定のようなものをいい、ほかにもいろいろな小国の憲法に例があった。今日では、西ドイツ基本法にも、正面から一定の内容の同法の改正を許さない旨の規定（七九条）がおかれている。正面からの改正禁止規定とはいえないが、日本国憲法の前文に「われらは、これ（民主制の原理）に反する一切の憲法……を排除する」とあるのも、将来にわたって反民主制の憲法制定を許さない趣旨だと解する者も多い（宮沢・清宮・佐藤（功）・芦部・樋口）。なかには九条一項や九七条にある「永久」という文字を過大視して、戦争等の放棄や基本的人権の改正も憲法が許さないと論ずる者（一円一億）もあった。しかし、いずれも、西ドイツ基本法七九条のような明文の改正禁止規定とはいいがたく、「持って回った解釈」に見える。

宮沢・清宮両先生の場合、本筋は「理論的憲法制定権限界論」にあり、憲法のテキストへの言及は補助的なものにすぎない。それにしても、憲法前文が「これに反する一切の憲法を排除する」といっているのは、そのオリジナルともいえる英文を見るとall constitutionsと複数になっている。連邦制のアメリカ合衆国憲法でのみ特別の意味がある「最高法規条項」（九八条）の総司令部原案にはじめ誤ってアメリカ合衆国憲法同様、「此ノ憲法並ニ之ニ基キ制定セラルル法律及条約ハ国民ノ至上法ニシテ……」となっていたのと同じく、日本にも、同時にたくさんの「州憲法」が存在するものと誤想した結果ではないかと思われる。また、憲法九六条に憲法改正を天皇が「この憲法と一体を成すものとして……公布する」とあるのを根拠に、かつては「この憲法」が残るような「増補」形式の部分改正のみが許されるという解釈もあった（小嶋和司「憲法改正権の限界と改正条項の改正」ジュリスト二八九号）が、いずれの日本国憲法の規定もはっきり「明文の改正禁止規定」とはいいがたい。〔3〕説は、憲法典に特に各種の改正を禁止する規定がない限り憲法改正手続によってどんな改正もできるという意味では「憲法改正無限界論」であるが、そのような改正禁止規定自体が改正手続によって除去されうるという〔2〕説から見れば「改正権の限界設定可能論」である。

この説にもいろいろな疑問が残る。第一に、いっさいの改正を禁止する明示的な「永久憲法」が、それにもかかわらず変更されたとすれば、それは「改正手続」によらないのだから、明らかに「革命」による「歴史的に最初の憲法」であろう。だが、部分的な改正禁止規定に違反した改正も必ずそう見られるであろうか？　特定の改正禁止は、原理的には憲法制定者の任意の選択による。あえて極端な例を出すと、「児童は、これを酷使してはならない」（二七条三項）という規定の改正禁止規定があるとして、それに違反した場合、それだけで「革命」だといえるだろうか？　いえないと見るのが常識であろう。

次に、ケルゼンは「改正手続規定」の改正不能をたしかにいっていないことと、また、彼の法段階説からもそのようなことは出てこないという菅野教授の論証を前提して、もし改正手続規定をそれ自身にしたがって改正できるとするなら、どうして改正の内容の制限規定が改正不能となるのか分からない。ケルゼン自身は、「改正禁止規定」が改正不能かどうかも明言はしていない。彼の説明によると、特定の改正禁止にふれる変更も「無効」、ないし実現すれば「革命」であるかに見える。ならば、「改正禁止規定」自体改正不能と考えるのでなければつじつまが合わない。そう見るのは覚道豊治氏のほかに佐藤幸治教授である（前掲書三九頁）。だが、「改正手続規定」を変更することが「革命」でないのに、「改正禁止規定」の変更が「革命」になるという議論は、つねに法定立の内容よりも手続のほうを重視するケルゼン自身の立場と矛盾するように思われる。

第三に、ケルゼン理論では、より強い「形式的効力」をもって立法権を制限する「自由権」のような憲法規範も、立法権に対して自由を侵害することを「禁止」する、つまり侵害しない「義務」を課するものでは決してなく、その効果は、それに違反して制定された法律を、「権利者」の申立てに基づき、立法権とは別ななんらかの裁定機関が憲法違反と判断するときに、その理由で効力を否定できるということに尽きる。しかも、有権的憲法解釈権をもつその裁定機関がもし効力を否定せず、その法律が依然として有効であり続けるならば、上位の憲法に反して有効ということは法理論上ありえないので、憲法の立法権制限規定の意味のほうを、それに違反しないことを望むが違反も許容する趣旨だというふうに理解せざるをえない、という。これを憲法改正権を「制限」する憲法規範に適用すれば、どうなるであろう？　おそらく、制限違反の憲法改正の裁判所による無効化をうながしうる「権利者」はどこにもなく、憲法改正の違憲審査の可能性はゼロで、改正禁止規定に違反して行われた憲法改正も有効であり、しかも、その効力は改正手続規定以外のものから出てくるはずはないので、結局改正禁止規定は絶対的な障害にはならないということになろう。

そして、もし「改正禁止規定」も改正できるということであれば、まず改正禁止規定を削除してのち、廃止された禁止規定に該当する内容の改正を行いうるという〔2〕説は、まったく無用な迂路ではあるまいか？　一番徹底した改正権無限界論であるフランスの学説は、改正禁止規定はたんなる憲法制定者の「願望」にすぎず、「せいぜい、形式と手続を尊重するために、まず改正禁止規定の改正を要求することから始めなければならないというだけである」という（バルテルミー）。

九　結びにかえて

長年のわが学友、菅野教授は、精力的にこの問題を考究してこられた。ただ同門とはいえ菅野教授の場合には「法律学の学」的傾向が強く、みずから「憲法改正に限界が存するか否かについての結論それ自体よりも、憲法改正に限界が在る、もしくは無いという主張の諸前提が何であるかを見極めること、そして、その諸前提が我々にとって受容可能かどうかということに関心を持っている」と、『国権の限界問題』の序文で公言されている。

ところが、私はそうではない。「存在する法」の解釈論として、いろいろとむつかしく法学の諸権威が説かれる以上、それを聞かされる一般大衆の側は、「限界」をば法の名で禁止されたことと受けとり、範囲のあいまいな限界にふれそうな改正を思念することさえ、心中で殺人を思うのと似た後めたいことだと誤解するかもしれない。純粋な「憲法学者」として、私は「法律学の性質」よりも社会・国家のことが心配なのである。

一で見たように、ここで取りあげた外国の学者達が「限界」があるかないかを問題にしているのは、すべて「改正手続規定」がどこまで「法的連続性」を付与できるのかという視角からのことであった。戦後の日本憲法学におけるこの問題の議論も同様であろうか？

宮沢俊義先生も、「ここに限界というのは、法的な限界をいうので、道徳的な限界や、事実的な限界は、ここでは問題にしない」といった（『日本国憲法』七八五頁）。しかし、問題はこの「法的な限界」の意味である。この点で、戦後日本のめぼしい憲法学者の諸説を総点検してみると、「法的連続性の限界」、すなわち「授権の限度」という意味の「できる・できない」という視角のみに限定してことを論ずるのは、いちいち典拠は挙げないが、田上穣治・高辻正己・小嶋和司・菅野喜八郎・覚道豊治・阿部照哉・杉原泰雄の諸氏であり、また小林直樹教授もこれに近い。

他方、いま名の出なかった有力者を含むたいていの憲法学者の所説を見ると、「できる・できない」という「法論理的議論」に必ず「許される・許されない」という「行為規範設定的議論」が織りこまれている。だから、実際は「限界」問題について審査する機会のありえない裁判官までもが、例えば、「われらは、これに反する一切の憲法……を排除する」という日本国憲法前文第一段について、「その法的拘束力は絶対的なものである」などと、ことのついでのおしゃべりをする雰囲気がすっかりできあがっている（札幌高判昭和五一・八・五行裁例集二七巻八号一一七五頁「長沼ナイキ基地訴訟控訴審判決」）。

もう一つ見逃せない戦後日本憲法学の特徴は、西欧の学者達が、ブルックハルト、バルテルミーは無論のこと、シュミット、ケルゼン、ロスにいたるまで、すべて、「憲法改正」は憲法典の変更の、さまざまなケイスの一つにすぎぬことをつねに頭に置いているのに対し、日本ではこのことに言及するのは、覚道豊治氏、それに私（『基礎憲法』二二頁以下）などわずかの学者達である。他の学者達は、事実としては「限界」をこえる「改正」もありうることを付言するにとどまる。これは、よくいえばわが憲法学の「規範主義」の表れであるが、他方いかにもコップのなかだけの論議にもなっている。

さて、前置きはこのくらいにして、乏しきわが知見・知能の「限界」内で、諸学説の取捨選択を試みよう。

(イ)〔7〕説および後年の宮沢説は「自然法」に傾斜する程度に応じて「道徳的限界論」であるから、採れない（同旨、阿部照哉・前掲書二八八頁）。また、この説はいずれかといえば「行為規範設定的」色彩のほうが強く、認識としては無根拠に近い。

(ロ)もし限界論が「効力の連続性」の限界の議論だとすれば、それを判定すべき「限界線」さえぼんやりしたシュミットの〔5〕説およびその系列の〔6〕〔8〕説も採りがたい。改正が行われた後の主観的無効論を誘発するだけである。また、シュミットの場合には、「許されない」という言い方はほとんど使わないが、ワイマール憲法のもとでの改正権者＝議会の三分の二に向けられた「禁止」としての色彩が強く、かくれた政治論のように思われ、「基礎を変えない造作変え」という審美的魅力をもつものの、一般化はできそうもない。

(ハ)　憲法制定者が「はっきり示した限界」をこえることは「法的には不可能」というケルゼンの〔3〕説には、主観的な「規範設定」という色彩はまったくなく、「法」を勝手に作ることのできない「学問」の名に値する。しかし、残る〔1〕〔2〕〔4〕説との間での優劣はなかなかつけがたい。

カナメになるのは、**七**の末尾でふれた「憲法改正規定の性質」論である。それはブルックハルトのいうようにただの「政治的約束ごと」にすぎないのか、逆にロスのいうようにまるで雲の上の「実定法ではない根本規範」なのか、と問われれば、わが憲法九六条のような規定を「憲法の一部ではない前提されたイデオロギー」と見るのは不自然だから、私はブルックハルトに傾く。

しかし、たんなる「約束ごと」ではなく「法規範」だとケルゼンがいえば、そんな気もしてくる。迷路の脱出口は、同じ法典のなかのある法規範がなかまの法規範の改廃を「授権」できるのかどうかにある。ケルゼンはできるということを「自明のこと」として前提し、その前提に立って、「改正禁止規定」も改正権者の権限を制限できるとする。ケルゼンからは聞かないが、同じ憲法典のなかに位置しても「改正手続規定」は一段上の法規範だという理論構成も可能かもしれない（E. Tosch, Die Bindung des verfassungsändernden Gesetzgebers an den Willen des historischen Verfassungsgebers. S. 113 f.）。ならば、「改正禁止規定」以上に「改正手続規定」も改正不能でなければつじつまが合わないが、ケルゼンはそのどちらも明言してはいない。

推測的に当面の結論じみたものをいえば、「改正手続規定」と「改正禁止規定」があればこの両者はともに法論理的に「改正不能」（E・トッシュ）であるか、それともいずれも「改正可能」（〔2〕説）であるかのどちらかでなくては首尾一貫性がない。

ケルゼンの説明不足を考えると、どうもブルックハルトが一番真理に近いのではないかと思われるのである。昔、日本国憲法の文理に密着して特色のある「限界論」を説いていた小嶋和司博士は、晩年には、前言を取消しもしないが、この問題の「論議は、改変されて成立したものの効力とはかかわりがない」といい捨てるようになった（『憲法概観』（三版）四五頁、「憲法改正の限界」『憲法学講話』所収）。これもブルックハルトの影響である。

ブルックハルト説に対しては、わが国の多くの「限界論者」が動かぬ証拠もなく「改正制限規定」を創造するのと反対に、憲法制定者がしかと書きとめた「改正規定」を学問の名において「抹消する」のも「法律学の越権」ではないか、という批判がある（菅野喜八郎『国権の限界問題』二〇頁以下、同「W・ブルクハルトの憲法改正作用論」新潟大学法経論集一三巻三号）。また、それがふつうの「改正無限界論」とはまったく異質のものであることも菅野教授が指摘したとおりである。根本に「法の効力」概念の相違が横たわっていることも菅野教授のいうとおりであるが、ケルゼンの見方が平板であるのにくらべ、ブルックハルトは相当以上に複雑な学者で、まだまだ私の勉強は足りない。

（一九九〇年）

11 憲法の「国際協調主義」

一 問題の所在
二 判例の概要
三 学説の概要
四 問題点の研究

一 問題の所在

もちろん、憲法典の中に、わが国が他国との関係においてとるべき特定の態度、またはとってはならない特定の態度を明確に定めた規定は、九条以外にはない。だから、とりわけ裁判所が、国会や内閣の行為が、直接に、「国際協調主義」に反するかどうかを問題にしなければならない場合は、ありえない。

だが、「国際協調主義」は、支配的な学説によって、憲法前文を手がかりに、わが憲法の基本的な柱と見られ、したがって、憲法の諸規定（九条、九八条二項）のみならず、あらゆる法令の解釈基準として、たえず引合いに出されている。

これを受けて、裁判所で間接的に「国際協調主義」の解釈が問題になることは、これまでも決して少なくなかった。その場合、問題領域は大別して、A　日本の外国に対する関係と、B　日本の外国人に対する関係の二つに分かれる。それぞれの領域内で、裁判所の考え方が分かれているだけでなく、Bの領域では、最高裁の中にさえ、裁判官の間に意見の分裂がある。

ここでは、判例と学説における見解の対立の模様を紹介し、その生ずるゆえんを検討し、「国際協調主義」の正体をつきとめることにしよう。

二　判例の概要

Aの領域　(1)　まず大きな争点となったのは、日米安保条約という名の「同盟」の問題である。条約により米軍を駐留させることが、九条二項のいう「戦力の保持」にあたるかどうかの解釈問題の背景として、いわゆる①伊達判決（東京地判昭和三四・三・三〇下刑集一巻三号七七六頁）と、これを破棄した②最高裁判決（最判昭和三四・一二・一六刑集一三巻一三号三二二五頁）との対立点は、わが国の存立の手段としての特定国家との同盟方式が「国際協調主義」とどういう関係にあるかをめぐっていた。前者が、「平和を愛する諸国民の公正と信義に信頼して、われらの安全と生存を保持しよう」という前文の決意と両立する日本の安全保障方式としては、国連安保理事会等のとる軍事的安全措置が最低線であり、仮想敵国を当然に前提する特定国との同盟は許されないのではないかという「疑念」を示したのに対し、最高裁のほうは、基本的には、国家の存立のために必要な措置をとる国家固有の権能のなかには特定国との同盟方式も含まれており、前文や九条にはそれを明確に禁止する趣旨はなく、政治的部門の裁量にゆだねられている、とした。当時の最高裁には、ダレス路線と完全に一致して、諸国家を善玉と悪玉に分け、前文の「平和を愛する諸国民」というのは、正にアメリカに代表される善玉のみを指すとみた個性の強い長官がいたため、判決理由も、旧安保条約が「憲法九条……および前文の趣旨に適合こそすれ、これらの条章に反して違憲無効であることが一見極めて明白であるとは、到底認められない」とのべていた。時も移り、人も変わったが、この判旨は、現行安保条約についても、全員一致で踏襲されている（③最判昭和四四・四・二刑集二三巻五号六八五頁）。

(2)　条約と憲法の関係については、判例②も、国家存立の手段を定めたという意味で高度の政治性をもつ条約については（裁量説と一部の統治行為説を折衷して）、一見明白な違憲性の有無についてしか審査できないとしているが、このことは、反面からいえば、審査権の行使の深度に差はあっても、すべての条約の違憲審査権を認め、またその前提として、条約に対する憲法の優位を認めたものである。

Bの領域　⑴　外国人が憲法上わが国への入国の自由を保障されてはいないということは、大分前に、④最高裁判決で確立された（最判昭和三二・六・一九刑集一一巻六号一六六三頁）が、ここで入江、垂水等四人の裁判官が異を唱えて、「国境をこえ世界を通じて恒久平和を達成せんとする」わが憲法は、旧来の国際慣習法を一歩こえて、外国人の入国の自由を公共の福祉に反しない限り保障したものであると主張したのが、注目される。この考え方は、再入国の問題をめぐって、近時の下級裁判所によって継承されている。

⑵　在住外国人の一時的出国＝再入国も政府の許可に依存するが、現実には、中華人民共和国と朝鮮人民民主主義共和国（とくに後者）への一時的出国は、他の場合よりも著しく制限されてきた。これは、外国人の内部での差別でもあるので、⑤東京地裁の昭和四三・一〇・一一の判決（行裁例集一九巻一〇号一六三七頁）は、外国人の出国が憲法二二条二項の「移住の自由」に含まれるという⑥最高裁判決（最判昭和三二・一二・二五刑集一一巻一四号一九六九頁）を発展させ、一時的出国＝再入国も憲法上外国人にも保障された基本的人権であるから、「日本国の利益又は公安を害する行為を行うおそれのある者でない限り、いずれの国向けの再入国であっても許可せらるべきである」と判示した。その⑦控訴審判決（東京高判昭和四三・一二・一八行裁例集一九巻一二号一九四七頁）にいたっては、さらに進んで、北朝鮮への自由往来を認めることが大韓民国との修交にさしつかえ、国益を害するという政府の主張に答えて、「わが国の国益というものは、究極においては憲法前文にあるとおり、いずれの国の国民とも協和することの中に見出すべきものであるから、一国との修交に支障を生ずる虞があるからといって、他の一国の国民が本来享有する自由権を行使することをもって、ただちにわが国の国益を害するものと断定することは極めて偏頗であり誤りといわなければならない」と述べている。この事件の⑧上告審判決（最判昭和四五・一〇・一六民集二四巻一一号一五一二頁）は、再入国不許可処分を争う法律上の利益はすでに失われているとして、訴を却下し

てしまったので、この点に関する最高裁の見解はまだ示されていない。

⑶　判例⑤⑦は、在住外国人の一時的出国の制限を日本国民の場合と同じレベルにおき、旅券法一三条一項五号と類似の制限根拠のみを是認した。ところが、この規定については、占領下に私人がモスコー世界経済会議に参加することも「国際関係に悪影響を及ぼす虞れがある」ので、同法の要件に該当し、この規定じたいも、「公共の福祉のために合理的な制限を定めたもの」で、「漠然たる基準を示す無効のもの」ではないとした⑨判例（最判昭和三三・九・一〇民集一二巻一三号一九六九頁）がある。この頃の最高裁は、あらゆる基本的人権の制限を粗雑な公共の福祉論で是認していたが、最近でも、⑩小法廷判決（最判昭和四四・七・一一民集二三巻八号一四七〇頁）で、「著しく且つ直接に日本国の利益又は公安を害する行為を行う虞があると認めるに足りる相当の理由がある者」という旅券法の規定は、「渡航自体により日本国の利益又は公安を害する虞のある場合に旅券発給を拒否し得るものと解すべきことは当然」であり、「わが国および自由主義国家群と中華人民共和国を含む共産主義諸国との対立関係、わが国の外交方針などに照らすと」、中国への旅券発給拒否処分は正当であるとしたものがある。この事件および判例⑧では、たんに裁判所の審査権の有無、その範囲についてではあるが、ただひとり色川裁判官が反対意見を書いている。

さて、さしあたりこれだけの判例からも知るうることは、(イ)　政治的部門による日本の存立のための諸国家の友敵の区分が、外国人や国民の人権に直接にはねかえっていること、(ロ)　国民の出国や貿易の統制（⑪東京地判昭和四四年七月八日行裁例集二〇巻七号八四二頁参照）をも含めた、いわゆる対外的権力の行使について、「国際協調主義」の解釈に基づく司法的抑制の企てがないではなかったこと、(ハ)　しかし、こと基本的な友敵の区分に関しては、最高裁の立場は一枚岩的で、たんに政治的部門の決定を選挙民の政治的批判にゆだねるというのではなく、積極的に憲法適合性を確認していること、等である。

三　学説の概要

「国際主義」ないし「国際協調主義」を憲法の基本原則のひとつとして掲げる教科書は、少なくない。この原則を解釈基準として用い、もっとも思いきった帰結をひきだすのは宮沢教授であり、それ自体としては当然のことを宣言したにすぎない九八条二項を解釈して、国際法に反する憲法の効力を否認するところまでいっている（日本国憲法八一三頁）。判例②が一般的に条約に対する憲法の優位を肯定したものかどうかは争われている（小島和司・憲法概観五六頁）が、「憲法の国際主義は、同時に憲法の認める国民主権主義を排除することをも含むものではない」（清宮四郎・憲法I四四四頁）という理由で、憲法の優位を認めるのが通説である。

憲法が国家の独立と永続性を前提していることは、いうまでもない。しかし、九条はわが国の絶対非武装を定めている（この点はここでは立入らない）。では、独立と永続性の保障手段として、憲法は何を考えているのか？この点について憲法は沈黙しており、政治的部門が「国際情勢の実情に照らして適当と認められる（手段）を選ぶことができる」というのが、判例②の基本的な立場であった。だが、学説は、判例②以前から、憲法をそれほど白紙的とは考えていなかった。今日事実認識の点で謬論であったことが明らかな宮沢説にしても、国際的な集団安全保障方式の完成に至るまでの「過度的措置」として、米軍駐留による安全保障方式を憲法は否認していないとしていたにすぎない（宮沢・前掲一八二頁）。

判例①②の問題提起以後は、はっきり判例①の立場を採り、または判例①に傾斜した考え方を示す憲法学者がかなり多い（橋本、清宮、鵜飼、和田等）。さらに進んで、断定的または推測的に、前文のコンテキストにおいてみた九条は、非武装中立という特定の安全保障方式を指示または予想していると説く学者も多い（恒藤、田畑忍、佐藤、小林（直）、長谷川等）。非武装中立が安全を保障するかという問題については、宮田光雄『非武装国民抵抗の思想』（岩波新書）が参考になる。

もちろん、最高裁の判例②の立場を採る学者も少なくない。だが、それらの多くは、前文とともに九条をも国際情勢の現実に適合しないものとして、自称「社会学的」解釈によって消去し、「防衛の問題について、日本は各国とおなじ地位に立つ」（高柳賢三）と考えるもので、憲法の解釈とはいいがたい。この種の論者の多くは、平和の破壊者としてのわが国の過去をけろりと忘れ、核時代の真の現実感覚なしに、諸国家の自然状態と自然権的な各国の武力による自己維持の権利という古い軌道に復した政治的現状の擁護のみをこととしている。

学説の現況の簡単な整理からひき出せることは、構えて敵を作るような安全保障方式は、方向性において「国際協調主義」に逆行するという点で多数が一致していることである。初期に駐留米軍を「準国連軍」と擬制した学説も、前文の指し示す方向に観念的に引き寄せようとしたためであるといえる。そして、このような多数説の原点は「国際協調主義」を解釈する場合、まずわが国民と諸国家の国民との関係を念頭に置いていることであろう。それらの学説は、いずれも前文の「平和を愛する諸国民」を文字通り「諸国民」と解し、また、「日本国民は……政府の行為によって再び戦争の惨禍が起ることのないようにすることを決意し」という文章における「国民」と「政府」の区別、対照に特別の意味を認める（田畑忍『憲法学講義』一一三頁）。ナショナリズムの心理的基礎は、対外的には国民が自国政府を自己自身と同一視するところにある（ケルゼン）といわれるが、憲法前文はこのような自然の心理を意識的に脱却しているともみられる。

四　問題点の研究

私見も学界の多数説と同じである。かつてカール・シュミットは、「国際的」という語が、「国家間的」(zwischenstaatlich) と「国際的」(international) という二つの異なった意味をもつことを指摘し、国際連盟は不可滲透的国家の並存を前提した「国家間的」組織であるが、平和主義運動は国境をこえ、国民の区別をこえたインターナショナルなものであると説いた。この用語法を用いれば、憲法の「国際協調主義」はインターナショナリズムであって、個別国家の対外的権力の間の、共通の敵によって結ばれた協調とは、まさに氷炭相容れないものであるといえよう。憲法学者によるものではないが、「注意してみれば、現に対立する国家権力相互、政府間相互の敵視にもかかわらず、いな、まさにそのゆえに、平和は『人間相互の関係を支配する崇高な理想』なのである。憲法は、いわば人類的視点に立って、戦争と国際緊張に反対する『平和を愛する諸国民』の素朴ながら根強い念願に期待するというのである」（宮田・前掲一八頁）という前文の解釈は正しい。

　このような観点から、判例をふり返ってみよう。全般的にいって、一見反「体制」的に見える判例①（いわゆる伊達判決）、判例⑤（杉本判決）、判例⑦（近藤判決）と、判例②⑨⑩等の最高裁の考え方との対立は、まさに前者が「国際協調主義」をインターナショナリズムとしてとらえるのに対して、後者がこの解釈を真向うから否定するところにある。

　純粋な人権問題については、最高裁も「人権に関する世界宣言」を引用して、国籍にかかわりのない人間の平等を憲法の原則的な要請と認めたことがある（⑫最判昭和三九・一一・一八刑集一八巻九号五七九頁）。もしナショナリスト斎藤（悠）裁判官が在任していたら、また例の「鬼面人を欺くものでなければ羊頭を懸げて狗肉を売るもの」という痛罵を浴せたことであろう。判例④の少数意見も、この場合には過度のインターナショナリズムに立脚していた。しかし、ひとたび対外的権力の間の「国家間的」関係が問題になるやいなや、せっかくのインターナショナルな視点は放棄され、政治的権力による友好国と敵性国との区分にまったく追随し、外国人や国民の人権さえ、かたよった「国家間的」関係の利益のために奪うことを正当化するのである。

　筆者は、ここでとりあげた伊達判決や杉本判決の法的理論構成を、すべて正しいとは考えない。しかし、それらが憲法の諸規定その他の法令の解釈基準として選んだ原点は、無条件に正しい。それらの判決は、反憲法的な政治的現状に対して否定的である。そしてこのこと自体は、憲法に拘束されるすべての裁判官の宿命である。

　わが憲法では、対外的権力の担い手（内閣）も、外政の主要な手段である条約の締結手続も、たしかに制度上は他にくらべて民主化されているといえる。もちろん、民主主義の場である国会にはさまざまの問題があり、政治的に重要な条約は、すべて衆議院における強行採決そして自然成立というプロセスをたどってきた。しかし、だからといって、裁判所が無力な反対派《オポジション》に代わり、「とりわけ憲法裁判の場面において……反対派の役割を演ずることを怖れてはならない」（樋口陽一「憲法裁判における『偏向』と『公正』」ジュリスト四八七号）という意見には賛成しかねる。

対外的権力の行使をめぐる憲法問題に関し、最高裁がつねに「慎重さ」を口にするのはそれ自体は誤りではない。ただ時には慎重さが度をこして、判例⑧で色川裁判官の反対意見が指摘したように、不可能ではないのに本案の判断を避けるようなことになるのは問題である。それよりもはるかに大問題なのは、最高裁が、一見、違憲または違法の判断を慎重にすると称し、対外的権力の行使を違憲または違法ではなく、その政策的当否は選挙民の判断にまつべきものという姿勢をとるように見えて、実は、政治的部門による「国際協調主義」の歪曲に完全に同調していることである。判例②の「憲法九条……および前文の趣旨に適合こそすれ」という筆のすべりが、そのことを証明している。この部分は、後の判例③⑫等ではくりかえされてはいない。しかし否定もしていない。それに、このような政治的部門との完全な同調なしには、わが国を含む自由主義国家群と共産主義諸国との対立関係に照らして、中国への旅券発給を拒否したのは「正当」であるとした判例⑩は、まったく理解できない。ここで問題になった旅券法の規定は、その文章からいっても、制定時の政府の説明からいっても、「諸国民」の国際交流そのものを「国家間」に及ぼす影響のゆえに制限することを許すものではなかった（佐藤功『憲法』一六八頁、有倉）。だから、この判決は、政治的部門の要求を基準として法律の意味を歪めたものといってよい。

判例②以来の最高裁のこのような態度を大いに歓迎している人びともいることは、たしかである。もし、最高裁が、その方面の期待に答えて、憲法九条の意味をすっかり変えてしまうようなことがあれば、それは、憲法改正手続を開始するだけの多数をもたない一党一派のために、もっとも汚れた仕事をひきうけることになろう。最高裁には、せめて目先の党派政治からのいま少しの detachment を期待したいものである。

（一九七二年）

Ⅱ　基本的人権

12　外国人の基本的人権

一　まえがき

外国人の取扱いをめぐる問題は、最近そのいろいろな側面が報道機関によってとりあげられている。あるいは台湾独立運動の活動家を処罰が待っていると思われる台湾に強制的に送還したり、あるいは在留朝鮮人のうち、韓国への一時帰国はよく認めるが、朝鮮人民民主主義共和国への一時帰国のための再入国の許可はめったに与えないとか、あるいは数次入国査証を受けているアメリカ人観光客に対し、反戦活動を行なったことを理由に再入国を拒否するといった現行出入国管理令の運用の実態が、訴訟に関連して人権問題として論じられている。日本を舞台とする、東側から西側へ、あるいは西側から東側ないし中立的諸国への亡命事件のたびに、立法論として亡命権を国内法で保障すべきだという主張も活潑になっている。さらに第六一国会および第六五国会で共に廃案となった出入国管理法案が、亡命権を認める方向に進むことをせず、今まで以上にきびしく外国人の活動を制限しようとするものであったことも、多くの論議を招き、外国人の人権について世人の関心をよびおこした。

ところで、世上漠然と「外国人の人権」と称されているものは、人道の見地から正当性をもつと思われる外国人の個人的利益を指している。法を通じて国家的（その他公共的）利益が個人的利益に対抗して貫徹されるのは、何も外国人の場合に限ったことではなく、無政府主義者以外は当然のこととして承認していることである。法律家として問題を論ずる以上は、国家的利益をすべて否定して、個人的利益のみを価値ありとすることは許されない。このことを大前提として、ここでは、次の国会でもまた提出されるであろう政府の出入国管理法案で示された方向をも考慮にいれながら、現に行なわれている外国人の取扱いと外国人の「憲法上の人権」の問題を考察することとする。

二　出入国管理法制（実体面）

現行の出入国管理令は、ポツダム政令として昭和二六年に制定されたものであるが、占領下の法令として、そのモデルとなったのは、一九五〇年の Internal Security Act によって排外主義的・治安至上主義的に強化されたアメリカ合衆国の外国人管理法制であった。

現行法の概要についてはかつて本誌上で紹介されたことがあるが[1]、用意されている新たな出入国管理法案（以下「法案」と略記する）と対比させつつ、問題となる点をのべれば次のようである。

まず、外国人が在留してそれぞれの活動を行ないうる資格（「在留資格」）は一六種に分類され、そのうち一定の資格については法務大臣の事前認定を受けなければならない（出入国管理令四条三項）。在留資格は外国人の入国後の活動分野を限定する意味をもち、「在留資格の変更を受けないで当該在留資格以外の在留資格に属する者の行うべき活動をもっぱら行っていると明らかに認められる者」（令二四条四号イ）は、退去強制の対象者となるだけではなく、刑罰も科せられる。法案では、活動規制は一層強化され、入国審査官が在留資格決定を行なう際、具体的に活動や、その場所、機関等を指定することができるようになっている。法務大臣の許可なく指定をはみ出した活動をする外国人に対しては中止命令を出すことができ、これに従わなければ退去強制の対象者となるだけではなく、刑罰も科せられる。

旅券を所持し、査証、在留資格認定を受けていても、一定の《のぞましからぬ外国人》（undesirable aliens）は、上陸を許されない。そのリストは、特殊な病人、貧困者、一定の犯罪者等、非政治的な理由に基づく者のほか、当時のアメリカの法律を模倣して、「日本国憲法またはその下で成立した政府を暴力で破壊することを企て、若しくは主張し、又はこれを企て若しくは主張する政党その他の団体を結成し、若しくはこれに加入している者」（令五条一項11号）その他の団体関係者を列挙し、最後に包括的に、「法務大臣において日本国の利益又は公安を害する行為を行う虞があると認めるに足りる相当の理由のある者」（同一四号）を掲げている。これは、国民の出国のために必要な旅券の申請拒否理由の規定（旅券法一三条一項五号）に似ているけれども、「害する行為」にかかる「著しく且つ直接に」という要件が欠けているだけ、尚更漠然としている。一旦入国した外国人がこれらの行為を行なえば、退去強制の対象者となる。法案でもこの種の政治的入国拒否と退去強制は踏襲されているが、さらに加えて、「日本国の機関において決定した政策の実施に反対する公開の集会若しくは集団示威運動を主催し、若しくは指導し、又は公衆に対し、日本国の機関において決定した政策の実施に反対することをせん動する演説若しくは文書図画の頒布若しくは展示をした者」に対する中止命令を定め、その違反者を退去強制の対象者とするほか、罰則も設けている。この新たな外国人の政治的言論の規制が、はたしてすべての外国人に及ぶのか、永住を認められている外国人には及ばないのか、それとも、現実的、具体的に言って韓国系の朝鮮人には及ばないが北朝鮮系の朝鮮人には及ぶのかは、政治的に流動的であるようである。

法案は、現行法の最近の運用において紛争を招いた諸問題を明らかに念頭におき、法務省当局の従来の方針にはっきりした法律的根拠を与えようとするものである。それでは、これまでの法務省当局の考え方はどういうものであり、それにはどういう考え方が対立してきたのであろうか？　そして、この対立が法的紛争となった限りで、裁判所はどのような考え方を示してきたであろうか？　これを次に整理してみよう。

（1）　岡田照彦「外国人の法的地位」ジュリスト四五一号七四頁。

三　法的主張の対立と判例

A　現行法の運用をめぐる訴訟の当事者として展開された法律論から、法務省当局の考え方を拾いあげて要約すると、およそ次のようになろう。

①　国家にとって、外国人はその国民とは全く異質の存在である。国民は国家との間に国家の対人主権に服して忠誠義務を負うという身分上恒久的な結合関係を有するが、外国人は違う。

②　外国人の入国を許すかどうかは、国際法上国家の自由裁量に属し、憲法にもこの点で国家権力を制限する規定はない。したがって、国家は、それぞれの国益のために、一定の外国人の入国および滞留を拒むことができる。

③　外国人の入国を許す場合に、国家は、それぞれの国益のために、滞留の条件として、一般的に外国人の活動を制限することができる。

④　外国人は国民のように参政権をもつものではないから、滞留国の政府を批判することは許されない。

ある法務省の参事官の著書は、右のような考え方を極端に表現して、「国際法上の原則からいうと（外国人を）煮て食おうと、焼いて食おうと自由である」とのべて、「外国人の人権」擁護派から烈しく非難されている。(1)

B　「外国人の人権」擁護派は、(2)いずれの国家でも尊重されなければならない人間の権利を謳いあげた人権に関する世界宣言や、わが憲法前文の国家的利己主義の否認の精神を強調し、Aに対しほぼ次のように答えてきた。

①　憲法の定める国籍離脱の自由は、人間の自由意思による結合としての国家を前提としており、国民が身分上恒久的に日本国家に忠誠義務を負うということはない。

②　外国人の入国に関してもつ国家の裁量権も、国際法上決して無制限ではない。少なくとも、すでに生活の本拠を日本に置いている外国人の再入国の自由は、憲法上国民同様に保障される。

③　国益のために在留外国人の活動を著しく拘束することは、外国人をできるだけ平等に扱うことを求めている憲法の精神に反する。

④　参政権をもたない外国人も、表現の自由について国民と差別されない。

C　右の各論点に沿って、判例の動きを見よう。

①　最高裁の判例にしても、A①が主張する国民と外国人の全体的な異質性を認めたことはない。むしろ、「国民の平等」を定める憲法一四条一項について、その精神は「人の平等」を定める人権に関する世界宣言七条と同一であるから、特段の事情のない限り外国人にも類推されるとしている（最判昭和三九・一一・一八刑集一八巻九号五七九頁）。

②　「憲法二二条は外国人の日本国に入国することについてはなんら規定していないものというべきであって、このことは、国際慣習法上、外国人の入国の許否は当該国家の自由裁量により決定し得るものであって、特別の条約が存しない限り、国家は外国人の入国を許可する義務を負わないものであることと、その考えを同じくするものと解し得られる」（最判昭和三二・六・一九刑集一一巻六号一六六三頁。同旨、最決昭和四六・一・二五判例時報六一七号二五頁）。

この判決は、敗戦直後の異常事態において、当分の間一般的に外国人の入国を認めないとした外国人登録令三条の違憲主張を斥けたものである。もし、このような包括的な外国人の入国拒否が、いついかなる場合にも国際法上国家の裁量権の範囲内というのであれば、この判決は正確とは言えない。しかし、憲法の人権保障のなかに外国人の入国の自由がないということは明らかであって、かえって四人の裁判官が異を唱えて、「多数意見のように旧来の『国際慣習法上』という前提によりたやすく外国人の入国を憲法の保障外におくことは新しき理想を盛ったわが憲法の基本原理（国民主権・恒久平和・基本的人権尊重）を全く無視するものといわなければならない」（小林、入江）とか、「憲法二二条は在外日本国民には広い入国の自由を、また、国内日本国民並びに在留外国人には広い外国旅行、移住等出国の自由（及びわが国内に住所を有する外国人の外国旅行からの帰還の自由）を認めるものであって、無制限にこれを拒否することはなく、また一般外国人の入国も全般的に永く禁止し鎖国するようなことはせず、ただ公共の福祉上暫定的にのみ禁止することができるとするもの、すなわち、外国人にも入国の自由を、どちらかといえば、認めるに傾いた主義をとったもの、と考えられる」（垂水）と主張しているのが目立っている。

ともかく、判例は、外国人の入国は人権保障の範囲外とみなした。ところが、出国に関しては、最高裁は、外国人についても（最判昭和三二・一二・二五刑集一一巻一四号三三七七頁）、日本国民についても（最判昭和三三・九・一〇民集一二巻一三号一九六九頁）、「移住の自由」として憲法上保障されているという立場をとってきた。外国人の出国の自由については、憲法二二条二項が「国籍離脱の自由」と共に定めた「移住の自由」は、「何人も」とあっても日本国民のみの自由であることを理由に、これまた憲法上の人権ではないとした河村（大）、下飯坂裁判官の意見が正当であると思われるが、ともかく判例は、外国人の出国の自由のほうは基本的人権と解してきたのである。

そうなると、国民にはむろんある一時的出国＝再入国の自由が、外国人にも保障されるのではないかという問題が出てくる。国家が国民の入国を拒否しえないのは、前掲昭和三二年六月一九日の判例で真野、小林、入江の三裁判官の主張したように「移転の自由」に含まれるのではなく、出国の自由の内容そのものを成しているからである。帰ってこられないが出て行くのは勝手だという場合、出国の自由はない。

近時の下級裁判所の判例（東京地判昭和四三・一〇・一一判例時報五三一号三頁。東京高判昭和四三・一二・一八判例時報五四二号一二頁）は、まさに在留外国人の海外旅行の自由を憲法上の人権と認め、出入国管理令の定める再入国許可制度は、その「申請者が日本国の利益又は公安を害するおそれがあるなど公共の福祉に反する場合に限って、再入国の許可を拒否することができるにすぎない趣旨」であると判示した。これは、前述した異色の垂水少数意見と全く一致する。(3)

法務大臣は、外国人のはじめての入国も、生活の本拠を日本に置く者の再入国も全く同様に人権保障の問題ではないと主張して上告したが、最高裁は、本件申請者の旅行目的からいって、再入国不許可処分を争う法律上の利益は失われているとして訴を却下してしまった（最判昭和四五・一〇・一六民集二四巻一一号一五一二頁）。

③　滞留の条件として、外国人の自由を制限するのに限界があるか？

永住を特別に許可された外国人以外は、期限つきで、活動の範囲を限定された上で入国を許可されるのである。このこと自体は入国の条件として合意されるのであるし、一定の範囲では、再び合意によって、期間の更新や在留資格の変更や、在留資格外の活動も認められるので、決して外国人の平等権やその他の基本的人権（例・職業選択の自由）の侵害とはいえない。

ただ、従来も在留資格制度が厳格に運用される傾向があり、下級裁判所の判例にこれをチェックするものがふえつつある。活動の分野が同一であるとき、入国時に申告した勤務先を変えたというだけの事実は、在留期間更新の不許可処分の基礎となりえないとして、右処分の効力を停止した決定（東京地決昭和四五・九・一四判例時報六〇五号二四頁）がその一例である。

しかし、最近の入管行政の特色を示すのは「観光客」という在留資格を厳格に解釈して、政府にとってのぞましくない政治活動を行なったことを理由に、入国許可を取り消す事例が出ていることである。ひとつは、西側の国の共産党の代表者が日本共産党の大会に出席して、「日本政府の施策を誹謗し、あるいは日本共産党の活動を激励支援する演説」をしたのは、観光客という在留資格が虚偽であることを示し、かつ「日本国の利益又は公安を害する行為」にあたるとして、入国許可を取り消したものであり、もうひとつは、観光客として数次入国査証を受けているアメリカの女子学生の沖縄からの再入国に際し、彼女がベトナム反戦活動を行なったことに照らしてその在留資格を虚偽であったと認め、上陸許可を拒否したものである。いずれの処分も、裁判所によってその効力を停止させられた（東京地決昭和四五・七・四判例時報五九六号二四頁。東京高決昭和四五・一一・二五判例時報六一二号一一頁）。

現行法における在留資格制度は、経済社会としての日本の利益のために外国人の経済的社会的活動を限定する目

Ⅱ　基本的人権

的をもっているので、とりわけ「観光客」という漠然たる在留資格に、政府の好まない政治活動を行なうことが含まれていないとする現行法の運用は、相当恣意的な感じがする。

④ 判例で、外国人の政治活動に対する特別の制限が問題となることはあまりなかった。国民が行なえば違法でない政治活動を外国人に対しては禁止することは、許されるか？ この点については、東京都公安委員会が、外国人は国民同様の政治活動の自由を保障されていないとして、台湾独立運動に従事している外国人の国府要人訪日反対のデモ申請について行なった不許可処分に対し、「憲法二一条の保障する表現の自由が外国人についても尊重されるべきことは当然であり……本件示威運動がわが国政府の招へいした公賓に対する反対や攻撃を目的とする政治運動であるからといつて、それだけの理由で本件集団示威運動が許されないとすることはできない」として、その効力を停止した決定（東京地決昭和四二・一一・二七判例時報五〇一号五二頁）が、この問題に正面から答えた唯一の例である。

（1） 和田英夫「在留外国人の権利」ジュリスト増刊『憲法の判例』（第二版）九一頁。宮崎繁樹『出入国管理』（三省堂新書）一一頁。
（2） 特定の人々を指しているのではなく、宮崎教授の前掲書に代表されるような意見を指す。
（3） この判決の肯定的評釈として、有倉遼吉・判例評論一一二号一一二頁。問題を指摘した評釈として、東寿太郎「渉外判例研究」ジュリスト四一八号一二六頁。

四 外国人の憲法上の人権

三で概観したように、判例は散発的で、特に最高裁は、外国人の入国が自由権として保障されていないという陳腐さ以上に出て、具体的な争点について確固とした判断を示したことはない。「特段の事情の認められない限り、外国人も国民と平等」とか、「いやしくも人たることにより当然享有する人権は不法入国者と雖もこれを有する」（最判昭和二五・一二・二八民集四巻一二号六八三頁）といった一般的命題は、外国人であることが特段の事情とみなされるのはどんな状況においてであるか？　人間であることによって当然もつ人権は何か？　要するに、外国人であることは問題にならず、ただの人間として見るべき場合は何か？　が明らかにされない限り、全く無内容である。いつ、いかなる場合に、国家が外国人をただの人間として扱うべきか、という問は、どういう方法で答えられなければならないであろうか？

第一に、外国人は人間には違いないのだからつねに人間として見るべきだ——これがBの考え方の前提である——というのも、また、全体的に外国人は国民とは異質の者と見るべきだ——これがAの考え方の前提である——というのも、共に主観的な主張でしかないことに注意しなければならない。

Bの考え方の前提がそうだということは、Bの主張がつねに人権に関する世界宣言とか、憲法の国際主義の理念とかをひきあいに出すこと、そうしてBの主張に親和的な昭和三二年六月一九日の最高裁判決の少数意見が、「新しき理想を盛ったわが憲法の基本原理」のために「旧来の国際慣習法」を脱却すべきことを説き、また同じ傾向の最近の下級裁判所の判例のあるものが、「外国人といえどもわが国の法令を忠実に遵守するかぎり、その出入、滞留を自由に認めるを理想」とするとのべている（東京高決昭和四四・一二・一判例時報五七六号一六頁）ことから見て、誰の目にも明らかである。

しかし、国民は、そして国民のみが国家に対して忠誠義務を固有する点で、外国人と身分的・全体的に異なるというAの考え方の前提も、伝統的で普遍的な法観念には違いないが、やはりきわめてイデオロギー的であることは、案外見落されている。ケルゼンは昔から、国民に特有の義務といわれる忠誠（allegiance）という概念が明確な法的意味をもたず、むしろ道徳的・政治的な性格のものであり、法的に見る限りallegianceは、外国人も負っている一般的国法遵守義務以上の何ものをも意味しない、と言って、このことを暴露し続けてきた(1)。

たしかに、もともと政治・道徳的な忠誠の観念は、外国人の取扱いに際して、イデオロギー的に乱用されてきた。このことを典型的に示すのは、共産主義の潮流をせきとめるために国民が徴兵されて、国外に送られあらゆる辛酸をなめているのに、帰化の機会があったにかかわらず外国への忠誠のきずなを断たなかった外国人共産主義者が憲法上の人権を援用するのはもっての外という態度で、子供の頃から永住してきた外国人の政治的退去強制を支持した朝鮮動乱中のアメリカの最高裁判決（Harrisiades v. Shaughnessy, 342 U. S. 580 (1952)）である。

A①を否定するために、B①が「国籍離脱の自由」の憲法的保障をもち出すのも[2]、一応理由があるが、ただこの自由が法律によって、他国籍をも有する日本国民の日本国籍放棄の自由（国籍法一〇条）、帰化の自由および帰化に伴う日本国籍の剥奪（同八条）としてのみ具体化されていることについて違憲を言わない以上、この規定を根拠にリベラルな国家観、世界国家主義の精神を説くのも、やはりそれ自体主観的イデオロギーであると言わなければならない。

それでは第二に、積極的に、どういう場合に日本の国家は、外国人を外国人として見、国民と区別して扱うことができるかを考えてみよう。

その前に、一体日本の国家が、外国人を国民と区別して扱わなければならないという場合が存在するかどうかを調べよう。一般に、どの国家でも、国際法によって、一般の外国人を国民と区別して扱わなければならない唯一の場合は兵役の義務であって、外国人にこの義務を課すことは違法であるが、これは今日日本では問題にならない。そのほかの関係で、国家が外国人を国民と同一に扱うことを禁止する規範は、国際法にはない。

憲法には、そのような規範があるであろうか？　問題をより具体的に言えば、憲法が、国民と外国人とを「何人」という言葉で包括することによって同一視していない場合（例、憲法一五条一項、二五条一項）に、法律は、国民に限って（例、公職選挙法九条、生活保護法一条）そこから流出する権利を与えなければならないのであろうか？

この点については、「日本国憲法が、ある人権を『何人』に対しても、保障し、他の人権を『国民』に対してのみ保障するように規定するのは、その人権を保障する責任がすべての国にあるか、それとも、日本国にあるか、のちがいから生ずる結果であり、その両者ともに、憲法がこれを基本的人権とみとめていることに変りはない」という説がある。[3] これだけでは分かりにくいが、言わんとするところは、参政権や社会権も、「人間性から論理必然的に派生する前国家的・前憲法的な性格を有する基本的人権」として、外国人が「享有」することは日本国憲法も否定していないが、「それらを保障する責任」はもっぱら彼の所属する国家に属する、というのである。「人権」を、いわば自然法によって保護された人間性に由来する不可侵の利益というふうにとらえるから、こういう言い方になるのであって、ふつうの言い方をすれば、日本の国家が外国人に対して保障する責任を負わないもの、つまり、外国人の側でその侵害に対抗する法的な力を認められていないものは、彼の「憲法上の人権」ではないというだけの話である。だが、ここでは、同じ「国民の」憲法上の人権のうち、社会権については「まず各人の所属する国によって保障されるべき権利」とされるのに対し、「人のもつ参政権が、彼の所属する国の政治に参加する権利を意味し、外国の政治に参加する権利を意味しないことは、国家というものの性質上、きわめて当然である」という差異のほうが重要である。社会権については外国人を国民と同じに扱ってもかまわないが、参政権についてはそれは許されないとすれば、この違いは国民主権からしか出てこない。

　参政権がたんに外国人に保障されていないと見るか、それとも憲法上外国人にまで及ぼしえないものと見るかによって、ふつう外国人にも保障されていると考えられるいわゆる「個人的人権」についても、国民との区別が全く許されないかどうかにつき、判断がわかれてくるであろう。

　日本国憲法については、参政権と社会権以外はすべて、国民に対しても「個人として尊重される」（一三条）が故に保障された「個人的人権」と考えられる。「国民の幸福追求の権利」（一三条）に含まれるとされた「私生活の自由」（最判昭和四四・一二・二四刑集二三巻一二号一六二五頁）が外国人には保障されないというのは背理であろうし、反対に「何人」にも保障された「国籍離脱の自由」がそれ故に外国人にも保障されるというのも背理であろう。かくして、思想の自由、信教の自由、言論・出版・集会・結社の自由、それに手続上の人権は、すべて外国人にも保障される。問題は、外国人に特有な内容の、特有な方法による制限が全く許されないか、あるいは許されるとすればどんな場合か、ということにある。特有な内容の制限とは、国民にとって違法ではないこれらの自由権の行使を禁止することを指し、また特有な方法とは退去強制を指す。

まず、後のほうから見よう。外国人にもそれらの人権は完全に保障されているが、滞在する権利はないのだから、退去強制に対抗して人権を主張することはできないというのでは、問題を立てる意味が全くないと言えるからである。一八九一年に出版された、疑いもなく民主的なスイスのある政治的退去強制法論の著者は、「領土内に住むすべての個人に保障された諸々の人権は、善人も悪人も、国民も外国人も照らす太陽のようなものである」と言うが、同時に、「これらの人権の享受は、滞在するという大本の権利から流出するのであり、このほうは、外国人については、一定の条件の下に失効する」とのべている。(4) 前に触れたアメリカの判例も、やはり一九世紀末にこの種の理論を採用した先例（Fong Yue Ting v. U. S., 149 U. S. 698（1893））をそのまま踏襲し、外国人の人権主張をにべなく斥けたが、一九五二年という時期の、しかもジャクソン裁判官によるこの判決は、きわめて情緒的な共産主義者の迫害のために「政治的問題」の理論を濫用したもので、(5) 参考にはならない。むしろ、ダグラス、ブラック両裁判官の反対意見が、われわれの社会に溶けこんだ外国人は個人的人権を保障されている、彼らが恣意的な追放からの自由を憲法上保障されているのでなければ、この国に住んでいる間享受している自由は全く幻想にすぎなくなる、とのべているのを、半世紀の進歩と評価すべきである。少なくとも、退去強制は入国許可のたんに裏返しの問題であるとして、同じ程度の不明確な基準、例えば現行法のような「法務大臣が日本国の利益又は公安を害する行為を行ったと認定する者」といった指定方法を用いることは、憲法三一条に適合しない疑いがある。

次に、外国人に特有な内容の人権の制限についてはどうか？　新たな法案では、外国人の活動の「場所」の指定すらできることになっており、これはただ全体主義国家だけが行なっている「移転の自由」の制限で、論外と言わなければならない。主に問題になるのは、政治的目的をもった自由権の行使である。

前述の、下級裁判所の執行停止の決定のように、個人権である以上、外国人の政治的な活動を全く国民と同じに扱うのもひとつの考え方であり、参政権が外国人にないということから、政治的活動について国民と区別することはできないという意見もある。(6)

しかし、外国人の政治活動を全く国民のそれと同様に扱っている国家は、世界のどこにもないのではなかろうか？　人権に関する世界宣言と違って法的拘束力をもつ一九五〇年のヨーロッパ人権条約も、言論の自由、集会・結社の自由、平等に関する規定が、外国人の政治活動を制限することを締結国に禁止するものと解釈されてはならないという規定（一六条）を設けている。この条約加盟国で外国人の政治活動が実際にどの程度制限されているかは後日調べてみたいものであるが、例えばスイスでは、「外国人政治団体の活動に関する方針」（一九四五年）という連邦司法—警察局の布告がある。それによれば、外国人政治団体は届出を要し、国家の内的もしくは外的安全または中立性のため必要な場合は、その活動を制限することができる。外国人政治団体はスイスの問題に口を出してはならない。外国人の屋外のデモや集会は、特別に例外を認められることがあるが、禁止されている。屋内の集会も、カントンが許可制にすることができ、また監督に服する。われわれの目から見れば相当な制限であるが、「結社の自由」が参政権をもつ国民の権利であるという判例や学説に反対して、外国人にも保障さるべきことを力説する学者が、スイスがヨーロッパ人権条約を批准しても、その第一六条によって、この「方針」を変更する必要はないと説いている。(7)

小国で、外国人労働者が労働人口の三〇%を占めるスイスとわが国とでは、外国人の団体のもつ影響力はまるで違う。また、スイスが中立国であることも、国内における外国人の政治活動を野ばなしにできない理由であろう。外国人の政治的な結合と個人の政治的な言論とを同一に論ずるわけにも行かないであろう。もっと多くの事例を検討するまでは、確定的なことは言えないが、自由権の政治的な行使に関して外国人と国民とが全く同権だと言うのも、日本の政治に関して外国人の発言権を完全に否定するのも、共に極端な立場のように思われる。新たな出入国管理法案が、「……公衆に対し、日本国の機関において決定した政策の実施に反対することをせん動する演説若しくは文書図画の頒布若しくは展示をした者」に対する中止命令を定めているのは、どうも後のほうの極端に走っているきらいがある。憲法は、少な目に見ても、外国人にも、自らに関係する政治に関して苦情を言ったり、請願したり、日本国民に訴えたり、あるいは傍目八目的に批評したりする人権をたしかに保障しているのであるから。

（1） Kelsen, General Theory of Law and State, p. 235.
（2） 宮崎繁樹「国際人権の法理」法律時報四一巻四号四頁、七頁。
（3） 宮沢俊義『憲法Ⅱ』二三七頁。
（4） J. Langhard, Das Recht der politischen Fremdenausweisung, S. 106.
（5） 共産主義者に対するジャクソン裁判官の考え方については、尾吹善人「言論の自由」別冊ジュリスト『英米判例百選』九一頁、九三頁［本書第29論文］。「政治的問題」の理論の濫用という点については、尾吹善人「『政治的問題』の問題性」新大法経論集一五巻四号六七頁［本書第29論文・四七七頁］。
（6） 宮崎繁樹「出入国管理法案の問題点」法律時報四三巻六号七六頁、七八頁。
（7） H. Huber, Die Vereinsfreiheit der Ausländer, in: Festschrift Hermann Jahrreiss, S. 101, 103.

（一九七一年）

Ⅱ 基本的人権

13　私人間における人権の保障

一　問題の所在

最近は、例の住友セメントの結婚退職制違憲判決（東京地判昭和四一・一二・二〇判例時報四六七号二六頁）をはじめとして、私的な労働関係におけるいろいろな形の男女差別が、憲法の定める男女平等の趣旨に反するとして裁判所で争われる例が激増している。また、差別された女子労働者のような個人的・物質的被害があるわけでもないのに、一株主が、外国人を役員からしめだす会社の定款変更は平等保障の趣旨に反するから無効だと主張して争った例もある（名古屋地判昭和四六・四・三〇判例時報六二九号二八頁）。

元来、基本的人権は、社会の平和のために強大な実力を独占するにいたった国家権力に対する歯止め、国家が侵すことのできない人間の権利として成立した。だれも他人を一方的に支配する権利がないという意味で平等化された私人相互の間では、ただ合意のみが義務を生みだすのであるから、いわゆる強行法規に違反するか、それとも国家的・社会的生活の基本的な道徳秩序（＝「公の秩序又は善良の風俗」）に違反しない限り、個人がその自由意思によって引き受けるどのような拘束も有効であるという私的自治の原則が同時にうち立てられた。一方、他人を事実上暴力的に支配することを刑法によって排除し、他方、私法関係の形成について最小限の法的制約を加えれば、各人はそれぞれの利益を自力で確保しうるものと考えられていたのである。また、その後の発展で、法律関係の両当事者の社会的実力の差が大きく、私的自治から弊害が生ずるとわかった領域では、立法権が強行法規を新設する（例・借地法、借家法、労働基準法）ことによっていわゆる社会問題の解決をはかってきた。

いま、いろいろな社会関係において、個人が他の私人に対抗して、法律をとびこえ憲法の人権保障を裁判所で援用するのは、立法的保護によっておおいつくされない問題が残っていることの表われであるとともに、個人の相手方が圧倒的な社会的実力をもつ組織体であることが多くなり、組織体の一方的に定める内部規則による拘束をすべて個人の合意ということで説明しきれなくなったことの表われである。

二　学説の対応

(1)　一般的無効力説　もっともクラシックな考え方は、憲法典に特段の定めがない限り、基本的人権の保障はもっぱら国家や公共団体に向けられたものであって、社会関係において一般に自由や平等を保障することは、もっぱら立法権の任務であるとするものである（小嶋）。憲法典の特段の定めにあたるのは、さしあたり選挙意思の自由（憲法一五条四項後段）であろうが、一般に請願の自由（同法一六条後段）も同様に解されており、人権の性質から考えれば、労働基本権（同法二八条）も当然社会関係における権利の創定とみられる。この説によると、そのほかの人権については、法律があらためて私人の侵害行為を禁止しない限り、裁判所が憲法をものさしとして違法と評価しえないことになる。たとえば、使用者が、労働者をその信条を理由として労働条件について差別することが違法なのは、ひとえに法律（労基法三条）がそれを禁じているからであり、また法律（同法四条）は男女の同一労働同一賃金だけを要求しているので、その他の労働条件についての男女の差別は別に違法ではない、という結果になる。

(2)　間接効力説　今日の多数説は、右のような結果に満足しない。この分野で立法権が主役を演ずべきことは、一般にみとめられている（宮沢・憲法Ⅱ、二四八頁以下）。それにどんな人権についても、私人の侵害行為を刑罰や過料によって効果的に防止するためには、立法が不可欠である。しかし、かりに立法権が憲法一三条の人権尊重の精神に忠実に、社会関係における人権の擁護に意を用いるにしても、私人相互間における人権の保障は同時に個人の自由の制限でもあるので、あらゆる場合に妥当な一般的な立法的調整は容易ではなく、十分な立法的保障は期待できない。そこで、多数説は、特別にそれを禁止する法律がなくとも、私人間における人権の制約で、具体的な法律関係の目的に照らして著しく不合理で、憲法が人権を保障する精神そのものを否定するようなものは、それが法律行為である場合、民法九〇条の「公序良俗」に反するものとして、無効となると解している（宮沢・佐藤・芦部等）。この説の狙いは、多種多様な私人間の関係において、私的自治の憲法的限界をみとめるとともに、その限界線をひくことは、具体的な関係の性質に即した裁判所の具体的妥当性の判断にゆだねることにある。私人間における人権問題は、対国家的な人権問題よりも、かなり弾力的な解決が要請されると考えられるのである。

(3)　部分的直接効力説　わが国の学説のなかにも、自然法論に立脚し、自由主義的民主政治の前提条件ないし自然法上の原理を含む自由権の直接的効力をみとめるものがある（田上）。例として、憲法一九・二〇・二三条があげられるが、憲法二一条がもれる理由は、この「理論」からは説明できない。直接効力を主張する学説さえ、一部の人権に限定するのは、結局、相互関係において私人を国家と同じように拘束することが、本来国家に対する人権の宣言を社会的な義務の宣言に変質せしめると考えるからであろう。わが国にも、一部に人権の全面的な直接的効力を唱導する学者（稲田・作間）がないではないが、十分な説得力を欠いている。

三　裁判所の対応

最高裁は、昭和二〇年代の判例で、採用時の約束に違反して校内で政治活動を行なったとして解雇された私立高校の教師が、憲法二一条違反および民法九〇条の「公序良俗」違反を主張したのに対して、「自己の自由なる意思により校内においては政治活動をしないことを条件として被上告人校に雇用されたものである以上、右特約は有効であつて、これをもつて所論憲法または民法上の公序良俗に違反した無効のものであるということはできない」（最判昭和二七・二・二二民集六巻二号二五八頁）と答えたことがある。初期の判例は大まかないい方をしているが、具体的な法律関係の性質からみて合理性のある制限であるかどうかに関心を払っており、その意味で間接効力説に対して開かれているとみるべきであろう。

冒頭にあげた住友セメント事件判決以来、最近の下級裁判所は、概して多数説である間接効力説に拠りつつ問題に接近している。

ただ、代表的な間接効力説は、私的自治をあくまで原則とみ、例外的に「私人相互間の契約であっても、その契約関係の本来の目的から見ていちじるしく不合理であり、（憲法が）基本的人権を保障する精神そのものを否定するようなもの」だけが許されないとしていた（宮沢『日本国憲法』一九〇頁）。

下級裁判所の判例のうち、例えば、外国人を取締役・監査役から排除する定款変更の株主総会決議は、経済が国民経済を単位としている以上合理的であるとした前掲名古屋地裁判決、男子五五歳に対して女子の三〇歳ないし三一歳定年制という差別は「著しく不合理」としたもの（東京地判昭和四四・七・一判例時報五六〇号二三頁。盛岡地判昭和四六・三・一八判例時報六二六号九九頁）、男子五五歳に対して女子五〇歳の定年制は、男女の生理機能の差異、定年の差が僅か五年であることを勘案すれば合理的であるとしたもの（東京地判昭和四六・四・八判例時報六四四号九二頁。東京高判昭和四八・三・一二判例時報六九八号三一頁）等は、私的自治の範囲をかなり広く考えている。

しかし、右の女子五〇歳定年制の無効を主張した同じ原告が提起した別の訴訟では、東京地裁の別な裁判官達は、女子の定年について「満五〇歳を画して五年の差を設けることを合理的ならしめる程男女間の労働能力に差があるものとは認められない」といい、この定年制を「公序良俗」違反と判断している（東京地判昭和四八・三・二三判例時報六九八号三六頁）。このほかにも、労働関係の判例では、通常の商事会社が労働者を採用するにあたって政治的思想調査をすることも「公序良俗」に反し許されない（東京高判昭和四三・六・一二判例時報五二三号一九頁）とか、就業規則による職場内政治活動禁止の合理的理由は、現実かつ具体的に経営秩序紊乱の結果を招来する行為の防止だけであるから、そのような実害のない政治活動まで禁止する部分は「公序良俗」に反し無効と断じたもの（東京高判昭和四四・三・三判例時報五四八号二七頁）もある。これ等は、間接効力説の定式を用いながらも、実際には個々の企業を一種の社会的権力とみて、人権規定（平等原則・思想の自由・表現の自由等）を直接適用したにひとしい。

女子五〇歳定年制は有効か無効かという同じ問題をめぐってほとんど同時に全く反対の二つの判決が出たことは、世間一般にとっても非常な驚きであったようである。これを有効とした判決は、女子労働者に対する企業の人事政策に自然的（＝男女の生理的機能の年齢的変化の差）および社会的（＝企業に対する貢献度と賃金とのアンバランスが生ずる時期についての男女差）合理性をみとめたが、無効とした判決は、男女職種を異にすること、および一貫した男女賃金格差を考慮にいれると、いずれの合理性もないと断定した。後者のように、人権の制限の合理性のきびしい立証責任を私人に課することは、本来間接効力説の予想しなかったところである。もしこの種の判例が社会的権力は国家と同じように憲法の適用を受けると考えているとしたら、誰が誰との関係でそのような「社会的権力」とみられるのかを、もっとつめて行く必要がある。学説にも同じ努力が要求されるであろう（橋本『憲法』一一六頁）。

（一九七三年）

Ⅱ　基本的人権

14 思想・言論の自由
――アメリカ憲法判例の研究――

一 序説

しばらく憲法による言論の自由の保障を度外視して、任意の理由でこのましくない言論を公権力によって統制することができるとすれば、どのような実効的な手段が与えられているかを経験的に考察してみよう。

(1) もっとも直接的な方法は、およそ公権力の手で可能な限り、人々のものを考えるための素材を選択し、このましくないものを除去するやり方である。「焚書」は劇的な効果をねらった公然たるやり方であるが、様々な形態で行われる検閲もこの部類に属する。検閲といえども、出版物については、事実上悪書の流通を阻止し得るものではないが、外国出版物、外国映画等の輸入手続（連邦政府）、映画館や小売商の営業の監督を通じて行われる場合には充分に効果を発揮する。出版物の流通を全面的に阻止するものではないが、このましからざる出版物を郵便から排除する方法も、定期刊行物が小売商よりもコストの安い郵便による頒布方法に依存しているアメリカでは、きわめて有効な手段である。わいせつ出版物の排除にきわめて熱心であったカムストック[1]によって礎を置かれた連邦郵政当局の独特な道徳的権力は、第一次大戦以後は政治的な言論にも及され、連邦政府がこのましからざる思想の流通を妨害する便利な手段となっている。流通を事前に阻止したり、妨害したりするのとは別に、一旦自由な流通に置かれた出版物その他を公権力の手で回収する方法もある。回収が「頒布のための所持」にのみ及ぶか、図書館等のいわば公共のための所持に及び、さらに個人的な所持にまで及ぶかは、程度の差にすぎない。回収の法的な形式は、犯罪に関連した物件の「没収」ということもあれば、「公的不法妨害の除去」(abatement of public nuisance)ということもあろう。これらの方法に共通の特色は、公権力、具体的には、警察署長や郵便局長、裁判所、行政委員会等が、表現内容を個々に審査する点にあり、審査の基準があらかじめ明確に定まっている場合も、そうでない場合もある。このような仕方で流通を阻止ないし妨害せられる言論は、公権力によって、あたかも「病牛や不純バター[2]」に類する扱いを受けるわけである。

(2)　あたかも、食品の衛生管理として、個別的な食品検査が末梢的な手段であるように、精神的な衛生管理も、より徹底した形では、精神的な食品の生産過程への干渉としてあらわれる。特定の個人や団体の言論活動を一切禁止し、特定の新聞の発行を禁止し、その印刷工場を閉鎖するというような露骨な方法ばかりではない。形は一般的に犯罪とせられた特定の言論のゆえに個人を処罰する場合でも実害に対して不釣合いに死刑や長期の自由刑が課せられるとすれば、かかる刑罰は、犯罪に対する反動というよりも、むしろ精神的な常習犯罪人に対する排害処分であり、病牛の屠殺か、伝染病患者の隔離にひとしい。かように公権力が、個々の表現内容の審査にあきたらず、一定の人の表現行為そのものを封じたり、阻害しようとするのは、人とその言葉との関係が偶然的ではなく、恒常的な場合、いいかえれば言葉が反復の必然性をもっている場合である。営利目的が反復の必然性を媒介する場合（たとえばスキャンダルの暴露雑誌や春本）もあろうが、主として宗教的または政治的なイデオロギーの領域においてこそ、人と言葉とが不可分であり、言葉に代えて人それ自体を規制することが可能な、より実効的な方法となる。直接に言論活動そのものを禁圧しなくとも、たとえば第一次大戦以来、連邦政府の常套手段となった思想的不良外国人の強制送還は、一層完全な排害処分であり、全国的に表現のチャンスを奪わなくとも、一定の思想の持主の集会を規制する方法もかなり効果的である。集会の規制は、事前には、公共の建物、道路、公園等の管理権に基づいて、思想的な許可基準を用いることによって行われるが、個々の集会において言われた言葉ではなしに、一定の主催者の行う、公私を問わずあらゆる場所における集会そのものを犯罪として罰することもあり得る。このように「事前の抑制」や「事後の処罰」という形をとらなくとも、あたかも悪い出版者から印刷工場をとりあげるのと同じように、悪い演説者から聴衆をとりあげる（あるいは悪い演説者を聴衆からとりあげる）という形で、公権力はいつの時点でも集会そのものを消滅せしめ得る。集会という一時的な結合ばかりでなく、永続的な結社の規制もまたきわめて有効な言論統制の手段たり得る。

（3） 刑罰はあらゆる権力的規制につきものであるが、犯罪構成要件に該当する具体的な言論に法的効果として結びつけられる場合には、独自の、かつもっとも普通の言論統制の手段である。構成要件が明確で、保護法益が構成要件に該当する具体的な「言葉」によって侵害せられるような性質のものであり、さらに、刑罰の質、量が法益侵害の程度に相応する場合には、言論の「事後の処罰」は、（1）（2）の型の言論統制よりも本質的にマイルドな方法ということができる。この場合の刑罰は、あらかじめ明確に禁止せられた反社会的言論を行った者の個人的責任を問うもので、反社会的な言論が社会からなくなるかどうかは、個々の刑罰権発動の直接の関心事ではなく、刑法の規律的機能の問題である。この点でたとえばわいせつ文書の水ももらさぬ検閲とわいせつ文書に関する刑法の厳格な執行とは、おそらく結果も異るであろうが、手段としても本質的に異る。[3] しかし、刑罰であっても、罪刑法定主義の原則に反して、特定の個人の思想、言論を立法部が非難して直接刑罰的効果を附する場合（bill of attainder）、罪刑の均衡をやぶって一定の言論に厳罰主義をもってのぞむ場合、一定の思想的結社の存在、活動に関係した一切の行為を犯罪となす場合などは、むしろ（2）の型の言論統制に属する。

（4）　一定の思想の持主に対して、公的な関係、あるいは一般的な私的生活関係において、特別の不利益を課する方法もある。思想的な公職追放、公的な権利、義務の不利益な差別、公権力による個人の私的生活関係への干渉など、具体的な適用例はかなり豊富である。[4] その原型は、イギリスで一七八九年まで用いられたTest Oathであり、直接に思想の流通を妨げず、また個人の生命や身体の自由を刑罰として奪うものではないというだけで、それらの方法よりもマイルドだというわけではない。トマス・ペインが正しく指摘し[5]、最近のアメリカの実例が示しているように、このような方法は、社会の意志から自立した政府の偏見によって際限なく拡大する傾向を有する。たとえば、「政府を暴力によって顚覆することを唱導する者」に一般の免税法を適用しないというカリフォルニア州憲法の規定は、人民投票に基礎を置いてはいるが、免税特権の否定という、それ自体は《insubstantial》[6]な効果を利用した言論統制の合理性を州民が真面目に衡量したかどうかは疑わしいし、連邦政府の補助金を受ける州の公共住宅から、連邦の法務長官が「破壊活動的」（subversive）と認定した団体のメンバーを排除すべきことを命じた連邦議会の法律にいたっては、全く立法者の思いつきにすぎない。[7]

（5）　右の四つの場合には、公権力が一定の言葉、または思想を選択的に差別する（discriminate）わけであるが、表現の内容、思想に関係なく、公権力が表現の手段を抑制する場合もある。それは、表現の内容がのぞましいかどうかという観点からではなく、表現の具体的な方法が他の社会的利益と牴触する場合に、両者の調整をはかるための言論統制であり、（1）から（4）までの言論の抑圧（suppression）と区別してこれを言論の規制（regulation）とみることができる。住居のプライヴァシーの保護や犯罪の予防のために戸別訪問を規制し、交通の安全のために公共の場所における集会を規制し、社会的静謐を維持するために屋外における拡声器の使用を規制する等がその例であるが、規制が無条件の禁止ではなく、行政的な許可制である場合には、表現内容による選択が行われるチャンスがあり、regulation が実は suppression になり易い。

さて、右のように、抑圧または規制の目的で公権力が表現を抑制する場合に、もし言論の自由の権利が無条件、絶対的なものであるとすれば、いかなる仕方で行われる言論統制も憲法上許されないということになり、言論の自由の司法的保障にとって何等困難な問題は生じない。しかし、言うまでもなく憲法による個人の自由の保障は、他人の私的利益や社会的な利益との合理的な調整を全く排除する、一切の秩序の「自殺契約」(suicide pact)ではないから、裁判所としては、言論の自由を違憲に侵害するものと主張された言論統制が対立する諸利益の合理的な調整として憲法の是認するところであるかどうかをカズィスティックに判定しなければならない。場合によっては、この判定が比較的容易なために、例えばわいせつな言葉や、他人の名誉を損う言葉等が元来憲法の保障する自由な「言論」の範囲外におかれているという風に説明されるが、わいせつ出版物の頒布、広告を罰する州法とわいせつ出版物を郵送することを罰する連邦法の規定を有効とした最近の最高裁判所の判決[8]が正にこのような説明を採用したのに対して、一つの反対意見が、「このように大雑把な公式は、裁判所にとっての問題に答えず、正にこれを提出しているように思われる」と批判しているのがおそらく正当であろう。この反対意見のいうように、「わいせつ文書というものが言論、出版の一つの特別な類であり、あたかも他の植物にまじったつたうるし(poison ivy)のように判然と確認され、分類され得ると前提する」のは誤りである。「わいせつ、瀆神的、名誉毀損的、侮辱的、闘争的な言葉」を予防したり、処罰したりすることは、何等憲法上の問題とならないという理論を判決理由として最初にのべたのは、むしろ最大限の言論の自由を保障した一九四〇年代前期の最高裁判所であった[9]。そこで自由な言論の範囲外のものとせられたのは、街頭で一人の警察官に向って「ファッシスト野郎」とののしった侮辱的ないし闘争的な言葉であったが、かかる発言が、いかなる状況においても、言論の自由の城外にあるとするのも大雑把に過ぎよう。「言論」の一種として憲法が保障すると見られている、労働争議におけるピケッティングの自由も絶対的ではなく、州裁判所は継続的に虚偽の事実を表明したピケッティングを差止命令(injunction)によって抑制し得るが、争議の相手方を「ファッシスト」と宣伝したピケッティングは、「経済的、政治的な争いにおける普通のやりとり」で事実を枉げたものということは出来ず、従ってこれを抑制した州裁判所の差止命令は「言論の自由」を侵害するものであるとせられている。(10) だからある具体的な言葉を、言論の自由の保障にも拘わらず、公権力が統制し得るかどうかという問題は、言葉それ自体を「わいせつ」「名誉毀損」「喧嘩文句」というようなカテゴリーに分類しさえすればすむというものではなく、いちいちの場合に、裁判所は、言論の自由と秩序との調整が合理的であるかどうかを具体的に問わなければならない。

自由な言論を制約する秩序を実現するものは州である場合と連邦権力である場合とがある。不文のコモン・ローを含めた州法に基づく言論統制の合理性は、一九二五年の連邦最高裁判所の判決(11)が、修正第一条が連邦権力に対して保障する言論の自由を、州権力を制約する修正第一四条の一般的自由のなかに読みこむまでは、連邦法の問題(federal question) とはならず、州憲法を解釈する州最高裁判所の最終的判断に委ねられていた。右の判決以後は、州権力に対して自由を主張する者は、州憲法による保障をこえて、より高次の連邦憲法による保障を、終局的には連邦最高裁判所に対して求めることが出来るようになった。このように同一の裁判所が言論を統制する州権力と連邦権力を共通の自由の尺度で測ることになっても、この二つの場合には、連邦制の構造に基く、次のような重要な差異がある。

第一に、連邦最高裁判所は州最高裁判所に対して通常の上級裁判所ではないから、後者による州法の解釈は前者を拘束し、連邦最高裁判所は係争の判決や、その基礎にある行政処分が適法であるかどうかを審査することはあり得ない。しかし連邦法に基いて言論が抑制せられる場合には、下級連邦裁判所の判決、あるいはその基礎にある行政処分が適法であるかどうかが当然問題になり、法律の解釈によって、憲法問題を回避しつつ、不適法な自由の侵害を排除し得る。一例を挙げれば、ある軟派雑誌の第二種郵便物許可を、その雑誌が「技術的な意味でわいせつではないが、道徳的にいかがわしく、公共の福祉、公共の善に資するものではない」という理由で取消した郵政長官の処分は、もっぱら物の形状や目的を基準として郵便物の種別を定めた法律による授権の範囲を逸脱したものとせられている[12]。

第二に、憲法上、連邦権力が憲法に列記せられた事項にのみ及び、州権力が連邦憲法によって排除せられた事項を除いて無限定であるということも、自由と秩序の合理的なバランスの判定に反映するはずである。一九三〇―一九四〇年代の判例では、連邦権力に対する、修正第一条の特別の言論の自由の保障が、そのまま、州権力に対する、修正第一四条の適法手続条項による、一般的な自由の保障のなかに摂取(incorporation)されているという解釈のもとに、「村の暴君」[13a]をおそれて民主的に形成された地方的な秩序の多様性を否認する傾向が支配的であった。しかし一九五〇年代にはいると、「小さな地方的な権力は憲法に対する責任感がより稀薄で、輿論の機関も責任を問う鉾先を鈍らせるかも知れない」[13b]といった地方的な権力に対する特別の不信感は判例には現われなくなり、少数意見のなかには、かえって連邦権力に対するよりも州権力に対してよりひろく合理的な言論統制の幅を認めるものが出て来ている。それを初めて連邦権力と州権力の機能の差異と結びつけて説いたのはジャクソン判事で、人種的、宗教的な集団に対する誹謗を罰する連邦法はおそらく違憲であっても、州法は違憲とはならないとしている[14]。最近では、「わいせつ」が自由な言論の一部ではないという理由で、これを抑制する州法と連邦法の合憲性をひとしなみに支持した前述の判決[15]に附随して、ハーラン判事は、社会の性的道徳水準を維持することが憲法によって委任された連邦権力の任務に属しないことを理由に、連邦法のみを違憲とする少数意見を書いているのが注目される。この見解は、従来の判例が是認して来た、通商規制権や郵便に関する機能を利用した連邦権力による、公けの道徳(public moral)のための言論統制をすべて無効とするもので、直ちに最高裁判所の多数意見とはならないであろうが、言論の自由の保障の態様において州権力と連邦権力を区別することは、第一条から第一〇条に至る最初の修正増補条項が本来連邦権力にのみ課せられた制約として理解されていたこと、および、修正第一四条の適法手続条項によって州に対して保障される一般的自由が、連邦権力に対する具体的な自由の保障、例えば刑事上自己に不利益な供述を強制せられない権利などをそのまま摂取するものではなく、英米法の世界に普遍的な正義の原則上真に不可欠な基本的人権を意味するという確立された解釈[16]に照応するもので、今後において発展する可能性を充分もっているると思われる。

第三に、右の州と連邦の憲法上の権能分配の量的な差異に対していわばその質的な差異からも、州と連邦の言論統制の間の特別の関係が生ずる。一般に連邦法は州法に対して優越した効力を有し、連邦法に抵触する州法は無効であるが、両者が競合し、しかもその間に抵触がない場合でも、連邦の法律がある事項を、全国的な観点から重視して相当綿密に規律しているために、区々たる州法の地方的な執行が連邦法のスムースな執行を妨げる場合には、連邦法が時の先後に拘わらずその事項を占領（occupy）したものと解され、州法の効力が否認せられる。連邦の排他的な権能や連邦法の優位と直接に結びつくものではないこの占領理論は、連邦立法権の黙示の意志の解釈として、元来通商規制の領域で成立したものであるが、これを言論統制の領域に初めてひきうつしたのはブランダイス判事である。第一次世界大戦当時連邦の防諜法（the Espionage Act）は、戦争の遂行を妨げる種々の行為を犯罪として罰し、それらの犯罪類型に該当する反戦主義者の言論をかなり組織的に統制したが、ドイツ系の移民が比較的多く反戦主義者の活動が活潑であったミネソタでは、州の法律がさらにひろく一切の戦争非協力を唱導することを禁じていた。この州法を社会主義的な地方的小政党の指導者に適用した州最高裁判所の判決は、ホームズ判事を含む連邦最高裁判所によって支持されたが、ひとりブランダイス判事のみは、反対意見で、この法律の禁止する言論がひろすぎること（overbroadness）と共に、州および連邦政府を内憂外患から衛ることは、防諜法によって連邦立法権がすでに果している連邦政府の責任であって州法の存立の余地はないという理由でこれを違憲としている[17]。最近では、実質的には共産党禁圧法であるスミス法（the Smith Act）を初めとする一連の連邦法律に輪をかけたペンシルヴェニア州の扇動罪法（the Sedition Act）が、占領理論を正面から採用した最高裁判所の判決で無効とされている[18]。連邦立法権の黙示の意志に根拠を置くこの理論は、連邦と州の競合する部面で連邦の比重を高め、州の固有の無限定の権力（police power）を抑える重大な効果をもつにも拘わらず、黙示の意志を認定する具体的な基準は必ずしも明確ではない。通商規制の領域では、連邦の各種行政委員会等による統一的、組織的な規制に対する障害を除くということが決定的な実際的考慮であり、言論統制の領域では、少くとも連邦法が適切と認める法的規制を行っている場合に、実質的に同一の言論について、重複した、しかも多くの場合に行きすぎた[19]州権力による統制を排除しようという実際的な考慮が決定的であるように思われる。特に統制の手段が刑罰であれば、実質的に同一の行為を州と連邦が共に罰し得るということは、一方、連邦権力のみを制約する修正第五条の「二重の危険」(double jeopardy)の禁止に触れず[20]、他方、州権力を制約する修正第一四条の適法手続条項の意味する普遍的な正義の原則に反するものではなく[21]、従って違憲とはならないとされてはいても、決して望ましい事態ではないという実際的な考慮も加わるであろう。

右に述べたように、連邦権力による言論統制が違法に行われた場合、州法が連邦法の占領した領域で言論を統制する場合には、連邦最高裁判所は、言論の自由と秩序の調整の合理性を憲法的な次元で判定するには及ばない。連邦と州の統治権力そのものの不均等性の理論も、もし裁判所がこれを採用してつきつめて行くならば、自由と秩序のバランスに影響するだけではなく、秩序を実現しようとする連邦権力の権原の有無の問題となろう。州はわいせつ本と限らず、人種的、宗教的な社会集団に向けられた誹謗を罰し得るが、連邦政府はわいせつ本を郵送することを罰し得ても、集団を誹謗した文書を郵送することを罰し得ない[22]というのは首尾一貫しない。むしろ、通商規制権力や郵便権力を用いた連邦による言論統制は、本来簒奪した権力であって、その合憲性の判定は、抑制された特定の言論、たとえば、「チャタレー夫人の恋人」がわいせつであるかどうか、わいせつな言論が「自由な言論」の範囲外のものであるかどうか、あるいは又、わいせつな言論の価値が低く、自由の縮減が自由と秩序のバランスを攪乱しないかどうかというような考慮を全く抜きにして答えらるべきものであろう。言論に対して州が連邦よりもより多くの権力を有するということは、両者の政府目的の広狭によることであって、憲法上連邦立法部が防止する権利のある害悪をもたらす如き言論に対する連邦の権力は州権力と程度を異にするものではなく、個人主義的な民主政を前提とする以上、いずれの権力も共に超えることの出来ない言論統制の限界がある。言論の自由の原則そのものは州に対しても連邦に対しても同一で、ジャクソン判事のように、連邦権力に対する言論の自由の保障は特殊的であるが、州に対しては単に「言論の自由の一般原則」が保障されるにすぎないと説くのは妥当でない。

特殊的と言われる修正第一条の言論の自由も、単に「連邦議会は、言論および出版の自由を制限する法律を制定してはならない」という一般原則を宣明するのみであって、それ自体最高裁判所によって緩厳いずれにも解釈され得るものである。たとえば、わいせつな言論といえども、違法な行動の不可分の一部となる程密接に行動と結びついていない限り、これを罰することは許されないというダグラス、ブラック両判事の主張は厳しい解釈の一例であり、(23)万が一発生するかも知れない政治的ストライキによる州際通商の混乱を未然に防止する手段として、労働組合の幹部から共産主義者を排除するためにすべての労働組合幹部に対して忠誠宣誓を要求することは、合理的な通商規制権力の行使で言論の自由の保障に反しないとした判決(24)は、緩い解釈の一例である。言論の自由の保障の緩い解釈と厳しい解釈との対立は、防諜法の適用をめぐるホームズ、ブランダイス両判事の有名な反対意見以来殆んど常に最高裁判所内部の分裂となって現われ、多くの重要な判決では五対四の僅差である言論統制が合憲とも違憲ともせられている。各々の裁判官が別々の理由を述べる例外的な場合には、「判決というよりもむしろ政治的論争」(25)に近く、逆により多くの裁判官に支持せられる法廷意見は、どの一つも決定的ではない、合成されたいくつかの理由を述べていることが多く、それだけ先例としての普遍的な価値は少くなる。憲法判例の先例拘束性が緩やかであるのは当然ではあるが、近い先例が一人の裁判官の交替の結果簡単に覆えされ、あるいは一寸した事実の差異に基いて区別されるのを見れば、個々の判決は、既存の客観的な法の論理的な適用の結果ではなく、たとえば、暴力革命の綱領をひろめる共産党員をそれだけの理由で十年間投獄するかどうか、あるいは公立学校の教育と少しでも結びついた宗教教育を是認するかどうかというような具体的な問に対する個々の裁判官の意志決定の所産であるように思われる。特に解釈すべき法が憲法である場合、「法による裁判」は、このような意志的な、あるいは政治的な要素を排除し得るものではなく、「法による裁判」と純粋の「政治的裁判」との決定的な差異は、判決に内在する意志決定が個々の裁判官の良心と責任に委ねられているかどうか、裁判官が個別的な決定を普遍的な理由によって合理化する義務を充分に果しているかどうかという点にあろう。(26)

特に一九四〇年代に最高裁判所を支配した言論の自由の保障の厳しい解釈では、修正第一条は立法権による自由と秩序との実証主義的な調整をあらかじめ一般的に排除したものと解され、従ってこの自由をいささかなりとも制約する立法は合憲性の推定を受けず、その合憲性を主張する者が、制約を受ける言論がせまく限定された自由の例外に属することを論証すべきものとせられて来た。どのような言論がかかる例外にあたるかについては、ホームズ、ブランダイス両判事が、個々の言論の可罰性の基準として用いた「明白にして現在の危険」の原則が、他の目的のためにも転用され、すべての場合の言論の自由の保障の最低線と目されるに到った。「一定の事項を政治的論争の転変からひき離し、多数派や役人の手のとどかぬ所に置き、裁判所によって適用さるべき法原則として確立することこそ、正に権利の章典の目的である(27)」という憲法観と、十八世紀的な権利の章典の大雑把な規定を複雑化した現代社会において具体化することは、裁判所の能力を超えるにしても、憲法が裁判所に課した避けることの出来ない任務であるという裁判所の使命感に支配されて、この時期の最高裁判所はかなり積極的に政治的部門から独立の自己の政策的判断を、憲法の解釈として貫徹するに傾いていた。

右に述べた、いわゆる司法的積極主義（judicial activism）に対して批判的な連邦司法部内の有力な裁判官として、われわれはハンド判事とフランクファーター判事の名を挙げることが出来よう。(28)個々の問題についての両者の立場は異ることもあるが、共通の前提は、司法的積極主義のそれとは反対に、権利の章典をまず民主政における政治的部門に向けられた moderation のすすめとして捉え、司法審査権の伝統的な基礎づけに対して極めて懐疑的であることである。司法審査権は、国民の憲法制定権力から直接帰結せられるような民主的なものではなく、権力分立にも反し、憲法上明文の根拠も存しない。ただ権能の分配に関する憲法の規定は、連邦のものは州に、立法権のものは執行権に属しないという意味で一義的でなければならず、この点について、政治的利害のない裁判所の判定が他権を拘束すべきことは、諸権力の衝突を避ける絶対的な必要によって正当化せられ、権利の章典のなかでも、公権力が個人に対して一定の関係に立つ場合（主として刑事手続）の個人の権利を定めた規定の如きは、技術的な司法々として裁判所によって保障せられる。従って、司法的静観主義（judicial quietism）と言われるものは、まず憲法問題を提起するために必要な jurisdictional な要件を厳格に審査し、憲法問題以外の点で具体的な事件を処理し得るかどうかを検討し、憲法問題に直面するよりも出来るだけこれを回避することを司法審査の基本原則とみなすが、憲法問題と直面せざるを得ない場合には、司法的積極主義との対立は、主として、憲法が抽象的に保障する自由、権利を具体化する際に多数意志に対して超越的な裁判官の政策的判断を厳しく排除する点に現われる。具体的な場合に政策的判断と法的判断の境界は明瞭ではなく、「最高裁判所のすべての判事が立法的判断を行ったという攻撃を受けたことがあり、また他の判事に向けられた同じ非難に加わったことがある」[29]というのが真相であろう。退官後のハンド判事は一層徹底して、「裁判所が司法審査にあたって要求し得ることのすべては、結局（立法権の行う）諸価値の評量と選択が公平でなければならぬということだけである」[30a]と言うが、同時に、言論の自由に関する限り、節度を失った多数意志が、民主的な政治のプロセスにおいて、または単に時の経過によって、節度を回復するのを待っては到底救われない被害者を救うために「よりひろい司法審査」[30b]を認むべき理由があるとしている。

司法的積極主義といい消極主義というも、具体的な問題で常に異る答を出す対立した理論というよりはむしろ民主的に形成された多数意志の効力を最終的な責任をもって判定する立場に置かれた裁判官の temper の色別けと見るべきであろう。いずれかの両極に明確に色別け出来る裁判官は全体の中の一部にすぎないが、言論の自由の領域でも、判例の流れを両極の牽引力の強弱によって説明するのはたしかに当を得ている[31]。大雑把に言って、修正第一条の自由をめぐる判例はホームズ、ブランダイスの遺産を常に拠り所としながら、「明白にして現在の危険」の原則を改鋳し、言論の自由に触れる立法を他の立法から区別して「合憲性の推定」を与えない、いわゆる「二重の基準」(double standard) あるいは「修正第一条の自由の優越的地位」(the preferred position of the First Amendment's freedoms) のドグマを生み出し、「事前の抑制」(prior restraint) の概念を拡げつつ、その禁止を絶対的なものとする方向への、一九三〇―一九四〇年代の動向から転じて、これらのドグマの合理的な基礎を再検討し、公式主義的な司法審査を修正する方向に動いて来たと言える。この変遷がたまたま第二次世界大戦後の極端な反共的言論抑圧立法に対する最高裁判所の抵抗力を減殺するのに役立ったことは事実であるが、一九五〇年代初頭の諸判決のごとく、理由の混乱した opportunistic な司法審査がこの変遷の本来の狙いであったと解することは出来ない。司法的自制論の代表者であるフランクファーター判事の主張は、彼がハーヴァード・ロースクールの教授から最高裁判所に加わった当初から主として少数意見として一貫したものであり[32]、必ずしも、共産党員をスミス法のもとに投獄するために「明白にして現在の危険」を「明白にしてありうべき危険」と読み変えることによってその場を糊塗した一九五〇年代初頭の最高裁判所の多数派と軌を一にするものではない[33]。それにしても一九四〇年代から一九五〇年代にかけての最高裁判所の振幅は大きすぎた。ヴィンソン長官と共に、その裁判所を辛うじて、しかし決定的に支配した多数派が去るにおよんで、ウォーレン長官のひきいる最高裁判所は、「非常事態」「国家の安全」の名のもとに余りに軽視されて来た個人の自由を回復する方向に、除々に歩み出している。しかし、それが直ちに修正第一条の自由を絶対的と見るに傾いた過去の判例の立場への単純な復帰を意味すると見るのは、皮相的にすぎよう。お座なりの司法審査、司法審査権の自己放棄と司法審査権の自己抑制 (self-restraint) とは、全く別のものであり得る。現実の最高裁判所の業績を批判しながら、あるべき司法審査の姿を描いたウェクスラー教授の最近の論説は、この点に関して極めて示唆的である。繁をいとわずその一節を引用しよう。「最高裁判所がいかにあるべきかという問題を、どの程度の司法的自己抑制が妥当であるかという問題、従ってまた、かかる自己抑制が、純然たる経済的な利益の保護に関してのみ妥当なのか、それとも言論・宗教の自由、プライヴァシー、あるいは差別待遇等との関連においても妥当なのかという問題として提出するのは、問題を誤って捉えていると思う。無論、裁判所というものは、憲法に基礎を置いた（連邦政府の）他の部門や州に、自己の諸価値の選択を押しつけるには、ただ自分達が適切な、原則にのっとった分析の末、その選択が明白であると確信した場合に限るべく慎重でなければならない。それが自己抑制ということの意味し得るすべてであり、その意味では、自己抑制は、どんな問題が提起せられようと、常に不可欠である。真に肝要な点はこの分析の力に存すると」[34]。

（1）Anthony Comstock（1844-1915）は、公権力をヴィクトリア朝時代の醇風美俗の擁護者たらしめる運動の指導者として有名である。

（2）差止命令（injunction）によるわいせつ本の発売禁止、没収を合憲とした Kingsley Books, Inc. v. Brown, 354 U.S. 436（1957）で反対意見を書いたダグラス判事の言葉。

（3）註（2）の判決で、問題の差止命令をあるいは「焚書」となし、あるいは「検閲」とみた三人の反対意見は、この点を衝こうとしたものであろう。

（4）例えば、Speiser v. Randall, 357 U. S. 513（1958）で、ブラック判事の同意意見もいくつかの例を挙げている。

（5）Paine, Rights of man, in "Common Sense and other Political Writings"（ed. by Adkins）p. 118.

（6）カリフォルニア州最高判事がこの州憲法の規定の、連邦憲法に対する意味での合憲性を支持したのは、この程度の言論統制は「いかなる基準によっても著しい言論の自由の侵害と見ることが出来ない」からであった。First Unitarian Church v. County of Los Angels, 48 Cal. 2d 419.

（7）Cf. Lawson v. Housing Authority of the City of Milwaukee, 270 Wis. 269（1955）

（8）Roth v. U.S.,354 U. S. 476（1957）

（9）Chaplinsky v. N. H., 315 U. S. 568（1941）

（10）Cafeteria Union v. Angelos, 320 U. S. 293（1943）

（11）Gitlow v. N. Y., 268 U. S. 652（1925）

（12）Hannegan v. Esquire, Inc. 327 U. S. 146（1946）連邦法の適用が不適法であるという理由で言論の自由が保障せられた例は極めて多く、その反面、連邦法を違憲無効とした例は少ない。法律解釈による言論の自由の保障は、立法権に対する裁判所の停止的拒否権の如き効果をもつ。

（13a）・（13b）West Virginia State Board of Education v. Barnette, 319 U. S. 624（1943）における、ジャクソン判事の手になる法廷意見。

（14） Beauharnais v. Illinois, 343 U. S. 250（1952）における、ジャクソン判事の反対意見。これは註（13）の判決で彼の代表した立場を正面から改めたものである。

（15） 註（8）

（16） Twining v. New Jersey, 211 U. S. 78（1908）; Palko v. Connecticut, 302 U. S. 319（1937）等で採用された解釈。

（17） Gilbert v. Minnesota, 254 U. S. 325（1920）

（18） Pennsylvania v. Nelson, 350 U. S. 497（1956）

（19） 註（17）のミネソタ州法は宗教的平和主義者の家庭内の反戦論を罰する根拠となり得る程その構成要件が広く、註（18）のペンシルヴェニア州法は連邦のスミス法に比して刑罰もより重く、私人の密告を助長する規定をもっていた。

（20） U. S. v. Lanza, 260 U. S. 377（1922）

（21） Bartkus v. Illinois, 359 U. S. 121（1959）

（22） 南部以外の州のなかには、いわゆる anti-racial propaganda を取締る立法をもつものが多く、イリノイ州のそれは前記 Beauharnais v. Illinois で合憲とせられたが、同種の文書の郵送を取締ろうとする連邦法は何度か立案されながら、憲法上の疑義のために議会に提出されるにも到っていない。

（23） 註（8）の判決における、ダグラス、ブラック判事の反対意見。

（24） American Communications Association v. Douds, 339 U. S. 382（1950）

（25） 五対三の判決で、結果に一致した五人の判事もそれぞれ理由は異なり、従って法廷意見のない Joint Anti-Fascist Refugee Committee v. McGrath, 341 U. S. 123（1951）における、ジャクソン判事の言葉。

（26） Calamandrei, Procedure and Democracy, 1956, pp. 19-43, Wechsler, Toward Neutral Principles of Constitutional Law, 73 Harv. L. Rev. 1.（1959）

（27） West Virginia State Board of Education v. Barnette, supra における、ジャクソン判事の手になる法廷意見。

（28） ハンド判事の憲法観は、Dilliard の編集した The Spirit of Liberty; The Phrases and Addresses of Learned Hand, 1952. 退官後ハンド判事がハーヴァード大学で行った連続講演、The Bill of Rights, 1958 に手際よくまとめられており、フランクファーター判事のそれは、John Marshall and The Judicial Function, 69 Harv. L. Rev. 227（1955）の外多くの論文や、最高裁判所判事として書いた多数意見、少数意見にうかがうことが出来る。

（29） ジャクソン判事の遺稿となった、The Supreme Court in the American System of Government, 1955, p. 80.

（30a） Hand, The Bill of Rights, p. 66.

（30b）　Hand, ibid p. 69.
（31）　Kauper, Frontiers of Constitutional Liberty, 1956, p. 13. Pritchett, Civil Liberties and The Vinson Court, 1954, pp. 186-226.
（32）　Cf. Bridges v. California, 314 U. S. 252（1941）dissent, Murdock v. Pennsylvania, 319 U. S. 105（1943）dissent, West Virginia State Board of Education v. Barnette, 319 U. S. 624（1943）dissent, Kovacs v. Cooper, 336 U. S. 77（1949）concurring.
（33）　実際にヴィソン長官のもとの最高裁判所で人権保障に関して、積極派の代表であるブラック判事と、消極派の代表であるフランクファーター判事とが一致して反対意見の側に廻ったことは少なくない。Pritchett, op. cit., p. 231. デニス事件における同意意見のなかでフランクファーター判事は、「もしわれわれが司法的公正さを手加減し、これらの被告達を、社会に瀰漫した時代の雰囲気に影響されたその場その場の判断の危険に委ねるべきではないならば、この有罪判決の合憲性は、もっと静かな時代に下された諸々の判決で確立せられた原則に従って決定されなければならない」と述べているのが注目される。Dennis v. U.S., 341 U. S. 494（1951）
（34）　Wechsler, supra, n. 26.

二　思想の自由

国民主権と個人主義を基調とする憲法の保障する言論の自由は、明示の規定の有無に拘わらず、当然個人の精神的な自発性＝思想の自由によって裏うちされていると見なければならない。公権力が個人の精神的自発性に干渉する程度のもっとも著しいのは、公権力が一定の思想の肯定または否認を強制する場合である。特に「思想の自由」を言わない連邦憲法の解釈として、最高裁判所が、このような表現の強制をどのように扱って来たかを概観して見よう。

一定の表現行為を積極的に義務づけることは、その禁止と異り、一般人を対象とし難い。しかし義務づけられる者が特別な関係に置かれている場合には、その関係を基礎として有効な制裁の方法があり得る。州が公立学校の児童に国旗の礼拝と一定の誓詞を強制したことが問題となった最初の判決で[1]、一九四〇年の最高裁判所は、フランクファーター判事の書いた法廷意見によって、このような方法で国民的統一の意識を児童に植えつけることは、教育に関する州の権能の範囲内に属し、これを宗教上あらゆる偶像崇拝を厳禁する宗派に属する児童に強制することも、修正第一条および修正第一四条によって保障された「宗教の自由」を侵すものではないとした。問題は、主として一般的な法的義務と特定人の宗教的義務とが相容れない場合いずれが優越するかという面で捉えられ、この場合の法的義務が一定の表現行為である点については、たとい表現の自由が表現の強制からの自由を包含すると仮定しても、国家の安全の基礎である国民的統一を教育を通じて助長するための沈黙の自由の制約を違憲となすことは、裁判所が教育上の政策の問題に立ち入ることになるとせられた。ところがこの判決から僅か三年後に最高裁判所の態度は一変した。全く同一の問題が提起せられた第二の国旗礼拝事件で、(2) ジャクソン判事による法廷意見は、問題を単に法上の義務と宗教上の義務の相剋としてではなく、根本的に言論の自由の核心を衝くものとして捉えた。それは、この場合個人の沈黙の自由が他の個人の権利と衝突することがなく、従って対立するものが国民的統一を助長しようとする公権力と個人の自由であることを強調しながら、強制された表現が思想に関し、輿論が公権力を統制すべき民主政において、公権力の担い手が公認の思想を定めることが出来ないのは、不変の憲法原則であるとしている。この判決からは、思想の自由を侵す表現の強制が絶対に違憲になるという結論は出て来ない。法廷意見が、ここでは沈黙の自由を制約する理由となる具体的な社会的利益との衝突が存しないことを述べ、もしかかる衝突が存在し、かつ「明白にして現在の危険」を構成する場合には、この自由にも例外のあり得ることを示唆しているのが注目せられる。知識について沈黙する自由は、思想について沈黙する自由と異り、特定の個人の沈黙が具体的な社会的利益を直接に害することが少くないから、思想について沈黙する自由と同じ平面で考えることが出来ないのも自明であろう。最高裁判所がこれらの問題に直面する機会を再びもったのは、一九五〇年の American Communications Association v. Douds(3) である。

合憲性が争われたのは、労働組合が全国労働関係法(National Labor Relations Act)のもとで全国労働委員会の手続に与る前提条件として、当該組合およびこれを包括するすべての上部組織の役員に、(1)共産党員でなく、または共産党と連携（affiliate）していないこと、（2）連邦政府を暴力その他不法、違憲の方法で顚覆することを信条とし、または唱導するいかなる団体の成員でもなく、またかかる団体を支持（support）しないこと、（3）暴力その他不法、違憲の方法によって連邦政府を顚覆することを信条としないことを宣誓した書面を提出すべきことを命じた全国労働関係法第九条（h）の規定である。法廷意見は、この規定が労働組合の役員の政党所属、政治的意見を基準として労働組合の権利能力を否定する以上、労働運動の部面で政治的な言論の自由、思想の自由に干渉するものであることを認めながら、これを違憲でないと判定するために次のように判決理由を展開している。連邦立法権は、その通商規制権によって、州際通商の自由な流れを妨げる政治的ストライキを防止するのに適切な方策を講ずることが出来る。共産党員およびその同調者が労働組合の役員の地位に置かれれば政治的ストライキを指導するであろうことについては、「相当の証拠」がある。とすれば、これ等の者が労働組合の役員となることを禁止するにも到らず、これ等の者の指導を少しでも受ける労働組合から、連邦労働法上の権利能力を奪うことによって、間接的にこれ等の者を組合の指導的な地位から排除することは、通商規制権の適切な行使である。しかし連邦立法権が、通商に対する障害そのものではなく、障害の禍根を絶とうとし、しかもそれが政治的な言論や思想の領域にあるとされている限り、通商規制の見地からいかに合理的な規制も、修正第一条の制約を免れるわけではない。法廷意見は、ここでの思想の自由の問題を、政治的ストライキという積極的な害悪の防止のための自由の制限として、国旗礼拝事件における思想統制のための沈黙の自由の侵害から区別し、労働組合の役員が共産党その他これに類する団体に加入し、それ等の団体を支持し、「予言としてではなく、目的として、政府の暴力的顚覆を信奉すること」自体を禁止し、その違反を罰するものではないことを理由に、「明白にして現在の危険」の原則の適用を認めず、裁判所の審査は、「間接的、条件的、部分的な言論の自由の制限」と政治的ストライキによる産業の攪乱の可能性のいずれを避くべきかについての立法部の判断が「不当」（undue）であるかどうかを確かめるというだけのものであるとする。

事件の審理に現実に参加した六人のうち三人の裁判官のみが全面的に支持したこの法廷意見は、反共立法でありさえすればどんなものでも容認しようと決意したヴィンソン長官時代の最高裁判所の形骸化した司法審査の一つの見本であるが、フランクファーター、ジャクソン両判事は、それぞれの少数意見で、（2）ないし（3）の宣誓を（1）の宣誓と区別して、違憲としている。フランクファーター判事は、「違憲の方法によって」政府の顚覆をめざす信条によって定義せられる団体がいかなるものであるかは、最高裁判所の憲法解釈さえ屢々僅かの裁判官の数の差で決せられることを考えれば、不明確で、内容の不明確な宣誓は修正第五条の「適法手続」に反するとなし[4]、ジャクソン判事は、団体への加入という「外部的行為」（overt act）[5]にも到らない、純粋に内面的な個人の思想に関する宣誓は、個人の内面の絶対的自由を保障する修正第一条に反するとなしている。これ等の一部反対意見をブラック判事の全面的反対意見と合わせると、（1）の非共産党員宣誓を除いては、合憲論、違憲論が伯仲し、結局最高裁判所としては判断を行わなかったことになる[6]。

各裁判官の相乱れた意見のうち沈黙の自由に二つの質的に異るものを区別するジャクソン判事の見解は若干の検討を要する。共産党の特殊性を強調する彼は、共産党員を間接的に労働組合の指導的な地位から排除することは合理的な差別であると見、その方法として共産党員であるかどうかを問うことは外部的な事実についての供述を求めることで、充分な理由があれば違憲ではないとしながら、個人がどのような思想を抱いているかを問うことは、いかなる目的のためにも、許されないと言う。しかし、ある特定の団体の推進する思想をもっているかどうかを問うことが思想統制として許されず、その団体のメンバーであるかどうかを問うことは思想統制ではないと割り切ることは妥当ではない。最高裁判所の判例のなかには、ロビィストの活動を規制する立法目的のための国政調査権の行使としても、連邦立法部が「立憲政治のための委員会」という右翼的な団体のパンフレットの配布網について証言を強制し得ないとするもの[7]や、黒人の地位改善を目的とする全国的な組織であるN・A・A・C・Pのアラバマ州内における活動を差止めるために州が提起した訴訟で、州の裁判所が被告たるその団体の地方組織に対して会員名簿の提出を命ずることは出来ないとするものがある。(8) 右のいずれの場合にも、直接の理由は、問題の事項が国政調査や審理の限定された目的と充分な関連性を有しない点に求められたが、調査目的との関連性を厳格に要求する根本的な理由は、後の事件でダグラス判事の法廷意見が述べているように、「信条、思想を推し進めるために団結する自由は、言うまでもなく、言論の自由を含む修正第一四条の適法手続条項によって保障された『自由』の不可分の一部であり……多くの場合、団体のプライヴァシーの不可侵性が、特にある団体が一般に受容れられない信条を唱導する場合には結社の自由を確保する上に不可欠である」からである。白人優位（white supremacy）の原則を固守しようとする南部の社会で、N・A・A・C・Pのメンバーを公表せしめることは、直ちにそれ等の者を社会的な強者である白人による様々な形の私的制裁にさらす結果になる。名簿の提出命令を申請した州の当局者にとっては、訴訟の目的との関連性が余程明瞭でない限り、むしろかような私的制裁を誘発させることが本当の狙いであったとも考えられよう。一般にある公権力の行為のかくされた動機はその行為の効力を左右するものではないが、具体的に個人の沈黙の自由を侵す公権力の行為がある適法な目的のために必要で適切な手段であるかどうかが疑わしく、反面その見え透いた効果が、俎上にのせられた個人やグループの思想に烙印を押し、既に多かれ少なかれ社会に存在する、特定の思想に対する不寛容、偏見を強化することになる場合には、裁判所としても自由の侵害の合目的性、合理性を額面通りに受取るべきではなく、自主的に、厳格に審査すべきであろう。最近の最高裁判所の判例のなかには、立法目的のための国政調査権に名を借りた異端糺問をチェックしようとするものも現われている。連邦下院の非米活動委員会の小委員会に証人として出頭し、委員会のリストにある知人が共産党員であったかどうかについて供述を拒んだことが議会侮辱罪（contempt of Congress）となるかどうかが問題となった事件で、一九五七年の最高裁判所は、「非アメリカ的宣伝活動」の調査という下院決議による委員会への委任の範囲が不明確なため、具体的な質問が証人の供述を強制し得る、適法な調査目的にとって関連性のある（pertinent）ものであるかないか何人にも判断が出来ないという理由で、下級審の有罪判決を破棄している。(9) 議会の委員会による証人訊問は、法律で定められた紋切り型の忠誠宣誓と異り政治的な効果を狙った行きすぎた熱心さのために、個人の思想の領域を際限なく侵害する傾向を有するから、この種の愛国劇の興奮を共にしない裁判所によるチェックを必要とすることが多い。しかし、厳粛に法律が要求し、国政調査のような派手な舞台も pubicity もなく、むしろ至って事務的に取扱われる忠誠宣誓も、直接個人の内心を摘出するものではなくとも、具体的な場合に思想統制以外の適法な目的のための必要適切な手段とは言えないことが多い。

一九五〇年に連邦最高裁判所が初めて労働組合幹部に課せられた忠誠宣誓に合憲判決を下す以前にも、州の裁判所はそれぞれの州法の課した忠誠宣誓の効力について判決を求められていた。例えば、オハイオ州の裁判所は、州の失業者補償法の下に補償を請求する者に、「政府の顚覆を唱導せず、またこれを唱導する政党のメンバーでない」ことを宣誓せしめる規定の合憲性を、この規定が、「餌をやる手を、これをもらう者に咬まれないための用心」として合理的であるという理由で、支持した。[10] 一九四六年には、カリフォルニア州の最高裁判所は、公立学校の建物を集会の目的で使用する許可を求める者に課せられた同種の忠誠宣誓を「違憲な条件」として無効と判示している。[11] このカリフォルニア判決では、忠誠宣誓は、思想的な基準によって直接に言論、集会のチャンスを抑制する、一種の「事前の抑制」として明白に違憲となると見られ、何人も公共の建物を集会に使用する権利を有するものではないが、かかる「特権」の授与を任意の条件に依存せしめることによって違憲の目的を実現することは出来ないとせられている。ところで、オハイオ判決もまた、失業者が失業補償を受けることは純然たる「恩恵」、「特権」であると見ることから出発する。この特権を忠誠宣誓に依存せしめることは、直接自由な言論に干渉するものではないが、同時に格別の目的のための手段でもない。失業者補償を非忠誠な失業者に与えることは、判決の言うように、彼の政府を顚覆しようとする企てを国庫から援助することにはならないのである。「今日のような非常時には何人も進んで立ち上って忠誠な市民の一人に算えらるべきであり、憲法上の権利の侵害だとして、そう算えられることに抗議する者があれば、その者は直ちに身に嫌疑を招き、彼の忠誠心と、彼が自ら主張する憲法上の権利を享受するに値する人間であるかどうかという点についての疑惑を生ぜしめる」という判決意見の論理は、一地方裁判所の司法的意見としても異常なものであるが、実は、様々な領域でこの種の忠誠宣誓や忠誠審査を採用した立法者達のtemperを忠実に反映したものと見ることも出来る。一定の関係で特定の思想の持主を差別するための忠誠宣誓、忠誠審査は、必然的に公権力が思想の領域で勧善懲悪を行うという効果をもつが、通商規制権の合理的な行使として、労働組合幹部に課せられた忠誠宣誓に大まかな青信号を出した最高裁判所は、他の色々な関係にも及された忠誠宣言、忠誠審査を次々に許容せざるを得なくなり、次第に裁判所自身がかくして醸成された思想的不寛容の風土に順応して、「市民が誤謬におちいることを防ぐことは政府の職分ではなく、かえって政府が誤謬におちいることを防ぐのが市民の仕事である」[12]という単純な原則を忽せにしたことは争えない。

公権力による思想の自由の侵害を日常的なものとして今日のアメリカ人の生活のなかに定着させたのは、いうまでもなく州や連邦政府がそれぞれの公務員に対して実施して来た忠誠宣誓や忠誠審査である。それは、尨大な数の公務員を擁する連邦政府や、特に熱心な州や都市においては、綿密に組織され、強力な情報機関の協力によって、単に現職の公務員のみならず公務員志望者一人一人の過去帳を備えた文字通りのloyalty or security programにまで成長した。公務員の忠誠宣誓、忠誠審査の社会的な意義の大きさにも拘わらず、この分野で裁判所が思想の自由のために為し得たことはきわめて少い。公務員の地位が「特権」であるとする古くからの考え方[13]、所有者または雇主としての資格においては政府権力は憲法の制約を受けないという、これも古くからの考え方[14]を背景として、政府を顚覆しようという不逞の輩を政府の機構から排除するための大抵の措置が合理的と判定されたのは怪しむに足りない。最高裁判所がチェックしたのは、連邦法務長官が破壊活動的団体として指定した団体に過去五年以内に善意で加入していた者をも非忠誠者に類別するような不合理な州の忠誠宣誓法[15]、市立大学の教授が、公務の範囲外の彼の行動について連邦上院の委員会の調査を受けて修正第五条の自己帰罪特権を援用すれば、その理由いかんに拘わらず当然に地位を失うものと解釈されたニュー・ヨーク市の憲章[16]、大統領命令第九八三五号（トルーマン大統領の

「忠誠計画」）の定める手続に反する解雇[17]、法律の委任の範囲を超えて国家の安全の見地から特に重要ではない地位にある公務員にまで、「忠誠計画」におけるよりも更に一段と簡略な解雇手続を拡げた大統領命令第一〇四五〇号（アイゼンハウアー大統領の「安全計画[18]」）、自ら定めた規則に違反する国務長官の解雇処分[19]、等の例があるにすぎない。本来、それぞれに異る職務、地位に置かれた公務員について、その思想の領域を侵す合理的な必要は程度を異にする筈であるが、最高裁判所は、個人の自由と正当な公共的利益との厳格な司法的調整を放棄し[20]、忠誠宣誓、忠誠審査を、あたかも、個人の非忠誠を論結する合理的な基礎の有無や規則正しい手続（procedural regularity）しか問題にならないような技術的な問題に解消してしまったように見える。

もし公務員であるが故にその思想審査の実質的合理性を具体的に裁判所が審査しないというのであれば、それは単に公務員を「第二級の市民」として格づけることになるだけであるが、もし差別の基礎となる思想が「政府を暴力によって顛覆することを是認するもの」であるが故に、具体的な関係における差別の合理性が必要でないというのであれは、そのような思想の持主が一般的に「第二級の市民」として格づけられることになる。公務員について確立した忠誠宣誓、忠誠審査を普遍化した立法者達は、明らかに後の立場に立っていたと思われるが、州裁判所、連邦下級裁判所の判決のなかには、このような立法者に追随したものもあり、最高裁判所も明確に後の立場を否認してはいない。忠誠宣誓に関して裁判所でとりあげられた興味のある一例は、連邦の補助金を受けて、州の管理する低額所得者向きの公共住宅を、連邦法務長官が破壊活動的と指定した団体のメンバーに貸すことを禁じた連邦法の規定を受けて各州が実施した忠誠宣誓に対する各州裁判所の態度である。この時にはすでに、労働組合幹部と公務員について同種の忠誠宣誓、忠誠審査を合憲とした連邦最高裁判所の判例があり、これらの判決に表された意見のどこに力点を置くかによって、この場合に各州の裁判所の出した答はわかれている。公務員の忠誠審査に関して強調された「特権」理論を、労働組合幹部の忠誠宣誓合憲判決にもうかがえる極度の危機意識と結びつければ、「低廉な公共住宅計画は納税者の財布から援助を受けているのだから、その特別の恩恵を受ける者は忠誠な借家人に限らるべきで、これを公共の福祉に有害な目的をもつ団体に進んで加入したり、賛同したりする者に与えてはならないというのは、全く健全な考え方である」ということになり、[21]反対に、最高裁判所の判例もあくまで公権力が個人の思想や交わり（association）を詮索することを憲法上許されるのは、かかる思想の領域への侵入を正当化するに足る特殊的な利益が存在する場合に限っていると読めば、連邦政府の補助を受ける公共住宅計画の運営上特に有害な活動を行っているという事実がないのに、破壊活動的団体のメンバーを公共住宅から排除するための忠誠宣誓は修正第一条に反すると言わざるを得ない。後の立場に立って、直接何等の目的を有しない、思想的差別を自己目的とする忠誠宣誓を無効としたイリノイ州、ウィスコンシン州の裁判所の判決は、[22]思想の自由の司法的保障の最低線を守ったものである。しかし全く同性質の忠誠宣誓が問題となった最近の事件で、[23]最高裁判所は、一九五〇年代前半を一般的に支配したヒステリックな危機感が余程遠のいていたにも拘わらず、思想の自由の最低線を確定する責任を回避した。問題となったのは、政府の暴力による顛覆を唱導する個人や団体に対して一般の税の減免に関する法律の適用を排除するカルフォルニア州憲法の規定と、これを実施するための法律が税の減免を申請する者に課した忠誠宣誓であるが、州最高裁判所は、州憲法および法律にいう「政府顛覆の唱導」は、すでに同州の Criminal Syndicalism Act や連邦のスミス法のもとに憲法に矛盾することなく可罰的とされているものと同一であり、かかる言論を罰する権力は当然免税特権の剥奪によって抑制を加える権力を含んでいるとし、忠誠宣誓に固有の憲法問題を全く考慮しなかった。[24]この判決を審査した連邦最高裁判所も、州の人民投票によって制定された州憲法の規定に対して慎重な態度をとり、かつ州最高裁判所がこれに附した、犯罪として憲法のもとでも可罰的な言論のみが対象となるという解釈を尊重して、修正第一条で保護された言論が対象でなければ、公権力が刑罰によってこれを抑制しようと、他のいかなる方法によって抑制しようと修正第一条の問題を生じないだろうという見透しのもとに、州憲法の規定そのものの合憲性の判断を棚上げし、ただ州憲法の規定を実施するために州の法律の採用した忠誠宣誓の方法が「適正」（fair）であるかどうかの一点のみを審査する途を選んだ。憲法が忠誠宣誓一般を否認するというのではもちろんなく、他に格別の目的をもたない自己目的々な忠誠宣誓がいけないというのでもない。税の減免を申請する者がその法定要件を具備する事実を立証する責任を負担するのが原則であっても、「高い価値をもった言論」に触れ、しかも一定の言論を「懲らしめる」(penalize)意味しかもたない問題の免税欠格事由の存在については公権力の側で立証責任を負担することが「適法手続」条項の要請する所であり、挙証責任を申請者の側に課する忠誠宣誓法の手続がこの要請に反するというのが判旨である。一九五〇年の最初の忠誠宣誓判決以来、ダグラス判事と共に一貫してすべての公権力による個人の思想の詮議を違憲として来たブラック判事は、かかる州法の効力が最高裁判所で問題とせられるような事態が、いかにアメリカ国民が修正第一条の自由の原則を遠く見棄てて歩んで来たかを如実に物語っていると嘆じているが、単に(広い意味の)「手続」の合理化に終始し、実質的には立法者の歩みに追随し、時には純然たる政治的迫害をさえ合理化して来た裁判官達の責任も決して軽くはない。[25]愚かな立法は、事前または事後の政治的チェックによって矯正され得るが、一度び最高裁判所が入念に取除いた憲法の制約は殆んど回復不可能である。のみならず、ある立法を合憲とする司法審査は、あたかも政策としてのメリットに関しても最高裁判所の承認を意味すると受取られ、事実上民主的なプロセスにおける再検討を妨げる効果をもつことも、最高裁判所の責任を加重すると言えよう。[26]結局、この領域においては、終始いかなる形の思想統制(thought control)思想審査(thought probing)も、明白な修正第一条の自由の侵害であると主張し続けて来たブラック、ダグラス両判事の立場を正当とすべきで、「州政府も連邦政府も行動を規制する広汎な権力を有し、言論、著作を規制するいくらかの小さな権力を有するが、いずれの政府も、いかなる口実のもとにも、思想の流れを直接、間接にせきとめようとするいかなる権力も有しない」[27]というジャクソン判事の言葉を、それを全く無意味にすることになる留保なしに、承認すべきであったと思われる。アメリカの判例のこの十年間の流れは、この原則を一歩譲ることが、時には裁判所の意志に反して、無限に譲ることとなり、善意から出た「手続の合理化」も、一時の激情に発したものよりも反って一層深く民主政の基礎を蝕むかも知れない、日常化された思想統制を生むにすぎないという教訓を与えている。

（1）Minersville School District v. Gobitis, 310 U. S. 586（1940）

（2）West Virginia State Board of Education v. Barnette, 319 U. S. 624（1943）

（3）339 U. S. 382（1950）

（4）Cf. Screws v. U. S., 325 U. S. 91（1945）における反対意見。

（5）ジャクソン判事は、一般に団体と個人の憲法上の権利の差を認め（Joint Anti-Fascist Refugee Committee v. McGrath, 341 U. S. 123, 1951 における同意意見）、この少数意見では「共産党が憲法の建前と相容れない目的を、同じく憲法と相容れない手段を用いて追求するために組織された共謀して革命を行おうとする徒党である」所以を詳説して、（1）の宣誓は「私権剥奪法」（bill of attainder）の禁止にも触れず、「交わりによる罪」（guilt by association）という非難も当らないとしている。

（6）二人の裁判官が加わって同じ問題を扱った Osman v. Douds, 339 U. S. 846（1950）でもやはり同数にわかれた。一九五九年にこれらの宣誓規定は削除され、代って共産党員であることを労働組合役員の欠格事由とする立法措置がなされた。

（7）U. S. v. Rumely, 345 U. S. 41（1953）

（8）N. A. A. C. P. v. Alabama, 357 U. S. 449（1958）

（9）Watkins v. U. S., 354 U. S. 178（1957）但し、同じ不明確な決議のもとでも、特定の証人に対して委員会が調査目的を限定し、具体的な質問との関連性を明瞭に示した場合に、自己の共産党に対する関係について問われて答えなかった証人は、五対四の最近の判決で議会侮辱罪の責任を問われている。Barenblatt v. U. S., 360 U. S. 109（1959）

（10）Dworken v. Collopy, 56 Ohio Law Abstract 513（1950）

これと同じ考え方は、田舎の下級裁判所の裁判官と限らず、連邦最高裁判所の判事によっても堂々と記録に残されている。免税特権を剥奪するための忠誠宣誓も、クラーク判事にとっては、全く合理的で、「免税によって利益を受ける者がこれを与える政府の手を咬むことがないようにという至極もっともな願望」に根ざしている。Speiser v. Randall, 357 U. S. 531（1958）における反対意見。

（11）Danskin v. San Diego Unified School District, 28 Cal. 2d 536（1946）

（12）West Virginia State Board of Education v. Barnette, supra.

（13）ホームズ判事がマサチューセッツ州最高裁判所にあって、政治活動を行ったことを理由とした市の警察官の解雇を支持した McAuliffe v. New Bediord, 155 Mass. 216（1892）は、一九五〇年代初頭の忠誠審査に基く公務員の解雇を支持する際に有力な理論的根拠を提供した。cf. Adler v. Board of Education, 342 U. S. 485（1952）; Bailey v. Richardson, 182 F. 2d 46（1950）

（14）例えばカードゾ判事がニュー・ヨーク州最高裁判所判事として、不況時に公共事業に国民のみを雇って在住外国人を排除することは合理的な差別であるとした判決の結果に同意した意見のなかには、政府の雇傭関係においては憲法が全く支配しないという考え方を強く主張したものがある。People v. Crane, 214 N. Y. 154（1915), Heim v. McCall, 239 U. S. 175（1915）cf. Powell, The Right to Work for the State, 16 Col. L. Rev. 99,（1916）

（15）Wieman v. Updegraff, 344 U. S. 183（1952）

（16）Slochower v. Board of Education, 350 U. S. 551（1956）

（17）Peters v. Hobby, 349 U. S. 331（1955）

（18）Cole v. Young, 351 U. S. 536（1956）

（19）Service v. Dulles, 354 U. S. 363（1957）

（20）公務員については、言論の自由の制限は、「慣行、歴史、変化しつつある教育、社会、経済事情から出て来る、政府権力というものの一般的な観念を逸脱しない限り」憲法の問題とならないとして、およそ公務員である限りその政治活動を全面的に禁止した連邦のハッチ法（the Hatch Act）が合憲とせられている。行政権の腕である公務員と単なる労務者的公務員とを類別して扱うべきかどうかは、立法政策上の detail にすぎないと言う。United Public Workers of America v. Mitchell, 330 U. S. 75（1947）

（21）Peters v. New York City Housing Authority, 283 App. Div. 801.

（22）Chicago Housing Authority v. Blackmun, 4 Ill. 2d 319（1954), Lawson v. Housing Authority of the City of Milwaukee, 270 Wis. 269（1955）

（23）Speiser v. Randall, 357 U. S. 513（1958）

（24）州裁判所にとっても連邦憲法、連邦法に反する州憲法の規定は無効であり、この判決も四対三の僅差によるものであった。First Unitarian Church v. County of Los Angels, 48 Cal. 2d 419.

（25）共産主義という思想そのものをアメリカ社会に無縁の忌むべき外来思想であると断じたジャクソン判事の影響はもっとも大きく、彼に私淑するコロンビア地区控訴裁判所判事プリティマンも連邦政府による忠誠審査を全く野放しにした三つの重要な判決を書き（Joint Anti-Fascist Refugee Committee v. Clark, 177 F. 2d 79., Bailey v. Richardson, 182 F. 2d 46., Briel v. Dulles, 248 F. 2d 561）、旅券発給の条件としての忠誠審査を支持した Briel v. Dulles では、共産主義を政治的意見として扱うのは、「阿片とアスピリンを同一に扱うに等しい」と述べている。右の第二の判決は、最高裁判所が同数にわかれて判断不能におちいったために維持された（341 U. S. 918）が、他の二つは「適法手続」に反するとして（341 U. S. 123）、あるいは不適法として（357 U.

S. 116) 破棄された。

(26) Frank, Review and Basic Liberties, in "Supreme Court and Supreme Law" (ed. by Cahn) (1954), p. 120.

(27) American Communications Association v. Douds, 339 U. S. 382 (1950) におけるジャクソン判事の一部反対意見。しかし、彼自身、同じ意見のなかで、共産党は共謀団体として別物、共産主義は外来思想として別物という留保を附し、実際には「赤狩り」を裁判官として推進した第一人者であった。彼はその遺稿の中で、「たしかにわれわれもいくらかの精神的換骨奪胎(intellectual demoralization) にわざわいされ、それは考える自由が革命的な行動にひとしいと扱われるような所まで悪化したが、不寛容、疑心暗鬼、憎悪は、それでもなお、言葉と法の武器にのみ訴え、物理的な暴力の支配にまで堕落することがなかった」と回顧しているが、法が思想に対する武器となれば、実は堕ちる所まで堕ちたのである。Jackson, The Supreme Court in the American System of Government, p. 7.

三 「法の正当な手続」

前節で見たように、最高裁判所は、個人の思想の自由をも絶対と見ず、その侵害を正当化する目的の合理性を厳密に分析することなく、事実上、「政府を暴力によって顛覆すること」を是認する思想を社会のすみずみから摘発し、非難し、かかる思想の持主を懲らしめ、他のみせしめにする大がかりな思想の自由の侵害を許容したが、それでも不明確な基準による沈黙の自由の侵害(1)、不合理な基準(2)、不合理な手続(3)による非忠誠心の認定等に対しては多少の抑制を加えている。実体的な自由の侵害を棚上げして手続的正義を強調することは偽善的であるが、個人の思想、言論を理由として公権力が個人に不利益な法的効果を結びつける場合でも、例外として修正第一条の実体的な自由の問題とならず、憲法の次元では、ことがらの性質に応じて「適法手続」条項の要請に合致するかどうかが問題になるに過ぎない場合がある。外国人に対する連邦政府の権力の司法審査はそのような場合の一つである。

「暴力によって政府を顛覆することを唱導する団体のメンバーであるか、あるいはかかる団体と連携(4) (affiliate) している外国人」の強制送還を定めた連邦法の適用が問題になった一九四五年の判決 Bridges v. Wixon は、西海岸の港湾労働組合の大立者であるブリッジスが共産党員であるという法務長官の認定を支える実質的証拠 (substantial evidence）がなく、法律に言う「連携」は政府の暴力的顛覆の唱導と関係のない面で共産党と協力することを含まないという法律解釈によってブリッジスの国外追放処分を無効としている。これにはブリッジスが共産党員であるという点の行政権による事実認定が実質的証拠によって支えられておりうストーン、フランクファーター、ロバーツの三裁判官の反対意見があるが、ただ一人マーフィ判事のみは、単に行政行為の適法性をめぐって分裂した他の裁判官達を超越して、法律の合憲性を問題にしている。第一点は、「在住外国人」も国民と同じ言論の自由の権利を有し、国民の言論の自由を刑罰その他の方法で抑制する場合と同様、在住外国人の言論の自由を国外追放によって抑制する場合も「明白にして現在の危険」の存在が憲法上の要件であるということ、第二点は、メンバーシップであれ、連携であれ、個人を超越した団体と個人との関係のみを基礎として個人に不利益な法的効果を附与するのは、「交わりによる罪」を認めることになり、「自由と適法手続の概念の本質」に反するということである。一旦入国を許した外国人を強制送還する権力は主権に固有の無制約の権力であるとする判例の立場から見れば、第一点も第二点もはじめから問題にならない。多数意見は、「連携」という二義的な概念を「ある団体のいろいろな目的の全体に個人的に合体すること」と解釈することによって、一般に他の関係においては「適法手続」に反すると考えられた「交わりによる罪」をここでも避けようとしたと見られる。しかし、スミス法の刑罰規定がデニス事件で合憲とされた後、同じ法律のもとに、過去において共産党員であった者の強制送還が問題になった事件(6)では、ジャクソン判事による法廷意見は、「政治問題」（political question）の理論を援用して、すべての憲法上の論点を一蹴した。言論の自由や事後法の禁止が強制送還に対して外国人を保護するものではなく、「交わりによる罪」もこの関係では「適法手続」に反するものではないとしても、フランクファーター判事は尚修正第五条の「適法手続」条項が強制送還の権力を制約すべき場合のあり得ることを附言している。例えば、不明確な基準によって(7)、あるいは聴問の機会を与えないで、強制送還を授権する法律は裁判所によってチェックされよう。帰化に際して外国人の憲法に対する帰依（attachment）を要件とすること、強制送還の権力が殆んど無制約であることを利用して、一般的な不寛容の嵐は、まず外国人を強襲するのが通例である。一二年前の帰化判決は、申請者が当時から共産党員であったために帰化の一要件である憲法への帰依を欠いていたのに与えられた違法のものであるとして、政府がその取消を求めた事件でも、[8] 一九四三年の最高裁判所は、マーフィ判事による法廷意見で、帰化当時、帰化申請者が憲法への帰依を欠いていたかどうかは、政府側が、「明白な、二義的でない、疑の余地のない」(clear, unequivocal, and convincing) 証拠によって立証すべきもので、単に共産党との「交わり」を証明するのみでは足りないとしている。この手続上の原則のもとにも、第二次世界大戦中熱烈なナチス崇拝者の帰化が取消されはしたが、[9] 原則自体は最近の判決で踏襲されている。[10] これらの領域では、立法権がひろい網を張って「交わりによる罪」を認めればそれきりであろうが、マーフィ判事を中心として、思想的不寛容の初期的段階で、このような dragnet system を強く否認したことは、少くともそれが国民に対して用いられることをある程度まで阻止したと言うことが出来る。[11]

公権力の行為が直接に個人に不利益な法的効果をもつものではない場合にも、「適法手続」の問題を生じた興味ある事件として Joint Anti- Fascist Refugee Committee v. McGrath に触れて置くことも必要である。[12] 連邦政府の公務員の忠誠審査を計画的に推進する基礎となった、大統領命令第九八三五号は、個々の非忠誠分子を排除する審査の拠り所とする目的で、法務長官に、「適当な調査と決定」に基き「破壊活動的団体」(subversive organizations) のリストを作成し、各部局に配布することを命じた。事件は、知らぬ間にこのブラック・リストにのせられた団体が、事実に反する法務長官の指定とその公表によって償い難い損害を受けたとして、差止命令による救済を求めたものであるが、下級審は、執行部の内部の忠誠審査に必要なこの措置は「純粋行政行為」(purely executive action) として司法審査の対象とならないばかりでなく、この指定によって団体が受ける損害(会員の減少、寄付者の減少等)は直接には社会的オストラシズムの結果であり、法務長官の行為自体を訴訟で争うに必要な当事者利益を基礎づけるものでないとして、訴を却下した。[13] 最高裁判所でも同じ理由で却下を支持した少数意見があったが、五人の多数は、それぞれに異った理由で、法務長官の指定を無効と判定した。理由のなかには、ブラック判事のそれのように、実体的な言論の自由を正面から取り上げ、いかなる手続に拠ろうと、公権力が一定の個人や団体を「破壊活動的」と指定することは「検閲」になるとしたものもあるが、大勢を支配したのは、ダグラス判事の取上げた、指定の基準が不明確であることや、フランタファーター、ジャクソン判事の取上げた、指定の前に「予告と聴聞」(notice and hearing) の機会を与えなかったことが「適法手続」条項の要求するフェア・プレイの原則に反するという理由であった。この場合五人の判事が訴訟の成立要件 (justiciability) としての当事者利益と認めたのは、コンモン・ローによっても保護せられる特定の個人や団体の社会的名誉と、最高裁判所の判例が当事者利益として認めた団体の自己保存[14]であるが、何が「適法手続」条項の保障を受け、かつ公権力によって違憲に奪われた権利、自由であるのかは不明瞭である。にも拘わらずここに「適法手続」の要請をもちこんだのは、一方、公権力による一方的な非国民呼ばわりを、反対側の言い分を聴くことによって、少なくとも公正さの外観を具えたものにしようという実際的な考慮と、他方、破壊活動的団体の指定――そのメンバーの公職追放という段階で行われる全体としての公務員の忠誠計画を、どこかで「適法手続」によって、少なくとも形式的に濾過する必要に基づいていたと思われる。と言うのは、公務員の地位が「特権」であるとか、使用者としての公権力は私的な使用者と立場を異にするものではないという考え方の強い裁判所では、公務員の地位を失わしめる手続を法律が限定していても、それは立法権の「思想」「譲歩」にすぎぬとし、全く「適法手続」を考慮の外に置いているからである。[15]公務員の地位は上級者の信任に依存し、「信任はいかなる手続にもなじまない」として、聴聞の機会こそ与えはしたが、反駁しようにもしようのない秘密の証拠に基づいた不明確な告発による、非忠誠分子の解雇を支持したコロンビア地区控訴裁判所の判決をめぐって、現に同じメンバーで構成された最高裁判所が判断不能におちいっていたのである。[16]

さて、われわれは、すでに何度か、不明確な基準によって自由を侵害する公権力の行為が「適法手続」に反し無効と主張、ないし判示されたことに触れて来た。それは、行政手続（例えば、強制送還）でも、立法手続（議員の国勢調査）でも問題にされたが、本来は、生命や身体の自由を奪うdrasticな効果の故に、適用者による恣意の排除をもっとも厳格に要求する刑事法、従って司法手続の領域で確立された原則である。一方では、確立せられた手続の規則にのっとって第三者的な裁判官が法を適用する司法手続よりも、行政目的の実現にともすれば熱心になりすぎる（overzealous）簡略な行政手続における方が、厳格な法律の規定によって恣意を防ぐことが一層必要であると見ることが出来るが、他方、多岐にわたる行政的規制の全領域について適用者の裁量の余地を残さないような法律を要求することは、単に立法技術的に不可能であるばかりでなく、行政的なexperteesが大きな役割を果たすべき部面では反って有害である。ダイシー流に行政権の裁量的権力（discretionery power）一般を否定することが即ち「法の支配」（rule of law）であるという考え方は、すでに克服せられている。[17] 従って、「不明確の故に無効」（void for vagueness）の理論が行政手続の領域でも「適法手続」の要請として承認されなければならないのは、行政行為の効果が、形式的に「刑罰」ではないが、その法的効果と事実上の効果を合せて見る時に「刑罰」におとらずdrasticである場合か、もしくは、行政権のexpertnessのプラスすべきものがなく、反ってそのoverzealによるマイナスの大きいと見られる領域においてであろう。在住外国人や帰化国民の生活を完全に破壊し、親と子を離散せしめる強制送還や帰化の取消（denaturalization）は、第一の場合に属するであろう。一九五一年の判決[18]のなかで、フランクファーター、ジャクソンの二人は、「道徳的に恥ずべき犯罪」（any crime involving moral turpitude）を犯したことを強制送還の要件とした法律が不明確の故に無効であると考えたが、多数派は、刑事法以外の領域でこの理論が妥当するとしても、右の規定は伝統的に固定した意味をもっており、少くとも被送還者の犯した脱税犯罪が「道徳的に恥ずべき犯罪」に該ることは明瞭であるとして、強制送還を支持した。第二の、行政的expertnessの益がなく反って行政的overzealの害の大きい場合というのは、例えば言論の行政的「検閲」の如きが適例であろう。「わいせつ文書」を郵便から排除する連邦郵便権力がいかに官僚主義的なoverzealによって拡大せられているかは周知のことに属する。[19]「わいせつ」という問題について、連邦行政担当者がexpertnessを有するわけでは、もちろん、ない[20]。末端の郵便局の書記達は、規則通りに、昔から伝えられ、時々追加される、門外不出の「郵送禁止物リスト」に拠って、単に品物を選り分ける手足であり、本当の「検閲官」は一握りの知的、道徳的、政治的俗物にすぎない。一般に不明確とは見られていない「わいせつ」の概念すら行政権の手の中で拡げられるのが必然だとすれば、いかに明確な基準に拠るものでも、一切の行政権による言論の抑制、(あるいは、概ねこれと重なり合う、「事前の抑制」)が許されないという主張が生ずるのも無理からぬことであるが、ここでは、単に漠然と、言論に関して行政権の行使し得る権力は、法律によって明確に限定されなければならないということだけを確定して置こう。

前述の強制送還に関する規定を「不明確」と見たジャクソン判事の反対意見は、「道徳的に恥ずべき犯罪」という「宗教的、倫理的な意味合いをもった言葉をlegal decisionに翻訳するという仕事には、非合理性が必ずつきまとい」「法による統合」にならないと述べている。フランクファーター、ジャクソンの二人の裁判官は、共に最高裁判所にあった間、法律の効力要件としての明確性について判断がわかれた殆んどすべての場合に同じ側にいた。それは「不明確の故に無効」の理論をどこまでも「適法手続」の本質である公権力の可能性の要請として把握し、言論の自由の領域とその他の領域においてその適用を区別せず[21]、更に具体的な規制の対象によってその場その場の判断を行うことを拒否する立場である[22]。「不明確」ということは、つきつめれば、「通常人がその意味を当て推量するほかはない」ということで、それ以上に何の合意もない。「冒瀆的」(sacrilegious)な映画を検閲によって上映禁止することを認めたニュー・ヨーク州法を違憲とした一九五二年の判決[23]で、フランクファーター判事が詳細な同意意見を述べているのも、この立場からであった。

これと対照的なのは、右の場合をも含めて、特に言論の自由を制約する法律については、それが実質的に合理的な言論の規制であるかどうか、その法律の対処しようとする害悪が、その法律なしにも、すでに充分規制されているのではないかという考慮をまじえながら、法律の文言のなかにあり得べき不精密(impreciseness)を不明確(vagueness)と同視して、要するにexcessiveな言論規制立法の効力を否定する立場である。このような現状維持的な考え方は、本来コンモン・ローの伝統を直接継承した州裁判所にとってこそ親近性のあるものであろう。ニュー・ジャージー州の最高裁判所[24]が、人種的憎悪をかきたてるプロパガンダ (hate propaganda) を罰する州の立法を、コンモン・ローでは口頭の名誉毀損 (slander) は平和妨害 (breach of the peace) を招く直接的傾向のある場合にのみ犯罪となるのに、かかる要件なしに slander そのものを犯罪とした点で「コンモン・ローを変更する制定法」(statute in derogation of the common law) であるとし、従ってこれを「その長所よりはむしろ弱点に着眼して判断」し、宗教、人種を異にする集団に対して「憎悪、蔑視、暴力あるいは反感」をかきたてる公然の演説という規定は「不明確で無効」であるとした上、かかる悪に対しては、コンモン・ローで充分であると言っているのは、正に適例である。ところが、右の州裁判所の判決の論理は、そっくり一九四八年の最高裁判所の判決で採用され[25]、「犯罪記事、警察の報道、あるいは犯罪実行行為の記述、あるいは流血、肉欲または犯罪をめぐる行為を表す絵、物語を主な内容とする」出版物の出版、頒布行為を罰するニュー・ヨーク州法が「不明確の故に無効」とせられた。ここでも六人の裁判官が否認したのは、実は、「通常人がその意味を当て推量するほかはない」程不明確な法律ではなく、むしろコンモン・ローに由来する「わいせつ、いんわい、好色的または不潔」(obscene, lewd, lascivious or filthy) な出版物の規制をこえて、制定法が新たな出版犯罪を創造し、それだけ出版の自由がせばめられること自体であったことは明瞭である。用いられた言葉が「技術的な、あるいはコンモン・ローにおいて確定された意味をもたない」というだけで、これに「不明確」("vague" "uncertain" "indefinite") の烙印を押し、連邦最高裁判所が、青少年犯罪という新しい問題を処理しようとする州の立法権の努力を無にすることに対し、フランクファーター判事[26]が強い反対意見を書いているのが注目せられる。この少数意見の立場は、やがて逆転して Beauharnais v. Illinois における多数意見となり、前記のニュー・ジャージー州法に酷似した、文書による人種的、宗教的な侮蔑と憎悪のプロパガンダを罰するイリノイ州法の規定が「不明確」であるという主張は却けられたのである。

このことは、言論の自由の領域においても、「不明確の故に無効」の理論を、純粋に手続的正義の要請として、自由と対立する社会的諸利益の調整が実質的に合理的であるかどうかという観点を離れて理解する方向に、最高裁判所が決定的に方向を転換したことを意味する。もちろん、先例のなかには、言論の自由の領域において「不明確の故に無効」の理論を異った意味で用いたものがある。一九三一年に、ホームズ、ブランダイス両判事を含む最高裁判所が、「組織された政府に対する反対のシンボルとして赤旗を掲げること」を罰したカリフォルニア州法の規定を「漠然として不明確」であるという理由で無効としているが、もとよりこの規定には、通常人がその意味を当て推量せざるを得ないような「不明確さ」の一片だになく、本当の理由は、平明な意味を字義通りにとると、「反対」は、方法の如何に関わりなく、従って刑罰の対象として「広すぎる」（overbroad）ことにあった[27]。それは、すでに一九二〇年の判決[28]の単独の反対意見のなかで、ブランダイス判事が、およそ、時、所、相手、方法を限定せず、すべての「戦争不協力の唱導」を罰したミネソタ州法を無効としたのと同じ思想に基いている。「角を矯めるために牛を殺す」類の言論の抑制は、修正第一条の実体的な自由の保障の解釈として、法律の文面上も無効とされるであろうが[29]、右のブランダイス判事の単独の反対意見が、最高裁判所もブランダイス自身も連邦憲法が州権力に対して「言論の自由」の保障を含んでいると見ていなかった時期のもので、修正第一四条の「適法手続」条項それ自体を根拠としていることから明らかなように、そうした「豚を焙るために家を焼く」[30]やり方は、制約される個人の自由が「言論の自由」であろうと、その他の無名の「自由」であろうと、ひとしく実質的な意味における「適法手続」の基本原理に反する。そのような excessive な法的規制は、往々にして「不明確」な法律と結びつくが、両者の間に必然的な関連はなく、法律が「不明確」（vagueness）なために形式的意味の「適法手続」に反する場合と、「広すぎる」（overbroadness）ために実質的な意味の「適法手続」に反する場合を区別すべきであろう。立法者がある害悪の根絶に余りに熱心で、いかなる領域でも「法」に不可決な節度（moderation）を踏みこえた適例は、定職がない前科者が「ギャングの一員」となることを「無頼漢罪」（gangster）となし、一万ドル以下の罰金、もしくは二〇年以下の拘禁を課したニュー・ジャージー州法であろう。「ギャング」とか「ギャングスター」という言葉が多義的であることを根拠に、最高裁判所は全員一致で「不明確の故に無効」の理論を適用しているが[31]、仮に明確な用語を用いて常習的犯罪者の団体を定義することが出来るとしても、やはり実質的な意味における「適法手続」の問題が残るであろう。マーフィ判事が「交わりによる罪」を「自由と適法手続の概念の本質」に反すると言ったのは、正にその点を衝いたものであったと思われる[32]。

もちろん、法律の一応の不明確さを解釈によって明確化することは、裁判所の通常の仕事である。それが州法であれば、州最高裁判所の附した註釈を含めたものが、連邦最高裁判所にとって判断の対象となる。「法の軽視（disrespect）を唱導する文書」の出版、頒布を罰する州法が、州裁判所によって、「公然たる違法行為、犯罪的行為の唱導」を意味すると解釈せられ、裸体主義者の機関誌の頒布行為に適用せられた事件で、ホームズ判事は、かく解釈された州法は不明確ではなく、かつ「公然露出罪」（indecent exposure）の実行を不特定多数人に扇動する行為は、特定人に犯罪実行の意志を生ぜしめる教唆と同様、それ自体可罰的であるとしている[33]。特にコンモン・ローに由来する犯罪類型のなかには、各州における判例の堆積を離れては「不明確」とも「広すぎる」とも思われるものが多い。州憲法自体に適法手続条項や事後法の禁止の規定をもつアメリカでも、コンモン・ローの伝統に忠実ないくつかの州では、「共謀」（conspiracy）に関する刑法規定の最後に、「公共の健康、公の道徳……に有害なる行為」の共謀を罰するという伝統的な catch-all phrase が残されている[34]。かかる州法のもとに、一夫多妻婚を説いたモルモン教徒が有罪とせられた一九四八年の事件では[35]、ジャクソン判事を代表とする多数派は、直ちに「不明確の故に無効」の理論を用いることなく、州のコンモン・ロー及び制定法全体の文脈のなかで州最高裁判所がこれを明確化し得るかどうかを見るために、もう一度州最高裁判所に差戻した。しかし、最高裁判所は常にこのように州法の不明確さに対して寛容な気の長い態度をとっていたわけではない。むしろ、「不明確の故に無効」の理論は、より多くの自由のために気の短い裁判官達によって、不当に拡張解釈され、従ってその適用において（as applied）違憲となるが、それ自体は「不明確」でも「広すぎる」こともない州法を、文面上（on its face）無効としたり[36]、コンモン・ローに由来する、法益は具体的であるが、それを侵害する行為としては限定されていない「平和妨害罪」（breach of the peace）の規定を、これを適用した州下級裁判所の陪審に対する説示に含まれた不明確な表現と結びつけて、無効とするのに用いられている。[37]

（1）　American Communications Association v. Douds, 339 U. S. 382（1950）におけるフランクファーター判事の一部反対意見。Watkins v. U. S., 354 U. S. 178（1957）の法廷意見。

（2）　Wieman v. Updegraff, 344 U. S. 183（1952）, Slochower v. Board of Education of New York City, 350 U. S. 551（1956）, Schware v. Board of Bar Examiners of New Mexico, 353 U. S. 232（1957）

（3）　Speiser v. Randall, 357 U. S. 513（1958）

（4）　Bridges v. Wixon, 326 U. S. 135（1945）

（5）　Fong Yue Ting v. U. S., 149 U. S. 698（1893）

（6）　Harisiades v. Shaughnessy, 342 U. S. 580（1952）

（7）　Jordan v. De George, 341 U. S. 223（1952）ジャクソン、フランクファーターの両判事は、少数意見として、「道徳的に恥ずべき犯罪」（any crime involving moral turpitude）を再度犯した外国人の強制送還を定めた法律が不明確で「適法手続」に反すると主張している。

（8）　Schneiderman v. U. S., 320 U. S. 118（1943）法廷意見は修正第五条の「適法手続」条項がかかる厳格な立証を要請すると明言せず、むしろ「わが国の最善の伝統、われわれの諸制度のもろもろの美質」と相容れないことを理由としている。

（9）　Knauer v. U. S., 328 U.S. 654（1946）ここではマーフィ判事は、ラトレッジ判事と共に、厳格な立証を要求するだけでは不充分と考えて、生来の国民と同じ理由、同じ手続によらなければ一度帰化した国民の国籍を奪い得ないという反対意見を書いている。

（10）　Nowak v. U. S., 356 U. S. 660（1958）, Maisenberg v. U. S., 356 U. S. 670（1958）但し連邦議会は法律を改正して、共産党その他の団体のメンバー、関係者の帰化を認めず、従って改正後の帰化についてはこの原則は何らの力もない。

（11）　Cf. O'Brien, Loyalty Tests and Guilt by Association, 61 Harv. L. Rev. 592（1948）。もっとも、共産党を犯罪的共謀団体としか見ないジャクソン判事は、「《交わりによる罪》とは、屡々用いられるが余り説明されていない慣用句であり、ただ《罪は個人的である》という別のスローガンを伴っているにすぎぬ。もちろん罪は個人のものである。だが共謀に加わることで個人的な罪を生ずることもある」と言う。American Communications Association v. Douds, 339 U. S. 382, 433（1950）

（12） 341 U. S. 123（1951）

（13） Joint Anti-Fascist Refugee Comm. v. Clark, 177 F. 2d 79.

（14） Pierce v. Society of Sisters, 268 U.S. 510（1925）

（15） Cf. Corwin, The President（1948） p. 130., Westwood, The "Right" of an Employee of the U. S. against Arbitrary Discharge, 7 George Wash. L. Rev. 212（1938）

（16） Bailey v. Richardson, 182 F. 2d 46（1950）; 341 U. S. 918（1951） 右の最高裁判所の判決は意見なしのものであるが、控訴審の判決に反対であったらしい四人の裁判官（Black, Douglas, Frankfurter, Jackson）は、夫々 Joint Anti-Fascist Refugee Comm. v. McGrath で不満をもらしている。

（17） Cf. Griffith & Street, Principles of Administrative Law（1952） p. 147.

（18） Jordan v. De George, 341 U. S. 223（1951）

（19） Cf. De Grazia, Obscenity and the Mail, 20 Law & Contemp. Prob. 608（1955）

（20） 何が「わいせつ」であるかについては裁判官も決して expert ではない。「全体として通常人の性的興味に訴えることを主眼としているもの」という基準は、むしろ陪審のみが合理的に用い得るとする考え方から、「わいせつ」出版物の規制について陪審による裁判を「適法手続」の要請とする者もある。Kingsley Books, Inc. v. Brown, 354 U. S. 436（1957） におけるブレナン判事の反対意見。「文書による名誉毀損」（libel） について同様の主張は、ジャクソン判事によってなされている。Beauharnais v. Illinois, 343 U. S. 250（1952） における反対意見。

（21） 南部における黒人の人権を保護する連邦法が「法の仮装のもに、連邦憲法、連邦法の保障する諸権利を故意に剥奪する行為」を罰したのは、主観的な故意を必要とする結果、見かけ程不明瞭ではないというダグラス判事の多数意見に、フランクファーター、ジャクソン、ロバーツの三判事は反対した。Screws v. U. S., 325 U. S. 91（1945） 右のダグラス判事の理論を「暴力を用いる意図をもって、政府の暴力的顛覆を唱導する罪」に適用して、スミス法の不明確性の主張を却けた裁判所に対して、同じダグラス判事が反対している。Dennis v. U. S., 341 U. S. 494（1951） における反対意見。

（22） 不明確な法律のもとに不利益な効果を受ける個人がそれに値するかどうかという考慮は裁判所のなすべきことではない。脱税犯が道徳的に非難さるべきかどうかという問題と、道徳的に非難さるべき犯罪という基準が、通常人にとって可測性を与える基準であるかどうかという問題は別である。

（23） Joseph Burstyn, Inc. Wilson, 343 U. S. 495（1952）

（24） State v. Klapprott, 127 N. J. L. 395（1941）

II　基本的人権

（25）Winters v. New York, 333 U. S. 507（1948）

（26）343 U. S. 250（1952）

（27）Stromberg v. California, 283 U. S. 359（1931）同種の赤旗禁止法は一九一〇年代に多くの州で制定され、コンモン・ローの平和妨害罪（breach of the peace）を具体的に宣言したものとして、各州の裁判所が合憲とし、今日も存続している。cf. Commonwealth v. Karvonen, 219 Mass. 30（1914）Bernard, Avoidance of Constitutional Issues in the United States Supreme Court, 50 Mich. L. Rev. 261. 273（1951）

（28）Gilbert v. Minnesota, 254 U. S. 325（1920）

（29）最近では、「未成年者」に有害な図書を「成人」に頒布することをも罰したミシガン州法が、全員一致の判決で無効とされている。Butler v. Michigan, 352 U. S. 380（1957）

（30）判例が、連邦憲法による、州権力に対する一定の基本的権利の保障を、修正第十四条の適法手続条項の実質的側面として捉えて来たことと対応して、連邦権力に対する人権のカタログにない無名の「自由」を連邦権力に対して保障する場合にも、修正第五条の適法手続条項に拠り、例えば外国旅行の自由は natural right として修正第五条の保障する「自由」の一部とされている。Kent v. Dulles, 357 U. S. 116（1958）人権のカタログが列挙する権利は制限的なものでなく、国民は保留した無限定の権利、自由をもつことを明言する修正第九条は全く存在を忘れられている。cf. Jackson, The Supreme Court in the American System of Government, p. 74.

（31）Lanzetta v. New Jersey, 306 U. S. 451（1939）

（32）Bridges v. Wixon, 326 U. S. 135（1945）cf. Cahn, The Sense of Injustice（1949）p. 30.

（33）Fox v. Washington, 236 U. S. 273（1915）

（34）例えば、モンタナ、ミシシッピ、アラバマ、ユタ等の州。

（35）Musser v. Utah, 333 U. S. 95（1948）差戻された州最高裁判所は、もちろん明確化し得ず、自ら「不明確の故に無効」とした。State v. Musser, 223 P. 2d 193（1950）

（36）Herndon v. Lowry, 301 U. S. 242（1937）

（37）Terminiello v. Chicago, 337 U. S. 1（1949）反ユダヤ主義の神父がシカゴの公会堂で演説会を開いたところ、これに反対する大衆が会場をとり囲み実際にかなりの混乱を生じた。演説会の後に「平和妨害罪」に関する市条例に基いて起訴され、州裁判所は有罪と判決したが、最高裁判所は、事実審の裁判官が「公衆を怒らせ、争論を招き、不安の状態をもたらし、混乱を生ぜしめる言論」も「平和妨害罪」を構成する旨陪審に説示したことを理由に、条例そのものを不明確の故無効とし、フランクファーター、ジャクソンを含む四人の裁判官は少くとも、手続上の根拠で一致して反対した。

四　言論の自由

1　「事前の抑制」

言論の自由に関連して「事前の抑制」（previous restraint）という観念は、周知のごとくブラックストーン[1]が「出版の自由」を説明して、それは「出版」に「事前の抑制」を加えないことにあり、「不隠当、有害あるいは不法な」出版について、出版後に司法手続によって出版者の法的責任を問うことを排除するものではないと述べたのに由来する。一九〇七年の判決[2]で、ホームズ判事も、他人の名誉を毀損する出版はその内容が虚偽であっても「事前の抑制」からは一応自由であるが、たとい真実であっても「事後の処罰」（subsequent punishment）から自由ではないとしている。州憲法による言論の自由の保障以前に外の政府によって行われて来たような出版に対する「事前の抑制」という言葉でホームズ判事が念頭に置いていたのは、植民地時代に反政府的な出版を取締るのに威力を発揮した行政的検閲であったことは明白である。それが言論の自由と相容れないという主張は何よりも経験的な自明性を有し、一般に「事前」でありさえすればいかなる目的、方法による言論の自由の制限も許されないというような「理論」に立脚しているわけではない。

一九三一年の Near v. Minnesota[3]は、四人の裁判官の反対をおしきって、「事前の抑制」の観念を類推的に拡張した指導的先例であるが、違憲とせられたミネソタ州法は、「悪意にみちた、中傷的、名誉毀損的な」新聞、雑誌等を「公的不法妨害」（public nuisance）とし、公益代表者の請求によって裁判所が違法と認定した記事の将来の頒布のみならず、同種の記事を将来出版することを差止命令（injunction）によって抑制することを定めたものであった。多数派は、行政官が抑制するか、裁判所が当事者主義的な訴訟手続によって抑制するかの差異は「手続上の細目」にすぎず、ある種の記事の将来の出版を「事前に」抑制するという点で本質的に「検閲」であると断定したのである。しかし、差止命令による出版の抑制は、すでになされた具体的な言論の内容が裁判所によって違法と評価せられ、違法の継続が裁判所侮辱として処罰せられるという形で行われるので、将来の言論を抑制するという点では刑事法が抽象的に一定の言論を犯罪として禁止している場合、いわゆる「事後の処罰」と本質的に異るものではない。両者の間に存する差異ほ、差止命令それ自体がすでに一般的な法律の執行である以上、禁止の内容または受命者がより具体的で、命令違反に対して法律違反に対する「刑罰」に憲法上不可欠な手続的保障（陪審、無罪の推定等）なしに実質的な意味の刑罰が課せられる点にあろう。かかる差止命令を言論統制に用いることが直ちに出版の行政的検閲に等しい筈はない。この「事前の抑制」に関する指導的先例は、「事前」の意味の二義性を故意に利用し、あたかもブラックストーンの「理論」の当然の適用であるかのごとき外見を装いながら、実は右に述べた「事後の処罰」との差異に着目して、この場合の差止命令による「名誉毀損」の抑制を違憲と判断したものであった。[4]「文書による名誉毀損」（libel）がすでに不法行為および犯罪として法的に規制せられた言論であること、それ等のコンモン・ロー上の裁判手続では陪審が行きすぎた言論の自由の抑圧の安全弁として作用し得るが、差止命令および裁判所侮辱の手続ではそれがないこと、また損害賠償や刑事の手続では名誉を害された被害者が前面に現われ、法の介入する目的が具体的に明瞭であるが、この「公的不法妨害」としての「名誉毀損的」出版の抑圧は「公けの道徳と公共の福祉」のために検事あるいは自ら任ずる公益の代表者によって発動せられること、[5]問題の差止命令の内容が不明確であること、[6]就中この事件では「名誉毀損」が公人の公的な行為に関連していること等、これ等の点を綜合して多数派は「名誉毀損」の抑圧のためにこの差止命令による方法が必要である以上に言論の自由のために有害であると判断したのであろう。わいせつ出版物の規制に差止命令を用いたニュー・ヨーク州法を合憲とした最近の判決は、[7]問題の所在を一段と明瞭にしたと思われる。この州法によれば、市長の請求に基いて裁判所が特定の出版物のわいせつ性を認定し、わいせつと認定せられた出版物の頒布を全州内において差止め、そのすべてのコピーを回収し廃棄することを命ずることが出来る。ここでは差止命令の受命者は特定人ではなく、またすでに出版せられて市場にある同一のわいせつ出版物の頒布が何人に対しても禁止せられるのである。もし一九三一年の指導的先例を額面通りに裁判所による「事前の抑制」を排斥したものとして受取るにしても、ここでの差止命令は頒布禁止命令であるから、容易に先例から区別する（distinguish）ことが出来る。[8] しかし、五人の多数派を代表したフランクファーター判事は、かりにニュー・ヨーク州法の差止命令がミネソタ州法のそれと同じく、過去にわいせつ文書を出版した特定人に対し、将来の同種の出版を禁止する内容のものであったとしても、これを「事前の抑制」として刑法によるわいせつ文書の出版の一般的禁止と質的に区別する合理的な根拠はないことを詳説している。禁止命令そのものがいずれの場合にも将来の自由の制限であることはその指摘する通りであろう。差止命令が「事前の抑制」であるから言論の自由と相容れないとしたニヤ事件の「論理」は、これによって打ち砕かれたと言える。しかしまた差止命令が「事前の抑制」ではないというだけでも、この特殊な規制方法が言論の自由と相容れることの論証にはならない。フランクファーター判事が、刑法による一般的禁止も場合によっては、例えば再び同種の犯罪を犯さないことを条件として刑の執行猶予を認めるという形で、特定人に向けられた具体的な禁止となり得ることを挙げて、差止命令と「事後の処罰」との差異を全く無視するのは、「事前の抑制」という mislabel を改めるべくして改めた以上に、余りに「個別的な分析」[9]（particular analysis）に陥って、この抑制方式がいわば体制的に言論の自由に及す得失を計算することを忘れたものであろう。四人の少数派のうち三人の裁判官がこれを「焚書」または「検閲」として違憲と主張したのも、[10] 結局は言論に対して差止命令による intensive な抑制方式が許されないと考えたからである。ウォーレン長官の反対意見が、わいせつ出版の故に処罰せられる者は、個々の場合に、出版物自体のわいせつ性のみならず、行為者としての可責性について判断を受けることによって実際に生ずる「すき間」（lee-way）に対する権利をもつと言っているのは、少数派の根本的な立場を直截に表明したものである。多数派は、司法的基準によって、裁判所が「わいせつ」と認定する言論はもはや憲法の保障する「言論」ではなく、[11] その抑圧のために州がいかに能率的な方法を「法の武器庫」から選び出しても違憲とはならないとした。

「事前の抑制」の指導的先例を実質的に葬った右の最近の判決も、「事前」であると否とを問わず、内容に着目した言論の行政的抑制は原則的に違憲となることを認めている。一九三〇年代末から最高裁判所が「事前の抑制」として言論の自由の保障に反し無効として来たのも、規制の対象の広狭の差はあるが、言論の行政的抑制が大部分であった。その最初の例は一九三八年の Lovell v. Griffin であるが[12]、そこで全員一致の判決で無効とせられた市条例はおよそあらゆる文書を市内で頒布するのに市管理人の許可を必要としたもので、このような許可制が「もっとも大胆な形態の検閲」とせられたのは当然であろう。また公園や道路をそれ等の一般的使用の範囲をこえた目的に用いる場合に、市長その他の行政官の許可を要求することは古くから行われて来た所で、修正第一条による「言論の自由」の保障が修正第一四条の中に摂取せられて州権力をも制約すると考えられていなかった一九二五年以前の時期には、ホームズ判事[13]やカードゾ判事等[14]も州最高裁判所の裁判官として、公園、道路上における演説、集会の許可制が、州憲法の保障する「言論の自由」や修正第一四条が州に対して保障するいかなる自由、権利をも侵すものではないと考えていたし、連邦最高裁判所も個人の「言論の自由」が公共財産に対する州または地方団体の、私的所有権とパラレルな絶対的支配権に優越するものではないというホームズ判事のアプローチを是認していた[15]。後には州裁判所自身が、かかる立法によって行政官に与えられた裁量権にも「公共の安全と便宜」(public safety and convenience)という枠があり、それと無関係に許可申請者の思想、予想せられる言論の内容を基準として許否を決定するのは違法であるという立場をとるようになったが、一九三〇年代末の最高裁判所は、より多くあるいはより少くリベラルな州裁判所の司法審査に依存しない、公園、道路における「言論の自由」の全国的な規格を求めて行くようになる。州が公園や道路の使用を規制する絶対的権利をもつという考え方が否定され、市民が互いに意見を交換し、州または全国的な公けの問題について論議するために公園、道路を使用する権利を有し、この市民の権利が「公共の安全、便宜」のために制約せられることになる。一九三九年の Hague v. C. I. O. では、連邦労働関係法によって労働者が獲得した権利について論議するための公園の使用を「暴動、騒擾または無秩序な集会を防止するために適当」として許可しなかった市の行為が、合衆国全体の公けのことがらについて論じる「合衆国市民の特権」(priviledges and immunities of national citizenship)の侵害であるのか、一般的な連邦憲法上の「言論の自由」の侵害であるのかについて多数意見の中にも分裂があったが、いずれにせよ、公園、道路における「公衆の安全と便宜」という考慮はともかく、一行政官が不穏な事態を防止するために適当と判断するかどうかによって集会を事前に抑制することは、不必要なあるいは差別的な自由の抑圧を招き違憲となるとせられたのであった[16]。一九三〇年代末の右の二つの判例を出発点として、一九四〇年代半ばまではいわゆる「事前の抑制」からの言論の自由の拡充期と見ることが出来る。ひとり、公園や道路における集会の行政的許可制のみならず、他の社会的利益、例えば住居のプライヴァシー、家宅立入りや金銭の授受に伴う犯罪の予防の見地から、全く必要でないとは言えない戸別訪問や寄付の勧誘行為についての行政的許可制も、申請者の「善良性」(good moral character)とか[17]、募金者の目的が「宗教的」[18]であるかどうかの認定を通じて、言論の実質について行政官が差別的な取扱いをする可能性のある場合には、かくれた「検閲」として言論の自由と相容れない「事前の抑制」とせられた。この時期の最高裁判所は、差別の事実上の可能性の故に許可制を定める州法(条例)を「文面上無効」とし、差別が法的に可能であるかどうか、現実にそのような差別が行われたかどうかに関係なく、無許可で集会、戸別訪問等を行ったがために州裁判所で処罰せられた被告にそもそも許可を申請する義務が存在しないという立場をとっていたのである[19]。

行政的許可制を通じて行政官が言論の実質を選別する事実上の可能性を「事前の抑制」は文面上無効という理論で除去して来た最高裁判所は、やがて立法部による類別(classification)が、適用における差別(discrimination)の可能性なしに、市民の一部分の「言論の自由」の事実上の抑制を結果する場合にも「事前の抑制」の観念を流用するに到った。ジェホヴァズ・ウイットネス(エホバの証人)が戸別訪問により布教活動を行い、宗教的パンフレットを配布して費金カンパを求める場合、これに市条例の定める一般的な行商免許税を課することが違憲となるかどうかが争われた一九四二年の事件で[20]、リード、フランクファーター判事を含む五人の裁判官は、布教活動の一面であるが故にその business を一般的な課税から免除することは修正第一四条の保障する言論（布教）の自由の要求ではなく、むしろ同条が禁止する宗数への援助になろうとした。これに対してストーン長官を中心とする四人の裁判官は、免許の取消の場合の基準が存在しないことにも着目しながら、資金カンパは貧しい者が布教活動を長期的に継続し得るために不可欠の手段であるから、これに課税することは貧しい者の主義、主張を差別的かつ効果的に抑圧することになり、「事前の抑制としての潜在力において端的な検閲や抑圧と大差はない」と論じたのである。多数派の一人の裁判官が新任のラトレッジ判事と交替したために、翌年の同様な事件[21]では、「言論、出版、宗教の自由は万人のものであって、その費用を自ら弁じ得る者のみのものではない」ことを強調してこの種の免許税が「事前の抑制」となるとしたダグラス判事の意見が、五対四に分裂した最高裁判所の法廷意見となった。同様に立法による類別を「事前の抑制」の理論によって、「適用において」違憲となる部分について縮減した例は、一九四五年の Thomas v. Collins[22]である。職業的な労働組合の組織者が州内で組合員の勧誘活動を行う場合、事前に州法務長官に登録することを要求したテキサス州法のもとに、事前の登録なしに組合員勧誘行為をなすことを禁止した裁判所の抑止命令（restraining order）を無視して労働者の集会で組合への加入を勧める演説を行った者を、州裁判所が裁判所侮辱として罰したのが、これまた五対四に分裂した最高裁判所によって「事前の抑制」として許されないとされたのである。ラトレッジ判事の代表した多数意見は、職業的組合組織者の組合員勧誘活動も現実に組合費の徴集を伴わない限り州が正当に登録を要求し得る business practice ではなく、たとい事務的な登録制であれ、原理的に「事前の抑制」と相容れない「言論」であるとしたが、前述の免許税事件で布教者のパンフレットの販売を「言論」の不可欠の一部として一般的な行商免許税の対象から外すのに指導的な役割を果したストーン長官も、business activity の不可欠の一部である「言論」を現実に金銭の授受がないというだけで登録による規制の対象から除外することに反対する少数意見に加わっている。単に事務的な登録と販売高に依存しない定額の地方団体の免許税とでは抑制の実際の効果が異ることは見逃がせないが、ストーン長官に師事したいわゆる「自由派」の裁判官達[23]は師以上に出て、登録制をもっぱらその事前性の故に言論の自由と相容れない「小さな圧政」と見、それが言論の自由の基礎を揺り動かすはるか以前にその芽を摘み取ったのである。(24) 立法による類別を「事前の抑制」として処理したこれ等の判例は、一見、ニヤ事件以来のブラックストーン伝統を極端につきつめた結果のように見えるが、実は、万人の言論の自由の、合衆国全体を通じたある絶対量を想定し、(25) 抑制の形態、目的の多様性に無頓着に、自由と秩序との選択が常にデリケートであることを口では認めながら、無雑作に自由を選んだ結果であって、抑制の「事前性」に固有の意味を認めていたわけではない。同じ「自由派」の裁判官達は、それ故全く同じ筆法で、「家人を戸口に呼び出して文書を頒布すること」を禁止した「事後の処罰」の市条例を、「戸別にちらしを頒布することは資金の乏しい庶民(little people)がその言わんとする所を弘めるために不可欠である」ことを強調して、プライヴァシーの侵害は「優越的地位」を占める言論の自由の制限を正当化する程の重大な害悪ではないという理由で違憲とした。(26) 後に少数派となった時にも、「自由派」は、騒音防止という社会的利益のために拡声器つきトラックの使用を禁止した「事後の処罰」の市条例は、アメリカの社会でマス・コミュニケーションのあらゆる手段を使用する均等な機会を有しない大衆に残された思想伝達の効果的な手段を全面的に奪う点で、結果的には富める少数者の発言に対する「えこひいき」(favoritism)となり、前年に違憲とせられた拡声器の使用許可制(事前の抑制)(27) よりも悪い「絶対的検閲」(absolute censorship)であると主張している。(28) 司法的「事前の抑制」の場合と同様、立法的「事前の抑制」も、実は「事前の抑制」として固有の問題点を含んでいるわけではないということが「自由派」の口を通じて明らかにされたと言うべきであろう。(29)

そこで、「事前の抑制」として特殊な問題点を含むものは行政的「事前の抑制」だけであるということになるが、それも実は言論の自由と公共的秩序との調整という一般的な問題の一面にすぎない。「自由派」が抑制の「事前」「事後」の区別を相対化した機会に先ずこの一般的な、そして司法審査の本質に触れる問題をめぐる対立を簡単に示して置くことが便利であろう。この対立の一方の極についてはすでに触れたから、(30) ここではブラック判事が現存の代表者である他方の極をいささか図式的に描いて見よう。[31]「言論の自由」は民主政のプロセスの integrity のために不可欠な、他の諸々の自由と質的に異る特別の種であり、この自由の保障のために司法審査の果すべき役割は、個人の自由の保障の一般の場合と全く異る。政治的に無力な少数者の保護もさることながら、「言論の自由」が最大限に保障されなければならないのは、唯そうすることによってのみ、民主的な社会、「開かれた社会」(open society) あるいは「進歩する社会」(advancing society) にとって不可欠な「啓発された公衆」(informed public) の存在が担保せられるからである。それ政、「言論の自由」は社会的利益と対立関係に置かれる私的権利にすぎないのではなく、また消極的に公権力の犯す過誤に対する効果的な矯正手段としての社会的意義を有するに留るものでもなく、社会のすべての成員が欲するならば常にありとあらゆる思想に接し得るという社会体制として本源的な価値を有する。この立場からは「言論の自由」の重心が公衆の「知る自由」に移されるわけであるが、公衆の「知る自由」はそれ自体最高度の「公共の利益」で、街路の清潔、私宅のプライヴァシー、社会的静謐等々の社会的利益、否むしろ原則的にいかなる社会的利益にも優越すると考えられる。従って「言論の自由」を制約する法律には当然合憲性の推定は与えられず、裁判所は立法部を通して社会がふと自ら放棄した「知る自由」をあらゆる機会に社会に返還すべき使命を持つ。ただそれは裁判所が自ら買って出た仕事であってはならないから、裁判所は修正第一条において、「言論の自由」とすべての社会的利益との較量をすでに行った上で、この自由の無制約性を決断した全智全能の憲法制定者の意図を読みとらなければならない。[32]もっとも文字通りの「言論の自由」の絶対性を「自由派」の裁判官が貫いたわけではない。自由を制約する何等かの社会的利益との較量に迫られる場合、「もし裁判所が衡量を誤るならば、言論、出版の自由という貴重な権利を保護しすぎる (overprotective) 方向に誤る方がはるかに善い」[33]と言うマーフィ判事の言葉がより卒直に「自由派」の根本的態度を伝えている。「自由派」の裁判官が「較量」の必要性とそのデリカシーを認めた場合に使用した判断の基準は、ホームズ、ブランダイスの「明白にして現在の危険」、またはそれを自由の overprotection の方向に改鋳した「重大にして切迫せる危険」という言葉で

Ⅱ 基本的人権

ある。それは、言論の自由を制限することによって得られる社会的利益とこれを制限しないことに存する社会的利益との抽象的な較量の基準として、抑制の形態を問わず、言論の自由を制限する法律そのものの合憲性の基準として用いられることになったが[34]、「自由派」の前提に従えば損われない社会の「知る自由」に存する最高度の公共の利益に優越する社会的利益とは単に想像上のもので、現実社会における social control としての立法は、言論の自由の制約を含む限りすべて違憲ということになろう。「自由派」の哲学の領域から現実の司法審査の領域に下りて見れば、このことは実は裁判官の個人的な preference を社会に強制することにならざるを得ない。「自由派」が一票の多数派として社会に「知る自由」を強制した一連の判例を、フロインド教授[35]が、passive liberties に対する aggressive liberties の尊重として批判するのはそのためである。「自由派」の哲学を司法審査権によって社会に強制することは、判決自体の説得力が余程強固でない限り長続きするものではない。裁判所自体の分裂、特にフランクファーター、リード、ジャクソン等の、場合によっては説得力の強い反対意見は、一九四〇年代後半に超越的な司法審査の傾向をチェックすることに成功した。

自由と秩序の較量における自由への一方交通がチェックされ、例えば交通の安全とか街頭の騒音の一定限度とかが言論の自由の制約を正当化し得る社会的利益と認められて、はじめていかなる公権力による調整の仕方が、目的に対して合理的であるかという問題が生ずる。「不明確の故に無効」の原則はこの問題の一面を捉えたものであり、これと混同せられた「広すぎるために無効」とでも言うべき、実質的適法手続の基本原則も他の一面を捉えたもので[36]、一九四〇年前後の判例では、同じ原則が「言論の自由の優越的地位[37]」とか「明白にして現在の危険[38]」という流行語を身にまとって現われたと見ることが出来る。ところで、行政的「事前の抑制」の含む特殊な問題点があるとすれば何であろうか？　先ず、かって違憲とせられた「事前の抑制」には、許可制によって抑制する目的の全く不明なものがあったことを想起する必要がある[39]。単に公権力の把持者が自分の縄張りだからといって人々の言論を許すべきものと許すべからざるものに分ち得るかどうかというのは、「事前の抑制」としてよりも、言論の自由と正当な社会的利益との調整以前の問題であろう。一九五〇年代の判決でも、公園を集会に使用するのに市当局の許可を要するというだけで、目的の不明な地方的な慣習法を無効としたのは同種の例であろう。(40) 第二に、一九四〇年前後の判例もすべての行政的「事前の抑制」を違憲としたのではなく、「公共の安全と便宜」という明確な公共の利益と道路、公園における集団行進、集会の自由との公平、無差別な調整を図るための許可制で、「公共の安全と便宜」に反しない限り申請者に許可を得る権利があり、許可権者に許可を与える義務のあるものであれば、合憲としている。(41) この場合、言論の自由を制約する目的の明確性のほかに、精密な基準が憲法上必要とせられているわけではない。具体的に明細な許可の基準は、制約の目的が明確に限定せられていれば implication として含まれていると考えられる。公園、道路の使用許可制は、地方団体の伝統的な権限領域に属する問題ではある。これに対して、同じく public comfort and convenience と合理的な関連をもつ騒音防止のために地方団体が許可制によって拡声器の街頭での使用を抑制し得るかどうかという問題は、一九四八年の最高裁判所の直面した新しい問題であった。(42) ここでダグラス判事の代表した法廷意見は、条例に何等具体的な許可の基準が存在しないことを理由に、これをわれわれの第一のグループの「事前の抑制」と同視し、物理的にではなく、思想的にうるさい者の言論の自由が差別的に抑圧せられる事実上の可能性があるから「文面上無効」とした。規制の対象の新しさは、原則を左右すべきものではなく、「州が、何が事実安居妨害（nuisance）であるかを決定する権限を公務員に与えることは、このような権限が、安居妨害だというけばけばしい衣装の下にある希ましからぬ意見の表明を抑圧するという形で、無法に乱用されるかも知れないという理由だけで、違憲とはならない。……州の行為（条例）は仮定に基いて違憲とされてはならない」と述べたフランクファーター判事の反対意見が正当であろう。しかし、この種の「事前の抑制」が文面上有効であるとしても、それは許可を申請することなく、許可の必要な言論を行った者に何等かの制裁を課することは正当化するが、不許可を不当として許可なしに、事実上許可制の目的である社会的利益を害することなく言論を行った者を処罰することを必ずしも正当化しないと思われる。この種の「事前の抑制」に関する一九五〇年代の判決で[43]、最高裁判所は、不許可を違法とする者の救済手段を行政行為の司法審査のみに限定した州法は手続的正義の原則である「適法手続」に反しないとしたが、刑事訴追において不許可の違法性を一つの defense として認むべきであろう。営業免許の場合と言論の許可制の場合とでは、「言論の自由の優越的地位」という「理論」をもち出す必要はないが、矢張り異った配慮が必要である。[44]一方は全くの私益であり、かつ法の裁きの下るまで待たせることが「秩序だった自由」であると言えようが、どんな言論にも多くは公益がひそんでおり、将に今語らんと欲する者を裁判所につなぎ止めて置くのは「自由なき秩序」になろう。第三に、言論の内容や主体に着目して選別を行う行政的「事前の抑制」が許されないことは、ブラックストーン伝統の中核であり、「事前の抑制」からの自由―ホームズ判事のいわゆる preliminary freedom―は、この点では完全であると予想せられるかも知れない。しかし、「事前の抑制」の指導的先例も、この自由ですら絶対的ではないと言い、傍論として軍事の機密保持やわいせつな出版物を防止するための「事前の抑制」は合憲であろうとしていた。またいわゆる「事前の抑制」の実体が元来出版の検閲であったことは、出版以外の言論の形態を何等かの理由で区別することによって、「事前の抑制」の禁止を相対化する口実も与えている。例えば、屋外集会における「演説」は聴衆の感情や本能に訴え、その内容によっては人々を暴動に駆り立てる力を「出版物」以上にもっているから、後者について許されない「事前の抑制」も前者については許されるであろうとか[45]、逆に「演説」の「事前の抑制」は危険な予測に基く演説者の選別を行うことで許されまいが、完成した「映画」の上映の「事前の抑制」には少くともこの危険性がないとか言われる[46]。映画上映の許可制は企業としての映画産業の発生と共に多くの州で行われて来た。一九一五年の最高裁判所は映画を単純に商品とみなし、単なる商品販売の行政的規制としても極度の不明確性を有する、「道徳的、教育的、娯楽的で無害な映画」に限って上映を許可するオハイオ州法を、「人々の経験と良識」に照して判断する時には、行政的検閲官の裁量を充分明確に限定していると判定した[47]。一九五二年に初めて映画が「言論」の一形態として「事前の抑制」からの自由を獲得することになったが、「冒瀆的」(sacrilegious) な映画の「事前の抑制」を無効とした判決は、

Ⅱ　基本的人権

必らずしも映画の検閲を全面的に否認したものではなく、むしろ「冒瀆的」という意味の不明確性と、かかる映画の上映を抑制する目的である宗教心の保護ということが正当な公権力の目的たり得ないことに重心を置いていた。[48]最近の判決で「性的不道徳の行為（婚姻外の性的交渉）を希ましい、あるいは是認し得る、あるいは妥当な行為として描いた」映画の「事前の抑制」が違憲とせられたのも、主たる理由は婚姻の内と外における性的関係を黒白に分つ正統派的な道徳観念の維持ということが正当な公権力の目的たり得ないというに在る。[49]これ等の判例の裏を読めば、出版の検閲はともかく、正当に公権力が保護し得る社会的利益を侵害する内容をもった言論に、法律の定める明確な基準に従って行政権が「事前の抑制」を加えることも、必らずしも言論の自由の保障に反すると考えられていないことは明瞭である。「明確性」の意味についてはすでに述べたが、言論の内容によって選別が行われる場合には、基準の明確性は憲法上の要件であって、不明確な基準で「事前の抑制」を授権する法律は、具体的な場合に抑制の権限が乱用されたかどうかに関わりなく、個々の事実を超越して無効となされる。[50]しかし、基準の明確性の要件よりも、この種の「事前の抑制」に関して一層根本的な憲法の制約は、発言者の意図や個々の言論の効果を離れて、言論の内容（materials）そのものの選別を公権力に委任することを正当化する社会的利益は限られているということであろう。戦争中の軍事的な機密保持は明瞭な例であるが、「わいせつ」に対して保護さるべき社会の性的道徳の最小限の普遍的な規準が果してわいせつな materials の選別陶汰を正当化するかどうかについては、最近の最高裁判所も分裂している。[51]かりに多数派に従って、社会が「わいせつ」に対するもっとも効果的な防護措置として、materials 自体の選別を正当に公権力に委任し得るとしても、このような考え方をそれ以外の領域に拡大することは許されないであろう。一九四六年のカリフォルニア州最高裁判所の判決が、[52]「政府の暴力的顚覆を唱導する者」に対して公民館の使用を許可しない州法を違憲とし、州の Criminal Syndicalism Act のもとに「犯罪」となる言論の抑制措置にすぎないという州側の主張を、この種の言論が憲法に矛盾することなく「犯罪」となるのには、個々の場合に「明白にして現在の危険」の存在することが必要であり、州の否認する政治的思想をもつ人々の集会の権利を否定するような予防措置を講ずることは許されないと言って排斥しているのは正当である。「明白にして現在の危険」の原則は、後述するように、いかなる思想の表明についても、それ自体の社会的な評価を法的な評価となし得ないという考え方に立脚するもので、言論の material または speaker を公権力が選別することとは相容れない。[53]

右に述べたような言論の material または speaker の選別淘汰は、常に言論の行政的「事前の抑制」（許可制）という形をとって行われるとは限らない。「わいせつ」出版物について合憲とせられた差止命令による司法的抑制は、たとい「事前の抑制」ではないにしても、同様な方法を「わいせつ」以外の言論の抑制に用い得るとは考えられない。また言論の事前の禁止ではないにせよ、連邦権力が「郵送し得る」（mailable）言論と「郵送し得ない」（non-mailable）言論を個々の場合に選別し[54]、あるいは差出人によって郵便の使用を将来にわたって禁止または差別し[55]、あるいは郵便物としての言論の内容に公権力の評価を加えること等[56]も、当然「言論の自由」の見地から問題になる筈である。郵便を使用することは、連邦権力が自由に規制し得る市民の「特権」であるという古くからの判例の立場は、一九二〇年代にホームズ、ブランダイスの反対意見によって一撃を加えられ、「色あせたドグマ[57]」とはなったが、「事前の抑制」というアプローチもすべての場合に適合したものではなく、郵便権力に対する言論の自由の保障は大きな盲点となっている。

（1）　Blackstone, Commentaries, 4, p. 151.

（2）　Patterson v. Colorado, 205 U. S. 454（1907）

（3）　293 U. S. 697（1931）

（4）　「文書による名誉毀損」（libel）について損害賠償や刑罰が実効的でなく、被害者が差止命令による衡平法上の救済を求めることが出来ることを明らかにしたものとして、Pound, Equitable Relief Against Defamation and Injuries to personality, 29 Harv. L. Rev. 640（1916）. Near v. Minnesota の多数派もかかる差止命令を「事前の抑制」の許される例外となろうとしている。

（5）　検事、検事総長がこの手続を開始しない時は市民の誰でも裁判所に対して差止命令を請求し得る。

（6）この事件で州裁判所が発した差止命令は単に違法な出版を中止して「普通の正当な」（usual and legitimate）新聞を発行せよというものであった。

（7）Kingsley Books, Inc. v. Brown, 354 U. S. 436（1957）

（8）Near v. Minnesota の多数派は「わいせつ」については「事前の抑制」も例外として許されることを示唆している。

（9）フランクファーター判事は、後述するように一九三〇年代末からの「事前の抑制」の判例の多くに批判的であり、ここでも、「事前の抑制が civil liberties の場合に特に有害であるという一般論はもっと個別的な分析に道を譲らなければならない」というフロインド教授の所説（Freund, The Supreme Court and Civil Liberties, 4 Vand. L. Rev. 533, 1949）を引用している。

（10）ウォレン長官、ブラック、ダグラス、ブレナン判事が反対意見を書いたが、ブレナン判事のみは陪審がわいせつ性を認定しさえすれば多数派と同調したと思われる。

（11）Roth v. U. S., 354 U. S. 476（1957）「名誉毀損」もまた憲法の保障する「言論」ではないとせられている。Beauharnais v. Illinois, 343 U. S. 250（1952）

（12）303 U. S. 444（1938）

（13）Commonwealth v. Davis, 112 Mass. 510（1895）

（14）People v. Atwell, 232 N. Y. 96（1921）, 261 U. S. 590（上告棄却）

（15）註（13）の判決を支持した Davis v. Massachusetts, 167 U. S. 43（1897）

（16）307 U. S. 497（1938）

（17）Schneider v. Irvington, 308 U. S. 147（1939）

（18）Cantwell v. Connecticut, 310 U. S. 296（1940）

（19）「討論の自由に対する危険を構成するのは、検閲官（censor）が時として権限を乱用することだけではなく、検閲官が存在するということ自体に内在する一般的な脅威である。」Thornhill v. Alabama, 310 U. S. 88（1940）におけるマーフィ判事の法廷意見。ここで「検閲官」と言われているのは、ミルトンの反対した出版物の検閲官と同視せられた集会や文書の頒布を許可するアメリカの市長のことである。

（20）Jones v. Opelika, 316 U. S. 584（1942）、反対意見は、ストーン長官、マーフィ、ブラック、ダグラスの四人。

（21）Murdock v. Pennsylvania, 319 U. S. 105（1943）Jones v. Opelika の判決も新しい五人の多数派によって取消された。319 U. S. 103（1943）。ラトレッジ判事は控訴裁判所の裁判官としてすでにこの種の免許税を違憲としていた。cf. Edgerton, Justice Rutledge, 63 Harv. L. Rev. 293（1949）新しい反対派は、フランクファーター、リード、ロバーツ、ジャクソンの四人。

(22)　323 U. S. 516（1945）多数派と少数派の構成は、註（20）の判決のストーン長官とジャクソン判事が所を替えただけである。

(23)「自由派」の好んで用いる「言論の自由の優越的地位」という命題に基礎を与えたのも（Carolene Products Co. v. U.S., 323 U. S. 18（1944）のストーン判事の法廷意見に附した脚注）、公園における集会の自由が端的に「言論の自由」の問題であることを指摘したのも（Hague v. C. I. O., 307 U.S. 497（1938）における同意意見）、国旗礼拝の強制が違憲となることを唯一人の反対意見で説いたのも（Minersville School Dist. v. Gobitis, 310 U. S. 585（1940））ストーンであり、いわゆる「自由派」は第一の Jones v. Opelika で、国旗礼拝事件でうっかりフランクファーターに同調したことの自己批判をしながら、ストーン長官と共に反対派に廻ったにすぎない。cf. Mason, The Core of Free Government, 1938-40, 65 Yale L. J. 597（1956）ただ「自由派」が余りに「言論の自由の優越的地位」を強調しすぎた場合には、ストーン長官が反対派に廻っている。Thomas v. Collins, supra n. 22 と共に Marsh v. Alabama, 326 U. S. 501（1946）がその例。Hand, Chief Justice Seone's Conception of Juidcial Function, 46 Col. L. Rev. 696（1946）は前記 Mason のストーン解釈と対蹠的に司法的自制派としてストーン長官を描き出しているが、解釈者自身の投映が多分にある（Freund, On Understanding the Supreme Court, p. 13）にしても、いわゆる「自由派」（司法的積極派）との質的な差異を摘出している。ストーン判事がある種の自由権についてこれを制限する立法の合憲性の推定が弱いことを説いたのも、必らずしも民主政における「言論の自由」の特殊的、絶対的地位という「自由派」の根本思想と直結するものではなく、また機械的に合憲性の推定が働かないとか、逆の違憲性の推定が働くというような「理論」とは無縁であった。（これを「理論」として、「言論の自由を制限する立法には合憲性の推定が働らかない」という機械的な原則とされるのは、伊藤正己「言論・出版の自由」第二章。）むしろ、ストーン長官が常習犯罪人の強制断種を定めたオクラホマ州法について合憲性の推定が弱いことを指摘している（Skinner v. Oklahoma, 316 U. S. 535 における同意意見）ことに典型的に現われているように、無力な社会の爪弾き者の personal rights の尊重というセンチメンタリティこそ、ホームズ、ブランダイス、フランクファーターに乏しい裁判官としてのストーンの独自の資質であった。ホームズ、ブランダイスは、遺伝的精神薄弱者の強制断種法を「強制的予防接種を合憲とする原則（公共の福祉）は輸卵管の切除をもカヴァーするに足る程ひろい」としたし（Buck v. Bell, 274 U. S. 200（1927）. ブランダイス判事については、Freund, On Understanding the Supreme Court, p. 66 et seq.）、ジエホヴァズ・ウイットネス（エホバの証人）に絡んだ国旗礼拝事件や免許税事件での、ストーン対フランクファーターの対立にも、ストーン的センチメンタリズムが働いている。しかしセンチメンタルな法的保護は、荒っぽく社会に挑戦する少数グループには及ばないことに注意すべきであろう。Keegan v. U. S. 325 U. S. 478（1945）（ナチス的な「ドイツ系アメリカ人連盟」の指導者の処罰）Bridges v. Wixon, 326 U. S. 135（1945）（共産主義的外国人の強制送還）Knauer v. U. S., 328 U. S. 654（1946）（ナチス的帰化国民の国籍の取消）等で、ストーン長官は少数派として自由の抑圧に賛成している。

(24)「(言論の自由の)土壌にまかれた(抑制の)種は次第に成長し、大きくなって自由の土台を崩してしまう。」Thomas v. Collins, supra n. 22 におけるラトレッジ判事の法廷意見。

(25)「この共和国のすべての市民が、その国土全体にわたって行使することが出来、どの一つの州も、すべての州も、全国民(Nation)すらも禁止したり、抑制したり、阻害したり出来ない、思想、言論、集会の自由のある定量(some modicum)がある。」というラトレッジ判事は、この定量の分量を説明して、この自由の行使が「至高の公共的利益(paramount interests)を危胎に瀕せしめる極度に重大な乱用」に到らない場合であるとする。

(26)Martin v. Struthers, 319 U. S. 141(1943)ブラック判事の法廷意見。リード、ロバーツ、ジャクソンの三裁判官が反対し、ジャクソン判事は、Douglas v. Jeannette, 319 U. S. 161, 166(1943)で Murdock v. Pa. および Martin v. Struthers に対する独自の反対意見を書いている。フランクファーター判事は法廷意見の extravagancy とある社会的利益のために有害な行為を類別する(classify)ことは立法部の固有の権限領域であることを指摘しながらも、この条例は、単に同様に家宅のプライヴァシーを侵害する他の行為を規制しなかっただけではなく、特に戸別訪問による言論を抑圧するための「故意の差別」(invidious discrimination)であるが故に違憲とした。cf. Breard v. Alexandria, 341 U. S. 622(1951)

(27)Saia v. N. Y., 334 U. S. 558(1948)

(28)Kovacs v. Cooper, 336 U. S. 77(1949)におけるブラック判事の反対意見。

(29)「事前の抑制」の理論に対する批判としては、前記フロインド教授のもの(註9)の外に、Note, Prior Restraint-A Test of Invalidity in Free Speech Cases? 49 Col. L. Rev. 10(1949)参照。

(30)いわゆる「司法的消極主義」として第一節で触れた。法学二四巻二号四四頁[本書一九〇頁]参照。

(31)Cahn, Firstness of the First Amendment, 65 Yale L. J. 464(1956)はブラック判事の立場の法哲学的アポロギヤであり、「ブラック理論では、何人も聴くことを強要せられないが、社会がたとい全員一致で聴きたくないと言っても、それは言論の抑圧を正当化するものではない」と言う。cf. Rostow, Democratic Character of Judicial Review, 66 Harv. L. Rev. 193(1952)

(32)Black, The Bill of Rights, 35 N. Y. Univ. L. Rev. 865(1960)

(33)Jones v. Opelika, 316 U. S. 584(1942)の反対意見。

(34)Thornhill v. Alabama, 310 U.S. 88(1940);Thomas v. Collins, 323 U.S. 516(1945).

(35)Freund, On Understanding, p. 22

(36)第三節(法学二四巻二号七二頁[本書二一三頁]以下)参照。

(37)街路の清潔維持のために街頭での文書の頒布を禁止した条例を無効とした註(17)の判例。

（38）いかなる方法によるものであれ、すべてのピケッティングを禁止したアラバマ州法を無効としたThornhill v. Alabama, 310 U.S. 88（1940）.

（39）Lovell v. Griffin, 303 U.S. 444（1938）.

（40）Niemotko v. Maryland, 340 U. S. 268（1951）ヴィンソン長官による法廷意見は、この慣習法をamorphous practiceと呼んでいる。

（41）Cox v. New Hampshire, 312 U. S. 569（1941）尚 Hague v. C. I. O., 307 U.S. 497（1938）.

（42）註（27）の判決これは五対四の判決である。

（43）Poulos v. New Hampshire. 345 U. S. 395（1953）これはCox v. N. H. で集団行進について支持された州法を公園における集会に関しても合憲としたもので、ブラック、ダグラスが反対、フランクファーターが「適法手続」の面のみをとりあげて同意意見を書いている。

（44）Cf. Speiser v. Randall, 357 U. S. 513（1958）第二節（法学二四巻二号五九頁［本書二〇四頁］）参照。

（45）Kunz v. N. Y., 340 U. S. 290（1951）におけるジャクソン判事の反対意見。

（46）Note. Entertainment : Public Pressures and the Law, 71 Harv. L. Rev. 326（1957）

（47）Mutual Film Corp. v. Industrial Commission of Ohio, 236 U. S. 230（1915）Superior Films Inc. v. Dept. of Education, 346 U. S. 587（1954）はこのオハイオ州法を無効とした。

（48）Joseph Burstyn, Inc. v. Wilson, 343 U. S. 495（1952）

映画検閲の弊害は、すでに自主的検閲によって充分政治的にも道徳的にも浄化されているハリウッド映画については余りなく、むしろアメリカ全体の道徳的、政治的正統思想と合致しない外国映画を排除し、世界的なイデオロギーの多様性からアメリカ国民を隔離する点にある。外国映画は、第一次的には外国との通商の「特権」を規制する連邦権力によって行われるが、第二次的に地方的な検閲官によって更に篩いにかけられることになる。事実州の映画検閲法で上映禁止となるのは主として外国映画である。

（49）Kingsley International Pictures Corp. v. Regent of the Univ. of N. Y., 360 U. S. 684（1959）

（50）註（27）の判決におけるフランクファーター判事の反対意見。註（43）の判決における法廷意見。Staub v. City of Baxley, 355 U. S. 313（1958）

（51）註（7）

（52）Danskin v. San Diego Unified School District, 28 Cal. 2d 536（1946）

(53) Kunz v. New York, 340 U. S. 290 (1951) におけるただ一人の反対意見で、ジャクソン判事は、カトリック教徒やユダヤ教徒を辻説法で悪罵し続けて来た説教者は平和妨害の「明白にして現在の危険」を構成し、市が宗教的または反宗教的な辻説法に必要な免許を与えなかったのも違憲ではないとしたが、「明白にして現在の危険」の原則は、未だ言われもしない言葉の危険性を予測して「事前の抑制」を加えることを正当化するものではなく、ジャクソン判事の真意は、「宗教、人権に対する憎悪をかき立てる言葉」に表われるような思想の持主に、少くとも街頭での oral speech の権利を否定するにあった。しかし同様な内容をもつビラを街頭で頒布するごとき written speech については、むしろこれを憲法の保障する「言論」ではないとした多数派に対立して、個別的に認定さるべき「明白にして現在の危険」を要求している。Cf. Beauharnais v. Illlinois, 343 U. S. 250 (1951) における反対意見。

(54) 「わいせつ、脅迫、名誉毀損」のみならず、郵便事業に直接関係のない、のぞましからぬ言論を、法律に従って郵政当局が個々の場合に郵便物の中から除去することは、ホームズ、ブランダイスも合憲としていた。Milwaukee Social Democratic Publishing Co. v. Burleson, 255 U. S. 407 (1921) における反対意見。

(55) ホームズ、ブランダイスはこの場合に「事前の抑制」あるいは「検閲」として違憲になるという反対意見を書いている。註(54)の判決の外に、Leach v. Carlile, 258 U. S. 138 (1921) における反対意見。法律の根拠はないが、最近では共産圏諸国からの郵便物を直ちに宛名人に配達せず、宛名人に受取る意志があるかどうかを問い合すことが行われている。Cf. Note, Gouernment Exclusion of Foreign Political Propaganda, 68 Harv. L. Rev. 1393 (1955)

(56) 「暴力による政府の顚覆を唱導」した文書は nonmailable とせられているが、一九五〇年の「国内安全保障法」(the Internal Security Act) によって、共産主義団体として届出を命じられた団体の郵便物には、「共産主義団体」という、団体の法的身分を明示することが要求せられている。しかしこの法律に基いてアメリカ共産党の届出を命じた「破壊活動取締委員会」の命令は証拠法上の理由で排斥せられた (Communist Party of the United States v. Subversive Activities Control Board, 351 U. S. 115 (1956))。

(57) Cf. Speiser v. Randall, 357 U.S. 513 (1958).

2 「明白にして現在の危険」

「事前の抑制」に関連してすでに論及したように、ホームズ、ブランダイス両判事が第一次世界大戦中の防諜法や諸州で制定せられた政治的急進主義の抑圧立法の適用に際して、彼等の少数意見を流れる思想の核心を表現した

「明白にして現在の危険」の原則は、一九四〇年代前半のもっとも自由主義的な最高裁判所によって、「事後の処罰」たると「事前の抑制」たるとを問わず、およそ「言論の自由」を制限する立法そのものの適憲性を測る基準としても用いられた。「明白にして現在の危険」の原則のかかる用法は、ホームズ、ブランダイスの知る所ではなかった。もちろん、公共の福祉を害する危険性のない言論を立法者が抑制し得ないことは当然の事理であるから、このなし得べからざることをなした法律が無効とされなければならないことには異論があり得ない。しかし、ある自由の制限が不必要な制限であるかどうか、換言すれば法律によって制限される範囲の言論が、全体として、公共の福祉を害する抽象的な危険性を有するかどうかの判断は人によって異り得る。(1)抽象的な危険性の判断である以上、それを「明白にして現在の危険」の有無に関する判断と言い表しても、自由の制限が「合理的」であるかどうかの判断と見ても、結果は異らない。ブランダイス判事が不合理にひろい範囲の言論の自由を奪うミネソタ州法を文面上も無効と主張したこと、ホームズ、ブランダイス両判事を含む最高裁判所が同様に不必要にひろく言論の自由を抑制したカリフォルニア州法を「不明確の故に無効」としたことは前述した。(2)しかし、連邦裁判所が独自に法律の解釈を行うことの出来る連邦法に関しては、言論の自由の制限の「合理性」をより厳格に審査しようとした裁判官達は、法律が一〇の範囲の自由を判限し、かつこの制限が合理的であるとした多数派に対立して、一〇の範囲の自由の制限は非合理的であるが、法律が一〇の範囲の自由を制限しているとする解釈が誤っており、実際には五の範囲の自由を制限しているにすぎないとしたことが屡々である。一九一八年には「間接法廷侮辱」(constructive contempt of court)に関する連邦法律の解釈をめぐって、多数派は、裁判所の即決処罰権の行使を法廷内における侮辱(direct contempt)の外は、「裁判を阻害する程法廷に近く行われた侮辱的行態」に対してのみ限定した規定は、「法廷侮辱」に関するコンモン・ローの単なる宣言的法律にすぎず、裁判を阻害する直接的傾向(direct tendency)をもつ言論であれば、行われた場所や、裁判阻害という結果への遠近の程度に拘わらず「間接侮辱」を構成し、かつこの範囲の言論の自由の制限は余りに当然であるとした。(3)これに対して、ホームズ、ブランダイスの反対意見は、右の規定の意味を、現実に裁判官の職務遂行を阻害する程、有害な結果に対して原因として近い法廷外の行為についてのみ「間接侮辱」の成立を認めたものと解釈することによって、いわば裁判所の自衛のための緊急権とも見られる即決処罰権によって抑制せられる言論の範囲を一層縮減している。[4] 同様の例は、第一次世界大戦中の防諜法の適用をめぐって、豊富である。連邦控訴裁判所によって破棄せられた一九一七年の一判決で、[5] 当時連邦地区裁判所の裁判官であったハンド判事は、防諜法の定める犯罪類型である「合衆国軍隊の作戦、勝利を阻害する意図を以て虚偽の陳述を行うこと」が、発言者が偽りであることを知りながらなす事実についての陳述のみを包含し、社会主義者の戦争批判のごとき「意見、批判」はこれに含まれないとし、更に、言論が「軍隊内部に不服従、非忠誠、反乱、任務不履行を故意に生ぜしめ」、あるいは「合衆国の徴兵制度を故意に妨害する」行為に該当するためには、戦争、徴兵制度について否定的な批判では足りず、現存の法に違反することを他人にその義務または利益としてたきつける「扇動」(incitement)でなければならないとした。若い下級裁判所の判事として、意識的に憲法問題を回避したこの判決は、「言論の自由」の把握において当時の世論や大多数の裁判官達の水準をはるかに抜いたもので、彼の解釈をこえてよりひろい範囲の言論を制限することが、単に「言論の自由」に関する「民主的な政府のノーマルな前提」に反するばかりか、公共の福祉を害する危険性のある特定の言論よりも、むしろ個人の一般的エトスを罰することとなり、国家が法律によって、何が違法とせられる行態であるかを、適用において恣意をまじえ得ない程、明確に指し示さなければならないという「手続的正義に関するノーマルな前提」にも反することを力強く説いた名判決であった。一世代後に再び訪れた政治的迫害の時代に、これ等のノーマルな諸前提を破って正に共産主義の一般的エトスを罰するスミス法を合憲化する役割を負わされたのが、連邦司法部の「賢者」の名を遂げた当のハンド判事であったことは皮肉であるが、[6] それについては後にとりあげることになろう。ハンド判事が「自由のための闘いの中でやっと手に入れた獲得物」と呼んだ「説得」(persuasion, agitation)と「扇動」(incitement)の区別もホームズ、ブランダイス両判事の「明白にして現在の危険」の原則と問題の平面を異にし、従って互いに排除したり、一方が他方を吸収するという関係にはない。もちろん、「虚偽の陳述」という規定の解釈については、大統領の開戦声明や陪審の常識的な判断を真実の戦争目的の認識とし、これ等を新聞等で熟知しながら戦争を資本家階級の私利私欲と結びつけた社会主義的解釈は「故意の曲説」(deliberate misrepresentasion) であるという「言論の自由」に関する「民主政のノーマルな前提」を無視した最高裁判所の多数派をホームズ、ブランダイスが黙過し得なかったのは当然である。[7]

しかし、ホームズ、ブランダイス両判事が、彼等の把握した「言論の自由」の根本原則に一層密着した法律解釈上の異論を立てたのは、「虚偽の陳述」「合衆国に対する抵抗」[8] というような個別的な犯罪構成要件の解釈に関連してではなく、「犯意」(criminal intent) や「共謀」(conspiracy) というような、いわば刑法総論的な分野においてである。

第一の「犯意」に関連してホームズ、ブランダイスが多数派と質的に異る「言論の自由」の把握を示したのは、「合衆国の戦争遂行を阻害する意図を以て」(with intent to) 軍需品の生産を縮減することを勧める」罪の成立要件についての、両判事の少数意見であった。[9] ここで最高裁判所は、ドイツ軍国主義に対する非難と同時に、「ワシントンの金権政治家の一味」(合衆国政府) のロシア革命に対する武力干渉を阻止するために軍需工場の労働者にゼネラル・ストライキを訴えたビラを出版した社会主義者達を、防諜法の右の犯罪の共謀その他の罪に該るとし、二〇年の禁錮刑を言い渡した判決を合憲としたのであるが、少数反対意見は、ドイツとの間にのみ存在する戦争の遂行を阻害する「特別の意図」(specific intent) のない被告達の言論は、問題の犯罪類型に該当せず、この特定の目的以外の目的で軍需品生産の縮減を唱えることは、あたかも「合衆国憲法を出版することが政府の権利であるように」、個人の「言論の自由」に属すると主張した。この少数派の解釈は単に「目的罪」をそれとして認識したにすぎないように思われるが、制定法ではなく判例法を中心として成立したアメリカの刑法理論には、「犯意」(criminal intent, mens rea) と主観的違法要素としての「目的」を区別する精緻な理論は存在しない。[10] ブランダイス判事の同調したホームズ判事の反対意見は、一見「……する意図を以て」(with intent to) という制定法の用語の厳密、正確な解釈にとどまるように見受けられるが、刑事立法が技術的にされていないアメリカで、制定法が"with intent to"という時には常に「特別の意図」(specific intent, specific purpose or actual intent) を意味し、反対に"wilfully" "knowingly"という時は常に普通の「犯意」(criminal intent, mens rea) しか意味しないという約束も存在しない。別な防諜法事件で、(11) ホームズ判事の同調したブランダイスの反対意見は、資本主義的戦争を非難したパンフレットを頒布した被告の「現実の意図」(actual intent) が社会主義の宣伝にあったと認め、このことは合衆国軍隊内部に不服従を生ぜしめる意図を排除 (preclude) するものであるから、「故意に (wilfully) 合衆国軍隊内部に不服従……を生ぜしめる」罪は成立しないと主張している。第一次世界大戦中にホームズ、ブランダイスのみが主張した防諜法の制限的解釈は、一九四四年の最高裁判所によって採用せられ、法廷意見を書いたマーフィ判事は、「言論の自由を制限するきびしい刑事立法のコンテキストにおいて見る時、wilfully という用語は、熟慮の上 (deliberately)、かつ連邦会議の禁遏した行為をなす特別の目的 (specific purpose) を以て、という意味に解しなければならない」という一般理論から、「軍隊内部に不服従……を生ぜしめ」「徴兵制を防害する」現実的、主観的な意図のない被告の言論は罪とならないと判示した。(12)

防諜法の解釈に関するかってのホームズ、ブランダイスの少数意見と、一九四四年の最高裁判所の多数意見を支える憲法的理論は、次のごとく単純なものである。「言論の自由」は、公権力が言論を言論として規制するいかなる権利をも有しないということを意味する。表明された意見、思想の真偽、善悪を分つ力は、「思想の市場」における諸個人の理性にのみあり、これは多数者を通しても立法部に委譲せられ得ない。他方、公共の福祉に反する一定の害悪に対しては、立法部は当然これを禁遏、防止する権利を有する。言論がこれ等の害悪に寄与することがないとは言えない。この害悪にどの程度寄与する「行動」を違法として抑制するかについては立法部の政策的判断に広い選択の自由が認められてよいが、行動と異り、物理的な因果関係になく、その目的も効果も多面的な「言論」

を、それにも拘わらず立法部が「実体的害悪」の誘因として抑制し得るためには、[13] 抑制せられる言論が、発言者の主観的な目的意識において直接「実体的害悪」を志向しているために、抽象的に判断しても結果を生ぜしめる能力、危険性の高いものでなければならない。

「実体的害悪」に直接向けられた主観的な意図の有無を重視するホームズ、ブランダイス流の「言論の自由」の抽象的な delimitation と、「言論の自由」の内と外を、言葉が「説得の鍵」であるか「法の違反を勧めることを目的とした行動の引金」であるかによって分った前述のハンド判事の立場とは次の二点で明瞭に異る。第一に前者の「実体的害悪」は法の侵犯に限られず、従ってハンド判事の区別によれば自由な言論もそこでは、少くとも抽衆的な類型としては、立法部の抑制の対象となり得る。[14] 第二にハンド判事にとっては、ある言論が「扇動」という抽象的な類型に該当するかどうかということが唯一の憲法的基準であるのに対して、[15] ホームズ、ブランダイスの場合には、違法な行動の扇動をも含めて、「実体的害悪」に向けられた個別的な言論の具体的な危険性を、再評価すべき基準として「明白にして現在の危険」の原則が後に控えている。

主観的な意図において「実体的害悪」と結びついた言論のみを立法によって犯罪類型とすることが出来るというホームズ、ブランダイスの立場は、防諜法のごとく、一定の結果を招来する「行為」の一種として言論をも規制し、あるいはそれ自体「実体的害悪」への直接の働きかけとは言えない「言論」を規制する立法については、限定的解釈という形で抽象的な「言論の自由」の範囲についても当時の多数派と異った判断を生み出したが、法律が正に「実体的害悪」を直接に意図する「言論」を犯罪類型としてかかげる場合には、かかる法律そのものを合憲とする結論において多数派と一致した。[16] 後の型の立法、いわゆる“speech” statute が「唱導」「扇動」「勧奨」することを禁じている当の「言論」の目的が合理的に見て公共の福祉に対する害悪であるならば、害悪への「特別の意図」(specific intent) は「言論」そのものに内在しており、例えば「政府の暴力的顛覆」を唱導した個人が内心において真にこれを意図していたかどうかを問題にする余地はない。むしろそうすることは、かかる唱導の「共謀」を罪する場合には、デニス事件の反対意見が慨嘆したように公権力が「動機や目的を求めて人々の内心を調査し、人々が彼等のなしたことではなく、思ったことの故に法の網に捉えられ、彼等の言ったことではなく、それを言った目的のために有罪とせられる」ことになりかねない[17]。

さて、防諜法を根拠として「言論」が訴追せられた場合にも、一個人の言論が基本的な犯罪類型に該当するものとして訴追せられた例は少く、多くは基本的な犯罪の「共謀」として問題になっている。「共謀」はコンモン・ローに由来する adjective crimes の一種で、ある目的に向って結合した複数の人の悪をなすより大きな潜勢力に着目して、必らずしも犯罪を構成するとは限らない違法な目的、あるいは違法ですらない反倫理的な目的を、必ずしも犯罪を構成するとは限らない違法な手段、あるいは違法ですらない反倫理的な手段によって実現することについて、二人以上の「合意」(agreement) があれば成立し、合意された目的の実現に向って「共謀者」(co-conspirators) の誰か一人がどんな僅かな「行動」(overt act) に移っても、その瞬間に可罰的となる特殊な犯罪類型である。アメリカでは、州憲法や連邦憲法の「適法手続」条項が古典的なコンモン・ローの「共謀」の法理を制約し、制定法によって、概してそれ自体犯罪を目的とする「合意」に限定せられ、制定法が overt act の存在を「共謀」の成立要件としているが[18]、逆に特定の犯罪の「共謀」については overt act の証明を全く要しないとしている場合もある[19]。かりに overt act が「共謀」の成立要件である場合にも、それは、同一の実体的犯罪について、不可罰的な「予備」(preparation) と可罰的な「未遂」(attempt) とをわかつ著手行為 (overt act) 程度の結果への近接性を必要としない。「共謀」は単に犯罪類型として極度に抑圧的であるばかりではなく、適用の面においても、大量の被告の審理、採証基準の弛緩、陪審の予断等のために、個々の被告人に対して適正な刑事裁判を保障することは極めて困難である[20]。

このような「共謀」の法理が言論犯罪の場合にも用いられるということは、当然、言論、集会や「言論」のための結社の自由にとって測り知れない脅威である。一人の被告をその「言論」の故に投獄するよりも、政治的結社の指導者全体を「言論の共謀」の故に投獄することは、第一次世界大戦当時にも、今日においても、はるかに効果的な言論抑圧の方法である上により容易でさえあった。しかし、ホームズ、ブランダイスが扱った防諜法事件では、「共謀者」として訴追せられた被告達は、主として組織をもたない少数の反体制的な zealots であり、「共謀」とは言っても、特定の現実に実行された「言論」のために ad hoc に協力した「共犯」としての実体をもつものが多かった。従ってここでは未だ「共謀」の法理の利用に対してホームズ、ブランダイスが独自の異論を立てることもなかった。「言論の自由」の真義を決して理解しなかった多数派が「共謀」の法理をフルに活用したことは言うまでもないが(21)、ホームズ判事もまた、防諜法の犯罪類型の「未遂」を構成する程度の「明白にして現在の危険」のない言論が「共謀」としては可罰的であり得ることを認めている(22)。

ところが、第一次世界大戦の後ロシア革命の衝撃を受けて諸州で制定せられた新しい型の扇動罪法(sedition law)は、急進的なI・W・Wの組織的な活動を主たる攻撃目標としたものだけに、単に「政府の暴力的顚覆の唱導」とその「共謀」を犯罪としただけではなく、政府の暴力的顚覆の唱導を目的とする団体の結成、目的を知っての加入、政府の暴力的顚覆を唱導する目的の集会の組織、目的を知っての参加を独立の犯罪となすに到った、かかる法律に基いて、カリフォルニア共産主義労働党の結成大会に積極的な役割を演じた被告が有罪とせられた一九二七年の判決で(23)、ブランダイス判事が書きホームズ判事が同意した少数同意意見は、立法部が「共謀」の法理を無制限に言論の領域に及すことに対する警告として重要な意義を有する。すでに、立法部が一定の「言論」を公共の福祉にとって危険と判断してこれを犯罪とした“speech” statute は恣意的でない限り合憲で、「明白にして現在の危険」の原則によって個々の言論の具体的危険性を認定する必要はないという立場をとっていた多数派は、州法の結社、集会罪の本質は「共謀」であるとし、あたかもコンモン・ローにおいて裁判所が複数人の共同行為を危険視して「共謀」という犯罪類型を認めて来たことが合理的であるように、立法部が個々人の「唱導」より一層危険な組織的な「唱導」を独立の犯罪とすることも合理的であるとした。しかし、このような規定なしにも、「政市の暴力的顚覆の唱導」に向けられた「合意」と“overt act”を証明することが出来れば(24)、唱導の「共謀」を罪することは可能であるから、立法部がそれ以上の効果を狙っていたことは明瞭である。ブランダイス判事の少数意見は「明白にして現在の危険」の原則の明確化に重点を置いたために、法律そのものの過度性を示唆するにとどめているが、結社、集会に「ダイナミックな犯罪性」を賦与した法律の新奇性（novelty）を指摘し、「集会と共謀との大きな差異」を忘れてはならないと言っているのは、多数派の考え方を否認したものであった。しかし、このような新奇な結社、集会罪にブランダイス、ホームズがとどめを刺す程の少数意見を書かず、また一〇年後の最高裁判所も、同種のオレゴン州法の規定の乱用に際して、それを「適用上」（as applied）違憲としたにとどまったことは[25]、やがて連邦議会がこれ等の州法にならってスミス法を制定し、その運用（乱用であると否とに関わりなく）によって、全国的な規模で政治的な言論の自由を屏息せしめる結果になったのである。

言論のための結社、集会を組織し、あるいはこれに参加することを独立の犯罪とすることが立法による「共謀」の法理の合理的な適用として合憲とせられるならば、一般刑法またはこれ等の犯罪を規定した特別刑法に従って、これ等の実体的犯罪を目的とする「共謀」もまた犯罪となる。かくして「言論の自由」を抑制する程度の異る三種の「共謀」概念が存在することになる。第一に、個人が行っても犯罪となる言論を、事実として特定の複数人が共同して行った、あるいは行うことについて合意した場合に成立する「共謀」、第二に、かかる言論を行いそうな一般的エトスをもつ不特定多数人の結合、そして第三に、かかる結合を組織し、維持する目的で特定の復数人が合意し、あるいは合意の上協力した場合に成立する「共謀」がそれである。第一の「言論の共謀」（conspiracy to speak）についてさえ、このような犯罪類型を認めることが不当に「言論の自由」の範囲を縮減する危険性を内包していないとは言えない。その理由は「共謀」という犯罪の重心が、その目的に向って一致した共謀者の「意図」に在り[26]、かりに overt act の証明が必要とされていても、それは目的たる実体的犯罪を構成する必要のないのはもちろん、それの「未遂」を構成する程度に到らないものであっても差支えないからである。この一般理論を「言論」の領域にもちこむならば、共謀者の誰か一人のそれ自体は不可罰的な言論を証明しさえすれば、これと思想の共通性を有する仲間を罰することが出来よう。このような推論はいかにも非条理に見えるが、「共謀」の立証方法の特異な大まかさと事実認定者として陪審の「共謀者」に対する偏見とを併せて見る時には、むしろ「言論の共謀」を罰することの必然の結果であろう。「合意」そのものについては、直接証拠が存在することは稀で、主として状況証拠による外はない。「合意」が独立に証明せられることを条件として、「共謀」が行われたと主張せられる時期になされた共同被告人の一人の「行為」(act)、「意志の表現」(declaration) は他のすべての被告人に対して証拠となるが、実際には、「共謀が存在したと仮定してはじめて許容し得る証拠によって共謀が証明せられる場合が多い。」[27]「共謀」の開始以前に被告人の一人が行った「行為」「意志の表現」もその者の意図を示す証拠として許容される。[28] 特定の「言論」の「共謀」として訴追を受けた共同被告人がたまたま思想の共通性によって結ばれた一つの団体に属する場合に、かかる証拠法則のもとに陪審によって被告人の思想が裁かれないという保障はない。第二次世界大戦中に「ドイツ系アメリカ人連盟」(German-American Bund) の指導者達が、選抜徴兵・軍事訓練法の「兵役を回避することを勧める」罪の共謀で訴追せられた時、事実審で許容された被告人に不利益な証拠は、起訴せられた特定の言論の共謀に関連した特殊的な証拠よりも、むしろこの団体の反米親独的な性格、ナチス崇拝の傾向に関連した背景的証拠が圧倒的な割合を占めていた。最高裁判所は五対四の判決で有罪判決を破棄したのであるが、多数派のうち僅かにロバーツ、フランクファーター、マーフィの三人の裁判官のみが事実審裁判官の採証権の乱用をとがめ、「兵役の回避」という実体的犯罪の範囲をより広く解した、ストーン長官や、ダグラス判事のごときいわゆる「自由派」を含む四人の裁判官は、「ドイツ系アメリカ人連盟」自体が裁かれることをむしろ当然とした。[29] この判決での最高裁判所のきわどい分裂からも分るように、実体的犯罪たる言論の範囲が広ければ広い程、起訴せられた「共謀」と官接関連性のない背景的証拠の比重が増し、共同被告人あるいはその中のある者が禁止せられた種類の言論を行いそうな思想の持主であるという事実に対して刑罰が加えられる結果とならざるを得ない。スミス法のごとく「政府の暴力的顛覆の唱導」というような広漠とした[30]言論犯罪の「共謀」を罰する場合には、「共謀」の背景的事実がとめどもなく陪審の前にくりひろげられ、被告が何をしたかではなく、何者であるかが証明せられることになる。法律が同時に「政府の暴力的顚覆を唱導する団体を組識すること」を犯罪となし、「組識する共謀」をも罰している以上、およそ共産党の綱領、性格、活動に関する文書、証言がすべて被告人の間の「共謀」を証明すべき正当な証拠となる。例えばスミス法以前に社会主義労働者党の指導者として被告人の行った「行為」、「意志の表現」が指し示した「事実上の共謀」は、彼等がきっぱりとそのやり方（course of conducts）と目的を放棄したという充分な証拠がない限り、スミス法以後に継続しているものとみなされ(31)、被告人以外の、被告人と協働関係に在る者（党員）の「行為」「意志の表現」も「共謀」と「論理的に関連性があれば」証拠となり(32)、被告人の一人がスパイ党員のつるし上げに立ち会ったという事実は、全部の被告人に対して「政府の暴力的顚覆の唱導」を目的とする「共謀」の論理的に関連性のある証拠となり(33)、更に被告人が、ソヴィエト共産党を称讃しアメリカの対外政策を非難した党の集会に出席したという事実は、「もし陪審が、被告達の共謀（「政府の暴力的顚覆の唱導」を目的とする）の担い手（vehicle）が共産党であったと認定するならば」、かかる共謀の overt act たり得る(34)。ここでは、被告人個人の言動に関する証拠によって証明さるべき「共謀」―それのみが犯罪である―が、inpersonal evidence や陪審の社会通念によって認定され、あるいは裁判所にとって「公知の事実」として前提せられる共産党という grand conspiracy から導き出され、一般的な犯罪類型としての「共謀」を行った特定の数人が罰せられるのではなく、それ自体は犯罪とは認められていない共産党という conspiracy の任意の一部(35)が、あたかも普遍的な犯罪類型に該当する行為の責任を問うかのごとき外形的手続で投獄せられることになる。一九五一年の Dennis v. U. S. はスミス法のもとにアメリカ共産党の指導者を「政府の暴力的顚覆を唱導する」共謀と、かかる唱導を目的とする結社を「組織する」共謀として罰することが「言論の自由」の保障に反しないとした劃期的な判決であるが、多数派の中でもヴィンソン長官を中心とする四人の裁判官が隠然と被告人の間の特定の事実としての「共謀」を「共謀的共産党」という観念に置き代えたのに対して、ひとりジャクソン判事は、共産党そのものが憲法上連邦権力の抑圧し得る「共謀団体」であり、そのメンバーの間の言葉による意志の伝達が「言論の自由」の保護を受けないのは、他の一般の犯罪の共謀の場合と異らないとまで極言している。[36] スミス法に更に輪をかけた一九五四年の「共産党規制法」（the Commu-nist Control Act）は、連邦議会が正にジャクソン判事の見方に同調したものであり、最近のスミス法の事件では、[37] 検察側がジャクソン理論を利用して、共産党自体が共謀団体であるから、被告が共産党の主張に同調していたことを証明するだけで「政府の暴力的顚覆を唱導する」共謀の加担者であることが証明されると主張している。最高裁判所は右の主張を却けて、「起訴せられた（政府の暴力的顚覆を）唱導する共謀が存在したかどうかを見るためには共産党それ自体に関する証拠以外の証拠を求めなければならない」としたが、ジャクソン理論と多数派との差異は、露骨な政治的迫害（persecution）を直接合憲化するか、それを共謀の証拠法則のオブラートに包んで是認するかの差異にすぎない。デニス事件から七年後のこの事件で最高裁判所は、スミス法に基く共謀の訴追が明らかに「言論の自由」の保障と相容れない大幅な自由の抑圧をもたらす危険性を含んでいることを認め、共謀の目的たる実体的犯罪の範囲を解釈によってせばめようとした。第一に「組織する」罪は永続的な団体を「創設する」行為のみを意味し、一旦成立した団体の成員を維持し、新しい成員を獲得する等のいわゆる組織活動を含まない。第二に「政府の暴力的顚覆を唱導する」罪は「思想の領域における唱導」を含まず、政府の暴力的顚覆に向けられた「具体的な行動の唱導」のみを意味する。もっとも具体的な行動の唱導である限り、直ちに行動に移さるべき唱導であろうと、いつとは知れぬ将来の行動の唱導であろうと犯罪を構成する。「組織する」罪を右のように限定したのは、一方、連邦議会がスミス法の基本的な犯罪類型＝「政府の暴力的顚覆の唱導」を、そのために新しい団体を創設する活動を罰する規定によって補充しようと欲したのは「了解し得る」（understandable）が、他方既成の団体内部の組織活動は特別の罰則規定を必要とする新しい危険ではなく、「唱導の共謀」を罰する規定によって、充分にカヴァーされていると見たからであった。[38] この解釈は、一九四五年のアメリカ共産党の再建から三年の時効期間を経過した後には、共産党員を「組織する」罪またはその共謀として訴追することを不可能にしたが、組織せられた共産党自体はデニス事件の被告達の犯罪の結果と見るから、それ自体はスミス法の「唱導」に該らない共産党員の言論から「唱導」に向けられた「合意」と overt act を抽出し、数人の共産党員を「唱導の共謀」として投獄することは極めて容易であろう。(39) デニス事件でダグラス判事は、特にジャクソン理論に反撥して、「二人の人間が考えるからという理由でそれ自体適法な言論を違法とするのは、共謀の法理を驚くべき程肥大せしめるものである。こういうやり方は先例から根本的に離反し、憲法の根本原則の一つを侵す」と述べているが、この批判はスミス法のもとに共謀の訴追を合憲としたすべての裁判官に対して妥当する。

すでに考察したように、デニス事件を初めとするスミス法の共謀の訴追は、政府の暴力的顚覆という害悪を実現する危険性の故に、これを唱導する現実の「言論」を犯罪として抑圧するというよりは、冷戦がもたらした政治的なフラストレーションが手近かな国内の敵に向って暴発せしめた一種の代償行動と見るべきものである。本質的に情緒的、恣意的な「言論の自由」の抑圧をもとよりそれとして是認できない裁判所は、万人の「言論の自由」の限界の問題として合理的に処理する外見を与えつつ抑圧を是認するために、あるいは「明白にして現在の危険」の原則に修正を施し、あるいは「扇動」と「説得」の二元論をむしかえさざるを得なかった。端的に言って共産党を抑圧する都合上一般的な「言論の自由」の原則を軟化せしめたデニス事件の判決に対しては批判が多く、共産党を抑圧する目的のためには、政府の暴力的顚覆の「唱導」に着眼したスミス法は的外れであるばかりでなく、無用に「言論の自由」を混濁せしめる悪法として非難せられている。(40) これ等の論者は、スミス法のもとに抑圧せられた共産党員の「言論」に関する限り、それが政府の暴力的顚覆の危険性を有すると考えるのは「信ずべからざること(the incredible)を信ずるにひとしい」としたデニス事件でのダグラス判事の反対意見に同調する。最高裁判所の多数派と雖も実はこの点で異った評価をなし得なかった筈であり、それにも拘わらず裁判所が共産党員を投獄したのは共産党の性格から来る全く別種の害悪に着目した結果であると見られる。というのは、公然たるアメリカの仮装敵国と共産党との特別の関係から共産党自体がスパイの共謀団体として国防上の観点から放置し得ぬ危険であるという考え方であり、それは、一触即発的な戦争の危機感や共謀の法理を強調した多数意見にも反映している。ヴィンソン長官を中心とする多数派はデニス事件の前年には労働組合の役員に課せられた忠誠宣誓を、共産主義ないし暴力革命の「有害な思想のあり得べき遠い効果」を防止するための措置ではなく、ただそれらの思想によって識別せられる人々の「直接的、積極的な行動が現に生み出している弊害（政治的ストライキ）」を除去し、特に国防上の非常時に州際通商の攪乱を防止するための措置と見ることによって、「明白にして現在の危険」の原則を回避した。(41)スミス法の適用をめぐってそのような便法はとざされたとは言え、共産党員を投獄するために「明白にして現在の危険」を「明白にしてあり得べき危険」と言い変えた最高裁判所は、ここでも言論のあり得べき遠い効果よりもむしろ共産党員のあり得べき seditious conduct を恐れ、スミス法の共謀の訴追を単に seditious temper の有無を確認するだけの手続として是認したにすぎないように思われる。その意味でデニス事件の判決は、第二次大戦中に日系アメリカ人は血統と心情による非国民でスパイその他の seditious conduct の恐れがあるという理由で、その太平洋岸地域からの集団的退去を命じた大統領命令を合憲とした判例(42)と対比すべきものであり、そこで言論の自由に固有の原則としての「明白にして現在の危険」の基準が正しく扱われる等はなかったのである。それ故、われわれはデニス事件の判決、厳密にはその多数意見の中でも、他の三人の裁判官を代表したヴィンソン長官の意見が「明白にして現在の危険」の原則に加えた修正を真面目に受取るべきではない。

ホームズ、ブランダイスの「明白にして現在の危険」の原則の成立の過程についてはアメリカでもわが国でも充分論じ尽されている観があるが、ここではこの原則が生み出されたコンテキストに留意しながら、その内容を分析しなければならない。何故なら、一九四〇年代の判例がこの原則あるいは定式を本来のコンテキストから切り離し、「言論の自由」が抑制せられるあらゆる場合の一般原則たらしめた所に、実はこの原則の発展、完成ではなく、かえってその多義化、一つの原則としての退化が生じたと考えられるからである。(43)さて、防諜法の「徴兵制を妨害する」罪として、徴兵制を非難攻撃したパンフレットを領布した被告が「言論の自由」の保障と矛盾なく罰せられるかどうかという問題に関連してホームズ判事が初めてこの原則を提示したのは、次のような言葉においてである。「個々の場合に、問題は言葉が、連邦議会の防止する権限のある実体的害悪を招来する明白にして現在の危険を生み出すような状況において用いられ、また言葉自体がかかる危険を生み出すような性質のものであるかどうかということである。それは(危険の)近接性と程度の問題である。[44]」危険性の程度は、言葉そのものの中に実体的害悪に向けられた発言者の意図が存在するかどうかに左右せられ、危険の近接性は客観的な因果関係の系列の中で、言葉と実体的害悪との間に存する距離を意味し、したがって実体的害悪の性質に左右せられる。同じ防諜法の事件でも、ホームズ判事は「徴兵制を妨害する」言論について比較的容易に「明白にして現在の危険」を認定し[45]、ブランダイス判事も異を立てることがなかったが、「戦争遂行を阻害する」言論や「軍隊内部に不服従を生ぜしめる」言論については、主としてブランダイス判事が「明白にして現在の危険」の不存在を主張する反対意見を書き[46]、ホームズ判事がこれに同調している。もちろん危険の近接性を決定する種々の要因は個々の具体的な言論について同一ではないから、実体的害悪の性質だけから個々の言論の具体的な危険への近接度が定まるわけではないが、他の事情が同一ならば言葉がもたらし易い実体的害悪と言葉などでは実現に程遠い実体的害悪とを区別することが出来よう。たしかに第一次世界大戦当時には、アメリカに新寄な徴兵制度の円滑な実施は人々の微妙な心理に大きく依存し、言葉によって容易に妨げられると見ることが出来た。ところで、「明白にして現在の危険」の原則に言う「実体的害悪」には何等かの限定が存するであろうか? 先ず私的権利の侵害は「明白にして現在の危険」の原則の枠外の害悪とせられている[47]。反面、ホームズ、特にブランダイスの意見の中には、実体的害悪を国家の存立に関わるものに限定するかのごとき口吻が窺えるけれども[48]、その他の社会的利益の侵害を排除する積極的な根拠は示されていない。ブランダイス判事は「実体的害悪」(substantive evil) が「実質的」(substantial) あるいは「重大」(serious) な害悪でなければならないと主張したが、この場合にはむしろある害悪の防止のために法律がどの範囲の言論の自由を抑制することが合理的であるかが問題とされているので[49]、言論の抑制の範囲を離れて害悪そのものの重大性に絶対的な規格が存在するわけではない。「明白にして現在の危険」の原則の適用上実体的害悪の絶対的な重大性を強調するならば、デニス事件のハンド判事のように、「政府の暴力的顚覆」というような最高度に重大な害悪に向けられた言論について、害悪を招来する蓋然性（probability）さえあればその近接性（proximity）を抑制の条件とすることは非合理でこの原則の正しい解釈ではないという新解釈も論理的で現実的に見えるであろう。実体的害悪の内容を限定するものは、実は「言論」によって侵害せられ得る利益が私的利益か国家的利益か、重大な（serious, grave）利益か軽微な（trivial）利益かといった区別ではなく、公権力が正当に保護すべき社会的利益を「言論」が如何にして侵害するのかという観点であろう。「明白にして現在の危険」の原則によって具体的な言論の危険の近接度を問題にするのは、もともと自然法則的な必然性をもって言論が即時に侵害し得るような利益ではないからである。例を挙げるなら、拡声器を流れる演説は必然的にかつ即時に社会的静謐という正当な社会的利益を侵害するが、いかに激烈な言葉で暴動を扇動するアジテーターも、必らず直ちに聴衆を暴動に駆り立てて治安を害するものではない。「明白にして現在の危険」の原則の「実体的害悪」として考えられるのは、後の場合の治安の紊乱のみである。「明白にして現在の危険」の原則がもっぱら「意見の表明や説得」を抑制する場合の合憲性の基準として考え出され[50]、またその場合にのみ適合した原則であることは決して看却すべきではない。さて、ある実体的害悪に向けられた個々の言論の具体的な危険性の程度、近接性には様々な段階があり、危険が「明白で現在」である時はじめて公権力が言論を抑制することが出来る。しかし、有力な論者[51]の指摘するように、「いかに口早に《明白にして現在の危険》という語句を唱えて見ても、またいかに緊密にこれ等の単語をハイフォンで結んで見ても、それは諸価値の秤量の代替物ではない。」言論がその内容の危険性の故に抑制せられるすべての場合にただあてがって目盛を読みさえすればよいという物差しを作り出すことは、ホームズ、ブランダイスの意図ではなかった。「明白にして現在の危険」の原則の果すべき機能は、当時も今日も、多数者の非合理な憎悪、恐怖感に基いて動かされ易い公権力による思想の迫害を全面的に排除し、思想の表明を公権力が抑制し得る場合を、正当な社会的利益の保護のために緊急止むを得ざる限度に限定することである。ホームズ、ブランダイスはこの緊急事態を定義して、「悪しき勧告」（evil counsel）を公開の討論によって無害化する時間的余裕のない場合となしたが、これ以上に包括的で的確なこの原則の説明は期待出来ないであろう。ホームズもブランダイスもこの原則を「言論の自由」から導き出すが二人の間にも多少のニュアンスの差異がないではない。ホームズ判事が言論の合理的な可罰性を行為者の意図とか結果への近接性に関する刑法の「予備」「未遂」の理論から割り出して行ったのに対して、(52)ブランダイス判事はむしろ民主政においては最大限の公けの討論が政治的な義務であるという視点から、ホームズの、ある意味では単に合理主義的な原則に民主政の魂を入れたとも言える。「言論の自由」に関して二人の裁判官の間の交渉は一方的な夫唱婦随ではなく、交互的な影響であった。(53)

ホームズ、ブランダイスが名誉ある少数意見の中で展開した「明白にして現在の危険」の原則は、これを排斥した判例が正式に overrule せられる機会のない間に、一九三〇年代末には最高裁判所の多数の裁判官によって判例以上に尊重せられるようになった。特に一九四〇年代前半には、ラトレッジ、マーフィ、ブラック、ダグラス等のいわゆる「自由派」の裁判官達は、あらゆる方法で精神的自由権が抑制を受ける場合に、「明白にして現在の危険」または「重大にして切迫せる危険」という語句を愛用した。しかしこの原則がホームズ、ブランダイスの処方通りに用いられた例は僅少で、判旨に関係なく法廷意見が単にこの原則に言及し、法廷意見または少数意見がこの語句を最小限の抑制、最大限の自由という一般原則を表現するものとして転用した場合が多い。原則の純粋な把握が司法的公正さの唯一の保証であると考えるわれわれにとって、たといその場その場で「言論の自由」を拡大するためであったとは言え、無原則にまたは原則を明らかにすることなく popularity のある語句にかくれて憲法判断を行った判例は、正反対の目的のために「ナチスの共謀」とか「共産主義者の共謀」というような通俗的な観念にかくれ(54)て憲法判断を行うのと同様に、すぐれたものとは思われない。ここでは、正に意見の表明と説得がそのもたらし得る害悪の故に、抑制せられた場合の、一九四〇年代および一九五〇年代の最高裁判所の二つの判例を中心として、

「明白にして現在の危険」の原則の適用と限界の問題を考えて見よう。

「明白にして現在の危険」の原則の適用に関して多くを示唆するのは、「間接法廷侮辱」の可罰性に関して一九四一年の最高裁判所をきわどく二分したBridges v. California[55]である。被告は西海岸の有力な港湾労働組合の指導者であり、州裁判所が法廷侮辱にあたるとしたのは、対立労働組合に有利な州裁判所の判決を不当とし、事件がなお繋属中に連邦政府の労働長官宛てに送った、この判決が執行せられれば西海岸のすべての港でストライキが起るであろうことを示唆した電報を地方新聞に公表した行為であった。この判決の直前に法律解釈の形で実質的に連邦裁判所の「間接法廷侮辱」の即決処罰権を自己放棄した最高裁判所のいわゆる「自由派」[56]は、カリフォルニア州憲法上、州立法部が剥奪、制限し得ないとせられた[57]州裁判所の同権な権限を否定するに傾いた。もちろん「言論の自由」の保障が制定法に拠らない司法的抑制をも制約することは当然であるが、ブラック判事を中心とする「自由派」の「明白にして現在の危険」の原則の適用は、フランクファーター判事、ストーン長官、ロバーツ判事等の強い反対に会った。多数派が裁判所の「威厳」(decorum) の侵害を言論の抑制を正当化する「実体的害悪」と認めなかったのは正当であるが、繋属中の事件の公正な裁判の阻害という「実体的害悪」の性質を正しく理解することなく、「極度に重大な実体的害悪の極度に切迫した危険」がストライキの予告に存在しないという判断は、具体的な危険性を構成する種々の要素を無視したものである。その点でフランクファーター判事が、この事件およびその後の少数意見で[58]、「明白にして現在の危険」の原則そのものが実体的害悪の「実現」(accomplishment) を表現するものではなく「傾向」(tendency) を表現するものであり、特に心理的な圧迫そのものが実体的害悪を実現し得る場合[59]に、公選による州の裁判官の立場や実害の有無、程度の験証不可能なこと等を挙げて「自由派」の立場を反駁しているのがより強い説得力を有する[60]。予告されたストライキ自体が違法な行為ではないことを強調した多数意見は、裁判を阻害する直接行動の扇動のみが「明白にして現在の危険」を構成し得ると考えたのでもあろう。後年の事件[61]で、裁判「裁判批判が裁判所をして裁判を行うことを、全くリアルな意味において、不可能ならしめない限り」「明白にして

Ⅱ 基本的人権

現在の危険」があるとは言えないと述べたマーフィ判事の言葉は、「明白にして現在の危険」の原則を「言論の自由」の保障の最大限ではなくむしろ最低線と考える「自由派」の立場[62]を率直に物語るものである。それは、公共のことがらに属する問題の論議については、たとい違法行為の扇動であろうと、現実に発生した行動の不可分の一部であるような言論以外はすべて自由であるとする考え方で、「政治的な言論」についてその絶対的自由を主張し、ホームズ、ブランダイスの「明白にして現在の危険」の原則を許されない自由の相対化として排斥するマイクルジョン教授[63]の考え方と相通ずるものである。「政治的」と「非・政治的」という区別もさることながら、「公共の関心事」(matters of public concern) に関する言論という限定は極めて流動的で、「非・政治的」言論の多くを包含し得る。範囲が広ければ広い程絶対性の主張も水ましせられるのが必然であろうが、ラトレッジ、マーフィ、ブラック、ダグラス判事等は、「明白にして現在の危険」の原則のドグマ的な適用という形で、かなり「言論の自由」の絶対化の実をあげていた[64]。「間接法廷侮辱」に関する一連の判例で、フランクファーター判事が終始「自由派」の「明白にして現在の危険」の原則の具体的適用に反対したのは、この原則を認めるか認めないかという点で対立したのではなく[65]、裁判所による憲法判断の一つの基準が、具体的な事件の含む問題の個性を認める余地のない絶対的自由のかくれみのとして用いられることに反対であったからである。しかし個々の問題の個性を考慮するということは、特定の非正統的な思想そのものに対する迫害を除去して、あらゆる思想に、思想の自由市場に登場する平等の資格を与えることを本来の狙いとした「明白にして現在の危険」の原則を崩さない限りで、裁判所にとって必要でもあり妥当でもある。この点で、デニス事件の多数派を構成したすべての裁判官は、ジャクソン判事はもとよりフランクファーター判事に到るまで共産党問題の特殊性を強調するの余り原則を喪失したという批判を免れないであろう[66]。

デニス事件をはじめとする政治的少数者の抑圧の合憲化、日常化と共に、不可避的に発展したのは、思想の表明が、実害に無関係に、それ自体害悪であり得るという思想、あるいは少くとも抽象的にある害悪発生の蓋然性を有するある種の思想の表明については、個々の場合の「明白にして現在の危険」の有無を認定する必要はないという考え方であった。いわゆる「集団名誉毀損」（group libel）に関する一九五二年のBeauharnais v. U. S.[67]は、「明白にして現在の危険」の原則の適用領域を劃定する上に興味のある問題を提出するものである。問題になったのは、工業化に伴って急速に黒人人口を吸引し、人種間の摩擦や争闘に悩んだイリノイ州の立法で、人種、皮膚の色、宗教によって識別せられる集団を誹謗する文書、映画、演劇、図画等の製作、販売、公表を犯罪としたものである。被告は、「白人同盟」の組織者で、シカゴの街頭で、黒人を誹謗し、市当局が人種隔離政策を採用するように訴えた請願を印刷したビラを配布したために有罪とせられたのであるが、フランクファーター判事の代表とした多数意見は、一方、州法それ自体は人種間の反目による治安の紊乱を防止する正当な目的に合理的な関連を有する手段として合憲であり、他方、法律の禁止する範囲の言論はコンモン・ローにおいても文書による名誉毀損（libel）として可罰的であり、わいせつな言論（obscenity）と同様、「明白にして現在の危険」の原則を適用すべき場合ではないという理由で、この有罪判決の合憲性を支持したのである。これには四人の裁判官の四つの反対意見があるが、法律それ自体を「公共的なことがら」に関する言論の絶対的自由の侵害として無効とするもの[68]、および法律が「不明確の故に無効」とするもの[69]と多数派との対立点についてはすでに考察した。ここでは、法律自体の合憲性を認めながら個々の言論について「明白にして現在の危険」の原則の適用を主張したジャクソン判事と多数派との対立点に焦点を絞って考察を加えよう。

「明白にして現在の危険」の原則が個人の私的権利（名誉）を直接害する言葉について適用されないことは前述した。その理由は、特定の個人の名誉は言葉によって毀損せられるかせられないかのいずれかであり、個々のケースにおいて害悪への程度や距離が異るものではないからである。一九四〇年代の判例のなかには、「名誉毀損的、侮辱的、闘争的な言葉」は、思想の表明の本質的な構成部分ではなく真理への階梯として微小な価値しか有しないという理由をも挙げて、修正第一条の保障する「言論」（speech）ではないとしたものがあるが[70]、これは当時の最高裁判所の多数の判事がおよそ「言論の自由」が抑制せられる場合には必らず「明白にして現在の危険」の原則を適用すべきものと思い込み、この原則を適用することがいかにも不合理な言論を「言論」ではないと言うために、ことさらに合理主義的な「言論の自由」の捉え方をしたものであった。もちろん「言論の自由」は真理の探究に向けられた当り障りのない物静かな「討論の自由」のみを意味するわけではなく、むしろ多くの州憲法が適切に表現しているように、「人がその気持（sentiment）を話し、書き、公表する」自由を意味する。(71) 特定の個人の名誉を毀損する言葉も「言論」ではあるが、これを抑制する正当な理由があるために制限せられると見なければならない。ところが、いわゆる「自由派」がそのより自由に有利な「明白にして現在の危険」の原則の把握につぢつまを合わせた右の判例は、ボハネ事件のフランクファーター判事によって額面通りに、またはそれ以上に利用せられ、社会集団に対する「名誉毀損」（libel）も、コンモン・ロー上個人に対する「名誉毀損」と同一の扱いを受けた例があり、憲法の見地からも同一視されるべきもので、したがって憲法の保障する「言論」に含まれず、個々のケースにおいて言葉が治安の紊乱を生ずる「明白にして現在の危険」を具えていたかどうかを問題にする必要もないとせられたのであった。しかし、コンモン・ローあるいはそれに由来するアメリカの州法上、人種的、宗教的社会集団に対する「文書による名誉毀損」が認められていたとする根拠は極めて弱い。家族、秘密結社、特定の会社の特定の従業員のグループ等に対する libel が罰せられた例は散在するが、より範囲のひろい集団に対して libel が成立するとしたのは傍論であって判例法を形成しているとは言えない。(72) group libel を犯罪とするに傾いた州裁判所は libel 一般の保護法益を社会平和（public peace）として捉えるのに対し、これを否定する州裁判所は private injury が libel の本質であるとする。(73) たしかに、誹謗せられた者が個人でなく集団であれば、言葉の投げ合いが暴力的な争闘に発展すると仮定すれば、治安を紊乱する程度は増大するであろう。しかし問題は個人に対する libel が確実に彼の名誉を侵害するのに対して、集団に対する libel が必らず暴力を誘発させるものではないという点にある。(74) たとえば、公共の場所で、ある人種的、宗教的集団に対する侮蔑や憎悪をかきたてる演説が、実際に治安を紊乱せしめ、あるいはその「明白にして現在の危険」を生ぜしめた場合に、演説者を「平和妨害」の罪、(75) あるいは、構成要件として「平和妨害を生ぜしめる直接的傾向」を必要とする「口頭名誉毀損」(slander)(76) または「治安紊乱行為」(disorderly conduct)(77) の罪として罰することは可能である。形態において slander ではなく libel であるというだけで、実質的には治安紊乱という実体的害悪の危険性の故に抑制せられる、人種的、宗教的集団に対する名誉毀損を「明白にして現在の危険」の原則の適用から除外することは許されない。多宗教、多民族の社会において、異る社会集団の間の摩擦を増大するプロパガンダが希ましくないという多数者の価値判断も、個々の言論の具体的危険性に関係なくこれを抑圧する権利を公権力に与えることは出来ない。多数派の論理が、政治的な対立が相手を憎悪、侮蔑する言葉(invectives)となって現われる場合にもこれを「言論」の領域から追放する必然性を内包しているという批判に対して、フランクファーター判事は「最高裁判所が存在する限り」そのようなことはあり得ないと保証する。しかし問題は「裁判所」でなく「原則」であり、無原則に言葉それ自体の性質のみに着目して group libel を自由な「言論」の領域から排除するならば、分裂と対立の現存する社会で一般的な危機感が充満する時期には、この分裂と対立について語ること自体の抑圧を合憲化する危険性は充分存在する。(78) 第一次世界大戦当時「明白にして現在の危険」の原則を受け容れなかった最高裁判所や、この原則をデニス事件で棚上げした最近の最高裁判所が、いかなる実体的害悪のどの程度の危険性をもつかを真面目に考慮することなく、実質的には社会主義者や共産主義者の intemperate な階級闘争のプロパガンダを抑圧したことは蔽うべくもない。

もっとも言論の抑圧を命じるのは民主的な立法部であり、裁判所は衆愚に君臨するプラトン的な為政者ではないから、裁判官の個人的なリベラリズムをそのまま憲法上の自由の尺度とすることに一貫して反対して来たフランクファーター判事の主張には聴くべきものがある。スミス法や group libel law を合憲としたフランクァーター判事の意見も法律の合憲性と賢愚の峻別を説いている。(79) しかし、仔細に見る時、この司法的自制論の代表者も実は自己の政策的判断に真向うから反しない立法者の政策的判断について特に「合憲性の推定」を強調し、憲法判断を甘くしたという批判を免れないように思われる。彼の民主政観は、単に多数者の意志を裁判所が尊重すべきであるといった単純なものではなく、民主政の基礎としてあらゆる相異にも拘わず社会の諸成員を結び合わせる一体感（cohesive sentiment）を要請する。憎しみによって分裂した社会に自由の存立し得る筈はない。この一体感を脅かす devisive force の最たるものは、アメリカでは、宗教と人種であり、アメリカ民主政の窮極の救い手は、人種が隔離せられない、完全に世俗的な公立学校教育でなければならない。最高裁判所の最大の政策的判断であると批評される、公立学校における人種隔離法の違憲判決[80]にこの自制論者が加わったのも、教育における公権力と宗教の分離について、ブラック判事あるいはダグラス判事が地方的な立法部の合理的な政策と見たものをフランクファーター判事が違憲としたのも[81]、右に述べたいわば long-range の政策論に根差している。自己の政策判断に逆行する立法部に対して、おそらく正しい「平等権」や「国家と宗教の分離の原則」の憲法判断を貫いたフランクファーター判事も、立法部が権力によって民主政的な一体感を直接強化し、あるいは破壊から守るために思想や言論を統制しようとする場合には修正第一条の原則に眼をつぶったのである[82]。

ボハネ事件で被告が配布した黒人侮蔑の文章は、治安紊安の抽象的な危険を全く別としても、フランクファーター判事にとって「悪い」言論であった。それは、言葉の生み出す効果の性質に無関係に、「悪い」言論の昔からの見本である「わいせつ」、私的な「名誉毀損」と共に修正第一条の保障する「言論」の列外に置かれた。たしかに、思想、意見の一部であれ、ただの喧嘩文句であれ、private injury としての「名誉毀損」に「明白にして現在の危険」の原則をあてはめる余地はない。「わいせつ」について何人も「明白にして現在の危険」の原則を持ち出さないのも、「わいせつ」が当然に思想の一部ではないからでも、無価値な思想の一部にすぎないからでもなく、「わいせつ」を抑制することを正当化する社会的利益が社会の性的道徳の最小限の水準の維持にあり、この種の精神的な利益は、個々のわいせつな言論によって危害の程度は異っても確実に害される性質のものであるからであろう。この種の精神的な利益として、かつては社会の宗教心の水準の維持も公権力が正当に保護すべき社会的利益と考えられて来たが、少くとも連邦最高裁判所においては公権力の世俗性の原則の前に、今日ではそれは言論を抑制することを正当化する社会的利益とは認められないであろう。[83]「わいせつ」の抑制も、これによって保護さるべき性道徳の最小限の社会的水準自体が可変的なものである以上、生粋の春本（hard-core pornography）を除いては、はじめから懐疑に包まれた言論統制であり、最近の最高裁判所[84]がボハネ事件に平行して「わいせつ」は修正第一条の「言論」ではないと言いきった時には、ダグラス、ブラック両判事は、性道徳の社会的水準の維持ということは「わいせつ」を抑制することを正当化する社会的利益ではなく、「わいせつ」な言論が具体的な性的犯罪その他の違法行為と密接に結びついているのでなければこれを抑制し得ないという反対意見を書いている。これは極論で、少くとも一般的な police power を有する州に関する限り、性的道徳水準の維持が長期的に見て、眼に見えない形で市民の品性、行為に関係がある限り、「わいせつ」を抑制し得ると考えてよい。[85]しかし、これは、どこまでもその内容の故に言論を抑制することを正当化するに足る社会の精神的利益の唯一のものでなければならない。[86]言葉それ自体の類似性に基いて group libel を、「わいせつ」「名誉毀損」の列に加えた判決は、実はフランクファーター流の民主政の道徳水準を新しく言論統制の根拠としてひきいれたことになる。デニス事件でハンド判事が、スミス法の犯罪類型が不明確の故に無効とする主張を却けて、「制定法が一般に承認せられた道徳基準を犯す行為を禁遏するものである場合、就中その反道徳的行為が極悪（heinous）のものである場合には、法律の文言の曖昧さは、禁遏された行為が道徳的に無色である場合程、法律の効力を左右するものではない」と述べているのは、[87]「政府の暴力的顚覆の唱導」を malum per se として把握していたことを意味する。換言すればここにも暴力否定という民主政の道徳水準が言論統制の根拠として取り入れられ、「わいせつ」と革命思想とが「明白にして現在の危険」の原則の枠の外に追放せられるばかりではなく、「自由な言論」からも排除せられる。[88]

(1)　「明白にして現在の危険」の原則の誕生をはるかに遡る一八八二年の判例、Ex parte Curtis, 106 U. S. 371 でも、公務員が相互の間で政治的な目的のために金銭や財貨を授受することを禁じた連邦法を、公務員の政治的中立性を確保するための合理的な政治活動の自由の制限とした判決に、ブラッドリー判事のみが反対して、およそ公務員である限りどのような地位に在る者にも、同僚と協力して政治的な主義、主張を促進するための費用を分担することを許さない法律は、目的と手段に関するキリスト教的な倫理から見ても行きすぎた不合理な自由の制限であると主張している。立法部と公務員の関係を私的な雇傭関係と同視する伝統の強い当時の州裁判所でも、この反対意見を採用した判例（Louthan v. Commonwealth, 79 Va. 196（1884））があるのに、一九四七年の最高裁判所は、この古い先例を掘りおこすことによって、連邦公務員の政治活動を全面的に禁止したハッチ法の合憲性を支持し、おそらく六五年前の裁判所が論証を要しない程 "absurd" とみなした広範な自由の制限を「合理的」と判断している。（第二節、註（20）［本書二〇六頁］を参照）

（2） 第三節（法学二四巻二号七二頁）［本書二一四頁］参照。

（3） Toledo Newspaper Co. v. U. S., 247 U. S. 402（1918）

（4） 一九四一年の Nye v. U. S., 313 U. S. 33 では、ダグラス判事の代表した多数意見で、Toledo Newspaper Co. v. U. S. におけるコンモン・ローに即した「間接侮辱」のひろい解釈を変更すると同時に、そこでのホームズ、ブランダイスの「間接侮辱」の範囲を一層せばめた解釈をもこえて、「法廷に近く」という規定は文字通り空間的近接性を意味し因果連関を意味しないと解釈し、一八三一年の法律が、一世紀以上も後にはじめて、連邦裁判所の「間接侮辱」に対する即決処罰権を、法廷外ではあるが裁判を物理的に妨害する程度に法廷に近接した場所での行為に限定したものと解釈せられたのである。一見当然すぎる法文の文理解釈にすぎないように思われるが、「間接侮辱」に関するコンモン・ローの原則に修正を加えた規定としては、いかにも舌足らずなこの立法の三つの異った解釈を指導したものは、むしろ、裁判批判の言論を含めてどの程度裁判の公正を害し得る行為を裁判所の即決処罰権によって抑制せしめることが合理的であるかという実質的な考慮であった。

（5） Masses Publishing Co. v. Patten, 244 Fed. 535（1917）

（6） デニス事件（Dennis v. U. S., 183 F. 2d 201（1950））におけるハンド判事の「明白にして現在の危険」の原則の修正加工を「手品」として批判したものに、標題でハンド判事の名をもじった Wormuth, *Learned* Legerdemain : A Grave but Implausible *Hand*, 6 Western Political Quarterly 543（1953）がある。

（7） Schafer v. U. S., 251 U. S. 466（1920）, Pierce v. U. S., 252 U.S. 239（1920）, Gilbert v. Minn., 254 U.S. 326（1920）等におけるホームズ、ブランダイスまたはブランダイス判事の単独の反対意見。

（8） Abrams v. U. S., 250 U. S. 616（1919）の反対意見の中でホームズ、ブランダイスは「抵抗」（resistance）の意味を、戦争目的のための合衆国の何等かの施策（proceeding）に反対する具体的な暴力的行動と解している。第二次世界大戦中の Keegan v. U. S. 478（1945）が、選抜徴兵・軍事訓練法（the Selective Training and Service Act）の「他人に合衆国軍隊における服務を回避することを勧める罪」に関し、「回避」(evasion) を、単なる拒否ではなく「詐術を用いて兵役の義務をまぬがれること」と解釈したのも、同種の例である。これ等の場合には、裁判官が単に刑事立法を拡張解釈しないだけなのか、それとも「言論の自由」の原則が他の解釈を容れないと判断しているのかは明瞭ではない。

(9)　Abrams v. U. S. 250 U.S. 616 (1919).

(10)　ホームズ、ブランダイスがはじめて多数派と全面的に対立して積極的に彼等の「言論の自由」の把握を提示したエイブラムズ事件の少数意見には、当時の学界にも賛否両論があった。賛成派の筆頭には Chafee, A Contemporary State Trial, 33 Harv. L. Rev. 747 (1920); 14 Ill. L. Rev. 601 (1920) があり、他方、自動車の「無謀な運転」(reckless driving) という事実からの殺意が当然行為者に帰属せしめられる例を挙げて、「人はその行為が生み出す可能性のあった結果を意図したものとみなされ、その責任を負わなければならない」という多数意見を支持したものもある (Notes 33 Harv. L. Rev. 441 (1920))。またウィグモア教授のごとき証拠法の大家も、「開戦を決定する多数者の道徳的な権利は、この闘争の完遂に有害な公けの物議 (public agitation) を抑圧することによって戦勝を収める道徳的な権利を当然ふくんでいる」と言って、烈しく少数意見を攻撃した。Wigmore, Freedom of Speech and Freedom of Thuggery, 14 Ill. L. Rev. 539 (1920)

(11)　Pierce v. U. S., 252 U. S. 239 (1920).

(12)　Hartzel v. U. S., 322 U. S. 680 (1944) これは第二次世界大戦中、最高裁判所に上告せられた唯一の防諜法事件であり、大学教授である被告が白人種間の戦争(米独間の戦争)を止めて、全世界的な白人対黄色人種(日本人)の戦争に転換すべきことを政界、官界、軍部の多数の有力者に私信で訴えたことが、「軍隊内部に不服従…を故意に生ぜしめる」罪、および、「合衆国の徴兵制度を故意に妨害する」罪に該るとして起訴せられ、下級審で有罪とせられたのである。第二次世界大戦中にも言論のために投獄せられた例が絶無ではなく、「エチオピアの平和運動」という黒人団体の主催する集会で、黒人の敵は白人で、日本人はアメリカの黒人の解放の戦士であるという演説を行った者が集会の主催者が「軍隊内部に不服従を生ぜしめ」、「徴兵制度を妨害する」共謀の罪に問われている。U. S. v. Gordon, 138 F. 2d 174 (1943)

(13)　「実体的害悪」(substantive evil) という観念は、「未遂」(attempt)、「教唆」(solicitation)、「共謀」(conspiracy) 等のいわゆる“adjective crimes”の違法性がそれ等の行為の目的である“substantive crimes”の違法性から伝来するように、「言論」の害悪性も常に「実体的害悪」から伝来する“adjective”もなのであるという思想を含んでいる。それ故「実体的害悪」の抽象的または具体的な危険性の程度に相応しない過度の法定刑または宣告刑は、この根本思想と相容れず、ホームズ判事はエイブラムズ事件での二〇年の禁錮刑を被告の「信条」に対する処罰として非難した。

(14)　Schenck v. U. S., 249 U. S. 47 (1919) でホームズ判事が「明白にして現在の危険」の原則を適用して「徴兵制を妨害する」

罪として可罰的であるとなした被告の言論は、何等違法行為の扇動を含んではいなかった。

（15）　ホームズ、ブランダイス両判事によって「明白にして現在の危険」の原則が唱えられた後も、ハンド判事がこの原則を積極的に採用した痕跡はない。cf. Ex parte Craig, 282 Fed. 138（1922）（「出版による法廷侮辱」についてハンド判事が「明白にして現在の危険」の原則を持ち出してはいるが、この基準は単に「繋属中の事件に言及しない法廷外の裁判批評」を罰し得るかどうかを決定するために用いられたにすぎない。）

（16）　Cf. Gitlow v. New York, 268 U. S. 652（1925）しかし結果においてホームズ、ブランダイスが多数派と一致して法律そのものを合憲と判断したことを捉えて、「言論の自由」を抑制する法律そのものの適憲性については両者が同じ「合理性の基準」に拠っていたと言うことは出来ない。伊藤正己『言論・出版の自由』一三三頁参照。

（17）　Dennis v. U. S., 341 U. S. 494（1951）におけるダグラス判事の反対意見。事実審の裁判官が陪審に対する説示のなかで、被告達を「政府の暴力的顚覆を唱道する」共謀として有罪と判断するためには、被告達が政府を暴力によって顚覆する「意図」を有したことを認定しなければならないとしたことが適法であったかどうかが争われ、控訴審のハンド判事も最高裁判所の多数派もこれを適法とした。

（18）　特に連邦法に関する限りコンモン・ロー上の共謀罪は存在しないと言われるが、共謀に overt act の立証を要求する連邦法の一般的な規定がコンモン・ローの原則を実質的に変更して「合意」の外に overt act を共謀の成立要件としたのか、それとも overt act の存在は公訴時効のごとく刑罰権発動の前提条件であるというコンモン・ローの原則を明確化したにすぎないのかは争われて来た。cf. Hyde v. U. S., 225 U. S. 347（1912）

（19）　例えばシャーマン法（the Sherman Act）が典型的な例であるが、一九四〇年に制定せられたスミス法も一九四八年の改正までは共謀に overt act の立証を不要としていた。

（20）　Cf. Note, Conspiracy Dilemma : Prosecution of Group Crime or Protection of Individual Defendants, 62 Harv. L. Rev. 276（1949）

（21）　Pierce v. U. S., 252 U. S. 239（1920）.

（22）　Frohwerk v. U. S., 249 U. S. 208（1919）

（23）　Whitney v. California, 274 U. S. 357（1927）

（24）　カリフォルニアはすべての「共謀」に overt act を必要とする少数の州の一つである。

（25）　De Jonge v. Oregon, 299 U. S. 355（1937）

（26）　共謀は "predominantly mental crimes" であると言われる。cf. Harno, Intent in Criminal Conspiracy, 89 Univ. of Pa. L. Rev. 624

（1941）.

（27）　Krulewitch v. U. S., 336 U. S. 440 におけるジャクソン判事の法廷意見は、一般的に「共謀」という犯罪の訴追の oppressiveness を分析している。

（28）　U. S. v. Gordon,（註12）では「エチオピヤの平和運動」という団体に関連した一人の共謀者の言動が、この団体と無関係な他の共謀者との間の、「徴兵制度を妨害する共謀」の審理にもち出され、デニス事件の控訴審で共謀の場合の証拠法則を著しく緩和したハンド判事は、共謀の開始以前の一人の共謀者の行為、意志の表現も論理的に関連性があればすべての共謀者に対して証拠となるとしている。

（29）　Keegan v. U. S.（註8参照）

（30）　一九四九年のニュー・ヨーク州の下級裁判所が公立学校教師のレッド・パージを定めたファインバーグ法（the Feinberg law）に関して、「破壊活動」（subversive activities）とか、それを定義した「政府の暴力的顚覆の義務、必要性、正当性の唱導」というような言葉は、「これを言う者の態度が敵対的で否認的であることを伝えるだけで、明確、精密な意味は稀薄であり、異った人々にとって異った意味をもつ」としたのは注目すべきである（Thompson v. Wallin, 93 N. Y. S.（2d） 274 ; Lederman v. Board of Education, 95 N. Y. S.（2d） 114.）が、州最高裁判所は、一九二〇年代の連邦最高裁判所の判例（Gitlow v. New York, supra n. 16）を引いて「不明確ゆえに無効」ではないとした。（Thompson v. Wallin, 95 N. Y. S. 784.）スミス法についても連邦裁判所は同じ判例に拠ってその基本的な犯罪類型が「不明確」でも「広すぎる」（overbroad）こともないとした。（Dunne v. U. S., 138 F. 2d 137）しかし、このことはそれが広漠とした（broad and imprecise）ものであることを否定するものではない。cf. Note, Conduct Proscribed as Promoting Violent Overthrow of the Government, 61 Harv. L. Rev. 1215（1948）

（31）　Dunne v. U. S., 138 F. 2d 137（1943）

（32）　Dennis v. U. S., 183 F. 2d 201（1950）

（33）　U. S. v. Flynn, 216 F. 2d 354（1954）この控訴裁判所の判決で多数意見を書いたハーラン判事は、「共同被告人相互の関係および彼等と（「共謀」外で）協働関係にある他の者（被告でない共産党員）と彼等との関係、被告達の共産党内で占めている責任ある地位、党の目的を実現するための被告達の活動、そして党の目的の性質等は、特定の被告の《意図》を発見するために当然考慮すべき事情であった」と述べている。

（34）　Yates v. U. S., 354 U. S. 298（1957）

（35）　デニス事件以来一九五六年までに一三一人の共産党員がスミス法に拠って起訴せられ、九八人が有罪とせられた。Konvitz, Fundamental Liberties of a Free People（1957） p. 336.

（36）「共謀」一般の oppressiveness を誰よりも明確に指摘したジャクソン判事は、「共謀的共産主義」の抑圧のためにはこの伝家の宝刀を誰よりも積極的に用いた。Dennis v. U. S., 341 U. S. 494（1951）における同意意見。American Communications Association v. Douds, 339 U. S. 382（1950）における部分的反対意見。

（37）註（34）判決多数意見は註（33）の控訴裁判所の判決を書いたハーラン判事によるもの。

（38）スミス法の制定者の真意は、クラーク判事の反対意見の主張したように、創設的に組織する行為と既存の団体の組織を維持、発展せしめる行為とを区別していなかったと思われる。cf. Chase, The Warren Court and Congress, 44 Minn. L. Rev. 595, 623（1960）

（39）「唱導」を具体的な行動の扇動という意味に限定したとは言え、不確定な遠い未来の行動も罪となり、未来の行動を未来に扇動する合意が「唱道の共謀」として罪となるかどうかについてすら決定を回避している。Yates v. U. S., 354 U. S. 298, 324（1957）.

（40）Hook, Heresy, Yes-Conspiracy, No（1953）, Gorfinkel & Mack II, Dennis v. U. S. and the Clear and Present Danger Test, 39 Cal. L. Rev. 476（1951）, Konvitz, Fundamental Liberties of a Free People, ch. 28.; Wormuth, supra, n. 6.

（41）American Communications Association v. Douds, 第二節参照（法学二四巻二号五二頁［本書一九六頁］。）多数意見を読むといかにも共産党に指導せられた政治ストが現実の問題のように見えるが、立法過程に現われた、言う所の「相当の証拠」とは唯一件の一つの工場における政治ストにすぎなかった。cf. Wormuth, Legislative Disqualification as Bills of Attainder, 4 Vand. L. Rev. 603（1951）

（42）Korematsu v. U. S., 323 U. S. 214（1944）真珠湾のパニックと太平洋岸の日系人に対する人種的憎悪感情とが結びついてとられた全く合理性のない軍事措置を、ブラック判事による法廷意見は、確定し得ない数の非忠誠分子を含む日系人という集団の自由を剥奪したのは、スパイ、サボタージュによる公共の安全に対する極めて重大にして切迫した危険（the gravest imminent danger）に対処するために必要な措置であったとして合憲とした。ロバーツ、マーフィの外に、ジャクソン判事が反対意見を書いているのが注目される。思想による非忠誠集団に対しては、ブラック、ダグラスとジャクソンとが所を変えたわけである。cf. Rostow, Japanese- American Cases- A Disaster, 54 Yale L. J. 489（1945）

（43）この点で、ホームズ、ブランダイスのオリジナルな「明白にして現在の危険」の原則が立法そのものの有効性を判断する基準でなく、また言論の内容（思想）の抑制の場合にしか用いられないが故に、重要性に乏しく未成熟であり、一九四〇年代の「自由派」による一般化が成熟であるとされる伊藤『言論・出版の自由』の根本的な立場に賛同し難い。

（44）Schenck v. U. S., 249 U.S. 47（1919）.

(45) Schenck v. U. S. 249 U.S. 47 (1919). Frohwerk v. U. S., Debs v. U. S., 249 U. S. 211 (1919)

(46) Schafer v. U. S., 251 U.S. 466 (1920). 「普通の知能と正常な判断力を具えた人がこのリーフレットの中で言われたことによって、（軍隊内部での不服従、反乱というような）重大な罪を犯し、それについて定められた厳しい刑罰の危険を冒すような気持になるとはとても考えられない。」Pierce v. U. S. 註（7）

(47) Abrams v. U. S. 註（8）におけるホームズ判事の反対意見。

(48) 「国を救うためには直ちに抑制しなければならない程、法の正当で差し迫った目的に直接干渉する」切迫した危険。(Abrams v. U. S. におけるホームズ判事。)「州を破壊あるいは政治的、経済的、精神的な重大な危害から守るために必要な」言論の自由の制限。(Whitney v. California におけるブランダイス判事。) しかし、「国」(country) とか「州」(state) と言われているものは必らずしも社会 (society) と区別せられているわけではない。もっとも連邦権力に関する限りひろく「社会的利益」を保護するための言論統制は認められないであろう。第一節（法学二四巻二号三九頁［本書一八六頁］）参照。

(49) Whitney v. California, supra n. 23 におけるブランダイス判事の少数意見は、使用せられていない他人の土地の「不法侵入」(trespass) はその「扇動」を禁止するに足る「実体的害悪」ではあろうが、不法侵入の正当性を唱導する団体の催す集会に参加することを禁止する程の重大な害悪ではないという具体的な例を挙げて、「重大性」の意味を明らかにしている。

(50) 「もちろん、私は意見の表明と説得 (exhortations) についてのみ語っているのである。」Abrams v. U. S. supra n. 8 におけるホームズ判事の反対意見

(51) Freund, On Understanding the Supreme Court (1949) p. 27.

(52) Freund, ibid. p. 25., Konvitz, Fundamental Liberties of a Free People, p. 281 et seq.

(53) ブランダイス判事がホームズ判事を指導した例としては、Milwaukee Social Democratic Publishing Co. v. Burleson, 255 U. S. 407 (1921)、ホームズ判事よりも一層「言論の自由」の保障に厳格な立場を示した例として、Gilbert v. Minnesota, 254 U. S. 325 (1920) を挙げることが出来る。「言論の自由」に関してむしろブランダイス判事がホームズ判事に影響を及したと見る者もある。Konefsky, The Legacy of Holmes and Brandeis, (1957) p. 202.

(54) ブラック、ダグラス等が「重大にして切迫した危険」という語句にかくれて日系市民の集団的退去命令を合憲とした（註42）のは、ジャップはいつの場合にもジャップでテンノーに対する忠誠義務に反すればハラキリする人種だという通俗観念に支配されたからである。デニス事件で conspiratorial communism という観念を排斥したダグラス判事も、Nazis conspiracy に対しては寛容ではなく、「ドイツ系アメリカ人連盟」に関連した言論については抑圧に賛成している。Keegan v. U. S., 325 U. S., 478 (1945) の少数意見。Knauer v. U. S., 328 U. S. 654 (1946) の法廷意見。Beauharnais v. Illinois, 343 U. S. 250 (1952) の反対

意見。

(55) Bridges v. California ; Times-Mirror Co. v. Superior Court, 314 U. S. 252 (1941)

(56) Nye v. U. S. 註(4)参照。

(57) In re San Francisco Chronicle, 1 Cal. 2d 630. コンモン・ロー上の法廷侮辱処罰権は司法部に固有の権能で、これを法律で制限することは権力分立原理に反するという立場をとった州は外にもあるが、「間接法廷侮辱」の即決処罰権を廃止または制限した州も多い。

(58) Pennekamp v. Florida, 328 U. S. 331 (1946) ; Craig v. Harney, 331 U. S. 367 (1947)

(59) この点で、言論による裁判妨害を防諜法の「徴兵制を妨害する」言論と類比したハンド判事の判決を注目すべきである。Ex parte Craig, 282 Fed. 138 (1922)

(60) 特にセンセーショナルな刑事々件、たとえば白人の婦人を黒人が強姦したというような事件で、新聞裁判 (newspaper trial) が陪審に与える影響は絶大であり、証拠と手続に従った合理的な裁判を阻害する危険は大きい。Cf. Shepherd v. Florida, 341 U. S. 50 (1951) におけるジャクソン、フランクファーター判事の同意意見。

(61) Pennekamp v. Florida, 328 U.S. 331 (1946).

(62) 「《明白にして現在の危険》の原則を適用した判例は、権利の章典の最小限の要請を確認しているにすぎない。」Bridges v. *California* におけるブラック判事の多数意見。ブラック判事はこの見方をデニス事件の反対意見でも繰り返している。

(63) Milklejohn, Free Speech and Its Relation to Self-Government (1948) これは修正第一条の保障する「政治的」言論の絶対的自由と、適法手続条項の保障する「非・政治的」言論の相対的自由を区別すべきことを説いた非法律家の判例批判であるが、Free Speech in the United States (1941) の著者であるチェイフィ教授も、マイクルジョン教授の着想は非実際的な「美しい一角獣」であると批評している。62 Harv. L. Rev. 891 (1949)

(64) たとえば、Musser v. Utah, 333 U. S. 95 (1948) の少数意見でラトレッジ、ダグラス、マーフィは一夫多妻の唱導も今日の婚姻制度の批判であれば絶対に自由で、実行の具体的な扇動が「明白にして現在の危険」を生じた時はじめて抑制の対象となると主張している。Beauharnais v. Illinois, 343 U. S. 250 (1952), Roth v. U.S., 354 U. S. 476 (1957) におけるブラック、ダグラスの反対意見は、この傾向を更におし進めたものである。

(65) Bridges v. California で多数派に加わったジャクソン判事は、Craig v. Harney, supra n. 58 では「間接法廷侮辱」は冷静、公平な裁判を受ける市民の権利の侵害として自由の乱用であるとする。

(66) デニス事件で、「静かな時代に下された諸々の判決で確立せられた原則」を強調し、「明白にして現在の危険」の原則の場当りなreformulationにも反対したフランクファーター判事は、コンモン・ローの「扇動」（incitement）に根ざす合理的な区別として、「聴き手を違法な行動に走らしめるかも知れない思想の表明」と、「違法行為に出よという唱導」を別け、かってのハンド判事の立場を甦えらせたが、「この区別が権力把持者によって、不条理に、敵対的な、あるいは非正統的な意見を抑圧するのに用いられ得るということは、それが、中央から統制された国際共産主義運動の勢威を揮っている団体に対しては合理的に用いられるかも知れないという事実を打ち消しはしない」と述べている。「政府の暴力的顚覆の唱導」自体は「アメリカ的思想」であるとするジャクソン判事（American Communications Association v. Douds）は、卒直に共産党、共産主義者のみを特別の個として扱うが、彼の「共謀」理論にヒントを得て「秘密の言論」は修正第一条によって保障されないという説をなす者もある。Ernst & Katz, Speech : Public and Private, 53 Col. L. Rev. 620（1953）これもユニークな共産党抑圧に擬似的な原則を与えるための afterthought であり、理論的には Nathanson, The Communist Trial and the Clear-and-Present-Danger Test, 63 Harv. L. Rev. 1167（1950）がすでに（デニス事件での検察側のこの種の主張を）論破している。

(67)　343 U. S. 250（1952）

(68)　ダグラス判事が同意したブラック判事の反対意見。

(69)　ダグラス判事が同意したリード判事の反対意見。

(70)　Chaplinsky v. N. H., 315 U. S. 568（1942）法廷意見はマーフィ判事の手になり、しかも全員一致の判決である。

(71)　「激した言論は人間の顕著な特性である。熱した頭をもつ人々は爆発して破壊的なエネルギーを放出する。彼等は叫び、怒号し、欠陥や過誤を針小棒大に誇張し、警戒心をもって物事を眺める。はじめから人々はこうであったし、また永久にそうであろう。」Beauharnais v. Illinois におけるダグラス判事の反対意見。

(72)　例えば、Palmer v. City of Concord, 48 N. H. 211（1868）: People v. Shielman, 318 Ill. 482（1925）

(73)　People v. Edmondson, 4 N. Y. S. 2d（1938）は「団体」（corporation）「人の集団」（association of persons）に対するlibelを認めたニュー・ヨーク州刑法のもとでも、「すべてのユダヤ人」に対するlibelが成立し得ないとしたものである。cf. Tanenhaus, Group Libel, 35 Corn. L. Q. 277（1950）

(74)　傍論として、軍隊の特定の部隊に対してlibelが成立するとした前記Palmer v. City of Concordも、「名誉毀損的な性質の文書ではあっても、その対象がひろく一般的であるために、どう見ても治安の紊乱がそれによって生じそうもない場合があろう」と述べている。

(75)　Terminiello v. Chicago, 337 U. S. 1（1949）Kunz v. N. Y., 340 U. S. 290（1951）におけるジャクソン判事の反対意見。

(76)　ニュー・ジャージー州のgroup libel lawを不明確の故に無効とした州裁判所も、問題になった「ドイツ系アメリカ人連盟」

の反ユダヤ宣伝を slander として処罰し得ることを認めている。State v. Klapprott, 127 N.J.L. 395（1941）.

（77） Cf Michael & Wehcsler, Criminal Law and Its Administration（1940） p. 1171.

（78） Cf. Chafee, Government and Mass Communication（1947） I. P. 124

（79）「どんなにうまく行っても、個人の自由が法的な保障からひき出す力は限られたものにすぎない。アメリカ国民が立法または執行部の行為の賢愚よりも合憲性に第一に関心をもつのは、（実体のない）偽りの価値に気をとられることである。……立法が思想、言論の自由に触れる場合に、（合憲性と賢愚を同一視する）かかる傾向は自由の精神の恐るべき敵である。」Dennis v. U. S., 341 U. S. 494 における同意意見。同様な思想は Hand, The Spirit of Liberty p. 144 にも展開されている。

（80） Brown v. Board of Education, 347 U. S. 843（1954）この判決に対する他の「自制論者」ハンド判事の批判は、Hand, The Bill of Rights, p. 54

（81） Everson v. Board of Education, 330 U. S. 1（1947）; Zorach v. Clauson, 343 U. S. 306（1952）における反対意見。

（82）「国旗礼拝」に関する二つの判決（第二節・法学二四巻二号五〇頁［本書一九五頁］以下）におけるフランクファーター判事の法廷意見と反対意見。Beauharnais v. Illinois, 343 U.S. 250 の多数派を構成した他の裁判官（ヴィンソン、バートン、ミントン）はフランクファーター判事の底意に同調していたとは言えず、単に素朴な司法的自制論者であったように思われる。「明白にして現在の危険」の原則を万能視される伊藤「言論・出版の自由」（二一九八頁）も group libel について治安紊乱の「明白にして現在の危険」は問題にならないとして、フランクファーターの立場を支持せられるが、その理由が minority groups の保護という民主的要求にあるとせられるのは疑問である。少数グループの保護という考え方は、むしろ国旗礼拝事件でフランクファーター判事と対立したストーン長官の立場であり、（第四節1註（22）［本書二三三頁］参照）、フランクファーター判事は少数グループであれ、多数グループであれ民主的な一体感（連帯感情）を損う行為や言論を容赦しないのである。そのような説明はたまたまシカゴで白人が黒人の悪口を言ったボハネ事件だけを見ればもっともものようであるが、例えばユダヤ教徒とカトリック教徒の間の group libel にはあてはまらないであろう。

（83） Cf. Joseph Burstyn, Inc. v. Wilson, 343 U. S. 495（1952）におけるクラーク判事の法廷意見。この点が直接問題になった最高裁判所の判例はないが、多くの州では尚、無神論、不可知論が法的に統制さるべき害悪と考えられている。ニュー・ヨーク州にはそれ等の表明を犯罪とする法律があり、ミズーリー州では無神論者は公職不適格とせられている。Chaplinsky v. N. H.（註70）でマーフィ判事が「わいせつ」「名誉毀損」と並べて「瀆神的」（profane）言論をアウトローしたのは、それが伝統的な慣用句であった外に、彼自身が極めて敬虔なカソリックであったことにもよる。

（84） Roth v. U. S., 354 U.S. 476（1957）.

（85）　Roth v. U. S. 354 U.S. 476（1957）におけるハーラン判事の反対意見。
（86）　伊藤『言論・出版の自由』（二八二頁）が「明白にして現在の危険」の原則を広く解し、従って「実質的害悪」の観念にも、「交通の妨害」を含められるが、「愛国心の減退」まで言論を抑制することを正当化する害悪とせられるのは間違いであろう。愛国心を減退させる「明白にして現在の危険」とは想像不可能であるが、それを権力によって抑制し得ると考えることは尚更出来ない。
（87）　Dennis v. U. S., 183 F. 2d 201（1950）
（88）　ジャクソン判事は、唯非アメリカ的＝ソヴィエト的革命思想の表明が「言論」ではないと見、フランクファーター判事は、どのような「政府の暴力的顚覆の唱導」も価値は低いが、これと不可分に「アメリカ社会の種々な欠陥の批判が含まれている」から、前者を抑制することは不可避的に「言論の自由」を抑制することになると言う。唯、デニス事件の判決の実際の効果は、一つの「種」として共産主義の思想、言論を修正第一条のアウトローとしたことである。

五　結　語

われわれは、生けるアメリカ憲法の中に身を置いて、思想、言論の自由に関する最高裁判所の考え方の発展を追って来た。一つ一つの判例は必らずしも一貫した原則に則っていたとは言えないし、また一人一人の裁判官が首尾一貫してある原則に従っていたとも言えないが、ある時には多数意見の中に、またある時には少数意見の中に、断ち切れることなく続いているいくつかの赤い糸を見出すことは出来た。それ等の原則は、裁判官個人の「自由への意志」あるいは「抑圧への意志」とある距りをもって醇化され客観化されなければ、裁判官の交替、時流の推移から独立した強い力をもち得ない。一つ一つの原則を分離して純粋な姿でとり出して見れば、例えば「不明確故に無効」の原則にせよ「明白にして現在の危険」の原則にせよ、特に権力を圧迫して自由を拡張するリベラルな原則ではなく、公権力による自由の抑制を必要にして充分な限度にとどめるための rule of reason にすぎない。しかし、これ等の諸原則が各々所を得て確立せられるならば、言論の自由の司法的保障として望み得る最大限が確保せられることになろう。一九四〇年代の中葉までの最高裁判所の判例に現われた熱烈な自由の eulogy が五〇年代の初頭には、三〇年前にホームズ、ブランダイスが冷静に批判した非条理な自由の抑圧の後めたい apology に急変したのは、アメリカの最高裁判所自体が九人の裁判官の間で原則上の一致を第二次的に考え、数による裁判の悪習に陥っていたからである。しかもアメリカの数多くの立法部とその背後にある全国的、地方的な与論は、何ごとによらず否認することを違法とする根強い伝統をもっており、正にそれがアメリカにおいて司法審査を必要ならしめる実際的な契機であるとしても、唯原則において一致した「法を話る口」としての裁判所のみが多数意志の憲法的限界を貫徹することが出来る。

（一九六〇年）

15　言論の自由と営利目的

一　問題の意味

「言論の自由」の憲法的保障のもとで、私的営利のモメントを含む言論について他の言論とは異なった法的取扱いが許されるとするための合理的な根拠は、果して存在するだろうか？　このような問いの背景には、一方、理念として、自由な言論が、卑俗な物質的利益とかかわりなく、時にはそれに反しても真理に到達する唯一の道として価値あるものと認められるということと、他方、現実的には、純粋に真理価値を目指した言論も、空の財布では多少とも広い範囲の聴衆に達することができないのに、有効なマス・メディアはごく一部の人々の手中にあり、本来技術的進歩に比例して社会の精神的進歩に役立つべきこれ等の表現手段は、その伝達する言論の実質的価値を高めるよりも先に、より多くの買い手を見出すことを目的とせざるを得ないという事情、この理念と現実との不調和ないし背反の認識がある。ベンジャミン・フランクリンが自ら信ずる所を自己の素朴な印刷機によって人々に訴えていた時代の、あの精神の自立性、責任の単純明瞭性に裏うちされた自由な言論は、今日声を失ない、マス・メディアの巨大な鋳型によって形を与えられた言論にかき消されている。この言論の量産化に伴なうものは、大衆のマス・

メディアに対する依存的、受動的関係、常に必らず個人のものである思想を大衆に伝達する組織と、思想の提供者との間の目的の必らずしも一致しないままの曖昧な共同責任、思想の提供者の匿名化、その反面として、ネイム・ヴァリューをもった職業的解説者の傲慢な無条件的大衆支配、ヒットした企画の模倣による一画化、低俗化である。

小説製造機械と化した作家や出版社が、曖昧な責任意識でことを始めたばかりに暴力の恐怖に屈し、その作品を詫びたり、多くの週刊誌が競って好色な興味や他人の私生活に対する恥知らずの好奇心を煽り立てている現状に対して、ものを知る人々はこれを宿命として受取るのでなければ、単に一八世紀的な言論の自由にとって自明であった個人的責任感を、マスコミを担う企業組織に、空しいと知りつつ期待するか、競争の法則によって眠らされている個々の組織の良心を同業者を貫く別の組織に結集させることによって呼び起こすことを提唱する以上に出ない。マス・コミの暴状に比較的強硬な者も、現存の法律のもとに法的責任を追及すべきこと、判例不法行為法としてアメリカの「プライバシーの権利」を導入すべきことを説くにとどまっている。(1) しかし、どちらかと言えばものを知らず、言論の善悪を無雑作に割り切り、法律や権力を過信する人々の側では、今ある法律で事実がこの通りであるとすれば、もっと効き目のある法律を作ろうとするに違いない。後者の試みを成功させないためには、ものを知る人々が「言論の自由」の絶対性を叫ぶよりも、その合理的な限界について考え、どのような言論の規制であれば憲法的妥当性と共に実効性を有するかを積極的に提示する必要がある。「国民がある出版物を紙くず同然と見るようになると、それを奪りあげられても大して気に留めなくなる(2)」からである。

言うべき内的必然性なくして言われ、しかも社会を益するとは思われない言論が大量に横行しているのは、複雑な因果関係はともかく、言論の商品化に最大の直接的原因があると見るのが常識的であろう。民主的社会においても一般に正当な私的、社会的利益と明白に相容れない言論は法的規制の対象となり得る。言論規制の一般的許容性を認めた上で、果して「営利目的」の存在が、一層立ち入った法的規制を正当化するかどうかを、憲法規範と社会的、政治的、経済的諸条件のほぼ類似したアメリカの経験を参考にしながら、検討するのが本稿の目的である。

（1）伊藤正己「自由な言論の責任」世界昭和三六年四月号。同「プライヴァシーとは何か」朝日新聞昭和三六・三・二七。
（2）*Chafee*, Government & Mass Communications, 1, (1949) P. 18.

二　「営利的言論」という類別

日本国憲法への移入という見地から、アメリカの豊富な憲法判例を分析、操作された伊藤教授の「言論・出版の自由」は、言論を、「言論の自由」の高度の保障を受ける「非営利的言論」と、経済的自由権として低度の保障を受けるに留まる「営利的言論」とに類別することが可能かという問いを出し、余りに自明のことながら、「営利的言論」が「純然たる商業広告以外に、いやしくも営利のモメントを含む一切の言論を包括する概念であるとすれば、これを自由な言論からしめ出し、言葉による、しかしより少く自由な経済的活動と見るべき理由がなく、この類別は自由な言論を不当に縮減する結果となり採用できない」とせられている（一九三頁以下）。その通りであるが、この種の類別の論理は批判的に分析されなければならない。

先ず「言論の自由」は、国民の政治的自治の観点から、個人の基本権の中でも（特に経済的自由に対して）特別に高度の不可侵性を有するとせられる（いわゆる「二重の基準《ダブル・スタンダード》」または「言論の自由の優先的地位《プリファード・ポジション》」の思想）。言論の自由が主として民主政の礎石としての積極的な機能において高く評価される結果、言葉であっても、真理、特に社会、国家に関する真理への階梯としての意味をもたないもの、例えば商業広告が、少なくとも「言論」としては、自由を保障せられるに値いしないということになる。アメリカ連邦憲法の条文について言えば、商業広告の類は、適法手続条項にいう「自由《リバティ》」の一部として、文言上単に相対的に保障せられていると解せられた経済的自由権に属すると主張することも、一見巧妙な憲法解釈と見えよう。正当な憲法解釈とは認められていないが、政治的言論の絶対不可侵性を同様に民主政の見地から主張したマイクルジョン教授が、「言論の自由」(freedom of speech) を政治的言論に限定し、その他の言葉を適法手続条項の相対的に保障する「自由《リバティ》」に「発言の自由」(liberty of speech)

として包摂したのも、[1]「二重の基準」の思想を非法律家的に徹底したものであり、法解釈としての無理がかえってイデオロギッシュな図式論としての魅力を高めている。[2] ブランダイス、カードーゾ、ストーンといった傑出した裁判官達が、「二重の基準」の思想に素材を提供したことは確かであるが、それが、連邦最高裁判所の多数派のドグマとなったのは、いわゆるルーズヴェルト・コートにおいてであった。一方、公権力をコントロールすべき自由な言論を、高い調子のミッション意識を以て擁護した（West Va. Bd. of Education v. Barnette, 319 U. S. 624 が代表的）この裁判所が、他方、商業広告を「自由な言論」から追放したのは、むしろ自然であった（Valentine v. Chrestensen, 316 U. S. 52)。人は、民主政治を支える自由な討論の本質をいかに実質的に規定するかによって、外にも多くの言葉を「自由な言論」の外にはじき出すことができよう。民主的討論をもっぱら理性的なプロセスと見れば、単に情緒的に攻撃的な言葉は、個人に面と向かって投げつけられた場合にも（Chaplinsky v. N. H., 315 U. S. 568)、集団に向けられた場合にも（Beauharnais v. Ill., 343 U. S. 250)、「言論」の埒外でむしろ物理的な暴力に等しいとされ得るし、一八世紀のニュー・イングランドの町民大会のような公明正大さを民主的討論に不可欠と見て、ひそかに交される言葉もまた「自由な言論」に属しないというような主張も現われる。[3]

「言論の自由」のデモクラティックな把握に立脚する限り、「二重の基準」説は、単に「言論の自由」を他の人権に対して優遇するに留まらず、ある種の言葉を他の言葉に対して優遇する結果となり、優遇される「言論」の範囲が十分ひろく、かつ優遇の程度が文字通りの絶対化でなければ、むしろ総体的に「言論の自由」を低下せしめる傾向を有することに注意すべきであろう。優先せられる言論の自由も「明白にして現在の危険」に限界を有するとされ、しかも種々の言葉を右の基準で測定すべき「言論」ではないとする判例の動向に抗して今日の少数意見は、先ず公共のことがらに関する発言を、次いではあらゆる言葉を絶対化するに到っている。

「二重の基準」説以前に、はじめて「言論の自由」に原理的な考察を加えたのは、周知のようにホームズである。その「言論の自由」の把握がいかに「二重の基準」説の見方と異なるかは、先に述べたマイクルジョン教授が、ホームズの「明白にして現在の危険」の原則に対して示す烈しい敵意によって知られよう。その反対は、「明白にして現在の危険」という限界が政治的言論の保障に不足であるというに留まらず、ホームズが「言論の自由」のもとにいわばミソもクソも一緒にしている点に向けられている。ホームズは「明白にして現在の危険」の原則を提示した最初の法廷意見の中で（Schenk v. U. S., 249 U. S. 47）、劇場内で偽わって火事だと叫ぶことが言論の自由の限界をこえているのと同様公権力が正当に保護し得る利益を明白かつ現在的に侵害する政治的意見の表明も、自由の限界をこえていると論じたが、マイクルジョンにとっては、たちの悪いいつわりを政治的意見の表明と同段に論ずることは、国民の民主的権利としての「言論の自由」を冒瀆するものであった。およそ、広い意味の観念（idea）や気持（sentiment）を表現する言葉である限り、その制限は「言論の自由」の問題として扱われねばならないというホームズの立場は一貫している。この立場からは、特定人に対する具体的な犯罪の「教唆」の可罰性から、不特定多数人に対する公然露出罪の「扇動」として裸体主義者《ヌーディスト》のプロパガンダの可罰性が論結せられる（Fox v. Wash., 236 U. S. 273）反面、多数意見がインチキ広告の行政的取締りとして適法とした、医薬品の販売広告に対する郵政長官の「詐欺差止命令《フロード・オーダー》」は、事前の抑制であるだけに、何よりも歴然たる「言論の自由」の侵害と見られることになる（Seach v. Carlile, 258 v. S. 138）。

ホームズのこのような「言論の自由」の把握は、デモクラティックに対して、リベラルなものと言えよう。公権力が、個人による自由の使用態様に無関心であり、ただ、結果として生じ得る個人的、社会的実害のみを抑制し得るということは、すべての自由権の本質に属する。[4] 言論の自由の限界を画する「法のリトマス試験紙」は、言論の目的が営利であるか、公衆の宗教的、政治的、社会的啓発であるかによって異なることはない。[5] もちろん、アメリカの判例の大勢もこのことを認め、出版企業の産物である、「いかがわしく、公共の福祉に資する所のない」好色的な雑誌も（Hannegan v. Esquire, 327 U. S. 146）、「社会にとっておよそ価値のない」犯罪実話雑誌も（Winters v. N. Y., 333 U. S. 507）、「最上の文学」と全く同様に、自由な言論として保護されねばならないとしている。ただ、好色雑誌の事件で、フランクファーターが、新聞その他の定期刊行物出版の助成の意味をもつ低額料金の第二種郵便物認可を、法律によって、積極的に公共の福祉に資すると認められるものに限ることは、憲法上可能であり、然らざれば、憲法が「精神の世界における企業」を選ぶ所なく補助することを強制するという結果になろうと警告しているのが注目される。ムチを持つ公権力に対して言論の自由のあらゆる使用目的が無差別であるとしても、アメを与える場合には、合理的な差別は容認されるであろう。この後の場合に限って、「営利的言論」という類型を認めることも、差支えなかろう。

（1）　Meiklejohn, Free Speech and its Relation to Self-Government,（1948）p. 35.

（2）　「二重の基準」の思想には異なった種々の見地が混在しており、決して民主政の礎石である「言論の自由」が経済的自由権よりも強い保障を受けるという意味のみに限定されない。個人の自由権（personal liberties）が財産権に優越するという主張でもあったり、またその根拠は、個々の基本権規定の文言が「タートベシュタントメーシッヒな包摂を許し、従って予測可能な仕方における適用、執行を可能にする」（C. Schmitt, Grundrechte und Grundpflichten（1932）in Verfassungsrechtliche Aufsätze（1958）S. 219.）内容の明確さを有するかどうか、またその程度の差異にも求められるし、自由の社会的性質の差異にも求められる。しかしそうなると、何故に基本権に段階を、しかも二段階のみを認めねばならないのか分からなくなり、アメリカでも理論的な批判（Freund, On Understanding the Supreme Court,（1951）P. 9 f. L. Hand, The Bill of Rights（1958）P. 50 f.）が多く、最近の最高裁判所の判例も、「いずれの憲法的保障も他に優越するものではないように、どの憲法的保障も他に対して劣位に置かれ、または無視さるべきではない」としている（Ullmann v. U. S. 350, U. S. 422, 428）。

小林直樹助教授は、伊藤正己教授が四〇年代のアメリカの自由派のイデオロギーを日本国憲法の解釈として移植されたことを多とするばかりでなく、思想・言論の自由の「いわば絶対性」→集会・集団行動の自由の「明白かつ現在の危険」のみによる制限可能性→経済的自由の相対性という「三重の基準《トリプル・スタンダード》」を提唱される。気分的な価値の位置づけの図式を創作するのは自由であるが、それぞれの憲法的基準の意味、したがって、それ等の間の差異について何等の説明がないのは、憲法学者としては無責任であろう。小林直樹「憲法的自由の問題状況」ジュリスト二二六号二〇頁。

（3）　Ernst & Katz, Speech : Public and Private, 53 Col. L. Rev. 620（1953）cf. Nathanson, The Communist Trial and the Clear-and-Present-Danger Test, 63 Harv. L. Rev. 1167（1950）

（4）　スメントは、発表せられた内容が、少なくとも価値を意図しているが故に認められる、制度的性格をもった「学問の自由」

に対して、「意見発表の自由」を、「善用されたか悪用されたかに関わらず認められる真正の自由権」と規定している。R. Smend, Das Recht der freien Minungsäusserung (1927) in Staatsrechtliche Abhandlungen, (1955) S. 116.

（5）　しかし、言論の自由の限界と言えば、常に、あるいは一般原則として、「明白にして現在の危険」一点張りで行くべきだという主張（伊藤正己『言論・出版の自由』二八四頁以下）と、本文に述べたこととは別問題。かような主張は、主張者自身が認めるように（同、三〇五頁、三一四頁註61）アメリカの判例法を離れているばかりではなく、法的原則を確たる内容のない自由の合言葉と化せしめるので適当でない（拙稿「思想・言論の自由」法学二四巻四号一〇〇―一〇四頁［本書第**14**論文・二四九―二五二頁］）。

三　マス・コミと「声なき声」

企業としてのマス・コミの圧倒的支配という事実は、万人が平等な理性の一片とみなされ、思想の自由市場における競争の結果、真理が支配するという一八世紀の楽天的な合理主義の夢を裏切るものである。マスコミの巧妙な操作は、いわゆる自由国家においてさえ、大衆を牧童の笛に従う羊群と化せしめる。国家的独占にひとしいマス・コミの完全な私的独占は存しないとしても、その寡頭制から生ずる、社会的総量としての言論の偏向、一面性は否定できない。社会に存在するあらゆる思想を公平な条件で自由市場にひき出すことが社会立場から見た言論の自由の重要な機能であるとすれば、マス・コミに対抗する形態の言論の稀少価値が法的に評価されねばならない。

一九三〇年代末からのアメリカの最高裁判所は、既成宗教を排撃し、社会の一般的不評に屈せず、信徒の組織的な折伏《しゃくぶく》活動を、辻説法、集会、戸別訪問等の形で活発に展開している「エホヴァの証人」に対して、直接には彼等の「布教の自由」を擁護する多くの判例を築き上げて来た。一般的な言論の自由の法原則も、これ等のいささかモノマニアックな信者達ならではの非妥協的な法廷闘争に負う所が多い。社会の立場から見た、大衆的言論形態の憲法的評価の動擁を示すのは、戸別に宗教的パンフレットを有償で頒布しながら布教に従事する「エホヴァの証人」に対して、市が、一般の行商人なみに、行商免許税を課し得るかどうかが争われた一連の事件である。[1] このようなパンフレットの売買も、営利的ではないにしても、ひとつのビジネスであり、布教目的の故に憲法は免税を要求するものではなく、むしろその政教分離の原則は免税の形での宗教の援助を否認するという立場に立った判決は、わずか一年後に、既存のコミュニケーションのチャンネルに頼ることのできない新しい思想が、街頭に出て、じかに聴衆の物心両面の支持を獲得するという大衆運動を高く評価するが故に、事実上これを抑制する効果のある非差別的課税も違憲な自由の侵害であるとする判決によって覆《オーヴァールール》えされたのである。皮相的に見れば、あたかも営利目的の有無が争われたように見えるが、実は、マス・コミと大衆的言論形態とのバランスという観点から、場合によっては後者を、少なくとも消極的に助成することが「言論の自由」の要請であり、裁判所が立法部の不作為を違憲無効とすべきであるとする者と、かかる要請は立法政策上のもので、憲法の命《コンバルジョン》ずる所ではないとする者との和解しがたい対立が、そこに見られる。

大衆的言論形態に対する消極的な助成が、免税という形で、一度立法者の法的義務とせられれば、全く同一の論理によって、社会は、戸別訪問、街頭のビラ撒き、屋外集会、行進等から当然生ずる私的・社会的な不利益をかなりの限度まで認容する義務があることになろう。例えば家宅のプライバシーを侵害する「エホヴァの証人」の戸別訪問を条例によって禁止することは、「文書を戸別に配って歩くことは、財力の乏しい庶民の主義主張を広めるために不可欠である」が故に、同様な侵害を伴なわないマス・コミとのバランスを失なわしめる結果になり、違憲とせられた（Martin v. Struthess, 319 U. S. 141）。「言論の自由」を、結局、社会のその時々の多数意志に拘わらず、あらゆる思想を聴く、社会自身の憲法的義務と見るこの立場には、華やかなアポロジーも書かれているが(2)、何と言っても、裁判所をデモクラシーの教師となし aggressive liberties を passive liberties に対して常に優先せしめる点に批判の余地があろう(3)。

典型的な殉教者的言論に対して右の立場をとった最高裁判所も、五対四の常習的分裂に悩んだ弱い裁判所であった。四〇年代末から逆転したこの裁判所の態度は、反対に個人の思索・読書の自由を中心に据え、大衆的言論形態に対して冷淡にすぎる傾向がないではない。抜け目《シャープ》ない商法で有名な、雑誌の長期購読の仲介業者が、家屋の住人の同意なしに戸別に注文をとって歩くことを禁じた条例を、言論の自由の侵害として争った事件で（Breard v. Alexandria, 341 U. S. 920）、条例を支持した一九五一年の最高裁判所は、たしかに、「エホヴァの証人」タイプの、自ら信奉する思想の売込みと、多くの中のどれでも、販売高が多い程よい雑誌の売込みとを、「言論の自由」の使用として異質のものと考えたように見える。しかし、ここで多数派を構成した裁判官は、もともと殉教者的言論の司法的特別待遇に反対であった人々を中心にしており、このような区別（distinction）は、より少ない抵抗で先例をなきものにする常套手段に外ならない。反対意見がこれを、正当に、先例の変更として攻撃したのを裏返しても、結局、商業雑誌の売込みも、商品化されない思想の売込みも、「鍋釜の売込み」に対して、ひとしく優越した地位を占めるということになる。要するに、非営利的な、またはマス・コミから遠い言論は、「言論の自由」を拡大する司法政治的な橋頭堡となったし、マス・コミ的言論は、この自由を縮小する突破口になったというにすぎない。わが国の現状から見て、おそらく、「声なき声」を助成すべしという「表現の自由」の解釈は、魅力的であり、政治的に必要であるとも思われるが、民主政の課題を、立法部よりも裁判所に押しつけ、法律の制定、廃止、変更を要求する運動よりも裁判所への圧力《プレッシャー》を近道として選ぶことは、憲法の趣旨に合致しているとは思えない。ただ、同一の社会的不利益を結果として生ぜしめる諸種の社会的行為のうちから、特に大衆的言論形態のみを敵視し、これをきびしく取締る立法に対しては、裁判所が憲法の斧を揮うべきは当然であり、最近の公安条例事件の判決で、わが最高裁判所が、集会、デモに対する神経質な取締主義を積極的に合理化する態度を見せたことは、その場限りではない批判の対象とすべきであろう。

（1）　Jones v. Opelika, 316 U. S. 584（1942）; Murdock v. Pa., 319 U. S. 103（1943）
（2）　E. Cahn, Firstness of the First Amendment, 65 Yale. L. J. 464（1956）
（3）　Freund, On Understanding the Supreme Court,（1951）P. 22.

抽象的に、言論自体に営利のモメントがあるかないかによって、オートマティックに自由の枠を調節することが妥当ではないにしても、自由の制限によって保護されるべき特定の私的、社会的利益との具体的な関係で経験上、営利のモメントが自由に不利に作用することはあり得る。西洋人が、人は人の財布に対して鱶であると言うように、資本制社会で営利の情熱ほど無遠慮なものはない。自分の思想を売り込むために他人の迷惑を顧みないのは少数の狂信者に限られるが、金儲けのために手段を自制しない人間は、この世に満ちている。筆者の経験した所でも、許しを得る前にすでに一歩アパート内に足を踏み入れていた「エホヴァの証人」の紋切り型の折伏よりも、年間五百万ドルの雑誌購読契約を結ぶK・読者サービス社の販売員の方が、筆者の「住居および個人のプライヴァシー」(domestic and personal praivacy)を、プライバシー尊重の伝統の薄い日本人をさえ怒らせるほど無視していた。思想の売込みから住居のプライバシーを守るために、住人の立入禁止の意志表示と、それを冒した侵害の民事、刑事の責任を問うことで十分であるとしても、経験上、雑誌の販売員に対してそれで十分とは言えないし、右の程度をこえて、招かれざる行商をニューサンスとして罰することがアプリオリに違憲となるという根拠もない。

四 「プライバシーの権利」とマス・コミの責任

右に触れた「言論の自由とプライバシー」の問題は、現在わが国のジャーナリズムを賑わしている、意に反する私事の公表として問題になっているものとは、次元が異なるように見えるかも知れないが、そうではない。プライバシーとは、要するに個人、およびその延長としての住居の自己完結性、社会と関連のない部面における個人のイミュニティの総体であって、これを「一切の自由の原基」(Pub. Uitilics Comm'n v. Pollak, 343 U. S. 451, 467)と見る個人主義の立場からは、動機のいかんを問わず、公権力によるものであれ、私人によるものであれ、本人の意志に反する個人の私的領域への物理的、想像的侵入、およびその結果得られた私事の、真実または歪められた公表は、ひとしく道徳的不正である。しかし法は、すべての道徳的に不正な侵害に対抗する「プライバシーの権利」を認めることはできない。他人の私事に対する好奇心は人間の本性に根ざし、法は、実効性をもち得るためにも、口頭による私事の公表にまで手を染めるわけには行かない。ウォレン＝ブランダイス論文[1]以来一世代殆んど実を結ばなかったプライバシーの権利は、今世紀の二〇年代以降、各州の判例不法行為法において次第に認められ（これをまだ認めない州も、否認した州もある）、決して多くはないそれ等の判例の分析から、違法なプライバシーの侵害のいくつかの定型がアメリカの学者によってまとめられ[2]、これ等に基づいた若干の紹介がわが国でもすでに行なわれている[3]。ここでは、これ等の定型のあるものが、アメリカ法においても、いわんや名誉毀損について成立要件の異なるわが民法においては尚更多くのものが、既存の不法行為類型によって捉えられるのではないかという点に立入って検討する余裕はない。いずれにせよ、「プライバシーの権利」が一種の道徳的不正を法的不正と認めよという不断の要求を指称する限り、確立したいかなる不法行為類型をもはみ出し、しかもポテンシャルに増大する何ものかが残ることは、論理上当然である。

厳密な意味の「権利侵害」を必ずしも必要としないわが国の不法行為理論のもとで、アメリカの判例法のあとを追って、裁判所が「公序良俗」（common decency）に反する私事の公表によって受けた精神的損害を救済することは、私法の見地からは可能であり、またマス・コミの「眼にあまる暴状」に対する公憤の結果、のぞましいと考える人もあろう。しかし問題は憲法秩序の観点から検討されなければならない。

わが憲法は、果して裁判所が case law の方法で、言論による侵害からプライバシーを保護することを許容するであろうか？　かりに憲法一三条にいう「自由および幸福追求」にプライバシーの確保が不可欠であるがゆえに、自由権としてのプライバシーの権利もまた「国政の上で最大の尊重を必要とする」としても、そこからただちに隣人の侵害に対抗するプライバシーの権利はひき出せない。「生命、自由および幸福追求」という歴史の刻印を帯びた権利が「最大の尊重を必要とする」という命題は、「公共の福祉に反しない限り」という留保と不可分に読めば、もっぱら自由権の立法、行政、司法による侵害を特にいましめた規定と解するのが素直であるが、ひろく基本権

（社会権・参政権をも含めて）の規定の表現する価値を国家活動の「指導原理」と定めたもの、すなわち、例えば自由権を単に国家自身が侵害しないのみならず、その表現する価値を損なうあらゆる条件を除去することによって積極的にいわゆる「人権」を保護すべき義務を国家に課したものと解する有力な見解がある。(4) 一歩を譲って後説を採り、かつプライバシーの権利がこの意味の「人権」に属するとしても、なお、裁判所が憲法一三条に基づいてプライバシーの権利を保護すべきであるとする結論は生まれない。国家に人権擁護義務が課せられているとする学説も認めるように、この義務は抽象的であり、「たぶんにプログラム的な性格」のものと解さねばならないからである。裁判の必要は法規を超越するとしても、実質的意味の立法を国家に独占せしめ、法律による行政・裁判を要請する憲法の立場から見て、裁判所の「前以て規定された一般的規範に媒介されることなく、直接に正法、正義、理性の顕現する、具体的な個別決定」を、「立法国」の「単なる合法性《レガリテート》という規範主義」(5)に置き換えるためには、少なくとも二つの前提条件が充たされねばならない。第一は、プライバシーの権利に関する case law の形成において恣意を排除するに十分な common decency の観念が、プライバシーという点に関して今日わが国に確立していることであり、筆者はこの条件が充たされているとは思わない。第二に、言論の自由とプライバシーとを調整する裁判所の法創造が、既存の実定法秩序という有機体の細胞増殖の程度を出ないという見透しが存在することである。(6) 言論の自由という重大な憲法上の権利を、決して精確に定義できない「プライバシーの権利」のために制限することは、あるいは細胞増殖の程度をこえる結果をもたらすのではないだろうか？

ホームズと共に言論の自由の擁護者として名高いブランダイスが、若き日に当時のマス・コミに氾濫する商品化されたゴシップを、個人的不正であると同時に、人々の価値観を「矮小化し顚倒せしめ」、高邁な共和国の精神をたちまち蝕んでしまう社会的不正と感じたのに共感する余り、後に最高裁判所判事としてのブランダイスが、通信社のニュースを盗用して、A社系の新聞と競争関係にある新聞社に売ったI通信社の行為を明白な不正と認めつつ、「裁判所が新しい私権を創造または承認することは、その権利の境界が明確に定められ、賢明に守られない限り、国民一般に重大な損害を加える」ことを理由に、ニュースを保護する制定法も先例もないのに不法行為として衡平法上の救済を与えた多数意見を強硬に批判していることを見落としてはならない（International News Service v. Associated Press, 248 U. S. 215）。

確かに、どう見ても、公共の福祉に資するとは思われない言論が商品として量産されている現実は、のぞましいものではない。だが既存の法的規制（名誉毀損やわいせつに対する）に加えて、どのような立法がこの種の社会悪を実効的に取り除けるだろうか？「供給が需要を生み出す」と言って、巷に氾濫するある種の週刊誌を読みながら、マス・コミだけを責めるわけには行かない。少数の道徳的に清純な人々の圧力で、アメリカの諸州で採用せられた種々の立法は、効果的であればある程、憲法的妥当性から遠去かって行くことを示している[7]。営利目的と競争が個人にさえ節度を失なわしめるとすれば、営利組織の中で匿名化された集団が狂態の限りをつくすのは不思議ではない。その所産の道徳的な評価の立場から、これ以上法が不明確な一線を画するよりも、むしろ表現された思想の個人への帰属を公示する義務を、少なくとも営利企業として言論を量産するマス・コミに対して課する方が合理的ではあるまいか？　恐らく匿名の言論を一般的に禁止することは必要でもないし、非正統的な、世をはばかる言論を萎縮せしめる効果をもつから違憲となろう。最近のアメリカの最高裁判所も、この理由でビラ撒きの如き大衆的言論形態に対して、発行者、頒布者の氏名記載を要求した条例を違憲としている（Talley v. Cal. 362 U. S. 60）。しかし、営利企業としてのマス・コミについて、われわれが憂うべきは厚顔な放言と益もない饒舌なのである。

（1）Warren & Brandeis, The Right to Privacy, 4 Harv. L. Rev. P. 193,（1890）邦訳が法律時報三一巻六・七号にある。cf. O'Brien, The Right of Privacy, 2 Col. L. Rev. 437（1902）

（2）Prosser, Law of Torts, 1955, P. 635 は多くの文献を挙げている。

（3）三島宗彦「日本民法とプライヴァシー権」法律時報三一巻六号。河原畯一郎『言論及び出版の自由』一二二頁以下はプライバシーの権利を認めるについてアメリカに存した賛否両論を紹介し、「わが国にこれを採用することは尚早である」とされている。

（4）　宮沢俊義『憲法』二一二頁。しかし宮沢教授は「生命、自由及び幸福追求に対する国民の権利を、憲法律によって保障された各個の基本権の総括代名詞として捉えられるから、「ひとりでいる権利」どころか「読書の自由」も「単なる自由」として、その制限に憲法上の限界はないということになる。同書、八九頁。私は自由権としてのプライバシーはそこに含まれると考える。

（5）　C. Schmitt, Legalität und Legitimität（1932）in Verfassungsrechtliche Aufsätze（1957）S. 264.

（6）　Cardozo, The Nature of the Judicial Process,（1955）P. 113.

（7）　Near v. Minn., 283 U. S. 697; Winters v. N. Y., 333 U. S. 507; Smith v. Cal., 361 U. S. 147; cf. Kingsley Books, Inc. v. Brown, 354 U. S. 436.（反対意見）

（一九六一年）

16　表現の自由と取材の自由

一　「取材の自由」の主張
二　取材の直接的制限
三　取材結果の司法的利用

一　「取材の自由」の主張

「表現の自由」が意見の発表の自由に限られず、事実の伝達である「報道の自由」をふくむことについては、学説にもともと争いがあったわけではない。しかし、報道すべき材料を集める「取材の自由」の問題は、報道機関と国家権力との間の具体的な抗争をつうじて、まず裁判所に提出された。その場合、法廷内での撮影禁止のような取材活動の国家権力による直接的制限に対しても（「北海タイムズ事件」最大判昭和三三・二・一刑集一二巻二号二五三頁）、また、取材源についての記者の証言強制のように、間接的な効果として将来の取材活動に悪影響が生ずる国家権力の行使に対しても（「石井記者事件」最判昭和二七・八・六刑集六巻八号九七四頁）、同じように「取材の自由」が主張されたのであった。

「石井記者事件」の問題は、提起されるのがあまりに早すぎた。最高裁は、ⓐ医師等につき法律が明定する証言拒絶権は限定的列挙であるから新聞記者にまで拡張できないと答えただけではなく、取材源の秘匿なくして取材なく、取材の自由なくして報道の自由はないから、憲法二一条にもとづき証言拒絶が正当化されるという主張に対しても、ⓑ憲法の保障は、国会の立法権にまで非常な制限を加えるものであって、次から次へと際限なくひきのばし拡張して解釈すべきものではない、ⓒ憲法二一条は一般人に対し平等に表現の自由を保障したもので、新聞記者に特権を与えたものではない、ⓓ証言義務は、公の福祉のためもっとも重大な司法権の公正な発動につき必要不可欠である、などの理由でこれをしりぞけてしまった。

それから一七年後、テレビ局が、取材したニュース・フィルムの裁判所による提出命令が同じように将来の取材活動に悪影響を与えるとして争った事例（「博多駅テレビ・フィルム事件」最大決昭和四四・一一・二六刑集二三巻一一号一四九〇頁）では、最高裁はだいぶ見方を変え、ⓑ報道のための取材の自由も、憲法二一条の精神に照らし、十分尊重に値する、ⓒ報道機関の報道は、民主主義社会において、国民が国政に関与するにつき、重要な判断の資料を提供し、国民の「知る権利」に奉仕するものである、ⓓ必要な資料にもとづいて公正な刑事裁判を実現することは、「国家の基本的要請」であるとのべ、こうした前提から、裁判にとっての当該フィルムの必要性の程度と、その提出が将来の取材活動に及ぼす悪影響の程度との比較衡量によって提出義務の存否が判定さるべきであるとした。この場合は、本件フィルムは証拠としてほとんど必須のものと認められるのに対し、フィルムは本来公表を予定されたもので、また提出命令は報道および取材活動を制限するものではなく、これによって将来の取材の自由が妨げられるおそれがあるというにとどまるとして、結局、提出命令は憲法二一条にもその趣旨にも反しない、とされた。

この決定に対しては、比較衡量が公正になされたとはいえないという不満がとくに報道機関の側にあるが、少なくとも「石井記者事件」よりは「取材の自由」の主張に対し理解を示したとはいえるし、取材源の開示がもつ取材活動への悪影響については、これとは違った評価を与えるだろうとも推測される。

「博多駅テレビ・フィルム事件」で最高裁が報道機関およびその「取材の自由」へ一定の理解を示したあと、まさに記者の取材活動そのものが犯罪として起訴されるという事件がおきた。「石井記者事件」では、逮捕令状執行の早すぎるスクープをもとにして、どの国家公務員が職務上知りえた秘密を記者にもらし、国家公務員法一〇九条一二号の罪を犯したかを記者に証言させようとしただけで、記者の取材行為に秘密漏示をそそのかした罪（国公法一一一条）を適用しようとはしなかったのであるが、この「西山記者事件」では、記者が入手した秘密が進行中の外交交渉に関する極秘文書であったこと、女性事務官をつうじて入手した方法に、記者倫理上非難をまぬかれない点があったことなどのため、一一一条の秘密漏示の「そそのかし」として、はじめて記者が起訴されたのであった。

この事件では、ほかにも、入手した秘密文書そのものを野党議員にわたすとか、そのものの公表によって取材源がたちまち判明するといった、報道機関としては適当でない措置があったため、はじめは国民の「知る権利」を援用した報道機関あげての無罪要求の声もしだいに小さくなり、記者じしんも退職をよぎなくされた。

このように、胸をはって堂々と「取材の自由」を主張できない事実関係の下でも、一審判決（東京地判昭和四九・一・三一刑事裁判月報六巻一号三七頁）は、その取材活動は「そそのかし」には該当するが、手段に非倫理的な点があったとしても、国民に沖縄返還交渉の真相を知らせようという目的に発し、外交交渉について国民が知る利益の方が、公表によってそこなわれた外交交渉上の不利益よりもこの場合大きいので、結局、「正当行為」に当たらないという証明がなく、無罪という結論を出した。二審判決（東京高判昭和五一・七・二〇刑事裁判月報八巻六・七・八号三三八頁）は、一審の「正当行為」論を恣意的判断に陥りやすいとしてしりぞけ、別な、やや技巧的な論理で記者を一部有罪としたが、最高裁は、もとの「正当行為」論のアプローチにもどり、新聞記者が公務員に対し、その職務上知り得た秘密を漏示するように執拗に説得するだけなら実質的に違法性を欠き正当な業務行為といえるが、本件の「そそのかし」は、女性公務員の個人としての人格の尊厳を著しくじゅうりんしたものであって、正当な取材活動の範囲を逸脱しているとし、結論的に二審の有罪判決を支持した（最決昭和五三・五・三一刑集三二巻三号四五七頁）。

二　取材の直接的制限

たしかに取材なくして報道はないが、そのことだけから、「報道の自由」と同じレベルで「取材の自由」を語ることは誤りである。学問のための材料集めはまだ「学問の自由」にふくまれないように、報道のための取材が報道そのものと同程度に原則的に自由だとはいえない。一般に法的に許されないことが、取材のためなら許されるといわんばかりの「取材の自由」の主張（例、「北海タイムズ事件」）もないではないので、学説のなかには、報道の自由は当然には取材の権利をふくまないと指摘するものがあった（宮沢『憲法Ⅱ』三六三頁）。

とはいっても、取材のためでも窃盗が罰せられるのが当然であるのと同じように、公務員に対し秘密漏示を「そそのかし」た新聞記者が罰せられるのも当然だとは、決していえない。報道機関は、まさに政府のかくしたがる事実について取材することなしに国民に奉仕することはできないから、秘密をさぐり出そうとして公務員に働きかけることじたいを処罰の対象とするような国公法一一一条の「そそのかし」規定が報道のための取材活動に適用されうるものかどうか、問題である。全く適用なしとする（有倉、後掲文献）のは無理であるが、学説で、国家に対して直接、即時かつ回復不能の損害を発生せしめたことを訴追側が立証したような取材行為にのみ適用されるという制限説（伊藤、後掲文献）が存在するのも理由なしとしない。

「西山記者事件」では、暴露された極秘文書の高度の政治性と取材方法の低劣さとが、いかにも日本的にもつれ合っており、イデオロギー的な「ガラスばりの政府」という民主主義論の目を通して前の面のみを拡大し、後の面を軽視するかどうかで、学者の判断も、裁判官の判断も大きく分かれることとなった。

自ら罪を認めた女性公務員のみを有罪とした一審判決は、進行中の外交交渉についても国民に「知る権利」があるとし、もし公務員の側に取材協力意図があったとすれば彼女も無罪であったろうと附言するなど、過度にイデオロギー的であった。二審判決にしても、沖縄返還に付随する、例の、対米請求権の、国民にかくれた肩代りを示唆する電文については、法的保護に値しない「疑似秘密」であるときめつけ、それをめぐる取材については無罪とするなど、どんな民主的な国家でも進行中の外交交渉が正当な秘密とされる点の理解が乏しい。それに、かりに国民にかくれた裏取引きがあったとしても、話合いによる沖縄返還のために必要なことならやむをえまい。これをきびしく批判した日本の新聞や野党の論調には、わが国民が筋だと考えることは世界各国に対しても通用させるべきであり、国際社会でもつねに理が通るはずだという子供じみた前提があるように見える。結局は、国公法一一一条の取材活動への適用を一般的には排除し、「疑似秘密」の存在を否定し、取材方法の低劣さを直視した最高裁決定が一番穏当な線であろう。

三　取材結果の司法的利用

「博多駅テレビ・フィルム事件」の最高裁決定は、将来の取材のチャンスをせばめるような効果をもつ取材結果の司法的利用はみだりに行なうべきではないとした点では、報道の自由を実質的に保障しようとする姿勢を示した。この事件では、対象が公表を予定されたフィルムである点で、将来の取材活動におよぼす悪影響の程度は、取材源そのものの開示要求の場合よりも弱いと考えられた。またこの決定は、それが証拠として役立つ犯罪の性質、軽重なども比較衡量の一要素として挙げている。

アメリカの最高裁は、一九七二年にはじめて、「報道の自由」にもとづいて記者が内密の取材源および公表しない約束で与えられた情報についての証言を拒みうるか、という問題を扱った (Branzburg v. Hayes, 408 U. S. 632)。報道機関側の主張は、政府側が、その情報が他の筋からは得られないことや、その情報の必要度が報道の自由の実質的侵害を上回るに足るほど緊要であると信ずる十分な根拠を証明しない限り、記者は証言を強制されてはならないという、比較的おだやかなものであったが、五人の多数派は、ほとんど「石井記者事件」に近い線で、この主張をしりぞけている。四人の反対意見のうち報道機関の絶対的な証言拒否権をみとめたダグラス裁判官は別として、三人は、政府から独立の報道機関が、社会のあらゆる部分から集めた多様な情報を国民に提供し続けることの方が、たまたまにぎった犯罪に関する情報を国家に提供させ、報道機関を捜査機関の下請け化するよりも、長期的に大きな公共の利益となるという観点から、報道機関の主張をみとめている。これが妥当な線であろう。取材源の秘匿でさえ、報道関係者が守れなかったり（「西山記者事件」）、報道機関じしんの利益衡量によって守らなかったりする（例、「鬼頭判事補事件」）ことがあるのだから、証言および記録提出の絶対的な拒否権を主張するのは無理で、アメリカの報道機関なみの主張なら、「博多駅テレビ・フィルム事件」のレベルで肯定されるであろう。

（一九八五年）

〔参考文献〕

有倉遼吉「国公法一〇〇条、一〇九条、一一一条論」法律時報四四巻七号
伊藤正己「国家の秘密と報道の自由」ジュリスト五五七号、五五八号
尾吹善人「報道の自由と取材源などの秘匿」別冊ジュリスト『英米判例百選Ⅰ（公法）』〔本書第48論文〕

17　いわゆる税関検閲

一　「税関検閲」といわれるもの
二　実務家的合憲論
三　近時の裁判例

一　「税関検閲」といわれるもの

関税定率法は、輸入禁制品として、あへんなどと並べて、「公安又は風俗を害すべき書籍、図画、彫刻物その他の物品」をかかげ、税関長は、輸入されようとする貨物のうちにこれに該当すると認めるのに相当の理由がある貨物があるとき、その輸入者にその旨を通知しなければならないと定める（二一条一項三号、三項）。輸入禁制品を輸入した者には、五年以下の懲役もしくは五〇万円以下の罰金という罰則もある（関税法一〇九条一項）。

「書籍、図画、彫刻物」までは明らかに表現物である。これを、一行政機関が「公安又は風俗を害すべき」ものかどうかというあいまいな基準でしらべ、輸入を阻止する、あるいは映画フィルムのカットとか写真のぬりつぶしに応じなければ阻止するのであるから、「検閲は、これをしてはならない」と、無限定、無条件に定めている憲法二一条二項と調和するかどうかが早くから問題とされてきた。とくに宮沢俊義は、明治四三年以来続いているこの種の規制は、「日本国憲法の施行とともに、その効力を失ったものと見るべきであった」とか、「この検閲が憲法第二一条の禁止する検閲に該当することは、明白である」というように、めずらしく断定的な主張をくりかえしてきた。

かくて、学者の世界では「税関検閲」という呼び名はすっかり定着しており、合憲と立証するいかなる方法がありうるのか、不思議がられているほどである。

実際上、さすがに、「公安を害すべき」ものとして書籍がチェックされた例はきかないにしても（戦前はこれも重要な対象であったろう）、映画フィルム、写真集、一枚ずつの写真などが「風俗を害すべき」ものとしてチェックされる例は多い。そのなかには、残虐であるという理由で、ベトナム戦争に関する写真が一時チェックされるなど、政治的な事例もあって、あいまいな基準の行政的適用の危険性を教えている。

二　実務家的合憲論

ところが、この法律の執行に関係をもつ税関当局をはじめ、多かれ少なかれ行政の実務に関係した人びとの間では、違憲であろうと、法律がある以上行政機関は施行せざるをえないというにとどまらず、学者の間の圧倒的な違憲論に対抗する合憲論が展開されてきた。

それらの議論のあるものは、「大所高所からの違憲論」は「七〇年の風雪を経てきたこの制度の息の根をとめるだけの政治的なインパクトにはなりそうにない」とうそぶいている（植松守雄・後掲文献）。実際にこれによって輸入が阻止されてきた物の圧倒的部分は、まぎれもないわいせつ映画や写真で、「表現の自由」のために心配することは無用である、というのが一つの論拠である。もっとも、「風俗を害すべき」書籍等という規定は、わいせつに限られず、残虐な内容のものもふくむものとして運用されているそうで、先にのべたベトナム戦争の写真の例などは、全体的、総合的な判断に欠けていた、という行政サイドの反省もきかれる。行政的な対物的規制に対する学者の違憲論の大きな論拠の一つが、このようなハミダシのおそれにあるのとは、かみ合っていない。

昭和三四年当時、内閣法制局においてこの問題についての公式見解をまとめた別な、主要な合憲論者は、やはり、わいせつな書籍等および内乱や外患誘致などを実行させる目的で、その実行の正当性または必要性を主張した文書など、本来「表現の自由」にふくまれないもののみが対象であると前提し、外国からの輸入ということの特殊性のために事前の税関検査なしにはこれを抑えることが不可能であることを力説する（山内・後掲文献）。行政庁の判断が誤る可能性は否定しないが、検査によって事前に規制する方が、自由に輸入させておいてあとから処罰するよりも、輸入者に対して危険がより少なく、より条理に適した制度だ、という。このように実際上、必要不可欠で、相手方にとってより条理に適合した税関検査は、「検閲」には当たるが、そもそも憲法二一条の検閲の禁止も、他のすべての基本的人権と同じく「公共の福祉」の制約に服し、絶対的なものではないという。つまり、必要不可欠で、合理的な「検閲」は許されるという憲法二一条解釈が、もう一つの論拠である。

この議論では、行政的な検閲がハミダス危険性は、輸入者の刑罰のリスクをさけるためやむをえないとされ、国民が知るべきものを奪われることをおそれる学者の違憲論とかみ合わない。あとに行政訴訟があるといっても、実際上、営業的な輸入者が税関と争うことはまれである。「知る権利」などをもちだせば、実務家は、「学者先生、舶来のポルノ写真を知る権利などというものがありますか？」と反問することであろう。

輸入ということの特殊性から水際阻止の必要性と合憲性を説く山内説が、「国際社会に各国の国家権力が分立している現状においてはやむをえない」といったり、先の植松説が、北欧で売られている写真のごとき、「まだ東洋の君子国では『風俗を害すべき物品』と解してあえて不可はないのではないか」などとのべているのを見ると、合憲論のほんとうの動機は、世界は一つ、とは思わない愛国心にあるのかもしれない。輸入品は、いったん入ったらあとからは摘発しにくいといった技術的な理由は二の次で、外国の物はとくにタチが悪いという考え方が決定的なのかもしれない。それなら、はっきりそういった方が、一般的に検閲の禁止を相対化するよりましであるが、この点でも、国境を超越した情報の流れが現代において重要だと考える学者たち（阿部・後掲文献）とはかみ合わない。

実際上、税関検閲によって水際で阻止されるものが、ごくわずかの逸脱例をのぞき、一〇〇人中九九人が積極的な価値のない「わいせつ」物と判断するものばかりであるとしても、また、この方法がそうした物の流入を防ぐ最上の方法であるとしても、やはり、検閲の禁止は絶対的なものとする学者たちの意見が正しい。それは、憲法二一条二項の文言が無限定、無条件にそういっているからばかりではない。憲法第三章のすべての規定に、憲法一二条、一三条の「公共の福祉」がかぶさるとみるのは誤りである。筆者は、二二条一項と二九条二項の「公共の福祉」にのみ意味をみとめる立場はとっていないが、「公共の福祉」という制約が意味をもつのは、その現われ方が予測しえないような「表現の自由」とか「集会の自由」といった、いわば社会性をもつ実体的な人権に限ったことで、これに反し、ある実体的な自由の特定の方法による制限のみを許し（例・憲法三三条）、あるいは特定の侵害方法を禁止する（例・「検閲の禁止」）規定は、明文で「絶対に」といっていようが（例・憲法三六条）、いまいが、なんらの例外も許さないものと考える。そして検閲がまさに絶対的に禁止された実質的理由は、ミルトンにならっていえば、検閲は「著者と国民に対する侮辱」であるからであり、もっと近いアメリカのブラック裁判官にならっていえば、およそ検閲官は、国民主権に反する「public masters であって public servants ではない」からである。この点を強調する学者（奥平・後掲文献）と先ほどの愛国的なお役人との間にも対話の可能性はなさそうにみえる。

三　近時の裁判例

いわゆる税関検閲の合憲性は近年ようやく法廷で争われるにいたった。ポルノ写真等の営業的輸入と個人的輸入をめぐってそれぞれ争われた東京と札幌の二つの事件で、いずれの高裁判決も、大体、前記の実務家的合憲論に沿って、憲法二一条二項の検閲の禁止も絶対的なものではなく、この税関検査のようにわが国の風俗ないし社会の健全性を守るために不可欠の制度は合憲であるとした（東京高判昭和五六・一二・二四判例時報一〇二四号二三頁。札幌高判昭和五七・七・一九判例時報一〇五一号五七頁）。

しかし、これらからの上告審で最高裁大法廷は、別な論理で合憲判断を下した（最大判昭和五九・一二・一二民集三八巻一二号一三〇八頁）。それは、「検閲」をば、「行政権が主体となって、思想内容等の表現物を対象とし、その全部又は一部の発表の禁止を目的として、対象とされる一定の表現物につき網羅的一般的に、発表前にその内容を審査した上、不適当と認めるものの発表を禁止することを、その特質として備えるもの」と定義し、税関検査が、①国外では発表ずみのものに対して行われること、②思想内容等それ自体を網羅的に審査し規制することを目的とするものではないこと、③司法審査の機会が与えられており、行政権の判断が最終的なものではないこと等を「総合して考察すると」、それは「検閲」には当たらない、という。また、「風俗を害すべき」書籍等という法律の規定が不明確の故に憲法二一条一項に違反するとの主張に対しても、それは、わいせつな書籍等を指すものと解釈できるので合憲である、と答えた。この点については伊藤正己ほか三人の裁判官が、「風俗を害すべき書籍、図画」等という規定は、国民の側で無用な自己規制を招くおそれと、規制機関の恣意的な濫用を許すおそれがあるほど不明確かつ広汎にすぎ、表現の自由に対する規制としては違憲であるという反対意見をのべ、また、傍論ながら、これらの裁判官を含む八人の裁判官が「公安……を害すべき書籍、図画」等という部分について不明確かつ広汎にすぎるという判断を示していることが注目される。

「検閲」をめぐる判決の論理は、一方で検閲の禁止を「絶対的禁止」と明言した点で評価されるが、税関検査が「検閲」に該当しないとする理由づけは、おそらく説得力をもちえない（山内、奥平の後掲最新文献）。先の①③のごときは余りに当然のことで、「検閲」に当たらずとする特別の根拠とはならず、理由にならぬ諸点をいくら総合したところで「ゼロに過ぎない」という批判を実務家的合憲論の代表者からも受けている程である（山内、前記文献）。最終審らしい、力ずくの決定であった。

〔参考文献〕

伊藤正己「税関検閲と憲法二一条」『現代社会と言論の自由』一六五頁以下
植村守雄「税関検閲の現状と問題点」ジュリスト三七八号

Ⅱ　基本的人権

山内一夫「税関検閲の合憲性」ジュリスト一三三二号、「税関検査合憲判決に対する批判」ジュリスト八三〇号
阿部照哉「税関検閲の憲法上の問題点」ジュリスト三七八号
奥平康弘「税関検閲の違憲性」ジュリスト一二四〇号、「税関検査の『検閲』性と『表現の自由』」ジュリスト八三〇号

（一九八五年）

18　広告の自由と表現の自由

一　ふつう「広告」といえば、商品やサービスに対してより多くの買い手を獲得するための、営利目的をもつ宣伝をさす。そういう「商業広告」はいたるところに満ちあふれていて、われわれがそれから完全にのがれることは不可能である。

近年になって、アメリカの新聞も、日本の新聞も、それぞれの社の定めた基準によって、個人や団体に、その意見、主張をのべるスペイスを有料で提供するようになった。この種のものは、「意見広告」とよばれる。「意見広告」は、新聞社じしんの主張と一致するものではないが、内容を検討したうえで掲載するのであり、新聞のもつぼう大な読者に伝えるのであるから、名誉毀損などの点では、掲載した新聞社も共同の責任をまぬかれない。サンケイ新聞が、他のいくつかの新聞社が断わった、自民党による共産党批判の意見広告を掲載したのに対し、共産党が名誉毀損だとして無料で反論文の掲載を求めてサンケイ新聞社を訴えた訴訟は、一審で、名誉毀損にはならないという理由で、共産党が敗れた（東京地判昭和五二・七・一三判例時報八五七号三〇頁）が、このごろよくいわれる「アクセス権」の主張のはしりとして多少の興味をひいた。

しかし、「意見広告」は、マスコミの紙面の一部を買うという方法による意見の表明で、「表現の自由」として特別な問題点はない。

二　しかし、「商業広告」については、それが営業活動の重要な部分であることから、はたして「表現の自由」にふくまれるのかどうかから問題になる。だいぶ以前の判例（最大判昭和三六・二・一五刑集一五巻二号三四七頁）で、灸の適応症の宣伝ビラを配布した灸師が、当時の「あん摩師、はり師、きゆう師及び柔道整復師法」七条の広範な広告禁止に違反するものとして起訴された事件で、垂水裁判官は、この種の広告は「表現」ではなく、「経済的活動」であり、「表現の自由」ほど強く保障されるものではないという前提のもとに有罪判決を支持した。このように割り切ることには、賛成論は少ない。言論、出版の自由の先駆者であるホームズ裁判官は、一定の病気に効果ありと宣伝した薬の通信販売業者を郵便の利用からしめ出した行政処分を支持した最高裁判所の判決（Leach v. Carlile, 258 U. S. 138）においても、広告内容の真偽はなお意見の問題であるとし、「事前の抑制」であるだけに、これほど明白な言論の自由の侵害はないと強い反対意見をのこしているくらいである。先の日本の判例においても、虚偽、誇大にわたらない限り、このような広告も「表現の自由」に属するという奥野裁判官らの反対意見があった。

三　とはいっても、営利目的の宣伝は、烈しい競争のなかで過熱しがちであり、態様の点でも、内容の点でも無規制ではすまされない。内容の点では、新聞、雑誌、テレビなどの媒体や広告代理業界ごとになんらかの自主規制があるが、医薬品のように、直接人びとの生命、健康にかかわる商品について、法律が、製造承認前のものの広告や、虚偽または誇大な広告を禁止している（薬事法六八条、六六条一項）のは当然である。

商業広告は他よりさらに目立とうとするから、その態様が自然の風景、都市の美観、静けさなどを損うことや、通行人の安全を脅かすこともありがちである。屋外広告物法にもとづく各地の屋外広告物条例によって、美観風致の維持や危害の防止がはかられている。これによって屋外広告業者の扱う屋外商業広告物が多少整然とした代りに、非営利的な、大衆的な表現形態である「はり紙」「はり札」などがひどくきゅうくつになってしまったが、最高裁は、これは「表現の自由に対し許された必要かつ合理的な制限」であると判断した（最大判昭和四三・一二・一八刑集二二巻一三号一五四九頁）。

騒音に対しては日本人は無神経なのか、ほとんど野放しの状態である。

過剰な商業広告の騒音は、公共交通機関のなかにまで侵入している。乗客は、ただ運ばれるためにそこにいる「囚われた聴衆」であり、音の侵入は一方的でのがれるすべがなく、また意味をもった音声ほど人の注意力を吸いつけるものはないから、たとえ公衆と共にある場所でも、プライバシーの侵害、内面の思考の自由の侵害ではないかと思われる。

近年東京と大阪で、私鉄や市営地下鉄の車両内での案内放送に付加された広告放送の違法性を主張する訴訟がいずれも弁護士によって提起された。いずれの事件でも下級裁判所は、広告放送の分量、音量、内容等を総合して、聴きたくない乗客にとっても社会生活上受忍するのが相当な範囲内にとどまり、人格権の違法な侵害とはいえないと判示している（東京高判昭和五七・一二・二一判例時報一〇七〇号三五頁、大阪地判昭和五六・四・二一判例時報一〇一三号七七頁）。

（一九八五年）

19 教科書検定と表現の自由

一 杉本判決の構造

いわゆる家永教科書裁判について、七月一七日、東京地裁の杉本裁判長による審判が下り、文部大臣による教科書改訂不合格処分が取り消された。問題が、保守安定政権の下に、めだたない形で徐々にしのびこみ、定着し、強化されようとする戦後教育の逆コースのかなめにふれるものであり、主役が、歴史学者でありながら少なからぬ法学的著書をもち、「権利のための闘争」を社会全体に対する義務として実践する家永教授であり、またアンパイヤが、最近のいくつかの基本的人権にかかわる裁判で、国民および外国人の権利のための闘争に軍配をあげてきた杉本裁判官であり、判決が文部省の主な言い分を否定したものであるだけに、この裁判については、政治的立場によって情緒的な反応がすでに示されたし、これからも現在権力をもつ者の側から、「バカモン」よばわりや「偏向裁判」論議がしばらく続くことであろう。

この裁判の今後を注目する場合、われわれは、例えば日教組と文部省との永年の対立について、この判決がどういう影響をもつかといった政治的観点以前に、まず、杉本判決の憲法および教育基本法の解釈そのものを理解しなければならない。

さて、この裁判で原告がかかげた法的主張は、次の七点であった。

A　まず教科書検定制度そのものについて、（1）それは、公権力が教科書の内容の審査によって教科書の出版、発売、頒布を禁止することを認めているから、憲法二一条二項の禁止する「検閲」に該る。（2）教科書は学問的成果を構成要素としているから、学説の当否の審査にわたる点で、「学問の自由」の侵害として、憲法二三条に違反する。（3）「検閲」に該らないとしても、合理的理由のない「表現の自由」の侵害として、憲法二一条一項に違反する。（4）また、憲法二六条、一三条、一三条によって保障されると考えられる「教育の自由」の侵害である。（5）その手続は、法律により明確に定められておらず、合理的根拠を欠き、公正の保障を欠くので、行政手続に準用されると考えられる憲法三一条に違反する。（6）教育基本法一〇条の禁止する、教育に対する「不当な支配」に該る。

B　（7）原告に対する教科書改訂の不合格処分は、憲法二一条、一三条、二六条および教育基本法一〇条に違反する。

周知のように、杉本判決は、A（1）～（6）の原告の主張をすべて否定して検定制度そのものは合憲とし、B（7）の主張を肯定して具体的処分を違憲、違法として取り消したのである。もちろん、処分の違憲判断は、Aで提起された諸点についての憲法解釈および法律解釈と連結しているので、それらの諸点を判決がいかに処理したかを見よう。

まず、学問的見解の発表の自由は「表現の自由」に吸収されるとして、（2）の論点は、（1）の論点の中に解消された。

次に、憲法三一条が国民の権利、自由を侵害する行政手続にもひろく準用されるという前提に立った（5）の主張は、はっきり斥けられた。

主張（4）は、被告の主張する「国家の教育権」説に対抗するため、原告側が、教育学者、教育法学者と協力しつつ、従来憲法学者の関心のうすかった憲法二六条を中心とする教育に関する憲法原則をはじめて体系化し、この裁判においていわばためしたものである。この重要な論点については別に論じられるので、詳しく立ち入らないが、判決は、一方、「国家教育権」の対抗概念としての「国民の教育の自由」を憲法二六条に読みとり、他方、「教師の教育の自由」の方は基本的に憲法二三条によって保障されるというふうに、「教育の自由」を分解した。そして、この取消訴訟における原告の利益は、「教師の教育の自由」とは直接関係がないから、これの侵害を主張することは許されないとしている。これに反し、「国民の教育の自由」に関する限り、(4)の論点は、判決のいわば縦糸になっている。原告が主張し、判決が認めた「国民の教育の自由」とは、子供を中心とする国民の「教育を受ける権利」(憲法二六条一項)に対応する親を中心とする国民全体の教育の責務を実体とするが、国は、この国民全体の責務遂行を助成するため、もっぱら「教育の外的諸条件」を整備する権限をもつにとどまり、「教育の内的事項」について介入しえないという原則を意味する。こちらの「教育の自由」の主張がなぜこの訴訟において許されたのかといえば、それは、判決が、教科書出版を、原告の学者としての「表現の自由」として捉えるとともに、「国民の一人として」の「教育の自由」にも属すると見るからである。侵された原告の基本的人権を、このような複合的な憲法的自由と見た所に、この判決の眼目があると言ってよい。

この点をクローズ・アップすれば、こうである。

「教科書を教科書として出版する自由」は、国民の教育の責務(自由)に由来するが、教育が真理教育を本質とする以上、「一般の国民より以上にすぐれた教科書の執筆が期待される学問の研究者」に保障される。「教育の自由」という面から、「教育の内的事項」に対する国家の権力的介入は基本的に許されない。より具体的には、実質的に教科書出版の事前の許可である検定が、「教科書の誤記、誤植その他の客観的に明らかな誤り、教科書の造本その他教科書についての技術的事項および教科書内容が教育課程の大綱的基準の枠内にあるかの諸点」をこえて、記述内容の教育的配慮にもとづく審査におよぶときは、教育基本法一〇条の禁止する「不当な支配」に該る、とせられた。ただし、判決は、現行の検定基準（文部省告示）には教育基本法に違背するものがあると認めながら、別に法律（学校教育法二一条等）にもとづく教科書検定制度が同じ法律である教育基本法に違反して無効であると断じえない、と言って原告の主張(6)も斥けている。

他方、「教科書出版の自由」という面については、国が福祉国家として、小・中・高校において児童、生徒の心身の発達段階に応じ、必要かつ適切な教育を施し、教育の機会均等と教育水準の維持向上を図るというその責任を果たすための教科書検定が、その限度において教科書出版の自由を制約するのは、公共の福祉の見地からする必要かつ合理的な制限として、憲法二一条一項に違反しない（原告の主張(3)の否定）。ただ、憲法二一条二項は、思想審査にもとづく事前の許可制である「検閲」を絶対的に禁止しているので、検定が学説の当否、執筆者の史観をも含む思想の審査におよぶとすれば違憲である。現行の教科用図書検定規則、教科用図書検定基準は抽象的、包括的で、思想審査を許すものではないから、違憲ではないとして、原告の主張(1)も否定せられた。

以上のような憲法および教育基本法の解釈にもとづいて、杉本判決は、具体的な不合格処分を、いずれの点についても、「検閲」として違憲であり、かつ「不当な支配」として教育基本法違反と判断したわけである。

多くの国民は、具体的な不合格の箇所とその理由を一見するだけでも、判決の結論は当然という印象を受けるであろう。敗訴した文部省や政治与党の関係者は、この判決について、「常識では考えられない」とか「意外だ」というオーバーな発言を連発したが、杉本判決の中身は、むしろ、かなり控え目なものである。それは、法律じたいに目的や基準が明示されていない検定制度が恣意的な思想統制に用いられるおそれを十分認めながら、制度そのものは合憲としているし、何よりも、検定制度の昭和三〇年代以降の運用によって事実行なわれてきた思想統制の一貫した方向、したがって本件の不合格処分が偶発的、個別的な脱線にすぎないのではない点に目をそらしてさえいる。「表現の自由」というこの判決のいわば横糸は、いくらか目が粗いのではないであろうか？

二　「検閲」をめぐる概念法学

この裁判では、原告に対する具体的な不合格処分およびこの種の処分を常態化せしめている検定制度の不当性が明白であるにもかかわらず、それに対する攻撃を憲法問題として構成する上で、原告側にも一種の戸惑いがあったようである。

現象的に、教科書における表現内容の審査である検定は、憲法二一条二項の禁止する「検閲」をただちに連想させる。「検閲」とは、発表の事前に表現内容を公権力（行政機関に限らない）が審査し、なんらかの公益を害しないと認められたもののみの発表を許す表現規制の方法である。この規制方法が特に憲法二一条二項によって禁止せられた背景に、表現の自由に関する英米的伝統、すなわち、「検閲」を典型とする「事前の規制」が、国民の「知る権利」を妨げ、特に行政機関による場合に濫用の危険が大きく、また法的に争いうるとしても発言者の側に重い負担がかかる等、特別に表現の自由と両立しえないという実際的考慮がひそんでいることは、言うまでもない。

しかし、検閲禁止規定の援用に対しては、検定に不合格となっても、学校における教科書としての使用が認められないだけで、法律上も事実上も当該図書の出版が禁止されるものではない、という被告側の反論が大きく立ちふさがっていた。「検閲」が、一般に言われているように、発表そのものの禁止を要素とするならば、たしかに公教育の場への入場規制にとどまる教科書検定は、ずばり「検閲」であるとは言えないであろう。

この点について、原告の最終準備書面では、教科書用に執筆、編集せられた図書が、教科書として用いえないこととなれば、実質的に出版の禁止にひとしいから、検定は伝統的意味における「検閲」に該る、という当初からの主張がくりかえされていた(1)。

この対立は、このままでは水掛け論である。それは、ことがらの性質上事前の規制である公教育の場への教科書の入場規制を行なう権限が憲法上国家機関に否定されているのかどうか、すなわち、裏から言えば、憲法上、国民のひとりひとりに国家権力によって妨げられることなく、子供の教育に参加する自由（「教育の自由」）――そのひとつとしての教科書提供の自由があるのかどうか、という点にある。

この意味の「教育の自由」は、もとより憲法がそれとして保障してはいない。原告の主張（4）は、教育の本質にてらしつつ、「教育を受ける権利」（憲法二六条一項）、「学問の自由」（憲法二三条）さらには「幸福追求の権利」（憲法一三条）から推論して「教育の自由」ないし「教育の自律性」を構成する比較的新しい学説[2]に依拠していた。被告はこの論点についてタカをくくったのか、いとも簡単に、「憲法第二六条の解釈としては、国家が、公教育において、教育内容に関与することができないという主張はなんらの根拠のないもの」、「（憲法一三条にもとづく）憲法的自由として『教育の自由』を認める余地はない」と反論するにとどまっていた。

たしかに、かつては、個別的に保障された自由権以外には、法律によってどうにでも規制しうる「たんなる自由」しかありえないという学説[3]が支配的であり、また最高裁も、「憲法の保障は国会の制定する法律を以ても容易にこれを制限することができず、国会の立法権にまで非常な制限を加えるものであつて、……際限なく引きのばし拡張して解釈すべきものではない」という態度をとっていた[4]。しかし、最近では、個別的自由権の実質的保障という立場から、最高裁でさえ、例えば「取材の自由」を、憲法二一条の精神に照らして十分尊重に値すると考え直したり、国民の「知る権利」について語ったりしている[5]。その上、憲法一三条の「幸福追求の権利」を手がかりとして、「何人もみだりにその容ぼう・姿態を撮影されない自由」をも認めている[6]。最近のこの二つの判例がいずれも全員一致であることも、注目に値しよう。してみれば、「教育の自由」の主張が、憲法の明示の保障の実質化のために不可欠であり、あるいは、憲法の基本原理、とくに国民主権に照らして条理であるとするなら、これを裁判所が肯認しても、憲法に明文がないというだけで、もはや「意外」とは言えないのである。

それはさておき、原告による「教育の自由」の主張は、はじめは、教科書検定を伝統的な意味における「検閲」

のタートベシュタントにあてはめるための、いわば補助的な論点であったと思われる。しかし、「教育の自由」、そしてその一面としての教科書提供の自由が——想像するに教育学者の手によって——自立して教育内容の絶対的自由権（国家の完全な無権限）と化し、したがって教科書の自由発行制を一義的に要請するに至っては、「検閲」論は全くの仮象となり、無用な、あるいは選択的なだめおしにすぎなくなる。よくは知らないが、恐らく原告側の弁論は、ひとつには被告の主張する憲法上無制限な「国家の教育権」説に挑発されて、次第に教育内容の絶対的自由を本質的な論点として力説したのであろう。

政府は、原告が強調した「教育の自由」が杉本判決においていのいちばんにとりあげられているという外形から判断して、「教育の自由」の有無こそが控訴審における主要な争点となると考え、今度は弁護団も強化して必ず勝つとはりきっているようである。けれども、判決は、「教育の自由」を決して絶対的なものとは見ず、それを主として検定が「検閲」に該当することがありうるということの補助的な論拠として用いている。それは、はっきりと、「教科書検定制度は本来児童生徒の心身の発達段階に応じ、必要かつ適切な教育を施し、教育の機会均等と教育水準の維持向上を図るという国の責任を果すためにその一環として行われるもので」「教科書の内容への介入にも一定の限界があるにしても、なおその意義が認められるべきである」と言っている。この点でも、あたかも判決が教科書についての国家の完全な無権限を宣言したかのように、政府が判決の「非常識」をなじるのは、フェアな態度とは言えない。

ところで、筆者は、検定を伝統的な「検閲」概念によってカバーするために、教科書提供の自由（「教育の自由」）と出版の自由とを抱き合わせて「教科書出版の自由」を合成する判決の推論は、必要であるとも、賢明であるとも思わない。

第一に、この推論は、どうしても技巧的だという印象をぬぐいきれない。

第二に、伝統的な「検閲」概念に該れば黒で、該らなければ白だということにはならないのではないか？　大昔にミルトンが反対したような出版の事前の許可制は、たしかに「検閲」の原型ではあろうが、これだけが憲法上禁止されるわけではあるまい。発表の禁止というモメントさえなければ憲法上許されるという前提に立って、検定は確認行為だから「検閲」に非ずと論じ、あるいは反対にこの判決のように、「検定それ自体の法的性格としてはいわゆる確認行為の範ちゅうに属する行為である」が、「実際上、検定を経ない教科書を教科書として発行することを禁止する機能を果しているから」実質的には許可行為であると論ずるのも、憲法解釈としては概念法学であると言ってよい。

第三に、公教育の場への入場規制を「出版の自由」の事前の許可と見た判決が、結局は他の出版物とは異なる教科書の特質のゆえに、ある限界までの内容審査は認めざるをえず、したがって、もっぱら思想審査による事前の許可のみが「検閲」に該るとしている点は、「教科書出版の自由」のために「出版の自由」一般の保障を弱める結果となることも無視できない。なるほど、少なくない憲法の教科書や注釈書には、判決の言うように、「検閲」とは思想審査による表現の事前の規制であるといった定義が見うけられる。だが、伝統的意味においても、事実の報道に対する「検閲」もありうるのであるから、この定義は明らかにせますぎる。

一方において右のような疑問が生じ、他方、「教科書出版の自由」という技巧的構成を選んで憲法二一条二項を適用しても、結局のところ、原告の主張した教科書の自由発行制は否定されて、せいぜい検定を通じての思想統制が否定されるだけであるなら、別に伝統的検閲概念に固執しなくとも、判決と同じ結果に到達するのではないであろうか？　次にこの点を検討してみよう。

（1）　この原告の主張を学者として最初に唱えたのは、有倉遼吉「教科書検定と教育権」朝日ジャーナル一九六五年七月二五日号。

（2）　原告がもっとも強く依拠したのは、堀尾輝久「現代における教育と法」『講座現代法』8所収、宗像誠也編『教育基本法』、その他故宗像誠也氏の諸論文である。

（3）　宮沢俊義『憲法Ⅱ』八九頁。これに対する批判として、尾吹「出国の自由と旅券法」ジュリスト三五八号四一頁［本書第

24論文〕参照。
（4）　最判昭和二七年八月六日刑集六巻八号九七四頁。
（5）　最決昭和四四年一一月二六日、刑集二三巻一一号一四九〇頁。尾吹「報道取材の司法的利用と報道の自由」ジュリスト臨時増刊『昭和四四年度重要判例解説』一五頁〔本書第41論文〕参照。
（6）　最判昭和四四年一二月二四日判例時報五七七号一八頁、前掲『昭和四四年度重要判例解説』二七頁に久保田きぬ子氏の解説がある。

三　「思想の自由」への収斂

筆者と同じような問題意識をもって、「検定ずばり検閲」説とは異なるアプローチを提唱していた憲法学者の所説がある。それは、「ずばり検閲」説の論者によって「特許行為説」と名づけられて批判の対象となり[1]、原告の主張にはとりいれられなかった。

その考え方を、その後批判に答えて著者の弁明しているところとあわせて、まず紹介しよう。

「特許行為説」という名称が付されたのは、その考え方が「検定が目的とするのは、書籍一般のなかから、教科書として適格性のあるものを認定して、これに対し、書籍一般に当然にはそなわっていない特別な役割（地位）を、すなわち、教科書として採択され使用される法的可能性を、附与するものである。何人も、書籍一般を出版する自由（権利）があるが、それと全く同じ意味で、当該書籍を、教科書として採択され使用されることを法的に要求する権利があるとはかならずしもいえない。……そういう意味で、検定は、自由を一般的に禁止する許可制そのものとは、すこしく異なった性格のものといえるし、その意味で、検定は『検閲』それじたいから区別された法制度であるといえるように思えるのである」という教科書検定の性格づけから出発したからである。検定は公教育の場への特別の入場資格を与える行為であるから、事前の許可を要素とする「検閲」には該らないが、「検閲」のもつ五つの特質、すなわち、「①表現手段によって思想内容を伝達する事前に（事前性）②特定国家機関（典型的には行政機関）が（検閲主体）、③多かれ少なかれ裁量的判断権限を授権されて（検閲権限）、④正当な手段要件に合致しないラフな一方的手続によって（検閲手続）、許否を決定し、⑤これに対する申請者の権利救済が不充分にしか与えられない（救済手段の不備）」という諸点のおのおのを具備する危険性をはらんでいて、「検閲類似の効果」をもちうる。そこで検定が合憲でありうるためには、「検閲的効果」を排除するに不可欠な一連の（広義の）手続的保障（明確な検定基準、公正独立の検定機関、公正な聴聞手続）が制度じたいにビルト・インされていなければならない、と説くのである。(2)

この場合にも、実際に右のような手続的保障を欠く現行の検定制度が何として違憲なのかと問えば、やはり「準検閲」あるいは、potential censorshipとしてであるという答が返ってきたであろうと思われる。のちにこの論者は自説をパラフレーズして、検定が伝統的意味における「検問」に該らないという従来の表現を改め、「検閲禁止の原則は、許可制という形態をとって現われるイデオロギー規制にのみ支配するのではな（く）」、検定の行政行為としての性格づけは、それが「検閲」であるかどうかと無関係である、と説いている。これは、実質的な改説ではない。「検閲」概念が伝統的意味における「検閲」をこえて誇張され、教科書検定が「検閲」に該るかどうかという「問題は、現行検定制が法構造として、またその運用の実態に即して、著者の思想内容・学説などにつき、政策的な観点から審査しスクリーンにかけるものとなっていないかどうか。そのことにより、教科書の特質に応じて検定制を成立させた純粋教育的な目的を、制度上・実態上、逸脱・濫用するものとなっていないかどうか、という点にある」とせられた。(3) これだけでは、たしかに、新しい「検閲」概念が明確に提示されたとは言えないかも知れない。さきにいわゆる「特許行為説」を批判した論者は、「検閲」概念をこのようにうすめれば、「むしろ『検閲』に固執することなく、思想・表現の自由一般に還元されるべきものではなかろうか。条文に即していえば、憲法二一条二項の問題ではなくして、第一九条および第二一条第一項の問題のようにおもわれる」という新たな批判を加えている。(4)

時間的余裕もないので、この論争につき合うのはこれくらいにして、私見をのべよう。筆者としては、「思想の自由」への還元であるという批判は、甘受していっこう差し支えないと考える。表現の自由にせよ、集会、結社の自由にせよ、学問の自由にせよ、信条による差別の禁止にせよ、また検閲の禁止にせよ、これらをめぐる問題がすべて「思想の自由」に還元されるというか、もっと肯定的に言えば、収斂して行くのは、当然である。これらのもろもろの自由と平等は、「思想の自由」の帰結を例示するにすぎないとさえ言える。古い憲法である上、ヨーロッパ風に体系的でなく、第一修正でたんに「宗教・言論・出版・集会の自由」しか保障していない合衆国で、判例が、あるいはその前提にさかのぼる形で「思想の自由」を強く保障し、あるいはそれと隣り合う「結社の自由」や、教師の教育の自由を含む「学問の自由」を認めているのも、このことのあらわれである。

わが国では、憲法がなまじ体系的に各種の精神的自由権や平等を保障しているばかりに、かえってこのような有機的な関連が見失われ、憲法一九条の「思想・良心の自由」は、社会性をもつ表現の自由などとは別種の、純個人的・内面的な自由権として捉えられ、「人の内心は、外から正確に知ることがむずかしい結果として、本質的に法律的規正にはなじまない。しかし、外部にあらわれた徴候を根拠として、内心を推知することは不可能ではないから、本条が表現の自由等のほかに『思想及び良心の自由』を保障したのは、理由がないわけではない[(5)]」といった程度の扱いしか受けていないことが多い。

「思想の自由」を孤立した個人のものとして眺め、「人間は、その人格の最後の拠点である思想・信条の自由が最大限に保護されている場合にはじめて、国家の function ではなく、individual とみなされうる」（フランクファーター）という風に個人主義的に捉えることも大事であるが、わが国でもよく知られている国旗礼拝事件で、ジャクソン裁判官の書いた法廷意見は、「もしわれわれの憲法星座に恒星があるとすれば、それは、地位の高下を問わず、いかなる役人も、政治、国家、宗教その他の意見の問題で、何が正統的であるかを定めたり、市民にその信念を告白すべく強制することはできない、ということである。……この国では、権力が世論によって統制さるべく、世論が権力によって統制されてはならない」とのべて、国民的統一の意識を児童に植えつけるため、正に公教育の場で、国旗に対する礼拝を強制することも許されないとした。ジャクソン裁判官は、「思想の自由」を国民主権の存立基盤として捉えたのであり、のちの事件でも、「州政府も連邦政府も、行動を規制する広汎な権力を有し、言論、著作を規制するいくらかの小さな権力を有するが、いずれの政府も、いかなる口実のもとにも思想の流れを直接、間接にせきとめようとするいかなる権力も有しない」とのべている。

「思想の自由」を民主政における市民の思想形成の国家からの自由として捉え、すべての精神的自由権の問題を考える場合の導きの糸とすることが必要である。権力による直接、間接の思想統制（thought control）は、すべて許されない。権力を思想統制に用いるとき、それを担う者は、「public servants ではなく、public masters」（ブラック裁判官）となる。

思想は、決して無力な、その意味でどうでもよいものではない。昔からくりかえされているあらゆる寛容の説教にもかかわらず、人は、たんに個人の立場でも、自己の思想の重要さと正しさを確信すればするほど、それと相容れない他の思想の消滅をのぞむであろう。ホームズ裁判官が言ったように、「意見の表明の故の迫害は、完全に論理的に思われる。」いつの時代、どこの国でも、権力を現に手にもつ人々は、真の全体の利益、正しい道徳秩序、愛国心等々のため、主観的には無私に、誤まれる思想を除去し、またはその流れを妨害するために、その権力をつい使うことになる。最高裁ですら、十数年前には、「裁判所は社会を道徳的頽廃から守らなければならない」と宣言した(6)。いわんや政治的権力の担い手は、ちっぽけなものも大きなものも、そしてその地位が安定していればいるほど、罪の意識なく、この権力を思想統制に用いるであろう。ついこの間、千葉県のある田舎町で、住民代表である町議会が安保条約堅持を決議していることでもあり、反安保集会に町の公園を貸すわけには行かないと言った町長があった。今でもアメリカの南部にはこんな市長もいるらしいが、日本では珍事件に属する。しかし、この教科書裁判で、被告が、議会制民主主義のもとでは法律と国民の総意とは同じもので、教育の内容は法律とその委任による命令でどのようにでも定めうると主張しているのは、この町長の言い分と似ていないこともない。

　ここにいう「思想統制」は、いろいろな形をとりうる。「統制」という以上は、法の力によるコントロールでなければならないが、かならずしも、命令・禁止、そしてその違反に対する刑罰その他の制裁という形に限られない。もっとも、法は、人々の思想形成を積極的に導くのには適した手段ではないから、せいぜいシンボルの設定（例えば建国記念日の「内容」は、法律で、「建国をしのび、国を愛する心を養う」となっている）くらいしかできず、シンボルがそれに期待された統合機能をはたすかどうかは、全く社会心理の問題で、かえって国民の分裂を助長することさえある。人々の思想形成に対する法の働きかけは、原則として否定的・抑圧的である。ただ、公教育の場では、子供を白紙とみなして、権力の担い手が積極的な願望を法の力によって実現しようという誘惑にかられるのである。アメリカの国旗礼拝事件、学校における「君が代」の強制、「期待される人間像」に示された天皇敬愛のような法定シンボルの補強、神話の復活等々は、いずれもこのような積極的な願望のあらわれである。実態が示す今日の教科書検定は、正にこのような積極的な思想統制の一手段なのであり、この点からも、表現が無害であるかどうかを審査の上許可するという伝統的意味における「検閲」とは異質のものなのである。教科書検定の違憲性について「検閲」概念をきめてとする論者も、教科書の「国定」に対しては「教育の自由」をもちだすほかはないであろうが、そうした教育における国家の思想統制からの自由は、検定制についても同じようにきめてなのではないであろうか？　もっとも、ここに「積極的」というのは思想統制の狙いをさすので、だから教科書検定では、日本の満州「侵」入は「進」入に改めよという類の指示が行なわれるのであるが、検定という手段そのものは、法的コントロールとして、執筆者、出版者に対して最終的には否定的・抑圧的にはたらくのである。

　精神的自由権の規制は、それがどんな形態で行なわれようと、思想統制の実体をもつときには、すべて違憲である。思想統制には、大きく言って、二つのタイプがある。ひとつは、直接に思想の交換流通過程に国家が干渉し、非とする表現の流通を禁止または妨害する「流通妨害」であり、古典的「検閲」はこのタイプに属する。もうひとつは、非とする思想の担い手たる人の表現関連行為（表現、結社、宣誓の拒否等）を理由として、人に刑罰その他もろもろの制裁を加えることにより、間接に思想流通過程に干渉するもので、これを「思想的迫害」と呼ぶことができよう。

　ホームズ裁判官の時代のアメリカの最高裁の多数派は、思想的迫害を——ある意味では論理的であるので——平気で見すごしていた。例えば、第一次大戦に対する社会主義者の批判は、大統領がちゃんと参戦目的を声明しているのだから、「故意のうそ」を流布して戦争遂行を阻害する罪に該るとしたり、ビラまきに対して二〇年の禁錮刑の宣言を支持する判決を書いたりしていた。ホームズ裁判官の「明白にして現在の危険」の定式は、まさに合憲な言論の事後の処罰と違憲な思想的迫害をわかつ条理であったのである。投獄はしないまでも、一定の結社に関係したことや、忠誠宣誓の拒否を理由として、いろいろな憲法上、法律上の権利を剥奪するのも、第二次大戦後アメリカで横行した思想的迫害であるが、最近のアメリカ最高裁は、しだいにこの種の思想統制を違憲と判示しつつある。

　ちょうど思想的迫害が投獄という形をとると限らないように、思想の流通妨害も表現の事前の許可という形をとるとは限らない。このタイプの思想統制において本質的なことは、公権力の担い手（行政機関に限らない）が、表現または表現者の選別を行ない、なんらかの法的手段を用いて、非とする表現または表現者が流通過程にあらわれるチャンスを抑制することである。この領域でも、アメリカの憲法判例は、憲法に「検閲」禁止の明文がないためにかえって、出版の事前の許可制＝「検閲」が許されない実質的な理由を発展させている。名誉毀損と裁判所が認定した記事と同種のものを将来掲載することを禁ずる裁判所の差止命令も「検閲」とみなされたし、書物そのものを対象とする一種の非訟事件でわいせつと認定されたものの頒布を差し止め、市場から回収する規制方法も、すれすれの多数派は合憲と判断したが、有力な反対意見は「検閲」とみなしている。多分に意見の問題を含む誇大広告を郵便から排除する行政機関の処分も、昔、ホームズ裁判官によって「事前の抑制」と考えられた。集会、デモ、公園や公民館の使用、戸別訪問などの許可制が、事実上表現者の思想的選別のチャンスを与えるようなものであるとき、「かくれた検閲」(potential censorship) として、制度じたいが違憲とされている。「討論の自由に対する危険を構成するのは、検閲官が時として権限を乱用することだけではなく、検閲官が存在するということじたいに内在する一般的な脅威である」(マーフィ裁判官)。

このような観点からみると、杉本判決が、いわゆる教育の自由の中核として、「現代国家の理念とするところは、人間の価値は本来多様であり、また多様であるべきであつて、国家は人間の内面的価値に中立であり、個人の内面に干渉し価値判断を下すことをしない、すなわち国家の権能には限りがあり人間のすべてを統制することができない」ことを強調している点にこそ、結論を支える正しい根拠があると考えられる。その反面、かくも恣意的な思想的選別のおそれを実証してきた検定制そのものの違憲性を認めなかったことが惜しまれるのである。

(1) 有倉遼吉「教科書検定の法的性格と検閲」法学セミナー一五五号二六頁。
(2) 奥平康弘「教科書検定をめぐる法律問題」教育二〇二号三二頁。
(3) 奥平「教科書訴訟—検定制度」ジュリスト四一八号二八頁。
(4) 有倉「教科書検定の法的性格」法律時報臨時増刊『教科書裁判』七六頁以下。
(5) 宮沢俊義『日本国憲法』二三七頁。
(6) 最判昭和三二年三月一三日刑集一一巻三号九九七頁(チャタレー事件)。

(一九七〇年)

20　報道の自由
——アメリカ——

一　「知る権利」の生成

アメリカでは今日、言いたい者、そして言う手段をもっている者の「言う自由」だけではなく、多様な思想・意見・事実が伝えられることについて国民が権利をもつという「知る権利」という観点が強調されている。「言う自由」から「知る権利」へ、という一種のスローガンは比較的新しいが、「知る権利」という観点は、決して最近のものではない。

一九二〇年代の少数意見で、ホウムズ裁判官と共にはじめてまともに表現の自由の問題に答えたブランダイス裁判官は、公けの討論が市民の義務であるという体制的・民主主義的な捉え方をしていた。そこには、情報に通じた公衆の不可欠性、それ故に情報に対する市民の権利という思想が含まれていた。また、一九三〇年代—一九四〇年代前半の表現の自由の形成期の判例のうち、新聞を州の差別的課税から守った判決（Grossjean v. Amer. Press Co., 297 U. S. 233（1936））のなかに、「組織された社会のメンバーが、共通の利害に関わる情報を伝え、また入手する自然的権利」という言葉も見えている。たしかに、報道機関の自由を抑制することは、それだけ国民の知る権利を縮減する。その意味で、報道機関の自由は「知る権利」の必要条件である。

しかし、報道機関の自由が「知る権利」のために十分な条件であるかどうかは、報道機関の実績に依存する。そして、一九世紀末から急速に大衆化した新聞の実績に対する、当時から変らない一般の批判を整理すると、次の五点を挙げることができよう(1)。
①営利企業として存立するため、大衆の低俗な興味に訴えるので、個人の名誉・プライバシーを侵害することが多い。②同じ目的で、犯罪の報道に熱中しすぎるので、犯罪を誘発したり、刑事裁判の妨害になることが多い。③経営が広告収入に依存するため、企業家階級の立場から報道を取捨選択する。④企業の集中が進むにつれ、報道が画一的になる。⑤どの読者も怒らせないように、政治的に当り障りのない常識から一歩も出ず、新しい思想に開かれていない。右の①②は、報道機関の「報道しすぎる自由」＝「放縦」(licentiousness)として意識され、③〜⑤は、報道機関の自由に含まれる「報道しない自由」が国民の「知る権利」を害しているという批判である。
われわれは、「知る権利」という観点が、もっぱら報道機関の自由のために強調されたのではなく、むしろ、報道機関の「報道しない自由」を補正するものとしての大衆的表現をあつく保護すべき理由として、判例において浮かび上ってきたことを重視しなければならない。

大衆的表現形態は、マス・メディアが社会的な場を用いずに大衆に直結するのと異なり、公共の、または私的な場を用いるという点と、そのために、たんに観念的ではない現場性(face to face situation)をもつという点で特色をもつ。この特色は、同時にマス・メディアにはない規制の根拠を提供する。しかし、表現の自由の形成期の最高裁判所は、内部に対立を含みながらも、民主政において公衆はありとあらゆる思想・意見・事実に接しうるのでなければならない、大衆的表現形態は庶民にはそれしかない表現形態で、情報の多様性を増大させる点を評価しなければならない、大衆的表現形態の特色の故にこれをみだりに規制すると、マス・メディアを利用しうる富める少数者に対する大衆の発言権の実質的平等が失なわれる、といった考慮からこれをあつく保護したのであった(2)。

その後、いわゆる the Vinson Court の時期には、大衆的表現形態の特性に応じた地方的立法部の規制にゆるやかな裁量を認めるフランクファーター裁判官や、現場性をもつ大衆的表現の情動的要素に着目した規制も許されるとしたジャクスン裁判官の考え方が多数を制したこともある（Kovacs v. Cooper, 336 U. S. 77（1949）; Feiner v. New York, 340 U. S. 315（1951））。しかし、一九五三年～一九六九年の the Warren Court は、大衆的表現形態の規制に厳重な制約を課し、いわゆる「敵意ある聴衆」の理論を排斥するなど、「知る権利」という観点から再び保護を拡大した。もっとも、一九六〇年代に問題となる大衆的表現は、それまでのアメリカに例のない大衆デモ、坐りこみ等であったため、昔マス・コミに対する大衆の意見の表明のチャンスの平等という観点を人一倍強調してきたブラック裁判官が反ってかつてのジャクスン裁判官の立場に近づき、一貫してこの観点を貫いたダグラス裁判官と対立するというような異変も見られた（Adderly v. Florida, 385 U. S. 39（1966））。

この時期の大衆運動は、平等とか平和というような誰しも否定できない理念に反する現実に抗議する者の真剣さをデモンストレイトするために、法的制裁を覚悟の上で法を破ることを辞さない、いわゆる civil disobedience を中心としていた。このことは、一方では、その違法性とは別に道徳性の問題をめぐって法学者や哲学者の論議をまきおこしたが、(3) 他方では、表現の自由がもつと考えられていた安全弁機能の不全の結果として意識され、報道機関の自由の根本的な再構成の契機ともなったのである。

（1）L. T. Beman (ed), Censorship of Speech and the Press (1930), part III. シーバート、ピータスン、シュラム（内川芳美訳『マス・コミの自由に関する四理論』（昭和二八年）一四一頁以下。

（2）尾吹善人「言論の自由と営利目的」法律時報三三巻五号［本書第**15**論文］。

（3）A. Cox, "Direct Action, Civil Disobedience, and the Constitution" in Cox, Howe. Wiggins, Civil Rights, the Constitution, and the Courts (1967), C. Cohen, Civil Disobedience (1971).

二 「報道する自由」

今世紀のはじめには、前述の新聞の欠陥の①②が識者の目に大きく映り、新聞批判が次第に勢を得て、方々の州で「報道しすぎる自由」を抑制する規制立法が制定された。表現の自由の形成期の判例は、やはり内部対立を含みながらも、コンモン・ローに由来する一般的規制をこえて規制対象をひろげたり、規制方法を強化する立法に対して厳しい態度をとった。有名な Near v. Minnesota（283 U. S. 697（1931））で、事前の抑制として違憲とされたミネソタ州法は、新聞による名誉毀損、中傷を社会の平和に対する脅威とみなして、一般の刑法や不法行為法による制裁以上に効果的な方法として、同種の新聞の継続的出版を裁判所の命令で差止めることを認めたものであった。一九四八年には、犯罪に対する過度の好奇心に訴える出版を規制するため、「犯罪記事、警察の報道、あるいは犯罪実行行為の記述、あるいは流血、肉慾または犯罪を表す絵物語を主な内容とする」新聞や雑誌の出版、頒布を罰するニュー・ヨーク州法が、「技術的な、あるいはコンモン・ローにおいて確定された意味をもたず」「不明確」で無効とせられた（Winters v. New York, 333 U. S. 507（1948））。

これ等の判例は、伝統的なコンモン・ローに由来する一般的規制が新聞その他の出版物に適用されることは当然としていたのであるが、六〇年代の最高裁判所は、修正第一条の報道の自由という観点から、そのような一般的規制についても、連邦憲法にあわせた州法の改造にとりかかった。画期的な判例が、公務員に対する名誉毀損をめぐる民事事件、New York Times v. Sullivan（376 U. S. 254（1964））である。ニュー・ヨーク・タイムズが掲載した政治的広告のなかで、市民権運動に対するアラバマ州モンゴメリー市の警察による弾圧を記述した部分が事実に反し、警察の責任者である原告の名誉を傷つけたとして、五〇万ドルの損害賠償を命じた州裁判所の判決に対し、最高裁判所は、事実の立証責任を被告に負わせる伝統的な州法のルールは、真実であるということと、それを立証できるということとは別であるから、公共の問題についての自由闊達な討論を妨げ、修正第一条に反するとした。修正第一条は、「公務員の側で、問題の陳述が『現実の悪意』に基づいて、すなわち、それが虚偽であることを知りつつ、または は、虚偽でないかどうかを無謀にも顧慮せずになされたということを証明しない限り、公務員が、その職務に関連してなされた虚偽の名誉毀損につき損害賠償を得ることを禁止する連邦法のルールを要請する」というのである。

この新しい連邦法のルールは、すぐに公務員に対する刑事名誉毀損にも、また、いわゆる「公的人物」に対する名誉毀損にもおし及ぼされた(1)。伝統的なルールが実際には虚偽でない政治的批判まで封ずるおそれがあったとすれば、新しいルールは、政治的言論の自由を、多少の濫用を含めて、たっぷり保障するものである。さらに進んで、この新しいルールは、プライバシーを保護するニュー・ヨーク州法にも及ぼされた。広告その他営利目的のために人の氏名、肖像、写真を書面による同意なしに公表した場合に損害賠償責任を定めたこの法律は、州裁判所によって、虚構がまじえられた場合にのみ適用されるものと解釈せられたが、最高裁判所は、やはり原告の側で虚偽が現実の悪意に基づくことを立証しなければならないとした（Time, Inc. v. Hill, 385 U. S. 374（1967））。

もっとも、ニュー・ヨーク・タイムズ・ルールを「公的人物」に対する名誉毀損やプライバシーの侵害にまで及ぼした判例では、反対の裁判官がふえている。特に、たまたま数年前に脱獄囚の人質となった市井の一家族のプライバシーの主張に対して、事実上公衆が興味をもつことは何でも報道する自由があるとした Hill 判決には、批判が多い(2)。

ともあれ、これ等最近の諸判決は、伝統的に州法にゆだねられ、連邦憲法の修正第一条の射程外におかれていた、報道の自由に対するもっとも有力な法的規制を著るしく緩和することとなった。新聞その他のマス・コミの巨大な影響力を考えれば、それをただ損害賠償や刑罰から解放することは片手落ちで、被害者に対し、同じメディアで反論する権利を与えるべきであるという批判もある(3)。しかし、これ等の判決の底には、名誉毀損の法的規制ということ自体についての根本的な懐疑が流れているように思われる。ニュー・ヨーク・タイムズ判決も、問題の過渡的な処理にすぎず、やがては、発言が公衆の「知る権利」の範囲内のことに関する限り、発言が事実に合致するかいなかに拘わらず、まず刑事責任からはじめて、名誉毀損法は消滅の方向を歩むであろう。

（1） 山川洋一郎「報道の自由と名誉毀損」ジュリスト四四三号。
（2） A. Cox, The Warren Court (1968) p. 99.
（3） J. A. Barron, "Access to The Press-A New First Amendment Right", 80 Harv. L. Rev. 1641, 1657 (1967).

三 「報道しない自由」の制限可能性

1 新聞公器論の萌芽

国民が「知る権利」を有するという思想は、現代における主要な情報提供者である報道機関の自由を制約する方向にも作用する。判例において、問題のこの側面をはじめてとりあげたのは、ブランダイス裁判官の詳細な反対意見（International News Service v. Associated Press, 248 U. S. 215 (1918)）であった。

営利的な通信社INSは、ヨーロッパにおける取材活動を外国政府によって妨害されたので、AP加盟のもっとも早い新聞や速報板からAPのニュースを失敬して、AP加盟の新聞と競争関係にあるその契約相手の新聞に供給していた。APがINSを相手どって、ニュースに存する財産権の侵害および不正競争として差止命令を求めた事件である。多数意見は、公表されたニュースには対世的な財産権はないにしても、競業者であるINSに対する関係ではAPの準財産権が認められるとなし、INSの行為を不正競争として、ニュースの商業的価値が失なわれるまで差止めることができるとした。ホウムズ裁判官は、立法なくして裁判所のなしうることはINSに対しニュースの出所表示を命ずることのみであるという少数意見を書いたが、ブランダイス裁判官はより詳細な根本的な反対意見を書いた。

彼によれば、本件ではAP対INSの私的利益のみが問題ではないから、裁判所による財産権や不正競争法理の拡張は許されない。判決の与えた解決は、「財産権の重大な拡張と、その反面として知識と思想の自由な使用の縮減をもたらすであろうし、本件の事実は、通信社にそれに伴なう義務を課することなく、ニュースにかような財産権を認めることの危険性をわれわれに警告している」というのである。

ブランダイス裁判官が本件において決定的な考慮とみなしたのは、ＡＰによるニュースの独占のため、重要な情報から疎外される新聞読者層のおよそ半分の国民の存在であった。「知る権利」という公益と私益との調整のためには、立法的解決が不可欠であるとして、仮定的に立法的解決の道を示唆したなかで、彼は、「もし、立法府が、一定の状況においては、ニュースの蒐集は公益関連事業であると断定すれば、本件のような場合、立法府は、ニュースの蒐集者がニュースを求めるすべての新聞に対して合理的な料金で無差別に提供するという義務を引受ける場合にのみ、ニュースが盗用から保護されねばならないと宣言するであろう。もし、立法者達がそのような結論に達すれば、彼等はおそらく更に進んで、このような保護が与えられる条件や程度を規定するであろうし、また、公衆・新聞社・通信社にかくして与えられた諸権利の完全な享受を保障するに必要な行政機構を用意するであろう」とのべている。一九一八年という時点でのこのブランダイス意見は、実に先見の明と言わなければならない。

ずっと時代が下って、一九四三年に、やはり報道機関の自由について重要な意義をもつひとつの判決が下された (United States v. Associated Press, 52 Fed. Supp. 362)。

これは、ＡＰの規約が、加盟新聞と同一地域で競争関係に立つ新聞社の新規加入の条件を特に厳しく定めていたことが、独占禁止法違反とされたもので、ハンド裁判官は、判決のなかで次のようにのべている。

「新聞産業の利害のみが決定的でもないし、第一次的に重要とさえ言えない。なぜなら、新聞産業は、すべての一般的利益のなかでもきわめて重要なもの、すなわち、できるだけ多くの情報源から、できるだけ多くの異なった面でニュースを伝播することに奉仕するのであるから。この一般的な利益は、修正第一条によって保護された利益とたしかに同じものとは言えないにしても、非常に似かよっている。修正第一条は、正しい結論は、何らかの種類の権威による選択を介するよりも、沢山の人々の口から寄せ集められる可能性が多いということを前提しているのであるから。」

このように言うハンド裁判官は、ＡＰが「報道の自由」をもって対抗したのに対して、「この判決の効果は、ＡＰメンバーを、何を印刷するかの点で制限するものではなく、たんに彼等の通信を他の者も使えるようにすべく強制するにすぎない。われわれは、一体いかなる理論によって、この強制が報道の自由の問題と関係ありと考えられるのか理解できない。たんに人が出版に従事しているという事実は、何を出版するかの彼じしんの選択権が拘束されない限り、ふつうの国内法から彼を免除するものではない」と答えている。この事件を受けた最高裁判所も、ブラック裁判官による判決で、「出版する自由は憲法で保障されている。だが、他人が出版することを阻むために結合する自由は保障されていない」と、ＡＰの主張を軽くいなしている。

しかし、言いたいことを言う権利の妨害さえなければ、公衆の「知る権利」のためにする、報道機関の企業利益追求の自由の抑制は「報道の自由」と無関係という説明はかなり戦術的なものであって、実際は、この種の判例では、すでに萌芽的に、報道機関が読者一般に対して自己の情報を直接または間接にカットするという意味での「報道しない自由」の制限が問題であったのである。個人権として出発した自由権は、一般に「する自由」の当然の反面として「しない自由」を、すなわち、するかしないかの自己決定権を意味するが、多面的な情報を「知る権利」が修正第一条の目的とみなされる以上、報道の現実の担い手である企業に対して「報道しない自由」を保障するということは無意味となる。次に、この点を放送の規制について見よう。

2　放送規制の論理

放送は互いに干渉し合う限られた電波を媒体とするので、一九二七年から公的機関の規制に服してきた。連邦通信委員会（ＦＣＣ）を設けた一九三四年の法律は、たんに技術的な考慮のみならず、「公共の利益、便宜および必要性」の考慮に基づく規制権限をこれに与えた。かくして、ＦＣＣは、三年ごとの免許更新の権限を武器として、裁決例の積み重ね、規則、報告書等の形で、放送機関の自由を次第に制約するに至った(1)。

この制約が、同一地域の新聞企業の放送事業への参入を拒んだり、規則でネットワークの支配による放送の画一化を妨げるといった、表面的には ownership regulations にとどまっている限りでは、やはり「表現の自由の権利は、免許なしにラジオ施設を用いる権利を含まない」という説明で、放送業者の「表現の自由」の主張を撃退できたかにみえた（National Broadcasting Co. v. United States, 319 U. S. 190（1943））。

しかし、ＦＣＣは、やがて放送内容についての規制にものり出してきた。番組の種類のバランスを要求した一九四六年の Report on Public Service Responsibility of a Broadcast Licensee、放送機関は主張してもよいが、その場合には他のいろいろな見解をバランスをもって提供することを義務づける Fairness Doctrine を宣明した一九四九年の Report on Editorializing by Licensees、この報告書の運用の経験に基づいて、公共の問題を論ずる場合になされた個人攻撃や選挙の候補者に対する支持または反対の主張について反論の機会を与えることを義務づける一九六七年の“Personal attacks; political editorials” Rules などがそれである。

この種の規制は、放送の自由の内堀に迫るものであったから、放送関係者の反撥は強かった。伝統的な自由権の考え方に立てば、その反撥はもっともである。一流の法学者を弁護人として、ＦＣＣの一九六七年規則の合憲性を争った Radio Television News Directors Association v. U. S.; C. B. S. v. U. S.; N. B. C. v. U. S.（400 F. 2d. 1002（1968））で、第七巡回区の控訴裁判所は、最近の最高裁判所の判例による表現の自由の諸原則を適用し、ＦＣＣ規則を違憲と判断し、“Fairness Doctrine の適用に関連し正反対の判断をした Red Lion Broadcasting Co. v. F. C. C.（381 F. 2d. 908（1967））と対立した。

この二件を同時にとりあげた最高裁判所は、この種の規制を合憲とした（Red Lion Broadcasting Co. v. F. C. C., 395 U. S. 367（1969））が、当然ここで、放送も新聞その他の表現手段と同じ表現の自由の原則に支配されると前提すれば全く非のうち所のないRTNDA事件の判決と対決しなければならなかった。

まず、最高裁判所は、一般論として、表現の自由の原則はメディアの特性に応じて一様ではない（Kovacs v. Cooper）とか、考えうるもっとも極端な適用を想像してこれらの規制の合憲性を審査することはしないとか、規制が公共の利益のために逆効果となるかどうかは暫らくためしてみなければ分らない（National Broadcasting Co. v. U. S.）と言い、あたかも一昔前のフランクファーター、ジャクスン裁判官等の考え方に復帰する。ここで放送の特質とせられたのは、限られた電波を使用する特権を賦与された放送機関は、電波の本来の所有者である国民全体の利益のためにそれを用いるべきpublic trusteeである、という点であった。「全体としての国民は、ラジオによる自由な言論に存する利益を留保し、また、このメディアを修正第一条の目的と意図に合うように機能させる団体的権利を留保している。最高なのは、視聴者の権利であって、放送機関の権利ではない」というのである。

RTNDA判決は、FCCによるこの種の主張を、すでに克服された「特権」理論であるとして一蹴した。しかし、「公共の信託論」は、かつての「特権」理論とは異なる。「特権」理論は、政府が与えないこともできる「特権」を与えられる場合にどんな条件をつけられても文句を言えないという単純な理窟であったが、「公共の信託」論は、規制が、① 信託の目的に沿っていること、かつ、② 憲法上の権利の侵害でないことを求めるからである。①について、判決は、理論上政府は公共のものである電波を使用する権利を、使用をのぞむすべての国民に割当てることもできるのであるから、免許を受けた者の権利には、電波を公共の問題についての「社会の代表的な意見」を伝えるように用いる義務が内在している、と説く。そして、この義務の一部を具体的に強制するFairness Doctrineや一九六七年の規則が表現の自由を侵すかどうかという②の点については、政府によるものであれ、私人によるものであれ、思想の市場の独占を支持することではなく、真理が結局は勝利するような自由な思想の市場を維持することが修正第一条の目的であるから、このような規制が修正第一条の目的に反するとは言えないとした。新聞と同じ自由を、という放送関係者の長年の要求に、最高裁判所は、参加した裁判官の全員一致で、耳をかさなかったのである。

3　放送規制論理の一般化の可能性

2で紹介した放送に関する最近の判例の読み方によって、学者の見解は、こうした規制をすべてのマスコミ機関、特に新聞に対して及ぼしうると考えるものと、やはり放送に限られるとするものとに分れている。

まず、Jerome A. Barron[2]は、最高裁判所の Red Lion 判決以前に、放送について「公共の信託」論をうち出し、ある放送機関の人種的・宗教的偏向や過度のコマーシャルを主張する視聴者のグループに参加資格を認めないで、番組改善を条件にＦＣＣが与えた特別短期間の再免許を違法として取消した Office of Communication of United Church of Christ v. F. C. C.（359 F. 2d 994（1966））を高く評価する。この判決も、「新聞はその所有者の意のままに運営されてよい。放送局はそうは行かない」という区別を前提としていた。しかし、バロンは、この区別の根拠とされている電波の有限性ということは、日刊新聞の三倍の放送局が存在する今日、虚構にすぎないと見る。このような判決の真の基礎は、マスコミが世論形成に及ぼす決定的な影響力と、公衆がもっとも効果的にあらゆる情報を得るという修正第一条の目的であり、したがって、新聞も公共の問題についての対立する意見にスペースを提供すべく、裁判所または立法によって強制されうる、と論ずるのである。

このようなバロンの所説は、長く新聞の問題点とされてきた前述の③④⑤を解決する法的規制の合憲性を、修正第一条の新しい見方によって基礎づけるものとして広く注目されている。しかし、彼の立論、特に過去の判例の分析にはうなずけない点が少なくないし、故ブラック裁判官に代表させる修正第一条のロマンチックな解釈と自己の目的論的解釈との対比は単純にすぎるように思われる。彼のいくらか性急な提言の動機は、六〇年代の大衆的抗議運動に爆発するほかにはけ口のなかった意見をマス・メディアに乗せることによって、公の秩序を回復したいという願望にあったし、またそのことが広い関心を集めた理由ともなっている。

最高裁判所のRed Lion判決は、バロンを引用こそしなかったが、一面ではその影響を強く受け、メディアの特性と修正第一条の目的を大いに強調した。その反面では、やはり電波の有限性という放送の特性は、利用しうる電波が増大した今日でも、同時に利用目的の多様化のために失なわれていないとしている。ただ、技術の進歩は明らかに電波（特にU. H. F.）の余裕を生み出しているので、この点についての判決の立場は、必らずしも明確ではない。

Thomas, I. Emerson(3)は、この判決に関して、自ら放送局を開設しようとする者に対する電波の不足というより、電波というメディアの利用を希む人々に対する施設の不足が問題なのであるから、新聞と放送局の数をくらべることは適当ではなく、むしろ印刷機と放送施設の数をくらべるべきであり、この意味では永続的な電波不足があるとして、判決の「公共の信託」論を支持している。放送機関は、政府が配分した電波をさらにその利用希望者に配分すべき政府機関とみなされ、したがって、自ら表現する場合を除いて、修正第一条の権利を享有しない、というのである。

エマースンも、メディアの不足という要因を度外視しても、修正第一条の目的論的解釈から、一般に言論の多様性をうながす方向への政府のコントロールの可能性を肯定する。しかし、エマースンは、楽観的なバロンと違って、修正第一条の目的を実現するための政府の権力には、再び修正第一条による二つの制限があると主張する。ひとつは、公共の問題について一方の意見をのべるときには、他の意見にも機会を与えよという義務づけが、反って公共の問題の論議を敬遠するという逆効果を生んで、修正第一条の目的にも反することがありうるということ、もうひとつは、監督行政に伴なう非公式な制裁や行政指導のために実現の自由が窒息せしめられることがあってはならぬということである。このことは、放送の場合にも規制の限界となるが、規制の物理的・技術的必然性がなく、伝統的にレッセ・フェールの型で運用されてきた新聞については、はるかに強く妥当すると考える。具体的に言って、新聞に対し、有料の政治的広告を無差別に掲載することや、新聞でなされた名誉毀損・中傷につき被害者の答弁を掲載することを義務づける程度のことは、特別の行政機構を必要とせず、合憲であろうが、それ以上に、社会に存する代表的な諸意見――バロンによればむしろ少数者の意見――を盛りこむことを義務づけるのは違憲である、と論じている。この方が慎重で穏当な見方であろうが、法的な強制によらずに解決すべき「知る権利」の問題は今後ますます前面に出てくるものと思われる。

（1）Note, Regulation of Program Content by F. C. C., 77 Harv. L. Rev. 701（1964）. エルマー・E・スミード（崎山正毅訳）『ラジオ・テレビジョンと言論の自由』（昭和三九年）。

（2）Id. at p. 1663.

（3）Thomas I. Emerson, The System of Freedom of Expression（1970）pp. 653–671.

（一九七二年）

21 国家秘密と知る権利

――アメリカ――

一　まえがき

民主政における国民の知る権利と国家秘密との関係について昨年来わが国にも大きな波紋をひきおこしたのは、例のベトナム秘密文書の新聞による暴露をめぐるアメリカの最高裁の判決であった。この判決については複数の法律誌が詳細な全訳さえ掲載したし(1)、当事者的な関心をもった日本のジャーナリズムも随分多くの紙面を、その紹介や論評に割いたものである。さらに、最近わが国で発生した新聞記者による外務省極秘電報の入手、公表事件は、われわれじしんの問題として、国家秘密と知る権利の接点の問題を提起している。

そこで、他山の石として、あらためてアメリカでのこの問題の展開を眺めわたしてみようというのが、本稿の目的である。とは言っても、筆者は特殊的にマスコミ法を研究しているわけではないから、歴史的な経過を正確に紹介できるだけの資料も手元にはない。できることはただ、この問題についてのアメリカの考え方を、憲法の角度から、いくらか原理的に整理し、現下の政治的問題としてのスローガン的なあいまいさを取り除いて、考える材料を提供することに限られる。

（1）　法律時報四三巻一一号、判例時報六三八号。後者の方が誤訳箇所が少ない。

二　いわゆる「知る権利」の具体化

「知る権利」という言葉は、日本の最高裁判所さえ最近用いるようになったが、[1]アメリカではかなり古くから用いられている。すでに一九三六年に、抑圧的な意図をもった新聞社の広告収入に対する州の重税を報道の自由の侵害とした判決（Grossjean v. Amer. Press Co., 297 U. S. 233）のなかに、「組織された社会のメンバーが、共通の利害に関わる情報を伝え、また入手する自然的権利」という文句が見られる。報道の自由を含む言論・出版の自由が言う者の自由権の形で保障されていても、すべての人の言う自由は、もっぱらひとりひとりの気晴らしのためにあるのではなく、社会的にすべての人のもつ事実の知識・意見を互いに知り合うためにある。だから、「知る権利」は、根源的には、言論・出版の自由を保障する修正第一条の「目的」ないし「精神」を指している。この意味では、「知る権利」は、国民主権、つまりもろもろの国家機関の能動的な統治の諸行為を、何ごとによらず監視すべき立場にある国民と同時的に認められなければならない。

アメリカの最高裁判例では、はじめてブランダイス裁判官が、情報に通じた公衆の存在の不可欠性という観点から、言論・出版の自由を強く擁護したように、根源的な「知る権利」は、何よりも修正第一条そのものの解釈・適用の指導原理である。それじしんはいまだ個人的な「権利」ではなく、いろいろな場面で個人の具体的な権利や、時には義務をも基礎づけようとする志向をもった修正第一条の精神である。例えば言論・出版に対する「事前の抑制」は、「知る権利」という観点から特に有害と考えられたために、そうした抑制からの自由が確実に保障される（Near v. Minnesota, 283 U. S. 697（1931））というふうに、裁判所の法的理論構成を指導するのである。今日いろいろの具体的な意味をこめて用いられる「知る権利」は、この根源的な「知る権利」によって規定された裁判所の法的理論構成の結果であるか、またはそのような法的理論構成の要求＝新たな権利の主張である。

①　日本では考えられないことであるが、イギリス、カナダと同様、アメリカでは郵便を政府の特別の恩恵と考える古い伝統も働いて、一九六二年以来法律に基づいて、共産圏諸国からの政治的宣伝を含む郵便物を受取人にまっすぐ配達せず、特に受取人の受領意思の有無を照会することが行なわれてきた。一九六五年の最高裁判決(Samont v. Postmaster General, 381 U. S. 301)は、このような政府の干渉を違憲と判断した。こうして認められた個人権としての「知る権利」も、根源的な「知る権利」からひき出されたものであり、その意味で派生的な具体的自由権なのである。(2)

②　一九六九年の最高裁判決(Red Lion Broadcasting Co. v. F. C. C., 395 U. S. 367)は、放送局が公共の問題を扱う番組のなかで個人攻撃を行なった場合や、選挙の特定の候補者について支持または賛成を明らかにした場合には、すぐに相手方に反論する機会を無料で提供しなければならないというF. C. C. の一九六七年の規則を合憲と判示した。放送局にとっては相当な負担であるが、放送局は電波を公共の受託者としてあずかるのであるから、社会に存するすべての代表的な意見を公平に伝えなければならない、とされたのである。根源的な「知る権利」が放送機関のこのような特別の義務づけの根拠ともなりうること、そして、判例は今のところ電波メディアに限っているが、修正第一条の目的論的解釈として、同様な義務づけを、ある程度まで立法なしにも、新聞にまで及ぼしうるという見解がアメリカで相当評価されていることに注意しなければならない。(3)

③　わが国ではこの面のみが大きくとりあげられているが、報道機関の特別の権利主張も、しばしば国民の「知る権利」から流出するものとして論じられている。「知る権利」に十分に奉仕するためには、何者にも妨げられないスムーズな取材が不可欠であるとし、医師や弁護士の職務上知りえた秘密とのアナロジーをも用いつつ、報道関係者についても取材源をはじめとする取材内容の証言拒絶権が昔から要求されてきた。これに応えて、立法により一定の範囲の証言拒絶権を認めた州も、少なからずある。この種の特権は裁判所じしんの公務との牴触があるので、

立法なしに、または立法の範囲外で裁判所の承認を受けるのは必ずしも容易ではないが、一九七〇年の連邦控訴裁判所の一判決（Caldwell v. U. S., 434 F. 2d 1081）は、裁判所も、「知る権利」に基づいて徐々に相対的に取材を守るための特権を認めて行く方向にあることをうかがわせている。(4)

④　最後に、根源的な「知る権利」から、ひろい意味の政府に関するあらゆる情報に接近する個人、とりわけ報道機関の権利がひき出される。新聞編集者協会の委嘱を受けて書かれたCrossの著書"The People's Right to Know"(1953)は、正にこの権利の宣言であった。一九五〇年代にはじまったこの狭義の「知る権利」のキャンペインにとって、「権利」とは言っても、さしあたりは、政府情報の自由な取材と公表を国民の「知る権利」と結びつけて正当化することが問題だったのである。ひんぱんな記者会見や政府各部局の広報活動の活潑化とか、請求により情報を秩序正しく入手する確実性だけが問題であったのではない。報道機関がそのような手段にのみ依存するのは、Wigginsが政府の秘密主義に劣らぬ報道の自由に対する脅威と考えた政府による抱込み策に陥ることである。(5)また、国民の「知る権利」を援用する以上、国民に知らせることが中心であって、立法部が秘密の委員会によって行政府の秘密を共有するように、報道機関が国民に対抗して政府の秘密を共有することが問題なのでもない。①や③は、個人や報道機関が政府と無関係な情報源から知ることに対する（裁判所をも含む）ひろい意味の政府による直接または間接の妨害を排除することを目指している消極的な権利であるが、ここでの狭義の「知る権利」は、直接政府を対象とする積極的な権利である。いわゆる「国家秘密」と衝突するのは、この「知る権利」である。

（1）　最決昭和四四・一一・二六刑集二三巻一一号一四九〇頁。評釈として、奥平康弘・判例評論一三三号、小林直樹・ジュリスト増刊『憲法の判例』（第二版）、尾吹善人・ジュリスト臨時増刊『昭和四四年度重要判例解説』［本書第**41**論文］。

（2）　すでにホウムズ裁判官は、一九二一年のLeach v. Carlile, Postmaster, 258 U. S. 138の反対意見でこの考え方を否認していたが、実際には長く生き続けた。

（3）　この側面については、尾吹善人「報道の自由——アメリカ」比較法研究三三号［本書第**20**論文］、奥平康弘『「知る権利」の法的構成』ジュリスト四四九号等が触れている。

（4）　この側面での最近の判例の傾向については、芦部信喜「報道の自由と米最高裁判決の意義」法律時報四三巻一一号が触れている。少し古いが、さすがにマスコミ法の大家らしく要領よく問題を展望しているのは、シーバート「ニュース源の秘密と法律」法律時報三二巻一号。

（5）　Wiggins, Freedom or Secrecy, p. 232.

三　いわゆる「国家秘密」の多層構造

アメリカの公的官僚制は二度の世界大戦を経て飛躍的に発達したものであって、ヨーロッパ大陸におけるような絶対主義以来の長い伝統を持っていない。ヨーロッパの絶対主義は、一七世紀に、人民の統治をもっぱら政治技術的な観点から眺める絶対主義に固有の《国家秘密》(arcana rei publicae) の理論を生み出した。それは、君主およびその官僚による国家経営の秘密を競争場裡にある私的経営の存立・発展に不可欠な秘密と類比したのである。(1) しかし、アメリカは、はじめから人民主権に立脚する国家として、啓蒙の精神で創建された。「憲法の父祖」のひとりマディソンの、「自分自身の統治者たらんとする人民は、知識が与える力によって自ら武装しなければならない。popular information もしくはそれを獲得する手段のない popular government というようなものは、茶番かまたは悲劇、もしくはおそらくその両方の序幕にすぎない」という言葉が、何よりもよくこのことを物語っている。《国家秘密》の理論と正に対極的なこの《ガラス張りの政府》理論にとっては、公的―秘密というのは形容矛盾でさえある。

しかし、当の「憲法の父祖たち」のフィラデルフィアの憲法起草会議は、決して公開ではなかったし、議員達にも厳しい箝口令がしかれていた。できあがった憲法も、連邦議会両院の議事録の公表に関しては、「秘密を要するものと各議院の判定する部分」を除外している（一条五節三項）。最初は条約の締結権をもつとされていた元老院についてのみ例外を設けることが提案されたこと、連邦憲法の前の連合規約には、連合議会の議事録の公表について、

「条約、同盟または作戦に関し、秘密を要するものと判定された部分」という例外規定があったことなどから、国民に対して国民代表がもちうる秘密が、外交交渉と軍事機密を中心としていることは、明らかである。

われわれは、（広義の）政府が公開しないという意味の大ざっぱな「国家秘密」が多層構造をなしていることを知らなければならない。

① まず右に挙げた秘密の例は、《ガラス張りの政府》理論の体系内で認めざるをえないものであるから、もっとも深層の「国家秘密」と考えることができる。これらの例外の正当化は簡単である。一九世紀における「知る権利」の主唱者であったフランシス・リーバーも、公共の利益が一時的に秘密を要求する事項のあることは明らかであるとし、その一例に「完了するまでの外交交渉」を挙げている。[2] 主権的な各州の代表者達の連邦憲法起草過程も、いわば一種の外交交渉であった。また、ここに言う自明性をもった軍事機密が（当然に戦時の）「作戦」に関連するものであることも、注意を要する。これが正当な秘密であることは疑いないが、第一次世界大戦に際して、この種の軍事機密で大統領の指定するものを公表した者を罰しようとした法律案は否決され、政府は一連のこの種の秘密について新聞の自発的な協力を求めるにとどまった。[3] 有名な一九三一年のNear v. Minnesotaの傍論は、事前の抑制からの自由も絶対的でないことの一例として、「政府が……軍隊の出航日時や数や位置の公表を防止できることを誰も疑わないだろう」とのべたが、当時も今日も、政府じしんが公表を差止めたり、裁判の差止命令を求めたりする権限を政府に与えた法律があるわけではなかった（四で後述）。

② 一九五〇年代から爆発的に「知る権利」の叫び声が大きくなったのは、①のような自明の秘密に向ってではなかった。それは、第二次大戦とその後の国際緊張の時代に益々巨大化し、強化された執行部の「秘密主義」に向けられていた。「秘密主義」という語は、無用性・不当性という意味合いを含んでいる。少なくとも①ほど正当性が自明でないことは確かな政府の隠密の行動・決定、情報の非公開を指す。この「秘密主義」にも、より深いものと浅いもの、より高次のものと低次のものとがあって、ここでとりあげるのは、前者である。高次の「秘密主義」

は、すでに議会をぬきにした宣戦布告なき戦争権限と、上院の承認を要する条約にたよらず重要な対外的コミットメントをなしうる対外的権限を両手にもつ大統領府の「密室政治《キャビネット・ポリシー》」にともなうものである。科学と産業の戦争の時代に、大統領命令による国防および外交政策上の秘密は、拡大の一途を辿った。それに加えて、アイゼンハウアー時代の一九五四年の大統領指令は、権力分離を根拠として、執行部の内部の協議およびその記録は、議会の調査委員会に喚問された場合にすら、証言したり提出してはならないとした[4]。この種の「秘密主義」は、大統領が、「自分の政策は正しい。もし自分のもつ情報を諸君ももっていたら支持するに違いないものである」と議会や国民に向って言うにひとしい。そこには、客観的に正しい政策が、これを理解できない国民によって否認されることへの怖れがいくぶんは含まれているのであって、容易に《国家秘密》の理論の復活に通ずる。

③　低次の、またはもっとも表層の「秘密主義」は、官僚制の社会学的特質に由来するものである。官僚制の文書依存性は、それだけで秘密と結びつきやすい。自分達の仕事を見られないことに安全保障を見出す官僚の本能もある。この低次の秘密のなかには、公務を遂行する上で（広義の）政府がつかんだ個人のプライバシー（例・離婚訴訟、個人の所得調査）や私企業の秘密のような、公的秘密の範囲外のものもまじっているが、これはそもそも「知る権利」の対象ではない。

さて、アメリカで、およそ「秘密主義」に対する最初の攻撃は、実は③の秘密の層の中に埋もれていた行政諸機関の規制の方針・基準・内部規則・先例等に向けられていた。その運動の担い手はジャーナリストではなく弁護士達であり、その精神は人民主権よりもデュー・プロセスであった。国民じしんも高次元の②の秘密主義よりは、いつでも自分が具体的な迷惑をこうむる可能性のある行政部の「秘密の法《シークレット・ロー》」の問題にまず関心をもった。この運動は、第二次大戦をはさんで二〇年にわたる連邦行政手続法制定の歴史のなかで一応の実を結んだ。一九四六年の行政手続法第三条で、官庁の規則（手続と実体）・意見と処分・公式記録の公開が定められたが、「公共の利益のために秘密を要するもの、又は専ら官庁の内部管理に関連するもの」は除外された[5]。

一方、人民主権の旗を掲げて国民をまきこんだジャーナリスト達の「知る権利」運動は、何を生み出したか？その立法的成果は、州のレベルでは、少なからぬ州で一九五〇年代末から制定されたOpen Meeting Lawsであり、連邦のレベルでは、一九六七年のThe Freedom of Information Actである。後者は、行政手続法第三条を修正するもので、その積極的な面は、㋑より詳細に、職員の手引書・職務命令・合議制機関の表決記録にいたるまで、公衆に対する情報提供義務を定めたこと、㋺そのほかにも、官庁の記録について請求があれば、特別な利害関係の有無にかかわらず、誰にでも提供しなければならないものとし、しかも官庁の不当な拒否に対しては、裁判所の差止命令を認めたことである。しかし、消極的な面も見落せない。個人のプライバシーや営業秘密に関する事項を除外したのは別問題だとしても、②に属する「大統領命令により、特に、国防または外交政策上の利益のため秘密を要するとされたもの」や「法律により、特に公表を免除されたもの」等七つの適用除外例がそれである。「知る権利」の立法的解決は、ある種の行政秘密に対して具体的な請求権を生み出したものの、結局は、得る所は新聞よりも弁護士の方が多いという結果に終ったようである[6]。アメリカの議会では弁護士の勢力が強いし、②のような大統領の政治的秘密主義に何らの抵抗感ももたぬ党派がつねに含まれているのであるから、これは当然の結果である。

それに、そもそも人民主権の見地から主として問題になる政治的秘密主義の対象は、一般的な法律によって、ここまでは公開されなくてはならないと線を引くことはできない性質のものである。また、原理的に言って、国民のために報道機関が「知る権利」は、政府のかくすことこそを知る権利であって、この法律による具体的な請求権化にはなじまないのである。法律上秘密を指定できる国家機関が消えてなくなることはなく、他方、秘密を指定する権限は――法律による枠づけが不可能なこともあって――必ず乱用されるから、政府のかくす権利と国民や報道機関が正に政府のかくすことを知る権利との具体的な調整の問題は、結局裁判所の手でなされなければならないことになる[7]。次にこの点を代表的な判例について、検討してみよう。

(1)　Carl Schmitt, Die Geistesgeschichtliche Lage des heutigen Parlamentarismus (3. Aufl. 1961) S. 47 f. シュミットのこの興味あ

る小著の邦訳、稲葉素之訳『現代議会主義の精神史的地位』（一九七二年）は、残念ながら非常な悪訳である。

（2）　Francis Lieber, On Civil Liberty and Self-Government (1853) in Nelson (ed.), Freedom of Speech from Hamilton to the Warren Court (1967) p. 377, 380.

（3）　"Requests for Censorship by Press of Certain War News" Dec. 31, 1917 in Nelson, id. p. 250.

（4）　Nelson, id. p. 384.

（5）　鵜飼信成編『行政手続の研究（昭和三六年）』の末尾に、この法律の全訳がある。

（6）　この法律については、Gillmor & Barron の便利なケイス・ブック、Mass Communication Law (1969) p. 453 f. それにしても、わが国の官僚にとっては、腰をぬかすような内容の法律であることは確かである。

（7）　Brant, The Constitution and the Right to Know (1967) in Clark & Hutchison (ed.), Mass Media and the Law (1970) p. 73, 84.

四　司法的調整の具体的事例

三の末尾でのべたような裁判所の役割を十分に自覚して、この領域に鍬を入れた最初の判例は、Reynolds v. U.S.（192 F. 2d 987）である。これは、電子機器のテストのため空軍機に同乗して事故死した民間技師の未亡人が、合衆国を相手どっておこした損害賠償訴訟である。連邦地裁は、事故の原因のもっとも有力な究明手段となる空軍の事故調査報告書を、秘匿特権の認められるものかどうかを非公開で審査するため提出せよという裁判所の命令をも、軍事上の秘密を理由に空軍当局が拒否したので、原告の主張する過失が証明されたものとみなし、合衆国に損害賠償を命じた。これを支持したこの控訴裁判所判決は、空軍長官の秘密指定を裁判所が鵜のみにするのが権力分立の要請であるという政府側の憲法論をしりぞけ、訴訟に必要な証拠について秘匿特権が主張されるとき、この主張の当否について審査するのは裁判所の伝統的な権限に属するとし、裁判所が鵜のみにしなければならぬという特権の主張を容認することは、官僚にとって都合の悪いどんな記録の秘匿をも認めることになろうと、政府の主張の不当性を指摘した。

せっかく立派なこの判決は、この事件に限らず一般に冷戦期の国際情勢の危機感を過敏なまでに反映したヴィン

Ⅱ　基本的人権

ソン長官の最高裁判所によって破棄され、裁判所は、特権の主張された文書そのものの提出を求めることなしに、状況によって軍事秘密があるらしいと分かれば特権の主張を認めなければならないとされた（U. S. v. Reynolds, 345 U. S. 1 (1953)）[(1)]。しかし、ここでブラック、フランクファータ、ジャクソンのような異質ではあるが三人の有能な裁判官、特に司法権のまもるべき限界について人一倍厳格なフランクファータ裁判官が、完全に原審判決の理論構成を支持したことが非常に示唆的である。一九六七年にブラントが予言したように、この事件は一般的な「知る権利」への突破口となった。

国民の「知る権利」と政府の高次の秘密主義との直接の衝突に画期的な解決を与えたのは、言うまでもなくベトナム秘密文書事件の最高裁判決[(2)]（New York Times Co. v. U. S. 91 S. Ct. 2140 (1971)）である。この判決の内容についてはすでに多くの紹介があるので、ここではこれまであまり指摘されていない各裁判官の法的理論構成の特色をつかみ出してみよう。これまでのところ、報道の自由の絶対派（ブラック、ダグラス、マーシャル）、中間派（ブレナン、スチュワート、ホワイト）および安全保障派（反対の意見のバーガー長官、ハーラン、ブラックマン）に三分するのが通説である。しかし、大別したり、「プロ・プレス的」とか「プロ政府的」というようなレッテルをはるのは、あまり意味がない。

問題は、外部にもれたベトナム秘密文書を新聞が公表することを政府が裁判所の力を借りて防止することができるかどうか、ということであった。この文書がどのようなものであるかは、日本でもすでによく知られている（朝日ジャーナル一九七一・七・九）。結局最高裁は、六対三で、政府の求めた差止命令を拒否したのであるが、反対意見の裁判官達も、問題の重要性の割に余りに迅速な審理で片附けたことに何よりも反対したので、はっきり政府の要求を認めるべきだとは言っていない。特別の法律がないのに新聞報道の「事前の抑制」が政府によって裁判所に求められるということ自体、未曽有の事件であり、その意味でも重大な問題であったことは確かである。

バーガー長官は、多数派をひっくるめて修正第一条を絶対的とする単純な考え方と評したけれども、そう評されてよい――長期的に見れば偉大な――単純さを示したのは、全く例外なき《ガラス張りの政府》理論を採ったブラック裁判官（とその意見に同調したダグラス裁判官）のみであった。多数派の裁判官達の多くは、多少のニュアンスの差があり、なかにはスチュワート裁判官のように迷いつつ結論にふみきった者もあったが、法律の不存在と Near v. Minnesota の傍論、すなわち、「事前の抑制」は、われわれが三の①で明らかにしたような《ガラス張りの政府》理論に内在的な自明性をもった秘密についてのみ許されるという考え方の組合せだけで、裁判所として政府の注文に応じようがないと考えたのであった。マーシャル裁判官のごときは、もっぱら法律の不存在を強調している。

だから、バーガー長官等の憤慨する「単純さ」とは、結局、「法律がないということは、法的に手がうてないということを意味しない（"No law" does not mean "no law"）」と主張した政府のために、親身になってその「固有の権能」を考えてやらず(3)、また政府の身になって Near 事件の傍論が認めた例外の拡張可能性を考えてやらないことを(4)指していた。このことは、伝統的な憲法原則に忠実で保守的であったのが多数派で、むしろ新たな法をつくろうというのが反対派であったことを示している。

一見、Near 事件の傍論墨守的な表現（特にブレナン意見）にもかかわらず、多数派の裁判官達が、「事前の抑制」の許容性を戦時の作戦上の秘密またはそれに類するものに限定し、しかも、三で引用したリーバーの見解のように、事が終るまでの秘密という一時性の原則に固執したことは(5)、より深い原理的根拠をもっている。その反対の考え方は、反対意見のなかでもっとも問題の実質に深入りしたハーラン裁判官によって示されている。それは要するに、外交問題がからみさえすれば、裁判所は執行部門の判断を尊重し、秘密の正当性について「司法的コントロールを完全に放棄することは憲法上許されない」（U. S. v. Reynolds）にしても、政府の言うとおり外交上の秘密が含まれているかどうか、そして公表が国益を害するという判断が国務長官または国防長官のレベルでなされたかどうかを確めることしかできない、というのである。このように、《誰が決定するのか》（quis iudicabit?）の点で執行部門にゆずることは、実際的効果において、三の②で述べた執行部の政治的秘密主義をそのまま合法化し、不可侵とすることである。この点では、多数派の中でもっともハムレット的なスチュワート裁判官が、執行部の対外的権力が議会から独立の政治機構においては、情報に通じた国民以外には有効なチェックがないこと、三〇年前に正式に議会が宣戦布告した最後の戦争が終ってからこの方、五〇万の戦死傷者を大統領の対外政治が生み出してきたことを指摘しているのが、非常に意味深い。ハーラン意見は、裁判所をたんに政府の同伴者とすることであり、協力を断った多数派は、高度の、長期的な statesmanship に立っていたと言えよう。

また、反対意見が執行部の「固有の権能」のために引用した判例も、すべて、憲法および法律上の裁量権を行使して執行部がすでに行なった行為の司法審査にあたって、裁判所が執行部の裁量のはばが広いことを確認した判決であって、この事件のように、政府が外交関係上または国防上の利益に結びつけて、これから裁判所にやらせようとする報道の抑圧にとって適切な先例ではない。対外政策の内容に関して憲法が白紙であるとしても、その方法（戦争や条約締結）や決定された政策を効果的に遂行するために必要な手段にはいろいろな法的制限があり、司法的コントロールの可能性があるのである。全知全能の執行部が国防と外交の最善の利益のため必要と判断することは、国民に無知を強制することまで含めて、執行部の「固有の権能」であるというのでは、アメリカの大統領は「立憲君主」の共和国版であるどころか、一七世紀の「絶対君主」の現代版になってしまうであろう。(6) この事件で政府が敗れたことは、アメリカの伝統から見れば、全然驚くべきことではなかった。多数派が「勇気ある裁判官」で、反対意見の側が「穏健」であるかのように受け取るのは、間違っている。

（1）　この判決については、芦部・前掲論文が言及している。
（2）　芦部・前掲論文のほか、堀部政男「報道の自由と司法の危機」法律時報四三巻一一号、塚本重頼「報道の自由と国家機密の保護」ジュリスト四八五号。
（3）　彼は、制定法がなくとも、最高裁じしんが評議の秘密を守るためにあらゆる措置をとる「固有の権能」をもつことを疑わない、と言っている。
（4）　彼は、あの傍論はたんなる例示で、これまでは考える機会がなかった他の例外があることも疑わない。

(5) 特にこの点を強調したのは、結局支持された地裁のガーフェイン裁判官の意見で、この秘密文書は、正式の名称も「歴史」と呼ばれているように、実質的にも「歴史」であるとしている(法律時報四三巻一一号四八頁)。

(6) 実際、反対意見がまっさきに引用したU. S. v. Curtiss Wright Export Corp.(299 U. S. 304(1936))の執行部の「固有の権能」論は、「立憲主義以前の君主の無限定の権力」のドグマへの復帰と考えられている(H. Treuiranus, Außenpolitik im demokratischen Rechtsstaat(1966)S. 10)。

(一九七二年)

22　海外渡航の自由の性質と限界

一　ここで渡航というのは、旅券法の用いている観念よりせまく、外国永住のための渡航を含まず、一時的な外国旅行のみを指す。外国に移住する自由は憲法二二条二項が明示に保障しているが、外国旅行の自由はどうかというのが第一の問題である。

1　多数説および最高裁の判例は、渡航の自由も二項の「移住の自由」によって保障されると解する。移住という語を拡張解釈し、または移住の自由から渡航の自由を類推するわけであるが、その実質的な根拠は、憲法が永住のための出国を保障して旅行のための出国を保障していないと解釈することは不合理だからである（『註解日本国憲法上』四四五頁、鵜飼『憲法（全書）』一三四頁、田上『憲法概説』一五五頁、橋本『憲法原論』二〇七頁、最大判昭和三三・九・一〇民集一二巻一三号一九六九頁）。

2　渡航の自由は、むしろ二二条一項の「移転の自由」として保障されるとみる少数説もある（河原「出国の自由」ジュリスト一二九号、佐藤功・日本国憲法概説一六二頁）。かつて1説をとっていた宮沢教授も、今は、外国旅行を移住に含ましめるのは言葉として無理があるが、移転に含ましめるのはそれほど無理ではないという理由でこの説に改めている（『憲法Ⅱ』三七六頁）。

二二条が、外国に関連をもつ自由をば二項にとりまとめたと前提すれば、1説のようになろうが、二項の趣旨は、個人主義を徹底して、日本国民が個人としての幸福のために、事実上または法上、日本国から脱退する自由を認めたものと解するなら、一時的な外国旅行の自由は全くこれと異質のもので、ただ移転のひろがりが大きいというだけであるから、2説と一致し、しかもこれに強い根拠を与えることができよう。

1説のなかには、一項に「公共の福祉に反しない限り」という制約が明示されているのに、二項にはそれがないことを重視し、二項に含まれる渡航の自由の保障はより強度の保障であるとみる者も一部にある（『註解日本国憲法上』四四五頁、深瀬「判批」自治研究三〇巻五号）が、大多数はこの点で差異を認めないから、1説と2説の対立には余り意味がない。

一般に、個々の基本権規定に公共の福祉という制約が明示されている場合、つまり二二条一項、二九条二項以外は、すべての基本権が無制約であるという解釈（鵜飼『憲法』七二頁）は少数説たるにとどまる。しかし、その性質上または明文上絶対的な基本権がないわけではない。例えば、思想・良心の自由、拷問・残虐刑からの自由等。二二条二項の自由も、もし先にのべたように、一人の日本国民が個人としての幸福のために日本国と絶縁する自由だと解するなら、この自由を認める以上、もはや、日本国民全体の福祉がそれを制約することは性質上ありえない。

3　旅行は移住とも移転とも異なるとし、渡航の自由は二二条によって保障せられず、むしろ一般的な「自由または幸福追求の権利」の一部として、一三条の保障するところとみる見解もある（前記最高裁判決の少数意見）。憲法第三章に個々的に列挙された自由は例示的なもので、それらに含まれないいわば無名の自由も一三条の包括的自由権として保障されるという見方は、渡航の自由がそれであるかどうかは別として、学説上も存在する（田上『概説』一二二頁、橋本『原論』一九一頁、川上「特別権力関係における基本的人権」『日本国憲法体系第八巻』一五三頁、佐々木『日本国憲法論』四〇三頁、田畑『憲法学講義』一五五頁）。西ドイツの通説も、基本法二条一項の人格の自由な発展の権利を包括的自由権と解している。またアメリカ合衆国憲法修正九条が、基本権のカタログが制限的列挙ではないことを明言しているのも参考になる。

しかし、3説の採用した一三条解釈は今はまだ通説ではない。学説の多くは、一三条において、各個の自由権規定の基礎となる「個人の自由」という国家のあり方に関する基本的決定を見ず、第三章の憲法律的基本権規定に関するたんなる総則的規定を見るにすぎない。この幸福追求の権利を自由権の全体と解する説（清宮『憲法要論』九七頁）と、ひろく各種の基本権の内容を表現したものと解する説（宮沢『憲法Ⅱ』二二二頁）があるが、いずれにせよ、通説では、一三条は、個々の基本権のすべてに「公共の福祉に反しない限り」という枠をはめ、この枠内の基本権を侵してはならないとの国家機関の心構えを定めたという以上の意味をもたない。

個々の基本権規定をはなれて自由権はないという日本の通説の根拠は、おそらく、西ドイツで基本法二条一項の権利に基本権としての性格を否認する少数説のそれと同じく、法的安定性の要請であろう（v. Mangoldt-Klein, Das Grundgesetz, 2. Aufl, S. 168.）。アメリカの憲法判例は、渡航の自由のごとき合衆国憲法では無名の自由も、修正五条の適法手続条項という一般条項によって保障される自由権と認めた（Kent v. Dulles, 357 U. S. 116.）が、日本の学説はこのような行き方に否定的でむしろ具体的で明確な規定の拡張解釈や類推解釈で処理しようとする傾向がある。

二　渡航の自由の性質に関し三つの説のいずれをとっても、ごく少数説を除いては、公共の福祉という枠を伴うことには変わりはない。ところが、「公共の福祉」の観念については、a、一三条の場合と二二条一項、二九条二項の場合とを別異に解し、後者の場合にはより強度の制約を認める趣旨であるとする説（田上『概説』一三九頁、橋本『原論』一五二頁、佐藤『概説』一一〇頁）と、b、統一的に解する説（宮沢『憲法Ⅱ』二三四頁、清宮『要論』一〇七頁）とがあり、また、「他人の権利・憲法的秩序・道徳律」という西ドイツ基本法二条一項の明示する自由権の限界をモデルとしてこの観念を具体化するもの（橋本『原論』一五〇頁）もあれば、アメリカの憲法判例に導かれてこれを具体化しようとするもの（伊藤『言論出版の自由』八頁）もある。

アメリカの判例の分析によって個々の自由権の限界を具体化する方法はたしかに有効であるが、特に、経済的自由権の制限は合理的であれば合憲であるのに対し、精神的自由権の制限は、この自由権の行使が明白かつ現在の危険をもたらす場合にのみ許されるという「二種の基準」説は、基本権に関し指導的な学説の支持を受け（宮沢『憲法Ⅱ』三六二頁）、次第に勢いをえている。それはまた、前記a説とも結びつきやすく（伊藤・六二頁）、二二条一項、二九条二項の経済的自由権は、他の自由権には認められない強い政策的制約を受ける一方、言論・出版・集会・結社の自由は、明白かつ現在の危険ある場合にのみ制限されうるといった考え方が漠然と行なわれている（佐藤『概説』一一〇頁）。二種の基準説や明白かつ現在の危険の原則にひろい適用範囲を認める説には反対（尾吹「言論の自由と営利目的」法律時報三三巻五号［本書第15論文］）もあるが、基本権の限界に関する右のような思考様式は、渡航の自由についてもみられる。

渡航の自由は、外務大臣が旅券の発給を拒否しうる場合を定めた旅券法一三条一項によって制限されている。一九条一項四号についても問題はある（大西「海外渡航の自由」立命館法学二九・三〇号四四頁）が、「外務大臣において、著しく且つ直接に日本国の利益又は公安を害する行為を行う虞があると認めるに足りる相当の理由がある者」に発給を拒否しうることを定める一三条五項の合憲性は、特に疑われてきた。しかるに前記最高裁判決は、ただ漫然とこれを「公共の福祉のための合理的な制限」として、合憲と判断している。

学説では、渡航の自由を経済的自由権たる移転の自由と解する一の2説のほか、一の1説でも、移転の自由について明示されているのと同じ公共の福祉による制約、つまり強度の政策的制約に服すると解する説（橋本『原論』二〇七頁）は、問題の規定を合憲とみなすようである。また、一の1説をとり、渡航の自由を制約する公共の福祉は、経済的自由権を制約する公共の福祉と異なることを認めるかのようであるが、渡航の自由が対外関係に関連することを理由に、一般の自由権に共通の制約より強い制約を認める立場からの合憲論もある（田上『概説』一五四頁、同・公法研究八号一〇二頁、佐藤『（コンメンタール）憲法』一六七頁）。

これに対し、違憲論のなかには、大胆にもアメリカの判例・学説の認めるところと称し、海外旅行の自由は海外における言論の自由に関するから、これを制限するには明白かつ現在の危険の原則が適用されねばならぬと説くものもある（大西・前記論文）。共産党員やその同調者とみられる者に自由裁量で旅券発給を拒否した国務長官の処分を違憲とみなすアメリカでの議論のうちには、言論の自由の保障は、いわば思想の貿易自由化を要請するから、これを妨げる意図をもつ渡航の自由の制限については、言論の自由の抑制についての諸原則、殊に「事前の抑制」の禁止が妥当するという主張はある（Passport Refusals for Political Reasons, 61 Yale L. J. 171.）が、支配的な意見でもなく、むろんそのような判例はない。日本でも、この説には反対がある（井口「判例解説」法曹時報一〇巻一一号八一頁）。

しかし違憲論の多くは、渡航の自由の限界の有無やその広狭の程度よりも、むしろ五項の規定が「漠然かつ不明確」な基準でこの自由権の行政権による制限を許している点を問題にしている（宮沢『憲法Ⅱ』三七七頁、『註解上』四五二頁、阿部・園部・判例研究・法学論叢六七巻三号一二六頁）。五項の「行為」を内乱罪等の犯罪行為と解する等の縮小解釈を加えるなら合憲とみなす説もある（佐藤『コンメンタール』一六八頁、有倉・法律のひろば九巻九号）が、果たしてこの規定が当然にそう解釈されうるか、疑問は残る。

基本権の制限を根拠づける行政法規が自由裁量を認める場合には、基本権の制限は行政庁の判断に一任されることになって憲法に違反することは、否定しがたい。前記最高裁判決は、自由裁量の一類型として政治的裁量を認めたものと解されている（園部『行政判例百選』九三頁、田中『行政法上』一〇五頁）。旅券法一三条五項がこのような自由裁量を認めたものかどうかについては、学説の多くは否定的である（森順次「判批」民商法雑誌四〇巻四号）が、なかにはこれを肯定し、しかも渡航の自由の特殊性に基づき、政治的裁量による制限も合憲とみなす説もある（田上・公法研究八号一〇三頁）。

漠然かつ不明確な基準による渡航の自由の行政的規制を違憲とする根拠は何か？　イ、自由裁量の場合と「ほとんどちがいはない」から、この自由の保障そのものに矛盾するという立場（宮沢『憲法Ⅱ』三七七頁）は、すべての自由権について一般化しうる。ロ、憲法三一条は根拠を提供しないであろうか？

一般には自由を制限する行政法規においては不確定概念が不可欠であるところから、三一条は刑罰法規についてのみ明確性を要求する（田上『概説』一六二頁）とか、刑罰法規の場合にも明確性の要件は三一条によるのではなく、言論の自由に限り行政的規制にも基準の明確性が要求されるのは、憲法二一条の保障の特殊地位に基づくと説かれることがあり（田中「憲法三一条について」『日本国憲法体系八巻』一九五頁）、否定的な意見が目だつが、実のところ、三一条の解釈については、いまなお百家争鳴の段階であって、通説というべきものはなく、明確性の要件に関し、刑罰法規と非刑罰法規、または言論の自由とその他の自由とを画然とわかつことにも、問題がある。ここではただ、いわゆる明確性の理論のもつ手続的適法手続と実体的適法手続の二側面の異質性に着目し、それぞれ別な側面を重視する見解があることを指摘するにとどめる（伊藤『言論出版の自由』第五章、尾吹「思想・言論の自由」法学二四巻二号六四頁［本書**14**論文・二〇七頁］）。

（一九六五年）

23 出国の自由と旅券行政
――行先による旅行制限の違法性と違憲性――

一 出国の自由とは?

海外旅行は、本質的に国内旅行と異ならない。人はさまざまな目的で動きまわることを欲し、または動きまわることを必要とする。この動きまわる自由は、一〇年も前のアメリカの最高裁判決(Kent v. Dulles, 357 U. S. 116)がいったように、「人が何を食べ、何を着、何を読むかの選択と同様、個人の心にとって切実なことがらである」。封建時代には、農民の労働力は領主の私物であったから、農民は土地にしばりつけられていた。その頃でも、イギリスは商人には自由な出入国の権利を認めていた。封建制を打倒した市民革命後の諸憲法は、いずれも万人に「移転の自由」を保障した。国外へ出て行く自由もそれと同時に保障されたものと考えるべきであるが、一九世紀の後半、ヨーロッパからアメリカへの移民が増加するに及んで、兵役の義務を調整する必要上、外国へ行ききりになる「移住の自由」は、兵役のためにのみ制限されうるという規定がヨーロッパの諸憲法に設けられるようになった。徴兵をのがれてアメリカに移民する若者がおびただしかったので、これは各国の国防上やむをえない制限だったのである。ところが、二〇世紀のヨーロッパの全体主義（イタリーなど）は、人的資源の流出を防ぐため移住をもっときびしく制限した。そこで、第二次大戦後の新しい諸憲法は、とくに「移住の自由」を保障するにいたっている。

二　日本国憲法における出国の自由

日本国憲法二二条二項が「移住の自由」を保障しているのは、いま述べたような一般的傾向の現われであるが、その上、「国籍離脱の自由」まで保障している。これは、余り外国に例のない徹底した個人主義の具体化で、昔アメリカのジェファーソンや日本の植木枝盛などが強調した契約説的国家観の帰結である。日本国民といえども、日本国との間に「身分上恒久的な結合関係」をもつものではない。それはさておき、わが最高裁の判例（昭和三三・九・一〇）は、国を出るという点で共通性を認め、一時的な海外旅行の自由も「移住の自由」に含まれるとし、これに同調する学説（鵜飼、田上、橋本、有倉）もある。しかし、定住の意思をもってする外国への出国と海外旅行は、実質的にだいぶ異なるので、むしろ、二二条一項の「移転の自由」に含まれるとする見解（宮沢、佐藤〈功〉、伊藤〈正〉）の方がベターだと思われる。この点は、同じ学者が動揺しているし、多数説も判例も、「公共の福祉」という明文のあるなし（憲法二二条一項と二項のちがい）にかかわらず、すべての自由権を絶対的なものと見ていないから、どちらでも実際的な差はない。ただ、「移住の自由」は前述のような歴史的背景をもつので、どちらかといえば、理論上は「移転の自由」説の方が妥当というだけである。拡張解釈したり類推解釈したりできる人権規定のないアメリカや西ドイツでは、出国の自由が一般的な自由権として保障されているという立場を裁判所が採っている。

三　旅券法一三条一項五号はそのままでよいか？

海外旅行の自由がすでに憲法上の権利である以上、その制限が、①明確に限定された例外、かつ、②「公共の福祉」の見地からやむをえない例外としてのみ許されるということは、おそらく何ぴとも否定できないであろう。だいたい旅券なしに出国できないことにしておいて、しかも旅券を発給しないという形で自国民の出国を統制するやり方は、戦争や冷戦のさなかのアメリカではじまったことである。いま問題になっている旅券法の改正案ではいくらか旅行者の便利をはかった点もある。そもそも、てまひまをかけて手にいれる旅券なしに出国できないという「旅券強制」そのものが、これも一〇年以上前の西ドイツ憲法裁判所の判決（BVerfGE Bd. 6, S. 32）のいったように、外国旅行の自由の「著しい手続的制約」であるのだから、これはむろん簡易化するにこしたことはない。アメリカが現に実行し、ヨーロッパでも考えられているように、近隣の外国旅行については、これを廃止することも考えるべきである。いま触れた西ドイツの判決は、「事実に基づいて、申請者が、旅券の所持者としてドイツ連邦共和国またはそのいずれかの州の国内的または対外的安全もしくはその他の重要な利益を脅やかすと信ずべき理由があるとき」に旅券申請を拒否しうると定めた旅券法を合憲と判示したものである。憲法裁判所は、①例外が真に限定され、外国旅行の自由が原則というたてまえが侵されていないかどうか、②無制限な裁量権が政府に与えられていないかどうか、という二つのものさしを用いた上で、この結論に達しているのである。「その他の重要な利益」という規定がいくらかひっかかるが、これは、国家の国内的・対外的安全に類するような利益と解釈され、この種の利益をまもるための制限は合理的な例外とみなされた。このものさしでわが旅券法一三条一項五号をはかれば、いったいどうなるであろう？　単に「日本国の利益または公安を害する行為を行なう虞があると認めるに足りる相当の理由のある者」という規定は、たとえ「害する」という語に「著しくかつ直接に」という副詞句がかかっていても、肝心の「日本国の利益」「公安」が茫洋として捉えどころがないので、全体として海外旅行の自由を外務大臣の腹ひとつにゆだねてしまうことになる。これまた一〇年前の前掲最高裁判決は、全く天下り的に、「公共の福祉のために合理的な制限を定めたものとみることができ、漠然たる基準を示す無効のものであるということはできない」といって、この規定を合憲と判示した。最近の最高裁は、いくらなんでもこんな問答無用的な「公共の福祉」論を脱してきているし、学説の反対も少なくない（宮沢、深瀬、大西、結城、阿部、園部）のだから、政府や国会も、せめて西ドイツ憲法裁判所程度まで、海外旅行の自由を見直してもらいたいものである。旅券による出国統制の母国であるアメリカでさえ、近時の最高裁判決（Aptheker v. Secretary of State, 378 U. S. 500）は、登録させられた共産主義団体のすべてのメンバーに対する旅券不発給を定めた破壊活動防止法の規定を、「予想される害悪を防止するために厳格に規定された規制ではなく」、「明確ということが基本的自由に関する立法の合憲性の基準でなければならない」から、違憲と判示している。それ自身分裂国家である西ドイツや、国際的緊張の一方の頭目であるアメリカ以上に、わが国がきびしい出国統制を行なわなければならない合理的理由は、おそらく見出せないであろう。

四　行先による旅行制限の違法性

右の旅券法の規定は、制定時（昭和二六年）の国会審議の過程で、政府も「きわめて漠然といたしておりますのでこれを具体的に運用いたします際において濫用を戒める必要があること」を認めていた。だが、その後の運用において濫用と目すべき場合が、少なからずあった。その多くは、先の最高裁判決のケースをはじめとして、（当時または今日なお）国交未回復の社会主義国への旅行をめぐるものであった。いくらぼんやりしているとはいっても、旅券法のこの規定が、申請者個人の、旅先での国益を害する行為の蓋然性を問題にしていることだけは、少なくともはっきりしている（同旨、佐藤〈功〉、有倉）。そういう個人個人の事情をはなれて、一般に日本国民の一定の外国への旅行を取締るための規定ではなかろう。これまでにも、「単に渡航先がわが国と国交未回復の国であるというだけで直ちにその渡航が前記規定のわが国の利益を害することになると解することは、右規定の制定過程、その規定の仕方等から考えて不当な拡張解釈」であるとして、中華人民共和国への渡航のための旅券申請拒否処分を取消した判例（東京地裁昭和三五・四・二八）がある。その後（昭和四〇年）も、政府は、中国への日本青年の集団的渡航をこの規定によって妨げようとしたが、無理と知って後に旅券を発給している。同じような国交未回復の社会主義国のなかでも、朝鮮民主主義人民共和国への一般国民の渡航だけは、いまなお政府によって阻まれているようであるが、これが現行法（および一三条一項五号をそのまま存置する改正法）のもとで、違法であることはいうまでもない。国民の中国への旅行と朝鮮への旅行とが、わが国の外交関係に違った影響を与えるとしても、法律はその点を考慮にいれることを許していないからである。このたびの旅券法改正案が、従来やむをえず行なわれていた朝鮮へのいわゆる「横すべり渡航」のごときを新たに罰することとし（改正案二三条二項一号）、その後その者の海外旅行の自由を全く外務大臣の自由裁量にゆだねている（一三条一項四号）ところから見ると、政府はやはりこの違法な出国統制を強めながら続ける腹のようである。

五　行先による旅行制限の違憲性

旅券を通じての行先制限は、たしかにアメリカでも行なわれている。アメリカで常に行政府べったりの態度をとるコロンビア地区控訴裁判所の判決は、かつて、共産党支配下の中国、朝鮮、ベトナム等への旅行制限は、外交関係を処理する大統領の絶対的権能に含まれるから合憲としたことがある。連邦国家制と大統領制は、重なり合って公選の大統領の対外的権限を憲法上無制限なものとするが、全く政治体制の異なるわが国で、政府が同じような権限を行使することはできない。いや、アメリカにおいてさえ、戦時をのぞいては、明確に場合を限定する法律に基づかない政府による地域制限は、外国旅行を一種の「自然権」と認めた最高裁判決の趣旨から見ても違憲であり、一部の国についてのみ未承認国だからというのは、理由にならないという批判がある（73 Harv. L. Rev. 1610）。この最後の点は、最近の在日朝鮮人の朝鮮民主主義人民共和国への旅行のための再入国許可申請にかかる事件で、東京地裁（昭和四三・一〇・一一判例時報五三一号三頁）も東京高裁（昭和四三・一二・一八判例時報五四二号一一四頁＝日朝貿易三〇号）も、全く一致して認めている。

この事件での政府側の上告理由書を読むと、分裂国家である韓国と朝鮮との最近の緊迫した関係に照らし、在日朝鮮人の朝鮮への自由往来を許すことが、国交関係にある韓国との外交関係上、わが国の国益に沿わないということが強調されている。違法にではあるが、政府はおそらく同種の考慮によって、日本国民の朝鮮民主主義人民共和国への旅行を妨げているのであろう。この点について、右の東京高裁判決は、「わが国の国益というものは、究極においては憲法前文にあるとおり、いずれの国の国民とも協和することの中に見出すべきものであるから、一国との修交に支障を生ずる虞があるからといって、他の一国の国民が本来享有する自由権を行使することをもって、直ちにわが国の国益を害するものと断定することはきわめて偏頗であり誤りといわなければならない」といっている。政府の「国益」論が、つきつめれば、「韓国政府からの厳重な抗議」という低次元のものであるため、なおさら、分裂国家のいずれとも協和することが真の「国益」だという高裁判決の肩をもちたくもなる。もし、政府の「国益」判断は、政治の最高の責任者のレベルにおいてなされた高度の政治的判断であるから、裁判所はこれを尊重せよ（前掲上告理由書）という態度で、朝鮮への旅券を国民に発給しないのだとすれば、そうした政府の外交政策そのものの賢愚を判断する権利をもつ国民は、いったいどうなるのか？　アメリカでは、国民の外国旅行の自由のもつ公共的意義が強調せられ、最高裁判決（前掲のKent v. Dulles）も、「いろいろな外国との国民の直接の接触は、自国におけるより賢明な政策決定に多くの面で寄与する」と述べている。「政府の善意をうのみにすることは、政府の外交政策に対する啓発された批判を妨げんがための恣意的な出国統制の可能性を開くだろう」。このアメリカの判例評釈者の警句は、そっくりそのまま戦後わが国の歴代内閣の旅券行政に向けられているようである。

〔関連条文〕

・日本国憲法

【第二二条】

① 何人も、公共の福祉に反しない限り、居住、移転および職業選択の自由を有する。

② 何人も、外国に移住し、または国籍を離脱する自由を侵されない。

・旅券法（現行法および同改正法案共）

【第一三条】

① 外務大臣または領事官は、一般旅券の発給または渡航先の追加を受けようとする者が左の各号の一に該当する場合には、一般旅券の発給または渡航先の追加をしないことができる。

一〜四（略）

五　前各号に掲げる者を除く外、外務大臣において、著しくかつ直接に日本国の利益または公安を害する行為を行なう虞があると認めるに足りる相当の理由がある者

② 外務大臣は、前項第五号の認定をしようとするときは、あらかじめ法務大臣と協議しなければならない。

（一九六九年）

24 出国の自由と旅券法

まえがき

筆者は、以前に海外渡航の自由とその限界をめぐるわが国の学説の現状を解説したことがある（別冊ジュリスト第四号『続学説展望』一六頁〔本書第22論文〕）。どれをとっても、人権の問題には憲法全体の基本的な諸問題が集中的にあらわれる。政治が憲法のわくをふみこえた場合にこれをおしもどすはずの裁判所が、はたして人権の保障をまじめに考えているかどうか。日本の判例を見ている限りでは、はなはだあやしいというのが、かねがね筆者の受けている印象であるが、ひるがえって学者の判例批評を見ると、いたずらに裁判所――ことに最高裁判所の「人権感覚の欠如」が悲憤慷慨されているだけのことが多く、判例と学説の間には、いつまでも埋まらないみぞがいたる所にある。こうした状態を改めるためには、学者の側では、もうすこし、個々の問題を憲法の体系的な見地から、それも世界の自由主義的民主政の憲法の発展のなかで、客観的に考察する努力が必要であろう。

一　人権保障規定における「出国の自由」

有名な一二一五年のマグナ・カルタには、すべての商人に対し出入国の自由をみとめた規定（四一条）があるが、近代憲法典の人権規定のなかには、自国民が自由に出入国する権利を特に保障したものは、むしろ少ない。一八五〇年のプロイセン憲法（一一条）、一八六七年のオーストリア人権保障法（四条二項）、一九一九年のワイマール憲法（一一二条）などが「移住の自由」を保障した例である。しかし、これらの連邦国家では、「移住」について連邦政府と州政府のどちらが権限をもつかを明定し、また一九世紀には、兵役のがれのためのアメリカへの移住がいわば大流行していたこともあって、兵役義務との関係を調整するために、憲法で特別にとりあげられたらしい。プロイセン、オーストリアでは、兵役義務を理由としてのみ制限できるという特定の留保が存在するし、ワイマール憲法にそれがないのは、ヴェルサイユ条約で強制的兵役が禁止されたからであった（Anschütz, Die Verfassung des deutch. Reichs, S. 540）。

一般には、それほど広大でもない大陸に沢山の国家が国境を接しているヨーロッパでは、アメリカへの移民が飛躍的に増大する一九世紀後半にかけて、自国民がよりよき生活を求めて外国に移住するのを制限する必要もなく、法によって禁止されていないという意味でのたんなる自由はひろく存在した。行先の国が受け入れてくれる限り、人は鳥のように自由だったのである。

このようなたんなる自由を特に人権としてとりあげたのは、アメリカへの移民供給源であったイタリーやドイツの全体主義による移住の極端な制限を、もはや繰り返すまいとした第二次大戦後の新しい諸憲法である。(1) ここでもイエリネックのいったように、個人の自由に対するかつて経験されたたえがたい特定の制限の除去が、人権にまで高められたわけである。「移住」またはひろく「出入国」の自由が、かなりの国々で、たんなる自由から個別的自由権に高められたこと、そして国際的な世界人権宣言（一三条二項）で「出入国の自由」が謳われたことは、この自由について、二〇世紀なかばの世界的な評価を表わしている。
「移住」は国外に定住する意図をもった出国であるから、たんに「移住の自由」を保障しただけでは、かならずしも一時的な出国も保障されたとはいえない。もちろん、永く外国に定住するための出国が保障されているほどなら、一時的な出国も当然保障されているという類推は可能である（最高裁の旅券発給拒否事件判決・民集一二巻一九六九頁。鵜飼『憲法（岩波）』一三四頁）。しかし、行ったきりの出国と出たり入ったりの出国とは、事実として全く異なるともいえる。そして、冷戦の時代からアメリカやその占領下の日本ではじまった出国の統制は、第二次大戦前のイタリーやドイツの場合のように人的資源の流失を防ぐ意味で行ったきりの出国をおさえるためではなく、むしろ、イデオロギー的な鎖国として、一定の種類の人々のまたはイデオロギー的に対立する外国への出たり入ったりの出国をおさえることに主眼がある。戦前の出国統制が移住抑制であったのに対して、戦後のそれは、通貨事情によるやむをえない制限をのぞいては、特殊政治的な外国旅行の統制である点に大きな特徴がある。

このような外国旅行の統制は、昔はたんに外国政府の官憲に対する自国民の紹介状にすぎなかった旅券を所持することが出国の条件とされ、しかも法律に基づき、または行政庁の裁量により、一定の場合に旅券の申請が拒否せられるという形で行なわれるのである。アメリカでは、一八五六年の連邦法律で、旅券の発給がはじめて連邦政府の国務長官の専属的権限と定められ、アメリカ市民でアメリカの法律に違反していない者には、すべて旅券が発給されていた。一九一八年には、連邦法律により、戦時中旅券の所持が出国の条件とされ、一九四一年六月には、同年五月の大統領の非常事態宣言下にも旅券強制が適用されることに法律が改正され、非常事態の恒久化によってこれが常態となり、一九五二年の法律で、旅券の所持がつねに出国の条件とされるに到った。一方政府は、旅券の発給がその裁量に属することを利用し、特に第二次大戦後から、共産党員・その同調者・政府の外交政策の反対者等に旅券を発給せず、旅券の申請者に共産党員でないことの宣誓供述書の提出を求めるようになった（Passport Refusal for Political Reasons, 61 Yale L. J. 171）。

一方、ヨーロッパでも、戦争や国際関係の緊張は、国家の対内的・対外的安全のために、やはり旅券法による出国の統制を生み出したようである。オーストリアでは、旅券申請者の国外旅行が国内の「公共の安全と秩序」を害するという理由で旅券の発給を拒否することは、違憲であるという憲法裁判所の判決がある。(2) それは、一八六七年の憲法的法律である人権保障法が「移住の自由」（一時的出国を含むと解釈された）を認め、「兵役の義務によるほか制限されない」と定めていたからである。

憲法裁判所をもたなかったワイマール共和国時代のドイツでは、これに反し、「移住の自由」は国《ライヒ》の法律の制限内で保障されていた。これは「みかけのみの保障《シャインガランティ》」であり、第一次大戦以来、国家の安全を理由とする旅券発給拒否を定めた法律が存在したが、もとより合憲違憲の問題は生ずるはずがなかった。だが、一九五二年の西ドイツ旅券法は、後に見るように、よりひろく旅券申請の拒否事由を定めており、アメリカと同じように、特殊政治的な出国の統制として機能している。わが旅券法が、占領下の時代から今日まで、やはりそのような機能をはたしていることは、最近の新聞で見るとおりである。

このように見てくると、出国の自由の今日の焦点は、わが憲法でも明文で保障されている「移住の自由」よりも、個人的自由権としてかかげられていない一時的な出国の自由のほうにある。新しい戦後の諸憲法でもいっさいの「出国の自由」を保障した憲法は少なく、(3) まして歴史の古い憲法ではなんらの規定もない。それならば、それらの国々では外国旅行の自由はたんなる自由、すなわち法律によってどのようにでも制限できる自由と考えられているのだろうか。そうではないようである。では、どのようにして、一時的な出国の自由が、憲法で保障された自由に昇格するのであろうか？

第一の方法は、明文で保障されている関連性のある他の個別的自由権を拡張または類推解釈することである。わが国でも「移住の自由」からその他の出国の自由をひきだす判例・学説のあることは先にのべたが、オーストリヤの憲法裁判所も、一八六七年の人権保障法四条二項の「移住の自由」は、一項に「国内の移転の自由」が保障せられていることと照らし合わせて、すべての「出国の自由」を意味すると判示している（Adamovich, Die österreichischen Bundesverfassungsgesetze, S. 665.）。ほかに、スイスでは「居住の自由」から出国の自由をひきだしており、また西ドイツでは多くの学者は、「移転の自由」にこれを含めている。(4) 日本でも、かつて「移住の自由」から出国の自由をひきだしていた学者（宮沢・佐藤両教授のコンメンタール）をも含めて、最近は「移転の自由」に一時的出国の自由を含める学者がふえつつある（宮沢『憲法Ⅱ』三七八頁、佐藤『日本国憲法概説』一六二頁、伊藤「居住移転の自由」『日本国憲法体系七巻』二二六頁）。

ついでにいえば、「移住の自由」を拡張解釈するわが国の判例・学説については、移住と一時的な出国とが本質的に異なるという点のほかにも、筆者としては強い疑念をもっている。それは、「移住の自由」が「国籍離脱の自由」とともに二二条二項において保障されていることに、特別の意味があると考えるからである。すなわち、二項は、日本国民に対して、事実上および法上日本国を離脱する自由をみとめた徹底して個人主義的な規定である。とすれば、この自由は、もはやいかなる場合にも「公共の福祉」を理由とする制約を受けることはありえない。この自由権の絶対性は、一項と区別して「公共の福祉に反しない限り」という制約が明示されていないからではなく、この自由権の性質上当然なのである。一時的な出国の自由が、このような特殊な自由権と異なること、そしてこのような絶対性を共有しえないことは、明らかであろう。(5)

さて、第二の方法は、アメリカや西ドイツの裁判所のように、出国の自由を、いわば無名の自由権とみとめるやり方である。この方法では、もろもろのたんなる自由のなかから、裁判所が新たにある自由を憲法の高みにひきあげるわけである。旅券発給拒否事件の前掲のわが最高裁判決でも、田中・下飯坂両裁判官の補足意見は、この方法をとるべきだとして、憲法一三条をその根拠とした。

学問的により興味のあるのは、もちろん、法律家にとって日常茶飯的な第一の方法よりも、この第二の方法であり、筆者もわが憲法一三条について、かねがね同じような考え方とをしている（「言論の自由と営利目的」法律時報三三巻五号二二頁［本書第15論文・本書二八四頁］註4）ので、まず、アメリカと西ドイツの判例の骨組みを比較し、基本的な問題点をひろってみよう。

（1）　一九四七年のイタリー憲法、一九四九年の東ドイツ憲法、一九四九年のアルジェンチン憲法、一九五〇年のインドネシア憲法等。

（2）　Adamovich, Die österreichischen Bundesverfassungsgesetze, 1948, S. 665. 別に、一九五三年一〇月一日の憲法裁判所の判決で、一九五一年の旅券法七条一項（b）が違憲とされたという。Torovsky, Freedom of Movement, Journal of the Internat'l Comm'n of Jurists, vol. 4. No. 1, p. 71. これらの旅券法の規定を調べるためにオーストリア大使館に照会したが、無駄だった。

（3）　イタリー、アルジェンチン、インドネシアでは、すべての出国の自由が保障されている。わが二二条二項の英文は、やはりそう見える。

（4）　Torovsky, op. cit. P. 76, 78, von Mangoldt-Klein, Das Bonner Grundgesetz, 2 Aufl. I. S. 347.

（5）　したがって、外国の国籍を有する日本国民にのみ国籍離脱の自由をみとめる国籍法一〇条や、自己の志望によって外国の国籍を取得した日本人が日本国籍を、当然に失うという同法八条が、憲法に適合するものとは思えない。日本国籍を離脱するかしないかの決定権は、無条件に、すべての個々の日本国民の手にあるというのが、この自由権であるから。同旨、鵜飼『憲法』（岩波）一三五頁。通説は、法律に合わせて二二条二項を解釈しているきらいがある。宮沢『憲法Ⅱ』三八二頁。

二　アメリカと西ドイツの判例の比較

アメリカと西ドイツの判例は、ともに政治的な理由で申請者の出国がのぞましくないとする政府によって、旅券の発給が拒否された事件に関する。(1) ただ、アメリカの場合には、大統領の定める規則のもとに旅券の発給を、たんに国務長官に授権した前述の古い法律のもとで、共産党員やその同調者とみられる者やアメリカの対外政策に対する批判者の外国往来が妨害せられ、西ドイツの場合には、「事実に基づいて、申請者が、旅券の所持者として、ドイツ連邦共和国またはそのいずれかの支邦の国内的または対外的安全もしくはその他の重大な利益を脅かすと信ずべき理由があるとき」には、旅券を発給しない、と定めた一九五二年の旅券法（七条一項a）の適用として、やは

Ⅱ　基本的人権

り、西ドイツの国防・再統一政策の批判者で、過去に国外で政府に批判的な言論活動を行なったことのある者の出国が妨げられた。直接的な旅券発給拒否の根拠法律のあるなしにも左右されて、アメリカでは政府側が敗訴し、西ドイツでは旅券申請者のほうが敗訴している。一見両者に共通なのはただ、どちらの憲法にも明文の規定のない「出国の自由」が、それにもかかわらず、人権保障規定のなかの概括的な「自由」の一部として保障されているとした点のみである。出国の自由そのものの評価においてはアメリカの裁判所のほうがはるかに実質的で、これに反し、西ドイツの憲法裁判所には、新たな個別的自由権を基礎づけるという前向きの「人権感覚」はなく、教科書風に学説的な問題点を処理している。[(2)]

正確にいえば、西ドイツの判例は、新たな無名の個別的自由権として出国の自由（Ausreisefreiheit）をみとめたものではない。それは、「一般的な行動の自由」（allgemeine Handlungsfreiheit）が、基本法二条一項の「自由な人格発展の権利」として保障されており、出国の自由と限らずすべての行動の自由が、「他人の権利を害せず、かつ憲法的秩序または道徳律に反しないかぎり」（二条一項）保障せられているとしたにすぎない。重要なのは、この一般的な行動の自由権の限界のひとつとしての「憲法的秩序」が、学説の一致した解釈に反し、また同じ基本法の他の規定（九条二項、二〇条三項）における同一の用語と異なって、たんに形式的・実質的に憲法に適合する法秩序と解釈されたことである。したがって、結局、出国の自由を制限することそれ自体はなんらの憲法上の問題を提起するものではない。ただ、その制限の根拠法が他の点で違憲である場合には、それによってこの自由（と限らずすべての自由）を侵害される人は、憲法訴願によって法律の取消しを憲法裁判所に求めうるという意味でのみ、二条一項が一般的自由権を保障するといわれているのである。このひろい自由の保障は、何と稀薄な保障であることか。判決自身、この一般的自由権が、それでは無意味な「からまわり」に終わるのではないかという批判を予期して、基本法においては、立法権は、人間の尊厳を頂点とする「自由民主政の根本秩序の最高のもろもろの基本価値、不文の根本的な憲法原則および基本法の基本的諸決定」に拘束されており、これを監視するものとして憲法裁判所がある以上、大丈夫と保証している。このような空疎な弁明はさておき、一体、旅券法の当該規定が憲法に適合するのかどうかという肝心の点では、同法は、全面的に出国を禁止したものではないから、自由が原則という二条一項の趣旨に適合し、「国内的または対外的安全」を脅かすと事実に基づいて認定された者に旅券の発給を拒否することは問題なく、ただ「その他の重大な利益」というのは漠然としていて問題であるが、行政裁判所が、これを、国家の外的・内的安全と同じではないにせよそれに近い程度の重大な利益と解釈している以上、無制限な裁量権を行政に与えたものではなく、行政の法律適合性の原則にも反しないとしている。

このように、西ドイツの判決は、問題を全く形式的に処理しているが、ただこの領域での自由裁量を否認している一点では、出国の自由を「移住の自由」に含まれる個別的自由権とみなしながら、西ドイツの旅券法七条一項aよりもはるかに漠然としたわが旅券法一三条一項五号（「著しくかつ直接に日本国の利益または公安を害する行為を行う虞があると認めるに足りる相当の理由がある者」）を、しいて漠然としてはいないと言い張ったわが最高裁判決にくらべれば、いくらかましであろう。

西ドイツとくらべて、アメリカの諸判決の大きな特徴は、出国の自由が、せまい今日の世界で個人にとってもつ重要性から出発していることである。政治的な理由による国務長官の旅券発給拒否を、出国の自由の恣意的で違法な侵害とした最高裁の判決は、有名な自由主義的な法学者、チェフィ教授の所説（Chafee, Three Human Rights in the Constitution）を引用しつつ、「外国旅行は、個人の心にとって、何を食べ、何を着、何を読むかの選択と同じ程度に切実なことがらである」といっている。

アメリカの裁判所は、この出国の自由を修正五条の適法手続条項の保障する「自由」とみなしている。周知のように、そこにいう「自由」は、本来「人身の自由」を指し、そしてブラックストーン以来、理論的には、身体を拘束されない自由は、当然どこにでも動きまわる自由＝「移転の自由」を含むと解されているから、このアメリカの判例を、「人身の自由」の延長線上に「出国の自由」をみとめたもの（第一の方法）と受け取る外国人もある。だが、アメリカの裁判所は、明文のない連邦内の州から州への移転の自由すら、「合衆国市民の特権」や「州際通商」に結びつけて保障してきたのであるから、「人身の自由」から「出国の自由」をひきだしたわけではない。出国の自由は、はっきりと「自然的権利《ナチュラル・ライト》」とされ、そのようなものとして、かつて契約の自由・財産権・言論の自由が、修正五条と同文の州に対する修正一四条の適法手続条項の「自由」からとりだされたように、今や連邦権力に対する修正五条の「自由」のなかからとりだされたのである。

アメリカの連邦裁判所が、修正一四条の適法手続条項を利用して、州権力に対する一定の基本的とみられる自由権を連邦憲法の高みにひきあげてきたのは、およそ連邦国家において不可避的な人権保障の均等化の要請に応ずるものであるが、正にそのために適法手続条項を用いたのは、連邦憲法のなかに州権力を制約する人権保障規定が少なかったことからきたたんなる便法にすぎなかった。今、この確立した便法が、連邦権力に対して明定せられているもろもろの個別的自由権に、新たな無名の個別的自由権を加えるのに利用されたのである。

したがって、このような判決を支える実質的な思想は、本来の適法手続条項とは全然関係のない最高裁判決が引用しているチェフィ教授の次のような言葉で表わされている。「わが国は、あきらかに有害な行為のほかには、すべてのアメリカ人は、彼が最善と信ずるところにしたがって自分の生活を形成し、のぞむことを行ない、のぞむところに行くことを妨げられないという原則を基礎として栄えてきたのである。」これは、「人および市民の権利の宣言」四条と同じ自由主義の原則であり、わが憲法では、一三条で――アメリカの独立宣言にならって――「幸福追求の権利」としてかかげられている。実質的にはこの原則（シュミットのいわゆる配分原理）から新たな自由権がひきだされたというのが、アメリカの判例の実体である。実は、アメリカ憲法は、連邦権力に関する限り、「憲法中に特定の権利を列挙した事実をもって、人民の保有する他の諸権利を否認し、または軽視したものと解釈することはできない」（修正九条）として、無名のもろもろの個別的自由権の「存在」をみとめているのであるが、この修正九条は、憲法の実践においては全く忘却せられ、最高裁判事であったジャクソンは、修正九条といわれても何が書

Ⅱ　基本的人権

いてあったのか思い出せず、あらためてこれを読んでみたがやはり「なぞだ」といっている（Jackson, The Supreme Count in the American System of Government, P. 74）。

もうひとつ、アメリカの判例の特色は、「出国の自由」のもつ公共的な意義を見落としていないことである。最高裁判決では、「いろいろな外国との（国民の）直接の接触は、自国におけるより賢明な（政策の）決定に多くの面で寄与する」というチェフィ教授の言が引用せられている。そこからは、自国政府の対外政策と対立する国への出国、それに批判的な国民の出国をおさえることは、民主政治に逆行する愚かな鎖国政治であるということにならざるをえない。ハイエクのような徹底した自由主義者は、外貨事情による出国や物資の流通の統制すら、「全体主義と個人の自由の抑圧にいたる道程の決定的な第一歩である」とまでいっている（Hayek, The Road to Serfdom, P. 92）。西ドイツ憲法裁判所やわが最高裁の示した旅券法にいわゆる「国家の利益」に対する無条件の尊重は、何と近視眼的で倒錯していることか。

（1）　アメリカでは、Kent v. Dulles, 357 U. S. 116（1958）を主としてとりあげる。ほかに、Shachtman v. Dulles, 225 F. 2d. 938（1955）も注目される。西ドイツでは、憲法裁判所のいわゆる Elfes-Urteil, BVertGE 6, 32（1957）をとりあげる。

（2）　ワイマール憲法にもあった「移住の自由」が、基本法の審議過程で削られたのは、廃墟と化した敗戦国ドイツでこれを保障すると、生き残った青年達までドイツを逃げ出すだろうと心配されたからである。Torovsky, op. cit., p. 75.

三　日本の憲法と旅券法

以上の考察を背景に、わが国法上の問題を考えてみよう。まず、筆者は、憲法一三条から「出国の自由」という個別的自由権をひきだすことに賛成である。このように一三条を新たな個別的自由権の母胎と見る解釈には、理論的および実際的な反論が予想せられる。

理論的反論というのは、「自由権」という概念の定義から生ずる。例えば、宮沢教授は、「憲法上、国民の利益にまで、ある種の国法の定立（処分を含む）が禁止される場合がある。……この関係における国民の地位を——単なる自由と区別して——自由権と呼ぶ」というふうに定義している（『憲法Ⅱ』八九頁）。たんなる自由は法律以下の国法によってどのようにでも制限することができるが、自由権だけはそうではない。この定義から直ちに生ずるのは、憲法（実はシュミットの「憲法律的規定」）が特定の自由の領域（言論・信仰・結社・移転等）への侵入を立法権に対して禁止している場合にのみ、自由権について語りうる、すなわち、個々ばらばらの明示の個別的自由権だけがあるということである。だから、立法者に対して特定の禁止を含んでいない一三条は、宮沢教授をはじめとする通説によって、たんに、もろもろの個別的基本権の「総則的規定」とか、「高い程度において、プログラム的ないしマニフェスト的性格を有する」等といわれるのである。

このような定義が、一応ケルゼン的な法実証主義に由来することは、明らかである（宮沢『憲法Ⅱ』八八頁。Kelsen, Reine Rechtslehre, S. 45, 145.）。実際、通説の基本権理論は、実証主義的な方法と、他方、内容的には自然法論（「人間性から論理必然的にでてくる権利」）との奇妙な混淆を示している。自然法論者が一三条を「自然権の包括的確認」（田上『憲法概説』一一四頁）と解するのは首尾一貫しているが、一三条を筆者のように解釈するには、あえて自然法論者たることを要しない。ただ、ケルゼンをして語らしめよう。「（アメリカ合衆国）憲法の作者達は、修正第九条によって、憲法にも、それを基礎とする実定法秩序にも明示されていないかもしれない一定の（自然的）権利があるというつもりだった。けれども、実定法の見地からは、この規定の効果は、憲法を執行すべき国家機関、とりわけ裁判所に対し、憲法の正文によって確定された権利以外の権利を創設する権限を与えることである。そのようにして創設される権利もまた、直接にではないが間接に、憲法によってみとめられたのである。それは、憲法によって授権された機関の法創造行為によって創設されるのだから」（Kelsen, General Theory, P. 266）。同じことは、完全にわが憲法一三条についても妥当する。

次に実際的な反論の第一は、裁判所が、一体何を基準として、無限のたんなる自由から、無名の個別的自由権を識別しうるのか？　という点である。先ほどのジャクソン判事も、修正第九条を読みなおした上で、「これらの権利の源や定義を、われわれは一体どの法に求めるのか？」と問うている。もちろん、自然法に、と答えることも可能である。いずれにせよ、これは認識の問題ではなく、実践の問題である。それ故、西ドイツ基本法二条一項について、筆者の一三条解釈と似た見解を採る学説に対して、「不確定でかつ確定しえない法命題の非実用性《ウンプラクティカビリテート》という法治国的原則」を根拠とする反対がある（von Mangoldt-Klein, Das Bonner GG., 2 Aufl. I. S. 168）のは、少しも不思議ではない。認識としての確実性・客観性はもとよりありえない。だが、ひるがえって考えれば、例えば、裁判所が「出国の自由」や「プライヴァシー」というような新たな個別的自由権をあるいは創設するだろう（もしくは創設すべきだ）が、「登山の自由」というような自由権は創設しないだろう（もしくは、すべきでない）、と予測または主張することは、たんに主観的ではないであろう。ギアコメッティは、「明示に保障された自由権の数は正に当然限られており、一方、それを切実ならしめる国家権力の行使の無限の可能性に応じて、実際的重要性（praktische Bedeutung）を取得する個々の自由はつきることがない」から、基本権のカタログは、一個の完結せる体系として、明示のもろもろの自由権のほかに、このような実際的に重要となった個々の自由をも保障すると主張している(Giacometti, Die Freiheitsrechtskataloge als Kodifikation, Zeitschr. f. schweiz. Recht, N. F. 74, S. 149.)。実際的重要性というめやすは無意味であるように見えるかもしれないが、アメリカと西ドイツの判例の間の大きな差異は、正に前者が、個々の自由としての「出国の自由」の個人および社会にとってもつ実際的重要性を十分に考慮し、後者が、これを「一般的な行動の自由」に解消し、したがって「出国の自由」そのものの実際的重要性を全然考えなかったことに由来するともいえるのである。[1] それに、法治国的な予測可能性という原則は、本来、わが旅券法一三条のような自由を制限する権力の行使についていわれているので、憲法一三条による自由の拡大を妨げるための原則ではあるまい。

　実際的な反論の第二は、「この立場（わが最高裁の田中・下飯坂補足意見の一三条説）の難点は、特定の条項に含ませる解釈が可能である以上、これを一般的な自由や、観念の漠然としている幸福追求権に根拠を求める必要がないこと、さらに、その人権の制約の基準について、このような一般的保障の場合にはルーズに考えられるおそれが大きく、結局は公共の福祉を優先させる解釈を生みやすいことである」(伊藤・前掲書二二六頁)という指摘である。性質上絶対的な自由権(思想・良心の自由、移住・国籍離脱の自由等)をのぞき、「公共の福祉」が基本権に優先することは、憲法がそう定めているところでいかんともしがたいが、伊藤教授の危惧は、結局、裁判所によって個々の人権の保障がまじめに実質的に取り扱われないのではないかという点にあるのだと思う。この教授の憂慮は、西ドイツの憲法裁判所の判決では、たしかに事実となってあらわれているように見える。だが、それは、「出国の自由」という自由権を漠然とした基本法二条一項によって基礎づけたためではない。「自由な人格発展の権利」が独立の自由権とせられたのは、ただ、国民は、いっさいの自由(出国の自由も眠る自由も)を、形式的・実質的に違憲な法律によって侵害される場合には、憲法裁判所で争いうるということを指すにとどまり、そもそも侵害の許容限度が問題となりうるような憲法上の特定の権利がみとめられていないのだから。

しかし、筆者の憲法一三条の解釈については、伊藤教授の憂慮は、無用となろう。通説は、「公共の福祉」による自由権の制限可能性は、明示の個別的自由権にも原則としておよぶと解しているのであるから、この点で、一三条からとりだされる無名の個別的自由権との間に保障の程度の強弱はないわけである。実際、憲法による人権保障の強弱には二つの段階しかない。ふつうは程度の強いものから順に、(1)全く留保のない保障、(2)特定の留保、(3)一般的な実質的留保(例「公共の福祉」「臣民タルノ義務」旧憲法二八条)、(4)一般的な形式的留保(「法律の留保」)が区別されるが、(4)は保障にはならず、(1)は実際には(3)と同じことになる(例、アメリカ憲法修正一条「言論の自由」)から、結局、(2)(3)だけが残る。オーストリアでは、出国はすべて「移住の自由」に含まれるとされていたから、それについての特定の留保(兵役の義務)以外の理由による出国の制限は違憲とせられ、西ドイツでは、「移転の自由」について存する特定の留保をまぬがれしめるために、多数説に反して、出国の自由がそこに含まれない、たんなる自由とせられたのであった（BVerfGE 6, 35）。わが憲法では、特定の留保は、せいぜい一八条の「苦役」にしかみられないから、その他の自由権はすべて「公共の福祉」という一般的な実質的留保をともなう。伊藤教授は、単線的な「公共の福祉」に代えて、各種の基本権の類型に応じより具体的な物指しを提供することに大きな努力を払っているけれども、「明白かつ現在の危険」すら、ある種の言論に対していつ「公共の福祉」による制限がゆるされるかを測る条理にほかならない（尾吹「言論の自由」英米判例百選八八頁［本書第46論文］）。およそ人権の保障をまじめに受け取る限り、個々の事案に即しておのずからそのような条理がうまれてくるはずなのである。

西ドイツ憲法裁判所もいうように、旅券強制そのものが自由に対する著しい手続的な制約であるから、それは不必要に繁雑であってはならず、「公共の福祉」に対する明らかな危害を防止するためにのみ行なわれるのでなければならない。その点で、西ドイツ旅券法のように、事実に基づいて、申請者が外国に自由に往来すれば国家の対内的・対外的安全を脅かすと認められる場合に発給を拒否するというのは、合憲とみなくてはならない。それは、その者の外国往来が外患罪・内乱罪の少なくとも予備・陰謀の一環とみられる場合であるから。しかし、それ以上にでて、わが旅券法のように、漠然と、「日本国の利益または公安」に対する危害を予防するために出国を制限する恣意的な権力を政府に与える規定は、誰が見ても——西ドイツ憲法裁判所の見方でも——明白に違憲である。リアリスティックに見ると、政治権力を握った党派が「自由・権利・公共の秩序と安全というような——必然的に不確定な——国家的生活の諸概念に具体的な内容を与える」点に、権力の権力たるゆえんがある（Schmitt, Verfassungslehre, S. 37）けれども、自由権がそのような恣意的な権力による処分にゆだねられないためにこそ、憲法があり裁判所があるのである。なお、旅券法一九条一項四号（生命・身体・財産の保護のための渡航の制限）を違憲視する人もあるが、これは口実に利用されない限り、やはり「公共の福祉」による制限である。法が社会の成員の自殺や泥酔を防止するのが、その個人の利益のためではなく、やはり社会全体の利益のためであるように（Salmond, Jurisprudence, P. 263)。

（1）　Vgl. W. Schmidt, Die Freiheit vor dem Gesetz, Arch. d. öffentl. R. 91 Band, S. 77 f.

（一九六六年）

25 憲法第三一条をめぐる判例の展開

一 判例で固まった解釈

憲法第三一条は、「法定手続」「適法手続」または「適正手続」条項とよばれ、学説によっても判例によっても、これにいろいろな意味が認められてきた。

「何人も、法律の定める手続によらなければ、その生命若しくは自由を奪われ、又はその他の刑罰を科せられない」という文言から言えば、その意味は、全く単純に、人に刑罰を科する手続は国会制定法で定めなければならぬということしかないのに、学説の多くは、早くから、この規定がアメリカ合衆国憲法の修正第五条と修正第一四条にある、いわゆるDue Process clauses に由来すると考えてきた。Due Process clauses は、「何人も、正当な法の手続によらなければ、生命、自由若しくは財産を奪われない」といい、文言上は彼此の間に重要な相違点があるのに、学説がDue Process clauses——とくに州に対する人権保障である修正第一四条のそれ——についてのアメリカの判例法の影響を受けて、憲法第三一条に、その文言上の意味のほかに様々な意味を見出してきたのは、そのためである。

ここで注目に値するのは、憲法学者による憲法第三一条のアメリカ的解釈に対して、いささかタイミングを失しはしたが、アメリカ法の専門家、田中英夫教授が強く反対していることである[1]。タイミングを失した、というのは、すでにわが最高裁の判例も、憲法第三一条は、その文言上の意味のほかに、① 罪刑法定主義の原則を規定したものである（最判昭和三七・五・三〇刑集一六巻五号五七七頁）、② 被告人に対する附加刑として第三者の所有物を没収するときには、憲法第三一条は、その第三者に対して事前に告知し、弁解、防御の機会を保障する正当な手続をふむことを要求する（最判昭和三七・一一・二八刑集一六巻一一号一五九三頁）、③ 秩序罰たる「過料」を科す場合にも、憲法第三一条は同じことを要求する（最判昭和四一・一二・二七民集二〇巻一〇号二二七九頁）、④ 自白以外に証拠がなく、起訴されていない犯罪事実をいわゆる余罪として認定し、これをも実質上処罰する趣旨のもとに重い刑を宣告することは、刑事訴訟法の基礎原理である不告不理の原則に反し、憲法第三一条、同第三八条第三項に違反する（最判昭和四二・七・五刑集二一巻六号七四八頁）等と解している。

田中教授は、①の罪刑法定主義は、憲法第三九条（刑事事後法の禁止）、同第七三条六号但書（政令で罰則を設ける場合の法律の個別的委任の必要性）から十分ひき出せるし、②③は、憲法第三二条の「裁判」を実質的に解釈することにより同じ結果に達しうるし、また、④のような問題も、法令違反の上に憲法違反という論理をつみ重ねる必要性はないと断ずる。たしかに、これ等の判例を嚮導した支配的な学説のなかには、田中教授の指摘するような、連邦構造のためにアメリカの修正第一四条の Due Process clause が果さざるをえなかった多面的な役割についての無理解があったように思われる。なかには、承知の上で、立法権をできるだけ制限しようという意図のもとに修正第一四条の判例法を憲法第三一条に重ね合わせた者もあったであろう。

ともあれ、前掲の諸判例は、もはや固まりきった憲法第三一条の有権解釈であり、ここでは、これ等の判例そのものが再び多義的に解釈されることのないよう、判例の論理を整理しておこう。

まず、①は、はじめに法律が犯罪と刑罰を定め、ついで刑事裁判において具体的に刑罰権を発動するという段階も、刑罰を科する「手続」（英文では process ではなく procedure）に含まれるとみる限りで、「手続」の一種の拡張解釈に基づくものといえよう。②③は、手続を定める法律は内容的に正当なものでなければならないという多数説のアメリカ的解釈を採用したものであるが、③の「過料」はもとより、②の没収も被告人でない第三者（所有者）に対しては「刑罰」ではないのであるから、やはり憲法第三一条の「その他の刑罰」の類推解釈に基づいている。どうして第三者所有物の没収を「刑罰」に準ずるものとみなしえたかと言えば、関税法第一一八条第一項は、無差別没収を憲法第二九条に反すると前提して旧規定を縮減解釈した最高裁判決（最判昭和三一・一一・二七刑集一一巻一二号三一三二頁）を受けて、明文で第三者所有物の没収を犯罪に関し情を知った第三者に限っていたからである。没収は、これによって、多数意見の言うように「財産権を侵害する制裁」という性格を取得し、憲法第三一条の適用範囲に入ってきたのである。[2]

この点を見落とすと、憲法第三一条は、「……財産を奪われない」と定めたDue Process clauseに合体してしまうであろう。[3] 事実、②の判例で、入江裁判官の補足意見だけはそうした解釈を採用していた。②の判旨は、そのまま関税法の規定による第三者所有物の没収に代る追徴にも及ぼされ（最判昭三七・一二・一二刑集一六巻一二号一六七二頁）、また、（現行）刑法第一九七条の五により、情を知った第三者が収受した賄賂の没収に代る追徴も「財産権を侵害する制裁」であるから、同様な手続をふむことなしに科しえないとされた（最判昭四〇・四・二八刑集一九巻三号二〇三頁）。その後、弁護人の納付した保釈保証金が被告人逃亡のため没取された事件で、このような場合没取決定に対して弁護人が抗告しえないという判例を明示に変更した最高裁判決（最判昭和四三・六・一二刑集二二巻六号四六二頁）があるが、この判決は、抗告という事後の不服申立の途が認められる以上、事前の告知、弁解、防御の機会が与えられていなくとも憲法第三一条に反するものではない、とした。財産権の侵害一般ではなく、第三者の財産権の、制裁としての意味をもつ（特別の理由のある）侵害についてのみ、憲法第三一条の手続的正当性の要求が及ぶというのは、余りに当然である。事前の告知、聴聞が要求されるのは、理由のある決定がなされるためであるから、理由の存否について争う余地のない場合にまで及ぶものではない。

判例②③では、法律の定めている手続が憲法第三一条に照らして不十分であるとして、その法律にしたがった行為が違憲無効とせられたのであった。法律そのものの手続的不当性は、本来の「刑罰」に関してはまず考えられない。裁判そのものが公正な手続の模範であるし、その上、憲法第三章は、被疑者の段階からはじめて、刑事手続について英米法の伝統に根ざす公正保障のための具体的な人権規定を盛りこんでいる。そこで実際上は、手続法律の不適正ということは「刑罰類似の制裁」についてしか見出しえないということになる。判例②は、早くから憲法第三一条の解釈の基調を与えた団藤教授が指摘していた、刑事手続の周辺に存在する法律の不備の確認にすぎない。

ところで、団藤教授[4]は、法律そのものが手続的にみて「不適正」で憲法第三一条に反する場合のほかに、具体的な処分が法律に違反すると同時に「不適正」で憲法第三一条に反する場合があると主張していた。その場合、「適正」「不適正」の判断基準は、「憲法第三章の各種の規定、憲法全体の精神、さらにさかのぼってその奥にある正義と合理性の判断」であるとされる。判例④も、この団藤説を採用したものである。

判例（④のほかに最判昭和四一・七・一三刑集二〇巻六号九頁）の言うように、余罪をも罰する趣旨で重い刑を宣告する違憲の場合と、量刑の一情状として余罪を考慮する合憲の場合とを実際に区別できるかどうかは、それじしん問題であるが、ここでは立ち入らない[5]。これ等の判例では、前者のような裁判のやり方が、憲法第三八条第三項に違反するほかに、「刑事訴訟法の基本原理である不告不理の原則」に反する点で不適正なものとして、憲法第三一条にも反するとせられたのである。たしかに、不告不理のような、いわゆる対審的手続の根幹をなす基本原理は、およそ「裁判」の概念に内包されており、それ等の点で欠ける所のある手続で科せられる刑罰またはそれと同視すべき制裁は、たとい独立の裁判官により科せられても、不当であることはいうまでもない。

（1） 田中英夫「憲法三一条について」『日本国憲法大系』第八巻。
（2） この点を指摘するのは、平野龍一「適法手続と第三者所有物の没収」『憲法判例百選』（旧版）七六頁。
（3） 宮沢俊義、『憲法Ⅱ』（新版）四一五、四一八頁は、この判決が、一般に財産権を制限する場合に「告知、弁解、防御の機会」を与えることを憲法三一条の内容と解したように受けとっている。
（4） 団藤重光「『法の適正な手続』および刑事訴訟法の法源」『法律実務講座・刑事編』第一巻三六頁。

（5）　松岡正章「量刑資料としての余罪について」法政理論（新潟大学）三巻二号、四巻二号参照。

二　刑事実体法の適正

前述の団籐説は、憲法第三一条は、たんに法律の手続面での適正のみならず、実体面での適正をも要請するものと解していた。この説は、憲法のコンメンタールといえばそれしかなかった早い時期に法学協会の『註解日本国憲法』を媒介として一般に普及した。憲法学者では、アメリカ人のいう意味での「リベラル」な傾向の学者がこの説を支持している。代表的なのは鵜飼教授であり、「(憲法第三一条は) 手続法と実体法とが、法律で定められていることを要求するだけでなく、それらがすべて、より高い正義の法、自然法に適合した、正当なものであることを要求するのである」と主張し(1)、また、橋本教授も、第三一条が実体法の正当性、合理性を要求すると解している(2)。このような解釈学説がある限り、憲法違反の主張を無罪判決の一手段と考える弁護士達がそれを援用するのは当然である。かくして、憲法第三一条は、とくに刑事事件では、憲法第一四条とともに、もっともひんぱんに論議される憲法規定のひとつとなっている。

刑事実体法の不適正が論じられる場合を分けて、下級裁判所の態度と最高裁のそれとを比較しつつ考慮してみよう。

一　不明確性。第一に、犯罪構成要件の定め方が不明確であれば、不適正な法律として憲法第三一条に反するということが言われる。そのような刑事実体法は、第三一条に含まれているとされている罪刑法定主義の見地からも不十分な法律であろう。下級裁判所の判例も、いままでの所、明確性を罪刑法定主義の要請と解し、刑罰法のほかには、執行罰としての「過料」などにこの要請を類推適用しているにとどまる（例、東京高決昭和四六・三・一〇判例時報六二七号八九頁）。最高裁の判例は、いずれも問題の法律が不明確であるという主張を否定したものであるが、やはり不明確な刑罰法は憲法第三一条の罪刑法定主義に反するとみなしているようである。

ところで、法律が用いる言葉は自然言語であるから、どんなに言葉を選んでも多少のあいまいさは免れない。だから、いつ不明確性が違憲となるかは、程度問題である。アメリカの判例には、刑罰法は通常人に対して公正な予告を与えるものでなければならないから、一部にラテン語を用いた法律も無効であるとしたものがある。しかし、わが国では、法曹だけの隠語を用いた刑罰法が不明確で違憲と主張された例はなく、反対に、ごく普通の言葉を用いた刑罰法がルーズなものと感じているらしい。

下級裁判所の判例で、もっともだと思われるのは、銃砲刀剣類等取締法が、一定の銃砲等を譲り受けた者は「すみやかに」届け出ないと罰するとしているのは違憲としたもの（大阪地判昭和三七・七・一四判例時報三一七号四八頁）である。[3] たしかにどの時点で義務違反となるかは、確定しようがない。法律も後に「二〇日以内に」と改められた。徳島市公安条例の「交通秩序を維持すること」という義務づけは、およそ集団行進、集団示威運動が多かれ少なかれ交通の障害を伴う以上、刑罰法規としての明確性に欠くるところがあるとした判例（高松高判昭和四六・三・三〇判例時報六二九号四四頁）も、同じ様に妥当である。

公安条例をめぐっては、昭和二九年の新潟県公安条例判決（最判昭和二九・一一・二四刑集八巻一一号一八六六頁）と東京都公安条例判決（最判昭和三五・七・二〇刑集一四巻九号一二四三頁）との間に実質的な判例変更があり、後者は大衆的表現形態に対する極度の警戒心に支配されたものであった。そこでは、最高裁じしんが、公安委員会と歩調を合わせて、「表現の自由を擁護するとともに、その濫用を防止」することを裁判所の任務と宣言した。この判決は、権力の濫用よりも人権の濫用をおそれたものであったから、それ以後、公安条例の運用はきわめてきびしくなっている。たいていの公安条例は、さきの徳島市公安条例（届出制）のように条例が直接的に義務を課し、その違反を罰するという方式をとらず、許可にさいして公安委員会が許可の条件として様々の具体的な義務を課し、その違反を罰するという方式をとっている。

昭和四〇年代にはいって、下級裁判所では、大衆の表現の自由を窒息させかねないがんじがらめの規制と処罰からこの人権を救出しようとする判例が続出した。あるものは、昭和二九年の新潟県公安条例のプリンシプルを用いて条例そのものを違憲とし（京都地判昭和四二・二・二三判例時報四八〇号三頁）、あるものは、条例によって包括的に委任された公安委員会の付する条件が処罰の根拠となるのは憲法第三一条の罪刑法定主義に反するとなし（横浜地判昭和四三・七・九判例時報五三四号二三頁）、またあるものは、許可に付された条件が、必要以上の、または「不明確な」表現の自由の制限として違憲であるとする（東京地判昭和四二・五・一〇判例時報四八二号二五頁）。これらの判例は、罰則の再委任とか、不明確な処罰根拠といった憲法第三一条に立脚する推論を行なっている。しかし、条件として示された具体的な義務づけ、例えば「病院、学校等の近くを通るときは、特に静粛を保つこと」のごときを「不明確」に断ずるのは無理であろう。また、権限のある官庁が許可にさいして付した条件の違反を罰する法令はごくふつうに存在する以上、条例の授権規定そのものが罪刑法定主義に反するという理論にも、無理がある（同旨、東京高判昭和四六・三・一〇高裁例集二四巻一号一九三頁）。公安条例をめぐる論議では、実は、許可制・条件設定・条件違反の処罰の「過渡性」が争点なのであって、純粋に手続的な原則である罪刑法定主義、およびそれから派生する「明確性」の要件とは別次元の「適正」基準が混入しているのである。

二　不当な人権侵害。先の団藤説も、「適正」の判断基準として人権規定を挙げ、とくに、「憲法第三章の冒頭にある一般的な規定ことに一一条から一三条までは（第三一条）とうらはらをなす」と主張していた。憲法第三章の人権を侵害する刑罰法は、そのことによって同時に憲法第三一条に反するというのは、無用な二重化ではないのか？　憲法第一三条は、自由権の制限が、立法・行政・司法の過程において、公共の福祉のため必要な最小限度であることを要求している。この要求はすべての個々の自由権に及ぶとみられるから、不当な人権侵害はそれぞれの人権の問題として処理すれば足りるようにみえる。

憲法第三一条に各個の人権規定と第一三条とをうらうちするとすれば、それは、人権の法的制限と制限違反に対する処罰（という人権侵害）とは別個の問題であるという考え方を前提しているとみざるをえない。この考え方に道をひらいたのは、実に最高裁がはじめて労働基本権について従来の粗雑な「公共の福祉」論を棄て、人権の制限は「合理性の認められる必要最小限度のものにとどめなければならない」という立場をとった東京中央郵便局事件の判決（最判昭和四一・一〇・二六刑集二〇巻八号九〇一頁）であった。なぜなら、ここではじめて、「労働基本権の制限違反に伴う法律効果、すなわち違反者に対して課せられる不利益については、必要な限度をこえないように、十分な配慮がなされなければならない。とくに、勤労者の争議行為等に対して刑事制裁を科することは、必要やむをえない場合に限られるべきである」とされたからである。

最高裁は、別に憲法第一三条も第三一条も援用しなかった。また、公共企業体等労働関係法の解釈論と憲法論がまじり合っていたことも、たしかである。しかし、巨視的にみれば、従来の判例に固執した反対意見が《労働組合法一条二項（刑事免責）は、合憲的な法律で禁止されていない勤労者の争議行為で正当なものは、刑罰の対象としないという意味である》と考えたのに対して、多数意見は《すべての勤労者の争議行為は、基本的人権の行使としての正当性の範囲をこえない限り、憲法二八条の効果として、とりわけ刑罰の対象とならない》とみている。

右の多数意見の論理を他の人権――とくに表現の自由――の領域に拡張する下級裁判所の判例が、その後続出している。その一は、地方公務員法第六一条第四号が処罰の対象としている地方公務員の争議行為の「あおり」行為は、「あおり」の目的たる争議行為じしんがとくに違法性の強い場合に限るものと解釈しなければ、不適正、不合理な刑罰法として憲法第三一条に反するとした福岡高裁の判決（昭和四二・一二・一八判例時報五〇五号二二頁）である。最高裁も、別に憲法第三一条に言及はしないが、すでに地方公務員法第六一条第四号（および国家公務員法第一一〇条第一項第一七号）を同じように解釈している（最判昭和四四・四・二刑集二三巻五号三〇五頁および六八五頁）。その二は、国家公務員の政治活動の制約の程度は必要最小限度のものでなければならず、かつ、「禁止によって国民の憲法上の権利にある程度の制約が加えられる場合、その禁止行為に違反した場合に加えられるべき制裁は、法目的を達成するに必要最小限度のものでなければならない」から、非管理職の現業公務員が勤務時間外に職務を利用することなく行なった選挙運動にまで、国家公務員法第一〇二条の禁止と同法第一一〇条第一項第一九号の処罰を及ぼすことは、憲法第二一条と第三一条に反するとした旭川地裁判決（昭和四三・三・二五判例時報五一四号二〇頁）である。そして、その三は、公安条例違反の無許可の集団示威運動の指導者の処罰に関し、「事柄は憲法第二一条の保障する表現の自由ということにかかる重大な事項である。……無許可の集団示威運動を取り締まる必要性のあることはもちろんであるにしても、そのことから直ちに、（無許可集団示威運動の指導者を処罰する）条例第五条の趣旨とするところが、同一条に違反した無許可の集団示威運動を指導した者に対しては、悉く、これに刑罰を以って臨もうとすることにあるものとは考えられない。そこには矢張り、学者のいわゆる可罰的違法性のような理論を採り容るべき余地が残されているものと考えられる。たとえ無許可の集団示威運動を指導したとしても、そこに公共の安寧に対する直接且つ明白な危険がなく、可罰的な違法性が認められない限り、その者に対しては敢えて右のような重い刑罰を以って臨むべきものではない」とした東京高裁の判決（昭和四六・二・一五判例時報六二一号三頁）である。

最高裁やこの東京高裁の判決のように「可罰的違法性」論を用いるか、それとも憲法第三一条に基づいて法律を合憲的に縮小解釈し（その二）、または法律を適用において違憲とする（その二）かは、立法者に対する遠慮の程度の差にすぎない。いずれにせよ、具体的に憲法的正当性をもつ人権の行使が不可罰とされるわけである。言いかえれば、人権の行使について、公共の福祉のために課せられる一般的な予防的制約そのものは合憲としながら、具体的な制約違反が公共の福祉に対する具体的な実害を生ぜしめない限りは、少なくとも不可罰とするのである。

最高裁は、まだ憲法第三一条に、このような意味を認めてはいない。反対に、――具体的に実害を生ぜしめたデモに関してではあるが――「（主催者の許可申請）義務違反のもとでなされた集会、集団行進または集団示威運動が、それ自体として何ら危険性はなく実質的違法性を欠くようなものでない」から、無許可集会等の指導者・煽動者を処罰する条例が憲法第三一条に反するという主張は理由がないとした小法廷判決（昭和四一・三・三刑集二〇巻三号がある。これは、東京中央郵便局事件以前の判例であるが、それ以後の前掲東京高裁判決が提起したように、具体的な無許可集会等が自然発生的で特別の実害を生ぜしめなかった場合は、指導者、煽動者、いわんやたんなる参加者を処罰することには問題があるというべきであろう。

三　憲法の精神。学説のなかでも、団藤、鵜飼、橋本教授等は、法律の「適正」を測る基準として、「憲法の精神」（団藤、橋本）または「より高い正義の法、自然法」（鵜飼）をも挙げている。橋本教授は、この立場から例の有名な伊達判決（東京地判昭和三四・三・三〇下刑集一巻三号七七六頁）を是認している。この判決は、旧安保条約に基づく駐留米軍は憲法第九条第二項が保持を禁じた「戦力」に該当すると前提した上で、違憲の存在である米軍基地への不法立入りを国民の同種の法益の刑事的保護（軽犯罪法第一条第三二号による科料または拘留）よりもより重い刑罰でより厚く保護する刑事特別法第二条は合理性を欠き、憲法第三一条に反するとしたのであった。この判決には、はたして刑法第一三〇条ではなく軽犯罪法と対比したことが適当であったかとか、さらに、何らかの点で似ている二つの行為の一方を犯罪として罰し、他方を罰しないということ、また両方を罰する場合にも法定刑が異なることはよくあることではないか、といった疑問点があるので、鵜飼教授も妥当な判決とは言っていない。ただ、いろいろな角度からみて「不合理な」刑罰法を憲法第三一条が排除するという解釈は支持している。

最高裁においても、この漠然とした意味での刑罰法の「不合理性」が問題とされた例はある。そのひとつは、占領下の共産党取締りのためのポツダム政令である団体等規正令が、法務総裁に対し同令の目的のための関係者の出頭命令権を与え、不出頭に対し、一〇年以下の懲役又は禁錮又は七万五千円以下の罰金を科していたことの合憲性をめぐる判例（最判昭和三六・一二・二〇刑集一五巻一一号一九四〇頁）である。多くの裁判官は、法務総裁による調査は同令に定める犯罪にも及ぶものと前提し、重い刑罰によって出頭を強要するのは、強制捜査のためには裁判官の令状を必要とする憲法第三三条に反する点で「不適正な」刑罰法として憲法第三一条にも反するという立場をとった。しかし、垂水裁判官は、より一般的に、「刑法が『犯罪』と『刑罰』を規定するに当っては条理ないし正義に反しないことの制約がある、法律をもってするなら如何なる行為をも『犯罪』とし、『犯罪』に対しては死刑その他如何なる『刑罰』を科してもよい訳ではない、という趣旨が憲法三一条に含まれているのである」と主張した。この事件では、行政目的の調査であれば、調査に応じないことに対する制裁は、おのずから行政秩序罰としての軽微なものでなければならないという意見を数人の裁判官がのべていた。そのひとり、河村（大）裁判官が後の判例（最判昭和三七・二・二一刑集一六巻二号一〇七頁）で、単独の少数意見を書き、遊興飲食税の特別徴収義務者（料理店の経営者）が客から徴収しなかった同税を立替えて納入しなかったというような倫理的に無色な不作為にも、三年以下の懲役若しくは四万円以下の罰金若しくは科料という制裁を定めた地方税法の規定は、「秩序罰程度の行政罰を科するを相当とする場合に重い刑事罰を科する」ことで、憲法第三一条違反の非難を免れない、とのべているのも、同じ考え方である。

より最近には、税務職員の所得税に関する質問・修繕検査権に対する納税義務者の不答弁、検査拒否を一年以下の懲役又は二〇万円以下の罰金に処する所得税法二四二条八号は、文字通りには余りに不合理な刑罰法として憲法三一条に反するから、この罪は、「その質問等について合理的な必要性が認められるばかりでなく、その不答弁等を処罰の対象とすることが不合理といえるような特段の事情が認められる場合にのみ成立する」という風に法律を縮小解釈した下級裁判所の判例（東京地判昭和四四・六・二五判時五六五号四六頁）がある。

伊達判決を含めて、裁判所が、人権の行使といえないような行為について、およそ罰することが正当であるか、また、特定の法定刑が相当であるかを、憲法第三一条の名において審査することには問題が多い。団体等規正令の場合は、何といっても憲法第三三条の趣旨をふみにじり、占領政策のラフさで結社の自由を抑圧し、また同一の法令がたんなる不出頭に対して重大な実質犯と同じ法定刑を定めていた点で、違憲性が明白なケースである。しかし、一般には、およそ罰することの正当性、および特定の行為に特定の刑罰を法定することの正当性をはかるべき基準は、おそらく発見できない。その理由は、刑事犯の場合はともかく、行政犯の場合には、何をなすべく何をなしてはならないかについて超法的な実質的基準があるわけではなく、とりわけ法定刑の分量については、刑事犯に対してすらそのような実質的な基準はなく、そのような領域では、立法者が何を定めるかということよりも、いかに確定するかということの方が重要なのだからである。1でとりあげた「明確性」の要件にしても、刑事犯の場合より行政犯の場合について一層厳格に判定されなければならないのも、そのことと関連している。

かつて最高裁は、三度宿帳に偽名を使った旅館業法違反に対してあわせて六〇日の拘留を科した判決を、量刑不当として破棄したことがある（最判昭和四二・一二・二一刑集二一巻一〇号一四四一頁）。橋本教授は、このような処罰規定こそ憲法の精神に照らして不当であり、憲法第三一条に違反するものとして無効であると主張している。憲法第三一条の文言をはなれてここまで来ると、憲法第三一条による法律の違憲審査は、立法府に対する上級立法府の監督にひとしくならざるをえない。この種の第三一条の解釈に立脚した法律の違憲主張に対しては、最近のある下級裁判所の判決（東京高判昭和四六・八・一六判例時報六五四号一〇一頁）のように、わざわざ法律の立法理由を説明し、行き過ぎでないことを判定する必要はないと思われる。

（1）　鵜飼信成『憲法』（新版）一〇一頁。
（2）　橋本公亘『憲法』（現代法律学全集）二三七頁。
（3）　控訴審は、「原判決が限界上にある事例に対する判断に相違の生ずる現実的可能性を過大視し、……明確性を欠くものとして、全面的に無効であるとしたのは……解釈を誤っている」として有罪判決を下した（大阪高判昭和三七・一二・一〇判例時報三二七号四六頁）。

三　行政手続

学説のなかには、憲法第三一条は刑罰についてのみ語ってはいるが、ひろく行政処分についても適用されるという主張が早くからあった。この説は、第三一条にいう「自由を奪われ」の「自由」を「身体の自由」に限定せず、およそあらゆる「権利自由」を指すものと拡大解釈するのである。例の第三者所有物没収事件で補足意見をのべた入江裁判官も、「『若しくは自由を奪われ』という中には、罰則以外に、国家権力によって個人の権利、利益を侵害する場合をも包含しているものと解すべきである」と主張していた。ここにいう「権利」は自由権をも含むであろうが、「自由」（または「利益」）は、たんに法律に基づく制限のない状態にほかならない。

もし、憲法第三一条がかくも広い適用範囲をもつとすれば、適用される第三一条のなかみは何であろう。この点について鵜飼教授はたんに「行政処分についても、その手続と実体とが、正当な法律の規定によることが要求される」というのみであるが、橋本教授の方は、場合を分けて、①「身体の自由」の行政的拘束、②過料、③法廷等の秩序維持に関する法律の定める制裁としての留置と過料等は、実体、手続ともに正当な法によらなければならない、これに対し、④「憲法上の自由」を制限する法律はすべて実体的に合理的でなければならず、明確性も必要であるが、⑤公正な手続によることが求められるのは、「自由」を制限するすべての場合ではなく、ある種の場合に限られる、と説いている。

右のうち、①〜③は、従来から限定された行政手続への準用説も認めていたところであって、そのためには別に憲法第三一条の「自由」の拡張解釈を要しない。また、④は、それぞれの自由権の保障に当然伴うことである。理由もなく自由権を制限したり、著しく不明確な法律によって自由権を行政庁の処分にゆだねることは、自由権の保障と相容れない。別に第三一条にこのような意味をみとめる必要はない。

したがって、このタイプの学説の存在理由は、自由権の制限をも含みつつ、ひろく行政庁による公権力の行使のある種の場合について、手続の適正を憲法上の要求とみなす点にある。この解釈の最大の問題点は、どんな場合に、どんな手続要件が充たされなければならないのかについて、あらかじめ確言しえないところにある。入江裁判官も、前掲補足意見で、「憲法三一条は、国家権力が個人に対し、その権利、利益を侵害するすべての場合に、常に必ずその者に予め告知、聴聞の機会を与えて、意見を開陳し弁解、防御をなすことを得せしめるべきことを要請したものだとは考えない……刑罰以外のものについては、事柄の性質から判断し、予め告知、聴聞の機会を与え、弁解、防御をなすことを得せしめることが、憲法全体の建前から見て、基本的人権の保障の上に不可欠のものと考えられない限りは、そのことがないからといって、立法政策上の当否はしばらくおき、これを憲法三一条に反するものであると解すべきではない」といっている。橋本教授はこれをパラフレーズして、「より詳しくいえば、いかなる権力が行使されるのか、いかなる目的を達成しようとするのか、いかなる権利、自由が侵害されるのか、緊急性があるか等、諸般の事情を考慮して、憲法上の正当手続の要請を認めることができるかどうか判断すべきであ（る）」とのべている。

この種の第三一条解釈を実際に応用した下級裁判所の判例が、いくつかある。その一は、個人タクシーの免許申請にさいして、行政庁が、申請者に告知されず、したがって申請者として自己の適格性を主張し立証する機会をもちえなかった内部的審査基準により申請を却下したのは、「公正な、事実の認定につき行政庁の独断を疑うことがいわれないと認められるような手続により判定を受くべき原告の法的利益を害したという意味において違法」とした判決（東京地判昭和三八・九・一八行裁例集一四巻九号一六六六頁）である。この判決では、手続について法律に具体的な定めがない場合でも、多数の申請者のなかから財産的利益を得る機会を得べき少数適格者を選定する手続は、憲法一四条からいっても一律公平なものでなければならず、憲法一三、三一条からいって、国民の権利、自由が実体的のみならず手続的にも尊重さるべきことを要求されているから、行政庁の便宜に一任されたものではない、とされた。また、公正な手続のために何が要請されるかについては、「当該行政行為の目的、性質、これにより規制を受くべき権利、自由の性質その他一切の具体的事情をしんしゃくして、各個の場合につきこれを決定するほかはない」としながら、少数適格者の選定という行為については、具体的基準の設定と、その基準を利害関係人に告知してこれにつき主張と立証の機会が保障されなければならない、とされた。

白石健三裁判長を中心とする同じ裁判官達は、同旨の判例のその二（東京地判昭和三八・一二・二五行裁例集一四巻一二号二二五五頁）では、さらに進んで、一般乗合旅客運送事業の免許はいわゆる「公企業の特許」に属するが、憲法第二二条第二項の保障する営業の自由の規制たる点において、いわゆる「警察許可」の場合と異なるところはなく、多数のなかから少数適格者を選別するという要素のない場合でも、運輸審議会の行なう公聴会において審理の対象となる問題点が明示され、申請者その他の利害関係人に充分な主張と立証が可能とされるのでなければ手続的に違法であり、運輸審議会の手続の違法は、その答申に基づく運輸大臣の申請却下処分を違法ならしめる、とされた。

右のうちその二の判決は、控訴審（東京高判昭和四二・七・二五判例時報四九二号三頁）によって、「原審が本件自動車運送事業の免許を憲法二二条一項、三一条を根拠に、本質的には営業の自由の規制に関わるものとすることは、憲法三一条の解釈上当裁判所の採らないところであり、また運輸審議会の性格ないし審理手続に関する主張は立法論としてはともかく、現行法の解釈としてはとうてい左たんすることができない」という風に、根本的に否定された。「公企業の特許」と「警察許可」の憲法上の相違点を否定したり、審議会の諮問機関性を否定した原審判決は、行政手続への憲法第三一条の適用ということに熱心で、法的理論構成として相当に無理をしていることはたしかであろう。これにひきかえ、その一は控訴審（東京高判昭和四〇・九・一六判例時報四二四号一五頁）で原則的に支持されたが、公正な手続のためにどれだけのことが要求されるかという点については、原審判決と異なり、聴聞担当者が具体的な審査基準を了解しており、その基準を適用するについて必要とされる事項を申請人に告知すれば足りるとしている。これは、そのまま最高裁小法廷判決（昭和四六・一〇・二八民集二五巻七号一〇三七頁）で支持された。多数申請者のなかから少数適格者を選ぶ場合については、具体的な基準とその公平な適用が必要であるという判例その一の判旨は、その後も踏襲されている（東京地判昭和四二・一一・二九判例時報五〇四号四五頁）が、この方は別段憲法第三一条による行政庁の裁量権の制約を口にせず、たんに「当然の要請」であるとしている。

これらの判例は、実際的には、法律が必要的に、または利害関係人の要求に応じて事前の聴聞を行なうことを要求している場合、または実際上聴聞が行なわれている場合に、その聴聞が官僚的な形式的なものであってはならず、法律の目的にしたがった公正な実質的なものでなければ違法であると言っているにすぎないともみられる。下級裁判所の判例のなかには、憲法第三一条が行政手続に適用されるとしても、「個人の生命（実際上はほとんど考えられないであろうが）、身体の自由を奪い、個人の意思と無関係に刑罰類似の制裁を科する手続、たとえば少年法による保護処分、伝染病予防による強制処分などについて適用されるにとどまると解すべきである」という限定された行政手続への準用説をとるもの（東京地判昭和四五・七・一七行裁例集二一巻七号別刷）もあることを忘れてはならない。最近では、学者の間では先の二つの白石判決を高く評価し、全面的な行政手続への適用説を支持する者がふえ、本来限定された準用説をとっていた宮沢教授までもが全面適用説を目して、「これは日本法が、ここで従来にくらべて、手続にはるかに大きな重点をおいていることを示すものとして、はなはだ非常な注目に値いする」[1]と評価するにいたっている。

それにもかかわらず、裁判所が、法律をこえ、直接に憲法第三一条に基づいて、公正な手続のために何が必要かを、多様な行政行為について具体化して行くことは、とうてい不可能だと思われる。例えば自由権の規制にあたる行政処分の場合はそうでない場合よりもその手続が一層公正かつてい重なものでなければならないという標準を立てるとしても、緊急性または大量的な処理の迅速性が要求される場合は別であるといった例外が必要となるし、また、公正な手続のために告知と聴聞の機会を与えなければならないといっても、聴聞は口頭か書面か、反対訊問権はどうか、手続は公開か非公開か、決定基準の明示はどの範囲の者になされなければならないか、等について、裁判官の間でもなかなか一致がみられないことは、これまでの経験が教えている。「自由」の極端な拡張解釈に基づいて一般的に行政手続の正当性を要求することは、立法論としてはともかく、憲法解釈としては不毛に終る。むしろ、限定された行政手続への準用説や最高裁の第三者所有物没収違憲判決の路線の上で、刑罰に類似した行政的制裁に的をしぼって正当な手続を考える方が実際に効果的であろう。義務違反を理由とする許可や免許の取消、停止、公務員の懲戒等がさしあたり問題になる領域である。このようなアプローチを行なえば、奪われた利益が自由権にあたるかどうか、正当な手続が保障されない「特権」ではないかといったアメリカの判例にみられる概念法学的な混乱も避けられるし、(2) 憲法第三一条が「財産」を挙げていないのに一般的に財産的利益の侵害に手続的な保護を及ぼすという誤りも避けることができる。

（1）　宮沢俊義『憲法Ⅱ』〈新版〉四一六頁。

（2）　橋本公亘・「行政聴聞」鵜飼編『行政手続の研究』八三頁以下参照。最近問題になった下級裁判所の裁判官の不再任に関して、憲法第八〇条第一項の「再任されることができる」の英訳が“with privilege of reappointment”となっている点をアメリカのデュー・プロセスの判例法に照らして強調する人もある。しかし、圧倒的多数の再任される候補者のなかから少数者を排除するのは、実質的にみて、その者の裁判官としての義務違反を理由とする制裁とみなしうるので、再任されることが「特権」であるかどうか、再任候補者名簿にのせないことが「処分」であるかどうかにかかわらず、決定の基準について告知し、弁解の機会を与えるべきであったろう。

（一九七三年）

Ⅲ　統治機構・司法権

26 憲法・法律・行政
――最近の西ドイツでの論議をめぐって――

一

行政機関には、その執行すべき法律の適憲性を判断し、その判断にもとづいて、行政機関として何らかの措置をとる権限があるだろうか？

この問いに対しては、否定で答えるのが従来の常識である。例えば、宮沢教授は、憲法七六条三項の解釈として、「裁判官が『この憲法……にのみ拘束される』という規定が当然に裁判所に対して法律審査権をみとめる趣旨だと解すべきものとすれば、公務員が『この憲法を尊重し擁護する義務を負ふ』という規定（九九条）を根拠として、すべての公務員に対して、その適用すべき法律の合憲性を審査し、その違憲とみとめる法律についてはその施行を拒否する権をみとめなくてはなるまい」と説いている(1)。直接には、九九条の解釈として公務員の法律審査権・違憲法律の適用拒否権をひきだすことの背理を前提として、裁判所の法律審査権を七六条三項の文言からひきだす解釈を否定した論旨であるが、七六条三項については八一条のゆえにこのような解釈がかりに無用だとしても、九九条について右のような解釈が何故に背理であるのかは、別に説明されなければならないだろう。

従来の学説は、行政機関には法律審査権がないということを余りに自明のこととみなして来たために、反ってこの点をとりあげて説明を加えたものは、それほど多くはない。

最高行政機関である内閣について、宮沢教授は、「ある法律の内容が憲法に適合しないとみとめる場合でも、それを理由として、その誠実な執行を拒否することは許されない」と解すべき根拠として、第一に、国権の最高機関たる国会が合憲とみなして制定した法律は、合憲性の推定を受け、内閣はこれを合憲として取り扱うべき拘束を受けること、そして第二に、国民が違憲とみなす法律を無視する場合には結局訴訟となってその点について裁判所の判断が得られるのに反し、内閣が違憲とみなす法律の執行を拒む場合には、裁判所の判断を経ずに法律が死文化することを挙げる。(2) 田上教授が、「国会が最高機関であり、また行政庁による執行の拒否は法律の効力を一般的に否認することになるから、内閣および行政庁には、法律の合憲性の審査権がないものと解する」とのべているのも、同じ趣旨であろう。(3)

また、問題を違憲の法律にもとづく行政行為による国民の権利、自由の侵害の救済という立場からだけみれば、ひろく行政訴訟がみとめられ、裁判所で法律の適憲性を争うことができる限り、たとえ行政がすべての法律を合憲として執行しても、一応不都合はないとも言えよう。この見地から、憲法は行政にとって間接的な基礎にすぎず、行政庁は直接の基礎たる法律の適憲性について自ら疑念を抱く場合にもこれに拘束せられる、つまり、行政からみれば憲法は全く法律の背後にかくれ、機関として法律を執行する権限には何ら影響を与えないという説明もあり得る。(4)

これらの説明は、憲法の明文の上では行政権に法律審査権のないということは明らかではないとみながら、法律審査権を行政権にみとめえない（或いはみとめるに及ばない）理由をのべたものか、それともまた、そのことは裁判所（または特定の裁判所）に法律審査権をみとめている規定の反対解釈として明らかであるとみて、そのような実定法の規律が合理的であることを示すためのものか、必らずしも明らかではない。

さらにまた、一般に行政に対して法律審査権が否認せられるとき、審査権という語で人々の理解する事態も、必らずしも一致してはいない。行政機関の地位にある個人が法律の適憲性を判断する自由は奪いえようもないが、この判断にもとづいて、法律を執行しながら彼のとるいかなる行動も審査権の行使とはみなされないだろう。行政の法律審査権を否定すべき理由として、行政による法律の執行拒否が、裁判所の審査に服することがなく最終的なものとなるからとか、法律の効力を一般的に否認することになるからとか言われている場合、否定されている審査権とは、法律の執行拒否一般でもなく、行政機関による最終的な、または一般的な法律の効力否認であるようにも思われる。

目を外国に転ずれば、例えばオーストリアでは、法律の違憲を理由に法律の効力を一般的に否認する権限は憲法裁判所にのみあり、最高裁判所と行政裁判所は、憲法裁判所に対し、法律の適憲性に関するその決定を求める権限を与えられている限りで、法律の個別的な適用拒否権はないにもかかわらず、法律審査権をもつと言われている。[5]オーストリアでは、政府にはこの意味の審査権もみとめられていないが、これに反し、西ドイツでは、すべての裁判所と政府にもこの意味の審査権が基本法によってみとめられており、この権限を Prüfungsrecht と呼んで、憲法裁判所の法律の適憲性決定権、Prüfungszuständigkeit から区別する者もある。[6]

審査権という語が、普通の用法において、最終的な効力否認権のみを指すものではないことは、現にわが国で下級裁判所も法律審査権を有するとされていることからも明らかである。下級裁判所による法律の適用拒否は暫定的なもので、最高裁判所が異る最終的決定を下すことがあるが、その場合にも、下級裁判所の適用拒否は違法とはならない。およそ審査権について語るためには、それをいかに行使するとも制裁を課せられないということが必要だろうか？

審査権という語は、実際にもっとゆるやかな意味でも用いられている。例えば、今日の通説はある限られた範囲で職務命令に対する公務員の適法性審査権をみとめているが、この場合、ある職務命令を無効と判断して服従を拒む公務員は、つねに自己の危険において服従を拒むのである。彼に対する懲戒権者がその職務命令を有効と判断して懲戒処分を行い、裁判所もまた職務命令を有効と判断するならば、結局彼の審査権の行使は義務違反として制裁をまぬがれないことになる。

（1）宮沢俊義『日本国憲法』六〇四頁。
（2）同右・五五五頁。
（3）田上穣治『憲法概説』二四七頁。
（4）Adamovich, Handbuch des Österreichischen Verwaltungsrechts, Bd. 1, S. 14.
（5）Adamovich, Spanner, Handbuch des Österreichischen Verfassungsrechts, S. 395.
（6）Maunz, Deutsches Staatsrecht, S. 240.

二

行政機関と法律審査権の問題に脚光をあてた数年前の最高裁判所の判決をここで整理しておこう。問題の要点は、地方自治法一四六条のいわゆる職務執行命令訴訟において、地方公共団体の長が、国の行政機関の職務命令を違憲違法として無視している場合、裁判所は職務命令の適憲性、適法性にかかわりなく、ただ不服従の事実をみとめれば、右職務の執行を命ずべきものか、それとも職務命令の適憲性、適法性を審査した上で、これを適憲、適法と判断するときにのみ職務の執行を命ずるべきかということである。

第一審の東京地方裁判所は前者の立場をとり、この場合の長は国の機関に対して上命下服の関係にあり、形式的要件を欠くか不能を命ずるものでないかぎり、国の機関の命令に拘束され、もちろん自ら違憲または違法とみなす命令にも服従する義務を負う。職務執行命令訴訟は、この義務違反に対して公選による地方公共団体の長の国による罷免やその職務の代執行が予定されているため、この義務がまちがいなく存在することを裁判によって確認し、裁判所がその履行を催告するためにみとめられた本来行政に属する争訟の制度であるから、裁判所は国の機関の職務命令が形式的要件を具える以上、それ以上にその実質的な適憲性、適法性について審査することはできないとした。(1)

ところが、最高裁判所は、職務執行命令訴訟は、「地方公共団体の長本来の地位の自主独立性の尊重と、国の委任事務を処理する地位に対する国の指揮監督権の実効性の確保との間に調和を計る必要」から裁判所の関与をみとめたものであるから、「国の当該指揮命令の適法であるか否かを裁判所に判断させ、裁判所が当該指揮命令の適法性を是認する場合、はじめて代執行権及び罷免権を行使できるものとすることによって……前示の調和を期し得る所以であるとした趣旨と解すべきである」として、原判決を破棄し、事件を差し戻した。（2）

学説では、この最高裁判所の判決を支持するものが、むしろ多いが、この判決のもつ意味については、例えば次のように説かれている。

「下級の行政機関は、上級機関への服従義務と国法を遵守する義務と性質の異なる二つの義務を負担しているのであるが、（地方自治法）一四六条がわざわざ独立の法判断機関の判断を経させているのは、上下の行政機関の間で法の解釈について対立がおこった場合どちらの解釈が正しいかを判断させ、正しい法の執行を保障すること、すなわち組織法的関係から離れて一般国法の見地から命令の適否を判断させること、すなわち一般国法の見地からみた場合知事または市町村長は命ぜられたことをなす法律上の義務があるかどうかを審査させること」が狙いであると。（3）

しかし、この場合、この論者の説くような義務の牴触が存在するかどうか甚だ疑わしい。第一、職務命令に対して地方公共団体の長が通常の同一の行政主体の下級機関のように服従義務を負うとすれば、通説によって下級機関に審査権のある場合を除いては、命令の適法性について国の機関との間に「解釈の対立」はありえないはずである。

裁判所が職務命令の適法性について全面的に審査権をもつとすれば、地方公共団体の長もまた、職務命令に対して全面的に審査権をもち、彼の判断によって違法な職務命令には拘束されることはない。二重の義務を説く論者さえ、明白な自己矛盾に気付かずにのべているように、「知事、市町村長は、（違法の一種としての）違憲な命令には服従義務を負わず、自己の責任において命令の根拠となっている法律の適憲性を判断できることになる。（4）」

ところが、この地方公共団体の長の審査権を「自己の責任における」審査権と解することもまた誤りである。地方自治法一四六条の規定から明らかなように、地方公共団体の長は、国の行政機関の命令を不適法として拒否することによっては何らの責任を負うものではなく、同じ内容をもつ裁判所の命令に従わないときにはじめて罷免されうる。いわゆる職務命令に対する地方公共団体の長の審査権は、たんにその範囲が全面的である点で同一行政主体の下級機関の審査権と異るだけではなく、先にのべたように後者があくまで自己の危険における審査権であるにとどまるのに対して、実は裁判所の前審としての暫定的な効力否認権であることに注意しなければならない。

かくして、最高裁判所がこのことを意識していたかどうかにかかわらず、地方自治法一四六条の公権的解釈によれば、知事、市町村長は、国の機関委任事務については、裁判所によって命ぜられないかぎり、自ら違憲、違法と判断する法律および国の命令を無視しうることになる。

とすれば、もはや、国の機関委任事務に関して地方自治法一五〇条が定める主務大臣の知事に対する、または知事・主務大臣の市町村長に対する「指揮監督」は、これらの別個な行政主体の機関の間に、通常の意味の監督関係＝上下関係を成立せしめるものではなく、また、一四六条の定める主務大臣や知事の知事や市町村長に対する「命令」は、通常の意味の職務命令＝上級機関の下級機関に対する命令ではありえない。

このことは、本当は最高裁判所の判決理由の冒頭で、すでに次のごとく承認されている。「国の委任を受けてその事務を処理する関係における地方公共団体の長に対する指揮監督につき、いわゆる上命下服の関係にある、国の本来の行政機構の内部における指揮監督の方法と同様の方法を採用することは、その本来の地位の自主独立性を害しひいて、地方自治の本旨に戻る結果となるおそれがある。」すなわち、第一審裁判所の判決が「上命下服の関係」から出発したのに対して、最高裁判所は明瞭にこの出発点そのものを否定したのである。

この判決に関する従来の議論はすべてこの点を看却し、国の機関と地方公共団体の長とがこの場合には上命下服の関係に立つという固定観念にとらわれているため[5]、本来行政機関たる地方公共団体の長には職務命令の適憲性、適法性の審査権はないにもかかわらず、たまたま介入する裁判所は、法保障機関として、違憲、違法の命令の執行を命ずることはありえないから、結局、地方公共団体の長も、裁判所が当該命令を違憲、違法と判断することをあてにして、自ら適憲性、適法性を判断しうるというような、首尾一貫性を欠いた、しかも地方自治法一四六条の明文に反する誤った見方におちいるのである。

この判決の意味を右のように理解する者も、そこから生ずる最大の問題点として、その結果が「行政機関は裁判所と異なり、議会制定法を執行する義務があり、違憲立法審査権をもたないことと矛盾しないか、という疑問」をあげている。そして自ら提起した問題の一応の解答として、この場合の行政機関による法律の適憲性審査は、自己の危険負担における審査、服従拒否にすぎないから、「違憲立法審査権」を有するということとは別であり、行政機関が「違憲立法審査権」をもたないという命題と矛盾しないかのごとくにのべている。(6)

けれども、先述のように、地方公共団体の長による職務命令、その根拠たる法律に対する審査は暫定的な効力否認権であって、むしろ下級裁判所の法律審査権と同性質のものであるから、いわゆる矛盾は決して解消されないのみならず、行政機関に法律審査権なしと言われるときには、普通、自己の危険において、違憲と判断する法律の執行を拒むことをも含めて否認されているのではなかろうか？

したがって、地方自治法一四六条の公権的解釈を肯定する以上は、行政機関に法律審査権なしという命題の方を根本的に再検討することが必要だろう。

ひとつの解決は、行政機関といっても、国とは別の行政主体の機関は、国の機関に対して上命下服の関係にないから、国の下級行政機関と異り法律審査権をもつという考え方である。上級機関が法律としてとりあつかっているものを、下級機関が非法律として無視することは許されないという立場を裏がえしにした考え方で、行政機関に法律審査権なしということが自明視せられていた戦前のドイツでも、こういう理由で公共団体の公吏の法律審査権を肯定する説があったようである。(7)この考え方は、地方公共団体の長が国の機関の下級機関ではないということから出発している最高裁判所の判決の説明としてもっとも手近かではあるが、バッホーフの言うように、公務員の職務上の服従義務を出発点とするかぎりで、国法学的というよりは、主として官吏法的なアプローチと評することができるだろう。(8)この説明を採用する場合には、判決の射程範囲はせまくなる代りに、例外としてみとめられる行政機関の審査権は、法律の効力の最終的な否認権ではありえないにしても、つつましやかな、自己の危険における効力否認である必要はない。

しかし、従来の地方自治法一四六条の解釈が、国の機関と地方公共団体の長との間に上命下服の関係をみとめて疑わなかったところから、判決がこれを否定したことはともすれば見落されているために、判決の趣旨を他の場合にも拡張しようとする傾向がすでに現われている。前述の官吏法的な視角からではなく、全体的な国法学的な視野に立った考え方で、要するに、地方自治法一四六条のみとめる地方公共団体の長の特殊地位もさることながら、一般の行政機関に対しても、職務命令はもとより、その根拠たる法律についても全面的な審査権をみとむべきで、行政機関に法律審査権なしという命題は今日の憲法の趣旨に適合しないという議論がそれである。(9)違法の職務命令も下級機関を拘束するという考え方は、立憲君主制の憲法には適合しても、官吏の天皇に対する忠誠義務が、国民と憲法に対する忠誠義務にきりかえられた今日では、失うこと多く得ることの少ない理論として廃棄されるべきであり憲法、法律、職務命令の民主主義的価値の軽重が自ら明らかで、行政行為、法律に対する裁判所の審査権をみとめている憲法の趣旨は、行政機関の審査権を全く排除するにあるのではなく、反って、行政機関が自己の危険において職務命令や法律の効力を否認することを許容するにあるというのである。職務命令や法律の執行を拒否した公務員は、一旦は懲戒処分を受けることを免れないが、彼の審査権の行使に誤りがなければ、事後に裁判所によって救済を受けることになる。

この立場では、地方自治法一四六条の意義は、一般には存在しない行政機関の法律審査権を、機関委任事務を執行する地方公共団体の長に限り、特にみとめたところにあるのではない。一般に行政機関は自己の危険において違法な職務命令や違憲な法律の執行を拒否することができ、ゆえなき懲戒処分に対しては裁判所の救済を受けることができるが、自治法一四六条は、地方公共団体の長の場合、特別に、裁判所をして、国の機関によるゆえなき罷免等をはじめから阻止せしめるための規定であるということになろう。山内教授は、一般の行政機関の場合には事後的な救済が存するのに対して、この場合には「事前の救済」が得られると言って両者を対照させているが、「事前の救済」とは全くの形容矛盾で、実際には、自治法一四六条は、地方公共団体の長に、裁判所の前審として、裁判所のそれと同質の審査権をみとめていることになる。

右に考察した地方自治法一四六条の公権的解釈は、波紋をえがいて、次のような問題を提起する。第一に、憲法は、すべての行政機関がいかなる意味においても法律審査権を有しないと定めているか？　もしそうだとすれば、自治法一四六条は、（下級審のように解釈しないかぎり、）違憲の法律となろう。これをもし違憲にあらずとするためには、第二に、憲法がいかなる意味においても法律審査権を否定しているのは、内閣をはじめとする国の行政機関に対してだけであると解することができるのでなければならない。次には、より重大な問題であるが、国の行政機関にせよ、地方公共団体の行政機関にせよ、自己の危険において法令の適憲性を審査し、違憲と判断する法律の執行を一応拒否することは、憲法がただ裁判所にのみ法律審査権をみとめていることと矛盾しないと考えることができるだろうか？　自己の危険における審査権とは、各々の行政機関が自己の判断にもとづいて法律の執行を拒否しうることであり、しかも、上級機関によって法律の執行を命ぜられても、なお執行を拒否しうることでなければならない。命令に対する不服従を理由として懲戒処分がなされたとしても、訴訟において法律の違憲性がみとめられれば、懲戒処分が裁判所によって取消されうるのでなければならない。

これらの問題は、憲法の解釈として解決せられるほかはない。しかし、人は、この解釈において様々の前提の上に立って憲法典に相対している。権力分立、議会制民主主義、憲法の最高法規性、公務員の憲法遵守義務、法治国家等の諸観念をいかに結びつけるかによって、あるいは行政機関の法律審査権が肯定され、あるいは全く問題外として否定せられる。この問題の論議がひとしきり盛んであった西ドイツの状況を次に紹介してみよう。

（1）　最判昭和三五・六・一七民集一四巻八号一四四一頁以下。

(2) 同右、一四〇九頁以下。
(3) 金子宏「地方自治法一四六条における職務執行命令訴訟の諸問題」ジュリスト二〇八号一〇九頁以下。
(4) 同右、一一一頁。
(5) 成田頼明「職務執行命令訴訟」『行政判例百選』。
(6) 金子・前掲論文一一一頁。
(7) Bachof, Die Prüfungs = und Verwerfungskompetenz der Verwaltung gegenüber dem verfassungswidrigen und dem bundesrechtswidrigen Gesetz, AöR 87 Heft 1, S. 12. (Anmerkung 26)
(8) Bachof, AaO., S. 39.
(9) 山内一夫「職務命令の公定力」自治研究四一巻五号一四四頁。

三

ドイツでも、違憲の法律と行政機関の問題は、最近まで論ぜられることはなかった。ワイマール憲法時代には、裁判所の法律審査権についても争われていたのであるから、行政機関が法律審査権をもつかという問さえも存在しなかった。

今日、西ドイツの基本法は、一方において、裁判所の法律適用拒否権(Verwerfungskompetenz)はみとめないが、裁判にあたって適用すべき法律の適憲性を審査し、違憲と判断する場合にはその裁判手続を中止して、法律の適憲性につき憲法裁判所の決定を求めなければならないとし(一〇〇条一項)、他方において、政府にも、法律の適憲性について疑をもつ場合に憲法裁判所の判断を求めることをみとめている(九三条一項二号)。

基本法第一〇〇条が裁判所の法律適用拒否権を否定した理由は、法律を無視するという形ですべての裁判所が違憲の法律を制定した立法部を非難することになるのは希ましくないと考えられたためであるが、他方、すべての裁判所に対し、裁判手続を中止して、自ら違憲と判断する法律について憲法裁判所の決定を求める権限をみとめたのは、自ら違憲と信ずる法律の適用を裁判官に強いることは、独立の裁判所の品位を害すると考えられたからであるとせられている。もっとも、一九五六年の連邦憲法裁判所法の改正までは、下級裁判所は上級裁判所を経由して憲法裁判所の決定を求めるという方法がとられていた。その際、上級裁判所が自己の意見を添える慣行は、一九五五年の憲法裁判所の判決によって否認せられた(1)。

ところで、基本法そのものは、第九三条第一項第二号が、政府に対し、法律の適憲性につき疑のある場合に憲法裁判所の決定を求める権限を与えているほかには、基本権が、直接に適用される法として立法、行政、司法を拘束すると定め（第一条第三項）、また、執行権は「法律と法」(Gesetz und Recht) に拘束せられると定めている（二〇条三項）。ここから一般の行政機関の法律審査権について、いかなる帰結をひきだすことができるだろうか？一貫して行政機関にいかなる意味でも法律審査権を否認して来たのは、連邦財政裁判所の判例である。この裁判所は議会民主政的法治国家では、立法機関は国民の憲法上の権利を尊重する意志をもち、したがって法律は合憲性の推定を有するとし、また、行政の法律審査権は立法部の力を殺ぎ執行部を麻痺せしめるから、憲法裁判所の違憲判決があるまではすべての法律が官吏を拘束するという立場をとって来た。財政官庁は、租税賦課処分に対して争訟が提起された場合処分の適法性について重大な疑のあるときには処分の執行を停止しなければならないが、処分の法律適合性についてではなく、根拠法律の適憲性についてそのような疑のある場合にも処分の執行を停止しなければならないかという問いに対しても、右の立場から、否定をもって答えた。

このような連邦財政裁判所の立場に対してアルントは、基本法第二〇条第三項や第一条第三項を根拠に、違憲の法律は当然無効であるとみなし、財政裁判所が、すべての法律が違憲として憲法裁判所によって取消されるまでは有効という「先入見」に支配されているのは、たんなる解釈の放棄という以上に、すべての法律を命令として捉え立法部は立法部であるがゆえに信頼と服従を要求しうるという権威国家的イデオロギーの影響であると批判している(2)。フォルシュトホッフも、基本法第二〇条第三項が行政と司法の「法律と法」による拘束を定めたことは、法適用機関を法律よりも高次の法によって拘束する趣旨であることは確かで、法適用機関は、法（そのうちには憲法も含まれる）に反する法律を適用しないという意味で、法律に対し処分権をもつこととなり、しかも、裁判所の場合には第一〇〇条第一項の手続をふむのに対し、行政機関の場合には何らの手続を要せず、直ちに法律の適用を拒否しうると解している(3)。この立場は、高次の法たる憲法に反する法律が当然無効であるということと、法適用機関に対する憲法の直律性とを結びつけ、行政機関の無制限な適用拒否権を肯定するもので、行政機関にとって憲法はあってなきに等しい連邦財政裁判所の立場と極端な対照を示している。

連邦財政裁判所の判例は、議会政民主主義においては議会は信頼さるべき国家機関であって、その制定する法律が「合憲性の推定」を有することを表面の理由としているが、実際には、基本法の解釈として、法律は審査権を独占する憲法裁判所によって取消されるのであるから、それまでは有効であって行政機関を無条件に拘束するという考え方が先にあり、行政機関に審査権がないということは、議会が信頼に値いし、その制定する法律が合憲らしいということとは全く無関係である。バッホーフは、連邦財政裁判所の判決が法律の合憲性の推定から出発したのは根本的には正しいとしながら、そこから行政機関の審査権否定を結論したのは誤りであると批判しているが(4)、実は同じ「合憲性の推定」という言葉が全く別な意味で用いられていることに注意しなければならない。すなわち、財政裁判所がこれを言うときには、取消権者により違憲を理由に取消されるまでは、取消権者以外の国家機関は（たとえ個人的にはいかなる判断を下そうとも）法律を有効としてとりあつかわなければならないという手続上の事態を指称しているのに対し、その批判者がこれを口にするときには、違憲の法律は無効であり、法的判断能力のある者は本来誰でも無効を認定しうるということを前提しながら、合憲性がたんに疑わしい場合には合憲と判断しなければならないという、判断の実体について言われているのである。

そこで結局、右の二つの立場の極端な対立は、一方が違憲の法律が取消可能とみなすのに対して、他方が無効とみなすことに起因する。もしオーストリア憲法第一四〇条のように、憲法裁判所が違憲の法律を「取消す」という風な明文の定めがあれば、連邦財政裁判所のとった立場は疑もなく正当であろうが、基本法には、違憲の法律を無効とするわが憲法第九八条第一項のような規定も、オーストリア憲法第一四〇条のような規定も存在しない。

　この基本法の空隙をぬって、連邦憲法裁判所の一九六一年二月二一日の判決は、連邦財政裁判所と反対に、一旦なされた租税賦課処分に対して争訟が提起せられた場合、係争の処分の根拠法律の適憲性について重大な疑があるときは、処分の適法性について重大な疑があるものとして、行政庁は処分の執行を停止しなければならないとした[5]。違憲の法律が取消されるまでは有効という立場に立つかぎり、行政機関がすべての法律を適憲であるかのごとくとりあつかわなければならないということは、法律を適用する際ばかりではなく、具体的な処分に対する不服を審査する際にも、また、申立てや職権によって処分の執行を停止する場合にも、ひとしく妥当するはずである。連邦財政裁判所の判決は、少くともこの立場の上で首尾一貫していたと言いうる。

　反面から言えば、もし連邦憲法裁判所の判決のように、処分の執行を停止する場合に行政機関が根拠法律の違憲性を処分の違法性とみなしうるとすれば、処分に対する不服を審査するにあたっても、根拠法律の適憲性を審査しなくてはならないのではなかろうか？　また根拠法律の違憲を理由として、一旦行った処分を取消すべきだとすればそもそも処分を行う際に適用すべき法律の適憲性を審査し、違憲の法律の適用を避けるべきだということになろう。憲法裁判所自身このことを予期したのであろう。傍論として、基本法の権力分立原理は、諸権力の相互的抑制によって補われているから、行政に対し「おそらく無効と宣言されるに違いないような法律の執行を強いるものではない」とのべている。ここでも、執行権に対する憲法の直接の拘束力を定めた規定として、基本法第一条第三項と第二〇条第三項が援用されている。

　憲法裁判所の判決の傍論は、一体どういう意味であろう？　行政機関は一旦なされた処分の適法性が争われ、根拠法律の適憲性について重大な疑があれば処分の執行を停止すべきであるが、憲法裁判所も無効と宣言するに違いないような違憲の疑の特に強い法律については、はじめから適用を拒否しうるというのであろうか？　あるいは、そのような法律の執行を停止して、何者かの判断をまつべきだというのであろうか？　この判決によって、行政機関はすべての場合に憲法を顧慮することなく行動すべきであるという連邦財政裁判所の立場が、処分の執行停止をめぐって、否定されたことだけは確かであるが、それ以上に、行政機関が自己の憲法判断にもとづいて具体的に何をなすべきかについて示すところはない。次にこの点についての学説の対立を眺めよう。

（1） Friesenhahn, Die Verfassungsgerichtsbarkeit in der Bundesrepublik Deutschland, S. 52 ff.
（2） Arndt, Das Nicht Erfüllte Grundgesetz, S. 5.
（3） Forsthoff, Rechtsstaat im Wandel, S. 179.
（4） Bachof, Die Prüfungs-und Verwerfungskompetenz der Verwaltung, AöR, 87 Band Heft 1, S. 18.
（5） BVerfGE 12, S. 180 ff.

四

問題の憲法裁判所の判決のあった頃、ホフマンの「行政と違憲の法律」と題する論文が発表せられている[(1)]。これは、直接には、いかなる意味でも行政機関の法律審査権を否認する連邦財政裁判所の立場（Nicht-prüfungskompetenz-Theorie）と、アルント等の適用拒否権をみとめる立場（Verwerfungskompetenz-Theorie）との極端な対立を止揚し、一面において審査権を肯定しながら、適用拒否権を否定し、行政機関としては、上級機関、そして結局は内閣を通じて違憲の疑のある法律の効力についての連邦憲法裁判所の決定を求め、その間法律の執行を停止する外はないという結論に達している（Aussetzungs-Theorie）。

ホフマンによれば、行政機関がその適用すべき法律を憲法に照して審査する義務は、高次の法たる憲法が直接に行政を拘束することを定めた基本法第一条第三項、第二〇条第三項、および、職務行為の適法性について官吏の完全な個人的責任を定めている官吏法第五六条第一項の解釈として、当然にでてくる。Nichtprüfungskompetenz-Theorie は、これらの規定の趣旨と相容れない。

他方、Verwerfungskompetenz-Theorie は、行政機関に対する憲法の直接の拘束力と違憲の法律は当然無効という断定を結びつける結果であるが、違憲の法律が無効かそれとも取消しうるのかは、実定法によって定められることで、それ自身証明を要する。なるほど、基本法には、直接この点を明定した規定はないが、第一〇〇条第一項の規定は参考になる。それは、少くとも裁判所にとっては、違憲の法律は無効ではなく、憲法裁判所による適憲性の決定があるまで、適用が停止せられるのである。また、憲法裁判所の判例を綜合すると、違憲判決は法律の違憲性を確認する点から言えば宣言的であるが、無効を宣言するまでは何人も無効を主張しえないという点から言えば形成的である。これらのことから、ホフマンは、ドイツ法においては、違憲の法律は無効ではなく取消しうるのであるが、法上当然に適用の停止を伴なうと論定する。したがって、Verwerfungskompetenz-Theorie の前提は崩れることになる。それに、基本法が、ワイマール憲法時代にみとめられていた裁判所の適用拒否権を第一〇〇条第一項によって剥奪したとすれば、ワイマール憲法時代に問題にもならなかった行政機関の適用拒否権がみとめられないのは、当然と言える。

憲法に直接拘束されるからこそ審査権をもつ行政機関が、審査の結果違憲と判断する法律の適用を拒否することはできないとすればどうすればよいのか？　かかる法律の適用を強いることは、審査権を全く無意味にし、憲法への拘束と矛盾する。そこで行政機関のとりうる道は、法律を違憲とする自己の意見を添えて上級機関の指示を求めるほかはない。もし上級機関が下級機関の意見に同調せず、法律の執行を命ずれば、下級機関はこれに従わなければならない。もし各級の上級機関が法律を違憲とみることに同調し、最後に内閣もこれに同調すれば、一切の政治的考慮をぬきにして、内閣は、基本法第九三条第一項により、憲法裁判所の決定を求めなければならない。上級機関の合憲とする決定、または憲法裁判所の決定があるまで、その法律の適用は停止せられる。これによって、裁判所について基本法第一〇〇条第一項が定めているのに類した措置が行政によってもとられることになる。ただ異るところは、裁判所は法律の違憲性を確信しなければ裁判手続を停止しえないのに対し、行政機関の場合には、法律の適憲性について、どうしても疑が残る場合には手続を停止しなければならないことと、裁判所は直接に憲法裁判所の決定を求めうるのに対し、行政機関の場合には、職務命令の適法性に関し下級機関の異議の上申をみとめる官吏法第五六条第二項、第三項の規定を類推して、上級機関に対して自己の抱く憲法上の疑義を申出た以上は、上級機関の反対の決定に拘束せられることである。各々の行政機関が、あくまで憲法に拘束せられ、その職務行為の適憲性について最後まで責任を負うというのではなく、この拘束と責任は、段階的に上級行政機関へ上昇し、結局は内閣に集中せられる。内閣は、法律に対し違憲の疑をもつときには、必らず憲法裁判所の決定を求めなければならない。

ホフマンは、内閣を含めてすべての行政機関が法律の適憲性を疑いながら、以上のような措置をとらず、法律を適用するか、下級機関に対し法律の適用を命ずることは、国民に対する関係でも義務違反となり、国家賠償責任を発生せしめるとみなしている。

このようなホフマンの議論は、かなりの影響を及ぼしたと見えて、かつては、行政法学の通説と同様、Nichtprüfungskompetenz-Theorie をとっていたヴォルフさえ、その行政法教科書の新しい版では、行政機関は、すでに類似の法律について違憲判決があるというような明白な違憲の場合には、適用拒否権をもつとする外は、ホフマン説に従っている(2)。

だが、ホフマン説が一般的な承認を受けるとは考えられない。憲法の直接の拘束力から出発して、行政の統一性という点をも考慮しながら、行政機関の審査権を基本法第九三条第一項によるいわゆる抽象的規範統制と連結することによって、裁判所の場合と似た、違憲の疑のある法律の適用停止を説くホフマン説は巧妙に見えるが、弱点も少くない。

バッホーフによれば、ホフマンが基本法第一〇〇条第一項を手がかりとして、違憲の法律は無効ではなく取消しうるのだから、行政機関は、裁判所とともに、適用拒否権をもたないと推論するのは誤りである。裁判所が自ら違憲と信ずる法律の適用を拒否しえないから、違憲の法律は無効に非ずとみるのは、適用拒否権と法律の効力の二つの問題の混同である。第一〇〇条第一項の意味は、法律の違憲性の決定権を憲法裁判所に独占せしめることにあって、この決定のあるまで法律の効力を維持することにあるのではない。それゆえ、この規定は、高次の法規範に反する法規範は当然無効であるというドイツの伝統的な考え方に変更を加える根拠とはならない(3)。

基本法第一〇〇条第一項が裁判所に対してすら適用拒否権を否定している以上、行政機関にそれがみとめられないのはもとより当然とする勿論解釈も当らない。裁判所の適用拒否権が否定されたのは、立法権の権威を守るためであるが、行政機関の場合には、その地位の非独立性、決定の非最終性、審査義務の強度が裁判所の場合よりも弱いこと等のために実際に適用拒否がきわめて稀であろうということを考慮にいれるなら、はるかに立法権の権威をそこなうおそれは少いからである。

さらに、ホフマンが、その提唱する行政機関による違憲の疑ある法律の適用停止を、裁判所による手続の中止とパラレルなものと考えているのも誤りで、裁判所の場合には問題の法律の適用停止は具体的な一事件に限られるのに対し、行政機関の場合には、法律の執行が一般的に停止されるという大きな相違点がある。

このように、ホフマン説の弱点を指摘しながらも、バッホーフは、なぜかホフマン説を否定せず、むしろ、実際的な見地からみて、その不充分な点を補足しようとする。

第一に、違憲の疑のある法律の適用を停止するという解決は、例えば租税法のように後に改めて執行することができるために余り問題がない場合はともかく、多くの行政法規については適用不可能である。裁判官と違って行政官吏は、例えば違憲の疑のある法律にもとづいて集会を禁止すべきかどうかを決定しなければならない時のようにいわゆる適用停止が、実際には最終的な非適用となるために、適用するかしないかの二者択一を迫られることが多い。この場合には適時に上級機関の指示をうることもできないし、無論、第九三条第一項の迂遠な手続の結果を待つこともできない。第二に、ホフマン説は、上級機関をもたない行政機関の場合にも適用できない。

これらの場合に行政機関は、違憲とみなす法律の適用を拒否しうるか？　基本法第一〇〇条第一項から間接的に適用拒否権の否定をみちびきだすホフマンも、逆にこの規定の反対解釈として行政機関の適用拒否権を肯定するVerwerfungskompetenz-Theorieも、共に誤っている。基本法の制定者は、かような問題を意識さえしていなかったのだから、この問題解決の直接の手がかりとなる特定の法規範を見出すことはできず、結局、基本法やこれを執行する諸法律の定めている、立法部、執行部、および裁判所の間の一般的な作用分配に照して考えるほかはない(4)。

三つの作用の関係のうち、バッホーフがもっとも重視するのは、裁判と行政の関係である。行政機関による法の解釈・適用はすべて裁判所による審査に服し、裁判所のみが行政をも拘束する公権的解釈をなしうる。その意味で最終的ではない憲法の行政解釈にもとづいて法律の適用が拒否せられても、それはいわば暫定的なものであるから立法部の権威を害するおそれは、裁判所が適用を拒否する場合にくらべてはるかに小さい。

行政はその行動の適法性についてつねに裁判所の事後審査を受けるから、この点でその地位は私人と異る所はない。行政は、その適用した法律が後に憲法裁判所によって違憲無効と宣言せられるというリスクを負担している。個人の自由と財産を侵害する行政処分の根拠法が違憲とせられた場合には、行政は損失の補償を行わなければならず、また後に違憲とせられた法律にもとづく給付行為の場合には、取消権の制限のゆえに、返還を求めうる場合は限られている。もちろん、行政は、自己の違憲判断にもとづいて法律を適用しない場合にも、その法律が裁判所によって合憲と判断せられるというリスクを背負わなくてはならないが、行政が自己の法的判断にしたがってリスクを負担するのと、自己の確信に反して違憲と考えられる行動をとることを強いられ、そのためにリスクを負担するのとでは大違いで、後者のような危険負担を行政に期待することはできない。

バッホーフにあっては、行政機関の審査権の範囲は、明白な、または容易に認識しうる憲法上の瑕疵の概括的な審査以上には出ない。行政機関は通常、法律を合憲と想定してよい。ただ特に合憲性を疑うべき理由のある場合にのみ、自ら審査すれば足りる。しかも、法律の適用を拒否する場合には、たんなる疑義では不充分で、行政機関がその法律の違憲性を確信することが必要である。確信とは、必らずしも疑の余地のない違憲判断ではなく、法律を違憲とみるべき理由が、合憲とみるべき理由を少しでも上廻っていれば、違憲性を確信することになる。確信は理由づけられた判断であるから、相当程度の法律知識を具えた官吏のみが法律の適用を拒否しうる。しかし、たとえ自ら違憲性を確信しうる官吏の場合でも、上級機関のあるかぎりは、行政の統一性のために上級機関の判断を求めるべきで、ただ緊急の場合にのみ、単独で適用拒否権を行使しうる。

このようなバッホーフの所説は、eingeschränkte Verwerfungskompetenz-Theorie と称することができよう。バッホーフが、およそ行政機関の適用拒否権を肯定しうるためには、違憲の法律を無効と解することが必要とみながら、無制限の適用拒否権をみとめないのはなぜであろうか？　その理由は、やはり裁判所と行政機関の機能の差異に求められよう。法を解釈し、他を拘束する力をもって法的判断を下すのは裁判官の仕事であり、上下の階層的な組織において本来、統一的、かつ能率的に行政事務を処理すべき行政機関の多くは、憲法解釈に必要な法律知識を欠き、また、法律的思考に費やす時間的余裕をもちえないからである。違憲の行政行為に対しては後に裁判所による救済が可能なのだから、行政機関は特に適憲性を疑うべき理由のある法律のみを審査すれば足りるし、また審査の結果、必らずしも合憲または違憲の確信を形成する必要はなく、疑を抱くというに留まりうる。このように、行政機関の審査能力に対する低い評価が、適用拒否権を緊急止むをえない場合に制限する理由であるから、議会による故意の憲法侵犯のように違憲性が一目瞭然の法律に対しては、すべての官吏が、憲法宣誓にもとづき、その適用を拒否し、あらゆる抵抗を行う義務をもつとされている(5)。

（1）　Hoffmann, Die Verwaltung und das verfassungswidrige Gesetz, JZ, 7. April 1961, S. 193.
（2）　Wolff, Verwaltungsrecht, I. 5. Aufl., S. 135.
（3）　Bachof, AaO, S. 33 f.
（4）　AaO, S. 40.
（5）　AaO, S. 24.

五

基本法が憲法の行政機関に対する直接の拘束力を定める以上、もはや従前のように行政機関が憲法に無関心に行動しえないということは確かであろうが、ホフマンの解決は、実定法上の根拠がなく、いかにも無理な議論であるということを別にしても、果して彼の意図するように、違憲の法律にもとづく行政行為を未然に予防するという効果をもちうるかどうか疑わしい。直近の上級機関の反対の判断には直ちに従わなくてはならないし、幾重もの上級機関、殊に内閣まで一致して、最下級機関の違憲の疑に同調するというようなことは、実際にはありえないことのように思われる。(1) 内閣が違憲の疑をもつ場合には一切の政治的考慮をはなれて憲法裁判所の決定を求める義務を負い、この義務に違反した場合には国に対して被害者が損害賠償を請求しうるという考え方は、余りに絵空事にすぎよう。実際には、各大臣や内閣は、議会と共にすべての法律の共同作成者であり、下級機関に指摘されて自己の過ちをみとめるよりは、下級機関の疑を理由なしとしてしりぞけるにちがいない。

ホフマンが、「憲法の規定の解釈の枠内では、『この結果はどうなるだろうか?』という議論は、さもなければ秩序ある憲法生活が危うくされるような場合にかぎって意味がある」とするのに対して、バッホーフは法律学の実際性を強調するが、(2) ホフマン説に足場をふまえている以上、非実際的という批判は、同じようにバッホーフにもあてはまる。ホフマン説に対してバッホーフ説がより実際的である点があるとすれば、それは、行政法規にあっては適用停止が実際には最終的な不適用=適用拒否を意味することが多いことを指摘し、それにもかかわらず肯定すると共に、この適用拒否の要件を厳重にしたところにあろう。だが、適用拒否権を肯定せんがために、行政による適用拒否は最終性がなく、裁判所によってくつがえされうる暫定的なものにすぎないとみる点では、やはり非実際的だと言わなくてはならない。具体的な適用拒否は、多くの場合、最終的なものとなり、適用を拒否された法律が、別な機会に裁判所または憲法裁判所によって合憲と判断されたときには行政機関がもはや適用を拒否しえなくなるというだけである。事態は、私人が自己の危険において法律の無効を主張し、服従を拒否する場合と全く異なる。バッホーフ説の最大の弱点は、行政が裁判所の包括的な審査に服するという一事のみをもって、行政機関の地位を私人のそれと等置する点にある。「行政の行動は、市民の行動と同じ範囲で、つねにその相手方によって裁判所による審査に服せしめられうるから、どうして市民にとって自明の、適用さるべき法律の適憲性を含めて自己の行動の法的基礎を自己の責任において判断する権利を行政には否定して、これを差別しなければならないのか分らない。(3)」しかし、誤った違憲の確信にもとづいて法律の適用を拒否した場合に行政機関がいかなる危険を負担するのかは明らかではないばかりか、バッホーフが行政の負担するリスクとして強調するのは、違憲の法律を適用した結果として国家の受ける損失のことである。誤って違憲の法律を適用した官吏自身の責任は、そもそも行政機関の審査義務が稀薄であり、また法律が合憲性の推定を受ける結果、実際には無きにひとしい。

Nichtprüfungskompetenz-Theorie と Verwerfungskompetenz-Theorie との極端な対立を止揚するために現われたホフマン説とバッホーフ説が、共に非実際的で根拠づけが不充分だとすれば、はじめの二つの説のいずれかを選択する外はないのだろうか？

かつてケルゼンは、「憲法は、行政官庁から――裁判所に対して行っているように――法律を審査する権利をとりあげてはいないのに、人々は、大から小をひきだす推論により、行政官庁もこの審査権・決定権を有しないとみなして差支えないと考えている。そして、実際、行政官庁に対し法律の審査を禁ずることをしない立法者も――誤った理論に規定されて――明らかに行政官庁が審査権を有しないということは自明の理であるという前提から出発している(4)」とのべているが、法理論的には、すべての法適用機関が法と非法とを識別し、もとより上位の法に反するがゆえに法ではないものを適用しないのは当然とみるべきであろう。ただ憲法が、唯ひとつの裁判所に対して、違憲を理由として法律を一般的に取消す権能を与えていれば、そのような憲法は、それ自身が規制する立法の形式・内容に反する法律をも有効な、したがって合憲な法律とみとめ、ただそのような法律は、憲法による形式・内容の規制に合致する法律と異り、その特別の裁判所によっても効力を消滅せしめられうるというかぎりで、憲法の定める形式・内容に合致する立法を優先させていることになる。例えば、オーストリアでは、右のような憲法の規定（一四〇条）によって、法律のみに拘束される裁判所が本来もっている法律の適用拒否権が剥奪されたものと解されている。(5)

しかし、実定法による法適用機関の法律審査権（適用拒否権）の制限には様々の段階がありうる。違憲を理由として憲法裁判所が法律を取消すことを定め、かつ政府には憲法裁判所の決定を求める権限をみとめていないオーストリア憲法について妥当するNichtprüfungskompetenz-Theorieが、基本法のもとで妥当するとは限らない。と言って、アルントやフォルシュトホッフに代表せられるVerwerfungskompetenz-Theorieも議会不信のイデオロギー(6)や基本法第一〇〇条第一項の安易な反対解釈(7)によりかかりすぎている。ホフマンやバッホーフの議論に無理があるのも、基本法は違憲の法律について行政のとるべき態度を定めていないとみなして、共に権力分立原理と結合した権力の相互抑制を強調しつつ、一方は基本法第一〇〇条第一項の類推解釈に訴え、他方はその類推解釈も反対解釈も拒否して、直接に権力分立原理に訴えるからである。果して基本法は行政のとるべき態度について定めてはいないのか？

ハルは、正にこの点についての基本法の規定として、第九三条第一項第二号を挙げる。(8)政府が法律の適憲性について疑をもつ場合に憲法裁判所の決定を求めることを定めているこの規定は、バッホーフの言うように、行政は暫定的に法律の適憲性について決定しうるが、裁判所と違って決定を強制されないということを示すのではなく、むしろ最高の行政機関といえども、法律の適憲性については疑しかもちえないことを示すものである。このことは、基本法の定める権力分立が、最高機関たる議会が法的にも政治的にも執行権をコントロールし、裁判所が第三者として立法権と執行権を法的にコントロールするのに対して、執行権には他権に対するコントロールをみとめていないことに対応している。違憲の法律が無効であるにせよ、その認定権は憲法裁判所にのみある。この見解は、

Nichtprüfungskompetenz-Theorie に近いが、ハルの場合には、すべての官吏に審査権がみとめられ、ただこの審査の結果は、拘束力のない意見にすぎないとされる。

しかし、この意見にもとづいて何らの措置もとりえないのでは、審査権が全く無意味となるから、行政機関は上級機関にその意見をのべ、段階を経て政府による抽象的規範統制手続の開始を求めることができる。すでに法律の適憲性が憲法裁判所の審査を受けている場合にかぎり、行政機関はその法律の執行をさしひかえることができる。

ホフマン、バッホーフ説は、実際に違憲な法律が行政によって執行され、憲法の最高法規性が行政によって侵されることをあらかじめ阻止しようという底意から、解釈としてはかなりの無理をおし、実際に合憲な法律が行政機関によって違憲と判断される危険や、行政の統一性の破壊という副次的な結果を軽視したと言える。ハルは、自己の解決が憲法の客観的保障という見地からは、不充分であることを認めるが、解決としては昔ケルゼンが提唱したような、違憲を摘発して憲法裁判所に提訴する職権をもつ独立の機関たる Verfassungsanwalt を法律によって設置するほかはないとしている。

＊　＊　＊

以上に紹介した西ドイツでの論争は、われわれにとっても、決して他山の石ではない。それはまず、ひとつの判決の一面のみをとりあげて発展させる傾向に対して充分に警戒しなければならないことを教える。行政機関が根拠法の適憲性に疑問をもつときに、一旦なした処分の執行を停止すべきだとすれば、処分を行う前にも、同様な疑問があれば、法律の執行を停止すべきだとか、行政機関たる知事や市町村長が違憲とみなす法律の執行を拒んで、その判断が裁判所によって支持されれば責任を問われないとすれば、他の行政機関も、判断を誤らないかぎり、一度責任を問われたとしても裁判所によって救済されうるといった発想の仕方には、たしかに共通性がある。

また、この論争において、審査権を憲法裁判所以外に拡散させる論者は、憲法の高次の効力や行政機関に対する憲法の直接の拘束力（公務員の憲法遵守義務）を一方的に強調し、実定法をはなれて権力抑制原理をひきあいに出すが、同じような思考法は、二でとりあげた職務執行命令訴訟における被告側の弁論要旨にもみられる。

一応の臆断を敢てするならば、われわれの場合にも、ハルの行ったような問題への接近方法がとられるべきであり結局は、違憲の法律が無効であることを定める憲法第九八条第一項、しかし、最高裁判所のみが法律の適憲性の決定権をもつと定める第八一条、したがって、内閣は法律を誠実に執行すべきことを定める第七三条第一号の解釈として、内閣その他の行政機関には、たとえ暫定的でありうるとしても適用拒否権はみとめられないと言わなければなるまい。最高裁判所の解釈による地方自治法第一四六条は、客観的には、知事や市町村長に何らの危険も伴わない暫定的な適用拒否権をみとめることになるが、この解釈が誤りでないと前提すれば、おそらく、憲法第九二条の「地方自治の本旨」に沿うための例外として憲法の許容するところと考えるほかはないであろう。

第九九条の定める公務員の憲法擁護義務は、憲法および法律がいわゆる抽象的審査を最高裁判所に請求しうる者、その手続等を定めていない結果、今日では殆んど無意味な規定となっているので、かりに審査請求権者が定められていれば、これに向ってその権限の発動をうながすことがすべての公務員の義務とみとめられ、積極的な意味をもちうるであろう。

（1）Hall, Die Prüfung von Gesetzen auf ihre Verfassungsmäßigkeit durch die Verwaltung, DÖV 1965, S. 564.
（2）Bachof, AaO, S. 5.
（3）AaO, S. 43.
（4）Kelsen, Allgemeine Staatslehre, S. 292.
（5）Adamovich, Spanner, Handbuch des Österreichischen Verfassungsrechts, S. 293.
（6）Hall, AaO, S. 554.
（7）Bachof, AaO, S. 31.
（8）Hall, AaO, S. 561.

（一九六五年）

27　司法権の本質

一　行政訴訟＝「司法」説における司法権の本質と限界
二　司法権の対象的限界
三　裁判形式性の問題

一　行政訴訟＝「司法」説における司法権の本質と限界

「司法」の実質的意味がもっぱら歴史的・制度的に定まり、理論上定まるものではないことは、すでに戦前の憲法学説(1)が明らかにしている。今なお少数説として行政訴訟＝「行政」説も、「司法」は超歴史的に民事・刑事の裁判に限られると主張しているわけではない。ただ、行政訴訟＝「司法」説の前提する歴史的変化の動かぬ証拠が憲法典のなかにない、と主張しているのである(2)。ここでは詳論する余裕がないが、確かに憲法七六条の構成はあいまいであって、行政機関も行ないうる行政法上の争訟の「裁判」（憲七六条二項）は本来「司法」に属せず、ただその終審のみが憲法上の例外として裁判所の権限とせられたのだと解すること（少数説）も、反対に、行政機関が争訟を最終的に裁定しえないのは、憲法があらゆる争訟の裁定を「司法」とみなしているからで、憲法はむしろ例外として行政機関の前審としての司法的作用（裁判所法三条二項にいう「審判」）を認めたのだと解すること（通説）も、ともに論理的には可能である。しかし、この二つの解釈可能性のなかでは、旧憲法と比較した憲法全体のコンテキストにてらして、やはり通説を選択すべきであろう。そうなればまた、「裁判を受ける権利」の保障（憲三二条）も、相手方が誰であれ、いっさいの法律上の争訟について裁判所に出訴する権利を保障したものと見なければならない。ここまでは、大きな異論はないのである。

実際上重要な意見の対立は、この通説のわくのなかで生じた。通説を前提として、新しい行政訴訟制度の礎石を置いた有力な学説は、[3]「司法」を、本質的に判断作用として、また、類型的に「行政」とまったく異質的な作用として捉える立場から、行政訴訟＝「司法」における「司法権の限界」を力説したのであった。「法律上の争訟」（裁判所法三条一項）でないものは、司法権の対象とならない。そのような司法権のいわば外周も、時に「司法権の限界」として観念せられることがあるが、行政訴訟における司法権の限界とは、司法の本質に基づき、行政訴訟において裁判所のなしうることには限界があるという主張である。この場合、司法の本質としては、判断作用であること、受動的作用であること、個別的な孤立した作用であること、独立の機関により完全な裁判形式性において行なわれること等が挙げられる。司法が判断作用であることにより、「裁判所はただ処分の違法を確定できるだけで、自らこれに代る処分をしあるいはこれを処分庁に命ずる権限を有しない」（兼子（一））とせられた。また、この司法の本質性がことさらに強調せられたのは、「全体として統一性と継続性をもった一連の形成的作用」（田中（二））としての「行政」に対する「司法」の「不当な介入」の可能性を予測し、その手前に司法権の限界を設定せんがためであった。「判断」説から許されないとせられる行政処分の給付訴訟は、「不当介入」論の見地からも否定せられるが、特に後の見地からは、行政庁に事前に行為を具体的に指図する結果になる義務確認訴訟や処分権限不存在確認訴訟も、否定せられることとなる。

このような司法権の限界論は、早い時期に新しい行政訴訟制度の教本となり、多くの下級裁判所の判例を生み出した。だが、いったん憲法が違法な行政庁の行為に対する救済につき裁判所の門を開いた以上、現実に様々の救済を求める訴が第一線裁判所に殺到するのは当然であり、やがて裁判所のなかに、支配的な理論によって割りきることに対する反省が生じた。この点での学説・判例の動きについては、手際のよい研究[4]があるが、そこでも指摘されているように、もともと、行政訴訟＝「司法」説において「司法権の限界」を語ることには、行政訴訟＝「行政」

説（柳瀬）の指摘したような矛盾があり、よく言っても、司法国家における大陸法的な行政制度の残存がある。

限界説に対しては、西ドイツの行政裁判制度との比較において行政法学者による批判[5]もあったが、有力な批判は、むしろ当の司法権を担う裁判所のなかから出てきたのである[6]。かつての支配的理論は、不作為の違法確認の訴え（行訴三条五項）や事実行為の取消しの訴え（行訴三条二項）[7]を明示的に認め、その上、いわゆる「無名抗告訴訟」の発展に道を開いた法律の下に、今日では明らかに守勢の立場に置かれている。

「司法」を消極的・受動的な「判断」として、積極的・能動的な「政治的・行政的決断」（田中(二)）としての「行政」に対置せしめる限界説の論拠は、もっぱら行政の適法性のみが問題であるこの場合、場ちがい的にイデオロギッシュであるばかりか、実際上も行政庁の義務確認訴訟の可能性は排除しえない。したがって、限界説の第二の防衛線として、「不当介入」論がクローズ・アップされることとなる。兼子(一)・田中(二)理論に対する批判をふまえた反批判としての雄川理論[8]、および最近の田中(二)理論[9]は、正にこの段階にあり、そこでは、処分についての行政庁の「第一次的判断権」を絶対的に尊重し、あくまで「事後審査」にとどまることが、司法権にとって憲法的な must であるとせられる。行政組織の内部においても、法律がある行政庁に与えた権限はまず当該行政庁によって行使されなければならず、監督庁といえども処分庁に先んじて当該処分を自ら行なうことはできない。ただ、事前に訓令により権限行使を指図しうる監督庁は、事後に原処分を取消すだけではなく、積極的に変更することもできる。旧憲法下の行政裁判所が行政庁に対し義務を命じ、あるいは係争処分を変更することができたのは、行政裁判所の「裁判」権に当然伴うことではなく、その行政監督権に基づくものとみなされた[10]。だから、行政監督権（＝行政権）をもたない「司法」裁判所には、そのようなことはいっさいできない、と論ずるのである。

このような兼子(一)、田中(二)、雄川理論には、次のような疑点がある。(1)監督庁が一般的かつ事前に処分を指図したり、事後に処分を指図したり、事後に職権でも矯正したりするのと、行政裁判所（または今日の司法裁判所）が訴えに応じ、具体的な個々の事件で、原告の救済のために行なう処分の変更や行政庁の義務づけを、はたして同じ「行政監督」作用として捉えうるであろうか？　⑵また、この理論は、裁判所が行政に対し「一般的監督権」をもつことにより「司法万能の幣を生じ」、「司法権の判断に行政権を全面的に服従せしめること」をおそれ、「行政の自主性と責任」のために高く厚い壁を設けようとするが、それは余りに誇張された all or nothing 式の考え方ではないであろうか？

実際、しだいに地歩を占めてきた反対説や下級裁判所の判例も、行政的裁量がからまず、争いの成熟がすでに行政処分がなされた場合に準ずる程度に達している限られた場合には、事前に行政庁の特定の行為、不行為の義務を裁判所が確認しうるのでなければ、司法権の本務である行政救済を全うしえない、と主張しているにすぎないのである。[11]これをもし「不当な介入」として否定するならば、その前提にある権力分立観の方が憲法からずれている疑いが生ずる。この問題を見直す憲法上の手がかりは、やはり「裁判を受ける権利」にあると思われる。

一般にこの問題について、稀な例外[12]を除き、いわゆる憲法学者は沈黙してきた。「裁判を受ける権利」は、いっさいの法的紛争について、たんに判断を受ける権利ではなく、不法に加えられた「損害の救済に必要な措置をとることを求める権利」[13]である。裁判所が必要適切とみなす救済が、たとえば被告の人格を無視するものとして憲法一三条に反し、あるいは良心の自由の侵害として憲法一九条に反するというように、公権力一般に対する明示の憲法上の制限にふれる場合はあろう。しかし、具体的な紛争の解決のため必要、適切、確実な救済が、漠然とした「行政の自主性と責任」を理由に、いわんや、裁判所のみが行政救済の機関ではない（雄川）という理由で、制限さるべきいわれはない。にもかかわらず、「行政救済の目的をほぼ達成する」[14]にすぎぬ不作為の違法確認をもって、司法的救済の最大限度とする支配的理論は、司法権を特殊な権力分立像のなかにおしこみ、その本質的機能を阻害するものではなかろうか？　また支配的理論は、裁判所が訴訟に付随して行なう行政処分の執行停止の決定は、「司法」ではなく「行政」であるとして、裁判官に対する内閣総理大臣の問答無用的な命令権（行訴二七条）[16]を合憲としてきた。[15]救済に司法権の本質を見る新しい立場から、これが違憲視せられるのは当然であろう。

（1）　宮沢「司法作用の概念」（昭二一年）『憲法と裁判』所収。
（2）　柳瀬「行政権と司法権との関係」（昭二八年）『憲法と地方自治』所収。
（3）　兼子（一）「新行政訴訟の基礎理論」（昭二三年）『民事法研究』第二巻所収、田中（二）「行政事件に関する司法裁判所の権限――司法権の限界について」（昭二四年）『行政争訟の法理』所収。
（4）　兼子（仁）「行政事件訴訟特例法の実態」鵜飼編『行政手続の研究』（昭三六年）所収、今村「行政訴訟」『日本国憲法体系』第六巻所収。
（5）　山田（準）「行政行為要求訴訟は西ドイツ行政裁判制度に特別の制度であって我法制においては認められないか」法律論叢二九巻二・三号、四・五号
（6）　最高裁事務総局の「英米法における宣言的判決」（昭二四年）や、『行政訴訟年鑑』（昭二五年度）にも大陸法的な行政訴訟の法理を克服しようとする志向が存したが、特に裁判実務に影響力を与えたのは、白石判事の論文、「公法上の義務確認訴訟について」公法研究一一号（昭二九年）、「公法関係の特質と抗告訴訟の対象」『訴訟と裁判』（昭三一年）所収。
（7）　公権力の行使にあたる事実行為の「取消」判決が、その事実行為の撤廃を行政庁に命ずる結果になることは否定しがたい（柳瀬「事実行為の取消訴訟」自治研究三九巻八号、九号）。同教授は、裁判所が行政庁に義務を命じえないという司法権の限界を認めない（行政教科書（昭三八年）一七九頁）。
（8）　雄川・行政争訟法（昭三二年）。同「行政訴訟の動向」『講座現代法5』（昭四〇年）所収。
（9）　田中（二）・新版行政法、上Ⅱ（昭三九年）。この方が雄川説より柔軟で、「宣言的判決」の可能性は肯定し、「義務づけ訴訟」の許容性については憲法上「甚だ疑問」だが、「義務確認訴訟」は「若干の疑問を免れない」としている。
（10）　兼子（一）・前掲論文。同旨、田中（二）、雄川。反対、磯崎「裁判所の違法処分変更の判決」公法研究五号（昭二六年）。
（11）　今村・前掲論文、八九頁、成田ほか『現代行政法』（昭四三年）三一一頁。
（12）　大西（芳）「行政事件訴訟の給付判決」立命館法学九号（昭二九年）。
（13）　宮沢『日本国憲法』（昭三〇年）二八七頁。
（14）　田中（二）『新行政法』（上Ⅱ）二九二頁。
（15）　兼子（一）「司法権の本質と限界」（昭二八年）『民事法研究』第二巻所収、田中（二）「行政処分の執行停止と内閣総理大臣の異議」（昭二八年）『行政争訟の法理』所収、同旨、雄川。
（16）　今村「行政処分の執行停止」法学セミナー四〇号（昭三四年）、同「執行停止と仮処分」『行政法講座』第三巻（昭四〇年）所収、同旨、杉村（敏）、有倉、兼子（仁）。

「直接国家統治の基本に関する高度に政治性のある国家行為のごときはたとえそれが法律上の争訟となり、これに対する有効無効の判断が法律上可能である場合であっても、かかる国家行為は裁判所の審査権の外にあり、その判断は主権者たる国民に対して政治的責任を負うところの政府、国会等の政治部門の判断に委ねられているものと解すべきである。この司法権に対する制約は、結局、三権分立の原理に由来し、当該国家行為の高度の政治性、裁判所の司法機関としての性格、裁判に必然的に随伴する手続上の制約等にかんがみ、特定の明文による規定はないけれども、司法権の本質に内在する制約と理解すべきものである。」これは、学説からの引用ではない。有名な最高裁判決（昭和三五・六・八民集一四巻七号一二〇六頁）の一節である。

二　司法権の対象的限界

この判決が確定したと言われる「統治行為」の法理への理論的関心は、戦前の東大学派の憲法学説によって喚起された(1)。戦後、裁判所が一般的に行政事件の裁判権と、その上違憲審査権をももつに到り、統治行為論への関心は実践的な意味をも帯びて、主として東大系統の公法学説のなかにひろく根をおろしていった(2)。この判決にしても、そうした学説のひとつの公定にほかならない(3)。これに対し、主として京大学派の公法学者は批判的な見解をとり続け、その間には論争も記録されている(4)。しかし、全体として、ここでも主役を演じたのは憲法学者ではなく、行政法学者であり、また、統治行為否定論が積極的に展開されることは少なかった。

統治行為肯定説も、決して一様ではない。何と言っても、憲法はこのような司法権の対象的限界を明示していないばかりか、かえって「一切の」国家行為の合憲性決定権を最高裁に認めているのであるから、肯定説の側で挙証責任を負うわけであるが、証明の仕方には、ほぼ次の三つがある。(1)第一は、もっぱら実際的な理由づけを行なうもので、限界を認める理由は、「かりに裁判所が議院なり内閣なりの行為の違法ないし無効を宣言してみたところで、その執行はほとんど不可能であり、むしろ、それらを選挙や、一般の政治上の言論を通じて、いわば政治的なコントロールに服させる方が、はるかに効果的であると考えられるからである」とし、議院における議決や選挙の効力、国会の召集や衆議院の解散など、比較的限られた例を挙げる。(5) ⑵同じく実際的な理由づけと言いうるものに、比例原則を援用する説がある。違法の行為を無効とし、または取消した場合に生ずべきより大なる害悪（混乱、対外的な国家意思の分裂、裁判所が政争にまきこまれるおそれ）を避けるために司法権の不行使が正当化されるとするのである。(6) この説では、例外の範囲は多少ひろがる。⑴、⑵説は政策的な司法権の「自制説」とみなされているが、⑶第三に、権力分立原理を根拠とする説がある。人により表現の仕方は異なるが、要するに、司法権は一〇〇％他権の行為の適憲性、適法性を審査しうるものではなく、特に政治性の高度な行為については、国民主権（責任政治）の建前から、憲法全体が、もっぱら内閣→国会→選挙民という経路で政治的コントロールを受けることを予定し、あらかじめ憲法上の司法権の対象から黙示に除外している、と説くのである。(7) これは、今のところ肯定説の主流で、「内在的制約説」とよばれ、前記判例も、この考え方を基本とし、多少実際的観点を加味したものである。

「自制説」と「内在的制約説」、この二つの考え方は、一方が実際的・便宜的、他方が理論的・原理的であるかのような印象を与えるが、それは主としては、後説の用いる「本質」とか「原理」とか「内在的」といった言葉のもつ後光のせいであろう。司法権に「内在的」限界を見出す憲法解釈そのものが、「自制説」と共通した実際的考慮をひめているし、憲法の最終的解釈権をもつ最高裁が「内在的制約説」を採用したこと自体、裁判所の「自制」であると言いうる。

ここでは、⑶説にしぼって、その証明方法と結果を検討しよう。⑶説の根拠づけは、一でのべた行政訴訟における司法権の限界の根拠づけと共通の根をもっており、したがって同じ系統の学者が早くからこれを熱心に唱えた。(8) この根拠づけをかりに「複線的権力分立論」と名づけよう。雄川、金子におけるその一応の完成形態にいたるまで、一貫して流れている思想は、国民主権の下で、政治的決定につき政治的部門が究極的に国民に対し負っているような責任を独立の司法権は負うものではないから、司法権が、法律上の争訟であるからといって、他の二権（政治的部門）の高度の政治的決定を左右するような判断を行ないうるとすることは、司法の「万能」（田中㈡、雄川）ないし「独裁」（兼子㈠）を認めることになる、という考え方である。これを「複線的」権力分立論とよぶ理由は、法律上の争訟の裁定という裁判所に憲法上分配された司法権には、裁判官の政治的無答責を理由に「統治行為」の審査権が含まれていないと主張するのは、憲法の定める権力分立を、政治的決定と規範的判断との隔離という思想と重ね合わせて修正するからである。この修正が、憲法に根拠のない主観的な権力分立像にすぎないか[9]、それとも、憲法全体の立体的解釈であるのかを、それ自身として争っても、おそらく水掛論となるであろう。行政訴訟の限界説において外国法との比較をむしろ拒否した人びとが、統治行為論においては外国法理の紹介・導入に大いに熱意を示したこと、そして、行政訴訟の限界説に対し司法部が示した批判的態度と対照的に、違憲審査制の未熟な段階で、最高裁自身が、下級裁判所の否定説と反対に、学説と同じ演繹的な論法で統治行為論にとびついたことが、割り切れない感じを与えることを指摘するにとどめよう。

⑶説は、もっとも広汎な統治行為の候補リストを提示する。人によって多少差はあるが、共通するのは、（イ）外交関係の処理を必ず含めること、（ロ）リストを拡大すればする程、そこに裁量行為（例、国務大臣の任免、恩赦の決定）、（ハ）議院の自律権に属する行為（例、議員の懲罰）、および、㈡憲法の明文上最終的決定権が裁判所以外の機関に与えられているもの（例、議員の資格争訟）が混入することである。なによりも⑶説の論者自身がこのことを認め、「これらの事項の多くは、同時に裁量としても観念できるのであって、したがって、統治行為の理論が否認されたとしても、自由裁量の理論によって司法審査の枠からはずすことができるから、実際上多くの支障はないかも知れない」としている[10]。

⑶説のリストに明らかに影響を与えているのは、アメリカの判例法上の「政治的問題」のドクトリンである。筆者が厳密に分析したところでは[11]、それは、（a）全然法的問題ではない純政治的問題、（b）国内裁判所としては政治的部門の決定に従うほかはない種類の国際法問題、（c）政治的部門の裁量問題、および、（d）議会内部問題、から

成立っており、裁判所にとって適用すべき法の規律がありながら審査権の対象外という「統治行為」に対応するのは、右の(d)のみである。アメリカ最高裁も、近時の判決で、過去の判例を詳しく再検討し、いわゆる「政治的問題」の多くが裁量問題であったことを認めている。(3)説のリストのうち、(イ)は(b)または(c)に吸収されるから、結局、法律上の争訟であっても、裁判所の審査権が及びうるかどうかが問題になりうるのは、(d)に対応する(ハ)のみにすぎない。

いわゆる「議院の自律権」は、一般に「統治行為」とはまた別な司法権の限界とみなされてきた[12]。判例も、「統治行為」を言わずに、「両院において議決を経たものとされ、適法な手続によって公布されている以上、裁判所は両院の自主性を尊重すべく」、法律制定の過程での手続上の瑕疵の有無を審査して、有効無効を判断すべきではない、とした(最判昭和三七・三・七民集一六巻三号四四五頁)。裁判所には法律の実質的審査権さえあるのだから、その形式的審査権が議決の定足数の点にまで当然に及ぶとする説もないではない[13]。しかし、法律と限らず、議院の議決の手続的要件について、裁判所が審査権を自制すべき正当な理由はある。それは、立法権の意志の内容が憲法に反して無効とするのにくらべて、表示された立法権の意志が、その形成手続の瑕疵のゆえに、本当の意志でないから無効とする方が、よほど、対等の政治的部門に対して失礼になるからである。閣議決定に必要とされる全会一致があったかどうかの審査も、同様な考慮から自制すべきであろう[14]。こうした自制は、他の二権に対する司法権の最小限の礼譲として、三権分立不可欠の前提であるように思われる。名に捉われず実体に則して見れば、この種の自制をいわゆる「統治行為」ないし「政治的問題」から区別すべき理由はなく、かえって、これこそ唯一真正の「政治的問題」と見るべきであろう[15]。最高裁は、この二つを区別することによって、無用に実体のない包括的な統治行為論を宣言してしまった。無用というわけは、そこで問題になった衆議院の解散の実質面(いかなる場合に解散しうるか)については内閣の裁量を言い、有効な閣議決定の有無についてのみ、審査権を自制すれば足りたからである。

(1) 宮沢「行政裁判と統治作用」、「フランスの判例法における統治行為」(昭一三年)『憲法と裁判』所収。

（2）　宮沢、清宮、兼子（一）、田中（二）、入江、佐藤（功）、雄川、芦部、金子、山田（準）、橋本等が肯定論者。
（3）　この判決は、砂川事件判決（最大判昭和三四・一二・一六刑集一三巻一三号三二二五頁）の藤田、入江意見を通じて、入江「統治行為」公法研究一三号（昭三一年）につながっている。
（4）　田畑（忍）・憲法学講義（昭三九年）三〇五頁。覚道「憲法における自由裁量の概念」阪大法学四〇巻四〇・四一号（昭三七年）。磯崎『統治行為説批判』（昭四〇年）所収の諸論文。
（5）　宮沢・日本国憲法（昭三〇年）五九六頁。
（6）　山田（準）「統治行為について」公法研究一三号（昭三一年）、同『統治行為論』（昭四一年）。
（7）　入江・前掲論文。雄川「統治行為論」国家学会雑誌六八巻三・四号、九・一〇号、七〇巻一・二号（昭二九―三一年）、金子「統治行為の研究」国家学会雑誌七一巻八号、一一号、七二巻二号、九号（昭三二―三三年）。
（8）　兼子（一）「違憲提訴における事件性の問題」（昭二七年）『民事法研究』第二巻所収。
（9）　磯崎「いわゆる統治行為を肯定する学説の批判」（昭三四年）『統治行為説批判』所収、小島「権力分立」『日本国憲法体系』第三巻（昭三八年）二二九頁。
（10）　橋本『憲法原論』（新版、昭四一年）四一九頁。
（11）　尾吹「『政治的問題』の問題性」新潟大学法経論集一五巻四号（昭四一年）〔本書第29論文〕。
（12）　清宮『憲法Ⅰ』（昭三二年）一九七頁、田上『憲法概要』（昭三八年）二二四頁。
（13）　橋本・前掲書三四九頁、鵜飼『憲法』（岩波全書）一九七頁。
（14）　兼子（一）『裁判法』（昭三四年）六七頁、田上・前掲書二一四頁、作間「衆議院の解散」『憲法判例百選』（旧版、昭三八年）一九〇頁。
（15）　名に捉われず区別しないのは、宮沢『日本国憲法』五九四頁。

三　裁判形式性の問題

裁判官の「独立」（憲七六条三項）、裁判の「公開」（憲三七条一項、八二条）および裁判の「対審」構造（憲八二条）を裁判形式性の三つの要素と見ることができる。対審とその公開が憲法上定められている「裁判」（憲八二条）とは、そもそも民事・刑事の「訴訟手続」で行なわれる作用のみを意味し、「非訟事件手続」「家事審判手続」は含まれない、というのが憲法学者の通説であった。「訴訟手続」は、もちろん公開の口頭弁論を中核としているのであるから、このような解釈は一種の同語反復でしかない。問題は、いかなる性質の作用が公開の口頭弁論を要するか、すなわち訴訟手続で行なわれるを要するか、にある。

最高裁の判例は、曲折を経て、一応、純然たる訴訟事件につき終局的に事実を確定し、当事者の主張する権利義務の存否を確認するのが「裁判」で、これは、憲法上、公開の法廷における対審および判決によってなされなければならない、という立場に落ちついている（最判昭和三五・七・六民集一四巻九号一六五七頁）。夫婦間の協力扶助に関する処分（家事審判九条一項・乙類一号）、婚姻費用の分担に関する処分（同三号）、遺産の分割に関する処分（同一〇号）の家事審判は、それぞれの権利や義務の存在を前提して、法律に基準のない具体的内容を裁判所が裁量により形成する「本質的に非訟事件の裁判」である上、前提された権利義務じたいについては終局的に決定されるわけではなく、別に民事訴訟によって争いうるのだから、違憲ではない、というのが一連の判例の多数意見である。[1]

この多数意見の理論そのものについては、特に田中(二)裁判官の意見、およびこれを支持する学者[2]により、第一に、実際上、審判で権利義務の具体的内容を定めながら、訴訟でその前提たる権利義務じたいを争いうるとすることが、家庭裁判所の存在意義を没却することになる点、第二に、概念的に、「純粋な訴訟事件」と「本質的な非訟事件」との限界が必ずしも明確ではない点、そして第三に、訴訟＝確認的裁判、非訟＝形成的裁判という区分じたいが、権利義務の変動について定める実体法の定め方（＝立法政策）に依存することが、問題として指摘されている。

ともかく裁判に触発されて、ここでも憲法学者ではなく、私法学者[3]や訴訟法学者が新たな憲法問題に取組み、次のような考え方が徐々に勢を得てきている。それは、私人間の紛争の裁定または重大な自由の侵害である刑罰を科する手続が、独立の裁判官により、かつ人間の誰しもおちいりやすい予断を可能な限り排除する対審構造において、しかも一般公開のもとに行なわれることの憲法的重要性を十分考慮しながら、他方、完全な裁判形式性を具えた訴訟手続が多くの費用と日時を要するほか[4]、公開や対審的な対決主義に適しない紛争もあること（典型的には家庭事件）から見て、あらゆる点で理想的とは言えないことをも考慮にいれ、法律上の争訟の裁定（司法）についても、完全な裁判形式性の原則からの合理的な例外は憲法上許容されると考えるのである。

しかし、訴訟手続からの逸脱を、いかなるものについて、またどの程度まで「合理的」と考えるかは、人によって一様ではない。家族間の紛争を公開の対審によらず家庭裁判所の後見的な立場からの解決にゆだねることは、まず合理的と考えられようが、継続的な法律関係であるというだけで、純財産的な私人間の紛争（借地八条ノ二、九条ノ二、九条ノ三）について、同じ程度の逸脱、たとえば非公開が許されるかどうかについては、両論がある[5]。例外として「合理的」かというものさしそのものは、使い方次第である。たとえば、我妻説の支持を受けた田中(二)裁判官は、その後の判例（最判昭和四一・一二・二七民集二〇巻一〇号二二七九頁）のなかで、秩序罰としての「過料」の裁判そのものが行政作用として訴訟手続によるを要しないばかりでなく、この裁判に対する不服も、「過料を科する手続と一体的に非訟事件手続法の定める一連の手続によらしめるだけの合理的根拠がある」としている。おそらく、この種の合理性（＝たんなる便宜）は、「合理的例外説」の意図をこえるもので、いかに裁判所自身の行なう行政処分であるとはいえ、その適法性を争う者に訴訟手続をとざすのは違憲と見るべきであろう[6]。

憲法が予定する完全な裁判形式性の諸要素を緩和すること、つまり「司法の行政化」が許されるという「合理的例外」の範囲は、学説によってもいまだ解明されていない。「終局的には、判例法によって解決されるべき問題」（田中(二)）という学者裁判官の託宣が、そのまま受けいれられているのであろうか？

問題の正しい解明には、憲法学者（ただし当面、筆者を除く）の協力が不可欠であり、憲法学が、裁判形式性の諸要素の意義と関連を明らかにし、憲法三二条の拡大的解釈による「行政の司法化（＝裁判形式化）」と現代社会の必要に応じた「司法の行政化」の限界を明らかにする任務を負っている。このままでは、裁判官の独立性と身分保障のみで、裁判所の作用の公正は十分保障されるとか[7]、民事訴訟でも、憲法八二条二項の許容する場合以外にも裁

判所は公開を止めうるといった反憲法的な意見がはびこるばかりであろう。(8)

（1）　最判昭和四〇・六・三〇民集一九巻四号一〇八九頁および一一一四頁、最判昭和四一・三・二民集二〇巻三号三六〇頁。
（2）　我妻・判例研究・法学協会雑誌八三巻二号（昭四一年）。
（3）　新堂「強制調停を違憲とする決定について」ジュリスト二〇九号（昭三五年）、同じ判例の研究として、佐々木・ジュリスト『憲法の判例』一一四頁。註（1）の判例に関しては、我妻・前掲のほか、小山・判例評論八四号、鈴木(忠)・判例タイムズ一七九号。
（4）　宮沢『憲法Ⅱ』（昭三四年）四二一頁は、強制調停が安あがりの救済手段であるから、実質的には裁判を受ける権利の侵害にならないとする。
（5）　我妻。住吉『憲法判例百選』（新版）一三二頁は借地、借家、農地等の紛争の非訟的処理を肯定し、広中「新しい借地裁判手続」法律時報三八巻一〇号（昭四一年）は、この手続が非公開で理由を付すべき旨の規定を欠く点を違憲視している。
（6）　広岡「判例批評」民商法雑誌五七巻一号一四七頁、大西(芳)『憲法判例百選』（新版）一三四頁は、過料に対する不服は訴訟手続によるべしとする入江意見を支持する。
（7）　最判昭和三五・七・六における田中(耕)、斉藤、高橋裁判官の反対意見（それ以前の判例の多数意見）で、独立の裁判所による紛争の処理であれば足り、特別の手続によれという要求を憲法は含んでいない、とする（佐々木・前掲解説はこの立場を支持する）。
（8）　鈴木(忠)「非訟事件に於ける正当な手続の保障」法曹時報二一巻二号（昭四四年）一八頁以下、同様な公開原則軽視の例は、唄＝湯沢「家庭裁判所の現実」『講座現代法5』三四四頁。

（一九六九年）

28　憲法規範の変性？

一　問題の所在

憲法学も長い伝統のある法律学の一分肢である。ある国のある時代にある人びとが感ずる「必要」というだけで、体系的な諸概念を無視して勝手な議論ができるわけのものではない。ところが、いつの間に「憲法」というものの性質が変ったのだろうと思わせる議論が、今の日本ではいろいろある。本稿ではそのうち、いわゆる「立法不作為の違憲審査」の問題を取りあげ、これを肯定する論者が当然前提する「憲法規範」についての見方が充分に基礎づけられているものかどうかを検討する。

まず、**二**で裁判所による「立法不作為の違憲審査」という問題をめぐる現在の日本の判例状況とそれに対する学者の反応を概観し、**三**では、積極的な判例を支持する日本の学説の現状を確認する。**四**では、積極説の根拠づけの元となっているドイツの判例や学説を検討し、かの地で、憲法裁判所であれ、通常裁判所であれ、違憲の立法不作為に対する裁判的救済が実際にどこまで行われているのかを検討する。**五**では、いったい立法に関する「憲法規範」が学問的にはどう考えられてきたのかを検討し、最後の六で、「立法不作為」に対する「違憲審査」積極説がこれと調和でき、または伝統的理論を克服しえているのかを総括する。

このような作業は、畏友、菅野喜八郎教授とともに歩んだ、戦後日本憲法学の「主意・主情主義」との長年の闘いの一環でもある。

二　日本の判例状況

判例で、実質的には「立法の不存在の違憲性」が争われた事例はいろいろある。
（1）なんといっても、「立法不作為の違憲審査」という問題に充分な用意もないままにふみ込んだのは、あまりに有名な衆議院議員定数違憲訴訟の最高裁大法廷判決（最大判昭和五一・四・一四民集三〇巻三号二二三頁）であった。そこで、最高裁は、いったん定められた各選挙区への議員定数配分規定が、その後の人口移動にもかかわらず改正されず、一票の重みの格差が「一般的に合理性を有するものとは到底考えられない程度に達し」、かつ「憲法上要求される合理的期間内における是正がされなかったとき」は、現行規定は違憲と断ぜられるべきであるという原則を提示し、具体的には八年余にわたって放置され、最大格差一対約五に達した衆議院議員定数配分規定が違憲と「宣言」された。
この判例を歓迎した憲法学者が大多数で、本来、民衆訴訟として限られた目的のために認められた選挙無効訴訟で、このように公職選挙法自体の合憲性の問題に立ち入るべきではなかったと批判するのは、少数（尾吹『日本憲法』三七〇頁、他に田口精一）である。
（2）昭和二七年に行われた公職選挙法の「在宅投票制度」を廃止した立法行為が、みずから投票所に行けない重度身体障害者に対する関係で、憲法の平等原則に違反してその選挙権を奪うにひとしい国会の「不法行為」であるとして、国家賠償を命じた本邦最初の地裁判決（札幌地裁小樽支部判昭和四九・一二・九判例時報七六二号八頁）が、国によって控訴され、これを受けた高裁は、身体障害者の団体等が昭和四二年に旧制度の復活を求める請願を行ったにもかかわらず、国会がなお放置し続けている「立法不作為」のほうの違憲性を認め、ただ請願当時、在宅投票制度を復活しないことが違憲だという「学説も判例」もなかったので、国会の「過失」はないという理由で一審判決を破棄した（札幌高判昭和五三・五・二四判例時報八八八号二六頁）。最終的には小法廷判決（最判昭和六〇・一一・二一民集三九巻七号一五一二頁）で、「国会議員の立法行為（立法不作為を含む）は、立法の内容が憲法の一義的な文言に反しているにもかかわらず国会があえて当該立法を行うというごとき、容易に想定し難いような例外的な場合でない限り、国家賠償法一条一項の適用上、違法の評価を受けないものといわなければならない」とされ、この立法はそのような場合ではないとされた。

法律雑誌では一審判決を正当とする論評（藤井俊夫『ジュリスト昭和六〇年度重要判例解説』）がめだち、国会の立法・不立法への国家賠償法の適用自体を批判する者は少数（尾吹）である。

なお、本件一審判決が(1)と結び付けられて、放置された「薄い選挙権」のために精神的損害を受けたと称する、「立法不作為に対する国家賠償訴訟」がさっそく全国各地で提起され、大部分の地裁・高裁は、結局請求そのものは棄却しながら、お茶を濁した判決を書き続けた（東京地判昭和五二・八・八判例時報八五九号三頁など）。敗訴しても、国賠法の国会立法・不立法への適用可能性を手にした原告達は、いわゆる「精神的損害」なるものはもともとただの「政治的憤慨」にすぎぬため、満足して上告はしていない。

(3)　父の本国法のアメリカ法でもアメリカ国籍を得られず、当時の日本の父系優先血統主義の国籍法で母の日本国籍も取得できなかったため、無国籍となった子が「日本国籍を有することの確認」を求めた訴訟で、一審判決（東京地判昭和五六・三・三〇判例時報九九六号二三頁）は、原告の請求を棄却したが、父系優先血統主義の規定自体は重国籍防止のため必要であるとともに、日本に住所を有する日本国民の子が無国籍の場合、簡易帰化が認められるであろうことを勘案すれば「著しく不合理な差別であるとする非難を辛うじて回避しうるもので」合憲と判断し

Ⅲ　統治機構・司法権

た。しかし、原告の控訴をうけた二審判決（東京高判昭和五七・六・二三判例時報一〇四五号七八頁）は、国籍法の簡易帰化の規定を援用して合憲と判断する技巧を避け、控訴人の主張は、実は、「母が日本国民であるとき」その子が日本国籍を取得するとの規定の「不存在」が違憲であるという趣旨なのだが、「ある規定が実定法上に存在しないとき、それがいかに憲法上望ましいものであろうとも、違憲立法審査権の名の下に、これを存在するものとして適用する権限は裁判所に与えられていない」と明言し、控訴を棄却した。

その後、昭和五九年に国籍法は根本的に改正され、重国籍となる場合やがてはどちらかを選択しなければならないにしても、父母両系の血統主義が認められ、問題は消滅した。

学者の判例評釈のなかでは、裁判所は原告の日本国籍を確認すべきであったとするものがめだつ（戸波江二・判例評論二九八号一八〇頁）。

（4）昭和二〇年に名古屋空襲に遭って負傷した女性等が、軍人・軍属で戦死傷した者には「戦傷病者戦没者遺族等援護法」があるのに自分達には何もないのは、「平等原則」に反する国会の立法不作為により受けた損害だから、国が賠償せよ、と訴えた。一、二審判決は、いわゆる「立法不作為」が不合理な差別には当たらないとし、最高裁は、（2）の先例を踏襲して、憲法には空襲被害者に対し補償を命ずる一義的な明文の規定はないから、いうところの「立法不作為」は国賠法上「違法」の評価を受けるものではないと片付けた（最判昭和六二・六・二六判例時報一二六二号一〇〇頁）。

（5）第二次大戦中、旧日本軍の一員として戦死傷した台湾人の遺族等が、昭和五二年に、直接憲法二九条三項、一三条に基づき、または、国籍喪失者を除外する「戦傷病者戦没者遺族等援護法」は憲法一四条一項に違反するままに放置されているとして、同じ立場にある日本人と同様な補償を請求して出訴した。一審判決（東京地判昭和五七・二・二六判例時報一〇三二号三一頁）は、戦争損害の補償は一に立法政策の問題であること、憲法二九条三項、一三条は憲法施行前の死傷に適用されぬこと、受給資格者を日本国籍をもつ者に限る「援護法」は憲法一四条一項にも違反しないことを理由に請求を棄却した。控訴を受けた東京高裁（東京高判昭和六〇・八・二六判例時報一一六三号四一頁）も、一審判決を支持したほか、控訴人側が新たに提起した、日本国民と同等の補償を行うことを内容とする法律を制定しない「不作為の違憲確認」の請求については、これを根本的にしりぞけはせず、「立法府において一定内容の作為をなすべきことが法律上一義を許さないほどに特定していて、……立法府の第一次的判断権を重視する必要がない程度に明白であること」が前提条件になるとし、本件はそうした場合ではないとして、この予備的請求は却下した。

本件一・二審判決についても批判的で、立法不作為に対する救済方法としてドイツ流の「違憲確認判決」に類似する処理を提唱した者があった（戸波江二・前掲文献、同「立法の不作為の違憲確認」芦部編『憲法訴訟』一巻所収）。

（6） 法律上あるいは事実上幼児に強制的に実施された予防接種から、少数ではあるが必ず生命・身体・健康の被害を受ける者が生ずる。昭和五〇年代から、こうした予防接種被害も公衆衛生という全体の利益のための国家的施策により一部の者が受けた「特別の犠牲」であるとして、早く最高裁判例が直接的効力を認めた憲法二九条三項の類推を主たる拠り所として、「予防接種法」による補償を上回る損失補償を請求する訴訟が全国であい次いだ。ある地裁判決（高松地判昭和五九・四・一〇判例時報一一一八号一六三頁）は、財産に関する二九条三項は、生命・身体の損失につき類推できないとして請求を棄却したが、反対に、この類推を肯定して一六〇名の原告達に合わせて約二十七億円の補償を命じた地裁判決（東京地判昭和五九・五・一八判例時報一一一八号二八頁。同旨、大阪地判昭和六二・九・三〇判例時報一二五五号四五頁）もある。

後者に賛成する論評が多く（塩野 宏「賠償と補償の谷間」法学教室四七号、他に原田尚彦・今村成和・阿部泰隆など）、前者に賛成の論評は少ない（例、成田頼明）。

以上の諸判例は、すべて直接または間接（判例（6））に憲法一四条一項の「平等原則」のもとで、平等の不徹底、いわば立法権による「不完全履行」が問題とされたものである。「平等原則」自体が一四条一項の「人種、信条……」などのいわゆる列挙を離れては相当柔軟な原則であるため、結局違憲に非ずと答えられる場合が多い（(1)の種類の事例、(4)(5)）。法律不存在の結果が違憲と主張され、裁判所によるなんらかの救済が求められたのであるから、伝統的な法律学からは、原告の立論の土俵に引きこまれることも、不自然または少なくとも新奇なことと映じ排斥される（(3)の高裁判決）が、裁判所が存在しない法律を補充しつつ具体的な給付を命じた大胆な判例も出た（(6)の東京地判・大阪地判）。また、国会の立法・立法不作為への国賠法の適用については、(2)および(4)で最高裁が原則否認したあとも、あい変らず争いはやんでいない。

三　日本の学説状況

二で概観した判例で求められた立法不作為に対する司法的救済に関し、伝統的法律学から見てよりラディカルな方策から順に、日本の憲法学者の新説を概観しよう。

（イ）「合憲的立法補充」論。文面上広すぎてそのままでは違憲となる可能性のある法律を「限定解釈」して合憲性を救う裁判所の手法として「合憲的解釈のアプローチ」ということはよく聞く。だが、ここに「合憲的立法補充」というのは、法律上現にある扱いを受けているXグループがある場合に、平等原則に照らして同じ扱いを受くべきYグループがそれを要求する場合、裁判所は、立法府の裁量余地がまったくなく完全に同じ取扱いをなすべきだと考えるときは、ない法律があるかのようにXグループに認められる扱いをYグループにも及ぼしうるという「拡張解釈」論である。戸波江二はこれがドイツでは「一般に承認された……学説・判例」だといい、わが国でも用いうると明言する（前掲・判例評論二九八号一八四頁）。ただし、そこで引用された二つの判例は調べると無関係であった。

（ロ）立法不作為の違憲確認。最高裁大法廷が判例(1)で、顕著な立法怠慢のままに放置された現行法律を「無効」とはなしえずたんに「違憲」と主文で宣言するにとどめたのは、結局は立法不作為をば違憲と宣言したにひとしいことから、違憲無効として現行法の効力を否定しがたい他の場合にも、立法をうながすために裁判所が立法不作為の違憲確認をなすべきだという主張もある。これは、憲法上「不充分な」法律の放置について問題になる。そして「不充分」というなかには、「平等」の点で行き届かないということと、法律による具体化を要する種類の人権保障にとって不充分ということが包含される。

憲法八一条のもと、現に「抽象的違憲審査権」も存在するという少数説がこれを肯定する（榎原猛『憲法──体系と争点』三七六頁）ほか、一般には「司法的違憲審査権」を前提する学者のなかにも、「必要だから」というだけで、わが裁判所による立法不作為の違憲確認判決を法律によって認める可能性を肯定し（長尾一紘「立法府の不作為に対する憲法訴願──西ドイツにおける理論と実践」法学新報七九巻一号（昭和四七年））、あるいは現状のままでもこれが可能だという意見もある（戸波江二・前掲「立法の不作為の違憲確認」、他に野中俊彦）。もちろん少数説であることは自認されている。

（ハ）違憲の立法不作為に対する損害賠償。（イ）（ロ）がともに一部の学説にとどまるのに対し、通常の国家賠償訴訟で、国会の違憲な立法不作為のため直接に損害を受けたと考えるものは、国に損害賠償を請求することができ、その過程で、裁判所は立法不作為の違憲性を判断しうるという主張は、近年ふえており（佐藤　功『憲法上』二六八頁。佐藤幸治『憲法』三一八頁。他に野中俊彦・阿部泰隆・浦部法穂・中村睦男・戸波江二・藤井俊夫など）、数の上では否定説（尾吹『日本憲法』三五七頁）を上回っている。

もともと国会の違憲な積極的立法行為ですら、伝統的な法律学では「公務員の不法行為」として国賠法の適用対象となるものとは考えられていなかった。早い時期にこれに異論を唱えた裁判官、古崎慶長さえも「立法不作為」については否定していた（判例評論一九五号一三五頁）。

この問題に火をつけたのは、二の(2)の札幌高裁判決である。そして、(2)の最高裁判決は、これに始まる下級裁判所の安易な国賠法適用傾向に「水をかけた」。この原則的否定に関して、私は最高裁判決のことばをまじめに受けとるから、積極的立法でも例えば女性の選挙権を否定するといった「容易に想定し難いような」故意の憲法侵害しか例外たりえず、まして日本の憲法典には、いつまでに、いかなる法律を制定すべしという「憲法の一義的な文言」は存在しないのであるから、「立法不作為」が——少なくとも国賠法の適用上——違憲＝違法と評価されることは絶無と考える（『日本憲法』三六〇頁）。いわば「違憲立法国家賠償死刑判決」（阿部泰隆『国家補償法』一三八頁）で、しかもそれが当然と考える。しかし、この最高裁判決を不当とする論者も少なくなく（阿部泰隆・長尾一紘・藤井俊夫・棟居快行など）、また、下級裁にとって足かせとならないように望む者もある（佐藤幸治）。

このような「新説」に共通しているのは、憲法は国会に合憲な法律を作り、違憲な法律を作らない作為・不作為の「行為義務」を課しているとする「理論」、そして個人の訴えがあれば「国民の権利の保障者」としての裁判所がこうした行為義務の履行になんらかの仕方で手を貸すべきであるという「政策判断」とがある。ある種の論文は後者に傾斜しすぎ、すべての法律論を、もっぱら「救済の必要性」とのきまり文句で基礎づけている。「必要は法を破る」とみなしているのだろうか？　もう一つの特徴は、（イ）（ロ）（ハ）とも（西）ドイツの判例とか学説をしばしば引用することである。

そこで、次には、資料は不充分だが、ドイツの状況の本質的な点だけを見ることにしよう。

四　ドイツの判例・学説

1　立法不作為による基本権侵害の憲法訴願など

日本の新説は、まずドイツ連邦共和国の憲法裁判所による、直接に法律による基本権の侵害を理由とする「憲法訴願」（Verfassungsbeschwerde）の判例に着目した（前掲・長尾論文のほか、山内敏弘「立法者の不作為に対する憲法訴願」一橋研究一三号（昭和四一年）など）。そこでは、一九五七年に早くも、勝訴の見込なしとして訴訟救助の請求をしりぞけた憲法裁判所の判決で、英米的にいえばまったくの「傍論」として、立法不作為に対する憲法訴願の

「例外的」許容性が語られ（BVerfGE 6, 257）、一定の展開を見せてきた。

（a）特に「基本法の明示的付託」がある場合に限ること。右に挙げた最初の判例は、基本法一三一条が一種の戦後処理としてその生活を保障する立法を命じた旧官吏等のグループに属するのに、これを受けた法律が旧ドイツ赤十字の職員であった自分達を含めなかったのは平等原則に反するとの主張がなされたものである。結論は、除外は当然とするものであるが、憲法裁判所は、基本法一三一条は、立法に関する通常の憲法規定とは異なり、「立法義務の内容および範囲を本質的に限定する基本法の明示的付託」であるため、立法により捕捉さるべき人の範囲が直接憲法で定められているのにその一部をとりこぼした部分的立法不作為は「立法義務」違反であり、これに対する憲法訴願が許されるとした。ただ、裁判所としてなしうるのは、立法者に対して「道徳的効果」をもつ「違憲確認」にとどまるとも判示した。また「不作為」に対する憲法訴願には出訴期間の制限も及ばないとされた。

ここで「基本法の明示的付託」というのは、例えば基本法六条五項・一二一a条二項・一三三条五項・一一七条一項・一三一条のような規定に限られる。それらは、多数とはいえ特定できる範囲の人びとに関し、一定の内容の法律の制定を求めている。反面、この時点では、立法に関する一般的な憲法規定は、公共全体のために必要なことを定めよという委任にすぎないため、立法者の「責務」ではあっても「義務」を課したものとは見られなかった。

翌一九五八年、一部の旧官吏の恩給増額を怠った立法不作為の違憲確認判決が初めて出た（BVerfGE 8, 1）。これも基本法一三一条を受けた法律と関係する旧官吏などがおこした憲法訴願で、「基本法の明示的付託」とつながっている「不完全平等」の事例であった。

その後もしばらくは、特別の「基本法の明示的付託」が「立法不作為の憲法訴願」の前提とされた（例・一九六〇年のBVerfGE 11, 255）。これは売上税法を改正しないのは平等違反だとの主張に係わる。ここで訴願人は一般的に「基本権の義務づけ効果」を主張したが、裁判所は、「法律による基本権の侵害は、必ず憲法訴願をもって強制できる、基本権とあい容れる法律を創造すべき義務を立法者に課するという訴願人らの法的見解は、法律の無効宣言を目指す、憲法裁判所法九三条二項・三項の出訴期間に拘束された憲法訴願のほかに、もう一つ、立法者に基本権に合致した法律を制定させる無期限の憲法訴願を登場させることとなろう。合理的な程度をこえて憲法訴願の可能性が拡大することが不可避的となろう」と、きっぱり否認した。

（b）「立法義務」の拡散。ところが一九六九年になると、関係者が「基本法の明示的付託」という前提の欠如を指摘したにもかかわらず、憲法裁判所はこの前提を無視し、保険医療から排除され、事実上営業不可能となる最下級の歯科医療従事者の「不完全平等」による基本権侵害の訴願を許容し、かつ、違憲確認の判決を下した(BVerfGE 25, 236)。

それまでにも、違憲確認はしないまでも、「立法者には、ただ、事実上の発展を知った後、立法措置を廃止または変更すべき任務が課されている（ist aufgegeben zu ……）」（BVerfGE 25, 1（製粉業法））といった判示は見られ、これが後にいわゆる「事後改善義務」にまで肥大してゆく。以後は、いわゆる「立法義務」が次第に拡散され、立法者の「義務違反」の審査の間口は広がるが、その反面違憲と確認されることはなくなる。

例えば、一九七八年には、憲法訴願ではなく「具体的規範統制」の事例であるが、その後の飛躍的な技術的発展以前に制定された原子力法に基づく高速増殖炉の設置認可が基本法二〇条の法治行政の原理に反しないか、法律の見直しをしないことが「人間の尊厳」を保護せよとの基本法一条一項第二命題から生ずる「基本権秩序から派生する保護義務」に違反しないかが問題とされた（BVerfGE 49, 89）。前者は否定され、後者も、「立法者に対し、その保護義務という点で、技術的な施設の許容とその運用から発生するかもしれない基本権への脅威を絶対的確実性をもって排除するような規律を求めることは、人間の認識能力の限界を誤認するものであり、およそいっさいの技術利用の国家的許容を追放することになろう。……原子力法の現在の姿においては、立法者による保護義務の侵犯を確認することはできない」とされた。

一九八一年、空港騒音による地域住民の健康被害が、その後の航空運送の技術的・経済的発展に適合しなくなった空港騒音規制措置の放置という立法不作為による二条二項の基本権（生命・身体の不可侵）の侵害であるとしておこされた憲法訴願（BVerfGE 56, 54）でも、憲法裁判所は、まず、立法不作為に対する憲法訴願が例外的に許される前提条件である「基本法の明示的付託」が存在しないことを強調し、次に、「基本権秩序から派生する保護義務」に基づく憲法訴願も裁判所を権限外の立法問題に引き出すことになると否定的な態度を示した。この事案では、結論は、「明らかに理由のない申し立て」として裁判所の全員一致の決定により却下する（憲法裁判所二四条）ものであったので、訴願の許容性の最終的判断は必要でないとしながら、仮定的に、先の「事後改善義務」という観点から検討を加えた。だが、この立法者の義務に関しても、立法の複雑性、権力分立および民主制の原理からいって、憲法裁判所は「明白な（evident）義務違反」の場合しか介入できず、本件はそれに当たらない、とされた。

以上を要約すると、次のようにいえよう。

（1）立法不作為に対する憲法訴願は、憲法規定として例外的な「基本法の明示的付託」を前提し、憲法規定そのものが命じている、一定の人びとに対する一定の立法措置を全部または部分的に怠った結果として、その人びとのなんらかの基本権（平等）が侵害されたという場合にのみ開かれ、あくまで「例外」として出発した。

（2）次に、「基本法の明示的付託」と無関係に、たんに平等の見地からの法律の取りこぼしに対しても訴願の道が開かれた。

（3）制定後の社会的変化に合わなくなった法律の「事後改善義務」も語られるようになったが、人間立法者に完全を期待するのは無理であるから、「可能な限り」という枠が付着しており、「明白な義務違反」と裁判所が断定できることはまずなかろう。

（4）「基本権秩序から派生する保護義務」となると、なおさら拡散して、要するに基本権秩序に表現された個人の諸利益を国家みずからが侵さず、他からの侵害からもできるだけ保護せよということに帰着し、立法は国民の福祉を目的としなければならないということと同じになる。実際、酸性雨・エイズなどに対する「保護義務」違反を主張する憲法訴願がふえただけである。否定的な態度をとったBVerfGE 56, 54が一番穏当であろう。

（5） 結局、違憲確認判決が出たのは、（1）（2）の領域の一件ずつにすぎない。

早すぎた日本の学説（前掲、長尾論文、山内論文）は、主にかの地の百家争鳴的学説を材料としており、参照した憲法裁判所の判例も一九五〇年代どまりであるが、山内は、憲法訴願制度のないわが国では直接参考にはならないとしながらも、上の（2）の線まで認める学説に賛成し、特に社会権的給付の取りこぼしに対する裁判的救済の問題に資するだろうという。また、長尾は、ドイツの学説に依拠しつつ、憲法裁判所の判例よりも広く立法不作為に対する憲法訴願の可能性を描きだし、この制度の導入も必ずしも不可能ではないとする。この人も、BVerfGE 6, 257が特別の「基本法の明示的付託」を前提条件として「立法義務」を例外的に認めたということを知りながら、日本国憲法については、一三条、九七条などで「具体的立法義務」が基礎づけられるといい、「立法義務」を拡散する。ずっと後の教科書では、立法不作為も――無前提に――違憲審査の対象となるという（『日本国憲法』一五七頁）。前掲、戸波論文は、日本で法律を制定せずとも、一種の「無名抗告訴訟」として立法不作為の違憲確認訴訟が可能とするだけでも特色がある上、憲法が法律に委ねていることはすべて憲法が立法府に課した「立法義務」に属し、その全面不作為または部分的不作為は当然裁判所が「違憲」と確認できるという大雑把な議論を展開し、早い時期にも同様に論じている（戸波「立法の不作為と憲法訴訟」Law School 二五号）。

2 立法不作為の損害賠償

日本の先駆的な損害賠償肯定説は、自説を支えるものとして、よくドイツの文献を引用してきた（古崎慶長『国家賠償法』一一四頁。同「立法活動と国家賠償責任」判例時報一一一六号一五頁）。

だが、一九八三年の時点で、国が「立法的不法」（legislatives Unrecht）のゆえに損害賠償を命じられた例はないという証言がある（F. Ossenbühl, Staatshaftungsrecht (1983). S. 63）。また、一九八一年には連邦法律として包括的な

「国家責任法」が制定され、その五条二項は、「義務違反が立法者の違法行動にあるときには、法律が定める場合に限って責任が生ずる」と定めていたが、翌年いくつかの州政府が提起した「抽象的規範統制」の結果、連邦議会の立法権限をこえるという理由でこの法律全体が無効とされてしまった（BVerfGE 61, 149）。

理屈で考えても、基本法の有権的解釈権は憲法裁判所にのみ独占されて一般の各裁判所が日本のように違憲立法審査権をもつことはないのだから、せいぜい、すでに憲法裁判所が違憲無効とした法律のために生じた損害の賠償しか問題にならないはずである。また、一般の裁判所が憲法問題を憲法裁判所に提起する「具体的規範統制」も、存在しない規範については「概念上ありえない」（Friesenhahn, Die Verfassungsgerichtsbarkeit in der BRD, S. 65）ので、このルートを通じての「立法不作為」の損害賠償もありえない。

あるのはただ思い付き的な若手学者の積極説だけである。一九六三年にDagtoglouという人が問題を提起し、一般には立法者は具体的な諸個人に対して「職務上の義務」を負うものではないことを前提しながら、基本法によって否定されていない、特定範囲の人びとにのみ向けられるいわゆる「措置法律」（Maßnahmegesetze）の場合は、「例外として」その対象たる人びととの関係では「違憲立法を作らない」という「職務上の義務」が存在するとの主張をしたらしい（Ersatzpflicht des Staates bei legislativem Unrecht ?）。

おそらく、立法不作為に対する憲法訴願の判例で、憲法裁判所が最初の「基本法の明示的付託」という例外的条件に一九六九年以降必ずしもこだわらなくなったことを反映してであろうが、右の例外をも次第に拡張する「説」が現れた。一九七三年になると、A. G. Haverkateがすべての基本権規定そのものが、個々の市民に対する関係で「基本権を侵害しない職務上の義務」を課しているのだと説き、特に基本法一条三項の「以下の基本権は、直接に適用される法として、立法、執行権および裁判を拘束する」との規定はそのことを表すと説いた（Amtshaftung bei legislativem Unrecht und die Grundrechtsbindung des Gesetzgebers, NJW Heft 11 S. 441）。これは1で見た憲法訴願の判例、BVerfGE 11, 255がきっぱり否定した考え方であり、また、一九七八年以降、ただ建前として肯定された「基本権秩序から派生する保護義務」に類する。

しかし、その後もより成熟した学者は、職務責任法の適用は、原則として個々の個人ではなく公共全体に対して義務を負うにとどまる立法者に対しては「見込がない」といい（Ossenbühl, S. 63）、さらに Haverkate 同様、基本権規定が国民に対する関係で立法者を義務づけると見る学者でも、たとい憲法裁判所がある法律を後に違憲と宣言しようと、ほとんど「過失」は認定されまい、という（H. Maurer, Allgemeines Verwaltungsrecht (1982), S. 503）。日本の古崎説や下級裁判決のように、違憲とされる法律を制定したこと、または改めなかった事実のなかに議会の通常的過失が推定されるなどというのは Haverkate だけである。

結局、ドイツにおける積極説はそれほど参考になるものではない。

五　「憲法規範」の性質

本稿が取りあげた問題の論議のなかで日本でもドイツでも欠けているのは、精密な「義務」概念と「憲法規範」はいかなる性質の法規範なのかという理論的反省である。充分な紙数はないので、独断的に映るかもしれないが、明白なことから推論してゆこう。

1　「義務」概念の精密化

われわれは法的問題を考えているのであるから、「義務」という限りは「法義務」を指示し、それを離れるときには「政治的責任」とか「道徳的義務」と断わることにする。「義務」（そして権利）はいうまでもなくただ人と人との関係の性質であって、人と馬、あるいは馬と豚の間にはない。

ところで、法の本質を「社会的規範意識」としてとらえる立場では、法と道徳は融合し、形式的に「法」のなかにあるものは、そのことだけですべてたんなる「道徳」から区別され、「法義務」と観念される。戦前の偉大な指導者、佐々木惣一、美濃部達吉の法理論がそれで、要するに憲法典のなかに「ねばならぬ」と書いてあれば、それだけでその内答を「法義務」と見る。佐々木の場合、「法的義務」は、それに対応する「権利者」のいない「責務」と、憲法典が「権利者」を定めている場合の「狭義の義務」とに分かれ、この権利義務関係は、抽象的に裁判外において存在する（『日本国憲法論』（改訂版）三三・五〇頁）。彼等は主として明治憲法下の学者であるから、憲法上の「義務」違反にどんな意味での「制裁」（sanction）がなくとも意に介しない。美濃部もまた、国家の権力を行う者自身に対しては、さらにその上に立ってこれを「監督する権力」を行う者がない限りは、たとい法に違反することがあっても、これに制裁を科しまたはその他法の遵奉を強制する道はまったくなく、憲法は、国際法同様、強制手段のない法であると説明していた（『法の本質』（初版）六九頁）。もともと、政治的部門から独立の裁判所による違憲審査制を欠く憲法では、憲法規範全体が「政治道徳的教典」にとどまる。そこで「憲法上の権利」だ「義務」だといっても、政治的当・不当の問題にすぎない。Kelsen のいうとおり、硬性憲法でも、なんらかの違憲審査機関をそなえていない限り、「違憲な」何物も存在しえない（General Theory of Law and State, p. 156）。

ところで、人の他人に対する「義務」の内容は、論理的に次の四種類しかない。（1）他人にあることをしない「不作為義務」（2）他人にある行為をなす「給付義務」（3）他人にある物を与える「給付義務」（4）他人のある行為に干渉しない「受忍義務」である。「道徳的義務」ではなく「法義務」だけを問題にしているのであるから、他人の積極的な利益となる（2）（3）の給付義務は、当然、特定される他人に対してしかありえず、かつ定量的でなければならない。「義務」といい、それに対応する他人の「権利」という以上、広義の裁判を通じて違反が制裁されうるものでなければならず、どこから義務違反となるか確定しようがない無限定なものは義務とはいえない（例・民法七三〇条）。C. Schmitt は、ワイマール憲法の「社会権」につき、「他人の給付を求めるすべての権利は限定されているが、ましてや国家の給付を求める万人の権利は限定されたもので」あり、当然法律による限定からはじめて生ずるという（尾吹訳『憲法理論』二一二頁）。「法学概論」的常識に属するこのような義務の分類、それに対応する

「権利」概念は、「法が保護する個人の利益」という、道徳や自然法などが混入しやすい漠然とした「利益説」のそれではなく、救済手段の発動力たることに本質を見いだす「意思説」のものである。

いわゆる「強制規範」(＝制裁規範)中心に、法の本質を人の人に対する実力行使の規範的運動としてとらえたKelsenも、定められた強制を避けるために必要な人の行為が「義務」であり、くっきりした「法技術的意味の権利」は、義務違反に対する制裁の発動をうながしうる相手方の権力であると見た。反対の行為に「制裁」が定められているから、ある行為が「義務」となるので、義務として道徳などが命じているから、法がその違反に制裁を定めるわけではない。

憲法上の義務・権利といえども同様である。Kelsenによれば「国家」は「法秩序」そのもので、法秩序が法秩序を義務づけるということはありえず、いわゆる「国家の義務」も、「国家機関たる人の義務」以外のものではない。だが、制裁を離れて存在しない義務づけは国家機関たる人に対しては必ずあるわけではない。例えば、正しく裁判を行う「裁判官の義務」の重大な違反には、裁判官弾劾裁判所の判決による罷免という制裁が用意されているが、その弾劾裁判所自身が正しく裁判する義務に違反した場合の制裁はない。国家機関の義務づけは、必然的に「しりきれトンボ」にならざるをえない(Kelsen, ibid p. 59)。国家機関の「義務づけ」もまた、法がその人の反対の行為に広義の「制裁」を定めている場合にのみ存在する。そして、ふつうは議会の構成員はこのように「義務づけ」られてはいないので、Kelsenは、「人民の平等および自由を尊重すべき、いわゆる『国家の義務』とは、法秩序に向けられた憲法上の保障の政治道義的要請を意味するにすぎない」という(Reine Rechtslehre, (2Aufl.) S. 145, 305)。

個々の基本権規定の「義務づけ効果」、それどころか、いっそう不定量的な基本法一条一項後段の「(人間の尊厳)を尊重し、かつ、保護することは、すべての国家権力の義務である」とか、同三項の「以下の基本権は、直接に適用される法として、立法、執行権および裁判を拘束する」といった規定の文言から、「基本権秩序から派生する国家の保護義務」などを引き出すドイツの学者、裁判官達は、結局、Kelsen から何も学びえなかったということになろう。実際、一条一項後段や同三項が「義務」(Verpflichtung) とか、「拘束する」(binden) という「字句」を用いていることを強調するだけでは、なんの根拠づけにもならない。「規範」は、「ことば」としては「ねばならぬ」という形式で表現されることが多いというだけの話である。実際、いずれも大部な基本法の解説書を調べても、これらの「ことば」が、伝統的に理解された議会の立法「責務」を「法義務」化するといった説明は発見できなかった。前掲、山内論文もその点を指摘している (七頁)。

さらに、包括的な法理論家 Kelsen は、「責任」概念の精密化によっても、ここで問題にした「違憲立法 (また立法不作為)」の国家賠償」の問題にとって重要な指摘を与える。彼によれば、国家機関たる人の違法な権限行使は決して国家に帰属するものではなく、法がその人に対する「制裁」を定めているときにはじめて国家機関としての資格を離れたその人の「違法行為」(Delikt) となる。「責任」(Haftung) とは、制裁が向けられる一条件で、ふつうは義務違反者に向けられるとしても、それと関係のある別人に向けられることもあり、それゆえ、「義務」と区別されねばならない。ところで、国内法上の、いわゆる「国家責任」という用語そのものは、「違法行為」が国家のものでないということ、また制裁は個人に対してのみありうるということから、実体を示すものではない。それは、国家機関の「職務に関連する」ある種の行為が、第一に、法によって彼の制裁の条件であるとされている場合に、第二の法によってその結果を賠償することが国家の、すなわち別な国家機関の「義務」となりうるということを表すにすぎない (General Theory, p.199)。

2 「憲法規範」の性質

次に話は「憲法規範」あるいは「憲法規定」というものの実質的性質の問題に移る。

政治的憲法論の角度から G. Anschütz 流の形式的憲法論を烈しく攻撃したのは、誰よりも C. Schmitt であったが、彼とて、憲法の中核のもつ意義を強調しただけで、「憲法典」という容れ物が、「基本権」以外にも便宜的な「制度的保障」とか、時の政治情勢に依存する時間かせぎの玉虫色の「定式による妥協」（Formelkompromisse）とか、たんなる法律的規定などの不純物を含むことを忘れなかった。

Kelsen はなおさらそうで、憲法典のなかにあっても、次のようなものは実質的な意味で「憲法規範」から除く（General Theory, p.260ff.）。（1）Schmitt が重視した憲法前文に見られる「国民主権」などは政治的イデオロギーの表明にすぎず、人の行為を定めるものでないからそもそも「法規範」ではない。（2）法律の介在を要せず直接に行政機関や裁判所に向けられた行為の指図は、実質的には法律であって「憲法規範」ではない。（3）「法律の留保」つきの権利の保障規定は憲法的保障の無価値な「幻影」にすぎぬ。（4）立法の内容を積極的に指示する憲法規定も、「立法機関の不作為に法的効果を付着させることはほとんど不可能だから」原則的に法的効果をもたない。とすれば、政治道徳的効果しかなく、「法規範」とはいえなくなる。Kelsen は、この種の憲法規定を、「義務づけ」（Verpflichtung）ではなく「たんなる約束」（Verheissung）だという（Reine Rechtslehre, S. 230）。

反対に、「憲法規範」と認められるのは次のようなものである。（イ）立法者を「立法者」と指定する上位の法規範はどんな政治体制でも絶対不可欠である。それはむろん憲法典のなかにも必ず存在する。（ロ）ふつう憲法典は、それ以上に「立法手続」をも定める。これら二つは「授権規範」である。（ハ）立法の内容を制限する憲法規定は、違憲審査機関をそなえた硬性憲法のもとでは、それに反する内容の法律の効力を否定できる道があるので法的効果をもち、立法を消極的に規律する「法規範」といえる。

このように「実質的意味の憲法」に属する憲法規範は、一般的立法の機関・手続・立法内容の「部分的」制限に関わる「法規範」である。これらの憲法規範は、みずからは「制裁」（強制行為）発動の条件を定めず、それを定める一般的「法規範」が「法」でありうるための条件を定めるだけのものであるため、Kelsen は不完全な「非自立的法規範」と呼んでいる（General Theory, p.143）。（この性格づけに対する批判として菅野喜八郎「ケルゼンの強制秩序

概念と授権規範論」『続・国権の限界問題』所収参照)。

さて、以上のような「憲法規範」のとらえ方は、なにもKelsenだけのものではない。根本的な立場を異にしながらも、「純粋法学」について無知ではないA. Ross (On Law and Justie, p.204) にせよ、H. L. A. Hart (The Concept of Law, pp. 68. 93) にせよ、憲法規範が「義務づけ規範」ではなく、「授権規範」であること、立法権を制限する「規範」もまた、いわばマイナスの「授権規範」としての性質しかもたないことにおいて一致している。

六 総括

Kelsenの「純粋法学」的憲法把握は、五、2の(4)と(ハ)の対比を見ただけで、「立法不作為の違憲審査」という「希望」を打ち砕くに足るものである。この希望に満ちた論者にとっては、見たくもない議論かもしれない。しかし、巨大さだけは何人も否定できない先人の厳然たる業績をたんなる「好み」によって取捨選択していたのでは、法律学の栄えある伝統は絶え、ただのジャーナリスト程度の便宜論が「法律学」の名を詐称して横行し、わけを知らない世人や「筋論」はどうでもよい弁護士達や一部の下級裁判所の裁判官達をますます迷路に誘い込んでゆくことであろう。もちろん、Kelsenのいったことのすべてが真理だというのではない。彼自身率直に「希望」をまじえて説いた国際法・国際社会についての見方には私にも賛同できない点が多い。しかし、こと国内法に関する限り、彼の推論はきわめて論理的であって、「人の人に対する強制行為の秩序」という彼の法本質論とちがう前提で、別な首尾一貫した「法理論」(信仰や信念の吐露ではなく)を構築することは至難だと思う。

問題は新説が立法の内容に関する憲法規範を「義務づけ規範」と証明しえているかに帰着するが、その前に、これと無関係にいえることからはじめよう。

(い) 五の1で見たKelsenの「国家責任」論は、どこを押してもまちがいはない。これを前提に推論すれば、立法機関の立法権限の行使に関連した行為は、まちがっても制裁の対象とされておらず、そのうえそうすることを多くの憲法が禁止さえしている（例・日本国憲法五一条）。したがって、そもそも議員個々人の立法職務関連の違法行為がありえないとすれば、それだけで「立法（立法不作為）の国家責任」の問題全体が消滅せざるをえない。わが下級裁判所のいくつもの判例が、もっぱらKelsenのいう第二段の法である国家賠償法一条一項の「公権力の行使に当る公務員」の「字づら解釈」（Buchstabenjursiprudenz）によって国賠法を積極的に適用してきたのは、木を見て森を見ない類の浅薄な法思考であるというほかはない。他方、最判昭和六〇・一一・二一民集三九巻七号一五一二頁が、せっかくの機会なのに、ことばとしては、「容易に想定し難いような」、あるかなきかの「例外的場合」になお国賠法適用の余地を残すようなことをいったのも、もともと判決はそういうものかもしれないが、理論を欠く「場当たり」的処理であったといえる。

（ろ）　はじめドイツの憲法裁判所の判例（BVerfGE 1, 97）も、一九五一年には次のようにいっていた。「社会的正義・自由・平等および衡平の理想にかなった法を創造するのは立法者の永久の課題（Aufgabe）であって、個々の国民は、もっぱら選挙権の行使を通じてこれに間接的に参与するにとどまる。連邦憲法裁判所は立法府ではなく、立法者になり代わるべきではない。裁判所が立法者の不作為を違憲と確認するとすれば、国家的権限のそうしたひずみをもたらすだろう」と。憲法規範のあるもの、または基本権一般について、その「課題」を立法者の「義務」に転化するなんらかの理論作りにドイツ人が成功したかというと、そうはいえない。無証明でただ「義務だ、義務だ」といい出しただけである。

事情は日本ではもっとお粗末で、ドイツの判例や文献にそんな議論があるという以外の根拠づけはほとんどない。ある「軽すぎる選挙権」の損害賠償訴訟で、最高裁判決以前の一地裁判決（東京地判昭和五二・八・八判例時報八五九号三頁）は、憲法前文・一三条・九八条・九九条など、それ自体「義務」化の根拠たりえない規定等を総動員したうえ、きめてとして公職選挙法別表第一の末尾の「本表は、この法律施行の日から五年ごとに、直近に行われた国勢調査の結果によって、更正するのを例とする」というたんなる法律の規定が内閣・国会議員の法律改正案提出・発議という「一種の法的義務を生ぜしめる実定法上の根拠」だとのべた。法律が後の立法者を拘束し、義務づけるというのは法律家らしからぬ非常識である。他方、「学者」の議論も、すでに三で見たように、憲法に書いてある人権は大事だからこれを侵害しないことも、また「憲法の要請」水準まで法律で充実することも国会の「義務」だという調子の議論（野中俊彦「立法義務と違憲審査権」芦部還暦記念『憲法訴訟と人権の理論』）以外のものはない。

（は）　ドイツや日本の「立法不作為の違憲審査」フィーバーが前提している「憲法」観は、憲法は、「善き政治」の教科書であって、誰が議会の多数派であっても同じ善き政治が憲法上「命ぜられている」という「思想」であろう。憲法は政治家の「行為規範」に化けるが、化け方は少しも「理論」によって裏打ちされていない。私の子供時代「法曹社会主義」という思想もあったが、これは一種の「法曹民主主義」思想といえる。先の東京地判昭和五二・八・八が、憲法前文の「（国政の）福利は国民がこれを享受する」という国民主権のイデオロギーまで引用して「立法義務」を肯定したことがこれを物語っている。こうした「理論」なき「法曹民主主義」には、Kelsen のような「形式」としての民主主義者が指摘した問題意識、すなわちたんに制定された法律の効力を否定する裁判所の消極的立法権すら民主的に選挙された議会の積極的立法権と不可避的に衝突するという考慮はまったくなく、――特に日本では――たくさんの裁判所のすべての裁判官を、確認だけに終わるとしても「立法府監督者」たらしめようとする。無茶としかいい様がない。

（一九九一年）

29　「政治的問題」の問題性
――アメリカ憲法判例の研究――

一　わが国の判例における「統治行為」

いわゆる苫米地訴訟最高裁判決（最大判昭和三五・六・八民集一四巻七号一二〇六頁。以下「判決(一)」と略記）は、「直接国家統治の基本に関する高度に政治性のある国家行為のごときはたとえそれが法律上の争訟となり、これに対する有効無効の判断が法律上可能である場合であっても、かかる国家行為は裁判所の審査権の外にあり、……この司法権に対する制約は、結局、三権分立の原理に由来し、当該国家行為の高度の政治性、裁判所の司法機関としての性格、裁判に必然的に随伴する手続上の制約等にかんがみ、特定の明文による規定はないけれども、司法権の憲法上の本質に内在する制約と理解すべきである。」

として、学説上にいわゆる「統治行為」論をはっきりと採用した。

統治行為論は、昭和二七年八月二八日に時の吉田内閣によって行われた衆議院の解散を違憲無効とし、任期満了までの歳費を請求した本件の下級審判決が、この理論を排斥したことの是非をめぐって、学界で大いに論議せられ主として東京学派の公法学者がこの理論を肯定するのに対し、京都学派に属する学者と、現に東北大学にある公法学者は否定的な立場をとっている。(1) ことさらに統治行為について説をなす者の多くは、当然これを肯定する立場の者であるから、統治行為について表面に現われたもののみから、「大勢としては肯定論が多数を占めている」(2) と見るのはいささか速断ではあるまいか？

統治行為肯定説の間では、最高裁は、判決(一)よりも前に、いわゆる砂川事件判決（最大判昭三四・一二・一六刑集一三巻一三号三二二五頁、以下、「判決(二)」と略記）で、統治行為論を原則的に承認したとみる傾向がある。(3) 判例が衆議院の解散のみを統治行為と認めたのか、それとも旧日米安保条約をも一種の統治行為と認めたのかは、いわゆる統治行為のはばを予測する上に重大であるばかりか、統治行為の基礎づけにも大いに影響する問題である。だから、この点については、論者の学説的興味に基づいて判決を主観的に解釈すべきではなく、あくまで判決(二)の全体を原審判決に対応するものとして、客観的に分析しなければならない。

確かに、判決(二)の補足意見で藤田、入江両判事が述べた統治行為論は判決(一)に直接つながっており、また判決(二)の判決理由には、藤田、入江意見に気をつかった曖昧な表現が見られるのも事実である。それにもかかわらず、判決(二)の実体は、憲法の明白な制限にふれない限り、自衛のためにいかなる措置をとるかは、内閣、国会等の政治的、自由裁量的判断にゆだねられており、その当否は裁判所の審査の範囲外であるというにつきるのではなかろうか？

原審判決は、憲法第九条を画期的な完全非武装条項と正しく解釈し、これを前文に表われている平和主義の理念と結びつけて、そこから、(イ) わが国の安全保障のために憲法の許容する最底線の措置は国連安保理事会等のとる軍事的安全措置である。（ロ）安保条約は極東の安全と平和のために在日米軍の出動することを認めており、わが国を米国と第三国との武力紛争の渦中にまきこむおそれが絶無ではないから、この条約を締結した政府の行為は、「政府の行為によって再び戦争の惨禍が起きないようにすることを決意」した「憲法の精神」にもとる疑がある。（ハ）それはさておいても、わが国が合衆国軍隊の駐留を許容していることは、九条二項前段によつて禁止されている陸海空軍その他の戦力の保持にあたるとなしたのであつた。このうち、（イ）と（ロ）の判断は、第九条という規定よりも平和主義の理念、前文の解釈に立脚したものであり、（ハ）の判断も、この平和主義の理念に即した九条二項前段の解釈にほかならない(4)。

これに対して、判決（二）の特徴は、前文と第九条を分離するか、あるいはそれらに表われた平和主義の理念を、たんなる侵略戦争の否定にまで低めた点にある。かくしてまず、九条二項前段をそれ自体として文理解釈し、外国軍隊はそこに言う「戦力」に非ずとして（ハ）の点を否定し、次いで、（イ）と（ロ）の点については、九条全体や前文の趣旨を、国際状勢の実状に即して政府がとるべき自衛のための措置を一義的に指定するものと解釈するのは誤りで、この点では政治的部門に大幅な裁量のわくが与えられており、このわくを明白にこえない限りは、審査権の対象とならないとした。最高裁の九条一項の解釈では、いわゆる侵略戦争のみが放棄されており、平和主義という右の裁量の限界も侵略戦争をつつしむということにつきるから、「専らわが国およびわが国を含めた極東の平和と安全を維持」する目的で米軍の駐留を許容することは、裁量のわくをこえるものではないというわけである。

統治行為論者が好んで引用する判決理由の一節は、安保条約が九条二項前段に反しないという合憲判断（（ハ）に対応する）のあとで、（イ）と（ロ）の点に関して言われているにすぎないのだから、到底、安保条約＝統治行為という最高裁の判断を示すものと見ることはできない。また、統治行為論を主張した二名の判事に対し、島判事をはじめ六名の裁判官が裁量説をとり、小谷判事は特に統治行為論に反対しているのである。

判決（二）について、第九条の解釈上の異論はもちろん大いにありうるが、ここでは、最高裁が高度に政治性のある条約を、統治行為として審査権の外においたという見方が、かなりあやしいことだけを確認しておく。

ところで、判決(一)の統治行為論は判決(二)の藤田、入江意見に直結するものであるから、この二つから、わが判例に表われた統治行為論の性格をデッサンしてみよう。

第一に、藤田、入江的統治行為論が、「学説の強い影響が見られる(5)」というどころか、むしろ、判決というよりそれ自体著しく論説的である点が目立っている。いわゆる「政治的問題」に関するアメリカ最高裁の諸判決が理路整然としてはいないのに、ここでは、「国家統治の基本に関する高度に政治性のある国家行為は、三権分立の原理に由来するところの司法権の本質に内在する制約として、裁判所の審査権の外にある」という天下り的な理論が先行し、次いで衆議院の解散（または旧安保条約）がこのような種類の国家行為であるとせられ、したがってそれは審査権の外にあるという全く演繹的な論法が用いられている(6)。

第二に指摘すべきことは、統治行為肯定説の多くと共通する点であるが、外国の判例なり学説に大きく依存しながら、憲法第八一条や裁判所法第三条第一項がわが国の司法権について定めている規律を軽視する点である。この点は、統治行為を否認する学説との間で、「文理解釈か目的論的解釈か」という形で争いになっているが、そのように問題をらちのあきそうにない解釈方法論の次元に追いやる前に、統治行為を肯定する目的論的解釈がいかなる性格のものであるかを検討する必要がある。根本的には法治主義を志向する欧米の各国を通じて、なお国家行為の合法性の裁判所による審査に、あるいはたんに学説上、あるいは判例で、何か共通性のあるように見える限界線がひかれているということだけで、それではわが国でもというわけには行かないであろう。一国の司法審査権の範囲の問題は、御婦人方のスカートの長さの世界的な流行とはわけがちがうのである。

第三に、前の点と関連して、判例における統治行為論は、外国の学説、判例の混血児的性格を有する。すなわち「統治行為」という藤田、入江意見の用いた名称は、国家作用のうち特に行政から区別して、国家統治の根本にふれる作用を指す点で大陸法に系譜を有し、一方、立法、行政両権に対する司法権の優位にかかわらず、なお、内閣

Ⅲ　統治機構・司法権

国会等の政治的部門の判断にゆだねられているという考え方は、アメリカの「政治的問題」につながっている。

第四に、判例の統治行為は、「直接国家統治の基本に関する高度に政治性のある国家行為」というのであるから文字通りにとれば、たんに内閣や国会の行為に限らず、普通の行政処分（例えば外務大臣の旅券発給拒否）であっても高度の政治性のある時には司法権のコントロールが及ばないということになり、また、個別的行為であれ、条約であれ、法律であれ、一切の国家行為が統治行為たる実質を具えうる筈である。統治行為を肯定する学説の多くが、「国家の最上級の機関の行為」や「行政権の行為」のうちのあるものとか、「国会の召集、衆議院の解散、国務大臣の任免等」を個別的に列挙するのに対して[7]、この点では判例の方がはるかに大胆である。統治行為を、「国家の最高政治機関（国会と内閣であろう）の行為で高度の政治性を有する行為」とか、「政治機関相互間あるいは政治的諸勢力の対立と抗争の過程においてなされるような国家指導的行為・政治的形成行為」と規定し、もっとも広範囲な統治行為のリストを提示する金子助教授すら、条約まではそこに含めながら、法律については自己の論理に矛盾をおかし、憲法第八一条が「一切の法律」の合憲性決定権を裁判所に与えたことを重視し、いかに高度に政治的な法律といえどもその合憲性の判断は法的判断として元来司法審査にもっともよくなじむからと言って、これを明示に除外している[8]。

このように、判例そのものが学説的であり、また統治行為肯定説相互の間にも、その範囲や基礎づけについて一致が見られないばかりか、なかには自己矛盾まで存在するとすれば、われわれは、ただ一度最高裁が衆議院の解散の合憲性の審査を拒んだからといって、統治行為の原則が判例法上確立したとか、学説の対立に終止符がうたれたという判断を軽々に下すべきではないと考える。

そこでこの際、わが国の統治行為肯定説にもっとも大きな影響を与えている外国の事例、なかでも抽象的な学説としてではなく、判例法として、しかもわが国と同じく違憲審査権をもつアメリカの裁判所によって展開されて来た、いわゆる「政治的問題」について、根本的に再検討してみることは、おそらく無駄ではないであろう。今までにも、こうした研究はいくつかあるが、(9) どうもわれわれの見る所と重大な点で相違がある。この場合一番大事なことは、判例についてとやかく論じている半ば法廷記者的なアメリカのLaw Review Articlesを通してではなく、直接自らひとつひとつの判例にあたり、もつれあい絡みあった糸をたぐって行く態度である。アメリカの裁判所にとっては、もつれたままでも先例は先例であろうが、日本の裁判所や学説が、これを整理せずに参考にするのは許されることではない。

(1)　肯定説、宮沢『日本国憲法』五九六頁、清宮『憲法Ⅰ』二八〇頁、田中『行政法総論』四七、二六六頁、雄川『行政争訟法』一二七頁、芦部『行政法演習Ⅱ』(田中・雄川編)四四頁、金子「統治行為」『行政法講座』第二巻一五五頁、「統治行為」『日本国憲法体系』第六巻一頁、佐藤『憲法』四五一頁。
　否定説、磯崎「いわゆる統治行為とわが国憲法」統治行為説批判八〇頁、田畑・憲法学講義三〇五頁、覚道「憲法における自由裁量の概念」阪大法学四〇巻四〇・四一号一一二頁、柳瀬『行政法教科書』一六五頁、小島「東京地裁の衆議院解散無効判決について」自治研究三〇巻四号三〇頁、「権力分立」『日本国憲法体系』第三巻二三〇頁。
(2)　金子・行政法講座第二巻一六二頁、同氏は、統治行為論は判例法上確立し、学説の対立に終止符がうたれたとも言う(『日本国憲法体系』第六巻三頁)。
(3)　金子・行政法講座第二巻一七〇頁、横田「政治問題と日本の最高裁判所」法曹時報一六巻一号八頁、しかし、雄川「統治行為」『憲法判例百選』一一八頁は、かならずしもそう見てはいない。
(4)　刑集一三巻一三号三三〇五頁。
(5)　金子『行政法講座』第二巻一七四頁。
(6)　金子『行政法講座』第二巻一七〇頁は、「藤田、入江両裁判官が、安保条約がなぜ高度の政治性を有する統治行為と考えられるべきか、その理由を相当に具体的に論じているのは、新しい判例法の形成にあたって当然とるべき正しい態度であろう」と積極的に評価しているが、判決として、具体的に説明を要するのは、なぜ安保条約が高度に政治的であるならそれについて可能な法的判断を停止しなければならないのかという点であるのに、これについては、権力分立原理に由来する司法権の内在的制約という分ったようで分らぬ説明(?)しか与えられていないのである。安保条約が、抽象的に考えられた「高度に政治的な国家行為」にあたるかどうかについては、藤田、入江意見自体余り説明を要しないと考え、「いやしくも統治行為なる観念をみとめる以上、本件日米安全保障条約のごときものこそこれに該当する」と言っているのである。

（7）清宮・前掲書、田中・前掲書四七頁。
（8）金子『日本国憲法体系』第六巻八頁。
（9）橋本「司法権と政治問題」法学新報五九巻九号、「政治的問題」『英米判例百選』五二頁、久保田「アメリカ憲法における政治問題」公法研究一三号、「政治的問題・選挙区画」『英米判例百選』五四頁、金子「統治行為の研究」一、二、三、四のち三、国家学会雑誌七二巻二号、芦部「議員定数不均衡の司法審査」ジュリスト二九六号。

二　純「政治的問題」

「統治行為」という用語は、漠然としているとはいえ、ある実質的な性格をもった国家行為を指称するものであるのに対し、「政治的問題」（Political Question、以下P・Qと略記）という用語は、それ自体としては問題が政治的であるということを表わすにすぎないから、法的でもあるが問題の実質が特に政治的な問題であるという意味でも、法的問題ではあるがその最終的決定が特別に「政治的部門」にゆだねられた問題という意味でも、さらには、法的な問題に対立する意味でも、用いられる。

アメリカのいわゆるP・Qの判例のなかには、実は、法的問題に対立する意味でP・Qとせられたと見るべきものが案外に多い。「統治行為」と代替可能な観念としてわが国で用いられている「政治的問題」は、法律上の争訟となり、法的判断が可能な場合のみを指しているのであるから、非・法的問題としてのP・Qの判例は、参考とさるべきものではない。以下、非・法的問題の一種である純「政治的問題」から考察してみよう。

P・Qの指導的先例と目されている一八四九年の① Luther v. Borden（7 How. 1）が、まずもって、この類型の代表である。被告（ロード・アイランドの州兵）は、現存政府に反抗し、男子普通選挙制を定めた新憲法を人民投票によって制定し、知事や立法部の議員を選挙する所まで行ったドルの反乱を抑圧するため、政府が布告した戒厳下に、命を受けて、反乱の一味と目された原告（他州の州民）のロード・アイランド州内の家宅を捜索した。原告は、この家宅捜索を不法行為として、異る州の州民間の事件に関し管轄権をもつ連邦地裁に訴えでたわけである。

この訴訟での当事者の主張の対立点は、家宅捜索の権限が被告に与えられていたかどうかという点ではなく、その家宅捜索の時に、新憲法の制定により、すでに被告に権限を与えうる政府が法上存在しなくなっていたかどうかという点に関わる。

裁判時には、従前の政府が完全に反乱を鎮圧し、首領のドルも処罰されていたから、当然敗訴した原告は、最高裁に上訴して次のごとく主張した。人民の多数が平和的に人民投票によって新政府を創設する憲法を採択すれば、これは、アメリカ的政府の基本原理の一つであり、独立宣言も認めている抵抗権の行使であり、始原的な人民主権の行使であるから、既存の法にしたがわずいかなる手続でなされても常に合法的であって、かかる合法的な新憲法の成立と同時に、法上当然に従来の政府は存在しなくなり、被告の行った家宅捜索は法的根拠をもちえないと。これに対し、被告側は、抵抗権が認められるにせよ、その行使の要件である「救済方法のない圧政」が存在しなかったこと、あらかじめ法の定める手続によらずして表明された人民の多数意志は法的に無価値であること、事実問題として、いかに小さな州とはいえ、成年男子の過半数がいうところの新憲法を承認したかどうか疑わしく、この点の証拠調べは裁判手続のよくなしうる所ではないこと、大統領が既存の政府の要請に応じて反乱鎮圧の態勢をとっていたことは、大統領による外国政府の承認と同様、いずれが合法的な州政府であるかについての裁判所の判断を排除することを挙げて、反論したのであった。

トーニー長官の手になる最高裁判決は、この事件は、異なる州の州民間の訴訟として連邦裁判所が管轄権をもつにすぎず、連邦法の適用の問題ではない。州法の解釈については、連邦裁判所は州裁判所の判例に拘束せられるから、すでに州の裁判所がドルを反逆罪として罰した判決で、従前の政府の合法性を前提している以上、連邦裁判所が独自の判断を行う余地はないとして、上訴を却下した。

この判決がP・Qのリーディング・ケイスと目されているのは、ひとえに、最高裁が、弁論の異常な政治性につりこまれて、判決にとって無用な議論に立ち入ったからである。すなわち、多数意見は、かりに連邦裁判所に独自の判断をなす権限があったとしても、なぜ、問題が政治的であり、裁判所の審査に適しないかについて実質的な理由を挙げている。それによると、(a) 裁判所は法を解釈するだけで法を作ることはできないから、何らの実定法にも基礎をおかない人民の多数意志に意味を認めるわけには行かない。(b) かりに当時の州法の定める投票資格を基準としても、果してその有権者の多数が新憲法を承認したかどうか、司法手続によってたしかめえない。(c) 不法行為という形をとったこの党派的な訴訟では、陪審の構成しだいで、事件ごとに違った結果がでる可能性があるが、いやしくも州政府の存在がそのように不安定になるのは不合理である。(d) 事実上存在している政府を、裁判所が法上存在しなかったと判断すれば、この政府の行った一切の行為が無効になり、すべての公務員が民事、刑事の責任を問われることになり、政治的結果が重大である。(e) かりに連邦憲法の問題として考えても、憲法および法律が各州に共和政体を保障し、暴動、反乱の際に州政府の要請にもとづいて派兵する権限を大統領に与えているのは、何が合法的な州政府であるかの決定権を大統領にのみ与えたものと見るべきで、その理由は、ことがらの性質上、迅速機敏な処理を要するからである。

この傍論の(b)～(e)は、いわゆるP・Qのメルクマールとして、後の判例に大きな影響を今日まで与えているが、この判決の扱った問題そのものは、あくまで超実定法的な、純然たる政治的問題であったということを軽視してはならない。多数意見も(a)を認める以上、(b)以下の考慮によって、審査権の行使をひかえるべきわけがなく、そもそも裁判所が判断すべき法的問題が存在しなかったのである。この点では、少数意見の方が論理的で、ウッドベリー判事は、この問題を、「たんなる政治的問題」と言い、「憲法および法律が司法権に先行する。裁判所は、憲法、法律が成立した後に、それらの下で、憲法上、法律上、争われた権利について権限を行使するにすぎず、憲法および法律の制定に関して争われた点について権限をもつものではない」と言っている。

ずっと時代は下るが、これもP・Qの代表的判例として挙げられる一九三九年の② Coleman v. Miller (307 U.S. 452) (1) も、実体は、五対四に意見のわかれた判決の、有力な同意々見が説いているように、たんなる政治的問題と見られないわけではない。ここでは、結局は成立しなかった連邦憲法の修正の承認をめぐって、反対投票をしたカンサス州の上院議員達が、A、一九二四年の連邦議会の憲法改正の発議は、カンサス州については、州立法部が一度不承認を議決したことにより、B、または、一九三七年の承認の再議決がなされる前に、相当な時の経過により失効したこと、および、C、州憲法上立法部の構成員でない上院議長たる副知事が、賛否同数の場合に賛成票を投じた承認の議決は無効であることを主張して、憲法改正をカンサス州が承認した旨の連邦政府に対する手続の中止を求めたのである。

最高裁は、Cの点については、ついに判断を行いえなかったのであるが、A、Bの点は、P・Qであるとした。一度承認が拒否されたことの効果についても、また承認のなさるべき期限についても、連邦憲法の改正規定は何も言っておらず、連邦法律や修正の発議自体にも指定がない以上、憲法改正の成立を確定し宣言すべき連邦議会の判断にゆだねられた問題で、裁判所に決定権はないというのである。ただし、この法廷意見は、一方では裁判所の無権限を言いながら、他方で、憲法改正の発議が、時代の要請に憲法を適応せしめる目的にてらしても、無期限に有効ではありえず、なんらかの合理的な期限があるものとみなし、ただそれを確定するために必要な資料を集めることは、裁判所の手続になじまず、視野の広い政治的部門の判断に適しているという見方もしている。

三人の外の裁判官も支持したブラック判事の同意意見は、この点の不徹底さを批判して、次のように言っている。

「ここで当裁判所は、憲法の改正手続を、ある点では司法的解釈に服するものとみなし、他の点では連邦議会の最終的な権威に服するものとして取扱っている。……発議から、改正が憲法の一部となるまで、この手続それ自体が全体として『政治的』なのであり、どの点でも、裁判所による指導、統制または干渉に服するものではない。」

この見解は、判決①のウッドベリー判事の考え方と共通している。ただ、判決①では既存の法をはなれた革命による新憲法の制定行為が問題であったのに対し、ここでは、改正規定に基づく改正行為の一部が問題であるという相違がある。この相違は、少くとも裁判所にとって、重要であろうか？　つまり、前者がもっぱら政治的な問題にすぎないのに対し、後者は法的問題であるのだろうか？

もちろん、一般には、憲法改正行為は、全体としても、また部分についても、改正規定によって規律せられた法的行為と考えられている。(2) 判決②以前から、州裁判所や最高裁の判例も、改正規定の解釈、適用は、憲法の他の部分の解釈、適用と同じく、裁判所の問題であるかのように取扱ってきた。

当時、本件と同じ修正案をめぐって、本件のA・Bの論点を共に肯定した州裁判所の判決（Wise v. Chandler, 270 Ky. 1, 108 S. W. 2d. 1024）もあったが、本件の州裁判所の判決（Coleman v. Miller, 146 Kan. 390, 71 P. 2d. 518）は、正反対の答を出している。(3) いずれにせよ、それらは、連邦憲法の改正規定を裁判所が独自に解釈した結果であった。

判決②の直前に出版された著書のなかで、ロットシェーファーは、A点もB点も、裁判所が改正規定の解釈として最終的に解決すべき問題とみなし、B点については、従来の最高裁の判例にてらして、連邦議会が発議の際に承認の期限を定めていてもいなくとも、裁判所が相当とみなす時の経過によって発議は失効すると確信し、A点についても、最高裁は、改正規定の解釈として、三分の二の州の立法部の承認を得て憲法の一部となるまでは、州立法部は改正の発議に対し一度行った決定を撤回しうるとなすだろうと予測していた。(4) 改正規定を他の憲法の規定と同じく裁判所の解釈すべき法規範と前提する以上、このロットシェーファーの立論は、ここまでの所では首尾一貫している。

しかし、一旦、連邦政府の国務長官が、三分の二の州の立法部の承認を得て憲法改正が成立したことを公式に宣言するやいなや、裁判所にとって事態は一変する。国務長官およびそれをコントロールする連邦議会（連邦政府の政治的部門）が、憲法改正の成立を宣言する場合には、効力要件をみたすもろもろの事実の存在を前提しているわけであるが、この前提に裁判所がどこまで立ち入って独自の判断を行いうるかは、確言できないというのである。(5) 実際には、最高裁の判例は、憲法改正を無効とする主張をいくどかとりあげながら、すべての場合に、その主張を斥けている。

Ⅲ 統治機構・司法権

憲法改正行為の有効、無効が、その手続の中途の段階では完全な裁判所の問題で、一旦完結すれば、もはや実際上裁判所の問題ではないというのは、矛盾ではないであろうか？

判決②が、ロットシェーファーの予測に反して、A点についても、B点についても、裁判所が独自に判断することのできないP・Qであるとしたのは、右の矛盾をそれなりに解消したことになる。すなわち、最高裁は、過去の修正第一四条の成立をめぐる政治的部門の取扱いを根拠に、(6) 中途の段階においても裁判所の介入しえない問題であるとなしたのである。ただ、この最高裁による矛盾の解消は、なお不徹底であったと言えよう。それは、特にB点について顕著である。というのは、最高裁は、問題そのものではなく、問題を解決する裁判所の能力の欠如（裁判手続の技術的な制約）を理由として、これを「政治的」となした、言い換えれば、法的問題と見ながら、いわば実際的な理由によって「政治的部門」にゆだねたからである。

ところが、他の三人の裁判官の支持したブラック判事の意見は、先の矛盾を抜本的に解消するものである。司法審査との関連においてはもとより、一般に改正規定の法的性質、憲法改正行為の立法行為との差異については、アメリカだけではなく、どこでも充分な反省がなされているとは言えないが、少くとも裁判所にとっては、革命的な新憲法の制定と憲法改正とを同視する結果になるブラック意見が、すぐれて legalistic なアメリカの最高裁で有力となったことは、注目に値いする。(7)

もうひとつ、連邦制に特有のたんなる政治的問題と見るべきものに一九一二年の③ Pacific States Tel. & Tel. Co .v. Oregon（223 U. S. 118）がある。ここでは、電信電話会社が、人民発案による州の租税法が連邦憲法の「合衆国はこの連邦内の各州に対しその共和政体を保障する」（第四条第四節）という規定に反し無効であると主張したのに対し、裁判所は次のように答えた。

「第四条第四節は、連邦議会にゆだねられた問題についての連邦議会の判断に、裁判所が純粋に政治的なことがらについての自己の判断をおきかえ、かくして、各州に対する共和政体の保障を確保せんがために、連邦憲法を顚覆することを認めているであろうか？ この考え方（電々会社の主張）は、結局、連邦全体における共和政的形態の政府の存在そのものを破壊することによって、各州に共和政的形態の政府が保障されなければならぬという前提に立っている。」

そもそも、ここで被告人たる会社が共和政体の保障を楯としたのは、「共和政体」が代表民主政を意味すると解されていたためであり、これに対し、裁判所も連邦における共和政体を楯として被告人の主張を斥けたのは、「共和政体」は権力分立制をも要素として含むと考えられていたからである。つまり、直接民主政的な立法の形式を州が採用することは連邦憲法上共和政体の問題を提起するが、この問題の判定は、州の連邦への加入を決定する連邦議会（第四条第三節）にゆだねられており、裁判所が介入することは連邦憲法の定める権力分立に反するというのである。言葉どうりに信ずれば、裁判所は、州に対する共和政体の保障をめぐる問題を法的問題と認め、連邦憲法の定めた権力分立にもとづき裁判所の審査の及ばないＰ・Ｑとなしたことになろう。

しかし、最近の後述の判決⑰でフランクファーター判事が正しく指摘しているように、連邦憲法は、第四条第四節で共和政体の保障を連邦議会に明示にゆだねているわけではない。同判事は、そこからあらためて共和政体の保障に関するいわゆるＰ・Ｑの判例をふりかえり、むしろ、何が「共和政体」であるかを裁判所が判定するに必要な明確な基準が存在しないことが決定的であるとし、これを政治的部門の一種の裁量問題に帰する見方をしている。(8)

だが、もっと掘り下げて考えてみれば、共和政体の保障は、元来、すべての連邦制に不可決な前提である各支分国の基本的な政治的同質性の要請を表現したものである。(9) この要請がみたされないならば、連邦制の存立そのものが脅やかされることとなるが、この要請を表現した第四条第四節自体は、もともと州の具体的な政治形態のたんなる合法性を判定するための基準ではない。基本的な政治的同質性を示す「共和政体」は、本来、君主政や貴族政に対立する意味で用いられたのであって、共和政の特定の政治形態を指定する意味はなかった筈である。換言すれば共和政のあるべき形態を保障するという趣旨ではないのだから、制限選挙や、男子のみの選挙権や、立法権の委任や、直接民主政的な制度の採用が共和政体の保障に違反するかどうかという問題が、そもそも成立しないのである。

それゆえ、裁判所がこれらの主張を法的問題として成立するかのごとくみなした上で、あるいは権力分立を根拠に、あるいは司法的に用いうる判断の基準がないことを理由に、政治的部門の判断にまかせて来たのは、結果は別として、筋は通っていない。

いうまでもなく、一方、憲法が明示に立法部なり執行部なりの最終的決定にゆだねている事項をのぞき、権力分立そのものは司法審査を排除するものではないし、他方、「共和政体」を君主政や貴族政に対立するものとしてではなく、「あるべき共和政体」と読む限り[10]、それは、裁判所にとってのみならず、何人にとっても明確な判断の基準を与えるものではない。根本の誤りは、代表民主政プラス権力分立制は共和政のひとつの政治機構であるということが、いつの間にか共和政とは代表民主政プラス権力分立制であるという別な命題におきかえられた所にあり、そこから、州の政治機構が代表民主政や権力分立制からどの程度逸脱すれば共和政体と言えなくなるかといった擬似的な憲法問題が発生したわけである。

判決③から引用した文章は、一面では右のような誤った考えにはまりこんではいるが、問題を「純粋に政治的なことがら」とも言って、事態の真相を直観的には見ていないわけでもない。たとい第四条第四節が共和政体の保障を連邦政府の政治的部門にゆだねると明言していないにせよ、またかりにある州に独裁政が出現し、これが共和政でないことは裁判所も確実に判断できるにせよ、裁判所の無権限には変りはないであろう。第四条第四節は、連邦国家が連邦国家として政治的に存在するための政治的前提条件であり、この条件がみたされているかどうかは法的な問題ではなく、もっぱら政治的問題であるがゆえに、連邦政府の政治的部門のみがこれを判断すべきこととなると見るのが正しい。

（1）　この判決では、四つの意見が書かれ、法廷意見といえども四人の裁判官が支持したにすぎないという。The Constitution of the United States of America（ed. E. S. Corwin）1953, p. 715.

（2）　Rottschaefer, Constitutional Law, p. 398.

改正規定の法的性質を意識的にとりあげ、それが改正行為の有効・無効を決定する意味を、客観的にはもちえず、したがって、憲法改正行為も、新憲法の制定と同様、法的行為ではありえないという異説を唱えた者に、スイスのブルクハルトがある。Burckhardt, Die Organisation der Rechtsgemeinschaft, 2. Aufl.（1944）S. 207 ff. 菅野「ブルクハルトの憲法改正作用論」新潟大学法経論集第一三巻第三号参照。

（3） Rottschaefer, ibid. p. 393, 394.

（4） Rottschaefer, ibid. p. 393, 395.

（5） Rottschaefer, ibid. p. 399. cf. Leser v. Garnett, 258 U. S. 130.（改正の公布後のケイス）。

（6） Coleman v. Miller, 307 U. S. 423 at 450. てがるには、横田「立法府の自律権と司法権」ジュリスト、三三七号、三一頁参照。

（7） この判決では裁判官の意見が極端にわかれ、かつ有力な少数意見が従来の憲法改正行為についての見方を根本的に否定するものであったため、アメリカの学者のなかには、「この要領をえない判決のために、憲法改正に対する審査という問題全体が混沌としてしまった」と言う者もある。The Constitution of the United States of America,（ed. E. S. Corwin）p. 714.

（8） Baker v. Carr, 369 U. S. 186 at 297.

（9） 共和政体の保障の本質をつき、かつ、支分国の政治的同質性という連邦制存立の前提が、逆に連邦国家の単一国化をもたらすアンチノミーを指摘したものとして、C. Schmitt, Verfassungslehre, S. 376 ff. を参照。

（10） フランクファーター判事は、共和政体の保障を、「あるべき共和政体」の保障と読んだ上で、それが司法的判断の基準として不明確であることを理由に、この問題をP・Qとみなした。

しかし、反対に、議員定数の不均衡の問題については、共和政体の保障の方がむしろ平等条項よりも司法的判断の基準として適切であるとする見解も一部にある。Emerson, Malapportionment and Judicial Power, 72 Yale. L. J. p. 67, 71., Bonfield, Baker v. Carr : New Light on the Guarantee Clause, 50 Cal. L. Rev. 245 at p. 254., McCloskey, The Reapportionment Case, 76 Harv. L. Rev. 54 at 63.

三　裁判所と国際法

裁判所は、法源として適用すべく与えられた法のみを解釈、適用する。これは当り前のことである。国内法の場合には、法源はもっぱら立法権を中心とする政治的部門によって与えられる。ところが国際法の場合には、アメリカの裁判所にとって、事態は少しく複雑となる。一般国際法をコンモン・ローの一部とみなしてきたイギリスの伝統を受けついだアメリカの裁判所にとって、[1]それは、立法権の手を通さないでも、独立に解釈、適用すべき法源である。他方、連邦政府の締結した条約も、連邦憲法第六条第二項によって直接に州裁判所を拘束する以上、[2]連邦裁判所にとっても、条約が直ちに適用可能な性質のものである限りは、やはり、立法権の手を通すことなく法源である。[3]しかし、一般国際法は、特別法たる条約および連邦法律により、[4]また条約は、条約締結権者による廃棄や後法としての連邦法律によって[5]排除せられうる。つまり、すべて国際法に由来する法源は、連邦政府の政治的部門の手で裁判所からとりあげることができる。

一般に、いわゆる対外関係に属する事項にＰ・Ｑの判例が多く、それは対外事項そのものの高度の政治性にもよるかのように考えられてきたが、[6]この領域でも、実は、どういう意味でそれぞれの問題がＰ・Ｑと言われているのかを検討する必要がある。

アメリカの裁判所が一般国際法を適用したのは、ずいぶん古くからのことである。[7]時にいわゆるＰ・Ｑの先例として挙げられることのある、[8]一八二三年の④ The Society for the Propagation of the Gospel v. New Haven (8 Wheat. 464) は、戦争が条約に及ぼす効果について判断を停止するどころか、独自に一般国際法を解釈、適用している。判決は、一七八三年の米英間の平和条約で、アメリカ在住のイギリス人の財産法上の地位について規定した条項が、一八一二年の両国間の戦争によって当然失効したという主張を斥け、次のように言っている。

「永続的な権利、一般的な定めを規定し、恒久性をねらって戦争と平和のいずれの場合をも処理するものと見られる条約は、戦争の開始によって失効するものではなく、せいぜい、戦争の継続中停止せられるにすぎず、当事国双方が放棄したり、既存の条約に反する新たな約定がなされない限り、平和の到来とともに効力を回復するものである。」

比較的新しい判決では、第一次世界大戦に関連して、やはり戦争の条約に及ぼす効果が問題になった一九二〇年の⑤ Techt v. Hughes, (229 N. Y. 222) で、有名なカードーゾ判事は、政治的部門による別段の決定がない限り、一般国際法上、具体的に戦争の遂行と両立しないと見られる条約のみが失効ないし効力を停止するとして、戦前の条

Ⅲ 統治機構・司法権

約の下に敵国人が相続により土地を取得することを認めている。「政治的部門による決定」という言葉でカードーゾ判事が、もっぱら、条約の効力を消滅させる条約締結権者による条約廃棄、または条約を破る連邦法律のみを考えていることは明らかである。上院の同意を得て大統領のみが条約を廃棄しうると考えればこそ、この判決は、問題の条約が戦争にともない効力を停止しているという国務長官の行政解釈を全く無視したのであった。このニュー・ヨーク州裁判所の判決の認めた原則は、後に連邦最高裁によっても支持されている。(9)

判決④⑤を見ただけでも、条約の効力については政治的部門の決定にゆだねられたP・Qとして、裁判所の法的判断が排除されるという通俗的な見解が全く誤解に基づくものであることが分る。政治的部門の決定にゆだねられているのは、条約を廃止するかどうかの点であって、個人の権利、法的地位に関わる条約の効力は、条約を廃止する政治的部門の積極的な反対行為がない限りは、裁判所が一般国際法を独自に解釈して判断しているのである。

もっとも、一般国際法の適用に関し、裁判所の独自の解釈、適用の権限を否定したわけではないが、最高裁が若干の動揺を示した例はないではない。これもよくいわゆるP・Qの代表的なケースとして挙げられる、一八九一年の⑥ Ex parte Cooper (143. U. S. 472) がそれである。これは、明示の連邦法律による授権によらないで、執行権が支配を領海の外へおしひろげたことから起った事件である。連邦法律は、たんに、「アラスカの領土ないし領水内」でミンク、オットセイ等の捕獲を禁じたにすぎないのに、執行権はこの法律を陸地から三マイル以遠のベーリング海で執行した。公海上でオットセイの捕獲に従事していたイギリスの船が、右の法律違反として拿捕されアラスカの裁判所の判決で没収されたのであるが、イギリス人の船主は、アラスカの裁判所に全く管轄権がないとして、最高裁に禁止令状 (writ of prohibition) を請求した。

ところが、最高裁は、「連邦議会の明瞭な授権がないのに、執行部が、いわゆる政治問題の決定として、あるいは議会の法律、条約の行政解釈によって、連邦憲法の保護する身体、財産の権利について最終的に決定したり、これらの権利に関する連邦裁判所の判断を排除したりすることはできない」という当事者の正当な主張を、正面から否定するわけにも行かず、さりとて救済を与えることにもふみきれず、あいまいな態度をとっている。フラー長官による判決は、結局、行政解釈による公海上での管轄権の行使につき執行権と連邦議会の間に暗黙の諒解があり、執行権が条約による解決を意図している場合には、オットセイ等捕獲の規制につき管轄権を公海上に及ぼそうとする政治的部門の決定があったものとして、領海に関する一般国際法の適用をできればさしひかえるべきだと判断したのであろう。一方では、当事者の主張の正当性を否定するものではないと明言しながら、実際には、禁止令状という救済手段について認められる裁判所の裁量権にかこつけて救済を拒んだのである。

裁判所による一般国際法の適用の場合には、問題の国際法の規則がそれ自身一義的な規則（rigid rule）であるか、各国の政治的裁量をゆるす規則（flexible rule）であるかが、当然問題になる。一九〇〇年の⑦ The Pasquette Habana（175 U. S. 711）では、裁決は、判決⑥で貫かれなかった原則に立ちかえり、「立法部または執行部の明示の決定がない限り、国際法はわが国の法の一部であり、国際法に依存する権利についての問題の決定が正規の手続で裁判所にもちだされるならば、その事件について当然の管轄権をもつ裁判所は、国際法を確認し適用しなければならない」として、戦時における敵性船舶の捕獲について人道主義的な例外を認める一般国際法を適用し、執行権による沿岸漁船の捕獲を違法となしたのである。

これに対し、判決⑥の法廷意見を書いたフラー長官が反対意見を書き、戦時における敵性船舶の捕獲を人道主義的に制限する規則は、“rigid rule”ではなく、戦争遂行上の具体的な諸条件に応じ各国の裁量をゆるす“flexible rule”であるから、このような一般国際法の規則については、憲法によって戦争遂行権限をもつ執行権による解釈適用が裁判所を拘束すると主張した。

この反対意見と同じ考え方は、古く一七九六年の⑧ Ware v. Hylton（3 Dall. 199）でのアイアデル判事の意見にも見られる。国際法の適用に関し相当の見識をもつこの裁判官は、下級審でこの事件を扱ったために、最高裁判事としては判決に加わらなかったのであるが、下級審で提起され、最高裁で取下げられた争点について、一般にP・Q

Ⅲ　統治機構・司法権

の先例と受取られている意見を述べている[10]。事件は、独立戦争中に、イギリス人に対するアメリカ人の債務を州に支払うことによって消滅するものと定めたヴァジニア州の法律にしたがって債務を消滅させたアメリカ人の債務者に対し、イギリス人の私的契約上の債権を侵害しないという平和条約の規定に基づいて、イギリス人の債権者が弁済を求めたものである。この判決ではじめて、条約が州法を破ることが確定されたのであるが、被告は、下級審では、条約に州法を破る力があるとしても、平和条約はイギリスの条約違反によってすでに無効となっていると主張した。アイアデル判事の意見はこの主張に対するもので、条約が相手国によって侵犯されたかどうかの事実の認定、その前提としての条約の解釈、そしてその対抗策というようなものは、国際法と憲法によって、裁判所にではなく連邦政府の政治的部門にゆだねられているという当然の理を述べたものであった。相手国の条約侵犯は条約廃棄権を基礎づけるが、これを行使するかどうかは全く他方の締約国の裁量にゆだねられており、しかも憲法が裁判所に廃棄権の行使を授権していないことは余りに明瞭である。

アイアデル判事は、次のように言っている。

「連邦議会がイギリスによる条約の侵犯を宣言するとすれば、条約に関しておこる一切の事件について憲法（第三条第二節）が裁判所に一任している司法権を議会が行使する結果になろうと（被告は）反論しているが、憲法が（司法権として）このような事項を考えていなかったことは間違いない。かりに憲法が裁判所にゆだねる趣旨だとしても、その執行の方法がない。けだしもし裁判所がイギリスとアメリカのどちらが条約を侵犯したかを宣言すべきだとすれば、両当事国を呼び出すなんらかの方法がなければならないからである。」

われわれが判決①について指摘したのと同じ意味で、右の引用の後半、「かりに」以下は全くの蛇足であり、後世、誤っていわゆるP・Qのメルクマールとして強調されるようになった点でも、判決①の判決理由と同じく害毒を流したとさえ言えよう。

さて、ここで、判決①の少数意見でも、判決⑥でも先例として引用されている一八二九年の⑨ Foster v. Neilson

(2 Pet. 253) にあたってみよう。この判決は、何よりも、条約を、裁判所が直接に適用しうる“self-executing treaty”と、国家間の将来の行動の約束である“compact”とに分類し、後者は、「司法部にではなく政治的部門に向けられており、それが裁判所の適用すべき規則となるには、まず立法部がこの合意を遂行しなければならない」と判示したことによって有名である。

事件は、やや複雑である。原告は、かつて西フロリダと呼ばれていた地域の一部にある土地に対し、スペイン国王からの譲与に基づく所有権を主張したのに対し、被告は、原告が主張するスペイン国王からの譲与の時には、すでにその地域は一八〇〇年の西仏間の条約（T_1と略記する）により、「ルイジアナ」として、フランスへ譲渡されているから、譲与は無効であると抗弁した。T_1によってフランスのものとなった「ルイジアナ」は、一八〇三年の米仏間の条約（T_2）により合衆国に譲渡せられていた。

T_2がT_1によってスペインからフランスへ譲渡された領土を、そっくりアメリカに譲渡したものであることは確かであったが、そもそも、T_1の「ルイジアナ」が、問題の土地のある西フロリダの一部を含むかどうかの点で、アメリカは含むと解したが、スペインはこれをあくまで否定していた。T_2と前後して、アメリカはスペインから東西両フロリダを買取る交渉を行っていたが、その過程でも、右の対立は解消されず、連邦政府と議会は西フロリダの一部も含まれると諒解していたが、しばらくはその地域もスペインの手に置かれていた。しかし、一八一二年には、連邦議会が「ルイジアナ州の境界をひろげる法律」を制定し、一八一三年には、なおスペインの手にある西フロリダの一部の占領を大統領に授権する議決を行った。また、一八一九年の米西間の条約（T_3）で、「スペイン国王は、東および西フロリダという名で知られているミシシッピ河の東側の、国王に属するすべての地域を譲渡する」ことになったが、アメリカは西フロリダの一部は、すでにT_2により、国王に属しないアメリカ領土であると解していたのである。

さて、このような背景の下で、原告がT_1についてのスペイン側の解釈を主張し、被告がアメリカ側の解釈を主張したのに対し、マーシャル長官は、次の如く答えたのである。

「司法部は、外国に対する利益の主張を託されている政府の部門ではない。裁判所の任務は、通常、国家の政治的部門が定めた諸原則にしたがって、個人の権利について裁定することである。」「国家間の境界に関するこのような問題は、正しくそう言われて来たように、法的問題であるよりはむしろ政治的問題であって、この問題を論ずる場合には、どの国の裁判所も立法部の表示された意思を尊重しなくてはならない。」

右に引用した言葉のうち、“more a political than a legal question”というのは、厳密にはどういう意味であろうか？ いわゆるP・Qの判例の中では、政治的部門が決定すべき問題であることを表わすのに、“political questions and not judicial”という言葉が用いられることもあるが[11]、むしろ、ここでもそう言った方が正確ではなかったであろうか？ なぜなら、マーシャル長官も言っているように、どの国の裁判所も外国に対する自国の利益の主張の合法、違法を判定する立場にはないからである。そのことは、利益の主張が、条約の解釈としてなされたものであると否とにかかわりはない。判旨は、正確には、この種の条約の政治的部門による解釈は裁判所を拘束するというのではなく[12]、政治的部門による領土権の主張の合法、違法を判定しうる裁判所はどこにもなく、いわんや国内裁判所がこれをなしうる筈がないというにつきる。

マーシャル長官は、「もしこの訴訟が、ルイジアナ州の境界をひろげる法律の制定直後に提起せられたなら、〔T_1〕のスペイン側の解釈が主張されえただろうか？」と反問しているが、法律が裁判所を拘束するのは、それが正しい条約の解釈であるかどうかにはかかわりなく、また制定の直後であるかどうかにもかかわりのないことは、明らかである。

だが、一方では、この判決は、T_1やT_3の文言を詮索し、T_1の文言が故意に不明確で、いずれの解釈をも許容すること、だが、アメリカ政府の解釈には、問題が皆無ではないが、容易に反駁しがたい有力な論拠があること等をも述べている。このことは、裁判所が、条約の解釈ということに捉われすぎて、問題を一種の legal question とみなした証拠である。マーシャル長官の不徹底な思考に捉われず、このケイスの実体を見れば、本件の判旨は、政治的部門が決定した領土は領土であるというだけのことである。判決⑥にしても、もし法律が沿海の管轄権をおしひろげていたならば、すっきりと、政治的部門の決定した領海は領海であると言ったであろう。[13]

さらに、判決①で、革命権の主張という珍妙な問題にしどろもどろの判決を書いたトーニー長官は、この領域でもまた、例のない珍妙な主張を処理するため、やはり、ひろくP・Qの典型例と目されている判決をものしている。やはり東・西フロリダをアメリカに譲渡した一八一九年の米西間の条約をめぐる、一八五三年の⑩ Doe v. Braden (16 How. 654) がそれである。

その条約の第八条で、アメリカは、スペイン国王が一八一八年一月二四日以前になしたフロリダの土地の私人への譲与の効力を認めることになっていたが、[14] 三人の貴族がアメリカへの譲渡の可能性をみこして投機的に広大な土地をスペイン国王から買っていたことを知って、条約本文とは別箇に、覚書の形で、この三人の貴族への土地の譲与の絶対的無効を国王に認めさせていた。

そのスペイン貴族の一人から権利を承継したと称する原告が不動産回復訴訟をおこしたため、裁判所は原告の主張する二点、すなわち、A、覚書は条約の一部ではない、B、かりに条約であるとしても、スペイン国王には、スペイン憲法上、一度なした譲与を一方的に失効させる権限はないから、無効である、という論点について判断を求められたわけである。

どちらの問題も、有効な条約の成立要件の問題として、一般国際法の解釈、適用の問題である。最高裁は、A点については、条約本文と共に批准された覚書が条約の一部であることは、「論議を要しない程明白」であると判断したけれども、B点については、次のような推論を行っている。

(a) アメリカ憲法上、大統領は条約を締結し、外交使節を任命し、外国の使節を接受する権能を有するから、外国の憲法の下で何人が、かついかなる制限の下に、条約によりその人民を拘束しうるかについて、正確な知識を入手しうる。(b) もし、すべての裁判所が、果して外国の条約締結権者が、その国の憲法、法律によって特定の約定をなす権限をもっていたかどうかを審査、決定する権限をもっているとすれば、執行権が対外関係を国の利益のために処理し、憲法により課せられた義務を果すことは不可能となろう。(c) 正確な知識を入手でき、憲法上対外関係を処理する責務を有する大統領と上院が、スペイン国法上、国王のこの覚書による約定をなす権限を肯定している場合、裁判所がこの認定が誤っていないかどうかを審査すべきだという主張は、「アメリカ憲法にも、また司法権と政治的権力とが分離せられ、別な者の手に置かれているいかなる国の法理にも、根拠を見出すことができないのは、自明である。」

このB点についての推論が、権力分立原理によってP・Qを基礎づけたものと解されているのであるが[15]、この場合のP・Qが一体何を意味しているのかを検討する必要がある。もし、(c)に言われているように、条約が相手国の憲法に違反するかどうかという問に裁判所が答える権限のないことが、合衆国憲法の権力分立に基づきそれ程自明であるならば、政治的部門の方が外国の国法について正確な知識をもちうるとか、裁判所が執行部と喰い違う判断をすれば、対外関係の処理が不可能となるというような、いわば実際的な理由((a)(b))は、これまた蛇足にすぎないことになろう。

それよりもなぜ、裁判所は、合衆国憲法に違反するという理由で条約の国内法的効力を否認する場合にも、その条約の国際法的効力に無関心であるのを、ただ裏返しにして、合衆国憲法上適憲に締結せられた条約は、裁判所にとって法であり、その国際法的効力のいかんは、裁判所の関知するところではないとだけ言わなかったのであろうか? 実際、判決は、「条約は、正当な権能によって定立せられた法であって、司法裁判所は、合衆国憲法に反しない限り、その条項のいずれをも無効としたり、無視したりする権利をもつものではない[16]」とも言っているのである。その限りでは、B点がP・Qであるという命題は、憲法に違反しない限り、政治的部門の定立する法は裁判所を拘束するという意味にすぎないであろう。

しかし、判決④⑤で見たように、アメリカの裁判所は、条約の国際法的効力について、政治的部門から独立に判断を加えることができる筈である。国内法的に無効ないし失効せしめられた条約は、国際法的に有効であるが、国際法的に無効ないし失効した条約は、国内法的にも無でしかありえない。個人の具体的な権利がそれに依存する限り、裁判所が戦争による条約の失効を確認しうるとすれば、どうして条約の当初からの無効を確認してわるいわけがあろう？　にもかかわらず、それとこれとが区別され、前者が judicial question であるのに後者がＰ・Ｑとせられたとすれば、そのような区別の本当の理由は、この判決の言うような実際的な理由ではなく、むしろ、戦争が条約に及ぼす効果に関する一般国際法の規則が裁判所にとって明瞭と考えられていたのに対し、当事国の憲法に対する違反が条約の国際法的効力にいかなる影響を与えるかについて――今日でもいろいろ見解があるのだから[17]――この時代には一般国際法の規則が余り意識されていなかった所にあるのではなかろうか？　むしろ、想像すれば当時は「元首がすべてについて国家を代表する」という原則が行なわれていて、憲法違反は条約の国際法的な瑕疵とは認められず、裁判所は問題の条約を国際法上有効と判断しえたとも思われるのである。

相手国の憲法に違反するかどうかを認定する上の困難というようないわば適用上の問題以前に、適用さるべき国際法の規則が問題であるのに、判決はこれには全く注意を払わず、原告の新奇な主張に不意うちをくって、慢然と一般に憲法違反が条約の効力に影響を与えるであろうと前提した上で、しかし果してスペイン憲法に違反するかどうかは政治的部門の方が知っていると逃げたわけである。

それゆえ、われわれは、判決⑩を額面通りに受けとって、裁判所より政治的部門の判断に一層適し、かつ裁判所が独自に判断を行えば不都合な混乱が生ずるような「法的問題」がＰ・Ｑである、という趣旨の persuasive authority と認めることはできない。丁度同じ裁判官の書いた判決①をそう認めることができないように。判決①の無用な混乱が自然法と実定法の区別の曖昧さに起因するように、判決⑩の混乱は、結局、国際法と国内法の混同に根差しているのである。

判決の中で、「政治的問題」とか「政治的部門」とかいう言葉が用いられているというだけで、そのコンテキストに留意せず寄せ集められたものが、いわゆるP・Qのドクトリンではないのか、というのがわれわれの根本的な疑念であった。いわゆる対外関係に関する判例の考察をここでまとめれば、次のように言うことができよう。

第一に、「政治的部門の決定」がない限り、裁判所が国際法の規則を自ら解釈、適用した判例（④⑤⑦、原理的には⑥も）は、決して国際法の解釈、適用について、政治的部門のそれが裁判所を拘束すると言っているのではなく、反対に、一般国際法を破る法律、条約の廃棄、条約を破る後法としての連邦法律等の政治的部門の行為によってもはや法でなくなるまでは、裁判所が国際法の規則を解釈、適用し、それが政治的部門をも拘束するといっているのである。この原則は、いわゆるP・Qと無縁であるばかりか、反ってこれを否定するものである。

第二。しかし、すべての国際法の規則が直接に裁判所によって適用されうる規範であるとは限らない。裁判所が直接に適用しえないものの一は、各国の裁量を許容する国際法の規則であって（⑦の少数意見、⑧のアイアデル判事の意見）、この裁量権は、憲法上、政治的部門のみが行使しうる。国家や政府の承認、戦争状態の終結などがP・QとせられるのもⅠ同じ意味においてであろう。[18] その二は、いわゆる“compact”としての条約で、これはいまだ裁判所にとっての法ではない。

最後に、以上の整理からはみだす判例も、確かにある（⑩および⑥の実際的処理）。これらの判例は、あるいは明示に、あるいは暗黙のうちに、対外関係にからむ事項は、国家的利益の見地から、政治的部門による一元的な処理が希ましく、また政治的部門の判断に一層適しているから、法的に判断が可能であっても、裁判所は介入をひかえて政治的部門の意見を尊重すべきであると考えているように見える。とすれば、これらこそ、いわゆるP・Qのドクトリンの核心とも見られるであろう。しかし、このようなドクトリンは、第一の原則と正面から衝突し、一般的な原則として、二つは両立しえない。したがって、実際、第一の原則に反してこのような考慮が支配した判例では、それぞれの特殊事情があったのである。判決⑥では、それは、執行部と立法部との一致した意図を前にして裁判所に求められた救済が裁量を許容する種類のものであったという事情であり、また判決⑩では、たんに珍妙な主張に裁判所がまごつきすぎたという事情である。

（1） Bishop, International Law（cases & materials）p. 65.
（2） この点を確立したのは、一七九六年の Ware v. Hylton（判決⑧）である。
（3） この点を確立したのは、一八二九年の Foster v. Neilson（判決⑨）である。
（4） 州法律に対する条約の優位は連邦憲法に明定されている（六条二項）が、連邦法律と一般国際法との効力の優劣については、他の多くの憲法と同じく、何らの規定がない。しかし、国内裁判所にとって、自国の法律が一般国際法を破ることは当然のことと前提されている（Ex parte Cooper（判決⑥）参照）。
（5） 条約が連邦法律と同位の効力をもつにすぎず、後法が前法を廃するという原則が行われることを確立したのは、一八八九年の Chae Chan Ping v. U. S.（判決⑫）である。
（6） 金子「統治行為」『行政法講座』第二巻一八二頁。田畑、「承認と国内裁判」法学論叢七六巻一・二号、四七頁に引用せられている Hervey の所説参照。
（7） Talbot v. Janson, 3 Dall. 133（1795）
（8） 金子・国家学会雑誌七二巻二号一四頁註（15）。
（9） Clark v. Allen, 331 U. S. 503（1947）反対に、政治的部門の黙認にもかかわらず、裁判所が、戦争によって失効したと判断した例は、Karmuth v. U. S., 279 U. S. 231（1929）。
（10） 金子・国家学会雑誌七二巻二号九頁註（25）、一三頁註（13）。
（11） Doe v. Braden, 16 How. 654 at 657.（判決⑩）。
（12） 金子・国家学会雑誌七二巻二号一四頁註（17）はそのように解している。
（13） イギリスの有名な先例として、Mortensen v. Peters,（1906）がある（参照、田畑『国際法Ⅰ』一四六頁）。
（14） この規定が判決⑨で self-executing ではないとせられたのであるが、わずか四年後の U. S. v. Percheman, 7 Pet. 51 で、同じマーシャル長官により self-executing であると解釈が改められた。条約の解釈の政治性を示す例。
（15） 久保田「アメリカ憲法における政治問題」公法研究一三号。
（16） 16 How. 636 at 657.
（17） 例えば、Lauterpacht, Oppenheim's International Law（7th ed.）vol. 1, p. 799 は、条約締結権の行使に関する憲法上の制限に

違反して結ばれた条約の拘束力を否認し、Verdross, Völkerrecht (2. Aufl.) S. 128は、相手国が少くとも知りうべかりし憲法上の制限に違反する条約は、取消しうるとしている。しかし、条約締結に必要な議会の同意がないというような明白な形式的な違憲性のみが、一九世紀末以来、国際法上問題にされているにすぎない（参照、ミルキヌーゲッツエヴィチ（小田・樋口訳）『憲法の国際化』一五一頁）。

内容的に違憲な条約が「相手方に対しても当然効力を生じない」（鵜飼『憲法』（岩波全書）二〇九頁参照。）というような議論は、余り見当らない。国際法は憲法に優越すると主張する国際法学者は一部にあるが、「社会あるところ法あり」という社会学的な国際法、国内法一元論を前提しつつ、条約に反する憲法は無効であるという「解釈」を、わが憲法について採る憲法学者があるのも不思議である（宮沢『日本国憲法』八一七頁参照）。

(18) このことは、後述する判決⑰も認めている（特にフランクファーター意見、Baker v. Carr, 369 U. S. 186 at 282 参照）。

四　政治的裁量

最高裁の判例でもっとも古く「政治的問題」という言葉が現われたのは、一八〇六年の、違憲審査権を確立したことで有名な判決⑪ Marbury v. Madison (1 Cr. 137) の中で、マーシャル長官が述べた次の一節であるとせられている(1)。

「裁判所の職責は、もっぱら、個人の権利について裁定することであって、執行権や執行部の役人が裁量権を有する職務をいかに行っているかを審査することではない。その性質上政治的な問題、いいかえれば (or) 憲法と法律によって執行部にゆだねられている所の問題は、当裁判所でこれを提起することはできない。」

アメリカでも、学説は、P・Qとは要するに裁量問題だと理解したり(1)、あるいは、裁判所と政治的部門への憲法による権限の分配に帰着すると見たり(2)、あるいは、その性質が高度に政治的な問題だと解したり(3)、いろいろに分かれていたが、あたかも、これら三つの説明が、それぞれ、マーシャル長官の右の言葉に基礎をもっているかのように見える。しかし、執行部の羈束行為 (ministerial acts) から政治的権限 (political powers) を区別するマーシャル長官の文脈においては、政治的部門に裁量権があるということと、憲法と法律によって政治的部門にゆだねられてい

Ⅲ 統治機構・司法権

るということとは全く同義であり、また、性質上政治的というのは、おおむね政治的な性格の強い権限（例外は恩赦など）が、国民に対する政治的責任において行使さるべきものとみなされるがゆえに、憲法によって内容的な制限なしに政治的部門にゆだねられている事実を指すにすぎない。ここでマーシャル長官が「政治的問題」と呼んだものが、この意味で非法的な裁量問題に限られることは明らかで、その後の判例が同じ意味で「政治的問題」という言葉を用いている例も非常に多い。

国家や政府の承認、戦争状態の終結などが政治的部門にゆだねられた裁量問題に外ならないことは前述したが、ここでは、“inherent sovereign power”と称される裁量問題の例を挙げよう。その古典的な代表は、一八八九年の⑫ Chae Chan Ping v. United States（130 U. S. 581）である。

これは、米国と清国との間の条約に違反するとともに、その条約を執行する連邦法律の下で一定の中国人労働者にすでに与えられていた再入国の許可をも取消した新しい連邦法律の効力が争われた事件であるが、最高裁は、条約は連邦法律と同位の効力を有するにすぎないから、条約に違反する新たな連邦法律は有効であるとし、外国人の入国に関する権限は、「独立国家たることに附随するもの」であって、立法権がいかようにも規制することができる。従前の条約や法律を急激に変更して、旧法の下で原告たる中国人が正当にもっていた期待を損なうことが妥当であるかどうかは、政治的部門の問題であり、裁判所の決定すべき法的問題ではないとしたのである。

一八九三年の⑬ Fong Yue Ting v. United States（149 U. S. 698）では、在住外国人の強制送還の権能も、外国人の入国を規制する権能の反面として、“inherent sovereign power”であるとせられ、「裁判所は、憲法によって政府の他の部門に最終的決定権がゆだねられている政治的問題の審査に立ち入ることのないよう注意しなければならない」ことが強調されている。

しかし、いつ、いかなる外国人を強制送還するか、すなわち、いかなる外国人がいわゆる“undesirable alien”であるかを、政治的部門が条約や法律で定めるについて、憲法に何らの制限がないとしても、特定の外国人がそれにあたることを認定しこの法律を執行する手続については、「何人も……正当な法の手続によらずして、生命、自由または財産を奪われない」という修正第五条の適正手続条項が何らかの制約となろう。古い判決である⑬は、裁判所が関与せず移民官の行う強制送還手続も「正当な法の手続」であるとみなしたが、より新しい判例では、有力な少数意見は、適正手続条項の観点からある種の強制送還を違憲と判断している。(4)

ここで、判決⑬で外国人（中国人）の強制送還は立法部の無制約の裁量にゆだねられているとしたグレイ判事が一方では、アメリカで生れた中国人は、連邦政府がいかに欲しなくとも、他のすべての人種に属する人と同じく、生れながらのアメリカ国民であるという画期的な判決（United States v. Wong Kim Ark, 169 U. S. 649）を書き、次のように言っていることを特筆しておくべきであろう。

「そのことについて定めた憲法の規定がなかったとすれば、立法部や執行部は、どんな考慮によってでも中国人種の人を合衆国市民の身分に受けいれることを拒みえたであろうが、いかなる考慮も、『合衆国に生れまたは帰化し、その管轄権に服するすべての人は合衆国の市民である』と宣言し命じている修正第一四条の断乎として明瞭な文言の完全実施を拒むことを裁判所に強い、または許容することはできない。」

当然のことではあるが、強い輿論を背景とした政治的部門の意向に対しても、このように毅然として、政治的裁量問題と法的問題を峻別するのでなければ、司法審査権は形骸化するであろう。(5)

（1） The Constitution of the United States of America,（ed. Corwin） p. 546. 橋本・英米判例百選五二頁。
（2） Hart, An Introduction of Administrative Law, p. 622.
（3） Weston, Political Questions, 38 Harv. L. Rev. 296（1925）, 最近では Wechsler, Principles, Politics, & Fundamental Law, p. 11 f.
（4） Finkelstein, Judicial Self-Limitation, 37 Harv. L. Rev. 338（1924）.
（5） 例えば、Jordan v. De George, 341 U. S. 223（1951）で、フランクファーター、ジャクソン両判事は、「破廉恥罪」を犯した外国人の強制送還を定めた法律を、不明確のゆえに、修正第五条の適正手続条項に違反するとみなしている。

五　議会内部問題

判決①の少数意見で、ウッドベリー判事が「裁判所は……憲法および法律の制定に関して争われた点について権限をもつものではない」と言っていることは前述したが、正に法律の制定過程の問題が提起され、これをＰ・Ｑとした典型的なケースは、一八九二年の⑭ Field v. Clark（143 U. S. 649）である。一八九〇年の連邦の関税法が連邦議会の議事録では議会を通過している筈の一条項を欠いていたために、実際に議会を通過したものと同一でなく無効だという主張がなされたのに対し、判決は、両院の議長の署名と大統領の承認によって議会を通過したものと認証された以上、「対等の独立の政府部門に当然払うべき尊敬」に基づき、裁判所はこの認証を事実に合致するものとして受取るべきで、議事録にてらして事実を審理することはできないとしたのである。対等の政府の部門の代表者が外部に表示した意志決定を、裁判所としてはそのままに受取り、意志決定の内部過程に立ち入るべきではないということは、それこそ三権の独立の conditio sine qua non である。この種の判決の数は少いが、この点については異論はありえない。(1)

先の判決②では、州の元老院議長を兼ねる副知事の票決権の有無の問題がＰ・Ｑであるかどうかにつき、最高裁としては判断をなしえなかったが、フランクファーター判事は、他の三人の裁判官も支持した意見で、判決⑭を引用しつつ、これこそ典型的な議会内部問題であり、これを裁判所にもち出すのは全くのお門違いであると論じ、次のように言っている。

「立法部における票決手続──何人が構成員であるか、いかにして、また、いかなる場合に票決すべきか、立法の種々の段階で票決に必要な数はどれだけか、いかなる投票がなされ、いかに計算されたか──は、いやしくも『政治的』という語が何らかの意味をもつとすれば、たんに政治的行動に関連するというにとどまらず、政治的行動の本体そのものである。(2)」

このフランクファーター意見では、議会が連邦最高裁と憲法上対等の部門であるかどうかは問題ではなく、あくまで問題の実質によって裁判所の審査権に限界がひかれていることに注目すべきであろう。この点については、判決⑭のすぐ後に、合衆国直領地の立法部の法律制定過程の問題に、判決⑭の原則が「直接に」「完全に適用されうる」とした先例もある。[3] 一体、連邦最高裁判所と合衆国直領地議会とは「対等」（coequal, co-ordinate）の政府の部門なのかどうか？ むしろ「対等」という言葉は、議会の内部問題（intra-parliamentary controversy）に裁判所が介入すべきでない理由としての「尊重」にかかるたんなる枕ことばにすぎないのではなかろうか？ この点は、国会の自律権と同じ趣旨で、地方議会にも自律権が認められるかどうかという、わが国で争われている問題にも関係しよう。

しかし、このフランクファーター意見は、有力とはいえ少数意見であり、いまだ州の立法部の内部問題について判決⑭の原則を適用した例はない。[4] むしろ、最近の判例（後述⑰）は、対等な連邦政府の政治的部門に対しては及ばない裁判所の審査権も、対等でない州の立法部には及びうるという風に、「対等」ということにこだわっているようである。

（1） この判決および同趣旨の判例を詳しく紹介するものとして、横田「立法府の自律権と司法権」ジュリスト三三七号。
（2） 307 U. S. 452 at 469.
（3） Harwood v. Wentworth, 162 U. S. 547（1896）
（4） 横田・ジュリスト三三七号三〇頁は、Baker v. Carr（判決⑰）の多数意見にならって、連邦政府の国務長官が三分の二以上の州立法部の承認を得て憲法改正が成立したことを公布すれば、もはや裁判所は各州の承認の議決を審査しえないという Leser v. Garnett, 258 U. S. 130 を「立法府の自律権」をみとめた例として紹介しているが、憲法改正作用を普通の立法作用や、議決と同じ平面で考えたこのブランダイス判事による判決も間に合わせ的なものではなかろうか？

六　司法審査自制論と「政治的問題」

四で述べた一九世紀末の判例における裁量問題と法的問題の明快な区別と顕著な対照をなすのは、一九四〇年代以降、いわゆる司法審査自制論の立場に立つ裁判官が、時として、分裂した最高裁の多数を制した時期の判例である。

その代表的な例として、一九五二年の⑮ Harisiades v. Shaughnessy（342 U. S. 580）をとろう。永年アメリカに住み、アメリカ人の妻子のある外国人が、遠い過去に共産党員であったために、合衆国政府を暴力により顚覆することを唱導する団体に加わった外国人の強制送還を定める外国人登録法の下に、強制送還の処分を受けて、これを適正手続、言論の自由、事後法の禁止の三点で憲法違反として争った事件である。

この時期のいくたの判決で、共産主義に対してもっとも冷厳であったジャクソン判事(1)の手になる法廷意見は、事後法の禁止は刑罰ではない強制送還に適用されず、言論の自由は政府の暴力的顚覆の唱導を含まないといった形式論で二点を一蹴し、適正手続の点については、外国人の滞留は権利ではなくたんなる許容にすぎぬこと、および強制送還の権能が「すべての主権国家固有の権能」であることを強調した後、次のように言っている。

> 「外国人に対するいかなる政策も、対外関係の処理、戦争権限、共和政体の維持に関する現時の政策と複雑、緊密に絡み合っていることに注目することが有意義である。これらのことがらは、殆んど裁判所による審査、干渉をまぬかれる程排他的に政府の政治的部門にゆだねられている。〔政治的問題に関する従来の判例〕は、本日の判決を規定する（control）ものではないが関連性はある（pertinent）。これらのことがらについて、憲法のもとにおける政治的権力と司法権との間に固定した厳密な境界線をひくことは、必要でもないし、おそらく不可能であろう。」

すなわち、ここでは、主権国家の固有の権能としての強制送還の権能も、古い判決⑬の言うような「絶対的かつ無制限」な権能ではなく、憲法のわくの中での裁量権であることが認められている。したがって、アメリカでも漠然と裁量問題と区別して意識されている本来のP・Qとは一応別箇のものと思われるから、P・Qの判例は本件に関連性があるだけでそのものずばりではないと見るのであるが、その口の下から「これらのことがら」と言ってすべてを一括し、いわゆるP・Qもこの場合も、すべては裁量のわくの問題で、しかもどこから政策問題でどこから法的判断であるか境界線は流動的であると言うに到っている。

このことは、一方、アメリカの学者とともに最高裁自身も、自分の判例が用いてきたP・Qという用語のいろいろな意味を区別できず、全く混乱していることを示している。他方、P・Qが曖昧なままで裁量問題と等置せられるならば、一般にP・Qが語られることの多かった領域と関連性のある場合には、たとえ法的判断をなすべき場合であっても、P・Qという一種の伝統を背負った言葉の魔術によって、司法審査がますます稀薄化し、政治的裁量のはばがますますひろがるおそれがある。すでにそのような傾向は、ともに今は亡いフランクファーターやジャクソン判事等の司法審査自制論者を中心として、ごく最近まで判例にあらわれていたのである。この種の判例は、P・Qという(一般的な理解においては)定形のない伝統的な観念が、司法審査自制論者によってかなり意識的に利用されたことを示している。(2)

フランクファーター判事に代表される司法審査自制論は、(3)たんに立法部は立法部であるがゆえに尊重されねばならないといういわば権威国家的イデオロギーに基づくものではなく、どのような立法部であれ、これを良くも悪くもするのは選挙民であって、政治的な批判が安易に訴訟の形をとって裁判所にもちこまれ、少数の裁判官の政治的価値判断に基づいて決着がつけられるような制度は、長い目で見て、民主政にとって非常に有害であるという、首尾一貫した哲学に立脚している。いわゆる司法権の政治化をおそれるのも、裁判官の安全のためではなく、結局、それが「民主政のプロセスの完全な運行を妨害する」(4)からである。多数派としてであれ、少数派としてであれ、フランクファーター判事が連邦法律や州法を合憲と判断する場合には、いつも、「個人的にはわれわれが立法部の過誤とみなすようなものも、裁判所としてはみのがさなくてはならない」(5)といった言葉が見られる。

このような禁欲主義の立場からは、真に裁判所として現実の紛争を解決する必要のある場合に限って介入すべきであるということにもなり、当然、jurisdictional な要件を厳格に解し、できるだけ司法審査を避けることにもなる。判決②に対し、他の三人の裁判官も支持した少数意見を書いたフランクファーター判事は、多数派が、州裁判所とともに、票決で敗れた州元老院議員達は自己の投票が適法に算えられることについて「明瞭な、直接的な、適切な利益」をもっているとして当事者適格を認めたことに特に反対し、「原告等の主張は、カンサスという州全体に属する利害と別に、これらのカンサス立法部の議員達に属する世俗的な利害にかかわるところは何もない。……ひとつの憲法解釈の自製スポークスマンにすぎない者は、裁判所の審査を求めることはできない」と主張している。

同じような論法で、フランクファーター判事が、多数派として、あるいは少数派として、当事者適格を否定した例は少くない(6)。原告が裁判所による保護を求めうる前提である法的利益は、彼自身の、実質的な世俗的な利益で、直接に侵害されているか、または侵害のさしせまっているものでなければならないという原則は、むろんフランクファーター判事が認めているように、もっぱら技術的に見えるがそうではない。この原則は、それ自身憲法第三条第二節の「事件」または「争訟」の解釈として説かれており、「憲法をいかに見るかということは、その人が、憲法を適用する裁判官の役割をいかに見るかということと切り離せない(7)」から、結局、民主政における裁判所の役割に関する政治的価値判断に依存する。それゆえ、裁判所の果すべき役割についての見解の不一致を反映して、一見技術的にみえる当事者適格の問題でも、最高裁内部で屡々鋭い対立が生じているのである。

人口に比例しない選挙区画の問題をめぐる一九四六年の⑯ Colegrove v. Green（328 U. S. 549）と、一九六二年の⑰ Baker v. Carr（369 U. S. 186）の顕著な対照は、司法審査自制論の是非をめぐる対立を背景にしてはじめて理解しうるものとなる。前者ではフランクファーター判事が、別な趣旨の一人の裁判官の同意意見に支えられてかろうじて判決を規定した意見を書き、後者では、晩年のフランクファーター判事が、六対二の判決の反対意見を書いている(8)。

判決⑯では、人口の移動のために著しく選挙民の数に比例しなくなっている連邦代議院議員の選挙区画を定めた州の選挙法を、連邦憲法の平等条項に反し無効とする宣言判決を求めて、イリノイ州の三人の有権者が訴えたわけである。フランクファーター判事（ほか二名）の意見は、求められた宣言判決をなす権限がない理由として、（a）、特別に政治的な性質の問題で、統治が効果的に行われるためにも、裁判所による決定に適しない、（b）、訴の基礎は、私的利益の侵害ではなく、国家としてのイリノイ州の受けている侵害である、（c）、裁判所は選挙区画を積極的に変更することはできず、せいぜい現行の選挙区画を無効と宣言しうるにすぎないが、これでは選挙区なしに州全体から代議院議員が選ばれることとなり、結果は現行よりも悪くなる（司法的救済の不適切性）、（d）、連邦代議院は、このような州全体から選出された代議士に議員の資格を認めないかもしれない、（e）、裁判所を政争にまきこむような問題の決定はしないのが最高裁の伝統である、（f）、憲法第一条第四節により、連邦議会が、代議院における州の代表が公正な代表であることを確保する専権を有する。この点で州における共和政体の保障と同じである、等を挙げている。

このようにいろいろ挙げられた理由には、憲法典の解釈としての主張もあり、当事者適格の問題にふれたものもあり、また、政策的、実際的考慮に基づくものもあり、どこにポイントがあるのか、一見不分明である。判決⑰の反対意見で、作者のフランクファーター自身が要約した所によると、判決⑯は、「厳密な意味では裁判所の無権限ではないにせよ、管轄権を否定」したもので、それは、第一に、伝統的に立法部の政策決定にゆだねられてきた事項に介入すべきではないこと、第二に、選挙区画の問題では、政治的発言力の配分において、選挙人のたんなる数量的平等にどのような比重が与えらるべきかの司法的判断の基準がないこと、そして第三に、適切な司法的救済方法を見出す困難性を考慮したからであるとせられている。続いていわゆるP・Qの諸先例を分析して、裁判所が判断の基準として用いうる明示の明確な憲法の規定が存在しないことを決定的なモメントとして強調している所から見ても、選挙区画の問題をP・Qとみなす根本の理由は、前記第二点にあると見られる。

実際に、いわゆるＰ・Ｑの判例が、政治的部門にゆだねられた裁量問題を多分に含むことは、われわれの分析とも一致する。しかし、州の立法部議員の選挙区画が問題となった判決⑰では、フランクファーター判事が、平等条項違反の主張の実体を、州の共和政体保障違反の主張と解している点が注目される。すなわち、選挙権の人種的な差別は、正に平等条項をはじめとするCivil War Amendmentsが明確に禁止しているところであるが、州の立法部の議員定数の配分について選挙人の数のみを基礎とすべしという要求は、平等条項の解釈として裁判所がひきだしうるものではない。上告人等の主張は、実は、選挙人の政治的発言権の数的な平等が確保されることがあるべき代議政体＝共和政体であると考え、現行の州立法部議員の選挙区画が共和政体の保障に反すると主張するにひとしい。そして、あたかも、判決①で、あるべき選挙制度（男子普通選挙か制限選挙か）について司法的判断の基準がないことを決定的な理由として、共和政体の保障が政治的部門の判断にゆだねられているとせられたのと同じく、ここでも、あるべき選挙制度をめぐる争いは、もっぱら州立法部に対する選挙民の活発な政治的コントロールによって解決さるべき問題であるとなした。しかし、フランクファーターによる、このような判決①の解釈、および共和政体の保障条項の解釈に、われわれが同意しがたいことは、二で述べたことから理解できよう。

一方、判決⑰の多数意見は[9]、判決⑯を、衡平法上の救済について存する裁判所の裁量権を根拠としたラトリッジ判事の同意意見に重点をおいて、解釈しつつ、フランクファーター意見を無視し、いわゆるＰ・Ｑの先例を再検討した結果、Ｐ・Ｑのいくつかの定式を次のように要約している。

「(a)　憲法が明文をもってある問題を裁判所と対等な政治的部門にゆだねていること、(b)　ある問題を解決するため司法的に発見でき用いうる基準がないこと、(c)　明らかに非司法的な裁量に属する政治的な決定がなされなければ裁定しようもないこと、(d)　裁判所が独自の決定をすれば、かならず対等な政府の部門に当然払うべき尊敬を欠くことを表明する結果になること、(e)　すでになされた政治的決定に文句なく従う異常な必要性、(f)　ひとつの問題についていろいろな政府の部門がまちまちな宣言をすることによって困難が生じうること。」（(a)等の記号は筆者が附した）

多数意見は、これらの基準にてらし、ここでの問題は、連邦最高裁と対等な連邦政府の政治的部門に関係のない問題であり、また、「平等保護条項の下での判断の基準はよく発達し熟知のものである」から、P・Qとは見られないと判断したのである。

この最近の判決に対しては、代表民主政そのものの基礎が蝕ばまれている場合、これを通常の民主政のプロセスで正すことは不可能である以上、裁判所の介入は民主政のためにも適切であったとする見方が多いが、司法審査自制論の立場からの批判も少くない(10)。

だが、われわれの関心は、P・Qのドクトリンにあり、その点では、この判決が、多数意見も反対意見も、P・Qを裁量問題中心に煮つめて行ったことが、もっとも注目される。フランクファーター判事が、連邦の政治的部門の裁量のはばもさることながら、修正一四条の適正手続条項や平等条項のような一般条項によりつつ、連邦裁判所が州権力を制約する場合には、地方的な立法部の政策決定への干渉を一層ひかえるべきだという一貫した連邦制尊重論に立脚しているのに対し(11)、多数派は、州の立法部に対しては、対等の連邦政府の政治的部門に対する程の遠慮はいらないとしている点に、一つの岐れ道がある。

もう一つの岐れ道は、同じ司法的基準について語っているように見えても、フランクファーター判事の方は、「明示の、明確な憲法の規定」(explicit, clear constitutional imperative)を裁判所の介入のために必要とみなし、他方は、「司法的に発見でき、用いうる基準」(judicially discoverable and manageable standards)があれば足るとみなしている点である。つまり、前者は、これも故人となったハンド判事(12)とともに、人権宣言の一般条項を解釈の名の下に裁判所が具体化し、それを立法を測る尺度とすること自体に批判的で、それゆえにこそ、平等条項をも、南北戦争直後の立法者意志において固定したもの、人種差別の廃止、としてしか捉えようとしないのである。これは、極端な司法審査自制論の立場であって、もちろん、アメリカの最高裁の司法審査の伝統には反する。この点では、多数意見の方が、オーソドックスであることは確かであろう。

判決⑰には、このような基本的な立場の対立が反映されているが、当面のP・Qのドクトリンについて、両方の側が行った相当詳細な再検討も、やはり、事件の直接の結果に方向づけられ、七で後述するように、理論的には満足すべきものではない(13)。

しかし、ともかく、判決⑰によって、実際には、選挙制度の全国的な大改革が必要となるという重大な政治的結果が生じ、また党派的な争いに到る所で裁判所がまきこまれ、さらに、いまだ適切な司法的救済方法も見出されていないのであるから、この最後の判決で、判決①以来列挙されて来たいわゆるP・Qのメルクマールの大部分が、もはや司法権の行使を妨げるものではなくなったという一事だけは確かである。「対等の政治的部門に対する尊敬」、もはやこれのみがP・Qの唯一の識別基準となり、「この基準が残っている間は、P・Qのドクトリンはいくらかの余命を保つかも知れないが、わが憲法判例の主要なドクトリンとしてのその地位は回復不能なまでに損われたようだ」とさえいわれているのである(14)。

（1）　尾吹、「言論の自由」『英米判例百選』九一頁［本書第**47**論文］参照。

（2）　Chicago & Southern Air Lines Inc. v. Waterman S. S. Corp., 333 U. S. 103（1948）では、五対四で、ジャクソン判事による判決は、法律が司法審査から明示に除外してはいないが、自国の航空会社の海外路線に関する民間航空委員会の決定も、問題が国防や対外関係に関連するから大統領の承認が必要とされており、この領域での大統領の政治的裁量によって承認された以上は、司法審査の対象とならないとした。

また、Perez v. Brownell, 356 U. S. 44（1958）では、フランタファーター判事による多数意見で、外国の政治的選挙に投票したアメリカ人の国籍喪失を定めた法律は、国際関係においてアメリカ政府が自国民の外国における政治的行動のために困惑することがないようにするための合理的な手段として、合憲とせられた。「国籍をなくすることは、問題そのものをなくすことで」、「この法律を制定する議会の権能を否認することは、当裁判所が厳に守らねばならぬ政府の作用の憲法による配分を無視することとなろう」というのである。

（3）　司法審査自制論については、芦部「司法審査制の理念と機能」『現代の立法』所収三一六頁以下。もっと以前のものでは、伊藤、「言論・出版の自由」五五頁以下。尾吹「思想・言論の自由」（一）法学二四巻二号四四頁［本書第**14**論文・一九〇頁］以下。

（4）West Virginia Board of Education v. Barnette（319 U. S. 624）における反対意見。
（5）Harisiades v. Shaughnessy（342 U. S. 580）における同意意見。
（6）代表的なのは、Adler v. Board of Education（342 U. S. 485）の反対意見。
（7）註（4）の反対意見。
（8）ラトリッジ判事の同意意見で、求められた衡平法上の救済を与えるについての裁判所の裁量権を理由としている。この点判決⑥の最高裁の態度と相通ずる。
（9）てがるには、「米国憲法判例選」ジュリスト二五三号の法廷意見の抄訳参照。
（10）Yale Law Journal, vol. 72 No. 1 は、判決⑰に関する特集号であるが、全体としてはこの判決を歓迎する論文が多い。この判決を論じたわが国の文献としては、芦部「議員定数不均衡の司法審査」ジュリスト二九六号。
（11）フランクファーター判事は、修正第一四条の適正手続条項のような一般条項によって、連邦権力のひとつである連邦最高裁が州権力を立ち入って抑制し、州の自主性をせばめることに反対して来た。言論の自由については、Winters v. New York（333 U. S. 507）の反対意見、刑事手続については、Wolf v. Corolado（338 U. S. 25）の法廷意見を見よ。
（12）Hand, The Bill of Rights, p. 33, Spirit of Liherty, p. 122 f.
（13）七の註（2）参照。
（14）McCloskey, The Reapportionment Case, 76 Harv. L. Rev. 54 at p. 64.

七　総括と反省

一般にＰ・Ｑの判例と言われるものを考察した結果、われわれは、その大部分が、たんなる政治問題であるか、または政治的部門の裁量問題であるか、または国内裁判所として当然審理しえない問題にすぎないことを確かめえたと思う。いずれにせよ、それらは、われわれの用語で言えば、「法律上の争訟」にあたらないのである。この種の裁判所の無権限を「司法権の内在的制約」と言っても、「権力分立の原理に由来する」と説明しても誤りではないが、わが最高裁判決（一）の言うような、裁判所にとって適用すべき法がありながら、三権分立の原理のために司法権が及ばないといった場合は、アメリカでも、一般に考えられているほど、多くあるわけではない。特に最近では、横田最高裁長官が、大いにアメリカの判例を手本にして「政治問題」や「三権分立」について大雑把な見解を流布している(1)ので、この点は特筆大書しなければならない。

　また、われわれは、それらのアメリカの判例（時には少数意見）が、事態の真相を直観的には察知しながらも、きわめて大まかに、かりに法的問題として裁判所が独自の判断を下すとすればと仮定した上で、いろいろな実際的不都合を挙げていることが多いことも知った。特に①③⑥⑧⑩の判例がそうである。法的問題でも裁判所の審査に適しないと考えられている、いわゆるP・Qとは、実は、これらの判例の実際には不必要な部分から組み立てられたものにすぎない。今日尚、そのなごりは、判決⑰の多数意見の示したP・Qの定式の中に（（e）（f））残ってはいるが、この判決を契機としてかなり整理せられ、そこでの多数意見も少数意見も、中心的な要素として、司法的判断の明確な基準の欠如を強調していることが重要である。もしそれだけなら、裁量問題と同じことになり、実際に近時の判例が裁量問題とP・Qを非常に接近させていることは、判決⑮によっても明らかである。確かに、判決⑰が過去のいわゆるP・Qの判例の多くを裁量問題として整理したことは正しい。一方、まだ若干残されている附随的な要素がどのような役割を果すのかは明らかではない。これらの要素が残されたこと自体、最高裁が、判決⑰でP・Qの判例のケイス・バイ・ケイスの分析を志しながらも、結局、それが中途半端に終ったことを示すものではなかろうか？

　例えば、判決⑰が、「裁判所が独自の決定をすれば、かならず対等な政府の部門（複数）に当然払うべき尊敬を欠くことを表明することになる」場合というのは、判決⑭のような議会の内部問題を指すと理解するのが自然であろう。だが、この点でも、裁判所の分析は不明確で、「政府の部門」が複数となっていることから見ても、（州の政治的部門は「対等」ではない筈だから）連邦の立法部、執行部の共同行為や、さらには、独任制の最高行政機関で内部的な法的問題のありえない大統領の政治的裁量行為をも含めている疑がある。連邦最高裁判所に対して対等な政治的部門のみが尊敬さるべきであるという素朴な観念と結びついて、ここでもなお、異質的なことがらがいっしょくたにされているのではなかろうか？[2]

だが、われわれが見たように、裁判所が大統領の政治的裁量を審査しえないことは当然のことであって、それと議会内部の問題とを混淆することは誤りである。と同時に、議会内部問題に裁判所が立ち入るべきではない理由が——判決②でフランクファーター判事が主張したように——合議制の政治的機関の意志形成は本質的に政治的行動そのものである点にあるとすれば、この点で連邦議会と州議会、さらには、立法部と（アメリカにはないが）合議制の執行部とを差別することはできない筈である。われわれは、五で扱った議会内部問題をこのように理解し、そして、これこそが唯一の真正のＰ・Ｑであると考える。Ｐ・Ｑという用語は、余りにも多くの非法的問題を包含して来たから、このような漠然とした用語は避けて、「合議制の政治的部門の内部問題」といった用語におきかえる必要がある。

さらに、六で扱った司法審査自制論とＰ・Ｑとの癒着については、いわゆるＰ・Ｑのドクトリンが不定形であったために、極端な司法審査自制論の立場から利用されたというだけのことであろう。司法審査自制論は、憲法の認める裁量のはばを一般的に拡張しはするが、この立場から真正の意味のＰ・Ｑの理論を構成することはできない。のみならず、司法審査自制論は、究極においては、アメリカ合衆国憲法が連邦法律の合憲性審査権を明文で認めているわけではないという認識に立脚しているのであるから[3]、この前提を異にする者に対しては、アメリカでも説得力をもたないのである。[4]

最後に、以上の考察を背景として、もう一度わが国の統治行為を肯定する学説や、関連する判例を眺めてみよう。われわれの考案に誤りがないとすれば、統治行為を肯定する学説は、それがアメリカの不定形なＰ・Ｑのドクトリンに倚りかかっている限りでは、瓦壊するほかはないであろう。[5]

判例について言えば、判決(二)は、政治的部門の裁量に関するもので「統治行為」とは無関係であった。判決(一)は、正しくは、衆議院の解散事由に関する実質面においては判断を行って裁量行為となすべきであったが、閣議決定の成立に関する形式面については、議会内部問題と同じ理由で、審査を拒んだことは正当化されよう。(6) 判決理由の抽象的、演繹的な理論は、違憲審査権を「司法」審査権とみなしてきた最高裁の立場とも矛盾して、感心はできないが、判決(一)が「統治行為」という用語を避けたことも、もし意識的であるとすれば、賢明であったと言えよう。

次に、昭和二九年法律一六二号警察法の制定過程において、参議院の議決が無効で法律として成立していないという主張に対し、「同法は両院において議決を経たものとされ適法な手続によって公布されている以上、裁判所は両院の自主性を尊重すべく同法制定の議事手続に関する所論のような事実を審理してその有効無効を判断すべきでない」とした納税者訴訟の判決（最大判昭三七・三・七民集一六巻三号四四五頁）も、典型的な議会内部問題のケイスとして妥当である。学説とともに、このような議会内部問題は、「統治行為」ないし「政治的問題」とは別個の問題と観念されているためか、誰も「統治行為」を口にしていないのが注目される。

一番最近には、明らかにアメリカの判決⑰を意識した、参議院地方選出議員の選挙無効請求事件の判決（最大判昭三九・二・五民集一八巻二号二七〇頁）がある。すでに、判決⑰が、人口に比例しない議員定数の問題を平等条項のもとで裁判所が判断すべきものでＰ・Ｑではないとしているのを反映して、判決はこう言っている。

「議員定数、選挙区および各選挙区に対する議員数の配分の決定に関し立法府である国会が裁量的権限を有する以上、選挙区の議員数について、選挙人の選挙権の享有に極端な不平等を生じさせるような場合は格別、各選挙区に如何なる割合で議員数を配分するかは、立法府である国会の権限に属する立法政策の問題であって、議員数の配分が選挙人の人口に比例していないという一事だけで、憲法一四条一項に反し無効であると断ずることはできない。」

この判決で、注意をひくのは、むしろ斎藤（朔郎）判事の少数意見である。同判事は、判決(一)で問題になった安保条約の合憲性と同様、選挙区への議員数の配分の合憲性についても、およそ司法審査の対象外とすべきであって、両判決が裁量の限界について、「一見極めて明白に違憲無効であると認められない限り」とか、「極端な不平等を生じさせるような場合は格別」といった言葉で示唆を与えたことも無用であるとみなしている。これらの問題には全く審査権が及ばないと主張する理由を、斎藤判事は、判決⑰におけるフランクファーター判事の反対意見に求め、裁判所が政治的紛争から超越する必要性とか、司法的判断のための「満足すべき基準」の欠如とか、結果の重大性などを挙げている。

　政治的紛争を絶対に避け、結果の政治的重大性をおそれて司法的判断をしまいと決意さえすれば、かなり多くの憲法の規準が司法的判断のための「満足すべき」基準を提供しなくなるであろう。斎藤判事とかぎらず、最近わが最高裁の内部には、従来の「何でも合憲」論を合理化するために、アメリカ流の司法審査自制論が流行しつつあるが自制論が特殊アメリカ的な前提、すなわち、アメリカ合衆国憲法には、わが憲法第八一条に相当する意味明瞭な規定がないという事実に立脚していることは、殆んど故意に無視されているようである。

　現に、斎藤判事は、判決⑰のフランクファーター意見から、「わが憲法の下では、すべての政治的な過誤や立法権の望ましからぬ行使に対し、常に司法的救済が与えられるものとは限らないということを、卒直に認識しなければならない」という文句を引用しながら、その理由として間髪をいれずフランクファーター判事が続けている、「憲法制定者は、注意深く、かつ熟慮の上の見通しに立って、そのように裁判所を立法権の上に君臨せしめることを拒否したのである」という言葉は伏せているのである。言うまでもなく、フランクファーター判事は、制憲会議において四度にわたって連邦裁判所と大統領で構成される council of revision に法律の拒否権を与えようとしたマディソン等の提案が拒否された事実を指し、それが司法審査権にとっても憲法制定者の否定的な態度を示すものと受取っているのである。[7] 明確な明文の規定がないために、アメリカでは、憲法制定者の意志について対立する見方もある。だがともかく、極端なアメリカの司法審査自制論が、法律の合憲性審査権それ自体の合憲性についての懐疑論と不可分に結びついていることは、否定しえないであろう。

　わが憲法には、第八一条の明文が存する。それが果してアメリカ流の司法審査権の明文化にすぎないのかどうかについては、解釈の対立があるが、かりにそうだとしても、この規定があることによって、アメリカと日本とでは、司法審査権のあり方に根本的な差異が生ずる筈である。彼此の重大な相違を軽視して、アメリカの司法審査自制論に追随するのは、日本の裁判所のとるべき態度とは言えないのである。

（1）　横田「政治問題と日本の最高裁判所」法曹時報一六巻一号は、砂川事件判決とアメリカの政治問題の理論との間に、「ほとんど完全な一致がある」という趣旨のアメリカ法律家協会での演説であるが、そのような砂川事件判決の理解が正しくないことは、一で述べた。同、「違憲審査と三権分立」法曹時報一五巻一号は、三権分立の原則からいうと違憲審査権は一般には許されず、どこまでも例外として厳格に慎重に行わなければならないこと、「政策の問題であって法の問題ではない」ところの「政治的問題」について、司法権は侵入しえないことを述べている。しかし、「政治的問題」がどんな問題かということは別の機会にゆずられていて少しも明らかではない。この論文が「政治的問題」と言っているのは右に引用したように、たんに裁量問題のことである。

　これらの論文が重要なのは、それが何かを明らかにしているからではなく、むしろ現職の最高裁長官が、違憲審査権をなるべく行使しないことに異常な関心をもっていることを表わしているからである。この態度を批判するものとして、芦部「司法審査制の理念と機能」『現代の立法』三二一頁以下。

　最近の、「立法府の自律権と司法権」ジュリスト三三七号でも、横田長官は、アメリカの判例をかなり詳しく紹介した上で、「立法府の自律権と司法権との関係に関して、アメリカと日本の最高裁判所の判決で述べられたことは……基本的な点では、ほとんど一致していることが認められる」と結論している。ここでのアメリカの判例の分析は、全く判決⑰の多数意見のそれを敷衍しているだけであるから、次註に述べるような混乱をも共にしている。

（2）　一応、判決⑭では連邦議会両院の議長と大統領の承認を経た法律が問題とされたのだから、対等の連邦政府の二つの部門の共同行為があったと言えるかも知れない。しかし、同じハーラン判事が、この原則を合衆国直領地の議会と知事の共同行為に適用した（五の註（3））のはどうか？

　判決⑰の多数意見が、特にこの問題を分析している箇所をみると、憲法改正手続と立法手続を同一視している点は止むをえないとしても、判決②のA、Bの争点について、要するに連邦議会の裁量に属するとせられたことと、判決⑭で対等の政府部門に払うべき尊敬が理由とせられたこととが、「同様な考慮」という風に混淆されている（369 U. S. at 214, 215）。

　また、対外関係を論じた箇所でも、政治的部門の裁量（国家や政府の承認）、一元的な処理の必要（判決⑩を引用）について述べ、しかしこの領域でもすべての問題がP・Qではないことを強調し、例外として判決④や、判決⑦と同趣旨の判例を挙げている（at 211）。場合によりけりだということ自体は正しいが、このような分析は、P・Qとはどの場合かを少しも明確にしないから、分析とは言えない。実際、ここでは、政治的部門と司法権の関係で、後者が前者をどの程度尊重すべきかは、その場その場の手加減にすぎないことになる。

このようなアプローチでは、憲法、法律によって政治的部門に与えられた裁量の領域に立ち入らないのも、正式に廃棄された条約を適用しないのも、議会内部問題に干渉しないのも、みな同じ「政治的部門に対する尊重」というエモーショナルな原則に還元され、また尊敬を払うべき裁判所からみた上下関係という素朴な観念からぬけ出すことはできない。

（3） Hand, The Bill of Rights, p. 5.

（4） ハンド判事に反論するものとして、Wechsler, Principles, Politics, & Fundamental Law, p. 4, Rostow, The Sovereign Prerogative, p. 117 f, 128 f.

（5） ドイツでも、最近、Scharpf, Grenzen der richterlichen Verantwortung ── Die Political Question-Doktrin in der Rechtssprechung der amerikanischen Supreme Court（1965）という研究が公けにされているらしいが、未着のため手にすることができない。標題から推察するに、司法審査自制論の眼を通したP・Qのドクトリンを画いているのではないかと思われる。

（6） 同旨、田上『憲法概説』二六八頁。

（7） 清宮『権力分立制の研究』一六六頁、Crosskey, Politics and the Constitution, p. 979 参照。

あとがき

この論文は、昔、東北大学の研究室で手をつけかけたままになっていた疑問を、発展させたものである。東京大学の外国法文献センターのような誰にでも利用できる有益な施設が手近かになかったら、いつまでも埋もれていたにちがいない。国立大学がこれだけあっても学生が殺到して来る今日の日本で、実際には大部分の新設の国立大学では、研究のためにも、苦労してはいって来た学生の教育のためにも、最小限必要な条件さえまだととのってはいない。

また、思わぬ分量となった拙文に、特に発表の場を提供していただいた新潟大学法経学会の諸先輩、かつての同僚の御厚意には、感謝の言葉もない。

（一九六六年）

30　統治行為

一　先に最高裁は駐留米軍が憲法九条二項の禁ずる「戦力の保持」に該らず、更に、自衛の手段として米軍の駐留を認める日米安保条約が憲法九条及び前文に謳われた平和主義の原則に反しないかどうかという憲法問題は、高度に政治的な性質のものであるから、一見極めて明瞭に違憲でない限り、原則として裁判所による審査になじまないという立場をとり、結局同条約が裁判所によって無効と判定される程一見明瞭に違憲ではないという判断を下した（「砂川事件」上告審判決＝最大判昭和三四・一二・一六刑集一三巻一三号三二二五頁）。これは、ある種の国家行為の法的効力の問題は、具体的な訴訟の争点として提起せられても、なお裁判所の審査権が及ばないという「統治行為」論を採用したものか、反ってこれを否認したものか、或いは不完全な形で採用したものか、各裁判官の意見も一般の受取り方もわかれていたが、最近の判決で最高裁は、昭和二七年八月の衆議院の解散が実質的にも形式的にも憲法の条章に反して無効であるかどうかは、「統治行為として」裁判所の審査権の範囲外にあるとなした（「苫米地訴訟」上告審判決＝最大判昭和三五・六・八民集一四巻七号一二〇六頁）。これらの判例は、憲法八一条の解釈として、およそ法的判断の可能なすべての問題にいかなる留保もなく司法権が及ぶという従来の下級裁判所の立場を否認したもので、先例として今後に果す役割は大きい。

二　「法の支配」「法治国家」の先進国でも、act of state（英）、political question（米）、acte du gouvernement（仏）等の名の下に、ほぼ共通の特色を有する一連の国家行為をめぐる法的問題が判例、学説によって裁判所の審査の対象から除外せられていることから見て、この種の司法権の限界論を一概に「力」に対する「法」の屈従を意味すると見るのは政治的公式主義であり、わが国のかなり多くの有力な公法学者も「統治行為」の観念そのものは是認している。gerichtsfrei な国家行為を認めることは直ちに rechtsfrei な政治権力の恣意を許容することではないが、もし「統治行為」の識別基準がもっぱら「高度の政治性」とか、ある国家行為を事後的に無効とする場合の「結果の重大性」というが如き、Sache 自体の相対的な評価にのみ求められるとすれば確かに司法的日和見主義の道具と化する危険性は大きい。それ故「統治行為」論に拠りつつ裁判所が審査を回避する場合に、当面の結果の是非よりもむしろその理由づけが重要である。この点から砂川事件上告審判決は、何よりも各裁判官の意見の分裂が示すように、説得力の強いものではなかった。特に積極的に「統治行為」論を展開した藤田・入江意見は、国家統治の基本に関する高度に政治性のある国家行為について司法権が及びえないのは三権分立に由来する司法権の内在的制約で、諸外国でも認められているからわが憲法上も認むべきであり、いやしくも「統治行為」なる観念を認める以上国の安全に関する安保条約の如きものこそこれに該ると言い、具体的な問題に即して審査すべきや否やに悩むことなく、単に内外の学説の抽象的な理論を借用したに過ぎない。実は外国では「統治行為」的観念は、裁判所自身が具体的な問題に即して練り上げた経験的な智恵であり、これに理論的な斉合性を与えようとする学者の企ては、必らずしも成功しているとは言えない。

三　わが国における論議では、「統治行為」(acte du gouvernement, Regierungsakt) と「政治問題」(political question) が代替可能な観念の如くに扱われている。しかし、「統治行為」という言葉が既にルーティンな行政行為から、その実質の異常な政治性の故に、区別せられる国家行為を表示するのに対し、アメリカの「政治問題」という言葉自体は単に記述的に政府の政治的部門（立法部・執行部）に最終約な決定の委ねられている問題という意味しか持たず、行政権の「自由裁量」、憲法が執行部に委ねている対外関係の処理、憲法が議院の自律に委ねている議員の資格争訟、懲罰等ばかりではなく、全く実定法を超えた純政治的な問題をも包含する。「政治問題」の指導的先例 (Luther v. Borden, 1849) は挫折した革命政府が合法的な州政府であるかどうかという純政治問題に対して当然ながら司法審査を回避したものであったが、そこで理由として挙げられたのは、事実審理が司法手続の手に負えないこと、問題の党派性、結果の重大性等であった。しかしことがら自体のかような特質はそれだけで「政治問題」の識別基準ではなく、これらの要素は具体的な司法的救済の必要性と衡量すべきものである。特にアメリカやわが国のように、憲法が司法《ママ》とせられている国でも、憲法規範のうちには民主的なコントロールを受けない裁判所が具体化するよりも、政治的部門の行為に対する国民の政治的批判に委ねるべきものがあり、砂川事件判決ではこの点も考慮に容れられている。更に権力分立制は独立の各部門が相互の内部的自主性を尊重する所にのみ成立するから、立法部の議決や執行部の決定が適法な手続に基づいて成立したかどうかの形式的審査も司法手続の能力を超えて事実を審理し、裁判所が政争に捲きこまれるような形で行なわるべきではない。

四　「統治行為」としてであれ、「政治問題」としてであれ、裁判所が権利保護のために求められた司法審査を自制する場合には、漠然と権力分立の本旨について語るだけではなく、具体的に自制の理由を述べることが望ましい。それによってはじめて、国民が合理的な司法権の自制と政治に屈従する司法権の自己放棄とを区別することが可能となり、又国民が裁判所に過大な期待を寄せて幻滅を味い裁判所の権威を疑うという、民主政にとっては病的な事態も避けることが出来るからである。

その意味で「苫米地訴訟」上告審判決の多数意見が砂川事件判決における藤田・入江意見の単なる反復に過ぎなかったことは残念であり、問題のこのようなアプローチに反潑して、砂川事件判決におけるより以上に、少数派が憲法八一条の明文を楯として司法権の「内在的限界」を否認する旗印を鮮明にしたことが、下級裁判所や国民一般のより強い共感を呼ぶであろうと思われる。

（一九六〇年）

Ⅳ 判例研究

31　いわゆる「平和的生存権」論への疑問

まえがき

近年しきりに一部の憲法学者が熱心に唱え、初歩的な法学生を狙った教科書の類までがとりあげるようになった憲法論議の一つに「平和的生存権」なるものがある。とりわけ戦後日本の憲法学界では、一部の者が新奇なことを言い出して、あえて否定する人が少ないと、たちまち多数説ないし通説であるかのように、当人のみならず世間一般まで受けとってしまう悪習があるので、この際一言して置きたい。

一　福島裁判長の「平和的生存権」論

「平和的生存権」論は、とりわけ昭和四八年九月七日に札幌地裁の福島裁判長が下した、いわゆる「長沼ナイキ基地訴訟」第一審判決（判例時報七一二号二四頁）以来活発化した。

この事件は、北海道長沼町に航空自衛隊の地対空ミサイル基地を設けるため農林大臣が行なった保安林の指定解除処分に対し、保安林の伐採により治山・治水・水利の面で不利益をこうむるとする附近の住民二七一人が、その取消しを求めて訴えたものであった。

無用とも思える四五四人もの大弁護団の主張の骨子は、訴訟の実体面では、自衛隊そのものが憲法九条二項に違反するので、その施設を作るための保安林の指定解除処分は森林法二六条二項のいう「公益上の理由により必要が生じたとき」に該当せず、違法であるというものであった。

そこにはむろん、日本国憲法の特有の平和主義に関する主張、自衛隊のいわゆる米軍従属性、反民主主義性といった主張もくりひろげられている。しかし、「平和的生存権」論は、今私が問題にしようとする意味においては、まだ主張されていない。「憲法は平和主義をたんに政治体制の原理として宣言したにとどまるのではなく、平和のうちに生存する権利は政治的かつ生存権的な権利であること、しかしこれが全世界に普遍的な自然権的権利であることを確認しているのである」という発言はあるが、弁護団はなお、そうした憲法前文は、「憲法の各条項の基本であり、憲法の憲法ともいうべき根本規範であって、その各条項の解釈にあたってもつねにその基準とされなければならないものである」と、割合オーソドックスな立場に立っていた。

一方、被告の国側は、訴訟時までに保安林はすでに伐採されていること、治山・治水・水利の点では住民に不利益が生じないよう保安林に代る代替施設ができていることを理由に、原告住民らにはもはや行訴法九条のいう、取消しを求めるについての法律上の利益は失われているとして、訴えの門前払いを求めていた。この点についても、弁護団は、たんに森林が復原されうること、代替施設が不十分であることを主張して反論していたにすぎない。

さて、福島裁判長はどう裁いたか？

① まず、入口の手続上の争点について、判決は、弁護団側の主張を全面的に肯定しただけではなく、次のように述べた。「それに加えて、右森林法を憲法の秩序のなかで位置づけたうえで、その各規定を理解するときには、同法第三章第一節の保安林制度の目的も、たんに同法第二五条第一項各号に列挙された個々の目的にだけ限定して解すべきではなく、右各規定は帰するところ、憲法の基本原理である民主主義、基本的人権尊重主義、平和主義の

実現のために地域住民の『平和のうちに生存する権利』（憲法前文）すなわち平和的生存権を保護しようとしているものと解するのが正当である。」地対空ミサイル基地は「まず相手国の攻撃の第一目標になるものと認められるから、原告らの平和的生存権は侵害される危険があるといわなければならない。……この点からも原告らには本件保安林指定の解除処分の瑕疵を争い、その取消しを求める法律上の利益がある」と。

② 次いで判決は、一般には裁判所の憲法判断は、それなしに具体的な事件を解決できない場合に限られねばならぬという「必要性の原則」の妥当性を認めながら、この事件だけは、他の争点はさておき、まっ先に自衛隊の憲法九条適合性を審査すべき例外的場合であるとして、次のように言う。

「裁判所は具体的争訟事件の審理の過程で、国家権力が憲法秩序の枠を越えて行使され、それゆえに、憲法の基本原理に対する黙過することが許されないような重大な違反の状態が発生している疑いが生じ、かつその結果、当該争訟事件の当事者をも含めた国民の権利が侵害され、または侵害される危険があると考えられる場合において、裁判所が憲法問題以外の当事者の主張について判断することによってその訴訟を終局させたのでは、当該事件の紛争を根本的に解決できないと認められる場合には、前記のような憲法判断を回避するといった消極的な立場はとらず、その国家行為の憲法適合性を審理判断する義務があるといわなければならない。」

これに続く文章が示しているように、ここで「当事者をも含めた国民の権利」というのは、先の「平和的生存権」を指す。しかし、全体として国民の権利を語り、本件を憲法判断ぬきで解決したのでは根本的に解決できない紛争（すなわち自衛隊の合憲・違憲の論争）を心配しているのであるから、国民全体の「平和的生存権」の方は、原告住民らの、いわばそばに軍事目標を置かれない権利とは内容的にだいぶ異なり、完全非武装により、他国から何をされようと日本国民は戦争なしに暮す権利を憲法によって保障されているというのであろう。

③ ともかく、福島判決は、こうした「平和的生存権」論で、原告らの訴えの利益を確保し、さらに憲法判断を最優先させた上で、あとは、いわば標準的な佐藤功教授の教科書からそっくりとった憲法九条解釈に従い、自衛隊

は違憲、従って解除処分は違法として、これを取り消したのである。

周知のように、この判決は、代替施設は十分であるとし、「前文中に定める『平和のうちに生存する権利』も裁判規範として、なんら現実的、個別的内容をもつものとして具体化されているものではない」し、「憲法第三章各条には国民の権利義務につき、とくに平和主義の原則を具体化したと解すべき条規はないから」、原告住民らの訴えの利益は認められないとした二審判決（札幌高判昭和五一・八・五行裁例集二七巻八号一一七五頁）により、裁判としては、うたかたと消えた。

私は、ある出版社の小さなPR誌にのせた随想の中で、「トンガ王国のような幸せな島はいざ知らず、国家という国家がすべて軍隊を備えている世界で、日本が軍隊をもつことが、憲法九条二項違反だというのならまだ分かるが、戦火に会うことのない基本的人権の侵害だという議論は、今の日本でしか見られない珍説である。……」と書いた（創文一九八〇年三月号）。福島判決の①②の点は、一見法律家ふうの言いまわしはしているが、とうてい三人の法律家（とりわけ裁判官）が一致できるとは思われない内容であり、私には、この機会に何が何でも自衛隊違憲判決を書かずんばやまずという裁判長の執念しか読みとれないのである。

この判決のあと、すぐに名古屋の方のある弁護士さんが、国が自分の近くに航空自衛隊の基地を設置しているのは「平和的生存権」を侵害する不法行為であるとして、その撤去を求める訴えをおこし、最高裁まで争ったことがある。むろん、どの裁判所も、たんなる政治的主張にすぎず、国との間の「法律上の争訟」ではないという門前払いの判決を書いた（最判昭和五二・四・一九、当日朝日夕刊）

同じ弁護士さんは、他の数人の弁護士さんを使って、自衛隊費の支出が違憲であるから、税金の一部の支払停止権を有することの確認を求める訴訟まで提起し、やはり一審で敗れ（名古屋地判昭和五五・一一・一九判例時報一〇〇三号八一頁）、なお控訴している。

私には、プロの法律家がこの種の訴訟をまじめに提起するということ自体が、信じがたいことに見える。しかし、福島判決にせよ、この種の提訴にせよ、実は近年の憲法論がその土壌を成しているのではないであろうか？プロの憲法学者が法律ジャーナリズムを通じて、日本独特の状況を作り出してきたのではあるまいか？

はたして、弁護団の一人をして、「私たちの力の及ばざるところにまで裁判所の研さんと配慮は及んでいる」とまで感激させた（新井章「第一審裁判を了えて」判例時報七一二号二一頁）ほど特異な福島判決の「平和的生存権」論に対し、私と正反対のレスポンスを示された憲法学者が意外に多いのである。判例時報・判例タイムズ・法律時報・法学セミナー・ジュリストなどの法律ジャーナリズムには、「憲法適用の範例」（小林直樹）、「わが国の憲法裁判史にのこる重厚な判決」（樋口陽一）、「憲法学的にきわめて正当な基本線を貫いている」（深瀬忠一）、「その労苦は高く評価されなければならない」（和田英夫）、「心からの恭謝と敬意を捧げたく思う」（星野安三郎）等々の讃辞がはんらんしている。

これらの諸先生のレスポンスは、私とほとんど一八〇度違っている。論評に値しない判決と見て黙っている憲法学者もいることだから、私が少数意見であるとは限らない。これらの諸先生と私と、いったいどちらが間違っているのか？　それをつきとめるために、この福島判決を正当化するに足る「平和的生存権」論があるのかどうか、学問的に検討してみよう。

二　大学教授の「平和的生存権」論

1　星野教授の場合

星野安三郎教授の「平和的生存権序論」（昭和三七年、『文献選集・日本国憲法3・戦争の放棄』所収）が、一般に「先駆的業績」とされている。一種の政治的情念の表現をとりはらって法解釈としての主張だけを摘出すれば、次のようである。

①　人権は、自由権的基本権から社会的生存権、それから平和的生存権へと歴史的に発展し、日本国憲法は、前

文第二段に表現される「恐怖と欠乏から免かれ、平和のうちに生存する権利」を軸として存在する。

② この平和に生きる権利は、具体的には、第九条の戦争放棄・軍備禁止によって保障される。なぜならば、それによって、国民は、戦争や軍事目的のために、思想・良心・言論・表現・人身の自由や財産権を制限侵害されることはなくなったからである。

③ 憲法第三章のなかにこの権利規定がなくとも、憲法の人権保障規定は例示的列挙にすぎないから、その権利が保障されていないと言うことはできない。

④ （②のくりかえしになるが）内容的に言えば、「平和的生存権」は、第九条と関連して、戦争目的・軍事目的のために自由や人権を制限侵害されない権利である。

さて、この立論自体を検討してみよう。

①は巨視的な憲法史および日本国憲法の見方についての一つの提言であり、その限りで自由である。つまり真偽の問題は生じない。前文第二段の「平和のうちに生存する権利」は、ここでは抽象的な基本理念にすぎず、法解釈の限界をとび出してはいない。

④は②のくりかえしであるから、問題なのは②と③、およびその結びつけ方である。②では、完全非武装を定めた憲法九条の結果、戦争目的・軍事目的のために第三章の保障する基本的人権を侵害されないという意味の具体的な「平和的生存権」が保障される、と言う。そして、九条は人権規定ではないではないかという反論を予想して、③で、この具体的権利が憲法のどこにも書かれていなくとも、第三章はもともと例示にすぎないのだから、否定はできない、と主張するのである。いわば、この権利の内容は九条が形づくり、その基本的人権としての保障は憲法の明文をまつまでもない、というのである。こんなことを言い出したら、各人が重要だと考える憲法原則に違反すると思われる国家行為は、何であれ、これを受忍せず、排斥することが、基本的人権として万人に保障されていることになろう。先に挙げた名古屋の弁護士さんの税金の一部支払停止権確認の訴えでも正当で、これをしりぞけた

裁判所は「基本的人権」を無視したことになろう。しかし、現に当事者以外の誰もその判決を非難していないのは、星野説が法解釈とは言えないことを知っているからである。

もっとも、福島判決以後の星野教授の「平和的生存権」論（「長沼判決と平和的生存権」法律時報昭和四八年一一月号四七頁）は、福島判決に合わせて自説を修正したのか、次のように言う。

「総論的規定ともいうべき、憲法前文の平和的生存権は、その各論的規定ともいうべき、憲法第三章の人権保障規定において個別具体化され、その人権保障は、森林法などのそれぞれの下級法規に具体化される。」

もともと、原告弁護団が大いに利用したはじめの星野説からさえ、福島判決の①の点は出てこないはずであった。これればかりはいくら何でもおかしいという批判もなかったわけではない（今村成和「長沼自衛隊違憲訴訟における訴の利益」判例時報七一二号一一頁）。しかるに星野教授は、附近にできる施設が自衛隊の病院でも、やはり地域住民の「平和的生存権」の侵害になるという形に一般化し、この判決を正当化されている。そのために、憲法前文の「平和的生存権」が、憲法第三章のすべての規定、否わが国のすべての法令にあまねく滲透しているのだという福島裁判長の「信仰」に殉じようというのである。「総論」だ、「各論」だ、「具体化」だと言うが、分かりやすく言えば、すべての日本法令の規定には、目には見えないが、「但し、自衛隊あるべからず」と書いてあるものと信ぜよというだけのことである。

2　深瀬教授の場合

深瀬忠一教授は、「平和的生存権」論の代表選手と言ってよい。この人は、例の恵庭事件や長沼ナイキ基地訴訟に実践的に深くかかわり、近年は倦むことを知らず、憲法の平和主義に関する多くの文章を発表してこられた。福島判決が憲法前文の「平和的生存権が、全世界の国民に共通する基本的人権そのものである」と言っているのは、これから見る深瀬説の影響である。

深瀬教授は、福島「判決の『平和的生存権』論の根拠は、確固不抜のものがある」と保証される（「憲法の平和主義と第九条の解釈について」、前掲文献選集二五三頁）。この論文と「長沼判決の積極的・創造的側面の考察」（法律時報昭和四八年一一月号）から、深瀬型「平和的生存権」論を抽出してみよう。

① 前文第二段が確認している「全世界の国民」の「平和のうちに生存する権利」は、「国境をこえた人類共同体の自然法的国際法ともいうべき法によって保障されている『基本的人権』である。」この権利の存在は、もしわが国が核攻撃を受けた場合は、「平和的生存権」破壊の罪により、責任者個人の刑事責任を問いうるという国際法的効果をもち、また、他国民の「平和的生存権」を侵すことのないような平和外交を義務づける政治的規範としての意味ももつ。

② 第九条は、日本国民に対し、右の基本的人権を実効的に保障するために、全面的戦争放棄・完全非武装を定めた「制度的保障」であって、「信教の自由」に対する「政教分離」のような関係で、「実質的には憲法第三章の関連する諸人権と不可分の保障内容を構成し、それら諸人権の主観的権利の内容を規定し」、その意味でそれ自体人権規定と言える。

③ 憲法第一三条の「生命、自由及び幸福追求に対する国民の権利については、公共の福祉に反しない限り、立法その他の国政の上で、最大の尊重を必要とする」という規定は、右の「制度的保障と主観的権利の保障内容およびその限界の解釈にあたって、妥当な調整・連結の要をなす。」つまり、制度的保障としての第九条に反する戦争目的・軍事目的は「公共の福祉」の内容たりえず、そのためにする第三章のすべての人権の制限が許されないということになる。そして、人類共同体の自然法的国際法により保障された①の「平和的生存権」と区別された日本国憲法特有の「平和的生存権」とは、このような「平和に徹した国民の基本的人権」の総体の呼び名にほかならない。

以上が深瀬説の骨子である。さて、一見法律家ふうなこの推論は、はたして成り立つものであろうか？

まず、①のように、前文第二段を、それを書いたアメリカの将校さん達がその時期に念頭に置いていた、それまでの日独を除く全世界の平和への願望の表明以上のものと見るのはむつかしい。深瀬教授に限らないが、日本国憲法前文をまるで聖典のように解釈する人びとに私が同調できないゆえんは、3で後述する。それに、「人類共同体」とか「自然法」などというものは、論者の頭の中にしか存在しない。所詮、①は教授の「信念」の吐露としてうけたまわるしかないのである。

②はどうか？　憲法九条が「制度的保障」として「人権規定」だという解釈は、もちろん初耳で、深瀬教授の独創に違いない。これによって、「平和的生存権」が憲法上の「基本的人権」としての座を得た、というのであろう。しかし、この理屈も、「制度的保障」という、もとはと言えばＣ・シュミットに発するドイツの憲法学上の概念の明らかな誤用か、ためにする流用にすぎない。

教授は、憲法一五条一項の公務員選定罷免権という基本的人権に対して、憲法四三条・四四条・七九条二項・三項などを「制度的保障」だと称する。「憲法七九条二項・三項は、公務員罷免権の具体化（ないし制度化）である」というのがふつうの言い方で、教授のように「制度的保障」という概念を一般化すれば、まったく無意味になってしまう。「制度的保障」の「制度」とは、例えば家族、私有財産制などのように、一連の法規範の複合によって構成されたものである。憲法九条のように、「戦争しない、軍隊も置かない」という原則は、およそ「制度」ではありえない。かくて、憲法九条が「制度的保障」として一種の人権規定だという教授の独創的主張も、擬似的法解釈にすぎないことが判明する。

③だけが法解釈学的主張として残る。憲法一三条の「公共の福祉」が「調整・連結の要」などという物々しい表現に惑わされず、ことがら自体を理解すると、要するに、憲法九条は戦争目的・軍事目的の国家作用をいっさい否定しているのだから、憲法第三章のいかなる基本的人権もそうした国家目的のために制限されることはありえないというにつきる。そして、各種の人権のそうした制限が違憲であるという事態を総称して「平和的生存権」と呼ぶのだとも説かれる。

もし、①や②を消去して、深瀬型「平和的生存権」論がこれだけの内容であるとすれば、あまり珍妙とも言えないかもしれない。その代り、次のような問題が生ずる。

㋑ なぜ、「言論の自由」「人身の自由」等々の保障範囲の問題にすぎないものを、一個独立の「基本的人権」であるかのように、「平和的生存権」と総称する必要があるのか？

㋺ この「平和的生存権」は憲法九条に依存するのだから、九条が改正されて、日本が世界の他のすべての国家なみになれば、それが消滅することは、深瀬教授も認めざるをえまい。他の実定憲法規定にまるっきり依存することのようなものを、どうして「基本的人権」と称しうるのか？

㋩ この「平和的生存権」は、実は憲法九条の一つの解釈である完全非武装説に依存している。九条について他の解釈（自衛戦力合憲説）をとる人、すでに九条は自衛戦力の保持を認める意味に変遷したと見る人にも、「平和的生存権」論は通用しない。

㊁ もし、最高裁が憲法九条を深瀬教授と別様に解釈した場合にはどうなるのであろうか？ 教授は、「それは、国民の『憲法改正権の簒奪』行為として憲法法理上許されない」（「長沼控訴審判決と憲法の平和主義」法律時報昭和五一年一〇月号一六頁）とか、「かりに最高裁判所が、平和的生存権の裁判規範性を全く否定したとするならば、由々しい事態である」（朝日昭和五三・一〇・一三夕刊）などと言われる。しかし、冷静に客観的に見れば、最高裁が九条を深瀬教授と同様に解釈する見込みよりは、別様に解釈する見込みの方がはるかに大きいのである。すでに三つの下級裁判所の判決が、自衛隊の侵略的性格が一見きわめて明白である場合のほか、自衛隊の憲法九条適合性について司法審査権は及ばないという趣旨の意見を述べている（札幌高判昭和五一・八・五行裁例集二七・八・一一七五、水戸地判昭和五二・二・一七判例時報八四二号二二頁、名古屋地判昭和五五・一一・一九判例時報一〇〇三号八一頁）。また、右の札幌高判昭和五一・八・五、水戸地判昭利五二・二・一七のほか、東京高判昭和五六・七・七（判例時報一〇〇四号三頁）も、憲法前文の「平和的生存権」の裁判規範性を否定している。

㈭　ここに見た深瀬型「平和的生存権」論からも、福島判決の①点は決して正当化されないはずである。しかるに深瀬教授はそれをも「正当かつ開拓的な解釈として高く評価しうる」（前掲「長沼判決の積極的・創造的側面の考察」二九頁）と言う。報復や先制攻撃を受けるおそれのあるミサイル基地附近の住民には、「憲法前文の固有の意味での『平和的生存権』が侵害されるおそれがある」からだと言う。これまで見たとおり、憲法前文の「平和的生存権」は、教授の所説によれば、必ずしも非武装に結びつかない人類の自然法的基本的人権で、全世界の、国内に軍事基地をもつ国民のものであったはずである。教授は、そのことを失念されたのであろうか？

3　その他の諸教授の場合

主要な「平和的生存権」論の型としては、もう一つ、直接に憲法前文第二段がこの基本的人権の根拠であるというものがある。

いずれも、憲法前文の法的性質についての伝統的な通説に疑問を投じ、特に日本国憲法前文第二段の「平和のうちに生存する権利」が裁判規範性をもつと主張した大須賀明教授の所説（有倉編『基本法コンメンタール憲法』二二頁以下）を土台とし、山野一美教授（「前文」芦部・池田・杉原編『演習憲法』四四頁）、浦田賢治教授（「憲法裁判における平和的生存権」有倉還暦『現代憲法の基本問題』三頁）、山内敏弘教授（「平和的生存権の裁判規範性」法律時報昭和五一年一〇月号三二頁。「平和のうちに生存する権利」奥平・杉原編『憲法学4』一頁）などがこの型の「平和的生存権」論を説く。

例えば、浦田教授の説く所を見よう。

①　憲法九条は「平和的生存権」の直接的根拠にならない（深瀬説②の否定）。

②　憲法第三章の人権規定が例示的列挙であるというだけでは、「平和的生存権」が基本的人権として保障されているという論証にはならない（星野説③の否定）。

③ 「平和的生存権」の直接的根拠は、やはり前文第二段の「平和のうちに生存する権利」の確認に求められなければならない。前文の中でもこの部分は、特殊なものとして、裁判所によって保障さるべき権利の法定である。

④ この権利の内容・性質について説く所は、「平和条項（九条）により法規範的拘束をうけた公権力に対して直接主張できる権利である」とか、「個別的基本権によって具体化される部分を含む包括的基本権と解する」とか、他の論者と大同小異である。

さて、①②の指摘は、あまりにも当然である。問題は③であるが、浦田、山野、山内の各教授は、この点ですべて前述の大須賀説に依拠しておられるので、これを検討しよう。

C・シュミットの影響下に、憲法前文というものの法的意義を強調するわが国の通説も、一般に、そこに表明された基本原理は憲法改正権の限界をこえるとか、憲法本文諸規定その他の法令の解釈の指導原理を提供するという点に、その高度の法的意義を見出し、前文そのものの一字一句を国家行為の合憲・違憲の司法的判断に用いうるものとは考えてこなかった（例・大西芳雄「前文の内容と効力」『憲法の基礎理論』六〇頁）。

ところが、福島判決に先立って、大須賀教授は右の通説に疑問を投じ、① 前文の一般性・抽象性は、本文の中にもそうした規定がないわけではないから、前文の裁判規範性を否定する根拠とはならない、② 憲法が裁判規範として機能するためには、法律の場合ほど個別具体的である必要はない、③ 前文が最上位の規範であるからと言って、内容上、上下の関係は本文各規定間にもあり、前文を持に区別して非裁判規範とする理由にはならない、④ 前文の内容の多くは本文において具体化されているから直接前文を裁判規範として援用する必要が少ないというだけで、「平和のうちに生存する権利」のように、本文で具体化されていない場合には、それ自体が裁判規範性をもつ、と主張された。

このような推論にも、残念ながら私が同調しかねる理由を次に述べよう。

㋑ 推論自体が、もっぱら「平和的生存権」の裁判規範化の必要性にせまられたもので、十分に説得的でないように、私には見える。

㋺ すなおに考えて、日本の憲法が、韓国にいる金大中氏の言論の自由を保障しえないように、「全世界の国民(の)ひとしく恐怖と欠乏から免かれ、平和のうちに生存する権利」を基本的人権として保障しうるはずはない。かくもグローバルな言及は、決して法的権利が意味されていないことの確証である。たんに本文各規定との一般性・抽象性の量的差異の問題ではない。だからこそ、深瀬教授でさえ、ここでは(現実にありはしない)「人類共同体」の自然権を語るにとどめたのではないか？ また、ほかならぬ山野教授自身、「厳密には、統治権のおよばない他国民の人権保障を規定する点に矛盾があるが……」と一瞬のためらいを見せた(前掲書四七頁)のではないか？ このためらいこそ正しく、それを振りきったのは理が通らない。

㋩ より根本的には、日本国憲法前文の内容の捉え方を問題にしなければならない。まず私は、前文第一段の国民主権、第二段の平和主義、第三段の国際主義は、いずれも、かつての大日本帝国のあり方に対する「自己否定」と認識している。しかも、それが事実としてマッカーサー司令部の手に成り、アメリカ人好みの道徳的表現と「人類」の名をもって語られていること、わずかその数ヵ月前まで、天皇主権の「国体護持」と称して無駄な抵抗を続け、ナチス・ドイツと共にもっとも好戦的であり、旧満州は日本の生命線だとタンカをきって国際連盟を脱退して戦争の泥沼に落ちていった日本人がもし自発的に言ったとすれば、世界中が日本人は精神分裂だと見ても仕方がないほどのきれい事を並べていることから見て、アメリカ人がせっかちに代筆した「自己批判書」のようなものだと考えている。故宮沢博士も、「この前文は『ポツダム宣言の受取証』だとか、『あやまり証文』だとか、評される。この批評は、たぶんに感情的・超理論的なものであるが、それとして、当っているともいえるし、当っていないともいえる」と述べていた(日本国憲法、四一頁)。しかも、その理由づけは、「それは、しかし、日本国憲法全体についていわれることであり、とりたてて前文についてのみいわれるべきことではないだろう」という点に求められた。この確実な制定史の脈絡の中で捉えるなら、「全世界の国民(の)ひとしく恐怖と欠乏から免かれ、平和のうちに生存する権利」への言及が、大西洋憲章（一九四一年）の「ナチの暴虐の最終的破壊の後両国（米英）は一切の国民に対しその国境内において安全に居住するの手段を供与し、かつ一切の国の一切の人類が恐怖および欠乏より解放せられその生を全うするを得ることを確実ならしむべき平和が確立せらるることを希望す」という条項に直結するもので、旧枢軸国は平和を願望する諸国民の敵であったし、倒された日本は今後はこの平和願望に加われ、と言っているにすぎないことは明らかである。「権利」という言葉も、法律家の使う意味合いで使われているわけではない。

「平和的生存権」論者が、「右前文条項が……『大西洋憲章』中の文言・精神の継受・発展・強化である」（深瀬・法律時報昭和四八年一一月号三二頁、傍点筆者）とか、「（大西洋憲章と前文）を短絡的に結びつけることは平和的生存権思想の総体的把握を誤らせるであろう」と両者の同質性を否定し、深瀬教授の発掘した「人類の思想」とか「人民戦線の思想と運動の経験」が「平和的生存権成立の前提である」（前掲・浦田論文三四頁）などと論ずるのは、確実な制定史を論者の主観的な世界観に置きかえた独断としか思われないのである。

三 「平和的生存権」論の思想的前提

二で検討したいろいろな「平和的生存権」論は、見るからに晦渋な文章で擬似的法解釈論を展開し、いかにも苦しい。これらのプロの憲法学者達がこんな苦しい理屈をこねる本当の動機は何なのであろう？

山内教授は、長沼ナイキ基地訴訟二審判決を非難して言う。「判決には、……『現代の世界史的現実』に対する認識が完全に欠落している。このよう認識が欠落したままで前文の字句をいかにながめ回わしても、『平和のうちに生存する権利』を人権として捉え、それに裁判規範性を認める解釈が生まれてくることがないのは、ある意味では当然ともいえるのである」（法律時報昭和五一年一〇月号三五頁）。これは、語るに落ちて、論者は日本国憲法の解釈をしているのでは決してなく、いうところの「現代の世界史的現実」にもとづいて日本国憲法を作り直しているのだという任意の自白である。ただ、右のような二審判決非難は、福島判決が珍判決で二審判決が当り前と考える私に対しても向けられていることになるので、この点についても若干私見をつけ加えざるをえない。

まず、いうところの「現代の世界史的現実」なるものは、論者の世界観以外のものではない。世界（事象）の総体をトータルに秩序づけて認識することは何ぴとにも不可能なのであるから、人は事実のあれこれを選びとって自己の思想を形成し、いったん形成された思想に不都合な事実は切り捨てるといった操作をしているのである。「平和的生存権」論者達は、いったいどういう事実だけをつみ取って、どんな思想をもったのであろうか？強烈に「反自衛隊」であるという以外、これら諸先生の思想傾向は決して一様ではない。党派的な論者は、その党派の方針変更によってどうなるか分からないので、ここではいっさい無視しよう。そして、自ら「わが国における短期的な、党派的ないしイデオロギー的利害にとらわれた見解」から区別し、他の論者も「アカデミックな業績」（前掲浦田論文三四頁）とたたえる深瀬教授の所説（「戦争放棄と軍備撤廃の法思想史的研究（1）」宮沢古稀記念『憲法の現代的課題』一頁）だけを検討しよう。

右の「法思想史的研究」は、未完とはいえ、A5判二三三頁に及ぶ大作である。

たしかに、国家間の戦争における人びとの大規模な殺し合いは、凡人が考えても、もっとも愚かな人間の所業であるに違いない。平和化された国内社会では一人の人を殺害した者も処罰されるのに、戦争でもっとも効率的に、幾十、幾百、幾千、幾万の敵国の兵士や人民を殺害した者が英雄とされ、効率的な殺人と破壊をめざして各国が軍隊を訓練し、兵器を開発しているのは、素朴に考えて最大の矛盾である。今日、兵器は発達するばかりで超大国でさえ大きな犠牲なしにそれを保持できないうえ、その破壊力は勝利する側にも深刻なダメイジを与えずにはおかなくなっている。素朴な人間道徳にも反し、計算にも合わなくなりつつある現代の戦争である。戦争というものがこの地上から消滅することを望まない人は、おそらくあるまい。

どうすれば戦争をいっさいなくせるのか？全部なくせなくとも、少なくできるのか？　あるいは、せめて戦争の惨禍を緩和できるのか？ 深瀬教授は、まず聖書からはじまって、古代以来の西欧の賢者達がこれらの問題について思いめぐらした跡を丹念に追う。ここではただ、深瀬教授の平和思想が何によって培われているのかを知るに必要な限度で、教授が扱った思想を、①戦争の部分否定、②戦争の緩和、③戦争の全面否定の三方面に分けて考察しよう。

① 戦争の部分否定。ここでは、中世カトリック神学者や一六・七世紀の国際法学の始祖達の「正戦論」と、フランス革命憲法の「征服戦争放棄」条項成立をめぐる論議がとりあげられている。

㋑「正戦論」とは、かいつまんで言えば、正しい戦争しか許されないというドクトリンである。キケロ、中世カトリック神学者、そして一六・七世紀の国際法学の始祖達の議論が克明に紹介されている。「キリスト教徒の防衛」まで含ませたトマスにくらべ、一六・七世紀の国際法学者では、戦争の正当原因の限定がより厳密になり、正当原因の存在の認定についてより慎重さが要求されるようになるという発展が指摘されている。

誰もが言うことだが、深瀬教授も、戦争の両当事者が共に自己の側の正当原因を主張するとき、実体的にもいずれが真かの判定が困難で、また、手続的に両者を拘束する高次の第三の判定者が存在しないということが「正戦論」の内在的弱点であると見る。

ケルゼンは、この弱点の故に「正戦論」を否定し、他国への無制限の実力行使はつねに許されるので国際法は存在しないと見るか、それとも反対に、「正戦論」と共に、他国への無制限の実力行使は国際法共同体の「制裁」としてのみ許されるが、「自力救済」であるため制裁する国家が勝つとは限らないことなどは国際法共同体がまだ集権化されない「原始的法秩序」であるためと見るかは、科学としては決定できないことだとことわったうえで、自己の政治的希望に沿って後の見方を選択した（Kelsen, General Theory of Law and State, p. 341）。ケルゼンにとって、「正戦論」の承認こそ、不十分とはいえ国際法の法的性格の試金石であった。

しかし、深瀬教授は、「正戦論」を平和思想の中途半端な形態としか見ない。「絶対平和主義」のクリスチャンが一般にそうであるように、特にカトリックの「正戦論」に対しては敵対的ですらある。カトリック的「正戦論」の基盤の上で、その不十分さを指摘し、戦争の愚かしさと人間の友愛を説いたエラスムスを「絶対平和主義との境界に立っている」として高く評価する（前掲論文九八頁）。

近世国際法学者（ビトリア、スアレス、グロチウス）の「正戦論」の方は、それらが自然法的人権思想に基礎づけられているという理由で、より好意的に詳説されている。教授がよく口にする「人類共同体」とか、それを支配する「自然法的国際法」という観念の出所は、どうやらここにある。今でいう「国際社会」がヨーロッパ圏内にとどまっており、しかもそこでのアナーキーに秩序を与えようとしたこれらの国際法学の始祖達がキリスト教徒をこえた「人類」を語っていたとすれば、それは時代をこえた見方だと言わなければならないが、同時に当時の現実を遠くはなれた抽象論にとどまっていたに違いない。

深瀬教授は、グロチウスに「人類共同体の法的組織化の思想」を見出し、スアレスの「正戦論」は、「現代の国際法上侵略戦争の犯罪性についての客観的認定と、それに対する有効な制裁手段が集団安全保障制度および戦争犯罪によって実定的な意義をもつに至っている今日」（傍点筆者）再び「かえりみられるに値する」と評価する（同一一七頁）。ケルゼンのような偉大な法理論家・国際法学者が、国際社会の組織化の方向へのこれまでの発展も逆行しえないと断言できないので「正戦論」が真理であるとは言えないとし、希望と認識を決して混同しなかったのにくらべ、深瀬教授の現代国際法の認識は、一般の人から見ても希望的観測そのものである。しかも、結局は「絶対平和主義」以外は不十分であるという結論を出す場面では、「正戦論の根本的弱点としての正当・不正当性（自衛・侵略）の現実的区別が（今日過去にはるかにまさって）極めて多くの場合不可能に近いこと」を認めている（同一三三頁、傍点筆者）。いったい、読者はどちらの発言を信用すればよいのだろうか？

㋺　深瀬教授は、啓蒙思想の洗礼を受けたフランス革命期の憲法の「征服戦争放棄」条項を、世俗化された「正戦論」の初めての実定憲法化として重視し、その成立をめぐる当時の政治家達の討議過程を克明に再現して見せる。

おしゃべり好きのフランス制憲議会（一七八九年）の中で、いろいろな議論の末一七九一年憲法に、「フランス国民は、征服を行なうことを目的とするいかなる戦争を企てることも放棄し、かついかなる人民の自由に対してもその武力を決して行使しないことを宣言する」という規定が生まれた。この憲法はまた、国王の提案にもとづく議会の戦争決定権、議会が侵略であると判断した敵対行為の開始責任者の刑事訴追、一定の条約に対する議会の批准権などを定めた。

深瀬教授は、史上初めてのこの平和憲法について、ⓐ その「正戦論」（征服戦争放棄）が一七八九年の人権宣言の国際社会への類推にもとづくこと、ⓑ 議会によって執行権（君主）の外政権力をコントロールするという画期的な企てが外政の民主化こそ平和への道であるという国民（代表）への信頼にもとづくこと、ⓒ そしてこの革命憲法の世界像が、国家を超越した人類社会ではなく、独立対等の諸国家の連帯であったことなどを指摘する。フランス学派である深瀬教授の豊富な資料の分析にまず間違いはあるまい。

主要国でフランス程次々と憲法をとりかえた国はないが、ⓐの「征服戦争放棄」条項は、その後のフランス憲法でもくりかえされ、また他の国々にも影響を与えた。しかし、深瀬教授が評価するのは、これではない。不正な戦争の代表としての「征服」戦争の範囲もあいまいであるし、特に「いかなる人民の自由に対してもその武力を決して行使しない」という宣言は、自由を求めて立ち上った他国人民を支援する干渉戦争を許容する可能性があっただけではなく、現実に革命の経過の中で干渉戦争へとみちびいた。その意味で「虚偽イデオロギー化」したとされている（同二〇二頁、二三二頁）。

教授がもっとも高く評価するのは、ⓑの戦争決定権の民主化である。絶対君主制が支配的であった時代に、モンテスキューもルソーも、共和制においては戦争はより少なくなると考えていた。一七九一年憲法はこの線上で、戦争は執行権（君主）が提案するが議会が決定するという、一種の中間的・妥協的システムを採用した。一足先にアメリカ合衆国憲法（一七八八年）がそうなっていたが、深瀬教授は、国民代表が開戦の決定権をにぎったことは

「一つの根本的変革」（同二〇一頁）であると評価する。しかし、まだ十分ではない。議会も好戦的にならないとは限らないので、本当はさらに一歩を進めて、施行されなかった一七九三年の「ジャコバン憲法」のように、宣戦は立法府が「法律」として提案し、全国の市町村の人民会議に賛否を問う直接民主制的制度がよかった、と教授は言う。「この方式は現代戦の論理からは全く非現実的であるが、現代戦の惨禍を蒙る国民の立場からの民主主義の論理として熟考に値しよう」（同二二七頁）とか、「この宣戦にかんする最も民主的な方式は、人民が直接決定権を握る『戦争のモラトリアム』として現代的な意義が再考されてよい」（同二二四頁）とも説く。

ⓒの、フランス革命の人びとの一種の「国家主義」については、特にプラスの評価があるとは言えない。それは、教授の無国家的人間主義とは無縁であるからであろう。

② 戦争の緩和。戦争そのものの緩和については、カトリック正戦論者も国際法学の始祖達も、その他多くの人びとが大昔から説き続けてきた所で、深瀬教授は、それらの所説をも詳しく紹介される。教授は、ビトリアの所説に触れた個所で二度程、「故意に無差別に殺戮する現代戦争が正当方法の条件を満すものたりうるかについて深刻な反省を迫るもの」だと論評されている（同一一一頁、一一二頁）。現代において戦争の人道化はもはやありえず、いっさいの戦争の廃絶こそが人道の要請であるというのであろう。それはその通りだと、私も思う。しかし、どうすればそれが可能となるのか？

③ 戦争の全面否定。深瀬教授は、一二三三頁のこの論文の四七頁分を、旧約聖書、新約聖書の平和思想の解釈と、イエスの絶対平和の教えを実践したという古代ローマ帝国の「初代キリスト教徒」の思想の紹介にあてている。誰それの、どういう言葉の真の意味はこうだという深瀬教授の主張をいちいち吟味する能力は、私には全くない。教授による考察の帰結を、できるだけ教授自身の言葉を使って要約すれば、次のようになろう。

戦争は人間の罪の不可避的な結果で、神の正義による審判のしるしであり、それによって神は人間とその社会の悔い改めを平和の必須の前提条件として迫る。その神は限りない愛の神で、キリストが、争い合う人びとの罪を代って負い十字架上で死んだことにより、この愛の神との和解関係を回復してくれたのであるから、人は感謝をもってキリストのあとに従い、敵意そのものを滅し、「右の頬を打つなら、ほかの頬を向け」、「敵を愛し、迫害する者のために祈」らなければならない。敵対する人びとも父なる神により愛を注がれている兄弟であり、真の敵は「天上にいる悪の霊」なのであるから、信徒は、その罪の救済のためにイエスが死んだことにならうべきである。初代キリスト教徒達の中には、この教えを守り、軍務につくことを拒んだ者もあった。「そのように平和な人々の群が世界に向って広がり根を下し、さらにそのような平和な人々が贖罪愛の死をとげざるをえない程現実の悪の力が強くても、神の力によって、愛と平和の復活の生命が生れ変り新たな力をえて、個人・集団・国家・世界のありかたを人間の内側から外枠（法制度を含む）に至るまで絶えずより正しい平和なものに変革し、終末の日に歴史が完成すること（そこにはもはや戦争も軍備も無用）、そのことを確信し待望しつつあらゆる平和的な力を結集して罪との『戦い』を続けること、そのような方法と過程の展望が新約聖書によって、指し示されたといえるであろう」（同三七頁）。

クリスチャンの中で、このように信ずる「絶対平和主義者」が少数ながら世界中にちらばっていることは私も知っている。聖書の教えが本当にこの通りだとすれば、正しいキリスト教徒の国は原・水爆ももつはずはなく、まっ先に滅亡してゆくはずであるが、それはともかく、深くそう信じ、その通りに行動する人びとの信仰を私は尊重する。しかし、この信仰は、法学、ことに日本国憲法の解釈学とは全く関係がない。

憲法の方は、実定法としていつでも改正可能であるのに反し、信仰の方は、それ自体廃止されることはないという根本的な相違はあるが、たしかに、本来の憲法九条は、外形的・結果的には「絶対平和主義」と一致するかもしれない。例えば私が見た、日本友和会著「良心的兵役拒否」という新書版の本の「はしがき」は言う。「われわれは、日本国憲法前文および第九条の精神は、軍備を持たない国家像を謳ったものであり、これは個人として戦闘用の武器をとらない良心的兵役拒否者の立場を国家的規模におし進めたものであろうと思う」と。宗教者が、このように、国家を超越した信仰と、どこまでも国家の法である憲法とを混同するのは仕方がない。

だが、プロの憲法学者が、しかも国立大学の憲法教授の名において、同じ混同をおかすのはどうであろうか？ここにとりあげた以外にも、古代ギリシャ、ローマの聖賢からサンピエール、ルソー、モンテスキュー、その他数多くの西洋人の「戦争と平和」論を広く尋ね歩いた深瀬教授の大論文を貫く「赤い糸」は、純正な宗教的「絶対平和主義」なのである。その立場から、いかなる「正戦論」も、戦争方法の制限も不十分ということになり、どんな戦争でも実際上不可能にする非現実性を意識しながら、ジャコバン憲法的な、戦うか戦わないかの人民投票という、どこの国にもありえないシステムに関心を寄せるのである。「絶対平和主義者」は、たとえ自国を滅し、自国民を殺戮し、従属化する敵に対しても、この罪ある兄弟のために祈るばかりであろう。侵略者に対する国際社会の制裁が実効的でありうるかどうかはセカンダリーな問題であるから、早熟なサンピエールの一種のヨーロッパ集団安全保障構想でも「非常に良い構想」だということになり（同一三七頁）、国際連合がすべての国家を部分として包む共同体には決してなっていないという現実から目をそむけ、あるべき、兄弟愛で結ばれた人類共同体が心がけ一つで現存するかのように考え、日本国憲法前文第二段の、自然法的国際法によって保障された「平和的生存権」は、核攻撃を加えた国の責任者個人の刑事責任を追及しうるという国際法的効果をもつなどと、気休めにもならぬことを口にするのである（二、2参照）。

深瀬教授は、この大論文によって、日本国憲法前文第二段と九条が右のような「人類の平和思想の発展の必然的帰結」（同一三六頁）であることを論証したと考えているらしい。いわゆる「平和的生存権」論が完全非武装規定としての九条を新たに補強しようとする意欲の産物であることは、すべての論者に共通であるが、深瀬教授においても、九条は不変たるべきものと前提されており、教授の主観においては、その「平和的生存権」論の①②③は、三位一体となっているのであろう。その確固不抜の信念をゆるがすことはできないとしても、それが法解釈の枠をこえていることだけは、すでに示しえたと思う。深瀬教授の場合には、政治的党派性は明らかにもっとも薄く、非武装の最悪の結果をも覚悟の上であるだけ、もっとも誠実だと言える。その他の「平和的生存権」論者が、擬似的な法律論によって何を狙っているのかは、私には分からない。いずれにせよ、素人にとって法律論は強圧的な力をもつのであるから、法律家、とりわけ、真理にのみ拘束されているはずだと大衆が信じている学者は、おのれの信仰や政治的願望を法律的なレトリックで語り続けることを慎しまなければならない、と私は思うのである。

（一九八二年）

32　三つの地裁判決

一　裁判官よ、いい加減にしたら？
二　二つの対照的な裁判

一　裁判官よ、いい加減にしたら？

この頃の日本では、他国に見られないような奇妙な訴訟があまりにも多い。よっぽど人びとがひまで余分な金をもて余しているのか、もっぱら自分の「意見の正当性」を裁判所に公認してほしいためにやたらに変ちくりんな訴訟をおこす人がふえすぎている。人の趣味は様々で自由なのだから、はたから見て馬鹿馬鹿しいと思うどんなことをやろうと文句はいえないが、国家機関である裁判官がそんな訴訟につき合うのはいい加減にしたらと腹の立つことがある。「訴訟狂」は排除できないが、その挑発におめおめとのっかるような下級裁判所の裁判官は、任期の切れ目がきたときに排除した方がよいのではないか？

たくさん類例があって困るが、もっとも典型的な事例をあげよう。それは、公務中にたんなる交通事故で死んだ自衛官だった元・夫について、自衛隊地方連絡部の職員がてつだい、「山口県隊友会」という陸上自衛隊の私的な外郭団体が山口の県護国神社に合祀を申請したのは、自分の宗教的「人格権」を侵害する不法行為で、そのために金百万円に評価すべき精神的損害を受けたと称するクリスチャンの元・妻（私は、いまだ亡くならざる人を意味する「未亡人」という語は「差別語」だからというのではなく、たんに嫌いだから使わない）が行った国家賠償請求をそのまま認容した山口地裁の判決である（山口地判昭和五四・三・二二判例時報九二一・四四　裁判長・横畠典夫）。山口地方裁判所は私も一度見たことがあるが、人通りの少ない駅前からの大通りに面した、いかにもひまそうな小さな裁判所である。その一審判決の論理を簡単に要約すると次のようである。

（1） 自衛隊の職員が上司の意向を受けて本件合祀に積極的に尽力したのだから、この合祀は、公務員と外郭団体の共同行為として国家賠償法の適用を受ける。

（2） 私人である隊友会が殉職自衛官を県護国神社に対して「神」として祭るように申請したことは、それ自体としてはその団体の宗教的行為の自由に属し、他人を強制するとか、「公序良俗」に反するなどの事情がない限り違法ではない。

（3） しかし、自衛隊の職員がこの合祀申請に積極的に加担したのは、憲法二〇条三項によって禁止された「宗教的活動」に該当し、この定めに違反した職員と隊友会との共同による行為は「我が国社会の公の秩序に反するものとして、私人に対する関係で違法な行為というべきである。」

（4） この違法行為により、原告が、憲法一三条によって保障される私法上の「人格権」の一部としての「信教の自由」、とりわけ「親しい者の死について、他人から干渉を受けない静ひつの中で宗教上の感情と思考を巡らせ、行為をなすことの利益」を妨げられた面のあることは否定しえない。

（5） クリスチャンである元・妻は、もとより護国神社参拝を強制されたわけではないが、「信仰を求めながらなお他人のなす宗教行為のために精神的な静ひつを乱され、自己の純粋な信仰の探究に軽視できない妨害を受ける場合もあり得ると考えられる」から、法的保護を否定すべきではない。

（6） 被告等に故意はないが過失はある。

（7） 原告の損害も主張の通りである。

これは珍奇な訴訟というほかはない。原告の蔭には山口市のキリスト教の牧師がいて、原告をあやつっていることも、記録に表われている。日本人の、とりわけ新教の牧師は、政教分離の原則にかかわる問題に当然のことながら神経が鋭敏であるが、法律的には無理な、あるいは小児病的な訴訟を自ら提起することが多い。例えば、市有地の片隅にあるお地蔵さんをどけろとか、当然わが教会にきた自分の息子を父親参観のための日曜登校日に欠席扱いにしたのを取り消せといった馬鹿げた訴訟が実際にあった。この二つはもちろん敗訴しているが、珍奇な訴訟に身をのり出して、新奇なヘリクツをこね、原告完全勝訴の判決を書く裁判官（日本の場合、実際には裁判長）の方を問題にしなければならない。

なぜ、この訴訟をあえて「珍奇」だというのか？　その理由を列挙しよう。

（a）まず第一に、もし合祀自体を取り消せとか、神社と契約したはずの合祀が実際に行われていない、つまり神になっていないので、損害賠償を支払え、といった訴訟だったら、「純宗教上の争い」であって、裁判の対象にならないことは誰の目にも明らかであろう。原告の意思に反して護国神社の祭神にしたのが「不法行為」だという主張も、「祭神になった」かどうかは裁判所のとうてい判断できないことなのであるから、同じことである。裁判所に分かることは、被告等が、神道を信ずる人びと（少なくとも神官はこれに入るだろう）にとって故人が神となるために必要な行為を護国神社がとり行うように一定の手続をとったということだけである。これを受けて神社がなんらかの宗教行為をしたとしても、それによって故人が神になったかどうかは裁判所のあずかり知らぬ所というほかはない。それなのに、どうして裁判所が、被告等が故人を元・妻の望まない仕方で合祀させた、つまり神と化せしめたことが、元・妻のあやしげな「人格権」の侵害だと断定しえよう？

（b）もっと珍妙なのは、深くキリスト教を信じていると主張する元・妻が、どうして、神官が、彼女にとって「無」であるはずの神道の儀式を挙行したので、元・夫が彼女の意思に反して神道の神とされてしまったと主張できるのかという点である。人間が八さんでも熊さんでも死ねば神や仏になるという思想は、とりわけクリスチャンの立場からいえば、まさに不合理きわまる、ありえないことでなければならない。判決は、この点を充分意識してはいる。だが、クリスチャンといっても信仰のまだ弱い人もおり、そういう一人である原告がそのために（理由なく）心を乱されたというのだから、その法的利益も保護されなければならない、という。過保護もいい所である。

（c） この判決は、新奇な私法上の「人格権」を直接憲法一三条からみちびき出した論理の独創性の点でも目をひく。憲法一三条は、直接に「国政」の一部である「司法」に対しても「生命、自由及び幸福追求に対する国民の権利」に包括されるすべての基本的人権の「最大限の尊重」を要求しているのだから、基本的人権のすべてが私人間でも不可侵の権利となる、という。これは基本的人権の完全な一般的直接効力説であり、学説上もはっきり少数説で、また最高裁の大法廷の判例（「三菱樹脂事件」昭和四八・一二・一二）ともあいいれない。憲法の定める基本的人権の大部分は財産的価値ではなく人格的価値を保護するものであるから、憲法一三条が包括的な、私権としての「人格権」を保障するという少数説（佐藤幸治）がないではないが、それは憲法第三章をほぼそのまま「不法行為法」化することになり、法解釈による法創造の限度をこえている。

（d） 日本では無視しうるほどの少数説をあえて選んだ勇気を不問に付するとしても、この裁判長が創造した「信教の自由」という私的「人格権」の具体的内容についても、大きな疑問がある。それはまず、死人自身が「自己の死について、他人から干渉を受けない静ひつの中で宗教上の感情と思考を巡らせる」人格権をもつことは明らかであるとし、それを近親者にも拡張する。法律家は、一般に文学に向かないから法律家になったのであって、法律家のくせにやたらに文学的になるのは、間違いの元である。「死者の人格権」というのは、西ドイツの裁判所も認め、近年改正されたわが著作権法六〇条も死者の著作人格権を認めたというので、近頃私法学者の間で一種のハヤリのようだが、どうしてただの物質と化した元・人の権利を語ることができるのかについて、私は説得力のある説明を聞いたことがない。肯定論者は、むろん「権利」概念に関し、意思説ではなく利益説を前提し、「保護しなければならない」ことばかり力説する（斉藤博『人格価値の保護と民法』昭和六一年）が、意思説だけが法技術的意味の、すなわちたんに情緒的スローガンではない「権利」を説明できることはいうまでもない。まして「自己の死」にのぞんで静かに思考することがとうていできない突然死もあろうし、思考力そのものが失われる場合が大部分であろう。だから、「権利」概念としても、常識としてもおかしなこんな死人の権利から出発して、それを近親者、特に元・妻に及ぼす論法にはなんの説得力もない。記録に表われた限りでも、夫婦時代に宗教上のことでかなりのもめごとがあったのに、この元・妻は元・夫と「全人格的結合関係」にあったものと安易に認定しているのも、思春期的文学少年のいい草である。この裁判長はどこの大学を出たのであろうか？おお「全人格的結合」！そんなものがいったいこの人間社会にありうるというのだろうか？

この種の珍奇な特殊・現代日本的訴訟に共通する動機は、国家権力ないしいわゆる「体制」が事実上行っていることが正しくないと信ずる、いろいろな少数集団が、だいぶ無理は承知の上で、それが「違法」だという理屈をこね、裁判所という場で自己の意見の正当性を公認してもらおうという所にある。京都のきまりきった左翼教授達が最近、学校における「君が代」演奏のためにテープを配布した京都市教育委員会の行為に対し、いわゆる「住民訴訟」を提起したのも同種の例である。市民には、いかなる非個人的、公共的な動機によってでも裁判を求める基本的人権（憲法三二条）があるので、私はこれらの原告を笑いはするが、法的に非難はしない。問題は受け手である裁判官の方である。紙屑に近いマスコミの時事評論の類で発言する憲法「学者」などが、いつも「裁判所はマイノリティーに味方せよ」と扇動するからといって、法律的論理や裁判の伝統的・法技術的な制約を突破して、こんな原告達にサーヴィスしていたら、裁判官は「権利・義務」について裁定するよりも、「意見の正否」について判定する機関になり、この世の思想審判官になってしまう。そんなことは国民が彼等にまかせた仕事でも、彼等に適した仕事でもないし、第一、「思想の自由」という基本的人権のなかでもっとも大切なものを破壊することにもなろう。

私でも、時によっては少数集団の動機は理解し、同調できることさえある。本件についても、いったい陸上自衛隊の師団長クラスの人びとまでが、なんのために、たんに交通事故死した元自衛官を「護国の鬼」として護国神社に合祀したいなどとアナクロなことを考えるのか、どうしてそうしなければ自衛官の士気に悪影響するというのか、さっぱり分からない。幸いなことに、四十年以上前に馬鹿な大戦争が終結してから、この日本だけはいたって平和で、自衛隊よりも警察の機動隊の方がずっと職務上の大きな危険に日々にさらされてきたではないか？ いわゆる体制内の人びとにありがちな、それこそカビの生えたような思想は、私もヘドが出るほど大嫌いである。しかし、そのことと、護国神社合祀申請が自衛隊員の元・妻の側に国民の負担において百万円で償うべき損害を生んだ国の不法行為だというのとは、全然話がちがう。正当でないことは「違法」とコジツケようという態度は、とっくの昔に弁護士達は採用している。例えば、田中内閣の経済政策の誤りで生じたという郵便貯金の目べりを国が賠償せよと争った同種の訴訟（大阪地判昭和五〇・四・一六判例時報七九〇号一七頁）では、大弁護団が、文字どおり、「明らかに不当なことは違法にきまっている。国側で違法でないことを立証せよ」と主張した。なんのために法学部があり、司法試験があるのか、途方に暮れてしまう。

裁判官までこんな調子になったらどういうことになるのか、少しは考えてほしい。本件では控訴を受けた広島高裁の裁判官も、著しく怠慢で、隊友会の当事者能力を否定したほかは一審判決をそのまま鵜のみにしてしまった（昭和五七・六・一判例時報一〇四六号三頁　裁判長・土屋重雄）。国側が上告し、最高裁は大法廷に事件を移したという。さても世話をやかせる下級裁判所ではある。

二　二つの対照的な裁判

市川市に住む某私立大学の法律学以外の何かの先生が音頭をとっておこした二つの損害賠償訴訟で、東京地裁と千葉地裁の裁判官達がまったくあい反する方向の判決を出した。どちらも、選挙区の人口と議員定数の著しい不均衡のために生じている「薄い選挙権」のために受けたと称する精神的損害に対して、それぞれの原告に数十万円を支払えという訴訟である。特に注目されるのは、いずれも、最高裁の小法廷が、いわゆる「在宅投票制度廃止国家賠償訴訟」の判決（昭和六〇・一一・二一民集三九・七・一五一二）で、国会の立法・不立法が違憲であっても、それは原則として個々の国民との関係における義務違反ではなく、かりに人が直接そのことによって損害を受けた場合でも、「国会議員の立法行為は、立法の内容が憲法の一義的な文言に反しているにもかかわらず国会があえて当該立法を行うというごとき、容易に想定し難いような例外的な場合でない限り、国家賠償法一条一項の適用上、違法の評価を受けないものといわなければならない」と判示した後の事例だからである。

この小法廷判決が出た翌々日、例によって最高裁判決の悪宣伝を使命と考えているらしい『朝日新聞』はさっそく社説を書き、最高裁は国民の（正当な）権利救済の訴えを門前払いに近い冷淡さでけとばしたとか、この判決が（正当に）争われてきた「薄い選挙権」に対する損害賠償訴訟に（不当な）影響を与えないか「気がかりだ」とか、この小法廷判決が認めている例外的な国賠法の適用可能性のなかには、最高裁の判例がすでに違憲と判示した程度の選挙権の不平等の放置は含まれるのではないか、などなど、怒りと憂慮と希望的観測とを表明した（昭和六〇・一一・二三）。

私は、まったく正反対に、上の小法廷判決にまでみちびいた札幌地裁小樽支部の、国会の立法を違憲だとして初めて国賠法を適用した「画期的」判決が出たときから、それはまったくのへリクツにすぎないと、多くの場所で批判してきた（受験新報昭和五六年一月号、『憲法徒然草』昭和五八年、『解説　憲法基本判例』昭和六一年）。

簡単にいって、二つの対照的判決の一方（A）は『朝日新聞』の期待に応じ、他方（B）は私が力説した方向に沿っている。

A　東京地判昭和六一・一二・一六判例時報一二二〇号四七頁（裁判長・菅原晴郎）

原告等三人の衆議院千葉県第四区の選挙人は、昭和五八年一二月の総選挙の際、同区の兵庫県第五区との間には選挙権の重みに一対四・三八の較差があったので、これを放置した国会は、その「不法行為」によって原告等に、金三十一万円に評価すべき精神的損害を与えたと主張して国に賠償を求めた。判決は請求を棄却はしたが、その論理は次のようである。

（1） 本件総選挙当時、問題の選挙権の重みの不均衡は最大一対四・四〇になっており、しかも昭和五五年六月施行の前回総選挙以前にすでに違憲状態に達していたので、憲法上要求される是正のための合理的猶予期間をすぎており、公選法別表第一は違憲と断定するほかはない。

（2） 国会議員および内閣の怠慢は、「ある法律の内容が憲法の一義的な文言に違反することが明白であり、かつ、右違憲の法律の改正案の発議・提出をするのに通常必要と考えられる相当期間を経過したにもかかわらず、国会議員及び内閣が、あえて右改正案の発議・提出を行わないというような例外的な場合には、国会議員及び内閣の右不作為は個別の国民の権利に対応した関係での職務上の法的義務に違反するものとして、国家賠償法一条一項の適用上、違法の評価を受けるものと解する……。」

（3） 公選法別表第一は、最大判昭和五八・一一・七民集三七巻三号三四五頁によってすでに違憲状態にあるとされたので、その時点で「憲法の一義的な文言に違反することが明白となったものというべきである。」

（4） 次に、本件総選挙時に、国会議員および内閣が改正案の発議・提出をなすべき相当期間をすでに経過していたかどうかの点に見るに、本件総選挙は上記の最高裁判決のわずか二十一日後に行われた解散の結果であって、その間に国会議員および内閣が改正案の発議・提出をすることは困難であったから、相当期間を経過したとはいえない。

（5） したがって、問題の立法不作為は、いまだ国家賠償法上の違法行為に当たるものとすることはできない。

以上がこの判決の論理である。それは、国側が強く主張した。選挙権はむしろ選挙人団という国の機能というべきで、その侵害については個人的精神的苦痛になじみにくいとか、原告が本訴を提起した目的も公共的なもので、原告がこうむったと称する精神的苦痛は「公憤」の域を出ないのではないか、という正当な指摘を完全に無視し、その上、前記最判昭和六〇・一一・二一が認めた国賠法適用の例外が、あくまで「憲法の一義的な文言を国会があえて無視して積極的に違憲立法を行う場合」であったのを、意識的に拡大して、憲法に一義的規定があるわけではない選挙権の重みの不平等についての最高裁の違憲判決を無視しつつ怠け続けた場合にまでひろげている。小法廷判決に対するこうした態度については、「面従腹背」ということばが完全にあてはまる。こういう判決を平気で書く裁判官達に対しては、あなた方は、条件がすべて整えば、ほんとうに、たとえ一人十万円ずつでも数百万人の選挙民に税金を払い戻す気ですか、と尋ねたくなるのである。

B　千葉地判昭和六一・九・二九判例時報一二二六号一一頁（裁判官・増山宏）

同じような原告達は、千葉県議会の議員定数条例についても、最大較差が一対六・四九におよぶものを放置して昭和五八年四月に施行された県議会選挙により、多大の精神的苦痛をこうむったとして、各自二十五万円の慰謝料を求めて出訴した。本件選挙について同じ原告等がおこした無効確認訴訟については、すでに最判昭和六〇・一〇・三一判例時報一一八一号八三頁が、同じ県条例は公職選挙法一五条七項に違反するが、「事情判決」的法理により選挙そのものは有効としていた。単独裁判官による判決の論理は次のようである。

（1）　選挙で選ばれた職員は、国民または住民に対し、右の選挙を通じて約束した政策を実現するように努力する義務を負うと同時に必ずしも選挙で約束したことに限らず、常に状況に応じて、多様な国民または住民の意向をくみつつ、国または公共団体の福祉の実現をめざして行動する義務があるが、このような義務は、議員が自己の政治的判断に基づいて履行すべきものであって、これを個別の国民または住民に対する個別の法的義務であるとし、法律的に強制履行の対象としたり、損害賠償の対象としたりすることには本質的になじまず、まさに本質的に政治的なものであって、その当否は終局的に国民または住民の自由な言論および選挙による政治的評価に委ねるのを相当とする。したがって、立法の内容に違憲・違法のかどがある場合にも、国賠法上「違法」とはならない。

（2）（カッコ書きの形で）かりに立法行為を国賠法一条一項の規制の対象とすることが許されるとすれば、当該法律または条例の適用を受ける多数の国民または住民が全体的に被害者となる場合がしばしばあると考えられ、その場合賠償額の全体も途方もなく巨額となり、賠償金を手にすべき国民または住民からすれば、自ら税金として支払った金員がうえんな方法で戻ってくるというにすぎず、そのために減少した財源をまた補填せざるをえないという無意味なことになるので、立法行為を国賠法一条一項の規制の対象とするということは、国賠法自身が予定していないことである。

この判決は、判決Aと対照的に、最判昭和六〇・一一・二一が「容易に想定し難いような例外的場合」について認めた違憲立法に対する国賠法の適用可能性について言及せず、その上、最高裁は「国会」の立法について判示しただけであるのに、住民を代表する地方議会の立法・不立法の違憲性、法律違反の場合にも最高裁判決の趣旨を拡張している。国賠法の適用否定の立場はいっそう徹底しており、その根拠として、カッコ書きの形で、一般的な立法・不立法による、自称「被害者」への公費による賠償そのものが、納税者がタコのように自ら足を食べようとする背理であることを指摘し、それゆえに、もともと国賠法は、国会であれ、地方議会であれ、一般的な立法行為の違法性を理由とする損害賠償など予定していないのだという。

さて、判決Aは最判昭和六〇・一一・二一がのべた国賠法の例外的適用可能性の方を明らかに拡大し、判決Bは、反対に、地方議会の立法行為を含め、立法・不立法に関する国賠法の適用可能性を最高裁よりも原理的に否定した。どちらの裁判官も、やや玉虫色的な小法廷判例を自分が正当と信じた方向にひっぱったのである。この綱引きのいずれに私が組するかといえば、それはBの方である。判決Aは、怠慢な国会をしかってくれという一部の国民の声、それをしり押しする新聞の期待にサーヴィスすることにのみ熱心で、「薄い選挙権」が本当に「悪政に対する公憤」と区別されうる「法的損害」といえるのかどうかという国側の正当な問題提起を無視してしまったし、かりに国が賠償しなければならなくなれば、どんな不合理が生ずるのかも、いっこうに気にしないでいる。例の札幌地裁小樽支部判決以後の多くのAタイプの下級裁判例を、私は「法律家」としての常識も、それどころか健全なおとなとしての常識も欠け、ただもっぱら国賠法の規定を「立法者意思」を無視して都合のよいように形式的に解釈するだけの「ハネアガリ判決」だとみなしてきた。

一般に戦後日本の法律学者も、裁判官も、もちろん弁護士も、あまりにも安易に法令の「目的論的解釈」「有機的解釈」「社会学的解釈」などなどの名のもとに、「立法者意思」を無視することに平気になっている。法の文言には解釈者の実践的意欲、世界観、希望に合わせてどんなことでも盛りこめるのだ、という無軌道な考え方が法の「科学的認識」として早くから提唱され、罪刑法定主義が生きている刑事法以外の分野では、各人のほしいままの擬似的・法的主張に、すべて対等の権利を与えてしまったかに見える。このことは、戦後すでに令名の高かった複数の東大法学部教授達に多くの責任がある。もし本当にそうなら、例えば本件の名高い原告が素人らしく物おじしないでたくさんの訴訟で振り回してきた憲法論・法律論も、いくらかもっともらしい法律家的用語法をつらねただけの多くの弁護士達のヘリクツも、みんな平等に通用すべき権利をもつということになり、どれを選ぶかは、ネクタイの選択のようにたんなる各人の好みにすぎぬということになろう。法律学、少なくともその中心である法解釈学が、ホントもウソもない、ただの説得のための雄弁術、うまくより多くの人びとをだましおおせればそれですむといったものだというのであれば、大学に法学部を置き、特に国民の血税で研究費などを支弁しているのは大間違いだということになる。そんなことなら、殺害された豊田商事の社長の方がより上手に教育できるに相違ないからである。

（一九八八年）

33 殉職自衛官合祀訴訟大法廷判決をめぐって

一 最高裁判所の答え方

職務中交通事故で死亡した自衛官の元・妻が、クリスチャンである自分の意思に反して、自衛隊職員と山口県隊友会（私的団体）が協力して亡夫を勝手に山口県護国神社に合祀申請し、そのために合祀が行われたのは、「亡夫を（自分の）意思に即しない事情の下に祭神として祀られることのない、固有の人格的利益としての自由」を侵害する国の不法行為だと百万円の損害賠償を求め、一審、二審ともこの請求を認めたのは奇妙な判決だと、前に論じたことがある（「二つの地裁判決」千葉大学法学論集二巻二号〔本書第32論文〕）。おさらいすると、陸上自衛隊の師団長クラスの人までが、平時の殉職自衛官を護国神社の祭神にすることが士気の向上のため役立つと考えること自体まず度しがたい時代錯誤であるが、自衛隊職員が手伝って行われた合祀申請が憲法二〇条三項の禁止する国の「宗教的活動」に当たり違法かどうかの問題以前に、特にクリスチャンだという元・妻にとっては、神道のすべての儀式は文字どおりナンセンスなはずだから、合祀によって彼女の「信仰が妨害される」というのは信じがたいことで、国家の裁判所がとりあうべき苦情ではない、それぞれの人にとって「他人のした面白くないこと」がすべて法的な加害行為になるはずはないというのが私の批判の要点であった。

私がこの文章を、あまり世間の目につかない千葉大学の紀要に発表した時には、すでに事件は、最高裁判所大法廷に移されていて、最終的判決が間もないものと予想されていた。私の問題提起が遅すぎたのはたしかだが、昭和六三年六月一日に下された大法廷判決（民集四二巻五号二七七頁）は、やはり私に失望を与えるものであった。後述するように、ほかにもこの判決をマイナス評価した法学者が少なくないが、私の失望が自衛隊職員の行為も違法ではないとした、後述する「判決理由」の（２）に関わるのに対し、それらの方々の反対は一・二審判決を否定した「判決主文」にも向けられているので、質が全然ちがう。まず・判決そのものを少数意見と共に要約しよう。

A　判決＝（１）合祀申請は「実質的にも県隊友合単独の行為」である。（２）そもそも山口県護国神社による合祀の必要な「前提としての法的意味をもつものではない」合祀申請に対する自衛隊職員の「協力行為」は、宗教との関わりも間接的で、その狙いも自衛隊員の社会的地位の向上と士気の高揚にあって、宗教的意識は稀薄であり、また、その行為の態様も特定宗教の援助・助長・促進、または他宗教への圧迫・干渉の効果をもつものと一般人が評価するようなものではないから、憲法二〇条三項の禁止する「宗教的活動」に当たらない。（３）のみならず、同条同項の政教分離規定は「いわゆる制度的保障」であるから、この規定に違反する国の行為であっても、私人に対する関係で、「制限」「強制」を伴わない限りは違法とならない。（４）合祀申請自体は法的に特段の意味がないので、なんら法的利益を侵害するはずはなく、私人たる護国神社の行った合祀自体も、別な私人の宗教的行為の自由の枠内のことで、これによって被上告人がもった「不快の感情」は分かるが、「原審が宗教上の人格権であるとする静ひつな宗教的環境の下で信仰生活を送るべき利益なるものは、これを直ちに法的利益としては認めることはできない性質のものである。」

B　長島敦裁判官の補足意見＝判決理由（２）と（４）を詳しく補足するにとどまる。

C　高島益郎・四ッ谷巌・奥野久之裁判官の補足意見＝自衛隊職員のより慎重な行動を要請する旨附言する。

D　島谷六郎・佐藤哲郎裁判官の別意見＝判決理由の（１）は「余りにも形式論にすぎ」賛成できない。憲法二

○条三項は「国家と宗教の完全な分離を目指しているもの」で、県議団神社および県隊友会と共同して合祀を実現した自衛隊職員の行為は「宗教的活動」に当たり、判決理由（2）にも賛成できない。ただし、「被上告人が宗教上の人格権又は宗教上のプライバシーとして主張するところのものは、これを法的利益として認めることができないとする点については」賛成であり、結論には異存がない。

E　坂上寿夫裁判官の別意見＝判決理由（1）（2）には賛成であるが、故人の現存する近親者がその意思に反する宗教的方法で他人のなす故人の追慕・慰霊によって心の静ひつがみだされないことは保護さるべき法的利益であるから、判決理由（4）には賛成できない。ただし、本件の場合、別な近親者である亡夫の父は護国神社への合祀を希望しており、元・妻の反対の意思を優先させなければならない特段の事情はないので、被上告人の人格権の侵害は受忍すべき限度内のもので違法ではなく、結論には同調する。

F　伊藤正己裁判官の反対意見＝判決理由（1）には賛成できない。先例である津地鎮祭合憲判決（最大判昭和五二・七・一三民集三一・四・五三三）の判断基準を正しく適用すれば、自衛隊職員の行為は「宗教的活動」に当たり、判決理由（2）にも賛成できない。さらに、「現代社会において、他者から自己の欲しない刺激によって心を乱されない利益、いわば心の静穏の利益もまた、不法行為法上、被侵害利益となりうるものと認めてよい」し、本件被上告人が害された「宗教的な心の静穏」も、「宗教上の人格権あるいは宗教上のプライバシー」と呼べるかもしれないが、少なくとも「不法行為法上の法的利益」に当たるので、原判決の判断を是認し、上告を棄却すべきである。

さて、意見が多様に分岐したこの裁判について、まず直観的に私の意見をのべることにしよう。

B、Cの補足意見はついでに一言いったまでで独立の意味はないし、Eの別意見は面白い問題を提起しているが、基本的にはF意見の変種である。だから、基本的な考え方の対立として、行為は違法でもなく侵害された法的利益もないという十一人の多数意見と、行為は違法だが侵害された法的利益はないという島谷・佐藤意見と、違法な行為により法的利益が侵害されたという伊藤反対意見を検討すれば足りる。

まず、行為の違法性を否定した多数意見が、出発点でこっぱ役人的形式論を用い、合祀申請を私人たる隊友会の単独行為と見たのは事態の本質をおおいかくそうとするごまかしである。十二人の裁判官達は「津地鎮祭合憲判決」の線上で、たんに合祀申請を間接的、事務的に手伝ったにすぎぬ自衛隊職員の行為は、宗教との間接的な関わり合いがあるにせよ、ただ自衛隊員の士気高揚を意図しただけで宗教的意識は「稀薄」であり、特定宗教の援助・助長・促進または他宗教への圧迫・干渉の効果をもつものと一般人から評価されるような行為ではないので、「宗教的活動」とまではいえないとした。この判断の土台にある津地鎮祭合憲判決の論理自体が、まず日本人の「社会通念」を物差にする点、政教分離はいわゆる「制度的保障」であるとの疑似的理論を使って、はじめから不充分でもいいのだと説得しようとする点など、とうてい妥当な憲法解釈といえないことについては、すでに別著で何度も詳説した（『憲法徒然草』一七四頁、『解説　憲法基本判例』一四三頁）ので、もうくり返さない。そこで、最高裁が「憲法は……国家と宗教との完全な分離を理想とし……」といったのは「完全な分離は実際上無理」というための伏線なのだが、伊藤反対意見のように、津地鎮祭合憲判決の反対意見の「少数者保護」の精神に基づいて同じことをいえば、津地鎮祭判決の枠内でも、それが提示した判断基準の適用は「理想」に向かって当然きびしくなり、地鎮祭のような習俗的色彩のない神社への合祀への国家機関の関わり合いは違憲だということになる。本件では違憲説の裁判官が三人、ほかに自衛隊当局の軽率と行きすぎをいましめ、「違法とまでいわぬが不当だ」とした裁判官が五人、合わせて八人の過半数であったことも注目すべきだし、私自身は違憲だと思っている。

しかし、本件一・二審判決や坂上裁判官の別意見のように、本件被上告人が害されたという「心の静穏」を「宗教的人格権」とまでいえるかどうか、大いに疑わしい。伊藤反対意見もよく見れば、そうはいいきっていない。一段落として「不法行為法における法的利益」と認めているだけである。それにしても、伊藤意見が「不法行為法上の法的利益」と認める「現代社会において、他者から自己の欲しない刺激によって心を乱されない利益」という概念は、あまりにも広すぎるのではないか？　特に日本のような混雑した社会、宗教も他のイデオロギーも過度なまでに分裂抗争している社会で、「他者による自己の欲しない刺激」から免れること自体、至難の業であろう。世の中には、歴史小説の中で「朝鮮征伐」ということばが用いられているのは、朝鮮人である自分の名誉毀損だと訴えた人もあれば（京都地判昭和五〇・六・六判例時報八〇二号一〇五頁）、文部省検定済の歴史教科書に「侵略」とか「南京大虐殺」とかの記述があるのは、それらの戦争に参加したわれわれに対する重大な侮辱、名誉毀損だと訴えた人達もいる（東京地判昭和六二・五・二七判例時報一二六八号）。いずれの場合にも裁判所は、「主観的名誉感情」が傷つけられたというにすぎず、そんなものは法的保護の対象ではないと片づけた。また自分の払った税金の六％が防衛費に充当されているのは、憲法違反であり、平和主義者としての自分の「良心」の侵害だといって、国家賠償請求やその他の訴訟を全国で提起する新教のクリスチャンや私立大学教授などを含む運動家までである（例・東京地判昭和六三・六・一三）。私は、特に日本で増加しているこの種の「政治運動的」乱訴を「意見裁判」と呼んでいる。各人の「正しさについての意見」に反するというだけの「不快な刺激」は、人によりさまざまで際限がない。裁判所は、およそ人の「不快感」「立腹」の正当性を判定する国家機関ではない。また、「心の静穏」のなかで、特に宗教的なものをそれ以外のものから区別して特別視すべき理由はまったくない。むしろ反対に宗教の教義とか宗教をめぐる内心の問題は、より多く裁判に親しまないのである。

伊藤意見は、不法行為法上の保護利益が拡大されてきた現代の趨勢をいい、また、侵害行為の態様と侵害された利益の性質との相関によって不法行為となったり、ならなかったりするというふうに、相関的にとらえているようである。門外漢にすぎない私は、「不法行為」に関する一般条項である民法七〇九条に、「故意又ハ過失ニ因リテ他人ノ権利ヲ侵害シタル者ハ之ニ因リテ生シタル損害ヲ賠償スル責ニ任ス」とある以上、「行為の違法性」「故意・過失」「権利侵害」「それによる損害」が損害賠償請求権発生の要件なのかな、と素朴に考えてきた。もちろん、上にいう「権利」は大正一四年の大審院判決で、「吾人ノ法律観念上其ノ侵害ニ対シ不法行為ニ基ク救済ヲ与フルコトヲ必要トスト思惟スル一ノ利益」で足りると緩和されたことは承知していた。しかし、学生時代民法に興味をもたなかった私は、名著だといわれた末川　博先生の『権利侵害論』を手にしたこともなく、伊藤意見のような相関的なとらえ方があることさえもよく知らなかった。これは我妻先生の説だそうだが、盲蛇におじず乱暴ないい方を許してもらうと、こういうファンクショナルなアプローチは私の肌に合わない。この考え方では、「違法行為」による「法的利益の侵害」は別個な二要件ではなく一つに融け合い、「不法行為法上の救済に値いする」かどうかの問題に解消してしまうようである。現に、伊藤意見に見るように、「まだ利益として十分強固なものとはいえず…なお法的利益として保護の程度が低い」という被上告人の「心の静穏」であっても、侵害行為の方は「憲法秩序に違反するものであるから侵害性の強度なもの」で両者をにらみ合わせると賠償請求権が成立するということになる。このような総合的アプローチは、実際的・法政策的な思考なのだろうが、私には、柳瀬良幹先生の学風がしみこんでいて、0はいくつ足しても0、0に百万を掛けても0という論理主義が身についている。おそらく伊藤裁判官は、いや掛けるべき「利益」は0ではないのだとおっしゃるであろうが、裁判の世界で0・01を0からどうやって区別できるのか、私には分からない。

こういう次第で、私は、歴代最高裁判事のなかで私がもっとも敬愛する伊藤裁判官の反対意見にも残念ながら賛成することができない。一審判決以来の裁判所の論理に即して見る限り、中間的な島谷・佐藤意見が一番正しいと思う。

二　法学者の論評整理

次に憲法学者に限らず、法学者の方々の本判決に対するコメントを概観して整理しよう。

1　憲法学者

いつものことだが「朝日新聞」は、せっかくそろって一市民の肩をもった一・二審判決が大法廷によってくつがえされたので、憤満やる方なく、最高裁はダメな所だと大宣伝した。いわゆる「識者」も登場させている。この頃は、久野 収、遠藤周作、野坂昭如、曽野綾子の皆さんなど素人の出番が多いが、数人の憲法学者も新聞に登場した。しかしここでは、もっと責任をもって自ら書いたはずの法律雑誌での論評から各人のとった態度と特色ある着眼点を検討しよう。

芦部信喜氏（法学教室九五号）＝基本的に、多数意見をなんとしても上告人（国）の肩をもとうとするへりくつと見、伊藤反対意見に賛成する。

判決理由の（1）を形式論、（2）を政教分離原則の「骨抜き」と非難するのは、ここに登場する多くの公法学者と私との共通点であるから、以後特に言及しない。伊藤反対意見を一応「正論」と評価するが、一・二審判決に対しては、なぜ「信教の自由」として理論構成しなかったのかと批判的で、強制や妨害にいたらない程度の「圧迫」を他宗教の信者に感じさせるような国と特定宗教との癒着も、「信教の自由」の侵害に当たると主張する（「信教の自由」説）。

横田耕一氏（法学セミナー四〇四号）＝反対に、「強制」の要素のない本件の場合に、一・二審判決が「国政」の一部としての司法に対しても基本的人権の最大の尊重を要求する憲法一三条を媒介として「信教の自由」を私人間でも尊重さるべき「私法上の人格権」とした理論構成に反対し、憲法一三条はプライバシーを保障し、その中に「宗教的プライバシー」も含まれており、それが本件における「不法行為法上の利益」であるとして、伊藤反対意見を高く評価する。また、判決理由の（3）の「制度的保障」の概念そのものを否定する（「宗教的プライバシー」説）。

高橋和之氏（ジュリスト九一六号）＝伊藤反対意見を一つの正しい解決と評価するが、同時に判決理由の（3）を否定し、憲法二〇条三項は、「制度的保障」であるとしても、国の特定宗教への肩入れによって他の宗教を信ずる個人が「心理的圧迫」を受けることのない利益を保障するものと考えることができるとする（「宗教的プライバシー」説または「政教分離原則」説)。

ほかに、一審判決についての憲法学者の論評としては、滝沢信彦(判例評論二五二号)、笹川紀勝(『憲法判例百選I』)両氏のものを見たが、前者は「宗教的プライバシー」説をとき、後者は私がいい加減にしたらと感じた一審判決の全面的肯定論であった。

2　行政法学者

原田尚彦氏(ジュリスト九一六号)＝この人の論文はちょっとシニカルで、本音がどこかにあるのか定かではない。一方では、本件被上告人の侵害されたという利益は「不快感」にすぎぬという判決理由の(4)に同調するようにも見えるが、他方、それが「法的利益」といえないから請求棄却という島谷・佐藤意見を「主観的権利侵害型の不法行為」のみを念頭においた一面的な思考であるともいい、「客観的違法型の不法行為」の観点からすると、自衛隊職員の手伝った合祀申請は憲法二〇条三項に違反するのだから、賠償に値する損害があるかどうか疑わしく、またいわゆる「被害者」の範囲が広がるおそれもあるけれども名目的損害賠償ぐらいは認められよう、という(「政教分離原則」説)。この結論にふみきった背景には、行政機関の違法行為に対する司法統制は、わが国では不活発な「行政訴訟」だけでは不充分で、ほかにも司法統制の機会を広げた方がよいという法政策的判断がある。

3　民法学者

星野英一氏(法学教室九六号)＝一・二審判決は、本来、「亡夫を自分の意思に即しない事情の下に祭神として祀られることのない自由を自己固有の宗教的人格利益として条理上当然に享有している」という元・妻の主張を「静謐な宗教的環境のもとで信仰生活を送るべき法的利益」というふうにだだっぴろく受けとめたために論点をぼかしてしまったと批判する。だから、他の評者の多く(横田・高橋・原田)が、なぜ亡夫の父の意思が元・妻の意思に優先するのか説明不足だと批判した坂上意見の限定された「宗教的人格権」論をむしろ高く評価する。だがキリスト教の欧州、特にフランスの例をあげて、わが国でも、故人の近親者の間では親よりも元・妻の意思が優先すると考えるべきではないか、と同意見をも批判する。また、私が一審判決批判でのべた、本来クリスチャンにとっては神道の「鎮座祭」など無意味なはずで、心の静穏がかき乱されるはずはないではないかという論点、カトリックの曽野綾子さんの「信仰は内心の問題でこの世のことはどうでもいいことだから人のすることはほっとけばいい」(「朝日新聞」昭和六三・五・一九夕刊)という論評にもふれ、気にならない人はほっておけばよいが、「権利問題」としては拒みうるのだと論ずる。また、自衛隊職員の関わりは非本質的なもので、本件訴訟は元自衛官の元・妻対宗教法人・県護国神社の私的紛争として、本来、山口県護国神社を相手とすべきものだったと指摘するのも特色である。

斉藤 博氏(ジュリスト九一六号)=「人格権」の研究で知られる斉藤氏はまじめな新教のクリスチャンであるが、「人格権」の角度から本件の問題を取りあげている。判決の評釈を意図せず、一審以来の各裁判官の意見に表われた考え方を類型化する。(イ)一・二審判決は、「信教の自由」を基盤とする私法上の「宗教的人格権」肯定論、(ロ)坂上意見は、「信教の自由」を基盤としつつ、その内在的制約として限定された内容をもつ「宗教的人格権」肯定論、(ハ)伊藤反対意見は、「信教の自由」とは別な私法上の「宗教的人格権」肯定論、(ニ)判決理由の(4)は、「信教の自由」の枠内の思考で、「強制」の契機のないことを重視する「宗教的人格権」否定説ということになる。御自分の意見としては、いたるところで法(裁判)という平均的人間の社会的統制の技術が純個人的・内心的な宗教の問題に立ち入ることを望まず、事を憲法一三条によって定礎される「通常の心の静穏」の問題として扱うことを提唱する(「プライバシー」説)。

三　やっぱりこう考える

以上、数人の法学者達の論評を検討した結果、いくつかの発見があった。以下に列挙しながらコメントを加えよう。

（1）　他のメディアには、本件最高裁判決を支持する「法学者」ないし「法律家」（近藤昭三氏・林　修三氏など）の意見も登場しているのかもしれないが、比較的一般的な法律雑誌は最高裁非難の声にぬりつぶされている。マスコミは、事の是々非々をこえて、国家を相手どる訴訟の原告は必ず支援し、英雄化しなければならないものと思いこんでいるのではあるまいか？　頼まれた「学者」のなかにも、その期待に迎合しなければならぬものと思いこんでいる者があるのではなかろうか？

（2）　公法学者の多くは、山口県護国神社による合祀にまで導いた自衛隊職員のお手伝いを憲法二〇条三項違反と判断し、判決理由（3）の「制度的保障」論に対して疑問を投げかけている。この点については私にも異存はない。憲法の規定が国家機関に禁止していることを国家機関がやれば、誰との関係でも「違法」に相違ない。判決理由（3）は、学問上、C・シュミットなどが、憲法の人権の章にある規定でも、例えば「官吏制度」などの保障は「基本権」の保障とは異なるとした指摘を悪く流用し、「制度的保障だから個人に向けられた規定ではない」といいくるめたにすぎない。それに第一、宮沢俊義先生をはじめ少なくない憲法学者達が「政教分離」を「制度的保障」の一例としてあげてきたこと自体、「思い違い」なのである（『憲法徒然草』一八〇頁以下）。

（3）　ここに見た限りでは、伊藤反対意見を高く、あるいは一応評価した人が大部分である。星野教授は坂上意見を半分だけ評価したが、誰も、私のように島谷・佐藤意見を評価した人はいない。原田教授によると、この意見は一面的に「主観的権利侵害型」の不法行為のみを前提にした謬論だという。こうなると「不法行為」の成立要件とはいったいなんだという、私の苦手とする民法の畑に首を少しつっこまなければならなくなる。

近年日本で流行している「意見裁判」のもう一つの例として、昔、ＮＨＫが自分の抗議にもかかわらず自分の氏名を日本語読みにしたのは、「氏名に関する人格権」を侵害する不法行為だといって、最高裁まで争い続けた在日朝鮮人「牧師」があった。この小法廷判決（最判昭和六三・二・一六民集四二巻二号二七頁・長島敦裁判長）は、すっきりと、人は氏名を正確に呼ばれることについて「不法行為法上の保護を受けうる人格的利益を有する」が、漢字で書かれる外国人の氏名の日本語読みは当時においては「違法性のない行為」であったとして、上告を棄却した。門外漢である私には、このように「行為の違法性」と「不法行為法上の保護を受くべき利益」の両方がそろってはじめて「不法行為」となるという考え方がもっともだと思われたのである。

ところが、今度久しぶりに民法をちょっと勉強してみると、これも、下級審判決を含め多くの裁判例に見られる枠組ではあるが、一つの考え方にすぎず、他にもいろいろな考え方があって、学説も「まちまち」で判例も「ばらばら」らしい（星野英一「権利侵害」ジュリスト八八二号）。いかに「まちまち」なのか調べようと、斎藤博教授の『人格価値の保護と民法』（昭和六一年）を手にとってみて驚いた。「権利侵害から違法性へ」というスローガンに始まったわが国不法行為理論のここ半世紀の歩みの結果、今日では、「ただでさえ一般的抽象的な規定である民法七〇九条が『違法性』というより包括的な概念の導入と『違法性』概念そのものが拡大する中で、『不確定さ』の極みを示すに至っているのである。もはや権利侵害や故意・過失という個々の要件も柱としての機能を失い、七〇九条の規定が軟体動物のような観を呈するに至った」（一一六頁）、「ケイオスの状態」（一一九頁）だという。どうやら、民法七〇九条は、「救済すべきだと思う被害者は救済せよ」とすべて裁判官まかせの、要件なしの効果だけの規定になり果てたらしい。私のような公法学者には、これでも「法による裁判」といえるのか、もはや「不法行為」制度ではなく「不当行為」制度に変ってしまったのではないか、という懐疑が雲のように湧き出てきて、こんな状態なら、ますます、なんらかの成立要件に固執する先の小法廷判決を支持したくなる。だから、島谷・佐藤意見支持の立場も変えないことにする。

（4）　二人の民法学者のなかで、星野教授は、憲法論をいっさい棚あげし、被上告人対山口県護国神社という私法事件としての正しい処理の仕方を論じている。だが、限定された内容の、「故人を意に反する宗教的方法で他人が慰霊することを拒否できる元・妻（もはや「配偶者」ではない）の人格権」というものでさえ、この日本で「条理」として広く認められるものであろうか？　多くの法学者は、故人の元・妻にも父にも故人の霊に対する優先的支配権はないと考えているようである。死者の弔い方はもちろん、さらには死体またはその一部の取扱いの決定をめぐる遺族達相互の関係などについて、法は多く地方的差異もある習俗にまかせてきたのではあるまいか？　法としては、例えば刑法が死体や葬式や墓地や礼拝所などに対する、一般人の宗教的感情を害するような反社会的行為だけを犯罪として取りあげてきたにすぎない。他方、斎藤教授の方は、宗教を「法なき空間」に属すると性格づけ、信仰が法を盾にとることに消極的で、本件を特に「宗教的人格権」（ないし宗教的プライバシー）の問題として扱うよりは一般の「人格権」（ないしプライバシー）の問題としてとらえようとする。私は「不法行為」以上に「宗教」について無知だが、素人衆のなかでは先の曾野綾子さんの意見が真理だと直感するので、この方に賛成したい。

（5）　一方、主として公法学者達は、あくまで本件で侵害された「利益」の重さを強調するため、その憲法上の戸籍調査にこだわり、この点をめぐって、憲法二〇条一項の「信教の自由」説（芦部）、同条三項の「政教分離原則」説（高橋・原田）、憲法一三条の「（宗教的な心の静穏を含む）プライバシー」説（横田・斎藤）に分かれている。このうち芦部教授の意見は、アメリカの最高裁判所の判例ならなんでも金科玉条とみなす近年の傾向の表現で、宗教的少数者を心理的に圧迫するだけでこの自由権の「侵害」だと主張する。宗教的少数者の「良心の痛み」（consci-entious scruple）をいう点は、これもたくさんのアメリカ判例を引用する前記滝沢評釈に似ているが、「兵役の義務」以外にも拡散されたいわゆる「良心的拒否権」の考え方は、前述の「防衛費の良心的拒否権訴訟」のようにマンガ的に乱用されるだけで、ろくなことはない。それに第一、本件では元・妻は「良心に反する義務」をなんら課せられてもいない。次に「政教分離原則」説であるが、この原則が、昭和二〇年以前のような、クリスチャンというだけで半ば「非国民」視し、彼等にも神社参拝を社会的に強要するようなことが再びおこらないために設けられたことは確かである。だが、本件の場合、護国神社参拝の「圧力」が元・妻にかかったわけではなく、ただ彼女の方で自分の意思に反して亡夫がそこに祀られたのが不愉快だというにすぎないから、憲法二〇条三項が保護する利益の侵害があるともいえないのではないか。そこで残るのは、「プライバシー」説だけである。プライバシーのいろいろな具体的側面が憲法一三条の「個人の尊重」「幸福追求の権利」と他の実定法の規定とを総合して導き出されるというのは、かねてからの伊藤正己裁判官の思想で（『憲法入門』一三八頁、『憲法』二二八頁）、同様に考える人も少なくない（例・佐藤幸治『憲法』三二五頁）。しかし、いまだかつて、一般化するにせよ、宗教的なものに限るにせよ、「囚われた聴衆」と限らずすべての人の「心の静穏」そのものが包括的に憲法一三条によって保障されると考える者はなかった。一でのべたように、「誰もが精神的に他人による不快な刺激を受けない」というようなことは、それこそ夢物語であって、とうてい法の保障できることではない。伊藤反対意見は学説としての伊藤説から見ても大飛躍といわなければならない。

（6）　新聞も多くの法学者も、本件被上告人を「圧迫された被害者」「少数の受難者」「勇気ある権利のための闘争者」というイメイジで取り扱ったようだ。一審判決は損害額の算定に当たって、原告が世間の心ない人達の手紙・電話などによるいやがらせに遭ったことにまで言及している。かりに合祀が行われた後の彼女とのやりとりのなかで、五人の最高裁裁判官が「行き過ぎ」といさめた言動が自衛隊職員にあったとしても、それは売り言葉に買い言葉のようなもので、権力による「圧迫」とまではいえないのではないか？　また彼女に対する卑法な匿名のいやがらせがあった点について、横田教授は「原告に寛容を説いた裁判官たちは、少数者にまったく寛容でない日本の現実を直視」せよと皮肉ったが、私の見方はだいぶちがう。特に新教の日本人のクリスチャンに目立っているが、なかなか「訴訟好き」（contentieuse）な人もいるものだと思うだけである。

33　殉職自衛官合祀訴訟大法廷判決をめぐって

（一九八九年）

34　マクリーン訴訟最高裁判決をめぐって
——外国人の地位——
一〇・四最高裁大法廷判決は果たして批判すべきものか？

一　事件の経過
二　失われた平衡感覚
三　「滞在し続ける自由」はどこからきたか
四　外国人の政治活動の自由

一　事件の経過

アメリカ人である上告人（原告・被控訴人）マクリーンは、昭和四四年に英会話学校の教師をするために一年間の在留期間をもって入国を認められ、一度、一二〇日間の期間の更新を認められたが、さらに一年間の更新を申請したところ、法務大臣はこれを不許可とした。同人が、いわゆる「外国人べ平連」の集会・デモ・米軍基地へ向けての反戦放送に参加し、㋑アメリカのベトナム戦争介入反対をとなえ、㋺集会、デモのなかには、同時に日米安保条約反対を目的とするものもあり、㋩また、出入国管理法案反対のハンスト支援活動を行ない、横浜入国者収容所に対する抗議の示威運動に参加するなどの政治活動を行なったことが、不許可の実質的理由であった。

原告は、「……法務大臣は、……在留期間の更新を適当と認めるに足りる相当な理由があるときに限り、これを許可することができる」という出入国管理令（以下「令」という）二一条三項にもかかわらず、日本国憲法の前文と九八条は国際協調主義を建前としているから、令二四条各号の退去強制事由またはそれに準ずべき事由その他特に著しく不適当な事情がある場合を除き、法務大臣は更新を許可しなければならないし、また、外国人には参政権こそないが、表現の自由は国民と同じく保障されるので、合法的・平和的な原告の政治活動を理由とする不許可処分は違憲であると主張し、その取消しを請求した。

一審判決（東京地判昭和四八・三・二七行裁例集二四巻三号一八七頁　杉山克彦裁判長）は、ほぼ原告の主張を認め、政治的な退去強制事由（令二四条四号オ—ヨ）と全く同一の、政治的な上陸拒否事由（令五条一項一一号—一四号）に準ずる事由もないのに更新を不許可とするのは、法務大臣に与えられた裁量の範囲をこえるという前提から出発した。本件では、原告の政治活動が「日本国の利益又は公安を害する行為」（令五条一項一四号）にあたる（もしくは準ずる）かどうかの問題であるが、㈠は日本国の利益に無関係、㈡は、日本国民が選択決定すべき政治問題で、外国人に日本国民と同等な集会・集団示威運動の自由が保障されているとは言えないが、原告が参加した意図はもっぱらベトナム反戦を訴えることにあり、また、指導的な役割を演じたわけでもないので、日本国の利益を害するとまでは考えられず、㈧は、外国人たる原告自身の身分上の利害に関して日本政府、日本国民に善処を訴える行為にすぎず、このために原告が日本国の利益を害するとは言えない。この点の評価を著しく誤った法務大臣の処分は、「日本国憲法の国際協調主義および基本的人権保障の理念にかんがみ」裁量の範囲を逸脱する違法の処分である、とされたのである。

法務大臣は当然控訴したが、二審判決（東京高判昭和五〇・九・二五行裁例集二六巻九号一〇五五頁　浅沼武裁判長）は、一方、それが外国人としてのエチケットにかなうかどうかの批判はありえても、退去強制事由のいずれかに該当するものでない限り、在留外国人も、滞在国、その友好国、自分の母国の政策を批判する政治活動の自由を保障されるとし、被控訴人の政治活動が退去強制事由にあたるとするのは困難であるとした。しかし、退去強制事由、もしくはこれに準ずる事由がなければ更新を拒否しえないという解釈そのものが誤りで、在留期間更新（滞在延長）の許否は、法務大臣の自由な裁量に委ねられており、法務大臣は、申請事由の当否のみならず、申請者の行状、国内の政治・経済・労働・治安の情勢、国際情勢、外交関係など一切の事情をしんしゃくし、高度の政治的配慮のもとにこれを決することができる。ただ、処分の理由とされた事実に誤認があり、または事実に対する評価がなんぴとの目からみても妥当でないことが明らかである等、裁量権の範囲を逸脱し権利の濫用である場合には、その処分が違法となるが、本件の政治活動は、わが国の出入国管理政策、外交政策、友好国アメリカの国策に対する、批評や論評の域をこえた干渉的言動であるから、法務大臣が在留期間更新の許否を決するさいに、これをマイナスの事情と判断したとしても、その処分の時点において裁量権の範囲をこえていないとし、被控訴人の請求を棄却した。

逆転敗訴した被控訴人はさらに上告し、この一〇月四日に最高裁大法廷判決が下された。とことん争ったおかげで、昭和四五年九月に離日すべきものが八年間ものびたのである。

最高裁は全員一致で二審判決を支持した（「朝日新聞」夕刊〈東京地区〉昭五三・一〇・四）。現在の所、新聞の伝える判決理由要旨によるほかないが、その筋道は二審判決と大体同じである。ただ、この種の問題についての最初の大法廷判決として、次の点をいっそう明確化した。

① 外国人に対し入国の自由を保障しているわけではない憲法は、在留の権利ないし引き続き在留することを要求しうる権利を保障するものでもない。

② 出入国管理令上も、法務大臣は、在留期間更新の申請の許否を決するにあたり、（二審判決のいう通り）広範な裁量権をもつ。

③ 基本的人権の保障は、権利の性質上日本国民のみをその対象としていると解されるものを除き、在留外国人に対してもひとしく及び、政治活動の自由についても、わが国の政治的意思決定またはその実施に影響を及ぼす活動等外国人の地位にかんがみこれを認めることが相当でないと解されるものを除き、その保障が及ぶ。

④ しかし、外国人に対する基本的人権の保障は、在留の許否を決する国（法務大臣）の裁量（②）を拘束する

までの保障が与えられているわけではない。上告人の政治活動が直ちに憲法の保障が及ばない政治活動であるとは言えないにしても、わが国の出入国管理政策、基本的な外交政策、およびアメリカの極東政策に対する非難で、日米友好関係に影響を及ぼすおそれがないとは言えないものも含まれており、当時の内外の情勢にかんがみ、法務大臣がその活動を当不当の面から日本国にとって好ましくないと評価し、不許可処分を行なったことは、裁量権の範囲をこえていない。

二　失われた平衡感覚

翌日の各紙は、「秩序維持に傾く」（朝日）とか、「国益を前に出した」（読売）という見出しで解説記事をのせ、社説にまで批判を盛りこんだものもある。朝日の社説のごときは、あたかも、マクリーンの政治活動が自らに利害関係のある、先の㈧に限られていたかのような書き方でフェアではなく、こんな政府の措置は「国際社会ではしだいに通用しなくなっていくことだろう」とさえ予言した。テレビ局のインタヴューで、マクリーンが「ほんと、ビックリしました」と言うのはよい。当事者なのだから。弁護士がそう言うのもいい。サバを読みながらも争ってきたのだから。しかし、一般のジャーナリズムが、最高裁がまた不当な判決を出したといった印象をふりまくのはよくない。

マスコミの作り出すものの見方は、案外法律ジャーナリズムにもすぐ伝染し、常識をはずれた学者の議論が学生を惑わし、次々に平衡感覚を失った法曹が育っていく結果になるのである。

冷静に常識で考えてみよう。一審以来の弁護士達の主張は、ほんとうにこの世界中で、大きな声で法的主張として言えることであろうか？　法令が、在留期間の更新は法務大臣が適当と認めるに足りる相当な理由があるときに限って許可されると書いてあっても、在留期間中でも強制的に退去させられるような事由に類したことがなければ、何度でも更新を許可すべきだ、つまり、特別な不都合がない限り、すべての外国人は小きざみに永住できる、というのである。どの国の裁判所にもち出しても、とても始めからまじめにとり合ってもらえない主張である。一審判決がこの主張をほぼ肯定したことこそ、「ほんと、ビックリ」すべきことであった。

次には、参政権はなくとも、外国人の政治活動の自由の範囲は全く国民と変りないという主張である。これもどこの国で言っても通らない。昔、何派かの「全学連」の者が、小人数でクレムリン前でデモをしたらすぐつまみ出された。本家の「ベ平連」の作家がワシントンのベトナム反戦集会に参加しようとしたこともあるが、アメリカ政府は、ただの見物に限定して入国を許可した。隣の韓国へ旅行した日本人が、他人から頼まれた反政府ビラをホテルに置いてひどい目に遭いそうになったのはつい最近である。

一審判決がどこか歪んでいて、二審と最高裁の方こそ常識的なのに、どうして最高裁判決はケチをつけられるのか？　その動機をさぐると次の諸点がうかび上る。

① 政府は強く、個人は弱いから、法律的論理は二の次にし、弱きを助け、強きをくじくような政府批判は読者に受けるし、また反政府的言論はいまの日本でもっとも安全である。

② 日本の裁判は、上の裁判所にゆくほど政府寄り、秩序優先になるというパターンがあり、本件もその例証として適当である。

③ ベトナム戦争当時、佐藤内閣は、このほかにも反戦アメリカ人の上陸を拒否した事例があり、アメリカの極東政策に追随しすぎた。アメリカ人じしんのベトナム反戦運動に対する妨害は政治的に不当である。

④ ベトナム反戦運動をやるようなアメリカ人は「不良外人」ではなく、善人にちがいない。

右のうち、①は、民放を含めて日本のマスコミの体質となっており、いかんともしがたい。そして、政府批判が未然におしつぶされる国よりは、それが自由ほん放な国の方がよい。ただ、法律的論理はどうでもいいという態度だけは、法学徒は受けつけてはならない。

②の傾向は私も認める。しかし、あくまで事によりけりで、下級裁判所の判決が極端であった事例も少なくない

ことに注意しなければならない。

③④は私も同感である。しかし、行政訴訟は、もともとすべての不当な処分を裁判所に取り消させることはできないものだということを、法学徒が忘れては困る。それに、本件では別な種類の政治活動もあった。④の点でも、佐藤内閣がベトナム戦争の当事者の立場に立って、マクリーンら反戦米人を「悪人」視したわけではないであろう。沖縄返還交渉を前に日米関係を配慮したためで、二審も最高裁も、処分当時の時点においては、法務大臣の裁量権の行使は裁量のわくをこえないとしたのである。

国際情勢はめまぐるしく変る。結局はアメリカの敗退で終ったベトナム戦争へのアメリカの介入は、いまはアメリカ国内でも暗黙のうちに「誤り」とみられ、したがって介入反対者は正しかったことになっている。その点からも、二審と最高裁の判決は、少しズレた感じを与えるかもしれない。しかし、最高裁判例は、行政処分が違法かどうかは処分時の法規と事実状態を基準として判断すべきものという立場にずっと立っているのである。

三　「滞在し続ける自由」はどこからきたか

一審判決は、令二二条三項にもかかわらず、日本に限って、外国人が「小きざみに永住できる自由」をいったいどこから引っ張り出したのであろう？　判決じしんは、「日本国憲法の国際協調主義および基本的人権尊重の理念にかんがみ」た、と言うだけである。しかし、この判決は氷山の一角であり、この種の解釈には、昔からの流れがあるのである。

その源泉は、正に憲法二二条は外国人の日本国に入国することについてはなんら規定していないと、あたり前のことを初めて言った最初の大法廷判決（最大判昭和三二・六・一九刑集一一巻六号一六六三頁）で、不思議にも異をとなえた四人の裁判官の少数意見にある。いずれも相当な人なのに、小林、入江裁判官は、「多数意見のように旧来の『国際慣習法上』という前提によりたやすく外国人の入国を憲法の保障外におくことは新しき理想を盛ったわが憲法の基本原理（国民主権・恒久平和・基本的人権尊重）を全く無視するものといわなければならない」と言い、垂水裁判官にいたっては、「憲法二二条は在外日本国民には広い入国の自由を、また、国内日本国民並びに在留外国人には広い外国旅行、移住等出国の自由（及びわが国内に住所を有する外国人の外国旅行からの帰還（すなわち再入国）の自由）を認めるものであって、無制限にこれを拒否することはなく、また一般外国人の入国も全般的に永く禁止し鎖国するようなことはせず、ただ公共の福祉上暫定的にのみ禁止することができるとするもの、すなわち、外国人にも入国の自由を、どちらかといえば、認めるに傾いた主義をとったもの、と考えられる」という意見をのべた。特に垂水裁判官には尊敬すべき少数意見が少なくないが、この事件での少数意見は、どれもいただけない。私は、この種の憲法解釈を「イデオロギー的憲法解釈」とよんでいる（尾吹『基礎憲法』八、四二頁）。日本国憲法公布当時一七歳であった私でさえ、その作られ方をさめた目で見ていたのに、これらの裁判官達は、文体はともかくとして、憲法前文のあの美辞麗句に酔ったのであろうか？

ところが、これらの少数意見は、長い尾をひいて一審判決にいたっているのである。まず、李承晩政権が打倒されて密入国して来た元韓国政府要人に緊急避難の成立を認めた判決（福岡高判昭和三七・一二・一三判例時報三八〇号三頁参照）が、垂水意見によりかかった。在日朝鮮人の海外旅行の自由（再入国）が憲法上保障されるとした杉本良吉裁判長の判決（東京地判昭和四三・一〇・一一行裁例集一九巻一〇号一六三七頁）も結果的に垂水意見と一致し、実際、そこで原告側弁護士達は、右の最高裁少数意見こそ「正しい」と強調した。また、正規の出国手続を無視してかってに出国し、中国に入れてもらえず舞い戻り、六〇日間の上陸を特に認められたアメリカ人（ヴィクトリア）に対する、期限ぎれの退去強制処分の執行を停止した長谷部茂吉裁判長の決定（東京高決昭和四四・一二・一判例時報五七六号一六頁）でも、「外国人といえどもわが国の法令を忠実に遵守するかぎり、その出入、滞留を自由に認めるを理想と」するとされた。一部の裁判官に通用するとすれば、弁護士達が垂水意見をもち出してみるのは当然である。本件もその一例であるが、ほかにも、東京地決昭和四五・七・四（判例時報五九六号二四頁）、名古屋地判昭和五一・一二・二二（判例時報八五〇号一八頁）などがある。

およそ多数の国家が併存し続ける以上、日本国憲法だけが国境を撤廃するということはありえず、垂水意見的な誤りはすっかりぬぐい去らなければならない。

私は、出入国管理をきびしく、杓子定規にやれと言っているのではない。筋を立てることの必要性を説いているだけである。先のヴィクトリア事件で、裁判官は「法にも涙があろう」というセリフを残した。たしかに、法を適用する人間には二、三分の情が必要であろう。しかし、ヴィクトリア事件、マクリーン事件などは、むしろ日本国家が馬鹿にされたような事例で、涙が必要なケースとは言えない。正しく流すべき涙を流した判決の一例としては、弟の密入国を助けたばかりに、四〇年以上善良な市民として居住してきた朝鮮人が受けた退去強制処分を、「甚だしく正義の観念にもとり、人道にも反する……から裁量の範囲を逸脱し、ないしは裁量権を濫用した違法がある」として取り消した判決（札幌地判昭和四九・三・一八判例時報七三四号一二頁　橘勝治裁判長）を挙げるべきであろう。こういう判決なら、そのまま確定した。

四　外国人の政治活動の自由

本件でも弁護士達は、参政権がないということから、外国人の表現の自由を国民と区別することはできないと主張した。実際、集団行進について、はっきりこの立場をとった行政処分の執行停止決定（東京地判昭四二・一一・二三・行裁例集一八・一一・一四六五）があった。これも明らかに極端な解釈である。

マクリーンの政治活動は、集会、デモなどに関わるもので、相当に活発なものであった。

わが国には、外国人の政治活動、集会、結社等を特別にそれとして規制する法律はない。その意味では、集会・結社・表現に関して、国民に禁じられることだけが外国人にも禁じられ、国民と同じだけ、現に外国人も自由だといえる。問題は、この外国人の事実上の自由のうち、どこまでが自由権として憲法上保障されるのか、ということ

Ⅳ判例研究

である。

この点を、本件の訴訟はあまりはっきりさせたとは言えない。裁判だから、むしろそれでよいのだが、当面の出入国管理令の適用という面からのみ眺め、一審判決は、マクリーンの政治活動が、在留期間更新を拒みうるような日本国の利益を害する行為にあたらないとし、二審判決は、法務大臣がこれを更新を拒むに足る、日本国にとって望ましからざる行為と評価したことがなんぴとの目からも妥当としえないことが明白であると言えない、としたにとどまる。この点最高裁も二審判決と同じである。

ただ、どの裁判所も、政治活動につき外国人が国民と全く同等とは見ていない。一審判決ですら、日本の政治問題につき、外国人の集会や集団示威運動の自由が国民と同等とは見られないとし、二審判決は、日本の政治問題につき外国人が個人的論評の域をこえた「干渉的言動」を弄することを、国際礼譲の見地からは問題と見た。最高裁は、抽象的ながら、「わが国の政治的意思決定またはその実施に影響を及ぼす活動等外国人の地位にかんがみこれを認めることが相当でないと解されるものを除き」外国人も政治的活動の自由を有するとし、しかも具体的なマクリーンの政治活動は、直ちに保障外の政治活動であるとは言えないと判断した。具体例へのあてはめから推測すると、外国人の政治活動の自由をかなり広くとらえているように見える。現在、特別の制限を加え、処罰を定める法律はないのであるから、滞在し続けようとさえしないならば、外国人の方がある面では国家公務員より自由の幅が広いかもしれない。

明確な一線をひくことは、たしかにむつかしい。外国人が個人としてわが国の政治のあり方につきどんな批判を公表しても、それは彼の表現の自由に属する。選挙や国民投票に影響を与えようとする発言は、たとえ個人でも許されない。わが国の政治に関係する集団的な意思表示でも、問題が直接に在留外国人としての利害に関係するもので、その意思表示の態様が示威的でなければ、やはり、集会、表現の自由の範囲内であろう。

日本の友好国に対する外国人の集団的な非難行為が、日本とその国との外交関係を損なうおそれありとして、これを抑圧することは許されまい。抑圧を求めてくる国が近くにあるので、注意しなければならない点である。

（一九七八年）

35 イデオロギーの相違を理由とする解雇の有効性

大阪地裁昭和四四年一二月二六日判決
昭和四二年（ヨ）第一八七四号仮処分申請事件
労民集二〇巻六号一八〇六頁

一 事実の概要
二 判旨
三 解説

一 事実の概要

被申請人である株式会社日中旅行社は昭和三九年四月の日中友好協会第一四回大会の決定に基づき、日中の交流、友好を増進させるために、訪中友好視察団の旅行斡旋、団体、個人の訪中斡旋を行なうことを目的として、同年九月に設立された旅行社である。申請人等二人は、昭和三七年四月以来、日中友好協会の会員で、昭和四一年四月以来、同社の正社員として雇用され、その関西営業所で、渡航手続業務等に従事してきた。ところで、昭和四一年四月、日本共産党宮本書記長の訪中後、中共と日共との間に深刻な不和が生じ、そのため日中友好協会が分裂して、同年一〇月には日中友好協会正統本部という別組織が生まれた。日中旅行社の役員は正統本部を支持し、日中友好協会と断絶した。申請人等は、会社および正統本部大阪府本部から、屡々日中友好協会を脱会して正統本部に入会するようすすめられたが、これを拒み通した。そこで会社は、日中貿易促進団体である日本国際貿易促進協会関西本部から、関西営業所について渡航斡旋業者の推せん指定を取り消され、営業不能となったことを理由に、昭和四二年三月二六日、同営業所を閉鎖し、申請人等を含む所員全員を解雇した。

申請人等は、営業所閉鎖は、申請人等の正統本部支持への転向を求めて果たせなかったため、思想、信条を理由とする解雇を偽装するためのものであり、かつ、思想信条を理由とする解雇は、「信条」による国民の無差別を定めた憲法一四条、「信条」による労働者の労働条件の差別禁止を定めた労働基準法三条に違反し、公序良俗に反するものとして無効であると主張し、申請人等を被申請人の従業員として仮に取り扱い、かつ一定の給与を仮に支払うことを命ずる裁判を求めた。

これに対し、会社側は、事実関係については強くは争わず、イデオロギーを理由とする解雇であっても、次のような理由で有効であると主張した。すなわち、①日中友好を目的として、中国の国営企業である中国国際旅行社総社との間の特別な契約の下に中国渡航の斡旋を業とする会社としては、日中友好に関し正統本部の立場に立つことが「存立の条件」であり、分裂後の日中友好協会は中国に敵視されている反中国集団であるから、その会員である申請人等を従業員としてとどめておくことは、会社の存立自体を脅かすので、同人等を排除することには合理的理由がある。②憲法一四条の「信条」とは、「主として宗教的な信仰ないし信念を意味するものであるが、そのほかにも社会ないし世界に関する根本的な考え方、見方即ち世界観または人生観といわれるような信念をも含む」けれども、「政治的意見即ち個々の具体的な政治問題についての意見ないし主張を含むものと解すべきではない。」右の意味での「信条」による差別は「全面的に禁止」されるが、「政治的意見」による差別は「合理的な理由がある限り憲法上許される。」労基法三条の「信条」も、憲法一四条のそれと同じ意味であって、労働者の「政治的意見」による差別的取扱いを禁止してはいない。③思想、良心および表現の自由が認められ、かつ営業の自由が認められる以上、特定の宗教的ないし政治的イデオロギーの承認、支持を存立の条件とする事業を営む自由も当然認められる。この種の事業においては、その存立の条件とされる政治的イデオロギーを否定ないし破壊し、これによって事

Ⅳ 判例研究

的な根拠がある。

業の存立そのものを著しく妨害しようとする者を、そうした政治的意見を理由として解雇することには、十分合理

二 判旨

① 憲法一四条の「信条」は政治的信条を含む。「およそ政治的信条はそれが政治に関するものである以上、政治そのものの性質からして当然に国の具体的な政治の方向について実践的な志向を有するものであって、これを有しない政治的信条〔＝「政治的基本信念」〕などというものは、仮にあり得るとしてもそれは極めて例外に属するものである。そもそも憲法一四条の信条がすべて実践的な志向を持たない個人の内心の問題即ち宗教的倫理的な信念または世界観、人生観といったものに限られるというのであれば格別、それが政治的信条を含むものであり、かつ右信条が原則として実践的な志向を有するものである以上、当然右志向を有する政治的意見は憲法一四条の信条に含まれるものと解すべきものであり、右志向を有しない例外的なものに限って憲法上の保障を与えようとすることは著しく合理性を欠く見解といわねばならない。」「労基法三条の規定は憲法一四条の定める法の下の平等の原理を私人間の関係としての労働関係に適用したもので、そこに規定された信条は憲法一四条所定の信条と同一で政治的意見を含むものである」から、労働者の政治的意見を理由とする差別的取扱いは「労基法三条に違反し、そして右差別的取扱には当然に解雇を含むものであるから、右意見によって解雇したとすれば、それは同条に違反し、かつ民法九〇条によって無効ということができる。」

② 会社の業務の性質上、日中友好に関する正統本部の政治的イデオロギーの支持が、会社にとって「存立の条件」となっている事実は認められる。しかし、右イデオロギーを否定し破壊しようとするイデオロギーを有する申請人等を解雇できるかどうかを判断するに当たっては、一方において、憲法一四条、労基法三条によると、使用者が労働者に対しても特定のイデオロギーの承認、支持を求めて、そのことを雇用契約の要素とすることが許されな

いが、他方において、「憲法二二条によると、国民は公共の福祉に反しない限り営業の自由を認められているのであるから、公共の福祉に反しないものである以上、特定のイデオロギーを存立の条件としかつ労働者に対してもその承認、支持を要求する事業を営むことも認められなければならない」という二側面を考慮しなければならない。「この二つの相反する憲法上の要請を満たすためには、その事業が特定のイデオロギーと本質的に不可分であり、その承認、支持を存立の条件とし、しかも労働者に対してそのイデオロギーの承認、支持を求めることが事業の本質からみて客観的に妥当である場合に限って」、労働者に対しても特定のイデオロギーの承認、支持を要求する事業の存在が認められると解すべきである（例・政党、宗教団体、特定の宗教的政治的イデオロギーの宣伝、布教を目的とする事業）。「イデオロギーと事業目的との関連性は認められるが、それが本質的に不可分でない事業についてはそのイデオロギーを以て雇用契約の要素としてはならないものというべきである。」本件会社の場合、正統本部のイデオロギーの承認・支持はその存立の条件ではあるが、「右イデオロギーの承認、支持が事業の目的と本質的に不可分であるものとは認められない」ので、「申請人らが会社のイデオロギーと相反するイデオロギーを有する結果となったとしても、そのことだけで申請人らを解雇することは許されないものというべきである。」（傍点は筆者）

三　解　説

一　憲法の人権保障が私人間の法律関係に及ぼす効果について、いわゆる間接効力説を採用した下級裁判所の労働判例はかなり積み上げられて来ているが、まず焦点となったのは労働関係における男女平等であった。ところが最近では、労働者の思想信条による差別の問題が屢々とりあげられるようになっている。もっとも一般的には、採用の際の思想調査そのものが、「新聞社、学校等特殊の政治思想的環境にあるものと異な（る）」「通常の商事会社においては……公序良俗に反し、許され（ない）」とした判決（東京高判昭和四三・六・一二判例時報五二三号一九頁）

があるが、本件事例のように、企業との思想的対立に原因する従業員の解雇が争われた例は、日中関係関連企業に続出し（大阪地判昭和四三・五・二三判例時報五三七号八二頁、東京地決昭和四四・四・一六判例時報五五七号二七一頁、東京地判昭和四五・一・三〇労民集二一巻一号二七頁）、いずれにおいても、理由は多少異なるが、解雇の効力が否定されている。それらのなかで、本件判決は、前記思想調査事件の上告事件と同様、会社側の法律的見解を支えた宮沢俊義意見書に触発されて、もっとも詳細に原則的な考え方を示している。

二　まず、採用における当然の選別はともかく、労働者の選択的解雇が労基法三条のいう「労働条件についての差別的取扱い」にあたること、および、そのような差別の根拠としてはならないという労基法三条の「信条」が憲法一四条一項の「信条」と同一の意味をもつことは、一般にも承認され、本件の両当事者によっても前提されているとみられる。当事者間の法的主張の対立点は、一見すると、もっぱら「信条」が実践的な志向をもつ具体的な政治的意見を含むかどうかの点にあり、判決は、これを含むとする申請人側の主張に組した（判旨①）ことで、すべてが片附いたように見えるかもしれない。はたしてそうなら、何という概念法学であろう。だが、より深層の憲法解釈上の争点は、憲法一四条一項の信条による無差別の原則が私人間でどの程度の強さで妥当するか、という点にあったと言ってよい。労基法三条は、その点についての憲法の趣旨に合わせて、ゆるくも厳しくも解釈されるのである。

三　宮沢教授は以前から、「信条」と並べて「政治的意見」を掲げている国公法二七条をひきあいに出して、「信条」は、具体的な「政治的意見」と異なり、宗教的信仰および人生ないし政治に関する根本的な考え方のみを指すと主張してきた（宮沢『日本国憲法』二一一頁）。国公法二七条を傍証とすることは、判決のいうように「法律の立法者の態度を以て憲法の解釈の指針とする……論理の転倒」という批判をまぬかれず、また、論理的にも国公法二七条が必ず「信条」の宮沢解釈にみちびくものではないことも、判決の指摘するとおりである。宮沢意見書では、もうひとつの傍証として、「民主主義、自由主義という特定の政治的立場を前提とする憲法体制は、その政治的立場そのものを否定しようとする政治的意見に対しては、自らの存立を防衛するため、多かれ少かれ差別的取扱をする必要に迫られる場合がある。その場合は、もし政治的意見が『信条』に含まれると解するならば、そうした政治的意見を理由とする差別も全面的に許されないことになるが、そう解することは民主主義の原理から見てきわめて不合理である」という推論を展開している。反対説が背理にみちびくというこの論証も、余り説得力をもたない。何よりも、民主主義の原理が当然に反民主主義的思想そのものの差別的取扱いを要請するものではなく、民主主義を防衛するために抑圧的な法的手段でたたかうことが適当でないことは、かつて宮沢教授自身が説いた（宮沢『憲法Ⅱ』一二〇頁以下。同「たたかう民主制」法律学における学説、所収）とおりであり、判決のいうように、反憲法体制的な意見も「それが内心の問題としてとどまる限りこれに対して差別的取扱をすることを（憲法一四条は）禁止している」とみるのが正しい。宮沢教授の一貫した「信条」解釈は、実は、憲法一四条一項における許されない差別根拠のいわゆる「例示」に通説以上に強い意味を認める所からきている。もし通説のように右の例示はほんの例示にすぎないと考えれば、「信条」の意味を厳密に限定する実際上の必要は乏しい。宮沢説は、憲法一四条一項は、個人主義の理念に照らしていわばア・プリオリに不合理な差別根拠を列挙したものとみなしている。「社会的身分」をも含めて列挙された差別禁止の大部分を「うまれによる差別」と解するが、これがいかなる場合にも許されないものと考えられていることも明らかである。「信条」も、同じように、個人主義の理念から差別の根拠とすることが全面的に許されないような性質のものでなければならないと考えられる。そこで、「信条」は、「各人の人格に根ざすものであり、いわばその人格それ自体と見るべき」（憲法Ⅱ二六九頁）宗教的信仰と世界観、根本的政治観のみを指すという次第である。「信条」と「政治的意見」との峻別は、もっぱら宮沢憲法学の体系的斉合性のためになされたもので、本件判決がこれを否定したのは当然であったと言えよう。

四　ひろく政治的思想信条が国法による差別の根拠となりえないことは、何よりもまず、民主政においていっさいの思想統制の権力が国家機関に認められないことによる。私人が他の私人に対する場合はどうか？　憲法学者の多数説は、人権保障は直接には私人を拘束しないが、ただ「私人間の契約でも、その契約関係の本来の目的から見て、いちじるしく不合理であり、憲法が基本的人権を保障する精神そのものを否定するようなもの」（宮沢・日本国憲法一九〇頁）は、民法九〇条の公序良俗に反するものとして無効と説いてきた。自由と平等の国家は、著しく不自由、不平等の社会関係を放置しえないというのが憲法の趣旨と考えられるのである。差別について言えば、それぞれの法律関係の目的からみて不合理な差別だけが無効とされるわけである。だが、これまでの下級裁判所の判例は、右の憲法学説よりもはるかにラジカルであった。本件でも、会社側は、宮沢意見書に基づいて、特定の政治的イデオロギーを支持することが当該企業にとって存立の条件である場合には、それに敵対するイデオロギーのゆえに労働者を差別することは合理的であると主張したが、判旨②は、これをしりぞけて、特定のイデオロギーの支持が「存立の条件」である上に「事業の目的と本質的に不可分」でなければ、そうした差別は許されないとした。判決の挙げた例からみても、雇用契約という形はとっていても、実質的には思想的な同志として特定の思想的な共同事業に従事すべき特殊な労働者の場合に限って、信条による差別の合理性を認めたにすぎない。これを裏から言えば、それ以外のすべての労働関係を労働力の売買という一般的目的において捉え、この目的に照らして信条による労働者の差別は一般的に不合理であるとみなしていることになる。私人間における人権の効力という憲法の視点からみる限り、労働力という商品は所詮、思想・感情・性格が構成する人格から剥離できないのであるから、労働関係一般としてではなく、個々の事業の「思想的環境」に照らして、より具体的に合理性の有無を検討すべきではなかったかという批判が本件判決について予想されよう。判旨に賛成する労働法学者も少なくないが、そうした労働法学者は、労基法三条を、あたかも憲法一四条一項が国家権力に対するように、社会的権力たる使用者を全面的に拘束する規定と解しているようである。もし労基法三条が私的差別に関する憲法の精神をこえて、そこに掲げられた事由による労働者の差別をカテゴリカルに禁止した規定であるとすれば、判決のように民法九〇条の公序良俗をもちだす必要はないということになろう。

〈参考文献〉

萩沢清彦・判例評釈―判例評論一四二号二五頁、三菱樹脂事件をめぐる、労働法律旬報七二七号および法律時報四三巻五号の特集

（一九七一年）

36　言論の自由と名誉毀損

最高裁昭和三三年四月一〇日第一小法廷判決
昭和三一年（あ）第三三五九号名誉毀損被告事件
刑集一二巻五号八三〇頁

一　事実の概要

上告人Kは、控訴審までの共同被告人Mが編集責任者である週刊新聞「岩代毎夕新聞」の代表者であるが、Mと共謀して、この週刊紙の活動範囲である某市の市長Xにつき、それとわかるアダナを用いつつ、「〇〇式散歩、人妻と深夜の墓所で」との見出しの下に、「昭和の今日では婦人連れのさん歩も大いに趣きが違つてしかも深夜に観音林の墓場を選んで行はれたという、尤も此のさん歩を敢行したのが一風変り者の評ある〇〇市長で相手の名は聞きもらしたが何とか曰く付きの名流婦人であつたそうな」との記事を掲載した同紙を、その市内で約二〇〇〇部頒布した。これより先に、Mも、その発行する月刊紙「〇〇月刊記者倶楽部特報」に、同市長の政治的無能を論評するだけではなく、汚職の風聞があるとの記事を掲載し、約五〇〇部を頒布した。第一審裁判所は、Mのみの行為については、刑法第二三〇条ノ二第三項が適用されるためには、風聞があるという点についてではなく、風聞の内容たる事実そのものの真実の証明が必要であるのに、それがないとして刑法二三〇条一項を適用し、また、KとMの共同の行為については、刑法二三〇条一項と刑法六〇条を適用し、両人を各懲役四月に処した。控訴審裁判所は、控訴趣意中量刑不当の主張のみを認めて、三年間の執行猶予を付した。Kのみがさらに上告し、懲悪のための正しき言論は自由であると主張したのに答えたのが本件判決である。

二　判　旨

上告棄却。

「憲法二一条は、言論の自由を無制限に保障しているものではない。そして、原判決の是認している第一審判決判示のごとき記事を新聞紙に掲載しこれを頒布して他人の名誉を毀損することは、言論の自由の乱用であって、憲法の保障する言論の自由の範囲内に属するものと認めることができない。このことは、当裁判所大法廷判決の趣旨とするところである（民集一〇巻七号七八五頁以下参照）。」

三　解　説

一　本件の具体的事案は、地方政治における対立に関連した典型的なゴシップ記事であって、これを犯罪として処罰することが言論の自由の保障に反しないという点について、疑いをはさむ余地はない。解説を要するのは、名誉毀損が言論の自由の乱用として、憲法の保障する自由の範囲外であるという、一種の定式の方である。この考え方は、本判決が引用する大法廷判決（最判昭三一・七・四民集一〇巻七号七八五頁＝『マスコミ判例百選』〈初版〉・判例79）でたしかに述べられているが、この先例は、謝罪広告と「良心の自由」の問題に焦点をあてているので、余り人の記憶に残っていなかった。それに、言論の自由に関しては、「乱用であるから自由の範囲外」という定式は、最高裁にとって一種の常套句と化しており、特別の注意をひかなくなっている。もっとも一般的には、チャタレー事件の最高裁判決（最判昭三二・三・一三刑集一一巻三号九九七頁＝『マスコミ判例百選』〈初版〉・判例12）が、「各種の基本的人権についてそれぞれに関する各条文に制限の可能性を明示していると否とにかかわりなく、憲法一二条、一三条の規定からしてその濫用が禁止せられ、公共の福祉の制限の下に立つものであり、絶対無制限のものでない」とし、特に言論の自由に関する同旨の先例を挙げている。それらをも含め、一般に裁判所が「公共の福祉による制限」（憲法一三条）を語るにとどまらず、進んで憲法一二条を援用し、もしくは「自由の範囲外」という定式を用いるのは、いったいどんな場合であろうか？

二　(1)　まず、それ自体において反社会的＝「非社会道義的」な発言が乱用とみなされる。米の不供出の扇動（最判昭和二四・五・一八刑集三巻六号八三九頁）、刑法二二二条の「脅迫」（最判昭和三三・四・一二刑集一二巻六号一一一八頁）、刑法一七五条の「わいせつ文書」（前掲・『マスコミ判例百選』〈初版〉・判例12＝チャタレー事件最高裁判決）がその例である。これは、例えば選挙運動としての個別訪問の禁止がたんに「公共の福祉」による制限とされている（最判昭和二五・九・二七刑集四巻九号一七九九頁）のと対照的である。(2)　次に、乱用防止のための制限として合憲とされた場合が二つある。ひとつは、刑訴規則二一五条の公判廷における撮影・録音・放送の許可制であり、これは、「公判廷における審判の秩序を乱し被告人その他訴訟関係人の正当な利益を不当に害する」ような取材の自由の乱用を防ぐためのものであるとされた（最判昭三三・二・一七刑集一二巻二号二五三頁＝『マスコミ判例百選』〈初版〉3）。もうひとつは、東京都公安条例判決（最判昭和三五・七・二〇刑集一四巻九号一二四三頁）で、ここでは、表現の自由の乱用を防止することも裁判所の任務であると明言され、集団行動の暴徒化がこの場合防止さるべき乱用とせられた。(3)　その他の基本権についてみれば、死をもたらした加持祈祷としての暴行（最判昭和三八・五・一五刑集一七巻四号三〇二頁）、ため池の破損決潰の原因となるような堤とうの使用行為（最判昭和三八・六・二六刑集一七巻五号五二一頁）などがある。

三　信教の自由や財産権に関する(3)の判例を別としても、判例の乱用理論には、問題点がいくつかある。第一に、私法における権利乱用の法理は、すでに行なわれた権利の行使を、他の具体的な個人の利益を不当に害するものとして、裁判所が不法と評価し、結局私人間の利害の道徳的に妥当な調整をはかるための道具であるのに対し、憲法の領域では、⑵の型の判例が、事前に一般的に乱用を想定し、具体的な個人の利益と限らず、法廷内や一般社会における秩序の侵害可能性をも「乱用」と銘うっている。これは明らかに行き過ぎである。このような予想される弊害防止のためには――他の判例でそうしているように――たんに「公共の福祉」を語れば足り、「濫用を防止することは裁判所の任務である」とまで揚言したのは、取締主義に傾いた勇み足である。第二に、事後の処罰に関する⑴の型の判例では、乱用理論の適用に問題がないようにみえるかもしれないが、この場合にも自ら妥当な適用範囲がある。なんらかの歯止めがなければ、例えば、内乱の罪を実行させる目的をもって、その実行の正当性又は必要性を主張する文書を頒布する行為（破防法三八条二項二号）は、具体的危険が皆無でも、それじたい「表現の自由の著しい乱用」である（名古屋高判昭和三九・一・一四高裁刑集一七巻一号一頁）とか、はなはだしきは、捜査目的の盗聴は公共の福祉を図る所以であり、かつ被害者は住居の不可侵、言論・集会・結社の自由権等を右の公共の福祉のために利用する責任を有する（憲法一二条）から、盗聴を職権濫用と目することはできない（東京高決昭和二八・七・一七判例時報九号三頁）というふうに、濫用理論がそれこそ濫用もしくは転倒せられる危険が大きい。

四　では、問題の歯止めはどこに設けるべきか？　脅迫・名誉毀損・侮辱・わいせつのように、いわゆる自然犯として刑法典で犯罪とされているような発言は、よく表現の自由の範囲外だと言われる。また一般に犯罪の教唆と扇動もそうだと言われる。判例の乱用理論の適用も、この種のものを中心としているが、いわゆる法定犯の扇動や、加罰的ではない違法行為の扇動にまで乱用というレッテルをはるのは、無差別すぎる。そこまで乱用理論を拡張するのは、「社会道義的に責むべき」かどうかというあいまいな判断基準の中に、内容のいかんにかかわらず遵法そのものが法治国の国民の道徳的義務であるという観念が混入するからであろう。しかし、権利濫用の法理の私法的由来から言って、この場合の「社会道義」は、立場を交換しうる個人間で妥当する相互性をもった道義でなくてはならないから、「濫用として言論の自由の範囲外」という定式がぴったりあてはまるのは、発言が直接に他人の権利を害する脅迫・名誉毀損・侮辱に限られるとみるべきである。一般に犯罪の教唆も同様に考えられているが、具体的な被教唆者が犯罪を実行した場合に罰せられる教唆は、すでに言論＝意見の表明ではなく、犯罪行為の一環にすぎず、言論の自由と無関係である。脅迫・名誉毀損・侮辱等がやはり意見の表明には違いなく、したがって、具体的な状況によっては、例えば他人の権利の侵害をやむなしとする公益性や不可避性（例・争議中の文書活動）が認められる場合には濫用ではなく、言論の自由に属するのと異なる。本件判決も、本件の具体的状況において問題の記事を濫用と判断しているのである。独立に犯罪とせられる扇動にいたっては、なおさら意見の表明という要素が強く、これを一般的に濫用視することはできない。「すべての思想は扇動である」（ホームズ裁判官）。法律によるいろいろな扇動犯罪の創設は、公共の安全、秩序に関する政治的危惧に基づくもので、個人相互の社会道徳とは無縁のものである。法律によるその一般的禁止は、「公共の福祉」によって説明さるべきであり、具体的な場合に実害を招来する直接の危険性がないのに扇動を罰することは、人を思想の故に罰することになり、憲法二一条に違反しよう。結局、言論の自由の濫用とは、意見の表明が、具体的な場合に、厳密な意味で他人の権利を不当に侵害する場合であると言うことができよう。ただし、一部の学説の説くように、わいせつ文書を「他人の権利」の侵害と説明することができるかどうかは、疑わしい。「他人の権利」を「公共の福祉」の一面とみる学説では、乱用とは「公共の福祉」に反する基本権の使用の一場合ということになろう。また、表現の自由について「公共の福祉」による制約を否認し、ただ、現実に他人の権利を侵害した場合に民事・刑事の責任を問われるのは、自由の内在的制約であるとする学説は、「公共の福祉」を「他人の権利」の尊重に限局するのと同一に帰する。判例は、不十分な識別基準を用いながら、「濫用」と「公共の福祉」を使い分けようとしている。本件ではそうではないにしても、あいまいな濫用理論は、濫用される危険性が大きい。

（一九七一年）

37 いわゆるフェア・コメントの法理を認めた事例

東京地裁昭四七年七月二日民三五部判決、棄却、昭四五(ワ)九六八号謝罪広告等請求事件
判例時報六八八号七九頁

一 事実
二 判旨
三 評釈

一 事実

Yは、その発行する日刊紙「○○日報」の昭和四四年一一月二三日付紙面に、Xが会長をしている「J女子プロレスリング協会」に関し、要旨次のような記事を掲載した。

① J女子プロに対し分家ともいえる「A女子プロレスリング協会」のほうは、選手との話し合いによってスケジュールやギャラの折り合いをつけているのに、J女子プロではみにくい争いが絶えない。② J女子プロは会長のワンマン・システムでスタートしたため、ギャラの不払い、選手の人気の序列問題、選手のアルバイトなど、内部は絶えずゴタゴタが続いている。③ 何カ月もギャラを払ってもらえないため負傷しても病院にも行くことのできない選手や、金策に苦労し、トルコブロでアルバイトしている選手などがいる。④ 女子プロレスが「ストリップと紙一重」といわれるのは、根本的にはこんなところに問題がある。

Xは、Yの抗弁のなかから、J女子の一選手がトルコブロでアルバイトをしていたという事実は認めたが、その

ほかはすべて虚偽であると主張し、金五〇万円の損害賠償と謝罪広告の掲載を求めた。

Yは、仮にこの記事によってXの名誉が毀損されたとしても、ⓐ女子プロレスは、自ら社会的承認を得るために公衆の眼にさらし、公の判断を求めるものであって、社会一般が正当な関心を寄せることがらであり、公共の利害に関することがらである。ⓑ本件記事は、その主要な部分について、すなわち、③の「負傷しても病院にも行くことのできない選手」の部分以外、すべて真実である。ⓒXが侮辱的文言と主張する「ストリップと紙一重」という表現や、J女子プロには「みにくい争い」が絶えないとの記載は、事実に基づいて論評を加えたもので、動機・目的が正当であるから、Yは、フェア・コメントの法理によって責任を問われるべきではない、と抗弁した。

二 判旨

① 「本件記事の掲載、発行によって、Xの社会的評価は当然害されるといえるから、右記事はXの名誉を毀損するものと認めるべきである。」

② 「しかし、直ちに、YがXに対し、名誉毀損の責任を負うべきであると速断することはできない。何故なら、何人も、自己の名誉、すなわち、その社会的評価を不当に毀損されるべきではなく、不当な侵害から保護されるべきは勿論であるが、それと共に、何人も言論の自由を有し、自己の判断するところを自由に発表する権利を保障されなければならないからである。名誉毀損の責任を負うべきか否かは、この矛盾、衝突し易い二つの要請の調和のうえに求められなければならない。」「言論・出版の自由は民主主義社会の基本的な前提の一つであり、その中には『論評の自由』すなわち、何人も、一定の事実に基づいて、自己の評価を発表する権利を包含している。従って、論評記事によって論評の対象となった者が社会から受ける評価を低下させる場合でも、『論評の自由』との関連において名誉毀損の責任を問われない場合があるというべきである。」

③ 「本件における名誉毀損による不法行為の成否の基準は次のところに求められるべきである。すなわち、㋑

論評の前提をなす事実が、その主要な部分について真実であるか、少くも、真実であると信ずるにつき相当の理由があること、㋺その目的が、公的活動とは無関係な単なる人身攻撃にあるのではなく、それが公益に関係づけられていること、㋩論評の対象が、公共の利害に関するか、または、一般公衆の関心事であること。これら㋑㋺㋩三つの要件を具備する場合には、その論評によって人の名誉を毀損しても、論評者はその責任を問わるべきではない。」

④　判決は、続けて、右の㋑点につき、「女子プロレスはストリップと紙一重」という部分にいたるまで、本件記事の各点が真実であるか、または少なくともYが真実と信ずる相当な理由があったと認定し、㋺点に関しては、本件記事掲載の動機・目的が「一般読者の好奇心に迎合しながらも、女子プロレスの健全化という、公益に関係づけられたところにあったとみるべきである」と判断し、最後に㋩点について、「女子プロレスは、女子のプロレスラー同士が、または女子と小人の男子のプロレスラーとが、体育館とか、ストリップ劇場とかの公衆の面前で、レスリングの実力を競い、もしくはそれに名をかりて、一種のショーを演ずるものと認められ、右事実によれば、女子プロレスは、『一般公衆の関心事』というべきである」とした。したがって、Yは本件記事によって名誉毀損の責任を問われない。

三　評　釈

なにしろ「ストリップと紙一重」というのが事実であると裁判所が認めた女子プロレスに関連して、民主主義社会の基本的前提である「論評の自由」をふりかざした本件判決は、いささか「鶏を割くに牛刀を用う」という感がないではないが、Yの責任を否定したことには賛成である。

一　民法七〇九条の抽象的な規定でカバーされる不法行為としての名誉毀損の法理は、学説上も、また判例においても、大きく名誉毀損（刑法二三〇条・二三〇条ノ二）の法理によりかかっている。刑法には、すべての犯罪構成要件に一応該当する行為に関し、「正当行為」という包括的な違法性阻却事由の定め（刑法三五条）があるほか、とくに名誉毀損に関しては、言論・出版の自由を法律によってもみだりに制限しえないものと定めた憲法二一条を受けて、ⓐ「公共ノ利害ニ関スル事実」について、ⓑ「其目的専ラ公益ヲ図ルニ出テタル」発言は、ⓒ「真実ナルコトノ証明アリタルトキハ之ヲ罰セス」といい、さらに、「未タ公訴ノ提起セラレサル人ノ犯罪行為ニ関スル事実」はⓐとみなし、「公務員又ハ公選ニ依ル公務員ノ候補者ニ関スル事実ニ係ルトキ」は、ⓐⓑの両要件がみたされたものとする刑法二三〇条ノ二が設けられている。

刑法二三〇条ノ二の意義については、刑法学者の間で、処罰阻却事由を定めたものだとか、違法性阻却事由を定めたものだとか、いや構成要件該当性阻却事由を定めたものだといった見解の対立がある（福田「名誉毀損罪における事実の真実性に関する錯誤」ジュリスト三〇〇号三二一頁参照）が、最高裁はすでに同条をば、「人格権としての個人の名誉の保護と、憲法二一条による正当な言論の保障との調和をはかったもの」ととらえて、公共の利害に関する事で、公益を図るために真実を言うことは、正当な言論の自由の行使として違法性がないという立場をとっている（最判昭和四四・六・二五刑集二三巻七号九七五頁）。この判決は、刑法二三〇条ノ二の趣旨を、「真実ノ証明」があった場合にのみ刑責を免れるもの（処罰阻却事由説）と解し、誤信に相当な理由があったかどうかは犯罪の成否に無関係とした小法廷判決（最判昭和三四・五・七刑集一三巻五号六四一頁）を明示に変更し、早くからの下級裁判所の判例の趨勢にしたがって、「事実が真実であることの証明がない場合でも、行為者がその事実を真実であると誤信し、その誤信したことについて、確実な資料、根拠に照らし相当の理由があるときは、犯罪の故意がなく、名誉毀損の罪は成立しない」としたものである。

たとい真実であっても他人の名誉を毀損するような発言は「言論の自由の濫用」（最判昭和三一・七・四民集一〇巻七号七八五頁、最判昭和三三・四・一〇刑集一二巻五号八三〇頁）として原則的に許されず、刑法二三〇条ノ二はあくまで例外であるという見方を前提すれば、右の小法廷判決の考え方も理解できる。同じような見方からⓐの「公共ノ利害ニ関スル事実」をせまく限定解釈し、弁護士の法廷での弁論ぶりは「公共の利害に影響を及ぼすものとはいえないから」「公共ノ利害ニ関スル事実」にあたらない（福岡高判昭和二六・九・二六高刑集四巻一〇号一二六五頁）とか、「いわゆる公共の利害に関する事実と認むべきか否かの判断は、当該記事の内容、その発表の範囲、その表現の方法等諸般の事情を斟酌し、又一方においてこれにより毀損される虞ある人の名誉の侵害の程度をも比較考量した上右事実を摘示公表することが公益上必要又は有益と認められるか否かによってこれを決定すべきものである」とした判例（東京高判昭和二八・二・二一高刑集六巻四号三六七頁）もあった。

しかし、右の小法廷判決の明示の変更は、前提の変更を意味すると解すべきであろう。いまや、刑法二三〇条ノ二をたんに刑法二三〇条との関係で、その限定された例外としてとらえることは正しくなく、むしろ刑法二三〇条ノ二は、憲法二一条との関連でとらえられる刑法三五条の「正当行為」の一部の類型化、例示にすぎぬとみるべきであろう。こうした前提に立てば、「公共ノ利害ニ関スル事実」の解釈は、前掲の判例よりも緩和されて然るべきであろうし、本件判決がとりあげたような「フェア・コメント」(fair comment) の法理も正しく位置づけられることとなる。刑法学者のなかに、前記昭和四四年六月二五日の大法廷判決の線をさらにこえて、刑法二三〇条ノ二の⒜⒝の両要件をみたす名誉毀損的発言は、真実の証明ができなくとも、真実と信ずべき確実な資料根拠に基づいてなされた場合には、故意が阻却されるのではなく、正当な言論の自由の行使として、刑法三五条により違法性が阻却されると説く者（藤木「事実の真実性の誤信と名誉毀損罪」法協八六巻一〇号一頁）が現われたことも、この関連で注目に値いする。

公共的言論にともなう名誉毀損の刑事的制裁のこうした抑制傾向をそのまま不法行為法にもちこむことには、発言に対する刑罰とそれによって生じた個人の迷惑の救済とは別問題で、とくに営利団体でもある巨大なマスコミが加害者の立場に立つとき損害を放置する場合をふやすことは不公平であるというもっともな理由に基づく反対論（三島「真実の証明と人格権侵害」『現代損害賠償法講座2』）がある。しかし、犯罪にならない名誉毀損は不法行為にもならないという考え方は、アメリカでも（山川「報道の自由と名誉毀損」ジュリスト四四三号八三頁）、日本でも

（最判昭和四一・六・二三民集二〇巻五号一一一八頁）確立してしまっている。マスコミの過分の（？）自由の濫用を効果的に防止するためには、アメリカでも注目されているフランス法の「反駁権」のようなものを再導入すべきであろう（山口「反駁権」『現代損害賠償法講座2』）。

二　本件判決の用いた「フェア・コメント」の法理は、英米不法行為法に由来する。それは、事実の記述ではない批評についても、それが人の活動のうち公共の関心事である側面にかかわり、真実の、または真実と信ずる相当の理由のある事実に対するもので、批評者のまじめな意見の表明で、もっぱら他人を害する目的でなされたものではない場合には、いかに馬鹿げており、表現が大げさであっても許されるとするものである（山川「公正な論評」現代損害賠償法講座2参照）。わが国の民法学者も刑法学者も、この法理の導入に賛成してきた。これまでの判例のなかにも、「公正な評論」とか「正当な批判」ということばを用いたものは、いくつかある。しかし、そのあるものは、たんに侮辱的な表現であるというだけで「不公正」と断定し（前記福岡高裁判決。尾吹「報道の自由と正当行為の範囲」『マスコミ判例百選』）、あるいは、公共の利害に関する事項について公正な動機（公益を図る目的）でなされた報道と評論をたんに「公正な言論」と呼んだだけで（東京地判昭和三一・一一・五下民集七巻一一号三一〇八頁）、「フェア・コメント」の法理を採用したものではなかった。批判の立脚する事実に誤りがあるという理由で「正当な批判」ではないとしたひとつの判決（東京地判昭和三三・六・七下刑集九巻九号九九〇頁）は、そもそも公務員でもない学者の私行に関する暴露記事と批評に関するもので、「フェア・コメント」の法理以前の問題であった。ただひとつ、弁護士の法廷における反対訊問の仕方を「ソフィストの詭弁術」と評した雑誌論文をめぐる事件は、「フェア・コメント」の法理が働らく適当な問題を提起した。第一審判決（東京地判昭和三六・九・二一下民集一二巻九号二三三一頁）は、論文に記述されたような反対訊問を行なったのは原告ではなく、弁護団中の他の弁護人であったから、誤った事実に基づく批判として正当ではないとしたが、控訴審判決（東京高判昭和三八・九・二六下民集一四巻九号一八五九頁）は、不適切かもしれないが名誉を毀損する程のものではないとして処理してしまった。

そこで本件判決が――問題の次元は右の「ソフィスト」論争よりも低いが――まともに「フェア・コメント」の法理を適用して不法行為責任を否定した最初のケースである。

判旨③がかかげた「フェア・コメント」の三要件は、妥当である。公共の利害に関する事実に係りもっぱら公益を図る目的に出た記述的な名誉毀損について、すでに最高裁が「行為者においてその事実を真実と信ずるについて相当の理由があるときは、右行為には故意もしくは過失がなく、結局不法行為は成立しない」(前記昭和四一・六・二三判決)としている以上、論評の基礎となる事実についても同じように考えてさしつかえない。また、たんなる人身攻撃ではなく公益に関係づけられていることを要求するのも、正しい。刑法二三〇条ノ二の「其目的専ラ公益ヲ図ルニ出テタル」という要件も、決して他意なく全面的に公益目的でなされることを要求するものとは解釈されていない。一般読者の好奇心に迎合する目的があってもかまわないのである(判旨④)。論評の対象が「公益の利害に関するか、または、一般公衆の関心事であること」という要件のうち、後者は前者をたんにいいかえたものか、それともやや緩和したものか?　いままでの判例に、「公共ノ利害ニ関スル事実」を、具体的に公共の利益に影響する事実と解するものがあることは前述したが、これとくらべると「公衆の関心事」は公共的言論の幅を広げる趣旨であろう。ただ、それは事実上公衆が関心をもつことのすべてではなく、正当な関心事でなければならないであろう。アメリカでも、スポーツやショーのように公衆の承認を求めて公開されるものは、「公衆の関心事」とされており(Prosser, Law of Torts (1955) P. 621)、Yはこの点を強調した。判決は、女子プロレスが「一種のショー」として「一般公衆の関心事」であると認めた。

判決は、J女子の選手の一人がトルコブロでアルバイトしていたこと、および負傷した選手がXの地元の病院に行かず東京の病院に入院したこと等の原因が選手達の困窮にあるという指摘(事実の③)については、「事実というより(より多く)一つの評価」であり、Yがそう信ずるにたる相当の理由(ギャラの不払い、支払いの遅れ)があると認定した。判決が「事実というより単なる論評」とみなしたのは、J女子プロの選手達の困窮と不満がXのワ

Ⅳ 判例研究

ンマン・システムに起因するという論旨（事実の①②）と、女子プロレスが「ストリップと紙一重」といわれる原因もそこにあるという論旨（事実の④）である。ただ、判決はいかにも用心深く、「ワンマン・システムであったか否かということは、事実の問題というよりも、より多く評価の問題である」といいつつ、この点についても事実の真実性を認定し、また、「女子プロレスが『ストリップと紙一重』といわれる」という風評形式で書かれていても、風評のあることについてではなく、風評の内容について真実性がなければならないという前提（最判昭和三九・一一・二八民集一八巻一号一三六頁）に立って、J女子プロレスがXの経営するストリップ劇場その他のストリップ劇場で開催されている事実に照らし、真実と認定している。

このように、なまの事実および評価をまじえた事実の大部分が真実とされてしまえば、真実の事実に立脚した「論評」といっても、残るのはJ女子プロ内部の内紛と女子プロレスの「ストリップと紙一重」の現状をXのワンマン・システムという事実と結びつける見方だけである。判旨が最初にふりかざした「論評の自由」がここまで圧縮されてしまえば——判決は「いささか論理の飛躍を感ずるが」といっているが——たんなる見方として許容されるのは当り前である。本判決は、せっかくもちだした「フェア・コメント」の法理の大事な所を活用しなかったように思われてならない。例えば、ある弁護士の法廷での弁論ぶりが噴飯ものだとか、ソフィスト的だとか、女子プロレスがストリップと紙一重だとか、ある学者のやった翻訳が誤訳だらけで学問を害するとか、ある歌手は中学校の学芸会程度だとか、少なくともこの程度の辛辣さをもった評言じたいを、一定の場合に免責するのがこの法理の重要な機能のはずである。

（一九七三年）

38 営利的な広告の自由の制限

最高裁昭和三六年二月一五日大法廷判決
昭和二九年（あ）第二八六一号あん摩師はり師きゅう師及び柔道整復師法違反被告事件
刑集一五巻二号三四七頁

一　事実の概要

免許を受けて灸業を営む被告人（上告人）が、灸の適応症として神経痛、リュウマチ、血の道、胃腸病等の病名を挙げ、かつ通俗的に灸の効能を説いたビラ約七千枚を配布したことがあん摩師、はり師、きゅう師及び柔道整復師法七条の禁止する広告にあたるとして起訴せられ、第一審（大津簡裁）で有罪とせられた。控訴審が、憲法問題のみが控訴理由である事件として最高裁に移送した（刑訴規則二四七、二四八条）ために上告審に達したもの。上告の主な理由は、あん摩師等法七条が前述のビラのようなものまで禁止したものとすれば、公共の福祉のために必要な限度をこえて、生命、自由及び幸福追求に対する国民の権利（憲法一三条）及び表現の自由（同二一条）を侵し、無効であるというにある。

二 判旨

上告棄却。あん摩師等法七条は、原審の解釈のとおり、その一項各号に列挙された事項（施術者の氏名、住所、業務の種類、施術日等）以外の一切の事項の広告を禁止したものであるが、これは、広告を無制限に許容すれば、「患者を吸引しようとするためややもすれば虚偽誇大に流れ、一般大衆を惑わす虞があり、その結果適時適切な医療を受ける機会を失わせるような結果を招来する」おそれがあるから、「このような弊害を未然に防止するため」「国民の保健衛生上の見地から、公共の福祉を維持するためやむをえない措置として」憲法一一条ないし一三条及び二一条に反するものではない。この判旨に対して、二つの補足意見及び三つの反対意見が附されている。

三 解説

本判決は、最高裁が表現の自由の観点から営業広告制限の合憲性を審査した最初のものであり、各種商品の虚偽または誇大広告から消費者をまもるための行政の強化が要望せられている折から、今後にあとをひく問題点を含んでいる。

一 多数意見は営業広告を一応は憲法二一条の意見における「表現」と解している。しかし、この出発点と判旨の結論との間には、三つの反対意見が指摘し、又二つの補足意見がカヴァーしようとしたギャップがある。公衆の保健衛生に関連する医業類似の業務について虚偽または誇大な広告を禁止することは、公共の福祉のために必要な規制であると言えようが、虚偽または誇大に流されやすいからといっておよそ業務内容に関する広告を一切禁止するのは、豚を焙るために家を焼く類で、同じく公衆の保健衛生に関連する医薬品の販売について虚偽または誇大な広告のみを禁止している（薬事法三四条）のに対し均衡を失している。そこで、表面化してはいないが、多数意見の結論を論理的に支えうる前提を求めれば、おそらくそれは、①表現の一種であるとしても営業広告は一般の思想表現と同等の憲法上の保護に値しないということか、②あん摩、鍼、灸、骨つぎ等の医業類似業務そのものが公共の福祉の見地から必ずしも是認されるものではないということかのいずれか、または両方ということになろう（最高裁調査官による判例解説、法曹時報一三巻四号五四四頁はこれらの前提を是認する）。

二　①の立場をつきつめた垂水補足意見は、端的に営業広告一般を表現ではなくむしろ経済的活動として捉え、かつ経済的自由が表現の自由程強い保障を受けるものではないことを、アメリカの例を挙げて説いている。このような表現の自由と経済的自由権との格差論は、従来も憲法の社会国家理念を背景にして、憲法典も表現の自由については公共の福祉という枠を明示していないのに、一連の経済的自由権については特にそれを明示しているという明文の差異を重視しつつ、前者を絶対的、後者を相対的保障と説く学説としては存在した（鵜飼信成『憲法』（岩波全書）七六頁）。けれども、公共の福祉のために必要な最小限度をこえて個人を拘束しないという、憲法一三条に表明された国家のあり方に関する基本的決定から各個の基本権規定を分離した上で表現の自由を絶対的とみなすこの解釈は、判例の採る所ではない（最高裁昭和二四年五月一八日大法廷判決）。

垂水意見に見える格差論は、アメリカの連邦最高裁の判例から抽出された二種の基準説を念頭に置いている。司法審査の先進国の判例からひき出されただけに多少とも具体性を有するこの理論を、わが憲法の解釈に利用すべきことを力説した学説（伊藤正己『言論・出版の自由』六二頁）の影響でもあろう（宮沢俊義『憲法Ⅱ』三六二頁）。表現の自由についての明白にして現在の危険、及び経済的自由権についての合理性という二重の基準そのものをどう理解するかということとも関連するが、二つの自由権の格差を正当化し、これを表現の自由を絶対化する方向に拡大するのは、表現の自由のブランダイス的、民主的把握である。ところで、表現の自由が民主政の基盤であればこそ特に強い保障を必要とするというのであれば、当然政治的言論のみがそのような保障に値いし、営利的広告の如きは同一の保障を受けえないと見られるのは必然である。アメリカでも、言論の自由を民主的な権利としてもっとも強く保障した時期の裁判所が、反って路上での営利的広告の制限は言論の自由と無関係としてあやしまなかった

(Valentine v. Chrestensen, 316 U. S. 52.)。

しかし、表現の自由の政治的目的のための使用が民主政に不可欠であるということから、それ以外の目的のための使用を憲法が予想していないとか、軽視しているということはできないであろう。使途を限定された自由権というものは、そもそも考えることができない。表現の自由は、政治的意見を表明する市民の義務(ブランダイス)であるよりも先に自由権であり、公共の福祉に反しない限り、個人がいかにそれを用うるかによって差別する根拠はないとも言えよう。この点で、ホームズが、神経衰弱、精力減退、不眠症等に効果ありと宣伝した薬剤の通信販売業者の広告を虚偽とみなし、この業者を郵便の利用から排除した行政処分を支持した判決に対し、これ程明白な言論の自由の侵害はないと強硬な反対意見を残していることに注目しなければならない(Leach v. Carlile, 258 U. S. 138, 140.)。この事件では、事前の抑制という面も重要であるが、広告の内容の真偽がなお意見の問題と見られたことも重要である。

三 自然科学の進歩は、ホームズの時代に意見の問題であった多くのものを事実の問題に変えたであろう。公衆の保健衛生に関連する事項について科学的に検証された事実に反する内容の発言は、合憲的に禁止することができよう。薬事法の虚偽広告の禁止は合憲であろうが、誇大広告は多分に意見の問題という要素を含み、その禁止規定は適用上困難が多く、実際にはザル法化している。

さて、虚偽または誇大広告と言わず、一般的に広告を禁止するあん摩師等法七条を敢て合憲とみなすためのもう一つの前提②を検討してみよう。これも垂水意見によくあらわれているが、前提②は、国民の保健衛生という公共の福祉に通ずる正道は科学的医療であって、あん摩、鍼、灸の如きは邪道にすぎないという価値判断である。「ややもすれば虚偽誇大に流れ」るのは、昔から広告の常であり、場合によってこれを取締る必要はあっても、一般に広告を禁止すべき理由とはならないであろうに、あん摩、鍼、灸等については立派に理由として通用すると考えた多数意見も、程度の差はあれ、同様な評価に立脚していると見られる。

言うまでもなく最高裁は第二の立法府ではないから、裁判官の個人的な評価を尺度として法律を測ることは許されない。あん摩師等法は、一方、医師の団体の意見に基づいて知事があん摩、鍼、灸業等を監督することを定めて（八条）、科学的医療を本道とみなし鍼、灸等を従属的なものとみなしているが、他方、あん摩、鍼、灸等について免許制を定め、それ以外の医業類似業務は絶対に禁止している（一二条）ことから見て、鍼、灸業等を医業と共に正道とみなし、決して邪道と見てはいないのである。最高裁は、かつて一二条を限定的に解釈し、あん摩、鍼、灸、柔道整復以外の医業類似行為でも、現実に人の生命、健康に有害でないものは全く自由に業務として行ないうるとし、医師以外の者の手で新奇な療法が業務として簇生すること自体が公共の福祉に反するという立法的判断を無視したことがある（最高裁昭和三五年一月二七日大法廷判決）。右の判決と本件判決の具体的な結果は、例えば何とか式高周波療法は無効であっても無害である限り全く自由に営業として行なうことができ、そのための宣伝広告も詐偽罪（刑法二四六条）や軽犯罪法一条三四号の欺まん的広告にあたらない限り、一切自由であるのに反し、一定の資格試験を経て正業として免許を受けた灸師は、その灸がいかなる病気に効果があるかということを広告することさえできないという、いかにも奇妙なことになる。それ故、七条をも虚偽または誇大広告のみを禁止したものと限定解釈すべしと主張する斎藤反対意見のように、最高裁が一二条の場合に公共の福祉のために不必要な制限を解釈によって取り除きながら、本件において同じことを行なわなかったという前後撞着があると見るべきか、或いはむしろ一二条の場合に公共の福祉のために必要な制限を廃し、本件の場合に不必要な制限を是認するという誤を重ねたと見るべきか問題であろう。

元来、あん摩師等法七条の規定は、昭和二六年の改正の際、医療法六九条の規定形式にならったものである。だが、医業の広告は、一方 professional ethics の観点から妥当でないのみならず、他方、医業は、医薬品や鍼、灸等と異なり、限定された治療手段ではないから、治療の内容について広告する営業上の必要性もない。従って、あん摩師等法七条が、薬事法三四条との不均衡を冒して医療法六九条にならったことに、合理性があるとも思わない。

Ⅳ 判例研究

結局、理由にならぬ理由に基づく判決は司法審査の未成熟さを示すだけのものであるが、未だ大勢を占めるに到らず、また対立する奥野反対意見があったとは言え、二重の基準説をふまえて営利的広告の自由をせばめようとする傾向が現われた点で、本件は注目すべき判決であろう。

（一九六二年）

〈参考文献〉

伊藤正己『言論・出版の自由』一九三頁以下。
尾吹善人「言論の自由と営利目的」法律時報三三巻五号［本書第**15**論文］。

39　報道の自由と正当行為の範囲

福岡高裁昭和二六年九月二六日第三刑事部判決
昭和二六年（う）第一一一八号名誉毀損被告事件
高裁刑集四巻一〇号一二五六頁

一　事実の概要

対馬で月三回発行する新聞の編集・発行人Sは、ある刑事事件の公判記事中に、「弁護人Xは……との見当ちがいな事を述べ何等関係のない忘れられた問題を引出し第三者に影響するような珍妙な弁論をして傍聴人を噴飯せしめた」と書き、その新聞約二、五〇〇部を島内で頒布したことが、刑法二三〇条一項の罪に該るとして、罰金五、〇〇〇円に処せられた。この判決に対し、Sは、①その行為は、刑法三五条の「正当ノ業務ニ因リ為シタル行為」で罪とならない。②公判廷における弁護人の意見の陳述は、公法上の職務行為で、刑法二三〇条ノ二にいわゆる「公共ノ利害ニ関スル事実」であり、かつ、記事の目的は「専ラ公益ヲ図ルニ出テタルモノ」であるから、真実であることの立証があれば犯罪を構成しないのに、真実の証明を許さなかったのは違法である。③珍弁論と批評しても、それはただ弁論を批評したにすぎず、Xの人格に対して害意はなかったから故意はない、と主張して控訴した。

二 判旨

控訴棄却。

（控訴趣意①について）「新聞が社会上の出来事に付事実を事実として報道し又は公正な評論をすることは新聞本来の使命であるのみならず一般に報道の自由として何人にも許容されるところであるが、その報道の自由は絶対的のものではなく、ある事件の報道記事に牽連して、その表題並に掲載文の中において嘲侮軽蔑の文辞を羅列し故らに他人に対する侮辱的意思を表現する記事を包括登載するが如きことは権利の濫用であつて新聞紙に許容せられた正当行為の範囲を逸脱したものと云うべく」、問題の記事は、「X弁護士の公判における弁論そのままを報道したものではなく、その弁論を評論したものであるが、その論旨は公正を欠き、その表現は侮辱的であつて同弁護士の名誉感情を毀損するものであるから、かくの如き新聞記事は前叙新聞の使命に鑑るも到底正当な業務行為として許容されるべきものではない。」（②について）「弁護士の訴訟行為に関する行動特に訴訟事件における意見の陳述は一般に『私行』と解すべきであるのみならず、X弁護士のした本件弁論の結果が公共の利害に影響を及ぼすものとは云えないから、刑法二三〇条の二にいう公共の利害に関する事実に係ると云うのは当らない。従つて事実の真否の証明を俟たず処罰を免れない。」（③について）「本件新聞記事の内容及び表現論調自体に徴するときは、被告人にX弁護士の名誉を毀損する認識がなかつたとは到底考えられない。」

三 解説

一 本件判決の主要な判示事項は、法廷の審理の報道記事も、それに含まれた評論が公正を欠き、他人の名誉を毀損するときは、報道の自由の乱用として、刑法三五条の正当行為に該らないという点にあるが、この判示の素地をなす限りで、他の二点にふれておこう。まず、名誉毀損罪の故意が、公然事実を摘示して特定人の社会的評価を損うおそれのある状態を発生させる客観的事実の認識で足り、人の名誉を毀損する特別の目的を要しないという判旨③点は、大審院以来の判例（大判大正六・七・三刑録二三輯七八二頁）である。起訴事実は、刑法二三〇条ノ二の適用される場合に該るという主張をしりぞけた判旨②点はどうか？　刑法のこの規定は、戦後廃止された新聞紙法の「新聞紙ニ掲載シタル事項ニ付名誉ニ対スル罪ノ公訴ヲ提起シタル場合ニ於テ其ノ私行ニ渉ルモノヲ除クノ外裁判所ニ於テ悪意ニ出テス専ラ公益ノ為ニスルモノト認ムルトキハ被告人ニ事実ヲ証明スルコトヲ許スコトヲ得若其ノ証明ノ確立ヲ得タルトキハ其ノ行為ハ之ヲ罰セス……」という規定（四五条）や、同旨の出版法三一条に代わるものとして、個人の名誉という私益と言論の自由そのものに存する公益との調整をはかった規定である。新聞紙法、出版法と異なり、表現の自由を法律によっても例外的にしか制限しえないものとした憲法二一条の下に、刑法二三〇条ノ二は、公益に関わる事実につき、公益のために真実を語る権利を、広くあらゆる人のあらゆる表現手段について認めたのである。また、公訴提起以前の人の犯罪行為に関する事実は、「公共ノ利害ニ関スル事実」とみなし、公務員又は公選に依る公務員の候補者に関する事実の摘示は、「公共ノ利害ニ関スル事実」で、かつ「専ラ公益ヲ図ルニ出テタルモノ」とみなすというように、いわば公的な言論を類型化して、その自由を一層確実に保障している。新聞紙法の「私行ニ渉ルモノヲ除クノ外」という言論の範囲と、刑法の「公共ノ利害ニ関スル事実ニ係」る言論の範囲は、一致するであろうか？　この二つは、基本的には同一事を裏と表から言っているにすぎないとみることはできない。それは、「私行」以外の何ものでもない起訴以前の犯罪事実の摘示が「公共ノ利害ニ関スル事実」とみなされていることからも明らかである。「公共ノ利害ニ関スル事実」は、場合によって「私行」をも包みうるより広い概念である。本件判決が、訴訟における弁護士の意見の陳述が「私行」であるのみならず、その弁論の結果が「公共の利害に影響を及ぼすものとは云えない」と言っているのも、そのためであり、その限りにおいて正しい。ただし、本件判決のように、「公共ノ利害ニ関スル」ということを、摘示された事実が直ちに目に見える形で公共の利益に影響するかどうかというせまい観点から判断することは、妥当ではない。そのような因果関係が問題なのではない。他方、「公共ノ利害ニ関スル事実」は、いかに広く解しても、事実上の「公衆の関心事」と同義ではありえないことも、明らかである。なぜなら、公衆は、他人の純粋な私行についても関心をもつからである。したがって、「公共ノ利害ニ関スル事実」とは、規範的に、公衆が関心をもつべき（知るべき）事実という意味でなければならない。アメリカの判例で、特に厚い言論の自由の保障に値すると考えられている“matters of public concern（interests）”という概念にも、当然右のような規範的な要素が含まれている。「規範的」と言っても、ここで特に注意すべきことがある。それは、「公共ノ利害ニ関スル事実」についていまだ最高裁判例のない今日、依然として影響力のありうる判例（東京高判昭和二八・二・二一高裁刑集六巻四号三六七頁）が、「いわゆる公共の利害に関する事実と認むべきか否かの判断は、当該記事の内容その発表の範囲、その表現の方法等諸般の事情を斟酌し、又一方においてこれにより毀損される虞ある人の名誉の侵害の程度をも比較考量した上右事実を摘示公表することが公益上必要又は有益と認められるか否かによつてこれを決定すべきものである」としていることである。具体的なケースごとに、私益の侵害の程度を上回る公益上の必要性のある事実というふうに「公共ノ利害ニ関スル事実」を解釈することは、せっかく公的な言論を名誉毀損の責任から解放した刑法二三〇条ノ二の立法趣旨に反し、憲法二一条の精神にも反する。弁護士・医師等の職務上の行為は、私行であるかないかの限界線上にあると言われるが、「公共ノ利害ニ関スル事実」を、たんなる刑法解釈のレベルをこえて、民主政における公的言論の自由という観点から再検討するならば、従来の判例以上に、刑法二三〇条ノ二の適用範囲がひろがるであろう。

二　刑法二三〇条ノ二は、公的なことがらについて、公益のために真実を語ることは、表現の自由の核心として犯罪ではありえないということを示しているが、刑法二三〇条一項に該る行為が実質的違法性を欠くのは、この場合に限られるものではない。昔、新聞紙法で違法性を阻却されなかった「私行」の報道について、「凡そ新聞紙上或人が刑事事件に関し留置せられ有罪の判決の言渡を受け控訴中なる旨趣を掲載するに止まり何等侮辱的意思の表現無きに於ては事私行に関し而も其の名誉を損減する虞ありとするも、之を以て社会的報道機関に於ける業務上の正当行為に属するものと為すは現時の社会通念上許容せらるる所なり」とした判例（大判昭和一三・一二・一五刑集一七巻二三号九二七頁）がある。今日では、特に報道機関にとって、刑法二三〇条ノ二のほかに刑法三五条を援用する現実の必要は、はるかに減少したであろうが、刑法二三〇条ノ二の諸要件がせまく厳格に解釈せられて真実の証明が許されず、又は認められないとき、報道機関の取材源の秘匿義務が真実の証明の妨げとなる場合（最判昭和三〇・一二・九刑集九巻一三号二六三三頁）など、なお適用の余地がある。憲法上公開とされている国会や法廷の審議・審理の模様の忠実な報道は、たとい報道された関係者の発言、行状が第三者に対する名誉毀損を含み、又は関係者じしんの名誉を自ら損うような内容のものであるにせよ、疑いなく「正当行為」に属する。本件の判旨①が、問題の記事を「正当行為」の範囲を逸脱したものとみた理由は、一見、二つある。ひとつは、それが忠実な報道をこえて「評論」にわたっており、しかもその内容が「公正を欠く」ということであり、もうひとつは「侮辱的表現」が用いられているということである。いわゆる「公正な評論」は辛らつであっても「報道の自由」に属するという前提に本当に立っているのなら、裁判所が「不公正」と認定するために、評論の基礎となる事実の真否の問題を棚上げできなかったはずである。判旨①は、英米法のいわゆる“fair comment”の理論を採用したわけではない。むしろ、ここでは、「不公正」とはすなわち「侮辱的」の意味にすぎず、問題の記事が「正当行為」の範囲を逸脱すると判定された理由は、実はただひとつ、それが「珍妙な弁論」とか「傍聴人を噴飯せしめた」という、やや強い表現を用いたということにある。取材記者のメモどおりに「心ある者は苦笑した」としておけば、告訴されたとしても、無罪となったであろう。この種の報道が「権利の濫用」であるという本件判決の考え方については、次の判例解説［本書第36論文］を参照されたい。

（一九七一年）

40 取材源の秘匿と表現の自由

最高裁昭和二七年八月六日大法廷判決
昭和二五年（あ）第二五〇五号刑事訴訟法第一六一条違反被告事件
刑集六巻八号九七四頁、判例タイムス二三号四四頁

一 事件の概要
二 判旨
三 解説

一 事実の概要

公務員の汚職事件に関し逮捕状が夜間に執行せられたが、翌日のA紙朝刊に、逮捕状が請求せられたことと逮捕状記載の被疑事実が報道されたので、事前に裁判所・検察庁の職員で職務上の秘密をもらした者があるという疑いがもたれた。その者の捜査のため、検察官の請求に基づき裁判官が新聞記者Iを証人として召喚し、記事の出所につき尋問を行った（刑訴法二二六条）が、I記者は取材源の秘匿は新聞記者の義務であるとして証言を拒んだため、自ら証言拒絶罪（刑訴法一六一条）として起訴せられた。下級審の有罪判決に対し、主として、①取材源の秘匿は効果的な取材のために必要であり、効果的な取材は、社会の公器たる新聞の「表現の自由」（憲法二一条）のために不可欠であるから、憲法上の表現の自由のためにこの場合の証言を拒否することは「正当な理由」によるもので、刑訴法一六一条の罪に該当しない、これを該当するとなした原審判決は憲法違反である、という点、および②医師、

助産婦、弁護士、聖職者等の証言拒絶権（刑訴法一四九条）により保護される秘密は私益にとどまるのに対し、新聞記者の取材源の秘匿は直接公共の福祉に大なる影響を及ぼすものであって、国家がこれを保護する必要度はむしろ後者がまさるという点を理由として上告したのが本件である。

二　判　旨

上告棄却。

「一般国民の証言義務は国民が司法裁判の適正な行使に協力すべき重大な義務である」から、法律（刑訴法一四四条ないし一四九条）がこの義務の免除を定めている「例外規定は限定的列挙であって」、「新聞記者に取材源につき証言拒絶権を認めるか否かは立法政策上考慮の余地のある問題で……あるが、わが現行刑訴法は新聞記者を証言拒絶権あるものとして列挙していないのであるから、刑訴一四九条に列挙する医師等と比較して新聞記者に右規定を類推適用することのできないことはいうまでもない」。

憲法二一条は、「新聞記者に特種の保障を与えたものではない」。また、「憲法の右規定の保障は、公の福祉に反しない限り、いいたいことはいわせなければならないということである。未だいいたいことの内容も定まらず、これからその内容を作り出すための取材に関しその取材源について、公の福祉のため最も重大な司法権の公正な発動につき必要欠くべからざる証言の義務をも犠牲にして、証言拒絶の権利までも保障したものとは到底解することができない」。

三　解　説

一　この判決は全員一致であって、補足意見もない。取材源をあかさないことがジャーナリストの職業倫理とされているのは世界共通だといわれ、外国では、業務上知り得た事項ないし取材源について新聞記者にも証言拒絶権

Ⅳ 判例研究

を与える立法例がふえつつある。「表現の自由」（憲法二一条）のなかに事実の報道の自由が含まれることは、わが国で、学説・判例ともに異論のないところである。事実を報道するためには、まず事実に近づかなくてはならない。そのような「報道のための取材の自由も、憲法二一条の精神に照らし、十分尊重に値いするものといわなければならない」とした後の判例（本書73事件――最判昭四四・一一・二六刑集二三巻一一号一四九〇頁＝博多駅事件）もある。本件判決にしても、取材の自由を頭から否定したものではあるまい。表現の自由とは、いいたいことがきまってからこれをいう自由だという言い方は、いかにもそっけないが、判決として確定したのは、いかに取材のため必要であり、かつ新聞人としての義務感に基づくとはいえ、国家の司法作用に対抗する取材源の秘匿は、刑事訴訟法によって権利として認められていないし、憲法をひきあいにだしても正当化できないということだけである。

二　判決理由の前半は、上告論旨の②に対応し、刑事訴訟法一四九条が定める医師・歯科医師・弁護士等の業務上秘密に関する特別の証言拒絶権を新聞記者に類推適用すべしという要求を拒否したものである。患者と医師の間の秘密保持に対する信頼関係の維持が、医師の業務の正常な遂行にとって必要として保護されているならば、記者と情報提供者との間の同じような信頼関係の維持も、スムーズな取材活動、ひいては報道業務のために不可欠であり、同様の保護に値するという上告人の実質論に対し、判決は、それは立法者に向けられるべきで、裁判所としては、重大な証言義務の例外的免除を拡張することはできないと答えた。上告人の要求は刑事訴訟法一四九条の一般的な作り変えであるから、このような特権を与えることの利害得失や、どの範囲の報道関係者に与えるべきかについて立法的決断を要し、判決のとった態度を形式的と非難するのは当たらない。アメリカの連邦最高裁の一九七二年の判決（Branzburg v. Hayes ＝ジュリスト五二四号八八頁参照）でも、報道の自由を保障する修正一条から直接に一般的な取材源の秘匿特権をひきだせると主張したのは、九人中四人の少数派であった。

三　判決理由の後半は、憲法二一条を援用する取材源秘匿の正当性の主張に答えたものである。上告論旨①は、新聞記者の取材源の秘匿は、報道の自由という憲法二一条の権利行使のために不可欠なものとして憲法的正当性を有するから、Ｉ記者は刑事訴訟法一六一条の定める「正当な理由がなく宣誓又は証言を拒んだ者」に該当しないというものであった。この点について、判決は、憲法二一条は「公の福祉のため最も重大な」司法権の適正な行使に協力すべき一般国民の義務に優越する証言拒絶の「特種の保障」（特権）までも新聞記者に与えたものではないとしている。また、報道の自由のためには取材の自由が、そして取材の自由のためには取材源の秘匿が不可欠だから、そこまで憲法二一条が保障するはずだという主張に対しては、「憲法の保障は……論旨の如く次ぎから次ぎへと際限なく引き延ばし拡張して解釈すべきものではない」と答えた。

この判決は、報道の自由から当然に報道関係者の取材源に関する一般的証言拒絶権が生ずるという立場――わが国でもアメリカでも報道関係者が従来から提唱しており、先のアメリカの判例で四人の少数派が承認した立場――を否定した。しかし、それだけではない。このような一般的権利が否定されれば、新聞記者の取材に関連する証言拒絶に、およそいかなる場合にも「正当な理由」なしとしている点で余りにも割り切っている。

四　こうした割り切り方の原因をさぐると、三つのことを挙げることができよう。昭和二〇年代の最高裁の判例のいたる所に見いだせるが、(a)憲法の人権保障を、立法権に対する例外的な、せいいっぱいの制約として、厳格に文字解釈しようとする傾向。これは、憲法二一条の「引き延ばし」否定論に表われている。(b)「公共の福祉」によるなでぎり論法。これは、司法権の適正な行使のために必要な国民の証言義務は「公の福祉のため最も重大な」義務だとのべる所によく表われている。そして最後に、(c)憲法二一条は万人に平等な表現の自由の保障であるとして、新聞記者の特別扱いをすべて否認する態度がある。このために、上告人が力説した「報道機関＝公器」論に少しも耳をかさなかったのである。

先のアメリカの判例の五人の多数派も、たしかに(c)に似た考え方から、「当裁判所は、修正第一条の解釈により、報道記者に他の市民が享有しない証言上の特権を付与することを求められている。われわれはこの要求を拒絶する」という立場をとったが、それでも、具体的な事件の記録に即して、証言強制による取材の自由への悪影響と証言によって確保される公益とをはかりにかけている。司法審査制の年輪の差がここに表われているわけで、本件判決における（a）（b）の根本的発想が変わらない限り、公共的利益と自由との具体的な比較衡量論の出る幕はない。

五　ところで、本件判決の出発点をなした（a）～（c）の諸点は、実際にすべて、一七年後のわが最高裁大法廷決定（最大判昭和四四・一一・二六刑集二三巻一一号一四九〇頁）の全員一致の意見で改められているのである。くわしくはその事件の解説を参照してほしい。取材結果の裁判所による提出命令（刑訴法九九条二項）が取材の自由を害するものとして憲法に違反するかどうかという、本件よりはやや広い問題をめぐって、この決定は、（a′）「報道のための取材の自由も、憲法二一条の精神に照らし、十分尊重に値いする」という言い方で、報道の自由の実質的保障を配慮し、（b′）本件判決をまねて「国家の最も重要な任務の一つである司法裁判」に協力すべき国民の義務というふうに最上級の「公共の福祉」を口にした原決定と対照的に、公正な刑事裁判の実現を「国家の基本的要請」というにとどめて「公共の福祉」によるなでぎり論法を放棄し、あまつさえ、（c′）国民の「知る権利」に奉仕するものとしての報道機関の公共性、特殊地位を承認した。この発想の転換によって、はじめて報道機関に対する国家の資料提供要求の重要性と取材の自由に及ぼす悪影響の程度を、それぞれの場合にはかりにかけ、前者が重いとみられるときに限って資料提供要求が合憲であるという比較衡量論が根をおろしえたのである。

この大法廷決定から予想されたことであるが、最近、新聞記者による名誉毀損の民事事件で、下級裁判所が、比較衡量の立場をとって、民事訴訟における公正な裁判の実現の要請との関連において制約を受けることがありうるとしても、新聞記者の取材源は民訴法二八一条一項三号のいう「職業ノ秘密」に当たるという決定を下した（札幌地決昭和五四・五・三〇判例時報九三〇号四四頁）。マス・コミの側はこの比較衡量論にも、場合によっては証言を強制されることもありうると不満を表明しているが、自分の権利の範囲を自分できめようというのは、日本のマス・コミの思い上りというものであろう。事実無根の報道により名誉を毀損されたとする原告は、この決定に不満で抗告したが、札幌高裁も右の決定を支持した（札幌高決昭和五四・八・三一下民集三〇巻五～八号四〇三頁）。さらに特別抗告を受けた最高裁は、特別抗告の許される場合に当たらないとして抗告を却下した〔最三小決昭和五五・三・六判例時報九五六号三二頁〕。

〈参考文献〉

佐藤幸治「表現の自由と取材の権利」公法研究三四号

伊藤正己『マスコミ判例百選』〈第二版〉1事件

（一九九四年）

41　報道取材の司法的利用と報道の自由

最高裁昭和四四年一一月二六日大法廷決定
昭和四四年（し）第六八号取材フィルム提出命令に対する抗告棄却決定に対する特別抗告事件
刑集二三巻一一号一四九〇頁

一　事実の概要
二　判旨
三　解説

一　事実の概要

原子力空母エンタープライズの佐世保寄航に反対するため、全国各地から、いわゆる過激派学生が昭和四三年一月一六日早朝博多駅に到着したところ、直ちに待ちかまえていた警察官の強い規制にあい、駅舎内での接触で、学生側に逮捕者が出た。この時の警察官の行動を特別公務員暴行陵虐と公務員職権濫用として告発した者があったが、不起訴となったので、告発人は、刑訴二六二条により、裁判所の審判に付することを請求した。この請求についての審理の過程で、福岡地裁は、博多駅事件を取材したニュース・フィルムの提供をＮＨＫと民放三社に要請したが断わられたので、あらためて刑訴九九条二項により、事件関係のすべてのフィルムの提出を命じた。この提出命令に対し、テレビ四社は、⑴　報道の自由を全うするために不可欠な「取材の自由」も、憲法二一条によって保障されている。⑵　しかるに、取材の自由は、報道機関が取材結果を報道以外の目的に供さないということに対する国民の信頼があってこそ存在しうるので、⑶　刑事裁判の証拠としてのフィルム提出命令は、憲法二一条に違反すると主張して抗告したが、棄却されたため、本件特別抗告に及んだ。本決定は全員一致である。

二　判　旨

⑴　国民の「知る権利」に奉仕する事実の報道の自由は、「思想の表明の自由とならんで……憲法二一条の保障のもとにあることはいうまでもない。」「また……報道のための取材の自由も、憲法二一条の精神に照らし、十分尊重に値いするものといわなければならない。」⑵　しかし、「国家の基本的要請」である「公正な刑事裁判の実現を保障するために、報道機関の取材活動によって得られたものが、証拠として必要と認められるような場合には、取材の自由がある程度の制約を蒙ることとなってもやむを得ない」。この場合にも、「一面において、審判の対象とされている犯罪の性質、態様、軽重および取材したものの証拠としての価値、ひいては、公正な刑事裁判を実現するにあたっての必要性の有無を考慮するとともに、他面において、取材したものを証拠として提出させられることによって報道機関の取材の自由が妨げられる程度およびこれが報道の自由に及ぼす影響の度合その他諸般の事情を比較衡量して決せられるべきであり、これを刑事裁判の証拠として使用することがやむを得ないと認められる場合においても、それによって受ける報道機関の不利益が必要な限度をこえないように配慮されなければならない。」⑶「本件フィルムが証拠上きわめて重要な価値を有し、被疑者らの罪責の有無を判定するうえに、ほとんど必須のものと認められ……他方、本件フィルムは、すでに放映されたものを含む放映のために準備されたものであり、それが証拠として使用されることによって報道機関が蒙る不利益は、報道の自由のものではなく、将来の取材の自由が妨げられるおそれがあるというにとどまる」。「この程度の不利益は、報道機関の立場を十分尊重すべきものとの見地に立っても、なお忍受されなければならない程度のものというべきである。」結局「本件フィルムの提出命令は、憲法二一条に違反するものでないことはもちろん、その趣旨に牴触するものでも」ないとして、抗告棄却。

三　解　説

一　本件は、博多駅事件から派生したいくつかの法的紛争のひとつである。逮捕された学生の公務執行妨害事件は、第一審で無罪判決が出ており、この時の警察官の規制を適法な公務と認めなかった裁判官が問題の付審判請求の審理を担当しているというので、被疑者たる県警本部長が裁判官の忌避を申し立てて二度最高裁まで争っている。本決定後、本年三月四日に、福岡地裁は「放映ずみのフィルム」を差し押え、本件に関する報道機関の合法的抵抗は終了している。近時、警察がテレビ・ニュースのビデオ撮りをしたり、報道取材写真に依存するケースがめだってふえているため、このままでは報道機関が犯罪捜査の下請け化した印象を国民に与え、妨げられない取材が危うくなるという危機感から、日本新聞協会や日本民間放送連盟をはじめ、報道各社は、本件をめぐってお手のもののプレス・キャンペーンを展開した。しかし、本件の提起する問題については、マスコミの立場ばかりでなく、そもそも付審判請求の制度が前提する、「官憲」に対する意味での「人民」の立場もあることを忘れてはならない。

二　従来の判例にくらべて、最高裁の「報道の自由」に対する見方は深まったであろうか？　原決定（福岡高決昭和四四・九・二〇判例時報五六九号二三頁）は、証言拒否をめぐるいわゆる石井記者事件（最大判昭和二七・八・六刑集六巻八号九七四頁）とほぼ同様で、医師、看護婦、弁護士、公務員等に認められた例外的な押収拒絶権（刑訴一〇三―一〇五条）は、報道機関に類推さるべきではなく、また、報道機関を含めた国民の押収受忍義務は、「国家の最も重要な任務の一つである司法裁判が実体的真実を発見し法の適正な実現を期するという使命を達するため絶対不可欠のもの」であり、「たとえそのため報道機関に対しその取材した物の提出を強制しうることにより取材の自由が妨げられ、更には報道の自由に障害をもたらす結果を生ずる場合があっても、それは右自由が公共の福祉により制約を受ける已むを得ない結果」であるとした。さらに、放映ずみのものを含めた取材フィルムはもともと公開を予定されたものであるから、「報道機関の蒙る不利益は、報道機関がその秘匿を最高倫理としている取材源について開示を求められる場合に比すべくもないことは特に留意せらるべきである」ともいっている。このような、石井記者事件のレベルに立った原決定にくらべて、最高裁は、明らかに一歩前進した。(イ) まず、最高裁としてははじめて、表現の自由について国民の「知る権利」という観点をとりいれ、報道機関の公共性を確認した。(ロ) これまでその位置づけが不明確であった「取材の自由」は、憲法二一条そのものとは区別された二一条の「精神」において十分に尊重さるべきものとせられ、その重みをました。(ハ) 反対に、石井記者事件において「公の福祉のため最も重大」と目されていた司法権の公正な発動が、ここでは、「国家の基本的要請」にまでいわば相対化せられた。(ニ) そこではじめて、取材の自由に対する悪影響の程度とくらべて、なおその取材結果が証拠として必要かどうかという具体的な比較衡量論が登場した。以上に指摘した本決定の一般原則に関する限り、これを進歩と評価することに大きな異論はないであろう。いわゆる全逓中郵事件（最大判昭和四一・一〇・二六刑集二〇巻八号九〇一頁）以後、最高裁は、明らかに従来の単純な「公共の福祉」によるなで斬り論法を反省し、徐々に棄てつつある。

三　ただ、「取材の自由」を「報道の自由」から切りはなし、前者はたんに「憲法二一条の精神に照らし、十分に尊重に値いする」とした点について、恐らく報道・取材不可分論をとる新聞・放送界は不満であろう。「報道の自由を保障した憲法二一条の精神に照らし、取材の自由も尊重されなければならない」という命題は、実は、「報道の自由は実質的に保障されなければならない」という命題におきかえることができる。合衆国最高裁は、かつて、全国黒人地位改善協会の地方支部の会員リストの州裁判所による提出命令は、その地域社会では、公表される会員に対する私的・社会的制裁を招くおそれが十分にあって、このような支配的ではない意見を共同して推進する結社の自由をそこない、かつそれを正当化するに足る公益が立証されていないから違憲であるとした（N. A. A. C. P. v. Alabama, 357 U. S. 449)。公権力が結社の自由を制限しているわけではなく、提出命令と私的な妨害との間にいわば因果関係の中断があるという州側の主張は認められなかったのである。ことがらは違うが、本件の場合にも、こうしたアプローチをとるべきではなかったか？「報道の自由」と並んで「収材の自由」という自由権を設定すれば、果たして公権力が後者を侵害しているといえるかどうかが、必ず問題となる。だから、本決定は、問題の提出命令は「右フィルムの取材活動そのものとは直接関係がなく」、「将来の取材の自由が妨げられるおそれがあるというにとどまる」といって、少なからず混乱している。この引用の前の部分では明らかに国家との関係における取材の自由権が念頭にあり、後の部分では「取材の自由」という名のもとに、たんに社会的にスムーズな取材が考えられているにすぎない。いわゆる「取材の自由」の問題は正しく立て直されなくてはならない。石井記者事件では、最高裁は、報道の自由のためにはスムーズな取材が必要であり、さらに人々の取材協力を得るためには取材源の秘匿が必要であるから、憲法二一条は取材源の秘匿まで保障するのではないかという問いに対し、「憲法の保障は……次ぎから次ぎへと際限もなく引き延ばし拡張して解釈すべきものではない」と答えた。そこでも、また本件でも、真の問題は、社会的にスムーズな取材を阻害する結果を不可避的に生む公権力の行使は、実質的に「報道の自由」の侵害になるのではないか、ということである。

四　本件抗告人らの報道・取材不可分は、正に右の問題を肯定する。しかも、これまでのところ、マスコミの立場またはそれに同調する学者から本件決定に加えられている批判は、裁判所が、具体的な比較衡量のはかりの上で、実態認識を欠くため、報道機関の蒙る不利益を過小評価したという趣旨のものが多いが、報道機関の側の第一次的な要求は、司法的な、したがって当然個別具体的な比較衡量を超越している。報道機関は、まず、およそ一般的に、その意思に反する取材結果の提出、証言を強制されたくないのである。それは、石井記者事件と本件とを基本的に同一視する。報道機関は、石井記者事件の際にも、取材源の強制的開示一般が報道の自由に及ぼす全体的悪影響の故に、石井記者の闘いを支持した。今度もまたそうで、あの時、情報提供者と記者との個人的信頼関係をもち出したように、今度は、取材結果が報道以外の目的に使われないことについての報道機関に対する「国民の信頼」を語っている。しかし、裁判所の眼は、本来的に個別的事象に向けられている。だから、原決定がはしなくも示しているように、記者個人の良心をかけた自分と情報提供者との間の個人的信頼関係の問題と、個人ではない報道機関に寄せられているといわれる「国民の信頼」とは、決して同一とは見えないのである。その上、この具体的な事件では、官憲の非違を追及するために当該フィルム提出を裁判所に請求した付審判請求人もまた、自らかって出たとはいえ国民の代表者なのである。「パンを求めて石を与えられた」という、本件決定について報道関係者の抱く不満は、根本的には、裁判という作用に対する誤った過大な期待にもとづくといってよい。報道機関といえども、取材結果を証拠として提出するかしないかの自己決定権はなく、提出義務の存否が結局は裁判所の個別具体的な判断に依存することは認めざるをえないであろう。

五　もし、報道機関があくまで自己の意思に反するいっさいの証言や取材結果の提出を拒もうとするならば、立法的な比較衡量と決断に訴えるほかはあるまい。そういった声も出はじめている。従来、報道機関は、医師、弁護士、聖職者等に認められている証言拒絶権や押収拒絶権との類推にたよってきた。職業上の一定の秘密が守られなければやって行けないという外面的な意味では共通かもしれないが、どうしてその秘密が絶対的な保護に値するのかという点では、これらと報道機関の場合とでは全く異なる。医師等の場合には、肉体的あるいは精神的にハダカになって保護を求めてくるひとりひとりの人間を救うことがその使命であるのに反し、報道機関は、本来公共性の領域における万人の関心事について正確な判断資料を提供することを任務とする。もっぱら興味本位に他人のプライバシーを商品化する一部の週刊誌は、いかに事実を伝えても、「報道機関」とはいえない。しいて、報道機関の証言ないし押収拒絶権を類推するとすれば、報道を一種公的な作用とみなし、これに従事する者を一種の公務員とみなすことにならざるをえない。すでに、立法を検討せよと論じたある代議士は、国会で、こうした報道＝「公務」論をのべている。このような報道機関の位置づけは、全く根本的に報道機関の伝統的なあり方にかかわってくることが予想され、報道機関が証言・押収拒絶の利益を得るというだけに終わらないであろう。特権を享受すべき「報道機関」の範囲を公平に限定する技術的困難などは、一二の次の障害である。

六　最後に、本決定の意味するものを、若干見通しをまじえながら、列記しよう。㈠取材結果を証拠として提出するかどうかについて、報道機関が要求した自己決定権は当然認められない。(ロ)裁判所は、個別具体的な衡量の結果、必要とあらば、報道機関がすでに発表したものと限らず、手もちのすべての取材結果の提出を命じうる。報道関係者の取材内容の証言についても同様であろう。(ハ)場合によって抗告裁判所が報道機関の提出拒否権を認める可能性がひらけた。これによって提出命令の濫発は避けられるかもしれない。しかし、裁判所が本気で証拠を要求する場合、ある取材結果の証拠としての具体的必要性にうちかつに十分な、具体的かつ不可避的な報道の自由の実質的侵害を立証することは、かなり困難であろう。ただ、取材源の秘匿は、将来認められるかもしれない。(ニ) 取材結果を証拠として用いる場合にも、報道機関の不利益が必要最小限をこえないように配慮されなければならない。報道機関の側では、フィルムが押収されれば、次はそれを撮影したカメラマンの証言が求められるのではないかと心配しているが、フィルムに加えてその撮影者の証言を要求するのは、必要最小限度をこえるのではないか？ 本件決定で最高裁がうながした「配慮」が今後すべての裁判所によって実質化されるなら、報道機関としても相当の収穫を得たというべきであろう。

〈参考文献〉

奥平康弘・判例評釈—判例評論一三二号二三頁
同・表現の自由とはなにか一五四頁以下
本決定以前のこの問題の特集としてジュリスト四三九号、法律時報四一巻一二号

(一九七〇年)

42 電電公社職員の職場内における政治的表現の自由

東京高裁昭和四七年五月一〇日民事一一部判決
昭和四五年（ネ）第一〇七二号懲戒戒告処分無効確認請求事件
判例時報六六六号三五頁

一　事実の概要

M電報電話局において顧客と直接に接触することのない職務に従事している電電公社職員Xは、自己の属した労働組合が加盟しているわけではない安保破棄諸要求貫徹中央実行委員会の砂川集会に参加し、その会場で買い求めた「ベトナム侵略反対、米軍立川基地拡張阻止」と書いた小さなプレートを、右の集会後も、職場で胸につけていた。被告Y（電電公社）を代表するM局の局長以下数名の管理職は、日をおいて数回にわたり、局所内では右プレートを取りはずすようにXに注意を与えたが、Xはこれに従わず、かえって、局所管理責任者の許可を受けず右の命令に対する抗議ビラ数十枚を昼休みに職員に配布した。

Yは、これらのXの行為が、就業規則が定める懲戒事由のうち、①政治活動の禁止違反、②上長の命令に対する不服従、③無許可の局所内ビラ配布禁止違反にあたるとして、懲戒戒告処分を行なった。

そこでXは、①本件プレート着用は就業規則のいう「政治活動」にあたらず、②上司の命令は違法であるから服従義務はなく、③違法行為に対する抗議ビラ配布に違法行為者の許可を要するというのは背理である、また、④局所内政治活動を禁止し、局所内ビラ配布を一般的許可制にかからしめる就業規則そのものが憲法二一条一項に違反して無効である、と主張し、戒告処分の無効確認を求めた。

これに対して、Yは、①就業規則による「政治活動」の禁止は人事院規則一四—七と同趣旨であるとしながら、「政治的言動の一切を指称する」という風にはば広く解釈し、局所内政治活動の禁止は、Yの行なう事業が政治的中立性を強く要請される点からみて、「自己の自由意思にもとずく特別な公法関係上または私法関係上の義務によって」表現の自由が受ける合理的な制限で違憲ではない、②Xは、一見明白に違法と認められる場合を除いて、上長の職務命令に服従する義務がある、③局所内ビラ配布の許可制も、無制限のビラ配布から生ずる弊害に対処するための合理的な表現の自由の制限である、と反論した。

第一審の東京地裁判決（昭和四五・四・一三労民集二一巻二号五七四頁）は、①就業規則で禁止された「政治活動」は、人規一四—七に定義された「政治的目的」をもってする「政治的行為」と同趣旨のものと解すべきである。本件プレート着用行為は、もしいずれかの「政治的目的」を伴っていたとすれば右同規則六項一六号に触れたであろうが、本件に関連をもちうる唯一の「政治的目的」である五項五号の「政治の方向に影響を与える意図で特定の政策を主張し又はこれに反対すること」というのは「憲法で定められた民主主義政治の根本原則を変更し、または変更のおそれある行為をする積極的意思」を必要とするので、結局なんらの「政治的目的」も伴っていず禁止に該当しない。②行政機構の組織的一体性の保持という特殊な要請のある公務員の服務関係ならば格別、本質的には一般私企業の労働者と何ら相違のない公社職員であるXには、違法な取りはずし命令に服従する義務はない。③局所内の無許可ビラ配布禁止違反を、たんに手続的な違背に着目して懲戒処分にすることは就業規則の趣旨に反する。Xのビラ配布は、他の職員の作業妨害、職場内の感情的対立等、職場秩序の実質的侵害を伴うような違反ではなかったので、結局、いずれの懲戒事由も存在せず、戒告処分は無効と判示した。

本件控訴審におけるYの主張は、第一審における主張のくりかえしであったと思われる。

二　判　旨

控訴棄却。一審判決の理由をそのまま肯定、引用したうえ、「Xの本件プレート着用行為は原判決認定のとおり米国のベトナム戦争への軍事介入に反対する意思を表現したものに外ならないが、右は、同判決認定のごとく、我が国の平和を願う気特に出たものであり、特定の政治的意見に基づく政治活動でもないし、一部の人々の政治的意見、あるいは一党一派の政治政策を表現したものというべきものではなく、前記の我が国民一般の意思を表明したものというべきである。従つてXがその、職場において本件のような方法で本件プレートを着用しても、他の職員の対抗的政治意識を刺戟するなど、職場の正常な事務の遂行の妨げとなることはなく、またYの政治的中立性に背くこともないものと認められる。すなわち、Xの本件プレート着用は憲法上公社職員としてのXに許された自由な意思表現行為の範囲に属するものということができる。」「Xの本件ビラ配布行為が、形式的には同〔就業〕規則第五条第五項に違反し、同規則第五九条第一八号所定の懲戒事由に該当するとしても、違反の情状は極めて軽微で、これを理由にXを懲戒処分に付したことは明かにYに自由裁量の範囲を超えた違法があり、懲戒権の濫用といわざるを得ない。」

三　解　説

一　最近は、労働関係を根拠とする政治的表現の自由の制限を争う事例がふえている。もちろん、使用者が、国家・地方公共団体・公社・私人のいずれであるかによって、憲法の適用のされ方や労働者の自由を制限する根拠、関係する法令の規定などにも大きな差異があるが、いずれの場合にも、労働力といっしょに労働者が売り渡しはしなかったはずの市民的権利のための闘争であることには変りがない。本件判決は、公務員関係とも私的な雇用関係とも異なる公社職員の職場内における政治的表現の自由につき、前二者に関する近時の下級裁判所判例の動向に沿いつつ、はじめて判断を示したものとして注目に値する。

二　本判決は、基本的には第一審判決の論理をそのまま引用しているので、第一審判決の問題アプローチをふりかえってみる必要がある。

電電公社の創設（昭和二七年）に伴い、それまで国家公務員法、人事院規則によって服務関係が規律されていた電報電信業務の労働者は、日本電信電話公社法、公共企業体等労働関係法および公社の制定する就業規則の適用を受けることとなった。電電公社法には、法令および公社の定める業務上の規定を遵守し、職務に専念する職員の義務の定めはあるが、国家公務員法と違って、政治的行為を禁止する規定はない。かわって設けられたのが、「職員は、局所内において、選挙運動その他の政治活動をしてはならない」という就業規則の規定である。

国家公務員として法律→人事院規則による職務の内外を問わない政治的行為の禁止から、公社職員として就業規則による職場内政治活動の禁止への推移には、(イ)政治的中立の確保が必要な国家公務員という身分に付着した制限から、(ロ)もっぱら施設管理ないし企業秩序維持のための制限への質的な変化があったとみることができるが、本件におけるYの主張は、一方では、「事業の高度の公共性」を強調して(イ)の観点をおしだし、他方、「局所内は本来的に政治活動の場所ではない」と言って(ロ)の観点も力説していた。本件Xの行為がそれに該当するかどうかは別として、(ロ)の観点に立つ場所的に限定された制限なら、私企業が行なっているのと同じ性質のもので、場所的に制限が限定されるかわりに、目的合理的な制限でありさえすれば対象はある程度広く及ぶはずである。しかし、Yじしん、電電公社の沿革から、就業規則にいう「政治活動」は、禁止が職場内にのみ限定されただけで、従来その職員に適用されてきた人規一四―七が禁止する行為と同じであるという立場をとった。

第一審判決はこの解釈を正当とし、選挙運動でも、倒閣運動でも、決定された政府の施策に対する反対でもない

Xのベトナム戦争反対の訴えが禁止された「政治活動」にあたるためには、人規一四―七、五項五号の定義する政治的目的をもって行なわれたものでなければならない、しかるに五項五号の政治的目的は憲法の基本的秩序を変更せんとする意図を必要とするというのが通説であり、Xにかかる意図がなかったことは明らかであるから、結局Xのプレート着用行為は就業規則に違反しないと判断した。法的に許された行為の中止を命令することが違法であるから、不服従という就業規則違反も消えてなくなる。この点では、第一審判決は、一見明白に違法な場合を除き、職務命令が職員を拘束するというYの公務員的（あるいは官吏法的）アプローチをはっきり排斥した。

抗議ビラの無許可配布という就業規則違反第三点については、Xのプレート着用そのものを政治活動として止めさせようとしたYが、その干渉の不当性＝ベトナム反戦運動の正当性を主張するビラの局所内配布を、申請してみたところで許可するはずはないので、Xの言い分に理があると思われるが、第一審判決も、この点は一応ことがらの実体から切りはなして、前記(ロ)の観点から就業規則を目的合理的な最小限の制限にまで縮少解釈するというアプローチをとっている。

三　いったい本件控訴審判決は何をつけ加えたのか？　おそらくYは、人規一四―七の援用が自滅的な主張であると知って、前記(ロ)の観点をより強くおしだしたのであろう。「ベトナム侵略反対」というスローガンが党派的であって、たといXが一般の客に接することはなくとも、職場内で対立抗争を招き企業秩序を破壊するおそれがあると説いたのであろう。本件判決が、ベトナムに対するアメリカの軍事介入に対する反対は全国民的な世論であるから職場内の対立抗争をひきおこして、職場の正常な事務の遂行の妨げとなることはない、と言っているのは、(ロ)の観点に立っても不必要な制限であることを、いわばダメおししたものと思われる。

公平に言って、人びとの対立のないような政治的問題は、この世にない。かるがるしく全国民の意思を言うことは、法律家的ではない。今日の国際法の状態では、侵略とそうでないものとを誰もが一致して見わけられるような「侵略」の完全な定義はないのである。ただ、日本国民がこぞってアメリカのベトナム戦争に反対しているという

Ⅳ 判例研究

のは言いすぎであるにしても、アメリカの対外政策に対する非難が職場内で正常な業務の遂行を妨げるような対立抗争を生むおそれがあるというのも余りに言いがかり的である。方法によってはそういうこともありうるかもしれないが、労働者同志が私的に話しあったり、黙ってスローガンを胸につけたからといって、いったい企業にとってどういう不都合があろう。自分とちがう意見の持主とは必ずつかみ合いになるものだという前提は、民主主義以前のものであろう。ベトナム戦争の直接の当事国であるアメリカで、中学・高校生がベトナム反戦の意思の表明として黒い腕章をつけて登校することを禁止した公立学校当局の措置は、学校の教育活動に対する実質的な妨害を回避するために必要であるとの証拠がない限り、表現の自由の違憲な侵害であると判示した合衆国最高裁の判決（Tinker v. Des Moines Independent Community School District, 393 U. S. 503（1969））さえあることを思うべきである。

また、第一審判決が無許可のビラ配布行為を懲戒事由と定める就業規則を縮少解釈して、懲戒事由は存在しなかったという立場をとったのに対し、本判決は、形式的には就業規則違反であるが、Yの命令が違法なのだから違反の情状は極めて軽微で、Xに対する懲戒処分は「懲戒権の濫用」であるとしている。Yの先行行為との関連においてXの行為を評価するアプローチは妥当であろう。

四　本件における懲戒戒告処分が違法であるという結論をみちびくのに、第一審判決以来とってきた論理、つまり、就業規則により局所内で禁止された「政治活動」が人規一四―七の禁止する「政治的行為」にひとしいという前提が、はたして必然的で妥当なものであったかどうかは疑わしい。本件の事実についてみれば、Yが主張しているその解釈によってもXの行為が違反ではないという逆手の論理として有効であったに違いないが、もともとこの解釈は、人規一四―七の合憲性が疑われていなかった時代の当局側の解釈であるうえ、電電公社法のなかには職員の政治的行為を禁止する規定すらないのであるから、十分な根拠のあることではない。いわゆる全逓中郵事件判決（昭和四一・一〇・二六刑集二〇巻八号九〇一頁）で、最高裁が、公務員またはこれに準ずる労働者の労働基本権の制限に関して、やっと従来の「全体の奉仕者」論と大まかな「公共の福祉」論（最判昭和三三・三・一二刑集一二巻三号五〇一頁参照）を棄ててからは、人規一四―七の適用を受ける現業の国家公務員について、職場外のれっきとした「政治的行為」（選挙運動や倒閣デモ）を理由に処罰したり（旭川地判昭和四三・三・二五下刑集一〇巻三号二九三頁）、懲戒したり（東京地判昭和四六・一一・一判例時報六四六号二六頁）することを許す限度で、人規一四―七は通用において違憲であるという趣旨の判決があいついでいる。学説のなかには、こうした裁判官による人規一四―七の思いきった合憲的（縮少）解釈は、解釈の限度をこえたものであって、政治的表現に関しどこまでが許された行為で、どこからが刑罰の威嚇によって禁止された行為かが明らかでない人規一四―七そのものが違憲であると説くものが少なくない。

右のような下級裁判所の判例がこのまま定着するかどうかは予見できないにしても、人規一四―七が諸外国に例をみないラフな法令であり、立法的に再検討さるべきものであることは確かである。そして、現業公務員をその適用から具体的に除外して行こうとする判例も、もっと大きな社会通念の変化、すなわち、労働者に対する使用者の支配を、労働力の効果的な利用のために合理的に必要な最小限度に限って認め、職場の外はもちろん、職場のなかでも勤務に影響しない限り労働者に組合員としての、または一市民としての立場を認めるべきであるという思想のひとつの表われであって、この思想そのものがとどめ難いものであることもまた確かである。

その意味で、本件は、疑問にさらされている人規一四―七を援用することなく、むしろ最近の労働判例におけるこの思想のさまざまな表われと関連させて解決すべきものであった。本件控訴審判決は、補足するという形で不十分にしかこの問題にとりくんでいない。

（一九七三年）

43 盗聴器の使用とプライバシー

――捜査官憲の盗聴器使用は公務員職権濫用罪を構成するか――

東京高裁昭和二八年七月一七日決定、東高時報四巻一号一八頁判例時報九号三頁

一 事件の概要
二 決定要旨
三 解　説

一 事件の概要

事件は、占領後期、団体等規正令（政令六四号）を中心とする占領下の治安立法による日本共産党へのしめつけが厳しくなった昭和二六年に、新潟県の十日町という地方小都市でおこった。十日町地区警察署長Aは、部下のBに命じて、昭和二六年四月頃から犯罪捜査のため密行用増幅器の一般的使用をまかせていたが、Bは、同年一一月上旬頃から中旬頃にかけて数日間、十日町のT方二階六畳間北側の襖近くにマイクロホンを置き、これを階下六畳間の押入れ内の増幅器にコードで連結し、これによって数回にわたり、共産党員Cの借用居住していた二階室内における談話その他の音声を階下押入れ内でひそかに聴取していた。警察側は家主Tの承諾を得ており、また、団体等規正令一〇条が定めた出頭要求に応ぜず地下に潜行した当時の共産党八幹部の不出頭罪事件の捜査の一環としてこれを行ったものである。

やがて盗聴器の設置を発見したCがこれを外して持ち去ったのに対し、警察ではCを窃盗容疑で逮捕した。他方、

この事実を知った本件抗告人Xは、警察署長AおよびBを、刑法一九三条所定の公務員職権濫用罪に当たるとして新潟地方検察庁に告発した。しかし検察庁は、前記窃盗容疑事件とこの告発事件をともに不起訴処分となした。そこでXは、刑事訴訟法二六二条の定める準起訴手続をとり、新潟地方裁判所に対し、事件をその審判に付することを請求したが理由なしとして棄却されたので即時抗告に及んだ。

抗告理由の要点は、①日本共産党八幹部の不出頭罪という些末な形式的問題を口実として、公然たる合法政党であり、真に愛国的な政党である日本共産党の保障された政治活動をスパイするということが、憲法に違反するばかりでなく、反愛国的売国行為であることを見落とした原決定は根本から誤っている。②被疑者（日共八幹部）でない第三者Cに対しても、その捜査の目的が公共のためならばその私行上の会話でさえ盗聴をがまんすべきだとする原決定は、本件捜査の対象たる犯罪が社会になんらの実害のない不出頭罪であることを考慮にいれていない点で誤っている。③このような盗聴が許されるとすれば、マイクロホンの集音性能が向上すればするほど、国民の自由権がほしいままに無視される結果となり、人権問題上由々しい問題である、というものであった。

二　決定要旨

抗告棄却。決定理由を整理するために段落を設けて引用すると、次のようになる。

㈠（捜査権の限界についての一般原則）「およそ犯罪の嫌疑がある場合には、その種類および被害程度等のいかんにかかわらず、その捜査に努むべきは当該司法警察職員の職権ならびに職務に属し、その捜査の方法に関しては、特に強制的処分にわたらず、また法の規制するところに従う限り、その捜査目的の達成に必要な処分をなすを妨げない。したがってこの処分の対象となる者は被疑者本人に限らず、当該事件の真相を探知して捜査目的を達成するに必要な関係にある第三者もまたこれに包含せられるものと解すべきである。」

㈡（本件捜査は右の一般原則に照して合法である）「本件聴取の目的はもっぱら（日本共産党）八幹部の前記被疑事

件に関する捜査にあり（「右聴取が所論のように日本共産党の合法的政治活動を弾圧する準備に資する目的をもってなされたものであるとの事跡は記録上これを発見しえない。」）、……右聴取器の取付けおよび使用は聴取せられるC等に対しては隠密裡になされたものではあるが、かえってそのために前叙のように、同人等の居室の内外にわたってこれを附着せしめて使用したものでもなく、また右取付けおよび使用については家屋管理者の承諾を得たものであるから、捜査当局はこの聴取をもってあえて強制的処分というに当たらないものと考えていたことは記録によって明白である。かくして右聴取は、右捜査目的を達成するに必要な範囲と限度とにおいて行われた限りにおいては、たといそのために前記C等の所論基本権等（住居、言論、集会、結社および政治的活動等に関する基本的人権）の行使に軽度の悪影響が与えられたとしても、それは右聴取行為に必然的に伴う結果であって、これを目して職権を濫用するものであるとすることはできない。」

㈢（捜査目的に関係のない談話内容の盗聴が行われたとすれば、公務員職権濫用罪の構成要件のうち「職権ヲ濫用シ」に該当する）「もっとも右聴取の遂行過程において、右捜査目的の達成には直接資するところのない談話内容等が当該司法警察職員の聴覚に触れることはありうるが、本件においてかかる事実が実在し、そのために所論C等が国民として有する住居、言論、結社等の自由に関する基本的人権が脅威または侵害を受けたとの事実を疑うにたる十分な根拠は記録上存在しない。しかしまた右のような脅威または侵害を伴った聴取事実が本件において絶対に発生しなかったとの事実はこれを十分に証明しえない関係にある。したがってもし右秘聴行為に際して右の脅威を伴いその結果所論基本的人権が一般的に侵害せられたことがあるとすれば、それはひっきょう職権行使の限度をこえたものとして、その濫用に該当するにほかならないといわなければならない。」

㈣（だが、公務員職権濫用罪の構成要件のうち「人ヲシテ義務ナキ事ヲ行ハシメ又ハ行フ可キ権利ヲ妨害シタ」という事実はない）「しかし、本件において抗告人が問題としている刑法第百九十三条の職権濫用罪が成立するためには、公務員がその職権を濫用して人をして義務のないことを行わしめ、または行うべき権利を妨害したことを要するところ、本件においては右聴取のため何人も義務のないことを行わしめられた事実はないばかりでなく、また何人も行うべき権利を妨害せられていないことは記録に徴して明瞭である。何となれば、同条にいわゆる行うべき権利を妨害するとは、一定の権利が具体化し、それを現実に行使しうる具体的条件の備わった場合において、公務員が、その職務執行の具体的条件が備わらないにかかわらず、現実に右の権利行使を妨害することを意味するのであって、前示C等の基本的人権に抽象的に脅威もしくは侵害を与えるにすぎない行為はいまだもって右権利行使の妨害に該当することができないからである。」

㈤（公務員職権濫用罪の成立に必要な職権濫用の認識もない）「のみならず右の職権濫用罪が成立するがためには、行為者において職権濫用の認識があることを要するところ、本件において右聴取者に右の認識がなかったことは、右聴取行為の目的について前述したところならびに記録に徴し明白であるから、たとい右脅威ないし侵害行為が右権利行使の妨害に該当するとしても、本件においては右職権濫用罪は、その主観的構成事実を欠くことのために、成立しないものといわなければならない。」

（判文中の漢字のうち一部を平仮名に変更した——著者）

三　解　説

1　本決定の分析と評価

本決定は、「プライバシー」という言葉さえ日本で一般的でなかった時代に、プライバシーを侵害する捜査機関の行動の適法性の問題にはじめてとりくんだものとして、歴史的な意義をもっている。今日ではるかに精巧になった電子機器を用いた盗聴や電話の傍受が、おそらく公権力によっても、また私人によってもひそかに行われているものと推測されるが、公権力による盗聴が表面化したのは今なおこの事件のみである。

盗聴の適法性が争われたとはいえ、本件では適法性を主張する側に二重、三重の難関があった。

①　第一の難関は、主張された違法性が、行為者の刑事責任を問うべき可罰的違法性であることから生ずる。いうまでもなく罪刑法定主義のもと、刑事法は厳格に解釈される。人を罰しようとする場合、本件抗告人の主張①のような、愛国的政党に対するスパイ行為は売国的行為であるといった調子の純政治的主張が法廷で通用しないのはもとより当然である。また、公務員の違憲行為がただちに犯罪となるわけのものではない。実際、抗告を棄却した本決定の要点は、公務員職権濫用罪の成立要件に関する判旨の㈣および㈤にある。すなわち、判旨㈢で、刑法一九三条にいう「職権ヲ濫用シ」に当たる種類の盗聴が行われたと仮定しても、なお、罪の成立に必要な「人ヲシテ義務ナキ事ヲ行ハシメ」「又ハ行フ可キ権利ヲ妨害シタル」事実と故意を欠くがゆえに、審判に値する同罪の容疑はないとしたのである。たしかに、盗聴によって人に義務なきことを行わしめるということはない。問題は権利の妨害である。本件で抗告人が援用し、かつ裁判所が前提した権利は、「住居、言論、集会、結社および政治的活動等に関する基本的人権」であった。これらの権利は、ひそかに聴かれているということによって、「抽象的に脅威もしくは侵害を与え」られたにせよ、刑法一九三条の意味において具体的に妨害されたとはいえない、というのである。この点については、「権利の妨害をこのように狭く解釈することについては疑問の余地がある」という批評がある（団藤重光『刑法綱要各論』一〇七頁）。また、本決定を下した当の裁判長さえ、学者としての側面において、決定の直後に盗聴が公務員職権濫用罪を構成する可能性を追求した論文を発表している（久礼田益喜「秘聴と職権濫用罪」滝川還暦記念『現代刑法学の課題（下）』七〇五頁以下）。しかし、この点を肯定してみたところで、捜査手段としての盗聴の適法性をめぐる最高裁判例は（いまだに）なく、当時の学説もはっきりしていなかったのであるから、警察署長Aやその部下Bは、盗聴をば、強制の要素のない、尾行・張りこみ・聞きこみなどと同種の捜査方法と考えていたに違いない。どのみち故意がなく犯罪は成立しないという結論は動かなかったであろう。

②　第二の難関は、問題そのものの新しさであった。道徳的にはいかにも是認しかねるような盗聴が正確にどのような憲法問題を含んでいるのか、当時の学説もまだ十分に論じてはいなかった。裁判官が調べたに相違ない先進

国アメリカの最高裁判例も、この時期にはまだ盗聴器機の設置または持ちこみが「不法侵入」を伴っていない限りは合衆国憲法修正四条の禁止する「不合理な捜索押収」に当たらないとしており、本決定が、問題のマイクロホンが家主Tの承諾を得てCの居室の外側に設置されたことを強調しているのはその影響であろう。

③　第三の難関は制度的なものである。本件のような付審判請求（または準起訴手続）の制度は、公務員の職権濫用事件に対する戦前の高い起訴猶予率にかんがみ、昭和二五年に、公務員を「全体の奉仕者」とする憲法一五条二項の趣旨を実質化するために設けられたものである。職権濫用事件（刑法一九三条—一九六条）につき、検察官の不起訴処分に不服のある告訴人、告発人は、不起訴処分の通知を受けた日から七日以内に、裁判所の審判に付することを請求できる。裁判所がこの請求を理由があると認めれば、公訴の提起があったものとみなされ、管轄地方裁判所の審判に付され、その裁判所の指定する弁護士が、その事件について公訴を維持するため、検察官の職務を行う（刑訴法二六二条—二六八条）。このような民主的な制度は用意されたものの、今日までの経験では、裁判所は検察官の不当な不起訴処分の是正に非常に積極的であったとはいえない。特別公務員（捜査官憲）の職権濫用による逮捕監禁（刑法一九四条）や特別公務員の暴行陵虐（同一九五条）容疑事件で、物理的な力が用いられた疑いがこく、裁判所がやっと請求を認めて審判した少数の事件でも、執行猶予つきのケースが多い。「官憲、特に検察官に対する特別な親和性向は、たしかに裁判官の間にある」（広中俊雄・法と裁判八七頁、八三頁以下）。本件決定理由のなかにもそれはありありとうかがえる。先述のように本決定の結論は動かないにせよ、例えば、本件盗聴の目的はもっぱら日本共産党八幹部の犯罪捜査にあり、「日本共産党の合法的政治的活動を弾圧する準備に資する目的をもってなされたものであるとの事跡は記録上これを発見しえない」という事実認定は、当時の政治情勢に故意に目を閉じたものといえる。また、捜査目的に関連性のない会話等が警察官の耳にはいることはありうるが、「本件においてかかる事実が実在し、そのために……基本的人権が脅威または侵害を受けたとの事実を疑うにたる十分な根拠は記録上存在しない」というのも、盗聴ということがらの性質を故意に無視した官僚的作文というほかはない。

2 盗聴の憲法問題

盗聴の憲法問題は、本件におけるように、公務員による盗聴が犯罪を構成するかどうかというせまい角度からではなく、むしろ、①相手方にひそかになされた聴取はどのような人権を侵害するのか、そして、②聴取結果をその人についての刑事上不利益な証拠として用いうるためにはどのような条件が充たされることを憲法が要求すると考えるべきか、という二つの方面で考察されなければならず、また、実際に考察されてきた。ただし、一八世紀末、一九世紀に固まった立憲主義的憲法の自由権規定は、当然電子器機による国民の監視など予想もしていないのであるから、憲法の規定が直接にこれに言及しているわけではない。したがって、この憲法問題の考察は、憲法規定の文言よりも憲法全体の精神に重点をおいた創造的なものとならざるをえない。もし文字解釈をこととするなら、一九二八年のアメリカの判例、Olmstead v. U. S. (277 U. S. 438) のように、電話の傍受は修正四条のいう「所持品の捜索押収」に当たらず、住居侵入も伴っていないから裁判官の令状を要せず、捜査官憲が自由になしうるということになり、このような結果は明らかに自由な国家という憲法全体の精神とあいいれない。アメリカの判例は、一九六〇年代から大きな変化を見せている。

① いかなる人権の侵害か?

わが国での論議を概観すると、ⓐ 「マイクロフォンその他特別の機械を使って、外部から屋内の模様を盗み聴くことも、そのやり方が通常の程度を超えたものであるときは、住居への『侵入』と同じに扱われていい」(宮沢俊義『全訂日本国憲法』三〇七頁)として、盗聴を憲法三五条の「住居侵入」の一種とみる説、ⓑ 盗聴も「通信や会話の押収である」(鵜飼信成『憲法』(岩波全書)一一〇頁、平野龍一『刑事訴訟法』一一三頁)として、同じく憲法三五条の「押収」の一種とみる説、ⓒ 一般にプライバシーの侵害として「憲法の精神」に反するという説(宮沢俊義『憲法Ⅱ』〈新版〉三八六頁)、および、ⓓ ちょうどわが最高裁が、憲法一三条の「幸福追求の権利」を根拠として、犯罪捜査のためでもみだりに顔や姿を官憲によって写真撮影されない自由が「私生活上の自由」の一面として保障されるとした（最大判昭和四四・一二・二四刑集二三巻一二号一六二五頁）ように、盗聴からの自由もここに根拠を有するという見方（以前からの私見）など、いろいろな考え方がある。

私見はⓓ説であるが、刑事訴訟法学者を含めてみるとⓑ説が多数説といえよう。アメリカの最高裁も、一九六七年のBerger v. N. Y.（385 U. S. 41）以来、盗聴は修正四条の「押収」に当たるとしており、修正四条は場所ではなく人を保護するものであるという理由で、もはや「不法侵入」の要素の有無を問題にしていない（Katz v. U. S. 389 U. S. 347）。

② 証拠として許容されるための憲法上の条件

一般に、住居の不可侵とか通信の秘密などの憲法規定が前提する私生活の自由は、「絶対的なものではありえず、正当事由あるときには公権力による侵害が認められ、その侵害に特定の手続を要するという手続的保障とされる」（小嶋和司『憲法概観』八五頁）。盗聴に憲法三五条が適用されるとする①のⓐⓑ説も、裁判官の令状にもとづく盗聴は合憲で、それによって得たものは証拠として用いうると想定しているようである。ところで、憲法三五条は必要な手続として、「正当な理由に基いて発せられ、且つ捜索する場所及び押収する物を明示する」「司法官憲が発する令状」によることを要求している。これを文字通り盗聴にあてはめることはできない。なぜなら、盗聴令状なるものは、盗聴ということの性質上、聴くべき会話のみを特定できないからである。それゆえ、先の①のⓑ説をとる憲法学者のなかには、「適法な傍受はありえない」（鵜飼・前掲書一一〇頁）とするものもある。これは、前出のBerger v. N.Y. におけるアメリカの最高裁の多数意見に似ている。そこでは、州法にもとづく二ヵ月間有効な特定人についての盗聴令状も、聴取すべき会話の特定性に欠けるなどの欠点のゆえに違憲とされた。この判決については、裁判官が修正四条の一部の語句を自由に解釈して電子器機によるプライバシーの侵害から人を保護しながら、他の語句を字義どおりに読むことに固執するのは一貫性を欠くという趣旨の批判がある（A. Cox, The Warren Court, p. 81）。

ともすればドグマ的な憲法学者にくらべて実際的な傾向をもつ刑事法学者のなかには、令状について「憲法三五条の直接の適用があると解するのは、やや窮屈に過ぎ、実際には盗聴を禁止するに等しい結果となろう。したがって、憲法三一条の適正手続の枠内で、捜索・押収よりはやや自由に規制されるのがよい」(五十嵐清＝田宮裕『名誉とプライバシー』二七二頁)という意見があるが、これは、Berger 判決に対するコックスの批判と共通点をもっている。すなわち、捜査手段が予想しない技術的発達をとげたのと同時に犯罪の方も現代化したのであって、盗聴をいちがいに"dirty business"(ホームズ裁判官)として全面排斥するのは適当ではなく、個人のプライバシーの新たな保護と犯罪捜査の公益との間の適切なバランシングをはかるべきだと考えるのである。

わが国の識者は、盗聴をあくまでも例外的に許容されるべき手段とみ、重大な、人の生命・身体の安全にかかわる犯罪の捜査に限ること、特に盗聴によらなければならない特殊事情が存すること、犯罪の特定、対象たる人、場所の特定、期間の制限などを令状発行条件として提言している(例・佐藤幸治「通信の秘密」芦部編『憲法Ⅱ人権(1)』六六五頁)。しかし、それらは立法論であって、そうした法律のない現在、裁判官は盗聴を許可する権限もなく、令状によらない盗聴は多数説によれば違憲であるから、その果実は証拠として許容されないことはいうまでもない。アメリカでは、一九六八年にこの種のことを定めた連邦法律が制定されたが、特に「おとり」と結合して盗聴を広く利用するアメリカの刑事法執行のテクニックに学ぶべきではあるまい。

〈参考文献〉

佐藤幸治「プライヴァシーの権利の憲法論的考察(二)」法学論叢八七巻六号

(一九八五年)

44　政見放送削除事件

最高裁平成二年四月一七日第三小法廷判決
昭和六一年（オ）第八〇〇号損害賠償請求事件
民集四四巻三号五四七頁、判例時報一三五七号六二頁、判例タイムズ七三六号九二頁

一　事実の概要
二　判旨
三　解説

一　事実の概要

原告Tは、昭和五八年六月実施の参議院比例代表選出議員の選挙に立候補した「雑民党」なる政治団体の代表者であるが、公職選挙法一五〇条のもとで録画した彼の政見放送のうち、被告NHKが「めかんち、ちんば」という表現を含む二ヵ所を削除のうえ放送したことは、特に「そのまま放送しなければならない」とする公選法一五〇条一項に違反して原告Tおよび彼が代表する「雑民党」の政見放送権を侵害したものであるとして、各一〇〇万円の損害賠償を求めて出訴した。被告NHKの照会に対して、自治省の担当者が当該削除が公選法一五〇条一項のもとで違法ではないと回答した事実があるため、国も相被告とされた。

一審判決（東京地判昭和六〇・四・一六判例時報一一七一号九四頁）は、一ヵ所の削除が行われたことを認め、それは公選法一五〇条一項に違反して、原告両名の「政見放送をそのまま放送することができる権利」を侵害した不法

行為に当たるといい、NHKが原告Tおよび「雑民党」に各三〇万円の損害賠償を支払うべきことを命じた。

NHKの控訴を受けた二審判決（東京高判昭和六一・三・二五判例時報一一八四号四六頁）は、公選法一五〇条一項が「そのまま放送しなければならない」とするのもなんらの例外をも認めないとする趣旨ではなく、削除部分が政見そのものに関わりのない「差別用語」であること、NHKそのものの発言と世人に誤解される可能性があることなどを考慮すれば、外形的に違法であっても、「緊急避難的措置」として違法性を欠くとして、一審判決を取り消したので、被控訴人らが上告に及んだ。

二 判旨

上告棄却。

（法的利益の侵害はない）「本件削除部分は、多くの視聴者が注目するテレビジョン放送において、その使用が社会的に許容されないことが広く認識されていた身体障害者に対する卑俗かつ侮蔑的表現であるいわゆる差別用語を使用した点で、他人の名誉を傷つけ善良な風俗を害する等政見放送としての品位を損なう言動を禁止した公職選挙法一五〇条の二の規定に違反するものである。そして、右規定は、テレビジョン放送による政見放送が直接かつ即時に全国の視聴者に到達して強い影響力を有していることにかんがみ、そのような言動が放送されることによる弊害を防止する目的で政見放送の品位を損なう言動を禁止したものであるから、右規定に違反する言動がそのまま放送される利益は、法的に保護された利益とはいえず、したがって、右言動がそのまま放送されなかったとしても、不法行為法上、法的利益の侵害があったとはいえないと解すべきである。……不法行為の成立を否定した原審の判断は、結論において是認することができる。」

（「検閲」に当たらない）「被上告人日本放送協会は、行政機関ではなく、自治省行政局選挙部長に対しその見解を照会したとはいえ、自らの判断で本件削除部分の音声を削除してテレビジョン放送をしたのであるから、右措置が憲法二一条二項前段にいう検閲に当たらないことは明らかであり、右措置が検閲に当たらないとした原審の判断は、結論において是認することができる。」

（園部逸夫裁判官の補足意見）公選法一五〇条一項は、日本放送協会および一般放送事業者による政見放送の内容への介入をいっさい禁止する趣旨と解すべきである。

三　解　説

一　公職選挙法がいわゆる選挙公営の重要な一環として公職の候補者、および比例代表選出議員の選挙の場合の名簿届出政党等に認める無料の政見放送は、候補者等の「政見」を「そのまま放送しなければならない」とされている（公選法一五〇条一項）のに、本件では、身体障害者に対するいわゆる「差別用語」と見た部分をＮＨＫが一方的にカットしたために、いわゆる泡沫政党である「雑民党」と、みずから「おかま」だと称するその党首が、自己の政見をそのまま放送される権利を違法に侵害されたとして損害賠償を請求した事件である。選挙にさいしての「政見」発表の自由の問題としての、事柄の形式的重要性と、はたして本件でおよそ「政党」の「政見」といえるようなものがあるのかという実質的異常性とが表裏となっていて、重要憲法判例といえぬまでも、珍奇憲法判例とはいえる妙な事件である。ただし、「憲法」判例といえるのは、政見放送の部分削除が違憲な「検閲」に当たるか否かという点の判示だけで、その余は、もっぱら「不法行為」の成否に関わるただの民事判例にすぎない。

二　二審判決は、放送以前にＮＨＫが行った一部の内容カットも憲法二一条二項のいう「検閲」には該当するが、憲法上許容される性質のものと見ていた。これは、例の「税関検査合憲判決」（最大判昭和五九・一二・一二民集三八巻一二号一三〇八頁）がすでに否定した「許されない検閲」と「許される検閲」との二分論に拠っている点でとるべきではない。右の大法廷判決は、そこで定義された限りでの「検閲」は絶対的に禁止されると明言した。本判決も、この定義を前提し、「行政権が主体」ではない本件の削除はそれ自身「検閲」に当たらないと片づけた。

三　憲法が禁止する「検閲」に当たらないということは、法が本件のような「政見放送」のカットを許しているということには結びつかない。この視角から見ると、一審判決は形式的で剛直な違法論、二審判決は実質的で総合的な違法性阻却論、そして本判決は――園部意見以外は――この問題棚あげ論である。

いかなるカットも違法という結論は、「政見放送」という事柄に関する法の「特別の規定」が「そのまま放送しなければならない」と定めているということから当然出てくる。この明文に違反する、いかに善意の干渉でも、それを「違法にあらず」と説明するほうが技巧を要する。ＮＨＫ側の訴訟代理人の主張をほとんどうのみにした二審判決がその典型で、直接本件事実に関係のない電波法の諸規定、公選法一五〇条の二の政見放送にさいしての候補者の「心構え規定」、政見放送等による一部の言動（当選を得させない目的をもって公職の候補者に関し虚偽の事項を公にするとか、特定の商品の広告その他営業に関する宣伝をするなど）の処罰規定（公選法二三五条の三）などを列挙し、政見放送の自由も絶対的ではありえないと一般化するばかりか、即時かつ直接的に全国の視聴者に到達するというテレビ放送の性格から事前の審査・削除も緊急避難的措置として許される場合もありうると一般論を述べ、本件の削除は、「差別用語」使用の非難を避けんがためのＮＨＫのやむを得ない緊急避難的措置だと合法化した。

本判決は、この点で二審判決を正面から支持したわけでは決してない。そのうえ、園部意見が、本件と本来無関係な事後の処罰規定をいくら総動員しても、政見放送に対する事前の抑制の根拠を引き出すことはできず、公選法一五〇条一項後段の「そのまま放送しなければならない」との規定は「民主政治にとって自明の原理を明確に規定したものというべきである」と述べたことに注目すべきである。また、この園部意見が、政見放送のなかの表現がＮＨＫそのものの表現と「誤解されるおそれ」を理由とする「緊急避難」論をはっきり排斥したことも評価さるべきである。政見放送にあたって放送局はいちいち、法律に従って、局とは無関係の候補者の政見をそのまま放送するものである旨を告知しているのであり、それでもＮＨＫなどに抗議の電話をする市民がいるとすれば、その市民が無知すぎるのであって、そういう無知ゆえの誤解を避けるということが、ＮＨＫが政見放送の用語の適切さ、品位などに介入すべき根拠となるわけはない。

四　しかし、一方的な部分削除が「不法行為」にはならぬという結論では二審判決と本判決とは一致して、一審判決を否定した。三者を対照させよう。

一審判決＝削除は違法で、原告の「そのまま放送することができる権利」を侵害した。

二審判決＝削除は緊急避難として違法性を欠き、「社会通念上政見放送として不相当な部分」が除かれたにすぎない。

本判決＝削除が違法かどうかはともかく、削除された部分はもともと法律上禁止された政見放送にさいしての「品位を損なう言動」（公選法一五〇条の二）に該当するから、削除によってなんら「法的に保護された利益」の侵害があったとはいえない。

このように並べてみると、園部意見を除き、本判決は実質的には二審判決と酷似し、法上禁止されたという言動だけをカットした削除行為の適法性すら実は認めているようにも思われる。しかし、本件不法行為の成否の重点は、二審における侵害行為の適法性から「法的に保護された利益」の侵害の有無に移され、特に次にかかげる公選法一五〇条の二のもつ意味が、二審判決における以上に拡大された。

「公職の候補者は、その責任を自覚し、前条第一項に規定する放送（以下「政見放送」という）をするに当たっては、他人若しくは他の政党その他の政治団体の名誉を傷つけ若しくは善良な風俗を害し又は特定の商品の広告その他営業に関する宣伝をする等いやしくも政見放送としての品位を損なう言動をしてはならない」。第一に、この種の規定は、ふつうの法律家なら、一読して直ちに制裁を結合することに親しまない「心構え規定」と受け取るはずである（一審判決）。実際、右の「品位を損なう言動」の一例にすぎぬ「商品広告、営業宣伝」のみが、別個の規定（公選法二三五条の三）によって事後の処罰の対象とされているにすぎない。ケルゼン流にいうと、「制裁」を離れて「法的義務」はないから、いくら法律のなかにあっても一五〇条の二のような規定はそれ自体「法規範」ともいえず、法がひとえに制裁を課することにより禁止した以外の行為はすべて「許容された行為」と見るほかはない。このような規定を根拠に、不法行為法上の「法的に保護された利益」の範囲をせばめることには大きな疑問がある。第二に、本判決は、いわゆる差別用語の使用が「他人の名誉を傷つけ善良な風俗を害する等政見放送としての品位を損なう言動」の禁止に該当すると断定したが、はたしてこの点に無理はないだろうか？「品がよくない」といえば、本件の政見放送は、ひとり差別用語に限らず、すみずみまで品のよくないものであった。しかし、何ぴとも政見放送のなかの「品位を損なう言動」をすべてＮＨＫが削除できるとは考えないであろう。ここでは、差別用語が「他人の名誉毀損・善良な風俗に対する危害」という具体例に類するものとして取り扱われていることが重要である。だが、抽象的なグループの身体的特徴についての侮蔑的表現は決して特定人の名誉毀損とは等価ではないし、「善良の風俗を害する」という法律のきまり文句は、最高裁判例によって「専ら性的風俗を害するわいせつなもの」を指すと考えられている（前掲、最大判昭和五九・一二・一二）。このように、全然別なものを公選法一五〇条の二に該当する違法行為だといいくるめて、それを抑圧するのは「法的に保護された利益」の侵害にはならないと論ずるのは、まさに詭弁以外の何物でもない。

五　どうしてわが国ではこの程度の詭弁が通用するのかという問題は、もっと重要である。一般的に、不法行為による損害賠償という訴訟類型では、どうも裁判所に「救済」を求める原告についての道徳的評価が大きく物をいうところがある。本件のように明らかに道徳的に高い評価には値しない人間が、あまり落ち度のないＮＨＫに損害賠償を求めてもなかなか通りにくい。もう一つの背景は、今日差別用語排斥に表現されているわが国のいわゆる「世論」の一事熱中主義であろう。一審判決も本判決も、特に禁止する法令があるわけではないのに、身体障害に関わる「差別用語」を「わいせつ」などにまさるとも劣らぬ「悪事」であるかのように扱ってきた。邪悪を抑えつけるのには、多少の無理な手段も許されるというのが、われら日本人の伝統的な信念であるようである。

〈参考文献〉

一審判決につき

清水英夫「政見放送の一部削除の適否」ジュリスト八四一号

（一九九一年）

45　台帳地積による換地予定地指定と憲法第二九条

最高裁昭和三二年一二月二五日大法廷判決
昭和二九年（オ）第七五二号行政行為無効確認請求事件
民集一一巻一四号二四二三頁

一　事実の概要
二　判　旨
三　解　説

一　事実の概要

鳥取火災復興区画整理のため、鳥取県は昭和二七年五月、都市計画法施行令一七条一項に基づき土地区画整理施行規程を定め、知事はこれによって、土地所有者たる上告人に対し換地予定地指定処分を行なった。この処分の無効確認を求められた鳥取地裁は、施行規程に対する異議申出を知事がたんなる陳情とみとめ、必要な都市計画審議会の議決に付することなく同規程を（国の機関として）認可したことを重大な違法と判断して請求を認容した。第二審（広島高裁松江支判昭和二九・七・一四行裁例集五巻七号一六九七頁）は、適式な異議申出はなかったと判断し、施行規程が違憲であるという被控訴人（上告人）の主張、すなわち、「従前の土地各筆の地積は、昭和二七年四月一七日現在の土地台帳地積による」と定める施行規程三条の下に、土地の実測によらず換地予定地を指定したのは、実測地積が台帳地積よりも大きい場合に、無償で土地の一部を没収することになり、憲法第二九条に違反するという主張に対しては、土地台帳法の精神によれば登録された地積が実測地積と一致することになっているし、鳥取火災の罹災者数、区画整理地積はぼう大であって、「罹災者はもとより一般市民も一刻も早く火災の復旧、区画整理の実施を熱望していたことを認めることができる。かような状況の下に一々実測地積を基礎として本件土地区画整理を施行することは、時、人手、費用何れの点から言つても不可能をしいるもので却つて公共の福祉に適合するゆえんでないことは極めて明らかである。されば……前示施行規程第三条は何ら憲法第二九条に違反するものではない。」と判示した。そこで被控訴人が上告し、その上告理由のうち、現に実測地積が台帳地積を上回ること、実測に基づく区画整理が原判決のいうように不可能ではないことを挙げて、憲法第二九条違反を主張した点についてのみとりあげたのがこの大法廷判決である（裁判所法一〇条一号、最高裁判所裁判事務処理規則九条三項）。

二　判旨

主文「本〔件〕上告論旨は理由がない。」

理由「……所論区画整理については前示施行規程三条に基き同規程五条による換地予定地の指定が、一応行われるのであるが、更に行わるべき本換地処分において、所論差積があるときは、これに対し、実際の土地の価額に相当する代償（換地、清算金）が交付さるべきものであることは都市計画法〔一二条二項〕で準用する耕地整理法〔三〇条、三二条〕及び前示施行規程〔一三条ないし一五条〕の趣旨とするところであるから……、所論処分によつて所論土地が無償で取上げられることにはならない。また所論設計書によつて生ずる所論減歩地積に対しては、前示と同じ根拠によつて、実際の地坪の価額に相当する代償が交付さるべきものであるから、これまた無償で取上げられることにはならない。」。この全員一致の判決には、真野、河村（大）裁判官の補足意見があり、それは、本来区画整理は実測地積によって計画を樹てることが合理的であるが、本件区画整理のような緊急で大量の行政処分を行なう場合には、土地台帳をいちおうの基準とすることを定めることは、やむを得ない措置として違法ではない、多数意見の引用した法令の解釈として、「上告人等も、施行規程一三条により行わるべき本換地処分において、新旧土地の評定価格につき生ずる差額は、清算金として精算されるので、結局相当な代償が与えられることになり」憲法二九条に違反しない、としている。(傍点は筆者)

三 解説

一 まず注意すべきは、原判決は、施行規程三条を、たんに換地予定地指定処分のさいのいちおうの基準と解せず、むしろ、本件土地区画整理全体についての基準と解していることである。換地予定地指定処分は換地処分と同じ標準によることになっている(施行規程五条)から、施行規程そのものの解釈としては、それがむしろ自然な解釈ともいえる。いちいち土地を実測して本件土地区画整理を施行することは、「却つて公共の福祉に適合するゆえんでない」といっていることからみて、原判決は、施行規程がもっぱら台帳地積を基礎として区画整理を施行することとしたのは、本件土地区画整理施行区域に存する土地所有権の内容を公共の福祉に適合するように定めたゆえんであるとみなし、憲法第二九条二項に適合すると判断しているように見える。しかし、現実に実測地積が台帳地積を上回るにもかかわらず、もっぱら台帳地積を基礎として区画整理を施行することは、財産権の剥奪となり、憲法第二九条二項の「法律」のなしうるところではない。原判決のように解釈するかぎり、施行規程三条は違憲といわざるをえないであろう。

二 そこで、大法廷判決は、一種の合憲的解釈のアプローチを採り、施行規程三条は本換地処分の場合にまで及ばず、本換地処分では、同一四条により、あくまで従前の土地の実測地積、位置、地目、等位、評定価格、利用状況等を標準として換地が交付され、それが不可能の場合には金銭をもって清算されることになっているから、いちおう換地予定地を実測地積よりも小さい台帳地積を標準として指定しても、結局はその差積を無償で取り上げることにはならず、憲法二九条三項に違反しないというのである。多数意見が、後の本換地処分の場合になお換地の追加交付が可能であるかのようにいうのは幻想であり、実際には、補足意見のいうように、もっぱら金銭的清算の道しかないであろう。まさにそれが問題なのである。

三　本判決以前に、同じ鳥取火災復興区画整理をめぐる全く同種の訴について、「本件区画整理の如く面積、筆数の極めて多大……なるものにつき実測地積に基いてなすことの困難性とを考慮すれば、換地計画が土地台帳地積に基いてなされることも已むを得ないものと云うべく、その結果受指定者の権利を不当に侵害する場合は個別的に金銭的清算の方法により救済されるべきであるし……その不当の程度が著しく金銭的清算によつては救済され得ない場合にはその理由により指定処分の取消を求める道もあるわけで、土地台帳地積に基いてなされてもそれだけで指定処分が違法とは云えない」という下級審の判決（鳥取地判昭和三一・一〇・二九行裁例集七巻一〇号二五二四頁）がある。これは、問題の指定処分の不当・不合理をみとめつつ、行政の便宜のためにやむを得ないものとして違法に非ずとする点で、本件補足意見と軸を一にするものである。不当・不合理をみとめる点で、補足意見が多数意見と質的に異なることに注意しなければならない。いうところの不当性・不合理性は、要するに、公用換地が本来「なるべく権利の実質に変更を加うることなくただその目的物を変更して一の土地に換うるにこれと価値を同じくする他の土地をもってするもの」であり、ただ、技術的に「同価値の換地を得がたきときは金銭を以てその損失又は利得を清算する」（美濃部・行政法撮要（下）三八三頁）ものであることに由来する。本件の場合には、本来技術的に可能な等価的換地が、行政の便宜のために、かつ土地所有者の実質的不利益において不可能にされたのであり、そのことが「不当」「不合理」として意識されているのである。

四　ところで、本件判決が引用する「地目、地積、等価等ヲ以テ相殺ヲ為スコト能ハサル部分ニ関シテハ金銭ヲ以テ之ヲ清算スヘシ」という耕地整理法三〇条一項但書が等価的換地の技術的不能の場合に関する規定であり、さらに、「特別ノ事情ノ為前項ノ規定ニ依ルコト能ハサルモノノ処分ニ関シテハ規約ノ定ムル所ニ依ル」という同条二項を承けた施行規程一四条二項の「従前の土地の地積僅少であつて整理後建築敷地とするに不適当と認めるもの、及び土地所有者の承諾を得たものは、換地を交付しないで金銭をもつて清算することができる」という定めが、もともと例外的な金銭清算の許される場合をとくに拡張する趣旨であるとすなおに解釈するならば、いうところの不当性・不合理性は、実は真っ赤な違法性にほかならないことになろう。本判決の主観的な「合憲的解釈」は、法令の意味を憲法に合致するように縮減する場合（例・最大判昭和三一・一一・二七刑集一一巻一二号三一三二頁）と異なり、解釈の限界をこえると思われる。

五　本判決が、清算規定をしいて拡張することによって、本件換地予定地指定処分を憲法二九条三項とつじつまを合わせたものであることは、右にみたごとくであるが、本件処分を、せいぜい「妥当ではないが違法（憲）ではない」という論理で維持した裁判所の本当の狙いはなんであったろうか？　原判決、補足意見および前記鳥取地裁判決は、いずれも、火災復興のための土地区画整理の緊急性・大量性を強調している。何よりも、大量の区画整理事業が公共の利益のために緊急であったという評価が、本件処分をともかく維持する方向に裁判官を動かしたのである。違法ではないから取り消さないとか、違憲ではないから無効ではないというのは、処分を維持するための原則的な定式にすぎない。行政訴訟において係争処分を維持するためには、もう一つ便利な例外的定式がある。それは、処分が違法でも取り消すことがかえって公共の福祉に適合しない場合という事情判決の規定（旧行特法一一条、行訴法三一条）であり、これは、公用換地のように一部の関係者の利益主張が関係者全体の利益に影響する分野では、比較的用いやすい定式でもある（最二小判昭和三三・七・二五民集一二巻一二号一八六三頁）。換地予定地指定処分の不当の程度が著しく金銭的清算によっては救済されえない場合には取消可能とする前記鳥取地裁判決は、事情判決の原理にきわめて接近している。ただ、この判決にしても、施行規程の清算規定を拡張することによって、一般には処分を違法に非ずとしている。裁判官としては、同じく行政処分を維持するために、行政訴訟制度本来の目的に反する例外的な定式よりも、多少無理な解釈によってでも原則的な定式を選ぶに傾くのが当然だからである。ましして本件では、処分が違憲のゆえに無効（憲法九八条一項）であるかどうかが問題であるために事情判決の余地がなく（最三小判昭和二五・一〇・一〇民集四巻一〇号四六五頁）、他方、無理な解釈によってのみ法令および処分が合憲化されえたのであるから、処分を維持するためにはほかに道はなかったのである。

現行の土地区画整理法の下における仮換地の指定についても、本件と同種の問題が生じうる。台帳地積による仮換地指定の不合理を緩和しようとする立法的実例については、後掲の広岡教授の判例解説が詳しい。

（一九六八年）

〈参考文献〉

（判例評釈）

熊野啓五郎・民商法雑誌三八巻一号（判旨に追随的）

広岡隆・ジュリスト『憲法判例百選』（判旨に懐疑的）

46 言論の自由(1)

―― Clear and Present Danger ――

Schenck v. United States, 249 U. S. 47（1919）

一　事実の概要

被告人は社会党幹部として第一次大戦へのアメリカの参戦に反対し、徴兵法はウォール街の利益のために「意に反する労役」を課するものとして、違憲であり、これに反対することは、市民の権利であるとともに義務であるという趣旨の文書一五〇〇〇部の印刷・配布を計画し、その一部を兵役に徴集せられた者にも郵送した。そこで、一九一七年の連邦の防諜法（the Espionage Act）のもとに、陸海軍内部に不服従・非忠誠等を故意に生ぜしめる罪及び合衆国の徴兵事務を故意に阻害する罪の共同謀議罪（conspiracy）として起訴せられ、下級審で有罪とせられた。主たる上訴理由は、これらの防諜法の規定が連邦憲法修正一条の保障する言論の自由の侵害であるという点にあり、被告人等も、徴兵事務を阻害する意図を有したことは争っていない。

二　判　旨

言論の自由の保障は、事前の抑制（previous restraints）を排することを主な狙いとしてきたが、それにつきず、本件のような事後の処罰（subsequent punishment）をも制約する。

ところで、「あらゆる行為の性格はそのなされた状況次第で変わる。どんな厳格な言論の自由の保護も、劇場内で偽って火事だと叫んでパニックをひきおこした人にまで及ぶものではないし、また、さながら物理力にひとしい発言の差止命令（injunction）からさえ人を守るものではない。個々の場合に、問題は、用いられた言葉が、連邦議会の防止する権限のある実体的害悪を招来する明白かつ現在の危険を生み出すような状況において用いられ、また言葉自体がかかる危険を生み出すような性質のものであるかどうかということである。それは（危険の）近接性と程度の問題である。」

罰条は共同謀議罪で結果の発生を必要としないが、文書の性質・その傾向・被告人に結果発生の意図があったことを綜合して、この場合徴兵事務を阻害する明白かつ現在の危険の存在が肯定せられ、上訴は棄却せられた。

三　解　説

一　本判決は合衆国最高裁が言論の自由の問題を正面から扱った最初のものであるが、ホームズ（Holmes）裁判官が、ここでは法廷を代表して、明白かつ現在の危険の定式を提示したことによって、不朽の意義をもつことになった。ただ、このホームズの思想は、実は本判決の結論においてのみ一致したにすぎぬ当時の裁判所の共有財産とはならず、後にホームズ、ブランダイス（Brandeis）両裁判官（以下H・Bと略記）のポレミックな一連の反対意見において一層明確化されてゆく。本判決の客観的意義すなわちこの原則の全貌をつかむためには、当然それらの反対意見を綜合的に眺める必要がある。

二　本判決で与えられた定式にできるだけ即して、この原則のもつ意味を分説すれば、

1　いかなる思想の表明も、それ自身は不可侵である。これは、定式が「実体的害悪」（substantive evil）と言葉との結びつきを要求するときにすでに前提せられており、そもそも思想的な迫害を排除し、「われわれの憎む思想の自由」（U. S. v. Schwimmer, 279 U. S. 644. H・Bの反対意見）を具体的に確保することこそこの原則の目的である。

2　実体的害悪は連邦議会及び州が憲法上抑圧しうるものでなければならない。列挙せられた権限のみを有する連邦議会の場合、実体的害悪の範囲は州のそれよりもせまい筈であり、またいずれの場合にも思想それ自体は憲法上不可侵であるから、例えば愛国心の減退のごときは、実体的害悪とはみなされない。コモン・ローの seditious libel が修正一条と相容れない（Abrams v. U. S., 250 U. S. 616. H・B）のもこのためであろう。

3　実体的害悪は違法な行動の結果に限られない。すべて「法の正当で緊急な目的に対する干渉」（Adrams v. U. S.）を意味する。H・Bがこの原則を展開した判例は、いずれも国家の存立に関わる防諜法や州のシンディカリズム抑圧立法に関するものであったから、これらの場合の言論抑制は、「国を救うため」（Abrams v. U. S.）「州を破壊から救うため」（Whitney v. Cal., 274 U. S. 357. B・H）のものとみられた。Bは一般的に、若干の暴力行動や財産の破壊をもたらすというだけでは言論の抑圧を正当化するに足らず、「州に対する重大な危害」の可能性がなければならないとしたが、これは必ずしも実体的害悪を国家的利益の侵害に限る趣旨ではなく、むしろ、州が黙過しえない重大な利益の侵害を要件としたものである。「実体的害悪」が重大という意味で「実質的」（substantial）でなければならないというのは Whitney v. California で、Bがはじめて強調した点である。

4　この原則は、表明された思想が実体的害悪を招来する危険性を理由として抑制せられる場合にのみ意味をもつ。「もちろん私は意見の表明や勧告についてのみ論じているのである。」（Abrams v. U. S. H）。このような言葉は、行動と異なり、その目的も効果も場合により様々であればこそ、個別的に害悪を招来する具体的危険性の程度を測定する必要がある。これに反し、特定個人に向けられた名誉毀損のごときは、殆ど物理的に私権を侵害するために、

明示にこの原則の射程外におかれる（Abrams v. U. S. H）。

5 「言論から生ずる危険は、懸念される害悪が、充分な討論の機会をもつ前に襲うかもしれない程差し迫っていなければ、明白かつ現在とはみなしえない」（Whitney v. Cal. B・H）。もちろん、これは「明白かつ現在」ということの原理的な規定であるから、H・Bも、実際に言論の危険性の程度を測るためには、もっと技術的な補助的な物指を用いた。

6 直接に実体的害悪に向けられた発言者の意図は、危険性を高める。

ⓐ ある害悪を招来する「行為」の一種として言論が処罰せられるとき、「故意に（willfully）～する」という法律の規定は、結果に向けられた発言者の「特別の意図」（specific intent, actual intent）を必要とするものと解される（Pierce v. U. S., 252 U. S. 239. B・H）。

ⓑ 防諜法の「合衆国の戦争遂行を阻害する意図をもって（with intent to）……資財等の生産の縮減を勧め、扇動し、唱導する」罪のごとき、目的罪的な言論犯罪は、厳格に解釈されなければならない（Abrams v. U. S., H・B）。これは自明の理のようであるが、当時の裁判所が、willfully にせよ with intent to にせよ、法律の規定に拘らず、言論を罰する場合に主観的な目的意識の有無を問わないで、「人は彼の行為が生み出す可能性のあった結果を意図したものとみなされ、その責任を負わなければならない」（Abrams v. U. S.）と解していたのと対照すべきである。

ⓒ 法律が正にある実体的害悪に直接向けられた言論を犯罪類型として掲げる「言論処罰法」（speech statute）の場合には、主観的な目的意識は「唱導」「扇動」というような言論自体に内在している。裁判所は、明白かつ現在の危険の原則は、ⓐの場合（non-speech statute）にのみ用うべきで、立法者自身が特定の性格の発言から生ずる害悪の危険性をすでに認定しているこの場合には適用の余地がない（Gitlow v. N. Y., 268 U. S. 652）としたが、H・Bは、構成要件を充足する言論の抽象的危険性と具体的危険性とを分ける考え方から、この場合にも、この原則を適用すべきであるとした。

7 危険の近接性は、実体的害悪の性質にも左右せられる。Hが法廷を代表して明白かつ現在の危険を肯定した判例（Schenck v. U. S., Frohwerk v. U. S., 249 U. S. 208; Debs v. U. S., 249 U. S. 211）は、いずれも徴兵事務を阻害する危険を認めたもので、これに反し、軍隊内部に不服従等を生ぜしめる言論については、「普通の知能と正常な判断力を具えた人が、この小冊子の中で言われたことによって、かくも重大な罪を犯し、それについて定められた厳しい刑罰の危険を冒す気持になるとは、とても考えられない」（Pierce v. U. S. B・H）と言って、明白かつ現在の危険を否定している。

三　本判決をはじめ、防諜法違反事件の多くは、被告人の個人的な発言をめぐるものではなく、団体の構成員としての被告人等が防諜法にふれる言論を共謀したという事件であった。

共同謀議罪は、孤立した個人よりも、目的に向かって結合した複数人の悪をなすより大きな潜勢力に着目したコモン・ロー独自の犯罪類型で、二人以上の者の合意（agreement）があれば成立し、未遂（attempt）における著手行為程度にも至らない表顕行為（overt act）さえ証明せられれば可罰的となるものである。Hは、表顕行為の存在を必要とする連邦の一般刑法の規定の解釈に際しても、表顕行為は共謀罪の成立要件ではなく、処罰の前提条件にすぎぬという古典的な見解を持していた（Hyde v. U. S., 225 U. S. 347）。

このコモン・ローの考え方を言論犯罪の場合にもおしひろげるとすれば、当時の裁判所のように、防諜法の共同謀議罪に要求される表顕行為は、それ自体共同謀議の目的たる実体的犯罪やその未遂を構成する必要がなく、例えば、軍隊内部に不服従を生ぜしめるというには程遠い言論を表顕行為として、軍隊内部に不服従を生ぜしめる共同謀議罪を罰しうることになろう（Pierce v. U. S.）。しかし、ただ一つの例外（Gilberts v. Minn., 254 U. S. 325 Bのみ反対）を除き、すべての言論の共同謀議事件で同じ側に立ったH・Bは、あくまで表顕行為たる言論について明白かつ現在の危険の有無を測り、言論犯罪についてはコモン・ローの考え方を排斥したとみられる。

共同謀議罪の法理を言論の領域におしひろげることがいかに言論の自由を脅かす結果になるかを如実に示したの

はWhitney v. Californiaである。ここでは、州法が、犯罪的シンジカリズム（経済的・政治的変革の手段として暴力の使用を唱導する教説）を唱導する団体・集会を組織し、組織することを助け、または情を知りつつかかる団体に加入し、集会に参加することを実体的犯罪となしたのであるが、裁判所は、「この犯罪の本質は、犯罪的な違法な方法によって目的を達成するために他の人々と団体を結成することにあり、犯罪的共同謀議の性質を具えている」とみなし、州の共産主義労働党の結成に参加した被告人の処罰が、連邦憲法修正一四条のデュー・プロセス条項を介して州に対しても保障せられる言論・集会・結社の自由の恣意的ないし不合理な侵害にはならないと判示した。

ここでもBの補足意見は、手続上その他の理由で判決に同意しながらも、実質的には裁判所の推論に反対し、この結社・集会罪は古来の共同謀議罪と全く似てもつかぬ制定法による創作であり、かりに公の秩序を脅かすとしても遠くからにすぎぬ予備（preparation）の段階の行為を罰する新奇なものであることを指摘した上、被告人の行為が「重大な害悪の明白かつ現在の危険」を生み出さない限り、これを処罰することは違憲となると説いた。

このような結社・集会罪の過度性を認めながら、Bが法律そのものを違憲と判断することをためらったのは、遠いとはいえ、この場合の実体的害悪の重大性を考慮したからであろう。もし、害悪が土地への不法侵入といった比較的軽少なものであれば、州が不法侵入を犯罪となし、その未遂、扇動、共同謀議をも罰することは差支えなかろうが、歩行者には、囲いもなく用いられてもいない他人の土地を通る権利があると説く結社の集会に参加することを罰する法律は、到底合憲とみなされまいと述べているのは、このことを裏書きしている。

四　最後に、本判決におけるHの推論に立ち戻って附言すれば、劇場内で火事と叫んで云々という譬えは、明白かつ現在の危険の原則の適用例ではなく、次に述べられた差止命令の例も、この原則と無関係であることに注意しなければならない。なぜなら、この原則はなお危険な傾向に関するもので、言葉が、防止すべき結果（例、パニック）を完全に生ぜしめた場合のものではなく、また物理的な力として作用する言葉や、事前の抑制の場合を眼中においたものではないから。これらの具体例は、たんに言論の自由が——事前の抑制に対してすら——絶対的ではないことを示すだけのもので、明白かつ現在の危険の原則は、そこから一歩進んで、思想の表明を罰するという特定の場合に、あくまで思想そのものを裁くという結果を避けるためには踏み外してはならない条理（rule of reason）を示したものである。

（一九六四年）

47　言論の自由(2)
―― Grave and Probable Danger ――

Dennis v. United States, 341 U. S. 494 (1951)

一　事実の概要

被告人等は、第二次大戦中コミンテルンの解散に呼応して一たび解散したアメリカ共産党を、一九四五年に再建したために、一九四〇年の連邦のスミス法（the Smith Act）のもとに、「暴力によって合衆国政府を顛覆・破壊することを唱導する人々の結社を組織」し、かつ「故意に、暴力によって合衆国政府を顛覆または破壊する義務と必要性を唱導する」共同謀議罪として起訴せられ、有罪とせられた。有名なハンド（Hand）を首席裁判官とする第二審もこの有罪判決を支持したために、被告人等は上訴し、連邦最高裁は、スミス法の適用規定の合憲性の問題にのみ限定して、裁量的上訴（certiorari）の申立を認めた。上訴棄却。

二　判　旨

一人の裁判官が回避したため、最高裁は八人の裁判官で構成されたが、上訴棄却の六人の多数派も、意見の統一せられたのは四人だけで、残る二人は夫々の補足意見を書き、少数派の二人も夫々に反対意見を書くという風に分裂し、本件では多数意見（opinion of the court）というべきものはない。

（ヴィンソン（Vinson）長官等四人の裁判官）　連邦法律を憲法と矛盾しないように解釈するのは連邦裁判所の義務であるから、スミス法の禁じている「唱導」は、マルクス・レーニズムに関する「現実から遊離した論議」（academic discussion）「思想の領域から外に出ない唱導」（advocacy in the realm of ideas）を含まず、政府の暴力的顛覆を目指す行動の唱導を意味すると解すべきで、かく解釈せられたスミス法は、それ自身において（inherently）修正一条に反するものではない。

「言論処罰法」（speech statute）の適用に際しても明白かつ現在の危険の原則を適用すべしという、かつてのホームズ（Holmes）、ブランダイス（Brandeis）の反対意見は、暗黙のうちにその後の判例の採用するところで、本件でもこの原則を避けることはできない。しかし、この定式のもとで言論の自由が保障せられた多くの事例では、防ごうとした害悪が言論の抑制を正当化するには余りに「軽少」（insubstantial）なものであったのに対し、スミス法が防止しようとする政府の暴力的顛覆という害悪はきわめて「実質的」（substantial）であること、及びホームズ、ブランダイスが二〇年代に扱ったアナルコ・シンジカリストの言論と、今日の共産党の言論の危険性とは、組織力、客観状勢（特に国際状勢）の点で大きな差異のあることに注目しながら、この定式の意味を改めて考えれば、第二審のハンド首席裁判官の「個々の場合に裁判所は、実際の蓋然性の稀薄さによって割り引いてもなお、害悪の重大性が危険を避けるために必要なだけの言論の自由の侵害を正当化するかどうかを問わねばならない」という解釈が妥当である。下級審がかかる危険を認定した以上、スミス法は、適用においても違憲ではない。

政府の暴力的顛覆を唱導するための共謀は、未だ予備にすぎないから、これを罰するのは違憲であるという主張は理由がない。（Pierce v. U. S.（『英米判例百選』判例38の解説［本書第**46**論文］三参照）においても引用せられた）先例（U. S. v. Rabi-nowich, 238 U. S. 78; Goldman v. U. S., 245 U. S. 474）も示すように、危険を生み出すものは（被告人等の個々の行為ではなく）共同謀議の存在自体である。いわんや共産党というような高度に組織せられた共同謀議においてをや。

スミス法の犯罪構成要件は不明確（vagueness）の故に修正五条のデュー・プロセス条項に反するものではない。（不明確の故に禁止せられた行為を知るよしもなく）「無邪気だったという抗弁は、悪しき意図をもつ者（自然犯の場合）には似つかわしくない。」

（ジャクソン（Jackson）裁判官の補足意見）「共同謀議がそれによって脅やかされ、企てられ、またはなしとげられる害悪を離れて、それ自体実体的害悪でありうるというドクトリンは、共同謀議的な共産主義運動に対して格別に適合している。」「共同謀議事件においては、当裁判所は、明白かつ現在の危険の証明のみならず、危険をつくり出す能力の証明すら不要とみなしてきた。」本件における言論は、通常の犯罪の共同謀議における共同謀議者間の意志連絡と同じく、犯罪の不可欠の一部であるにすぎず、言論の自由の問題とはならない。

（反対意見）ブラック（Black）裁判官は、スミス法の共同謀議罪規定は、政府顛覆の唱導を未然に罰する「事前の抑制」として、文面上も違憲であるとし、他の裁判官が、確立した明白かつ現在の危険の原則を直接または間接に排斥したことを非難する。ダグラス（Douglas）裁判官も、特に共同謀議罪の法理の乱用に反対し、「ただ恐怖心とパニックのとりこにされた人々だけが」判決を肯定するだろうと論じている。

三　解　説

一　連邦最高裁は、一九三〇年代後半から四〇年代の前半にかけて、ホームズ、ブランダイスが鍬を入れた土地の上に、精神的自由権を擁護する多くの花を咲かせてきた。本件の判決は、それらの判例をより合わせたものが、思想に対する一般的な恐怖と不寛容の高波に再び押し流されることのないよう、裁判所を大地に結ぶ太い錨綱となっていたかどうかを知る試金石であった。

この判決を肯定し説明する方法には二通りのものがある。第一は、被告人等を一〇年間の拘禁刑に処することは、一般的な言論の自由の法原則にてらして理由のない抑圧ではないという説明で、第二は、共産主義は特別の思想・運動で、これに対して寛容である必要はないという説明である。判決を肯定したいずれの意見も、結局は第二の説明に還元されようが、四人の裁判官の意見ができるだけ第一の説明で処理しようとするのに対し、ジャクソン意見は、敢て第二の説明を表面化している。

二 四人の裁判官が選んだ第一の説明は、原審でのハンド首席裁判官の意見（U. S. v. Dennis, 183 F. 2d. 201）に全面的に依存している。第一次大戦中、下級裁判所の裁判官として防諜法を適用した際、言葉を、違法な行動の直接的扇動と違法な行動を事実上生みだすかも知れない説得とに分け、前者のみが抑圧の対象となりうるとした（Masses Pub. Co. v. Patten, 245 Fed. Rep. 535）ハンド裁判官は、終始、明白かつ現在の危険の原則に同情的ではなかった。本件でも、新しく問題を処理することが許されるなら、「修正一条は他人を説得するための発言をすべて保護するであろうが、かかる保護は、その発言が、遠近を問わず、違法な行動の扇動の一部ではない、あるいは扇動と重なり合っていないということを条件としよう」（183 F. 2d. at p. 207）と述べている。本件で彼が回避しえない明白かつ現在の危険の原則を根本的に修正した論理を分析してみると、ある面では、ホームズ等のオリジナルな思想にすでに存した弱点を利用し、ある面では、四〇年代前半までの連邦最高裁による、明白かつ現在の危険の原則の乱用から生じたこの原則の無定形化に乗じている。

1 害悪の重大性を強調したブランダイスの考え方は、当然、言論を抑制する法律の抽象的な目的に眼を向けさせ、四〇年代の判例は、防ぐべき害悪が「極度に重大」（Bridges v. Cal., 314 U. S. 252）でなければならぬとし、「至高の利益を脅やかす」言論のみが制限されうると言って法律そのものの合憲性の尺度をこの定式に求めた（Thomas v. Collins, 323 U. S. 516）。ここから、本判決においてフランクファータ（Frankfurter）裁判官が代表した balancing theory つまり、合法的な政府の存立という究極価値と暴力行動の唱導というような価値の低い言論とを秤量する考え方は、すぐに引き出せよう。少なくとも、害悪が重大であればある程、言論の具体的危険性の程度は重要視されなくなる。この場合の格律は、むしろ転ばぬ先の杖ということで、具体的な場合にあくまで思想を裁くなかれということではない。明白かつ現在の危険が思想を裁かざるための原則であるということは、四〇年代前半までの最高裁が、この定式を、事前の抑制であれ何であれ、およそ一切の精神的自由権の規制の場合にもち出し、言論の自由と無関係な領域にすらもちこんだ（Korematsu v. U. S., 323 U. S. 214）ことによっても、ぼかされてしまっていた。

2　Whitney's Case の結社・集会罪に関し、ホームズ、ブランダイスが不徹底な態度をとった（『英米判例百選』判例38の解説［本書第46論文］三）ために、言論の共同謀議が言論の危険性を質的に高めるという命題は、法として通用している。最高裁は本件では証拠の問題に故意に眼を閉じたが、右の命題の具体的妥当性は、どのような事実に基づいて共同謀議が認定せられるのかということと切り離して判断することはできない。

本件では共同謀議罪の法理を存分に活用したジャクソン裁判官も、外の場合には、共同謀議罪の核心が合意にあり、表顕行為の程度や、（一九四八年の改正までスミス法の共同謀議罪規定がそうであったように）場合によってはその有無すら問題とはならないこと、直接証拠よりも状況証拠に依存せざるをえないこと、共同謀議が存在したと仮定してはじめて許容しうる共同謀議者の一人の行為、意志の表現に関する証拠によって共同謀議が認定せられやすいこと等を挙げて、この一網打尽方式（dragnet device）の運用に自制を求めた（Krulewitch v. U. S., 336 U. S. 440）。こういう自制は、言論の共同謀議が特に思想的に統一された団体を背景として訴追せられるときには、失われやすい。第二次大戦中、親ナチ的なドイツ系アメリカ人連盟の指導者数人が「兵役を回避することを勧める」共同謀議罪で訴追させられたときにも、許容された被告人等に不利益な証拠の圧倒的な部分は、この団体の思想・性格に関するもので、起訴された特定の言論の共同謀議に関する証拠は僅かであった。最高裁は、法律解釈の誤りを理由として有罪判決を破棄したものの、五人の多数派のうち三人の裁判官のみが事実審裁判官の採証裁量権の乱用を指摘したにすぎない（Keegan v. U. S., 325 U. S. 478）。このような考慮は、本件の下級審でも、その他この時期のスミス法違反事件（Dunne v. U. S., 138 F. 2d. 137; U. S. v. Flynn, 216 F. 2d. 354）でも全く払われてはいず、反って通常の場合以上に採証基準を著しくゆるめ、その結果は、一般的な犯罪類型としての共同謀議を行なった特定の数人を罰するという外見のもとに、実は、共産主義・共産党の綱領・性格・活動に関する文書、証言、公知の事実に基づいて、共産党という組織の任意の一部が投獄せられるのと殆ど異ならなかった。

三 右の結果を直接に正当化するのは、ジャクソン裁判官が代表する第二の説明で（Amer. Communication Association, C. I. O. v. Douds, 339 U. S. 382. ジャクソン裁判官の一部反対意見参照）、要するに、共産党は、アメリカを知らなかったマルクスの思想に立脚し、外国政府に隷従して、あらゆる自由を圧殺する少数支配を暴力によってうちたてるために、秘密主義的に固く組織された犯罪的共同謀議団体であって、憲法によるいかなる保護も受けないというのである。この時期の様々な共産主義抑圧措置をめぐる連邦下級裁判所や州裁判所の判例の中には、こうした説明で充分とみなしたものもあり（例・Briel v. Dulles, 248 F. 2d. 561）、政治の世界ではそれは一種の輿論でもあったが、正面から共産党を規制するその後の連邦法律（Subversive Activities Control Act, Communist Control Act）も共産党自体の全面的非合法化を敢てなしえなかったところに、やはり、憲法のどの条文といわず、法の抵抗を見るべきであろう。

四 本判決から夫々六年と一〇年を経た最近のスミス法違反事件（Yates v. U. S., 354 U. S. 298; Scales v. U. S., 367 U. S. 203）では、人の交替もあり、国の内外状勢の変化も手つだって、本判決の先例に拘束されながらも、最高裁の態度にいくらかの変化が認められる。特記すべきは、かつてブラック、ダグラスのみで構成された少数派に、新しくウォーレン（Warren）長官とブレナン（Brennan）裁判官が加わったことであるが、そのほか、多数意見についても、

1 共同謀議の目的たる実体的犯罪の構成要件を一層限定的に解釈する傾向が見える。政府の暴力的顛覆を唱導する団体を「組織する」（organize）罪は、一九四五年の共産党再建のような創設行為に限られ、団体の維持活動を

含まない。また、かかる団体に「目的を知って加入する」罪は、「能動的な」(active) メンバーにのみ適用せられる。

2 右のことと関連して、かつては殆ど野放しであった共同謀議の採証基準が次第に明らかにせられた。まず、唱導の共同謀議を証明するには、共産党そのものに関する証拠以外の証拠によらなければならないと言って、検察側の採用した、共産党自体が共同謀議団体であるというジャクソン理論を斥け、特にScales v. U. S.では、具体的に、過去にあった採証上の行過ぎ(例・起訴せられた共謀の始期以前の事実、マルクス・レーニズムの文書、党の秘密主義的な性格、親ソ的政策等を証拠とすること)を是正している。

3 他面、この領域では、明白かつ現在の危険の原則に、扇動と説得との二元論が完全にとって代わった。しかも、いつとは知れぬ未来の違法行動の扇動も憲法の保護を受けない (Yates v. U. S., 354 U. S. at p. 324) というのであるから、判例の流れは正に逆流してGitlow v. U. S.に舞い戻ったわけである。そこで、「すべての思想は扇動である」として多数意見に反対したホームズ、ブランダイスが提出した言論の自由の根本問題は、スミス法の諸判例で、本当の意味で解決されたわけではなく、扇動と説得の区別は、外の場合には不合理な抑圧に用いられようが、共産党に対して用いるのは合理的であるという説明(本判決におけるフランクファータの補足意見)によって糊塗されたにすぎない。

(一九六四年)

48 アメリカにおける報道の自由と取材源などの秘匿

Branzburg v. Hayes, 408 U. S. 665（1972）

一 事実の概要

三つの事件が併合されている。第一の事件では、大麻樹脂製造中の写真入り記事などを取材した新聞記者、Branzburg がケンタッキー州の大陪審（grand jury）によって召喚され、その目撃した犯罪事実につき証言を求められたが、これを拒んで法的手続きで争った。同州には、記者は公表した情報の源の開示を強制されないとする制定法があるが、州最高裁判所は、右の制定法は、記者が自ら目撃した事実、人物等についての証言拒否まで認めたものではないとし、また、証言すれば記者の取材能力が損われるという懸念は根拠薄弱で、合衆国憲法上の報道の自由の侵害にもならないと判断し、救済を拒んだ。

第二の事件では、マサチューセッツ州のある町で、内部で見聞したことは、予期された警官隊の踏みこみを除き公表しないという約束で、過激派ブラック・パンサー党の本部内に入ることを許されたテレビのニュース・カメラマン Pappas が大陪審によって召喚された。彼は、合衆国憲法第一修正は自分に内密の情報提供者とそれが与えた情報を保護する特権を与えていると主張し、内部でおこったことについては証言を拒み、法的手続きで争った。しかし、同州の最高裁判所も、報道記者もすべての市民と同じ義務を負うとし、証言強制がニュースの自由な伝播に及ぼす悪影響なるものは、間接的、純理論的で不確定であるとして、やはり救済を拒んだ。

第三の事件では、カリフォルニア州におけるブラック・パンサー党に関し取材していたニューヨーク・タイムズ記者、Caldwell が同州北部地区の連邦大陪審から文書持参証人召喚令状を受け、出頭そのものも拒否して争った。Caldwell は、証言範囲が無制限で、しかも非公開の大陪審の手続きに出頭することは彼とブラック・パンサー党との関係を損じ、ニュース媒体と過激派との間に不信と沈黙のくさびをうちこみ、重要な第一修正の諸自由を抑圧するから、彼の出頭を必要とする緊要な政府の利益が証明されない限り出頭義務はないと主張して、召喚令状の破棄を申し立てた。合衆国地方裁判所は、この申立ては棄却したが、実質的にはその主張をかなり受けいれ、Caldwell の証言を求めるについて、政府が、他の代替手段ではみたされない、第一修正の自由に及ぼす悪影響を上廻るような緊要な国家的利益を証明するまでは、Caldwell には内密の情報の開示を拒む特権が与えられているとして、証言義務の範囲を公表を予定して与えられた情報に限定する命令を下した。そのうちに当該大陪審は任期切れとなり、改めて大陪審の二度目の証人召喚令状が出、再び争って、先の合衆国地方裁判所の前回同様な決定が下されたが、このときは大陪審への出頭命令がついていた。これに従わなかったため Caldwell は裁判所侮辱の決定を受け、上訴した。合衆国控訴裁判所は、記者に証言を強制することは、将来情報を入手しがたくし、また召喚をおそれて記事を自己規制する結果を招くとして、地裁による記者の証言義務の範囲限定を支持しただけではなく、非公開の大陪審の手続きへの出頭そのものが取材源の喪失につながるので、政府がその実益を証明しない限り、出頭を拒む特権も与えられているとして、裁判所侮辱決定を破棄した（Caldwell v. United States, 434 F. 2d 1081)。

第一、第二の事件でも、右の控訴裁判所判決は報道関係者の側によって援用されたが、いずれの州最高裁判所もこの判決を否認した。

（ホワイト裁判官らによる多数意見、ステュワート裁判官ら三人の反対意見、およびダグラス裁判官による別の反対意見はいずれも長文であるため、簡単に要約せざるをえない。）

二 判旨

多数意見　ひろく取材できるためには、報道記者は、取材の相手方にその氏名や知ったことの一部を公表しないことを約束する必要があり、もし大陪審や裁判所の手続きでそれらの点について証言を強制されると、取材がしにくくなり、ひいては第一修正が保護する情報の自由な流れが害されるという理由で、報道関係者側は、当該記者が大陪審などが調査中の犯罪に関する情報をもっていること、その情報が他の筋から入手できないこと、および、その情報の必要度が第一修正の保護利益の侵害を上廻るに足るほど緊要であると信ずる十分な根拠、の三点について政府が立証しない限り、出頭も証言も強制されてはならない、と主張する。

第一修正は、一般的に適用される法律の執行に付随して生ずる報道機関の負担をすべて排除するものではない。一九五八年にこの種の特権がはじめて法廷で主張されて以来、傍論でこれを肯定した判例、最近になってこれを認めた判例（Caldwell の原審判決）は若干あるが、一般には否定されている。一七の州が制定法でこの種の特権を認めたが、過半数の州はそうしていない。われわれは、第一修正の解釈によって、他の市民がもたない報道記者の証言拒否特権を創造するように求められているが、そうするつもりはない。

本件の記録上、刑事法の執行と効果的な大陪審の手続きを確保することに存する公共の利益が、記者の証言強制から生ずるといわれる不確定的な取材上の負担を上廻るに足りないと判断すべき根拠がないからである。取材源である人じしんが犯罪にからんでいるか犯罪の情報をもっている場合だけ取材上の負担が問題になるが、記者と取材源との内密の信頼関係なるものの多くがそうした種類のものだという証拠はない。自ら犯罪者である取材源の匿名希望は憲法上の保護に値しない。他人の犯罪についての情報提供者が、記者の証言強制によってどの程度取材協力を抑止するようになるか、推測はまちまちで思わく的（speculative）である。報道関係者の意見には職業上の利益主張の面もあるし、政治的少数派は自己を拡大して見せるために報道機関に依存する面もある。大陪審の手続きが非公開であることも、名を知られたくない取材源にとって不利な事情ではない。建国以来新聞は情報提供者に対する憲法上の保護なしにやってきたし、栄えてきた。

報道関係者側の主張には、報道の自由は万人の権利であるのに特権をもつ報道関係者の範囲をどうきめるのか、すべての刑事法の執行を立法権が命じているのに、裁判所がある刑事法の執行はそれほど緊要でないというふうに価値判断できるかなど、難点も多い。各州の立法権は自由にこの種の問題に対応すればよいし、連邦レベルでは、司法省によって、かなり報道関係者の意向に沿う実務的な指針が定められており、大部分の問題はそれで解決されるかもしれない。

われわれは、Caldwell 事件の控訴裁判所判決を破棄し、二つの州裁判所の判決を支持する。

ステュワート裁判官らの反対意見　言論の多様性に奉仕する報道機関の使命を強調し、多数意見は、証言強制の悪影響を非現実的に過小評価するものであるとし、報道関係者側の主張を支持する。

ダグラス裁判官の反対意見　第一修正の諸自由は、利益衡量も許されない絶対的な権利であるという持論から、記者は絶対的な証言拒否権をもつ、とする。

三　解　説

起訴さるべき犯罪の有無を調査する大陪審や裁判を中心とする証人調べの手続きで、コンモン・ロー上認められてきた弁護士と依頼者との間の内密な関係（confidential relation）の保護、ひろく制定法で認められるにいたった医師と患者との内密な関係の保護と同様に、新聞記者と情報提供者との内密な関係の保護も公共的な報道任務の遂行のために必要であるとし、立法的解決を求める声は、アメリカでは一九三〇年代からあった。Branzburg 事件の州法のように、「公表された」情報の「源泉」だけに限って証言拒絶権を与えるものもあるが、今日まで一七の州が、さまざまの範囲で、この要望にこたえた制定法をもっている。

この種の立法をもたない州（例・Pappas 事件）やあっても不十分な州の場合（例・Branzburg 事件）、立法のない連邦の場合（例・Caldwell 事件）に、人は、効果的な取材、報道のためには不可欠な、内密の情報と情報源の開示を強制することは合衆国憲法第一修正の侵犯であるという論法で、司法権の手から証言拒絶権を獲得しようとした。一九六〇年前後からの合衆国最高裁判所の判例が第一修正の自由を実質的に強く保障する傾向を見せたため、成功の見込みがないとはいえず、また成功すれば、合衆国憲法の意味として、報道関係者の特権が全国的に確立するので、立法を求める運動よりも効率的だからである。この企ては、州裁判所では成功しなかった（Branzburg 事件、Pappas 事件。なお、State v. Buchanan, 436 P. 2d 729（Ore. 1968））。連邦裁判所での最初の試み（Garland v. Torre, 259 F. 2d 545（1958））も成功しなかったが、本件の Caldwell 事件では、控訴裁判所が条件つきながらはじめてこの特権を第一修正からひきだしたのである。

何度も企てられて実を結ばなかった連邦の立法に代わり、またすべての州におしつけることのできる第一修正の意味として、この種の特権を肯定するかどうかは、たしかに最高裁にとってもむつかしい選択で、消極派五人、積極派四人に裁判所は分裂した。ダグラス裁判官のような、長い経験に基づいて第一修正の絶対性の悟りをひらいた積極派は別として、両派とも、証言強制に付随して生ずる、報道の自由の間接的な圧迫を憲法問題として捉え、その限りで報道の自由の実質的保障を利益衡量の見地から考えてはいる。しかし、多数派は、取材に対する悪影響の大きさを何とか減殺することに腐心する。まず、取材活動の憲法的保護が求められているのに、問題をすりかえて、犯罪者である情報提供者は保護に値しないと切り捨て、残る関係についても、悪影響の主張はジャーナリストの職業的利益によって誇張されているとみたり、全体のうちの一部に影響しうるだけで、それも必然的に情報提供者の沈黙を招くとは限らない、というふうに相当強引な論理を展開する。これに対し少数派の方は、証言強制によって確実に妨げられるのは社会の異端的な部分からの情報の流れで、これによって損われるのは、多様な言論、情報を国民に提供すべき報道機関の憲法的使命、国民の「知る権利」という公益であるとみる。大麻常用者や公然と大統領暗殺を叫ぶブラック・パンサー党の取材をめぐる本件で、多数派は、それについて今後ともリポートされることよりも、とりおさえることの方が大事だと考えたが、少数派は、とりおさえるのは捜査機関の仕事で、独立の報道はそれじしんにおいて高い価値をもつと考え、報道機関を安易に捜査機関の下請け化することは、少し長期的にみれば、反って公共の利益を大きく害するとみている。

多数意見が一見俗耳に入りやすい不正確なたとえを多用している点などをみても、少数意見の方が質的にすぐれているように思われる。

（一九七八年）

〈参考文献〉

塚本重頼「ニュース・ソースの開示拒否」判例時報五八二号一六頁
佐藤幸治「表現の自由と取材の権利」公法研究三四号一一六頁

49 シュレースウィヒ＝ホルシュタイン州の選挙法は平等原則に反し無効

連邦憲法裁判所一九五二年四月五日判決
(BVerfGE 1, 208)

一　事実の概要

シュレースウィヒ＝ホルシュタイン州の州議会議員の三分の二弱は小選挙区制で選出され、残りは、比例代表制により、得票数に応じ各政党の名簿に基づいて配分せられる。一九五〇年の選挙法は、少なくともひとつの選挙区で議席を獲得したか、または州全体の有効投票の少なくとも五パーセントを獲得したことをもって、比例代表的配分にあずかり得る政党の資格と定めていたが、五一年の改正により、右の最低得票率が七・五パーセントに引き上げられた。このために比例配分にあずかれなくなるおそれのある、同州の少数民族（デンマーク系）を組織する政党SSW及びその州議会内の会派が、五一年選挙法を、立法権の濫用であり、平等原則、及び少数民族保護に関する国際法の一般原則に反するとして、連邦憲法裁判所に対し、訴えを提起し、併せてSSWとその連邦議会議員C及び州議会議員Mは「憲法異議」をも提起した。

二　判旨

（A）　判例集の五一頁を占める判決理由のほぼ半分は、手続上の問題についての判断を示しているが、余りに西ドイツの連邦制度及び憲法裁判制度に密着した特殊問題であるので、結論だけを示すことにする。（a_1）政党としてのＳＳＷは「抽象的規範審査」を求める資格を与えられていないが、州における憲法生活の「固有の権利をもつ関係者」として、「憲法争議」の当事者たり得るとともに、五一年法によりその権利が侵害されたことを主張するのであるから、原告適格をも有する。シュレースウィヒ＝ホルシュタイン州の憲法は、その州憲法上の「憲法争議」の裁判権を連邦憲法裁判所に委ねているから、原告は、基本法九九条、憲法裁判所法一三条一〇号により、本裁判所において「憲法争議」を提起することができる。（a_2）政党が、国家に対立する個人と同じ立場で「憲法異議」を提起し得るかどうかは疑問であるが、すでに憲法争議の原告適格が認められる以上、憲法異議について決定する必要がない。議員Ｃ及びＭの憲法異議は、彼等の選挙人に代って、基本法三条一項の平等原則の一適用としての選挙権の平等の侵害を主張するものとして適法である。

（B）　（b_1）五一年法は、ＳＳＷの議席獲得を妨げる意図をもった立法権の濫用とは認められない。（b_2）少数民族が必ず議会において代表せられることを保障する一般国際法の原則は、存在しない。（b_3）平等原則違反の点は（州憲法三条一項の「選挙権の平等」をめぐる）「憲法争議」にも、（基本法三条一項の「平等原則」をめぐる）「憲法異議」にも共通の問題である。選挙権の平等は、多数代表制（小選挙区制）では、たんに選挙人の投票の「計算価値」（Zählwert）の平等を意味したが、比例代表制を加味した選挙制度の下では——比例代表制そのものが憲法上の要求ではないにしても——これとは別に「結果価値」（Erfolgswert）の平等をも要求する。純粋な比例代表制の目的は、あらゆる政党に対する選挙人の支持がそのままの勢力比で議会に写し出されることであるが、選挙には、行為能力のある議会→政府を作り出すというもうひとつの目的があるため、「結果価値」の平等は、「計算価値」の平等と異なり、絶対的平等たるを要せず、原則的平等と解すべきで、議会の機能麻痺を避けるための差別を許容する。しかし、一部の選挙人の投票の結果価値を否認する差別はあくまで「例外」であるから、社会通念上「やむを得ない理由」(Zwingender Grund) に基づく妥当な程度のものでなければならない。得票率五パーセント未満の破片政党(Splitterpartei) を比例配分から排除することは、全ドイツ的な立法であって正当視されるが、選挙法がそれ以上に最低得票率を高め得るためには、「全く特別のやむを得ない理由」(ganz besondere, zwingende Gründe) がなければならない。これまでの (全ドイツ的な) 五パーセント条項から五一年法の七・五パーセント条項への変更の特別のやむを得ない理由は見出せない上、いわゆる「破片政党」とは、たんに得票率の小さな政党ではなく、地域的な拠点もなく分散した小政党と解すべきで、南シュレースウィヒに歴史的・民族的な拠点をもつSSWは、決して「破片政党」ではなく、州議会において代表せらるべき「重要な政党」であって、比例配分においてこの政党の得票の結果価値を否定することになる七・五パーセント条項は、結果価値の原則的平等からの許されない逸脱である。もっとも、五一年法でも、ひとつの選挙区で直接議席を獲得すれば、その政党は比例配分にあずかれるのであるから、七・五パーセント条項は唯一の条件ではなく、むしろ小党救済的な附加的条件である。抽象的・形式法的に見る限り、たといこの附加的条件を欠き、小選挙区制で議席を獲得した政党にのみ比例配分すると定めても政党の機会均等は犯されないと言えるが、南シュレースウィヒの具体的な政治的現実は、ドイツ系多数民族とデンマーク系少数民族の対立によって彩られており、ドイツ系諸政党が連合してSSWと一つの議席を争うのであるから、SSWにとって、議席を得るチャンスはもっぱらこの附加的条件を充たすことにかかっている。

(C) したがって、(c1) SSWの「憲法争議」については、五一年選挙法三条一項は、シュレースウィヒ=ホルシュタイン州憲法三条一項に反する。(c2) 議員C及びMの「憲法異議」については、五一年選挙法三条一項は、基本法三条一項に反し無効である。

三　解説

一　この判決は、すでにワイマール憲法下に、平等原則の「新説」を展開し、また「政党国家」（Parteienstaat）論の主唱者であるライプホルツ（G. Leibholz）を含む第二合議部の判決であり、正にお手のものの問題を楽しみながら処理している感じがする。やはり、ドイツの憲法裁判所の判決は、著しく学説的であって、過去の学問的遺産のレールの上を走っている。また、この判決は、本判例百選［ドイツ判例百選］の判例8「五パァセント条項の合憲性」（丸山健氏担当＝BVerfGE 6, 84）に先立って、得票率五パーセント未満の政党を議席の比例配分から排除する、いわゆる「阻止条項」（Sperrklauscl）は合憲とする立場をすでに示しており、比例代表制を加味した小選挙区制（Personalisierte Verhältniswahl）の下での選挙権の平等の意味に関する基本的な判例であると言えよう。しかし、ここでは、個人の平等原則の選挙権への適用（二）と表裏一体に、政党の機会均等（Gleichheit der Wettbewerbschancen）の原則が配慮され（三）、さらに「破片政党」を「代表されるに値いする」（repräsentationswürdig）かどうかという、たんに量的ではなく質的な観点から規定する形で、少数民族への実質的配慮（四）もなされている。以下、この順に分説しよう。

二　選挙権の平等が一般的な平等原則（基本法三条一項）の適用例とみなされ、一般的な平等原則が立法による不合理な差別の禁止と解される（BVerfGE 1, 52）点は、わが国の通説と異ならない（と言うより、わが国の通説がもともとドイツで通説化したトリーベル、カウフマン、ライプホルツ等の「新説」に遡り得るのである）。比例代表制の下では、選挙人の一票一票が議会の構成に同じ影響力をもつこと（結果価値の平等）が平等原則の要求であるとする点も、すでにワイマール憲法下に先例があり、元来、比例代表制とは、誰もが自己の代表者を議会においてもつための選挙制度であるから、当然のことでもある。むしろ、この判決の積極的な意義は、比例代表制が、ワイマール憲法におけると異なり、憲法上の要求ではなく、たんに選挙法が比例代表制を加味する場合にも、比例配分の段階では平等原則から結果価値の平等が要求されるとした点、及び、結果価値の平等は必ずしも絶対的ではなく合理的な差別は許されるとした点にある。差別は例外であるから「やむを得ない理由」に基づくものでなければならないが、過去の比例代表制が議会における小党分立→政局不安定を招いた経験に照し、最低得票率五パーセントという線で破片政党の議会進出を阻止するため、比例配分においてその得票を無視することは戦後の西ドイツで一般化しているので、正当な差別と認められ、五パーセントの線を高めるについては「特別のやむを得ない理由」を要する、というのが、平等原則の適用上、本判決の設定した公式である。しかし、判決も言うように、比例代表制は憲法の要求ではなく、州議会は小選挙区制一本の選挙制度を設けることも自由である。いわゆる結果価値の平等が比例代表制の採用を前提する以上、立法者が制限的な比例代表制を採用すれば、それにともなって結果価値の平等が制限されるのも当然と言うべきであろう。このように見ると、結果価値における差別の合理性の判断基準とせられる「具体的な法共同体の法意識の中に生きている価値判断」とは、実は、比例代表制の加味の程度、方法についての社会通念と同じものであり、問題は、実は「代表」原理の適用にあって、「平等」原則の適用にないと言うことができる。あるいは、およそ「平等」が語られるとすれば、それは、個人の差別からの自由という「一種の自由権」（宮沢・憲法Ⅱ九八頁）としての平等原則とは別な、民主政の実体としての平等理念との関わり合いにおいてであろう。

三　判決は、五パーセントから七・五パーセントへの最低得票率の引き上げ、つまり、それだけ多くの個々の選挙人の投票の差別を正当化するに足る「特別のやむを得ない理由」が存在しないと言うが、実質的に見ると、判決理由の重点は、政党の現実的な機会均等の原則に立脚している。個人の平等権という観点からは、五パーセント条項はよいが、六パーセントまたは七・五パーセント条項は不可という判断のきめ手は決して得られない。現代民主政の「政党国家」への不可避的発展を、「政党は、国民の政治的意思の形成に協力する」（二一条一項）という文言で公認した基本法の下で、この判決は、まず憲法上の国家機関に準じ、政党に「憲法争議」（Verfassungsrechts-streit）の当事者たり得る資格を認めている（a_1）が、政党設立の自由（基本法二一条一項）と不可分のものとして、

Ⅳ判例研究

すべての政党の機会均等の原則を非常に強調している。それは、平等原則（基本法三条一項）から派生する政党の「基本権」ではないが、民主的基本秩序の一部分であるとされる。後の判例は、さらに進んで、政党の機会均等の原則も平等原則から流出する政党の基本権であるとし、選挙運動における政党の機会均等を保障している（本判例百選［ドイツ判例百選］の判例10［＝BVerfGE 7, 99］参照）。しかし、ここでは個人の選挙権の平等の侵害が同時に政党の機会均等の原則の侵害ともなるという形で、実際には後者へのひそかな観点移動が行なわれている。平等の観点から、七・五パーセントの阻止条項を正当化し得る「特別のやむを得ない理由」が存在しないということもさることながら、この七・五パーセントへの引き上げによって、従来の実績に照し、新たにＳＳＷという政党だけが議席を得るチャンスを失うという点にピントが合わされるのである。機会均等の原則は、民主的基本秩序を否定する政党が一定の手続（基本法二一条二項）で排除され得ること（本判例百選［ドイツ判例百選］の判例3［＝BVerfGE 5, 85］参照）を別として、代表されるに値いするすべての政党に及ぼされなければならない。この観点からは、七・五パーセントという抽象的・数量的な最低得票率の定めが問題なのではなく、現実的・具体的に、ＳＳＷという政党がこれによって州議会に代表されなくなることが問題なのである。そこで、代表されるに値いしない「破片政党」とは何か、そしてＳＳＷがそれに該るかどうかが検討せられることになる。

四　判決は、「破片政党」の単純に量的な捉え方を排斥する。過去の長い小選挙区制の伝統のなごりとして、地域的な拠点をもつ政党は、同じ得票数を州全体から少しずつかき集める政党よりも「代表されるに値いする」と考えられており、したがって、阻止条項により排除されて然るべき「破片政党」とは、地域的な重要性ももたない小党と解すべきである、とするのである。ＳＳＷは、特別の歴史的運命をもち、地理的にはっきりまとまり、文化的にデンマーク色を帯びた南シュレースウィヒにおいて二〇パーセント以上の得票率を有し、かつ州立法部も政府も、従来デンマーク系少数民族が議会において代表さるべきことを認めていたのであるから、五一年法により、ＳＳＷにとって現実政治的に唯一の議席獲得可能性を奪うことは、「平等選挙の原則と相容れない」。少数民族が必ず議会において代表せられるという「特権」は当然に否定された（b_2）ものの、連邦立法部が少数民族を顧慮して最低得票率を五パーセントに抑えたこと、州立法部も従来この少数民族の代表を州にとって有意義と考えていたことが強調せられるのである。後の判例は、阻止条項に関し、立法者が少数民族に有利な例外規定を設けることは、平等原則に反しないともしている（BVerfGE 5, 85）。ここでも「平等選挙」や「平等原則」が語られるけれども、実質的には、少数民族が代表されるに値いすると考えるが故に、少数民族に不利な阻止条項が違憲とされ、逆に有利なその例外規定が合憲とされるのであるから、実は、議会が社会に存する政治的・文化的に異質のエレメントを忠実に反映することが「代表」であるという、社会学的代表概念を暗黙の前提としていると見られる。

五　ここで、本判決の問題点を整理してみよう。七・五パーセント条項は、①特別のやむを得ない理由を欠く選挙権の結果価値の差別である。②また、従来代表されるに値いすると考えられてきたSSWの機会均等を犯す。③故に「平等原則」に反する、という本判決の推論において、われわれは、②の理由がむしろ決定的であることを見た。ところが、①の理由も無前提ではなく比例代表制を前提するものであったし、②の理由も、あるべき「代表」制度に関するひとつの考え方（社会学的代表概念）を前提している。したがって結論③における「平等原則」との関係は、決して単純明瞭ではない。事案を単純明瞭な平等違反として処理する可能性は、なかったわけではない。この七・五パーセント条項によって、従来の各党の得票実績から見て、議席を失うことが予想せられるのは、この少数民族の党のみであった。アメリカの判例では、ニグロの代表を不可能にすることを狙ったゲリマンダリングは、選挙権の平等（修正一五条）違反とするものがある（Gomillion v. Lightfoot, 364 U. S. 339）。問題の七・五パーセント条項も、一般的な阻止条項の形で、少数民族の差別を意図したものではなかったか？　アメリカの最高裁が場合によって立法者の意図を心理分析するのをためらわないのに対して、この判決は、少数民族差別の意図を示す徴候を認めながらも、本会議、委員会の議事録にはそれを確信するに至らしめるものがないと言い、「立法権の濫用」の主張を斥けてしまった（b_1）。もしこの点で違憲と断じていたならば、それは少数民族の差別として、「家系」「言語」に基づく差別を禁止する基本法三条三項違反の明白なケースであったろう。

六　しかし、立法権の悪意を認定することを避けた判決は、「選挙権の平等」（シュレースウィヒ＝ホルシュタイン州憲法三条一項。連邦議会につき基本法三八条一項）をさらに遡った一般的な平等原則（基本法三条一項）を判断の枠組みとして用いた。なぜか？「憲法異議」が基本権の侵害を主張するものに限られる（憲法裁判所法九〇条一項）のに、基本法のなかには、州議会の選挙権の平等を基本権として保障する規定がないために、州憲法三条一項の選挙権の平等の侵害も、結局、基本法三条一項の一般的平等原則の侵害に帰すると見る手続上の必要も、理由のひとつであったと思われる。また、ふつう絶対的とせられる「選挙権の平等」も、その結果価値の側面では、一般的平等原則に包括せられるものとして相対的であると見ることが、阻止条項一般を違憲としないために必要でもあった。しかし、何よりも根本的な理由は、いわゆる投票の結果価値の平等なるものは特殊的な「選挙権の平等」そのものから引き出し得ないために、一般的な平等原則に遡る必要があったことである。それは、ちょうど、選挙区ごとの人口と議員定数の不均衡から生ずる投票の結果価値の地域的不平等を、アメリカの最高裁が一般的な平等原則の問題とみなし（Baker v. Carr, 369 U. S. 186）、その直接の影響下に、わが最高裁もこれを憲法四四条但書ではなく、憲法一四条一項の問題とみなした（最大判昭和三九・二・五民集一八巻二号二七〇頁）のと軌を一にしている。さらに、スイス連邦裁判所も、最低得票率一五パーセントというきびしい阻止条項の適用に関し、一般的な平等原則の侵犯を語っている（Greissbühler v. Fribourg, Grand Conseil, 110 J. des Tribunaux I, 271）。このように、一般的平等原則の解釈において一致するアメリカ、スイス、西ドイツ、日本の判例が、すべて、投票の結果価値の不合理な差別の禁止を一般的平等原則に読みこんでいることは、確かに注目に値いする。それは、一般的な「法律の平等」（Gleichheit des Gesetzes）にまで拡大された「法律の前の平等」（西ドイツ、スイス）、「法の平等な保護」（アメリカ）、「法の下の平等」（日本）が、益益肥大化する傾向を示している。そのため、日本の学説にも、平等原則の下に、無前提に、投票の結果価値の平等を語るものがないではない（芦部、手島）。

七　しかし、少数意見の表示が許されるアメリカ、スイス、日本の判例では、平等原則のかかる拡大に反対し、問題をむしろ正しい代表制はいかにあるべきかという問題として捉える少数意見のあったことに、一層注目すべきであろう。実際、これ等の判例では、問題の議員選出方法を、現代国家の政治的諸状況の下で、正しい代表制とみなし得るかどうかが争われたのであり、いずれの少数意見も、この種の問題は、平等条項の司法的適用によってではなく、政治的な過程で提起され処理さるべきであるという点で一致していた。アメリカの判例にしても、本判決にしても、投票の結果価値の平等を、決してストレートに一般的平等原則の要求とはみなしていない。アメリカの判例も、「すべての市民に対し公平な効果的な代表を与えることが、明らかに選挙区画（代表選出方法）の根本目的である以上、平等の保護の条項は、州立法部議員の選挙において、全投票者に平等な参加の機会を保障するものである」（Reynolds v. Sims, 377 U. S. 533）と言い、また本判決にしても、その核心は、「比例代表制の根本思想から出発し、それをすべての国民の民主的平等の原則と結びつければ、比例代表制の場合の選挙の平等の原則が、各票が同じ計算価値をもつというだけでは充たされないのは自明である」（S. 245）という説示に表わされている。西ドイツでは、ワイマール憲法が要求した比例代表制のいわゆる「失敗」の反省として、基本法や州憲法が比例代表制を要求しているわけではなく、憲法は正しい代表制の問題を回避して立法部に委ねはしたが、「各人が他の誰とも同じ重みをもたない限り平等選挙は存在しない」（J・S・ミル）という比例代表制の根本思想は、相当ドイツの政治的現実に定着しているのであろう。ここで語られる「平等」が、ほかでもなく比例代表制の基礎でもある国家公民の民主的平等を意味し、国家権力の客体としての個人の人間としての平等とは異なることに注意しなければならない。ライプホルツは、もともとこの「政治的平等」と、平等原則に表明された「法的平等」とを区別していた。選挙権の平等に表明された「政治的（民主的）平等」は、益々急進化し、絶対的・形式的な原理となる。多数代表制における選挙区の人口の平均化や比例代表制の発展も、この急進的・平等主義的民主化過程の一環と見られる。カントンの憲法が比例代表制を要求しているスイスの場合には、一五パーセント条項が比例代表制の本質を侵すという判示だけでも足りたと思われるが、比例代表制が少なくとも憲法上の要求ではない西ドイツや、むしろ多数代表制が定着しているアメリカでは、裁判所が、政治的平等の侵害が政治的過程では回復困難で、司法的救済を必要と考える限り、一般的平等原則の中に政治的平等を読みこまざるを得なかったのである。このような法的理論構成は、同時に、投票の結果価値の平等を相対的なものとして捉えることを可能にもした。選挙区人口の多少の不均衡や、ある程度の阻止条項は、それが他の正当な考慮に基づく限り許されるという形で、選挙制度の具体的形成について立法部の有する裁量権に対する過度の干渉を避けるという効用もあったのである。

〈参考文献〉

G. Leibholz, Sperrklauseln und Unterschriftsquoren（1955）in „Strukturprobleme der modernen Demokratie" 3. Aufl.（1967）, S. 41ff.

（一九六九年）

〈初出一覧〉

Ⅰ　憲法の基礎理論

1　カール・シュミットの『憲法理論』
社会科学の方法第四五号〔一九七三年〕、一部修正の上、『憲法徒然草』〔一九八三年・三嶺書房〕所収

2　ケルゼンにおける理論と実践
鵜飼信成・長尾龍一編『ハンス・ケルゼン』〔一九七四年・東京大学出版会〕、『憲法徒然草』〔一九八三年・三嶺書房〕所収

3　権力分立と混合政体　東北法学会雑誌六号、一九五六年

4　民主制と権力分立　法学二〇巻三号、一九五六年

5　権力分立
——カール・シュミットの権力分立観と小嶋和司教授の権力分立観——　Law School, No. 2、一九七八年

6　ケルゼンvシュミット、三つの争点　千葉大学法学論集二巻二号、一九八八年

7　憲法理論の基本問題
——小林直樹著『憲法の構成原理』を読んで——　法律時報三三巻六号、一九六一年

8　憲法理論の基本問題
——小林教授の『反論』に答える——　東北法学会雑誌一一号、一九六一年

9　憲法学者が診断する「小沢答申案」　中央公論一九九二年五月号

10　憲法改正限界論の迷路　比較憲法学研究二号、一九九〇年九月

11　憲法の「国際協調主義」　法学セミナー一九七二年七月号

Ⅱ　基本的人権

12　外国人の基本的人権　ジュリスト四八三号、一九七一年

13　私人間における人権の保障　法学教室〈第Ⅱ期〉二号、一九七三年

14　思想・言論の自由

―アメリカ憲法判例の研究―　法学二四巻二、四号、一九六〇年
15　言論の自由と営利目的　法律時報三三巻五号、一九六一年
16　表現の自由と取材の自由　ジュリスト増刊・憲法の争点（新版）、一九八五年
17　いわゆる税関検閲　ジュリスト増刊・憲法の争点（新版）、一九八五年
18　広告の自由と表現の自由　ジュリスト増刊・憲法の争点（新版）、一九八五年
19　教科書検定と表現の自由　ジュリスト四六一号、一九七〇年
20　報道の自由
―アメリカ―　比較法研究三三号、一九七二年
21　国家機密と知る権利
―アメリカ―〔改題掲載〕　ジュリスト五〇七号、一九七二年
22　海外渡航の自由の性質と限界　続学説展望・別冊ジュリスト一巻四号、一九六五年
23　出国の自由と旅券行政
―行先による旅行制限の違法性と違憲性―　日朝貿易三六号、一九六九年七月
24　出国の自由と旅券法　ジュリスト三五八号、一九六六年
25　憲法第三一条をめぐる判例の展開　千葉大学法経研究二号、一九七三年

Ⅲ　統治機構・司法権

26　憲法・法律・行政―最近の西ドイツでの議論をめぐって―　新潟大学法政論集一四巻四号、一九六五年
27　司法権の本質　法律時報四一巻五号、一九六九年
28　憲法規範の変性？　新正幸・鈴木法日児編『憲法制定と変動の法理』菅野喜八郎教授還暦記念、一九九一年
29　「政治的問題」の問題性―アメリカ憲法判例の研究―　新潟大学法政論集一五巻四号、一九六六年
30　統治行為　法学セミナー五三号、一九六〇年

Ⅳ　判例研究

31　いわゆる「平和的存在権論」への疑問　千葉大学法経研究一一号、一九八二年

32 三つの地裁判決　千葉大学法学論集二巻二号、一九八八年
33 殉職自衛官合祀訴訟大法廷判決をめぐって　千葉大学法学論集四巻一号、一九八九年
34 マクリーン訴訟最高裁判決をめぐって――外国人の地位――
（一〇・四最高裁大法廷判決は果たして批判すべきものか?）　Law School, No. 2、一九七八年
35 イデオロギーの相違を理由とする解雇の有効性（大阪地裁昭和四四年一二月二六日判決）
昭和四五年度重要判例解説、一九七一年
36 言論の自由と名誉毀損（最高裁昭和三三年四月一〇日第一小法廷判決）　マスコミ判例百選、一九七一年
37 いわゆるフェア・コメントの法理を認めた事例（東京地裁昭和四七年七月一二日判決）
判例評論一七三号、一九七三年
38 営利的な広告の自由の制限（最高裁昭和三六年二月一五日大法廷判決）　憲法判例百選、一九六三年
39 報道の自由と正当行為の範囲（福岡高裁昭和二六年九月二六日判決）　マスコミ判例百選、一九七一年
40 取材源の秘匿と表現の自由（最高裁昭和二七年八月六日大法廷判決）
憲法判例百選Ⅰ（第三版）、一九九四年
41 報道取材の司法的利用と報道の自由（最高裁昭和四四年一一月二六日大法廷決定）
昭和四四年度重要判例解説、一九七〇年
42 電電公社職員の職場内における政治的表現の自由（東京高裁昭和四七年五月一〇日判決）
昭和四七年度重要判例解説、一九七三年
43 盗聴器の使用とプライバシー――捜査官憲の盗聴器使用は公務員職権濫用罪を構成するか――
（東京高裁昭和二八年七月一七日決定）　樋口陽一編・憲法の基本判例、一九八五年
44 政見放送削除事件（最高裁平成二年四月一七日第三小法廷判決）　平成二年度重要判例解説、一九九一年
45 台帳地積による換地予定地の指定と憲法第二九条　土地収用判例百選、一九六八年
46 言論の自由⑴――Clear and Present Danger――
（Schenck v. United States, 249 U. S. 47 (1919)）　英米判例百選、一九六四年
47 言論の自由⑵――Grave and Probable Danger――
（Dennis v. United States, 341 U. S. 494 (1951)）　英米判例百選、一九六四年

48 アメリカにおける報道の自由と取材源などの秘匿（Branzburg v. Hayes, 408 U. S. 655（1972））
英米判例百選Ⅰ公法、一九七八年

49 シュレースウィヒ＝ホルシュタイン州の選挙法は平等原則に反し無効
（連邦憲法裁判所一九五二年四月五日判決（BVGE Bd. 1, S. 208））
ドイツ判例百選、一九六九年

あとがき

本書は故尾吹善人教授の論文集である。業績目録の示すように共著と随筆集を含めると教授の著書は一六冊に及ぶ。これらに収められていない論文と判例研究が、本書の大きな部分を占める。教授の英語・ドイツ語の読解力が同業者中抜群であったことは、C・シュミットの‘Verfassungslehre’の本邦初訳『憲法理論』、H・ケルゼンの‘General Theory of Law and State’の全訳『法と国家の一般理論』が証して余りある。我々の分野の超一流の学者の主著を翻訳する場合、優れた語学力は必要条件ではあっても十分条件ではない。著書の背景となっている学説史や思想史の知識、それに加えて高度の推論能力と国語力が必要である。教授が私淑したシュミットの‘Verfassungslehre’の翻訳には、とりわけ思想史の知識と柔軟な理解力が要求される。

目次1「カール・シュミットの憲法理論」（以下、本書所収の論文、判例研究を引用ないし参照を求めるときは**2**、**3**、**4**等と略記する）は、シュミット憲法理論についての教授の読みの深さを如実に示した論文であるが、その執筆を可能にした教授の思想史の知識は**3**、**4**——渡米前に発表されたが学界の注目を惹かなかった権力分立論についての地味な論文——執筆の際に蓄積されたと思われる。

3は習作の域を出ないが**4**には格段に進歩の跡が見られる。J・ロック、モンテスキュー、ルソー、ド・ロルムの諸著の精読なくしては**4**の作製は不可能である。簡潔にして要を得、理路整然たる好論文である。抵抗権概念究明という、実務家から見ると全く無価値な研究のため長年月にわたってロック、ホッブズの政治思想関係の書物と、その周辺の思想史を模索している私の眼から見ても優れた研究である。権力分立や民主制を論ずるとき必読の文献の一つと断言して憚らない。

教授はケルゼンにも私淑している。ケルゼンとシュミット、この両者の思考法、学説は完全に対立していて妥協の余地がない。しかし、どうした訳か、ケルゼンに取り憑かれるとシュミットにも引きこまれる。長尾龍一教授もそうだし私もその一人である。尾吹教授も例外でない。ケルゼン学説の影響は**28**に最も強く現れている。教授はケルゼンの法理論を充分咀嚼して、これを「立法不作為の違憲審査」の可否という日本国憲法の解釈問題処理に見事に生かしている。法理論と実定憲法解釈の融合の具体例を、ここに見出すことができる。場当り的思いつき憲法解釈と同日の談ではない。

教授が如何にシュミット、ケルゼンの著書を読みこなし教授なりに血肉化していたのかを判然と示したのが**6**である。国家観、民主主義論、世界観の三点に絞って二人の「知的巨人」の学説の対立を鳥瞰し簡潔に紹介すると共に教授の所見を歯切れよく論述している。小論ではあるが両碩学の主著の名翻訳者ならではの珠玉の論文である。わが国の現在の公法学界に限って言うならば、シュミットとケルゼンに関しこれだけ簡潔に充実した論文を書くことができる人は見当らないし、将来も出現するかどうか疑わしい。少なくとも、両者の学説のミクロ的分析に終始している私には書くことができない。

10は、「憲法改正限界論についての若干の考察」（拙著『国権の限界問題』所収）で東北大学法学博士号を取得した私をも充分刺戟するに足りる佳作である。ドイツ、スイスと戦後日本の憲法改正限界論にのみ焦点をあてた拙論と異なり、アメリカ、フランスにも目配りしている。憲法改正限界論の当否について論ずるとき参照しなければならない文献であることは間違いない。

7と**8**は、小林直樹『憲法の構成原理』（一九六一年）の書評と小林教授の反論への再批判である。挑発的にすぎる難はあるが、際物的なものでないのは明白である。C・シュミットを咀嚼し、アメリカ法学を踏まえてものされた・書評の域を超えた堂々たる論文である。尾吹教授の優れた語学力、理解力、憲法学観、「実践」的志向、そして教授その人の性格まで表現されて余すところがない。発表されて四十余年を経た今日でも古びた感じがしない。この二つの論文が現在でもなお我が国の憲法学界への警鐘であり続けていると見るのは僻目だろうか。

尾吹教授は空理空論に耽っている私と異なり「実践的」志向を多分に持ちあわせており、日本国憲法の解釈と判例研究で「実践」している。随筆集『憲法学者の大あくび』のなかで法律家にとっての必要な素質の一つとして、「人間、人間関係、社会というものに対する強い関心」があることを挙げている。しかし、「せまい党派的・実践的関心の持主は政治家」になるべきだとし、「主意―主情主義的」憲法解釈を強く斥ける。実践という言葉は多義的であるが、私に比して教授が遙かに「実践的」だと言うときの「実践」とは次の意味でのそれ、即ち、普通の人間にとって住み心地のよい国家であるためには、どのような法の定立（もとより改正も含む）、適用、執行が妥当であるのかについての「対立する言分をじっくり聞き、理非曲直を冷静に判断」し、よい法秩序形成に役立つ有益な意見を法解釈、判例評釈として発表し公権力に働きかける、という意味での実践である。

法律家の本来の任務が国会や裁判所、行政庁に対し法の解釈、運用について助言することであるのは、雲をつかむような論文ばかり書いている私とて充分承知している。その資質に乏しいのを自覚しているので「実践」していないだけの話である。レオ・シュトラウスは近代自然法論者に共通する「基本問題はまさに〔なまみの〕人間にとって実現可能なよい組織〔とはなにか〕の問題である」と述べているが（Leo Strauß, Natural Right and History, p. 193.）、この指摘は現代の憲法学者にも当てはまりそうである。

教授は日米法学交流計画により三年間アメリカに留学して憲法判例研究に従事した。その成果が九〇頁の大論文**14**である。一九二〇年代から一九五〇年代までの言論・思想表現の自由に関する連邦と州の憲法判例の流れを克明に追求し紹介すると共に、これに検討をくわえ、採るべきものと然らざるものとを腑分けしてみせた力作である。後年の教授の文章に比すると読み辛いという難はあるが、この論文で取りあげられたアメリカ憲法判例の紹介・分析・評価は——少なくとも私にとっては——最も信頼の置けるものであり、今なお精読に値する価値をもつと信じている。教授の語学力と知的誠実さを誰よりも私は知っているからである。

この論文が転機となって、優れた憲法解釈学者としての面目躍如たる教科書、論文、判例研究が次々と公表される。教授の憲法解釈の強味は、アメリカ憲法判例の緻密な読みと検討によって得られた憲法解釈の手法と、助手時代から親しんだドイツ国家学から吸収した公法理論の双方を身につけていることである。それに加えて平明達意の文章を書く能力を持っている。

西ドイツの行政法学者の議論を素材として、行政機関は法律に対し何らかの程度の違憲審査権を持ちうるか否かを論じた**26**と、アメリカ合衆国最高裁判所の判例を論理的に分析して、いわゆる「政治的問題（ＰＱ）」ドクトリンの内実を精査した**29**、この二つは教授の尋常ならざる学力の所産である。このように密度の濃いドイツ公法学についての論文とアメリカ憲法判例の研究論文を書くことができる公法学者は――私の視野が狭いためか――見当らない。**49**もまた、教授ならでは物し得ない簡にして要を得たドイツ連邦憲法裁判所の判例研究である。

尾吹教授の同業者で友人、その上、教授物故のときには同僚でもあった私は、彼の業績が正当に評価されるためには論文集の刊行が必要であると考え、日本大学法学部で教授の指導をうけた吉田隆君を煩わし、様々な雑誌に掲載されたが著書には収録されていなかった論文と判例研究をコピーして貰い、退職後手もとに保管していた。いずれ単行本として心あたりの出版社から公刊するのを予定してのことである。これまで幾度となく出版社に話を持ちこもうと思ったが、学術書の出版は日日困難をまし、その上、拙著の売行甚だ芳しくないので、とてものこと、申し出る勇気が持てないで今日に至った。ところが、神橋一彦君がこの件について信山社の袖山貴氏の意向を打診したところ快諾を得たとの朗報が舞いこんだ。早速コピーを神橋君にあてて送付し今回の運びとなった。本書に収める論文等の選択、配列、目次、履歴書・業績目録の作製、校正は、あげて布田勉、赤坂正浩、神橋一彦、大石和彦、吉田隆の諸君がその労をとるとのことである。尾吹教授がよい後輩と門下生に恵まれたことを喜び、上記諸君に衷心より謝意を表する。袖山氏の御好意を徳とし感謝しているのは言をまたない。

平成一七年一二月四日で、教授が亡くなって満一〇年を経た。本書中には五〇年前のものも収められている。思いつき「論文」、政治的信念の吐露にすぎない「論文」、下敷きにした外国文献未消化のまま執筆した所為か繰り返し読んでも理解不能な「論文」、そうした論文が往往みうけられる現在、本書出版の意義は大きいと信ずる。本書が尾吹教授の憲法学の再評価につらなることになれば、親友の私にとって誠に幸いである。

「古い発表でも、いいものは光っている。新しくても綺語だけでは弱い」（松本清張『両像・森鷗外』）

平成一八年一二月

菅野喜八郎
（東北大学名誉教授）

編集にあたって

本書は、故・尾吹善人教授（一九二九～一九九五）が遺された憲法の基礎理論と解釈に関する論文を収録したものである。

尾吹教授が遺された著作は、本書末尾の著作目録が示すように、『基礎憲法』（一九七八年・東京法経学院出版）、『憲法教科書』（一九九四年・木鐸社）に代表される主として学生向けの教科書、参考書、解説類から、カール・シュミット『憲法理論』（一九七二年・創文社）の翻訳を初めとする憲法の基礎理論に関わるもの、日本国憲法の具体的解釈論に関わる論文、判例評釈、さらには『憲法徒然草』（一九八三年・三嶺書房）等のエッセーなど多岐にわたるが、本書の編集にあたっては、教授自らが遺された著作目録を基に、憲法の基礎理論及び解釈に関する主要な論文、判例評釈を選び、これを「Ⅰ 基礎理論」「Ⅱ 基本的人権」「Ⅲ 統治機構・司法権」「Ⅳ 判例評釈」の四部に分類し、整理した。

さらに「あとがき」については、尾吹教授と生涯の親友であられた東北大学名誉教授・菅野喜八郎先生にご執筆をお願いした。

以上の作業は、布田勉（東北大学大学院国際文化研究科教授）、赤坂正浩（神戸大学大学院法学研究科教授）、神橋一彦（立教大学法学部教授）、大石和彦（白鷗大学大学院法務研究科教授）、吉田隆（東京法律専門学校教務部主任）の五名を中心に行った。また、校正作業には菅野先生自ら加わっていただいたほか、編集の全過程において、信山社の袖山貴氏、今井守氏にご尽力いただいた。

本書は、教授の没後一〇年余を経て刊行されるものであるが、時を経てもその価値を失うことのない尾吹憲法学の鋭利な理論の世界が、本書の刊行を機に、再び学界への新たな刺激、示唆を与えるものとなることを期待したい。

（K）

□尾吹善人教授略歴□

昭和　四（一九二九）年一一月一二日　朝鮮釜山において出生
昭和二八（一九五三）年　三月　東北大学法学部法学科卒業
昭和二八（一九五三）年　四月　東北大学助手（法学部）
昭和三一（一九五六）年　九月　日米法学交流計画により、ハーヴァード大学及びミシガン大学において アメリカ法研究のためアメリカ合衆国に出張（昭和三四（一九五九）年八月まで）
昭和三五（一九六〇）年　四月　東北大学講師（法学部）
昭和三六（一九六一）年一〇月　東北大学講師（川内分校）
昭和三八（一九六三）年　四月　新潟大学助教授（人文学部）
昭和四〇（一九六五）年一〇月　千葉大学助教授（文理学部）
昭和四三（一九六八）年　四月　千葉大学助教授（人文学部）
昭和四六（一九七一）年　八月　千葉大学教授（人文学部）
昭和五三（一九七八）年　四月　千葉大学評議員（昭和五五（一九八〇）年三月まで）
昭和五六（一九八一）年　四月　千葉大学教授（法経学部）
　千葉大学評議員（昭和五八（一九八三）年四月まで）
昭和五八（一九八三）年　四月　千葉大学法経学部長・千葉大学評議員（昭和六〇（一九八五）年四月まで）
昭和六〇（一九八五）年　四月　千葉大学大学院社会科学研究科（修士課程）授業担当
昭和六二（一九八七）年　四月　千葉大学法経学部長・千葉大学大学院社会科学研究科長・千葉大学評議員（平成元年（一九八九）年四月まで）

平成　五（一九九三）年　三月　千葉大学教授退官
　　　　　　　　　　四月　日本大学教授（法学部）
　　　　　　　　　　　　　千葉大学名誉教授
平成　七（一九九五）年一二月　四日　逝去・享年六六歳
〈所属学会〉日本公法学会（昭和二八（一九五三）年一〇月～）、日米法学会（昭和四四（一九六九）年四月～）、
比較憲法学会（平成元（一九八九）年四月～）

□尾吹善人教授著作目録□

一　著　書（共著・編著を含む）

昭和四三（一九六八）年
体系憲法事典（共著）　青林書院新社
昭和四五（一九七〇）年
学説判例事典・憲法　東出版
昭和四六（一九七一）年
法律用語の基礎知識（共著）　有斐閣
判例演習講座・憲法（共著）　世界思想社
昭和四七（一九七二）年
法学演習講座・憲法（共著）　法学書院
ワークブック・憲法　有斐閣
昭和四八（一九七三）年
演習・憲法（共著）　青林書院新社
昭和四九（一九七四）年
憲法小事典（共編）　有斐閣
昭和五〇（一九七五）年
憲法（2）（共著）　有斐閣
憲法（3）（共著）　有斐閣
昭和五一（一九七六）年

＊本著作目録中『憲法徒然草』（昭和五八（一九八三）年）、『憲法学者の大あくび』（昭和六三（一九八八）年）に収録されたものについてはそれぞれ末尾に【徒然草】、【大あくび】と記した。

注釈憲法（共著）　有斐閣
昭和五二（一九七七）年
判例コンメンタール　憲法（共著）　三省堂
日本国憲法　余暇創造センター
昭和五三（一九七八）年
基礎憲法　東京法経学院出版
暗記受験六法（共同監修）　自由国民社
新版憲法演習1（共著）　有斐閣
昭和五五（一九八〇）年
教育関係基本法規集（共編）　有斐閣
憲法のポイント　有斐閣
昭和五七（一九八二）年
択一六法　憲法編　東京法経学院出版
昭和五八（一九八三）年
憲法徒然草　三嶺書房
昭和六一（一九八六）年
解説・憲法基本判例　有斐閣
昭和六三（一九八八）年
憲法学者の大あくび　東京法経学院出版
平成二（一九九〇）年

日本憲法――学説と判例　木鐸社
平成三（一九九一）年
憲法学者の空手チョップ　東京法経学院出版
平成四（一九九二）年
寝ても覚めても憲法学者　ファラオ企画
平成六（一九九四）年
憲法教科書　木鐸社

二　訳　書

昭和四七（一九七二）年
カール・シュミット『憲法理論』　創文社
平成三（一九九一）年
ハンス・ケルゼン『法と国家の一般理論』　木鐸社

三　論　文

昭和三一（一九五六）年
権力分立と混合政体　東北法学会雑誌六号③
民主制と権力分立　法学二〇巻三号④
昭和三五（一九六〇）年
思想・言論の自由（一）（二・完）　法学二四巻二号、四号⑭
統治行為（匿名）　法学セミナー五三号㉚
昭和三六（一九六一）年
言論の自由と営利目的　法律時報三三巻五号⑮
憲法理論の基本問題　法律時報三三巻六号⑦
『憲法理論の基本問題』　東北法学会雑誌一一号⑧
昭和四〇（一九六五）年
海外渡航の自由の性質と限界　続学説展望㉒
憲法・法律・行政　新潟大学法経論集一四巻四号㉖
昭和四一（一九六六）年
「政治的問題」の問題性　新潟大学法経論集一五巻四号㉙
出国の自由と旅券法　ジュリスト三五八号㉔
昭和四四（一九六九）年
司法権の本質　法律時報四一巻五号㉗
Keyshian v. Board of Education　アメリカ法　一九六九年Ⅰ
出国の自由と旅券行政　日朝貿易三六号㉓
昭和四五（一九七〇）年
憲法三九条　法学セミナー別冊・基本法コンメンタール憲法
教科書検定と表現の自由　ジュリスト四六一号⑲
昭和四六（一九七一）年
外国人の基本的人権　ジュリスト四八三号⑫
昭和四七（一九七二）年

憲法の「国際協調主義」
法学セミナー一九七二年七月号⑪
報道の自由──アメリカ　比較法研究一九七二年⑳
国家秘密と知る権利──アメリカ
ジュリスト五〇七号【徒然草】㉑

昭和四八（一九七三）年
競争制限と公共の福祉
法学セミナー「学習法学全集・憲法」
カール・シュミットの「憲法理論」
社会科学の方法一九七三年三月号【徒然草】①
私人間における人権の保障
法学教室〈第Ⅱ期〉二号⑬
憲法第三一条をめぐる判例の展開
千葉大学法経研究二号㉕

昭和四九（一九七四）年
ケルゼンにおける理論と実践
鵜飼信成・長尾龍一編『ハンス・ケルゼン』
（東京大学出版会）②

昭和五三（一九七八）年
表現の自由と取材の自由
小嶋和司編『憲法の争点』（有斐閣）⑯
いわゆる税関検閲
小嶋和司編『憲法の争点』（有斐閣）⑰
広告の自由と表現の自由
小嶋和司編『憲法の争点』（有斐閣）⑱
権力分立
Law School 一九七八年一二月号⑤
マクリーン事件大法廷判決をめぐって
Law School 二号、一九七八年【徒然草】㉞

昭和五七（一九八二）年
いわゆる「平和的生存権」論への疑問
千葉大学法経研究一一号【徒然草】㉛

昭和六三（一九八八）年
ケルゼン v.シュミット　三つの争点
千葉大学法学論集二巻二号【大あくび】⑥
三つの地裁判決
千葉大学法学論集二巻二号【大あくび】㉜

平成二（一九九〇）年
憲法改正限界論の迷路　比較憲法学研究二号⑩

平成三（一九九一）年
憲法規範の変性？
新正幸・鈴木法日児編『憲法制定と変動の法理』菅野喜八郎教授還暦記念（木鐸社）㉘

平成四年（一九九二）年
憲法学者が診断する「小沢答申案」
中央公論一九九二年五月号⑨

四　判例評釈

昭和三八（一九六三）年
営利的な広告の自由の制限　憲法判例百選㊳
昭和三九（一九六四）年
言論の自由⑴、⑵　英米判例百選㊻㊼
昭和四三（一九六八）年
台帳地積による換地予定地指定と憲法第二九条　土地収用判例百選㊺
取材源の秘匿と表現の自由　憲法判例百選（新版）
シュレースウィヒ＝ホルシュタイン州の選挙法は平等に反し無効　ドイツ判例百選㊾
昭和四五（一九七〇）年
報道取材の司法的利用と報道の自由　昭和四四年度重要判例解説㊶
昭和四六（一九七一）年
報道の自由と正当行為の範囲　マスコミ判例百選㊴
言論の自由と名誉毀損　マスコミ判例百選㊱
盗聴器の使用とプライバシー　樋口陽一編『憲法の基本判例』㊸
イデオロギーの相違を理由とする解雇の有効性　昭和四五年度重要判例解説㉟
昭和四八（一九七三）年
電電公社職員の職員の職場内における政治的表現の自由　昭和四七年度重要判例解説㊷
いわゆるフェア・コメントの法理を認めた事例　判例評論一七三号㊲
昭和四九（一九七四）年
取材源の秘匿と表現の自由　憲法判例百選（第三版）
公務員の政治活動　昭和四九年度重要判例解説
昭和五三（一九七八）年
アメリカにおける報道の自由と取材源などの秘匿　英米判例百選Ⅰ㊽
平成元年（一九八九）年
殉職自衛官合祀訴訟大法廷判決をめぐって　千葉大学法学論集四巻一号㉝
平成三年（一九九一）年
政見放送削除事件　平成二年度重要判例解説㊹
平成六年（一九九四）年
取材源の秘匿と表現の自由　憲法判例百選Ⅰ（第三版）㊵

五　その他

昭和四五（一九七〇）年
アンケート・杉本判決をこうみる――検定制度

の違憲性について　法律時報増補版・教科書裁判

昭和四六（一九七一）年

反対意見のほか全員一致　ジュリスト四九一号【徒然草】

昭和四七（一九七二）年

一期校・二期校論から思うこと　受験新報昭和四七年八月号

昭和四八（一九七三）年

シュミットの体質　ダイヤモンド社『現代思想』月報【徒然草】

昭和五一（一九七六）年

ベレンコ中尉の亡命　ジュリスト六二三号

昭和五三（一九七八）年

新聞公器論のウソ　不動産法律セミナー【徒然草】

私と憲法　自由国民社

昭和五四（一九七九）年

望　郷　ロー・スクール、一九七九年二月号

女性に政治をもっとやってもらおう　不動産法律セミナー昭和五四年五月号

憲法における常識と非常識（講演）　不動産法律セミナー昭和五四年八月号

昭和五五（一九八〇）年

憲法徒然草　創文一九四

〔「八月十五日」、「日本国憲法の誕生」及び「翻訳調の問題」と改題して【徒然草】収録〕

憲法・徒然草（Ⅱ）　創文一九五

〔「空中楼閣的憲法論」と改題して【徒然草】収録〕

「大」の字　ジュリスト七一四号【徒然草】

「軍国主義」というもの　ジュリスト七二四号【徒然草】

判例ハンドブック1憲法　法セミブックス

昭和五六（一九八一）年

憲法講義（講演）　受験新報昭和五六年一月号

左と右　不動産法律セミナー昭和五六年三月号【徒然草】

昭和五九（一九八四）年

反骨精神から憲法学者の道へ　不動産法律セミナー昭和五九年4月号（「いろいろな試験のこと」と改題の上【大あくび】に収録）

昭和六一（一九八六）年

眠っている民主主義　アーティクル一号

昭和六三（一九八八）年

いったい日本はどうなるのだろう？　不動産法律セミナー昭和六三年二月号

現代史の隠蔽　木鐸五三号

〈著者紹介〉

尾吹善人（おぶき　よしと）

1929年　朝鮮釜山生まれ
1953年　東北大学法学部卒業
　　　　東北大学法学部助手、同教養部講師、新潟大学人文学部助教授、
　　　　千葉大学人文学部助教授等を経て、
1971年　千葉大学人文学部教授
1981年　千葉大学法経学部教授
1993年　日本大学法学部教授、千葉大学名誉教授
1995年　逝 去

学術選書 憲法

憲法の基礎理論と解釈

2007（平成19）年1月10日　第1版第1刷発行
3231-01011：p696, b550, y21000E

著　者　尾 吹 善 人
発行者　今 井 　貴
発行所　株式会社信山社
〒113-0033 東京都文京区本郷6-2-9-101
Tel 03-3818-1019
Fax 03-3818-0344
henshu@shinzansha.co.jp
出版契約2007-3231-01010　Printed in Japan

 印刷・製本／松澤印刷・大三製本
ISBN978-4-7972-3231-8 C3332　分類324.340-a011
3231-01011-012-050-010

信山社

5101011	実体的適法手続	石田　尚
7001011	現代ドイツ公法学人名辞典	日笠　完治
9701011	アメリカ移民法	川原　謙一
11801051	ケース・メソッド教養法学新講（上）法学概論	高野　幹久
12401011	メイン・古代法	
13801011	ランゴバルド部族法典	塙　浩
13901011	ボマノワールボヴェジ慣習法書	塙　浩
14001011	ゲヴェーレの理念と現実	塙　浩
14101011	フランス・ドイツ刑事法史	塙　浩
14201011	フランス中世領主領序論	塙　浩
14301011	フランス民事訴訟法史	塙　浩
14401011	ヨーロッパ商法史	塙　浩
14501011	シュルツ「古典期ローマ私法要説」	塙　浩
14601011	西洋諸国法史（上）	塙　浩
14701011	西洋諸国法史（下）	塙　浩
14801011	西欧における法認識の歴史	塙　浩
15801011	日本の経済成長とその法的構造	川原　謙一
16501011	文民統制の憲法学的研究	小針　司
17601011	幕藩・維新期の国家支配と法	山中　永之佑
35001011	日本財政制度の比較法史的研究	小嶋　和司＊
36001011	法心理学考述	西村　克彦＊
37901011	「學説彙纂」の日本語への翻訳（２）	江南　義之
38401011	正義感	カーン，Ｅ.＊
38501011	戦後日本の安全保障論議	粕谷　進
43201011	憲法判断回避の理論（英文）	高野　幹久
44801011	イェーリングの法理論	山口　廸彦
50101011	原文で読む「米国憲法入門」	後藤　浩司
55101011	社会的法治国の構成	高田　敏
56301011	社会権の歴史的展開	内野　正幸
56401011	言論法研究Ⅰ（総論・歴史）	石村　善治
56501011	言論法研究Ⅱ（知る権利・プライバシー・国家機密・デモ行進）	石村　善治
56601011	言論法研究Ⅲ（マス・メディア論）	石村　善治
56701011	言論法研究Ⅳ（ドイツ言論法研究）	石村　善治
56801011	司法的人権救済論	井上　典之
57301011	議員立法の研究	中村　睦男
57401011	法の実現と手続	石部　雅亮
57801011	法の国際化への道	石部　雅亮
60601011	実効的基本権保障論	笹田　栄司
60701011	言論法教材	石村　善治
60801011	言論法研究［論文選］	石村　善治
60901011	フランス行政法研究	近藤　昭三
61101011	基本権論	ヘーベルレ，Ｐ.
61201011	現代日本の立法過程	谷　勝弘
61901011	政治腐敗防止法を考える	前田　英昭
62701011	障害差別禁止の法理論	小石原　尉郎
63101011	議会特権の憲法的考察	原田　一明
63201011	内田力蔵著作集①　イギリス法入門	内田　力蔵＊
63301011	内田力蔵著作集②　法改革論	内田　力蔵＊
63401011	内田力蔵著作集③　法思想	内田　力蔵＊
65001011	法と国制の史的考察	京大日本法史研究会
66001011	一九世紀ドイツ憲法理論の研究	栗城　壽夫
66101011	小山貞知と満洲国（上）	小山　貞知＊
66201011	小山貞知と満洲国（中）	小山　貞知＊
66301011	小山貞知と満洲国（下）	小山　貞知＊
66501011	行政計画の法的統制	見上　崇洋
66601011	ドイツにおける法律科目の構成の歴史（未刊）	栗城　壽夫
67101011	明治軍制	藤田　嗣雄＊
67301011	法の正当な手続	デニング，ロード＊

68801011	請願権の現代的展開	渡邉　久丸
69001011	大学教育行政の法理論	田中舘　照橘＊美知子
69101011	基本権の理論	田口　精一
69201011	法治国原理の展開	田口　精一
69301011	行政法の実現	田口　精一
70801011	法の中の男女不平等	ヤコブス,グュンター
78701011	大規模施設設置手続の法構造	山田　　洋
78801011	公務員不法行為責任の研究	田村　泰俊
79701031	憲法講義案Ｉ［理論演習Ｉ］（第２版）	棟居　快行
82501101	ケース・メソッド教養法学新講(下) 憲法	高野　幹久
82901011	共同研究の知恵	多田　道太郎
83301011	行政裁量とその統制密度	宮田　三郎
83601011	憲法叢説　１　憲法と憲法学	芦部　信喜
83701011	憲法叢説　２　人権と統治	芦部　信喜
83801011	憲法叢説　３　憲政評論	芦部　信喜
84201011	オーストリアの歴史と社会民主主義	須藤　博忠
85301011	行政行為の存在構造	菊井　康郎
86501011	行政過程と行政訴訟	山村　恒年
86701011	判例解説行政法	山村　恒年
86801011	自然の権利	山村　恒年
86901011	アメリカ財政法の研究	田中　　治
87101011	議員立法	石村　　健
87201011	立法生活３２年	鮫島　眞男＊
89601011	行政法教科書	宮田　三郎
90201011	ライプチヒ戦場哀話	西村　克彦＊
90301011	ボーダーレス時代のビザ・入門	布井　敬次郎
90701011	詳解アメリカ移民法	川原　謙一
91001011	確定性の世界	ポパー，　K.＊
92001011	地方中核都市の街づくりと政策	田中　克志
97301011	ヨーロッパ近代政治史	須藤　博忠
150401011	中国行政法の生成と展開	張　　　勇
150901011	英国不動産法	西垣　　剛
151401011	軍制講義案	三浦　裕史
152501011	近代日本における国家と宗教	酒井　文夫
152601011	東欧革命と宗教	清水　　望
154401011	現代オーストリアの政治	ラウバー　フォルクマール
156001011	行政法総論	宮田　三郎
158901011	憲法の具体化・現実化（近刊）	栗城　壽夫
161902011	法と経済学［第２版］	林田　清明
162801021	イェーリング・法における目的	山口　廸彦
162901011	現代韓国法入門	高　　翔龍
163001011	都市計画法規概説	荒　　　秀
163201011	人間・科学技術・環境	ドイツ憲法判例研究会
164401011	行政訴訟法	宮田　三郎
164901011	国家責任法	宮田　三郎
165001011	環境行政法	宮田　三郎
177101011	アメリカ憲法	田島　　裕
177201011	イギリス法ー議会主権と法の支配	田島　　裕
177301011	英米の裁判所と法律家	田島　　裕
177401011	コモン・ロー	田島　　裕
177501011	英米の土地法と信託法	田島　　裕
177601011	英米企業法	田島　　裕
177701011	英米諸法の研究	田島　　裕
177801011	英米法判例の法理論	田島　　裕
178101011	比較法の方法	田島　　裕
178201011	イギリス法入門	田島　　裕
178701011	イギリス憲法典	田島　　裕
179201011	教育権の理論	田辺　勝二
179701011	土地利用の公共性	奈良　次郎

179901011	行政統制の理論	市原　昌三郎
182801021	外国法文献の調べ方	板寺　一太郎
182901011	日韓土地行政法制の比較研究	荒　　秀
186001021	情報公開条例の解釈	平松　　毅
186601011	都市再生の法と経済学	福井　秀夫
189301011	２１世紀を展望する法学と政治学　成城大学法学部記念	矢崎　三圀
189401011	行政手続法	宮田　三郎
189501011	二十一世紀の人権	初川　　満編
190601011	未来志向の憲法論	ドイツ憲法判例研究会
190701011	ドイツの憲法判例（第２版）	ドイツ憲法判例研究会
192501011	比較法学の課題と展望　大木雅夫先生古稀記念	滝澤　　正ほか編
193101011	韓国憲法裁判所１０年史	徐　元宇
193401011	共同性の復権	黒川　みどり
193501011	憲法論の再構築	猪股　弘貴
194501011	条文比較による個人情報保護条例集（上）－１	秋吉　健次
194601011	条文比較による個人情報保護条例集（上）－２	秋吉　健次
194701011	条文比較による個人情報保護条例集（中）	秋吉　健次
194801011	条文比較による個人情報保護条例集（下）	秋吉　健次
195701011	来栖三郎先生を偲ぶ	安達三季生ほか
196201021	日本国憲法概論	高野　幹久
196301011	アメリカ憲法綱要	高野　幹久
197301011	地方自治法入門	宮田　三郎
197901021	「學説彙纂」の日本語への翻訳（１）	江南　義之
200201011	憲法訴訟要件論	渋谷　秀樹
200901011	出入国管理行政論	竹内　昭太郎
204701011	憲法社会体系Ⅰ	池田　政章
204801011	憲法社会体系Ⅱ	池田　政章
204901011	憲法社会体系Ⅲ	池田　政章
206201011	性差別司法審査基準論	君塚　正臣
206301011	戦後憲政年代記（上）１９４９－１９６４	†小林　孝輔
206401011	戦後憲政年代記（中）１９６５－１９７９	†小林　孝輔
206501011	戦後憲政年代記（下）１９８０－１９９５	†小林　孝輔
206801021	憲法評論	中川　剛＊
208601011	法と情報　石村善治先生古稀記念	「法と情報」刊行企画委員会
208901011	比較政治学	愼　　斗範
209001011	立法過程の研究	中村　睦男
209101011	現代社会と自己決定権	松本　博之
209301021	文学のなかの法感覚	中川　剛＊
209601011	憲法裁判権の理論	宇都宮　純一
210501011	地方自治の世界的潮流（上）	ヘッセ，　Ｊ．　ヨアヒム
210601011	地方自治の世界的潮流（下）	ヘッセ，　Ｊ．　ヨアヒム
211601011	憲法学の発想Ⅰ	棟居　快行
212201031	憲法入門	清水　　睦
213801011	対訳・グルジア憲法	佐藤　信夫
214401011	日露戦争後の日本外交	寺本　康俊
214601011	国会の立法活動	前田　英昭
214801011	現代民主政の統治者	ハンス・チェニ
214901011	環境保護と法	松本　博之
215001011	現代の政治と行政	愼　　斗範
215501011	トーピク・類推・衡平	石部　雅亮
215901011	**法政策学の試み（第二集）**	**阿部　泰隆**
216201011	対訳　アルメニア共和国憲法	佐藤　信夫
216501011	放送の自由	鈴木　秀美
216701011	憲法改革の論点	加藤　孔昭
217701011	**法政策学の試み（第三集）**	**阿部　泰隆**
218101011	憲法学再論	棟居　快行
218501011	現代国家の憲法的考察	植野　妙実子
218801011	現代フランス議会制の研究	福岡　英明
219001011	公正の法哲学	長谷川　晃

219101011	韓国司法制度入門	金　洪奎
219601011	選挙法の研究	野中　俊彦
221401011	**法政策学の試み(第四集)**	**阿部　泰隆**
222101011	政尾藤吉伝	香川　孝三
222301011	自治体エスノグラフィー	明石　照久
222501011	憲法答弁集［1947-1999］	浅野　一郎
222801011	情報社会の公法学	川上宏二郎先生古希記念
222901011	フランスの憲法判例	辻村　みよ子
223001011	＜まちづくり権＞への挑戦	木佐　茂男
223301011	基本的人権論	ハンス・マイアー
224001011	行政改革の違憲性	森田　寛二
224101011	議員立法の立証研究	谷（武蔵）勝宏
224201011	土地法の研究	小野　秀誠
224301011	**法政策学の試み(第五集)**	**阿部　泰隆**
224601011	近代日本軍制概説	
226201011	公務員制度改革の憲法違反性	森田　寛二
226601011	地球社会の人権論	芹田　健太郎
227001011	**法政策学の試み(第六集)**	**阿部　泰隆**
227301011	デュルケム理論と法社会学	巻口　勇一郎
227701011	憲法解釈演習	棟居　快行
228001011	憲法制定の＜謎＞と＜策＞（上）	森田　寛二
229501011	道路環境の計画法理論	山田　洋
230001011	公共契約法精義	碓井　光明
230101011	ブリッジブック憲法	横田　耕一
230401011	ブリッジブック先端法学入門	土田　道夫
231501011	ブリッジブック法哲学	長谷川　晃
231801011	ブリッジブック日本の外交	井上　寿一
241601011	**法政策学の試み(第七集)**	**根岸　哲**
241701011	行政法の解釈（2）	阿部　泰隆
241901011	行政保全訴訟の研究	東條　武治
242101011	人民日報を読む	小杉　丈夫
242201011	天皇神話から民主主義へ	ローレンス・W・ビーア
242401011	両性平等時代の法律常識	三谷　忠之
242504011	ドイツ憲法集[第４版]	高田　敏
242602021	プロセス演習　憲法[第２版]	ＬＳ憲法研究会
243101011	法哲学史綱要	平野　秩夫
243601011	ローマ法と比較法	アラン・ワトソン
243701011	情報公開と文書管理の技術	岩谷　伸二
244001011	立憲主義と市民	浦田　一郎
244201011	磯部四郎論文選集	村上　一博
244601011	間接行政強制制度の研究	西津　政信
244801011	女性と憲法の構造	大西　祥世
245801011	教育における自由と国家	今野　健一
246701011	「官」の憲法と「民」の憲法	江橋　崇
247101011	団体・組織と法	松本　博之
247601011	融合する法律学　上巻	青柳　幸一
247701011	融合する法律学　下巻	青柳　幸一
300201011	日系ジャーナリスト物語	林　ケイト　かおり
302101011	警察法	宮田　三郎
302501011	コクリコのうた	塙　陽子
303101011	国家の法的関与と自由	大須賀　明
303501011	スポーツ法学序説	千葉　正士
303801011	現代先端法学の展開　田島裕先生還暦記念	矢崎　幸生
305201011	ラーレンツの類型論	伊藤　剛
305802011	税法講義（第二版）	山田　二郎
306001011	行政訴訟と権利論	神橋　一彦
306201011	2001年行政事件訴訟法草案	木村　弘之亮
307301011	日独憲法学の創造力　上巻　栗城寿夫先生古稀記念	樋口　陽一
307401011	日独憲法学の創造力　下巻　栗城寿夫先生古稀記念	樋口　陽一

307701011	国法体系における憲法と条約	齊藤　正彰
308101011	容積率緩和型都市計画論	和泉　洋人
308301011	Legal Cultures in Human Society	千葉　正士
308401011	ソ連のアフガン戦争	李　雄賢
309001011	法と時間	千葉　正士
309301011	保護義務としての基本権	ヨーゼフ・イーゼンゼー
309401011	憲法ゼミナール	甲斐　素直
309501011	イェーリング法学論集	山口　廸彦
310001011	現代比較法学の諸相	五十嵐　清
311001011	グローバル化する戦後補償裁判	奥田　安弘
311901011	現代行政法入門	宮田　三郎
313301011	アジア立憲主義の展望	全国憲法研究会
313501011	憲法裁判の国際的発展（1)	ドイツ憲法判例研究会
313901011	先端科学技術と人権	ドイツ憲法判例研究会
316101011	新編　情報公開条例集１	秋吉　健次
316201011	新編　情報公開条例集２	秋吉　健次
316301011	新編　情報公開条例集３	秋吉　健次
316401011	新編　情報公開条例集４	秋吉　健次
316501011	新編　情報公開条例集（５）	秋吉　健次
316601011	新編　情報公開条例集（６）	秋吉　健次
316701011	新編　情報公開条例集（７）	秋吉　健次
316801011	新編　情報公開条例集（８）－１	秋吉　健次
316901011	新編　情報公開条例集（８）－２	秋吉　健次
319101011	新編　個人情報保護条例集１	秋吉　健次
319201011	新編　個人情報保護条例集２	秋吉　健次
319301011	新編　個人情報保護条例集３	秋吉　健次
319401011	新編　個人情報保護条例集４	秋吉　健次
319501011	新編　個人情報保護条例集５	秋吉　健次
322601011	憲法解釈の法理	香城　敏麿
323501011	パリテの論理	糠塚　康江
323601011	憲法の現在	自由人権協会
327101011	ＮＰＭ時代の組織と人事	原田　久
330101011	土地区画整理事業の換地制度	下村　郁夫
333101011	アメリカ法思想史	スティーブン・フェルドマン
333701011	国際関係の中の拡大ＥＵ	森井　裕一
333801011	国際危機と日本外交	神余　隆博
334402011	ドイツの憲法判例Ⅱ（第２版）	ドイツ憲法判例研究会
481101011	明治法制史　全	清浦　奎吾
500101011	日本の政治－講演と討論	明治学院大学立法研究会
500201011	市民活動支援法	明治学院大学立法研究会
500401011	立法の平易化	塩野　宏
501301011	環境アセスメント法	明治学院大学立法研究会
501401011	国際環境法	磯崎　博司
501501011	租税債務確定手続	占部　裕典
501601011	国際的企業課税法の研究	占部　裕典
501701011	環境影響評価の制度と法	浅野　直人
502001011	立憲民主制	大石　眞
502201011	議会制度	原田　一明
502601011	裁判制度	笹田　栄司
504201011	思想としての日本憲法史	長尾　龍一
504301011	憲法史の面白さ	大石　眞
504401011	憲政時論集Ⅰ	佐々木　惣一＊
504501011	憲政時論集Ⅱ	佐々木　惣一＊
504601011	憲法史と憲法解釈	大石　眞
504801011	穂積八束集	長尾　龍一
504901011	シュタイン国家学ノート	瀧井　一博
505001011	植原悦二郎集	高坂　邦彦
506801011	野生生物の保護はなぜ必要か	大場
506901011	新公共管理システムと行政法	山村　恒年

507801011	戦後住宅政策の検証	本間　義人
507901011	ＥＵ環境法と企業責任	河村　寛治
508001011	協働型議会の構想	江藤　俊昭
508201011	憲法概説	小嶋　和司＊
508301011	議員立法五十五年	上田　章
509101011	行政立法手続	常岡　孝好
510001011	西洋思想家のアジア	長尾　龍一
510101011	争う神々	長尾　龍一
510201011	純粋雑学	長尾　龍一
510301011	法学ことはじめ	長尾　龍一
510401011	法哲学批判	長尾　龍一
510501011	ケルゼン研究Ⅰ	長尾　龍一
510601011	されど、アメリカ	長尾　龍一
510701011	古代中国思想ノート	長尾　龍一
510801011	歴史重箱隅つつき	長尾　龍一
510901011	オーウェン・ラティモア伝	長尾　龍一
511001011	ケルゼン研究Ⅱ	長尾　龍一
513801011	原典による法学の歩み１	伊東　乾
513901011	原典による法学の歩み２	伊東　乾
514401011	憲法訴訟の手続理論	林屋　礼二
514601011	権力に挑む	アニタ・ヒル
514701011	現代の議会政	浅野　一郎
514801011	市民のための行政訴訟制度改革	山村　恒年
514901011	国会入門	浅野　一郎
515101011	環境ＮＧＯ	山村　恒年
515201011	公的オンブズマン	篠原　一
515601011	法案作成と省庁官僚制	田丸　大
515901011	警察オンブズマン	篠原　一
516001011	統治システムと国会	堀江　湛
516101011	選挙制度と政党	浅野　一郎
516301011	国会と行政	上田　章
516401011	国会と財政	浅野　一郎
516501011	国会と外交	中野　邦観
522001011	政策決定過程	村川　一郎
522101011	パンセ・パスカルに倣いてⅠ	西村　浩太郎
522201011	パンセ・パスカルに倣いてⅡ	西村　浩太郎
522401011	抵抗権論とロック、ホッブズ	菅野　喜八郎
522601011	固定資産税の現状と課題	占部　裕典
522701011	湖の環境と法	阿部　泰隆
522801011	環境法学の生成と未来	阿部　泰隆
522901011	公法の思想と制度　菅野喜八郎先生古稀記念	早坂　禧子
523001011	税法の課題と超克　山田二郎先生古稀記念	
523101011	行政法と信義則	乙部　哲郎
523201011	環境影響評価法実務	畠山　武道
523301011	国際環境事件案内	石野　耕也
523501011	社会制御の行政学	原田　久
525401011	京都議定書の国際制度	高村　ゆかり
525801011	環境政策論	倉坂　秀央
526001011	わかりやすい市民法律ガイド［改訂版］	遠藤　浩
526801011	租税法の解釈と立法政策　１	占部　裕典
526901011	租税法の解釈と立法政策　２	占部　裕典
527101011	教材国際租税法　２　資料編	村井　正
527201011	ベトナム司法省駐在体験記	武藤　司郎
527301011	防衛法概観	小針　司
527601011	憲法思想研究回想	菅野　喜八郎
527701011	植民地帝国日本の法的構造	浅野　豊美
527801011	植民地帝国日本の法的展開	浅野　豊美
528001011	やわらか頭の法政策	阿部　泰隆
528101021	自治力の発想	北村　喜宣

528201011	ゼロから始める政策立案	細田　大造
528301011	条例づくりへの挑戦	田中　孝男
528401011	政策法務入門	山口　道昭
528501011	新しい公共と自治体	松下　啓一
528501021	新しい公共と自治体	松下　啓一
528601021	自治力の冒険	北村　喜宣
528701011	内部告発（ホイッスルブロウワァー）の法的設計	阿部　泰隆
528801011	自治力の情熱	北村　喜宣
528901011	交渉する自治体職員	杉山　富昭
531201011	リーガルマインドアセスメント法学入門	山村　恒年
531301011	行政書士の未来像	阿部　泰隆
531601011	京都大学井上教授事件	阿部　泰隆
531801011	立法の実務と理論	中村　睦男
532101011	現代安全保障用語事典	佐島　直子
532501011	シェイクスピアの政治学	アラン・ブルーム
533001011	基本立法過程の研究	盛岡　多智男
535001011	法曹養成実務入門講座　別巻	伊藤　滋夫
535101011	法曹養成実務入門講座１	林屋　礼二
544001011	自治体モバイル戦略	河井　孝仁
550501011	わが国の内閣制の展開	菊井　康郎
551001011	オーストラリアの民事司法	金　　祥洙
551801011	人間を護る	自由人権協会
551901011	情報公開条例の運用と実務（下）（新版）	自由人権協会
553001011	情報公開条例の運用と実務（上）［増補版］	自由人権協会
556101011	行政法の基礎知識（1）	宮田　三郎
556201011	行政法の基礎知識（2）	宮田　三郎
556301011	行政法の基礎知識（3）	宮田　三郎
556401011	行政法の基礎知識（4）	宮田　三郎
556501011	行政法の基礎知識（5）	宮田　三郎
559701011	グローバル化と法	ハンス・ペーター・マルチュケ
569101011	要件事実論序説	東　　孝行
701201011	元税務相談官が書いた中高年のためのマル得税金対策	石塚　義夫
750201011	米ソの朝鮮占領政策と南北分断体制の形成過程	李　　圭泰
750301011	近代朝鮮における植民地地主制と農民運動	李　　圭泰
800101011	文庫・確定性の世界	ポパー，　K.＊
906901011	高齢者居住法	丸山　英氣
907101041	プレビュー法学	中村　昌美
908602011	法学講義［第２版］	新里　光代
910001011	近代憲法における団体と個人	橋本　基弘
910303011	みぢかな法学入門［第３版］	石川　明
910901011	プライマリー法学憲法	石川　明
911401011	ジェンダーと法	辻村　みよ子
913002011	導入対話によるジェンダー法学［第２版］	浅倉　むつ子
916501011	戦後日本の再構築	広瀬　善男
922801011	コンパクト憲法入門	抱　喜久夫
923001011	市民カレッジ・知っておきたい市民社会の法	金子　晃
927101011	市民社会における行政と法（市民カレッジ）	園部　逸夫
928301011	損害賠償法	橋本　恭宏
928601011	憲法学の基礎理論	新井　誠
928701011	憲　　法	高野　敏樹
929901021	日本の人権/世界の人権	横田　洋三
930101011	憲法講義案Ⅱ［理論演習２］	棟居　快行
932101031	大法学者イェーリングの学問と生活［訂正新装版］	山口　廸彦
932601031	人間の法的権利	ポール・シガート